巴哈杜爾・沙・札法爾二世加冕肖像，出自古拉姆・阿里・汗之手，約莫繪於一八三七年札法爾登基後不久。年幼的米爾札蒙兀兒立於右側。札法爾後方牆壁的飾帶上，刻有札法爾的諸多頭銜，「神聖的殿下、當今的哈里發、和賈姆謝德一樣光榮的帕德沙（Padshad）、成群天使所圍繞之人、真主的影子、伊斯蘭的庇護人、穆罕默德之宗教的保護者、帖木兒家族的後裔、最偉大的皇帝、最強大的萬王之王、身為皇帝的皇帝之子、身為蘇丹的蘇丹之子。」

蒙兀兒文武大臣德里街上遊行畫卷

上圖：身為皇太子阿布勒・札法爾・席拉吉丁（Abu'l Zafar Siraj ud-Din）的札法爾（阿克巴・沙二世——不見於此——仍是皇帝）；札法爾身後是他的弟弟之一，大概是米爾札薩利姆。

下圖：來自英國特派代表官邸的一隊人。戴高帽、留著連鬢鬍但下巴不留的特派代表，大概是查爾斯·梅凱夫爵士，他的助手暨弟弟托馬斯（後來托馬斯爵士）坐在身後，也戴高帽。

德里鳥瞰

星期五清真大寺，賈瑪清真寺，約一八四〇年。

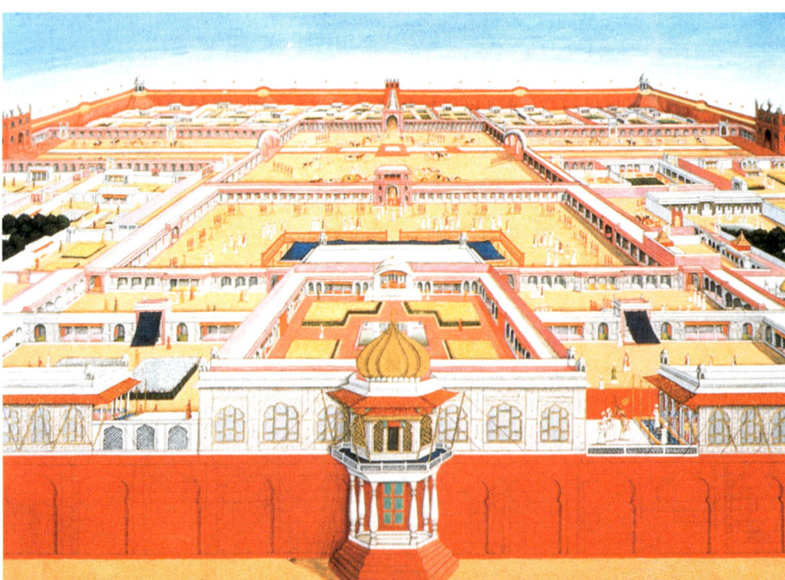

紅堡，約一七七〇年。

與紅堡互別苗頭的梅凱夫家大院

「庫圖卜屋」（Kootub House），又名迪爾庫沙（「怡情之物」），原為蒙兀兒人陵墓，曾是阿克巴義弟的長眠之所。

梅凱夫宅，位於紅堡北邊，亞木拿河畔，又稱迦罕努馬（「映現世界」）。

巴哈杜爾・沙・札法爾二世年輕時，約一七九〇年。

著名的盲西塔琴手烏斯塔德辛馬特・汗，賽義德艾哈邁德・汗認為，「就多魯帕德樂（Dhrupad）來說，沒人及得上他。」

視線越過賈瑪清真寺，直至月光廣場（右側）頂端。除了紅堡城牆和賈瑪清真寺，這兩幅局部圖裡的建築，幾乎全在一八五七年英國人平定起事奪回此城後的清除行動中毀掉。

畫家與其畫筆、材料——可能是馬茲哈爾・阿里・汗的自畫像

米爾札蒙兀兒，約一八五〇年。

托馬斯・梅凱夫請馬茲哈爾・阿里・汗所繪德里全景畫的兩個景

從拉合爾門往南，視線越過護城河和薩拉丁居住區，所見景致。

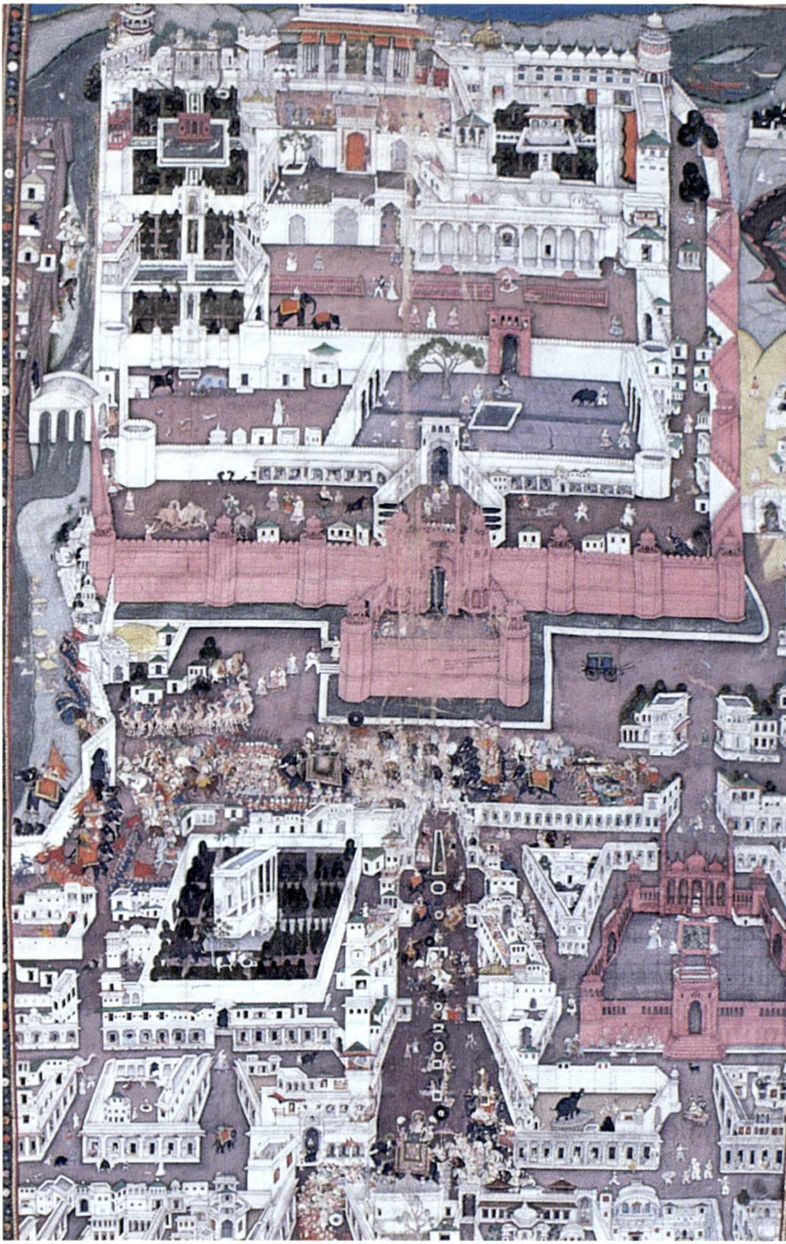

科塔的拉奧走訪德里，約一八四〇年。畫中札法爾正用小型望遠鏡專注盯著，拉奧帶著所有駱駝和馬車從左上角的塔樓過來。

札法爾肖像，約一八四五年，來自托馬斯・梅凱夫爵士的《德里書》（*Dehlie Book*）。

札法爾在宮廷主持議事，約一八四〇年，兩側立著他的長子和次子：米爾札達拉・巴赫特（一八四九年歿）和米爾札沙魯赫（一八四七年歿）。

兩頭官象。右象背著 Mahi Maraatib，亦即魚旗，象背上的人很可能是札希爾・德拉維，其官銜是魚旗保管人（Darogah）。

著夏服之切傑爾的納瓦卜與群臣議事。

切傑爾的納瓦卜騎著寵物虎在其鄉間庭園逛。

德里人

住在德里城裡的阿富汗馬販。

找工作的傭兵。

德里著名苦行者「花男子先生」和其徒眾。

夜間集會：德里蘇非派信徒和苦行僧、瑜伽修行者和苦行者圍在火堆邊。

舞女皮亞莉・詹（Piari Jan），出自 Lallji 或 Hulas Lal 之手。

拿著出納登記簿工作的會計。

舞女、樂師組成的表演團。

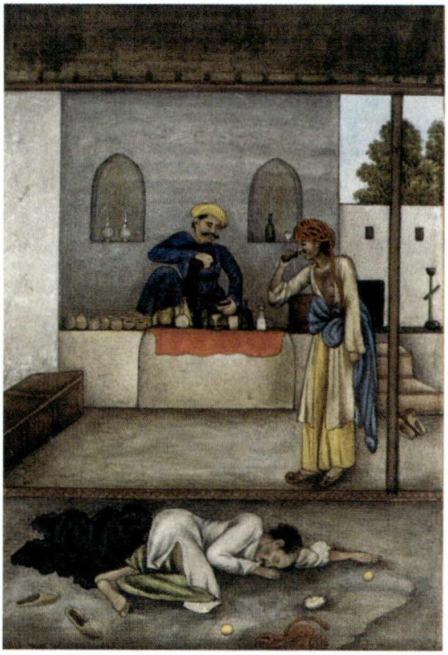

德里鴉片館和躺著的鴉片癮者。

舞女馬拉吉爾（Malageer）。

一群德里說書人和喜劇演員。

札法爾大油畫肖像，約一八五四年，出自奧地利藝術家奧古斯特．舍夫特之手，現位於拉合爾的堡壘裡。

德里詩人肖像，很可能是哈基姆莫敏・汗，據認出自 Jivan Ram 之手。

齊娜特．馬哈爾，《倫敦新聞畫報》想像畫。

刊於《倫敦新聞畫報》的札法爾像。

詩人米爾札阿薩杜拉．貝格．汗，筆名加利卜。

現存唯一的齊娜特．馬哈爾照，攝於一八七二年，被拘禁於仰光時，攝者是麥莫漢將軍。

阿奇戴爾・威爾森將軍。

約翰・尼可森准將。

霍德森騎兵團的威廉・霍德森。

泰特勒夫婦。

向蒙兀兒首都進發的德里野戰部隊。

霍德森騎兵團。

九月十四日英國人進攻喀什米爾門。

「安逸日子」，英國人把札法爾的私人接見廳改闢為軍官食堂，一八五七年晚秋。

被英軍拿下後的德里城景，一八五八年 Felice Beato 攝

浮橋。

喀什米爾門。

旗杆塔。

胡馬雍墓。

遭罷黜的虛弱皇帝。這張著名照片常被說攝於仰光，但據負責看守札法爾的愛德華．奧馬尼的日記，其實攝於此皇帝在德里受到擺樣子審判之後，札法爾被流放至仰光之前，攝者是「攝影師謝潑德先生」。

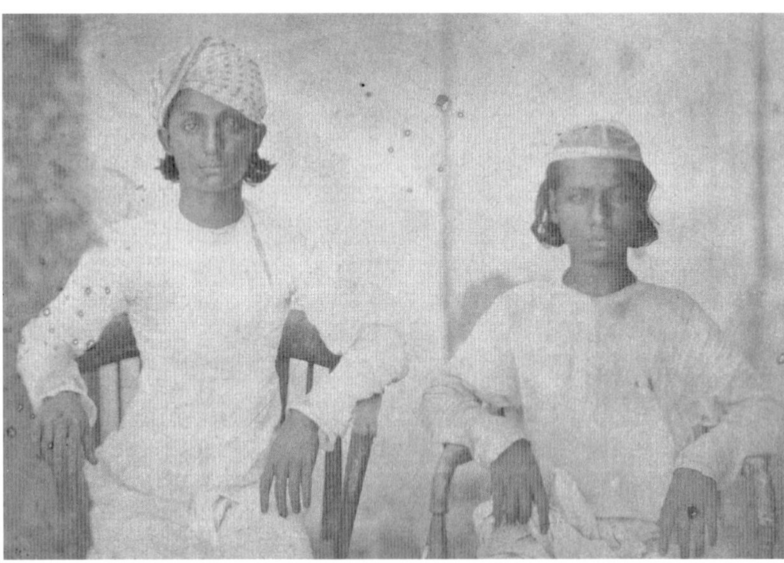

札法爾倖存的兩個較年輕兒子：他所寵愛的米爾札賈旺．巴赫特，齊娜特．巴赫特的獨子（左）、非婚生子米爾札沙．阿巴斯。

印度末代帝國

THE LAST MUGHAL

The Fall of a Dynasty: Delhi, 1857

威廉・達爾林普
WILLIAM DALRYMPLE
黃中憲 譯

1857年德里戰役揭開蒙兀兒王朝的覆滅

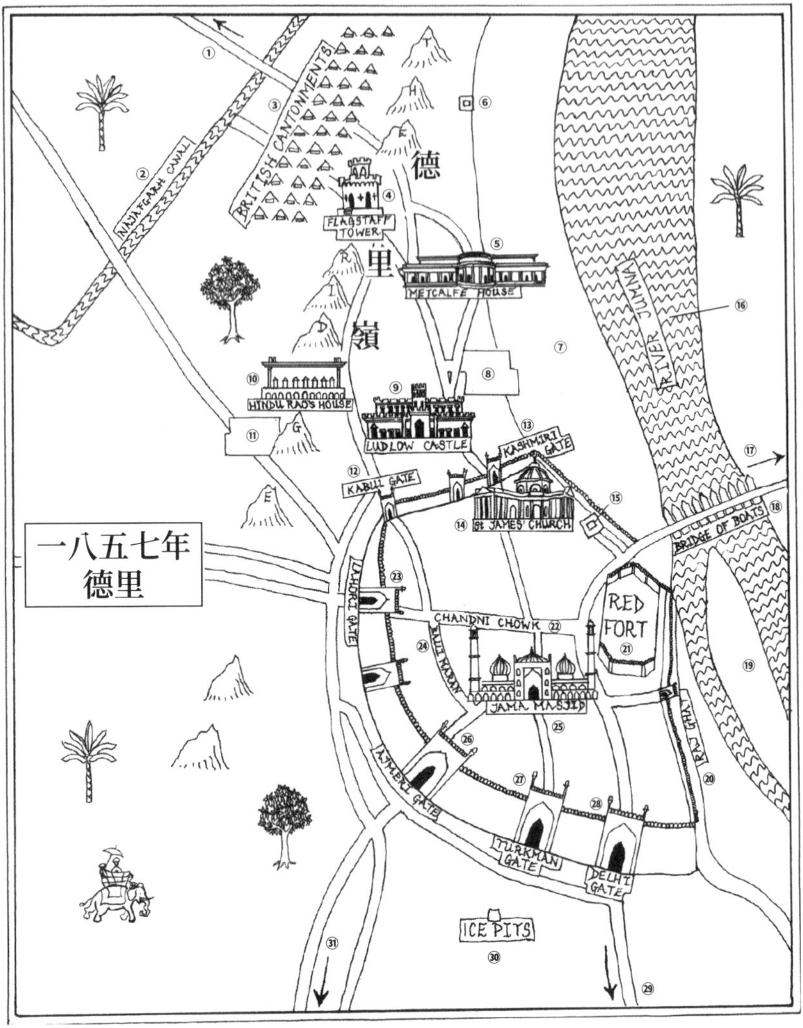

1. 往巴德利基塞萊
2. 納賈夫嘎爾運河
3. 英軍兵站
4. 旗杆塔
5. 梅凱夫宅
6. 彈藥庫
7. 沙洲
8. 高階文官居住區
9. 勒德洛堡
10. 興都・拉奧宅
11. 薩卜齊曼迪
12. 喀布爾門
13. 喀什米爾門
14. 聖詹姆斯教堂
15. 彈藥庫
16. 亞木拿河
17. 往密拉特
18. 浮橋
19. 沙洲
20. 拉吉嘎特
21. 紅堡
22. 月光廣場
23. 拉合爾門
24. 巴利馬蘭
25. 賈瑪清真寺
26. 阿傑梅爾門
27. 土庫曼門
28. 德里門
29. 往胡馬雍墓與尼札穆丁
30. 貯冰洞
31. 往梅赫勞利、札法爾宮

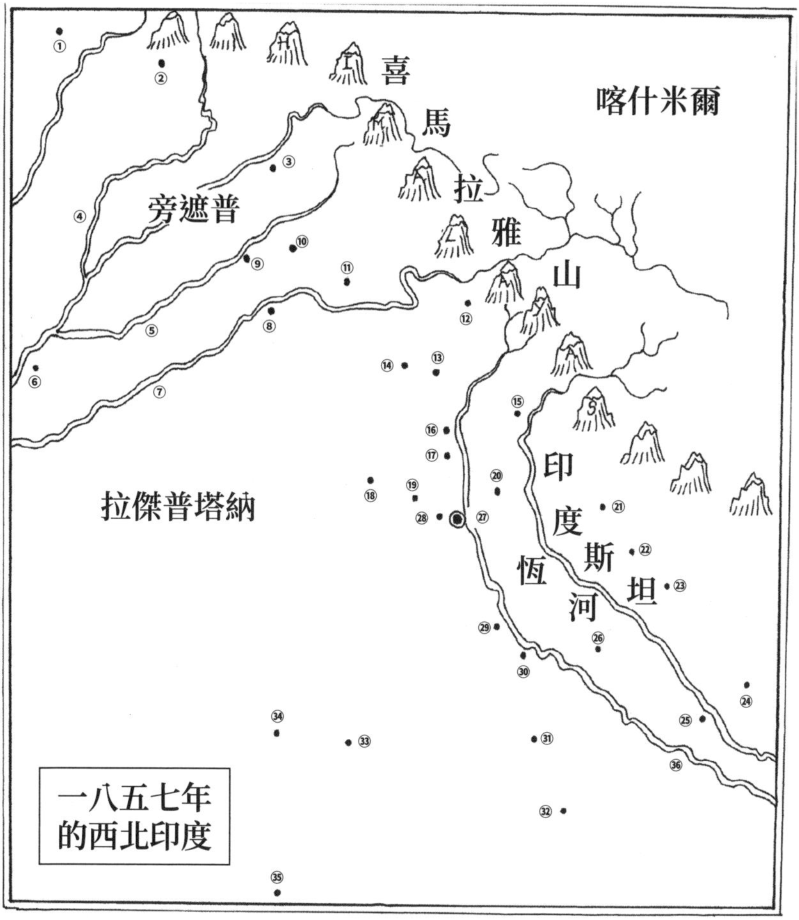

1. 白夏瓦
2. 拉瓦爾品第
3. 錫亞爾科特
4. 傑赫勒姆河
5. 拉維河
6. 木爾坦
7. 薩特萊傑河
8. 菲羅茲布爾
9. 拉合爾
10. 阿姆利則
11. 賈朗達爾
12. 西姆拉
13. 安巴拉
14. 伯蒂亞拉
15. 盧基
16. 格爾納爾
17. 巴尼伯德
18. 漢西
19. 羅赫塔克
20. 密拉特
21. 莫拉達巴德
22. 巴雷利
23. 沙迦罕布爾
24. 勒克瑙
25. 坎普爾
26. 邁恩布里
27. 德里
28. 巴德利基塞萊
29. 馬圖拉
30. 亞格拉
31. 瓜廖爾
32. 占西
33. 楝格
34. 納西拉巴德
35. 尼默傑
36. 亞木拿河

CONTENTS

主要人物

一、蒙兀兒人

蒙兀兒皇族

皇帝巴哈杜爾・沙・札法爾二世
Bahadur Shah Zafar II，一七七五—一八六二

這位年老的蒙兀兒皇帝（阿克巴・沙二世皇帝的長子，但非最得寵的兒子），是書法家、蘇非派信徒、神學家，贊助細密畫畫家，打造庭園，還是個非常投入的神祕主義詩人。一八五〇年代時，他除了擁有蒙兀兒王朝所予人的濃厚神祕氣息，幾乎已不具實權，從許多方面來看猶如「棋子國王」。一八五七年五月十一日，凶狠、無法無天的英軍印度兵衝入他的皇宮，最初令其驚駭萬分，但最終他還是認可並支持這場叛亂，把它當成其偉大王朝救亡圖存的唯一手段。後來他為此決定悔恨萬分。

納瓦卜齊娜特・馬哈爾別姬

Nawab Zinat Mahal Begum，一八二一—一八八二

札法爾的正宮娘娘，唯一貴族出身的配偶：一八四〇年兩人結婚時，她十九歲，札法爾六十四歲。她扳倒對手泰姬・馬哈爾別姬，將其從最得寵的位置拉下來，並為皇帝生了一個兒子，米爾札賈旺・巴赫特（Mirza Jawan Bakht），然後一心一意要把她兒子（札法爾十六子中的第十五子）扶上皇太子之位。許多人認為札法爾完全受其擺布，但一八五七年間，人們很快就看出札法爾並非事事聽命於她。

泰姬・馬哈爾別姬

Taj Mahal Begum

泰姬出身卑微，父親是宮中樂師，貌美，一八三七年札法爾登基慶祝活動，就由她以最得寵妻子和正宮娘娘身分主持。一八四〇年札法爾迎娶十九歲的齊娜特・馬哈爾，泰姬隨之失寵。一八五七年時，她因被懷疑與札法爾侄子米爾札卡姆蘭（Mirza Kamran）有染入獄，與札法爾、齊娜特・馬哈爾的關係依舊極為不睦。

米爾札法赫魯

Mirza Fakhru，亦即米爾札古拉姆・法赫魯丁（Mirza Ghulam Fakhruddin，一八一八—一八五六）

札法爾長子米爾札達拉・巴赫特（Mirza Dara Bakht），一八四九年死於熱病，英國人以為札法爾的次子米爾札法赫魯會遞補成為皇太子。米爾札法赫魯是才華洋溢且甚得人心的詩人和史學家，但札法爾受齊娜特・馬哈爾影響，希望將皇太子之位授予齊娜特的十五歲兒子米爾札賈旺・巴赫特，於是想方設法阻止米爾札法赫魯接替皇太子位，最終未能如願。一八五六年米爾札法赫魯去世，大概死於霍亂，但宮中盛傳係遭毒死。

米爾札蒙兀兒

Mirza Mughal，一八二八—一八五七

札法爾五子，母親沙拉夫・馬哈爾・賽義達尼（Sharaf -ul-Mahal Sayyidani）為貴族出身的賽義達（sayyida，先知穆罕默德的女性後代），在札法爾的後宮中屬地位較高的人物。米爾札法赫魯一八五二年失勢後，米爾札蒙兀兒便在朝中得勢，被任命為堡主（qiladar）。米爾札法赫魯於一八五六年去世，他是札法爾諸倖存婚生子裡年紀最長者，且此時可能已和東印度公司軍隊裡心懷不滿的印度兵搭上線。五月十二日起，他無疑是皇族裡的叛軍首腦，在一八五七年印度大叛亂和德里遭圍期間，竭力維持政府正常運作。

米爾札基茲爾・蘇爾坦

Mirza Khizr Sultan，一八三四—一八五七

札法爾九子，非婚生子，母親為宮中的妾。一八五七年，二十三歲，以容貌俊美著稱，稍具詩藝和射擊術，但一八五七年投向叛軍陣營後，表現平平。巴德利基塞萊（Badli Ki Sarai）之役因怯戰而逃，導致叛軍軍心大亂。德里被圍期間，他以貪腐著稱，因擅自逮人和向該城銀行家收稅，而在史料裡頻遭批評。

米爾札阿布・巴克爾

Mirza Abu Bakr，一八五七年歿

米爾札法赫魯的長子，札法爾存世的婚生長孫，也是皇族裡最大的惡棍。起事後沒幾天，米爾札阿布・巴克爾就成了臣子在皇帝面前訴願、抱怨的對象，被控嫖妓和酗酒、鞭打僕人、毆打巡夜人、恣意攻擊想管束他的警察。他是叛軍騎兵隊的名義隊長，洗劫古爾岡（Gurgaon）和德里的幾個郊區後，率叛軍遠征密拉特，最終在五月三十、三十一日兵敗於辛旦橋（Hindan Bridge）。

米爾札賈旺・巴赫特

Mirza Jawan Bakht，一八四一—一八八四

札法爾最寵愛的兒子，他與齊娜特・馬哈爾所生的唯一孩子。他在札法爾十六個兒子中排名十五，但札法爾決意讓他當皇太子。米爾札賈旺・巴赫特被寵壞，生性自私，除了自己父母，少有人挺他，學習興趣不高。印度大叛亂期間，母親不讓他和叛軍扯上關係，希望印度兵戰敗後，繼位之事會大局底定。

米爾札伊拉赫・巴赫什

Mirza Ilahe Bakhsh

米爾札法赫魯的岳父，米爾札阿布・巴克爾的祖父，不管是一八五七年前，還是一八五七年後，都是宮中親英派領袖之一。德里被圍期間，他一直與威廉・霍德森（William Hodson）接觸甚密，德里陷落後，幫忙說服札法爾投降。此後幾星期裡，他負責指認親戚裡的哪些人是站在叛軍那一方，如此靠著犧牲家族的大部分成員（包括自己的孫子）性命，保住自己性命，因此有「德里叛徒」之稱。

皇帝的廷臣

哈基姆阿赫薩努拉・汗
Hakim Ahsanullah Khan

極聰明、狡猾且甚有文化素養之人，札法爾最信任的心腹，既被札法爾任命為首相，也被任命為其御醫。一八五七年前，他與齊娜特・馬哈爾關係不穩，但一八五七年間，兩人捐棄前嫌，一起對抗叛軍，打開與英國人的聯繫管道。造反的印度兵查獲他的信時欲殺之，但札法爾保住他的命。這位哈基姆繼續力促札法爾不要支持叛軍，要他向英國人投降，但當札法爾終於這麼做時，這位哈基姆竟出賣他，札法爾受審時提供不利於他的證據，以換取自己獲赦。

馬赫布卜・阿里・汗
Mahbub Ali Khan，一八五七年歿

太監頭子，替齊娜特・馬哈爾在後宮外辦事的冷血「打手」。一如他的女主子，他對這場叛亂極不信任，係叛亂發生後宮中親英派的主要成員之一。一八五七年六月十四日，不耐痼疾去世，但盛傳是遭毒死。

米爾札阿薩杜拉・汗

Mirza Asadullah Khan，一七九七—一八六九，筆名「加利卜」（Ghalib）

最偉大的烏爾都語抒情詩人。詩壇最大勁敵札烏克（Zauq）去世後，他從一八五四年起出任「蒙兀兒德里的桂冠詩人」。他具有神祕蘇非派信徒的性格和貴族氣質，作風刻意放蕩不羈，其著作為一八五七年蒙兀兒德里被圍，然後遭攻陷時期所受到的破壞，提供了一部分最深入且傷感的紀錄。

札希爾・德拉維

Zahir Dehlavi，一八三五—一九一一

蒙兀兒皇帝札法爾的侍臣，十三歲起就在紅堡裡服務。一八五七年時，他二十一、二歲，已升任「蒙兀兒王朝魚旗保管人」（Darogah of the Mahi Maraatib）。他是札烏克的弟子，本身是個很有教養、很有文化的廷臣和詩人。他的《譁變記事》（*Dastani i-Ghadr*）從皇宮的視角出發，為德里遭圍的過程和這場大叛亂，提供了最完整、翔實的現存記述，但此前從未被翻成英文或使用於講述這場叛亂的任何英語著作裡。

叛軍陣營

將軍巴赫特・汗

Bakht Khan

一八五七年前是駐印英軍印度兵砲兵連隊的印度籍連長，打過阿富汗戰爭，戰功彪炳，受過戰爭洗禮而善於打仗。他體格高大魁梧、頗肥胖、留著濃密的翹八字鬍和長角連鬢鬍子，被巴雷利部隊選為將領。來到德里時，其身分既是行政官員、也是善打仗的軍事領導人。一八五七年七月二日，德里被圍中途，巴赫特．汗來到德里時，最初的情勢似乎讓人覺得，他和他的三千兵力會迅即助叛軍拿到勝利，但他對待其他叛軍領導人，尤其是對待米爾札蒙兀兒，不夠細心周到，立刻給自己樹立了數個敵人，他的「瓦哈比派」宗教觀點也起了同樣的作用。八月中旬時，由於未能攻破英軍防線，已遭叛軍總司令降級。

將軍蘇達里．辛格

Sudhari Singh 和旅參謀長希拉．辛格（Hira Singh）

兩人是尼默傑旅（Nimach Brigade）的領導人和巴赫特．汗的主要對手。他們不願受巴赫特．汗節制，致力於削弱他的權勢，尤以八月二十五日其部隊在納賈夫嘎爾慘遭尼可森縱隊伏擊，他卻不管他們死活時為然。

旅參謀長高里．尚卡爾．蘇庫爾

Gauri Shankar Sukul

哈里亞納團（Haryana Regiment）領導人，後來成為叛軍陣營裡最重要的英國間諜和內奸。

毛拉韋薩爾法拉茲・阿里
Maulvi Sarfaraz Ali

這位「瓦哈比派」傳道士是巴赫特・汗的精神導師，後就以「聖戰士的伊瑪目」之名為人所知。一八五七年大叛亂前，他在德里待了多年，與皇廷和德里城關係深厚。是最早在叛亂前宣揚對英國人發動聖戰的神職人員之一，隨著圍城進行與聖戰士人數增加，他做為叛軍領導人的影響力日增。

其他德里人

蒙西吉旺・拉爾
Munshi Jiwan Lal

印度大叛亂爆發前，身材極肥胖的吉旺・拉爾，已在英國特派代表官邸擔任托馬斯・梅凱夫（Thomas Metcalfe）爵士的米爾蒙西（首席助手）多年。德里遭圍的大半期間，只能待在房子的地窖裡，但從其藏身之處蒐集情報極有成效，每天派出「兩名婆羅門和兩名賈特人（Jat），要他們從各處掌握叛軍動靜」，然後將情報適時轉交給位於德里嶺上的英軍情報首長威廉・霍德森（William Hodson）。

穆夫提薩德魯丁・汗
Mufti Sadruddin Khan，一八六八年歿，筆名阿祖爾達（Azurda）

與札法爾、加利卜都交情甚好，英國人支配德里初期，擔任英國人與蒙兀兒菁英的中間人，扮演吃重的橋梁角色。長達三十年，他既擔任德里的首席穆斯林法官（Sadr Amin）、朝廷裡的文學龍頭、傑出穆斯林經學院導師，也是溫和的親英分子，並把這兩個角色的分際拿捏得恰到好處，但看不慣東印度公司支持傳教士，遂於一八五七年投入叛軍陣營。他是天生的調人，一八五七年八月一日伊斯蘭大節期間，因殺牛而引發危機時，出面調解聖戰士、皇廷、印度兵三方，化解了叛軍陣營內部原可能發生的內戰。

穆因丁・侯賽因・汗
Muin ud-Din Husain Khan

大叛亂發生時，穆因丁・侯賽因・汗是德里城西南邊帕哈爾甘吉（Paharganj）警察局的局長。他出身望族——洛哈魯家族（Loharu family）——的次要分支；他的堂表兄弟包括加利卜、納瓦卜齊亞丁・汗（Zia ud-Din Khan）。協助挽救了昔奧・梅凱夫（Theo Metcalfe）的性命後，加入叛軍陣營，獲提拔為科特瓦爾（Kotwal），以此身分度過大叛亂的大半期間。卸職後，遺缺由賽義德穆巴拉克・沙（Sa’id Mubarak Shah）接任。英國人平定大叛亂後，這兩位前科特瓦爾都捱過了亂世，在筆下以烏爾都語精采記述了德里被圍數月期間該城的種種。

薩爾瓦爾・穆爾克
Sarvar ul-Mulk

年輕的蒙兀兒貴族，大叛亂爆發時，約莫十二歲左右。衝突期間，他的阿富汗籍私人教師成為聖戰士，父親不得不保衛家宅，以免遭四處掠奪的印度兵侵犯。九月十四日後不久，該家族逃離德里，安然抵達海德拉巴。在該地，薩爾瓦爾・穆爾克於自傳《我的一生》中，對德里被圍一事有細膩描述。

二、英國人

梅凱夫家族

查爾斯・梅凱夫爵士

Sir Charles Metcalfe，一七八五—一八四六

查爾斯・梅凱夫是最早來到德里的梅凱夫家族成員，第一次待在德里期間——最初於一八〇六年起擔任大衛・奧克特洛尼（David Ochterlony）爵士的助手，一八一一年出任英國特派代表——已能適應其長官所訂下的基調，在蒙兀兒沙利馬爾庭園（Shalimar Gardens）裡給自己蓋了一棟房，與一名錫克族比比（bibi）生了三個兒子，而且（根據家族傳說）他「按照印度儀式」娶了她。但一八二六年以特派代表身分再度來到德里時，梅凱夫已拋棄他的比比（印度籍妻子），對印度和印度的蒙兀兒統治者的態度開始轉變。離開德里、前往加爾各答接任「行政會議成員」之職後不久，他在一八三二年寫給本廷克勛爵（Lord Bentinck）的信中表示，「我已放棄先前對帖木兒王朝的忠誠」。

托馬斯・梅凱夫爵士

Sir Thomas Metcalfe，一七九五—一八五三

一八一三年，以其兄長查爾斯・梅凱夫爵士助手的身分來到德里，整個職業生涯都在德里度過，一八三五年升任英國駐德里特派代表。他是個非常挑剔、注重細節的人，致力於透過談判，達成會讓東印度公司得以在札法爾死後、將皇族趕離紅堡的王位繼承協議，其職業生涯有許多時間都耗在這件事情上。他頗喜歡札法爾這個人，但其實並不把他放在眼裡，甚至打定主意要讓札法爾成為蒙兀兒王朝的末代君主。在札法爾面前，他始終有禮貌，但私底下卻沒這麼寬厚。他寫道，札法爾「性情溫和且有才幹，但軟弱、猶豫到可悲的程度，讓人覺得他對自己的斤兩沒有自知之明」。與米爾札法赫魯談成，要蒙兀兒人離開紅堡的王位繼承協議後，梅凱夫於一八五三年死於消化不適。他的醫生認為那是中毒所致，而他的家人相信那是齊娜特・馬哈爾叫人下的毒。

昔奧菲勒斯・梅凱夫爵士

Sir Theophilus Metcalfe，一八二八—一八八三，外號「昔奧」

一八五七年，昔奧・梅凱夫是東印度公司裡的低階治安官，性格、作風與其父大不相同。托馬斯爵士性格內斂、挑剔，昔奧則好交際、爽朗，而且想要迷人時就變得極迷人。如果說父親愛獨來獨往、不喜歡玩樂，昔奧則是愛喧鬧、個性活潑開朗，喜歡社交聚會、騎馬、養馬、養狗。如果說他父親自律甚嚴、循規蹈矩，昔奧則喜歡投機取巧，易陷入父親所謂的「窘境」。一八五七年五月十一日大叛亂爆發時，昔奧是城裡少數成功脫逃的英國官員之一，加入德里野戰部隊後，他帶頭展開殘暴的報復。

愛德華・坎伯爵士

Sir Edward Campbell，一八二二—一八八二

托馬斯・梅凱夫爵士的女婿，英軍圍攻德里期間的戰利品處置官。坎伯原是查爾斯・內皮爾（Charles Napier）爵士的門生，內皮爾曾任駐印度英國陸軍司令，與托馬斯・梅凱夫爵士極為不睦。此外，儘管有上述職稱，坎伯大體上甚窮，托馬斯爵士因此想方設法阻撓坎伯與女兒喬吉娜訂婚。坎伯所屬的團，第六〇步兵團，是最早試用新恩菲爾德步槍的部隊之一；他的團叛變後，坎伯加入位於德里嶺的德里野戰部隊。攻下德里後，經由投票，他被選為戰利品處置官，負責掌管攻下之城市的合法洗劫，而對性情溫和、信教虔誠的坎伯來說，這是頗為格格不入的差事。

德里的英國人

牧師米奇利・約翰・詹寧斯

Midgeley John Jennings，一八五七年歿

牧師詹寧斯一八三二年來到印度，最初任職於幾個寧靜的避暑山城，老早便夢想著在德里開設一個傳教團，以「向異教徒傳教者」的身分投入較正格的傳教工作。一八五二年，他終於得到蒙兀兒皇廷附屬教堂牧師的差事，並在獲邀與皇宮衛隊隊長道格拉斯上尉共住拉合爾門居所後，直接進入前線，即紅堡裡。虛情假意但不長眼的作風，使他朋友甚少，許多住在德里的英國人視他為「偏執之徒」。德里人更加不喜歡他，尤以他在一八五二年說服德里兩個著名印度教徒——拉姆昌德拉大師（Master Ramchandra）和齊曼・拉爾（Chiman Lal）改信基督教後為然。為何有許多德里人相信東印度公司想要他們改信基督教、相信該公司如有必要會為此不惜用強，要歸因於詹寧斯個人。

羅伯特．泰特勒與哈麗特．泰特勒
Robert and Harriet Tytler，羅伯特一八七二年歿，哈麗特一九〇七年歿

羅伯特．泰特勒待過第三十八本地人步兵團，屬老派軍官，與他的印度兵關係甚為密切，關心他們的福祉，說得一口流利的印度斯坦語。他似乎是個和善且敏感的男子，有兩個年紀尚小的孩子，已喪妻，晚近再娶，對象是活潑且生命力強韌的哈麗特。她只有羅伯特一半年紀，但印度斯坦語說得和他一樣流利。泰特勒夫婦熱中於業餘藝術創作，成為開風氣之先的攝影師——是陸軍中很少見的一對夫婦。大叛亂爆發時，夫婦倆從德里逃到安巴拉，終於和德里野戰部隊會合。哈麗特的回憶錄是關於圍攻德里期間，德里嶺上生活和攻下德里後該城遭遇的最佳原始資料之一。

愛德華．維巴特
Edward Vibart

一八五七年，愛德華．維巴特服務於第五十四孟加拉本地人步兵團，是駐在德里的十九歲連長，出自印度籍陸軍家庭：父親是位於坎普爾（Kanpur）的騎兵軍官。大叛亂期間，維巴特父親於坎普爾屠殺中遇害，維巴特本人則是驚險逃過一劫，安然逃離該城，最終參與圍攻並收復德里之役。他的回憶錄，尤其他的信，是了解拿下該城期間和漫長報復期間，英國人所犯暴行的最佳原始資料之一。

德里野戰部隊（Delhi Field Force）

阿奇戴爾・威爾森爵士將軍
Archdale Wilson，一八〇三—一八七四

身材矮小、愛整潔、個性謹慎的紳士，五十四歲，大叛亂爆發時是密拉特某警局局長，後出任該地守備部隊某縱隊的隊長。五月三十、三十一日，該守備部隊在辛旦橋（Hindan Bridge）擊敗米爾札阿布・巴克爾。他在阿利坡爾（Alipore）與德里野戰部隊會合後不久，六月八日參與巴德利基塞萊戰役。巴納德將軍去世和里德將軍辭職後，自七月十七日起接掌圍攻德里的英軍。他迅即施行守勢策略，此舉在當時大受批評，但成功保住英軍實力，直到援軍抵達為止。不久後，九月十四日，英軍出擊。拿下德里期間，威爾森終究有怯戰之意，約翰・尼可森一度揚言若下令撤退，就要槍斃他。

約翰・尼可森准將
John Nicholson，一八二二—一八五七

沉默寡言的北愛爾蘭新教徒，據說曾親手砍下當地一強盜首領的頭，然後把該人的頭擺放在他的辦公桌上。他「意態威嚴，約六呎兩吋高，留著長長黑鬍子，深灰色眼睛黑瞳孔，興奮時會像老虎一樣瞪大雙眼」。出於至今未明的原因，尼可森的風範催生出名叫「尼卡爾塞因」（Nikal Seyn）的教派。該教派似乎把他當成毗濕奴的化身。大叛亂期間，尼可森成為在印度英國人心目中的傳奇人物。他既虔誠又嚴肅且勇敢的特質，加上極殘酷無情的本事，正是鼓舞德里嶺英軍士兵奮勇殺敵所需的特質，而且當時能不為所動、不對這位大英帝國心理病態者生起英雄崇拜之心者甚少。八月二十五日，即前來為攻城助陣後不久，他率部強行軍至納賈夫嘎爾，在該地伏擊了一個印度兵縱隊。九月十四日，又帶隊強攻德里城，同一天傷重不治。

威廉．霍德森

William Hodson，一八二一—一八五八

一八五七年之前，威廉．霍德森被大部分同僚視為害群之馬。他是神職人員之子，聰明，受過大學教育，在軍中平步青雲，當上新成立指導團（Corps of Guides）的副團長。其失勢同樣突然。經調查，霍德森被認定盜用該團公款，一八五四年被拿掉副團長之職。大叛亂期間，創建名叫「霍德森騎兵隊」的非正規騎兵團，在德里嶺上替英軍做情報工作，成效卓著。他自行出馬，經由談判促成札法爾和齊娜特．馬哈爾投降，九月二十一日，押著他們進入德里。隔天，他回去將米爾札蒙兀兒、米札爾基茲爾．蘇爾坦、阿布．巴克爾三名皇子帶進城；接著將他們與其部眾分開，並要他們繳械後，要他們脫光，以極近距離將三人擊斃。幾個月後的一八五八年三月，喪命於圍攻勒克瑙時。

其他英國官員

坎寧勛爵

Lord Canning，一八一二—一八六二

四十出頭歲的托利黨政治人物，俊美、勤奮，但有點內斂，只因為欲躋身英國內閣高官之位一直未能如願，氣惱之餘，接下印度總督職位。離英赴任前，他對印度毫無興趣，一八五六年二月才抵印。大叛亂爆發時，不得不離開濕熱的加爾各答。不過，儘管如此，他還是對「蒙兀兒人可笑的自大」不放在眼裡，抵印才幾星期，就確立了罷黜蒙兀兒人的計畫。平定大叛亂後，其欲抑制英國人殘暴的報復心態，帶來好壞參半的後果。

約翰・勞倫斯爵士

Sir John Lawrence，一八一一—一八七九

約翰爵士曾在德里擔任托馬斯・梅凱夫爵士的副手，其兄長亨利・勞倫斯（Henry Lawrence）爵士，一八五七年時是人在阿瓦德（Avadh）的首席專員。因工作賣力且有效率，約翰・勞倫斯在東印度公司的文職體系裡平步青雲，一八五三年當上新征服之旁遮普一地的首席專員。他禁止軍官們上山避暑，挑明他不喜歡「糕餅人」（a cakey man）。所謂的「糕餅人」，意指除了大概喜歡糕餅，還「裝得很高雅、很有教養」。一八五七年，以實際表現證明他堪稱是北印度最能幹的英國官員，解除了叛亂印度兵的武裝，成立了新的非正規團，迅即平靖旁遮普情勢，以便將盡可能多的兵力調到德里嶺。攻下德里後，他極力壓制報復程度，制止夷平整個德里的計畫，從而親手挽救了這座大城。

致謝

若沒有同事馬赫穆德・法魯基（Mahmoud Farooqi）的學術研究成果和勤奮，本書不大可能完成。我們為此出書計畫共同努力了四年，其中極有趣的事，尤其將譁變文件（Mutiny Papers）烏爾都語檔案中有時幾如天書的斷體（shikatstah）文字翻成英文一事，有許多係靠他的潛心投入、堅持不懈和高超本事才完成。他的下一個出書計畫，即為這批特別豐富且幾乎全未被人利用過的檔案，出版第一份出自學者之手的版本，我祝他一切順利。馬赫穆德也時時提供高妙且富想像力的見解：與他為這本談巴哈杜爾・沙・札法爾的書一同努力期間，最愉快的事情之一，係在卡里姆餐廳（Karim's）吃著烤肉串、或在卡帕斯赫拉（Kapashera）區吃著比爾亞尼菜（biryani），或更常有的，在國家檔案館喝著一杯熱甜茶，同時將本書的種種事件和形貌逐漸拼湊出來。

至於在其他波斯語、烏爾都語的第一手資料方面我所得到的寶貴幫助，我要感謝 Bruce Wannell, Yunus Jaffery, Azra Kidwai, Arjumand Ara；就其他種種方面所得到的援助來說，要感謝特別善於解決問題的 Subramaniam Gautam。Margrit Pernau, Rudrangshu Mukherjee, Saul David，在我為手上資料的浩繁漸漸感到恐慌之際，時時不吝給我意見和打氣。

最後，哥倫比亞大學的 Fran Pritchett 教授主動校訂本書，在我看來，那是我歷來的原稿所得到過最徹底的校訂。我花了將近兩星期，才全部看完她的註解、更精確的音譯、建議，因此，她到底為此撥出多少寶貴時間，我只能全憑想像。Harbans Mukhia, Michael Fisher, C. M. Naim, Maya Jasanoff, Sam Miller, Sachin Mulji 和我親愛的岳父母，Simon and Jenny Fraser，也慷慨撥冗仔細檢視過原稿，提供意見，指出失實或文法錯誤之處。

Vicky Bowman 竭力助我進入仰光檔案館，F. S. Aijazuddin 在拉合爾提供了類似的協助。Aijaz 也助我認識拉合爾堡中那幅精采且此前未公諸於世的札法爾油畫，為了拍它當本書封面，將它拿下來三次。

另有許多人以寶貴意見、學術成果或友誼協助了我，我也要在此一一感謝：Charles Allen, Chris Bayly, Jonathan Bond, John Falconer, Emma Flatt, Christopher Hampton, Christopher Hibbert, Amin Jaffer, Eleanor O'Keefe, Rosie Llewellyn Jones, Jerry Losty, Avril Powell, Ralph Russell, Susan Stronge, Veronica Telfer, Philippa Vaughan and Brigid Waddams。要特別感謝 Greaves Travel 公司的 Mehra Dalton，以及我在蘇格蘭的兄弟和父母。Dalton 替我辦好從倫敦往返德里的飛航事宜。

在美國：Indrani Chatterjee, Niall Ferguson, Glenn Horovitz, Navina Haidar, Ruby Lal, Barbara Metcalf, Elbrun Kimmelman, Tracey Jackson, Salman Rushdie, Sylvia Shorto and Stuart Cary Welch.

在印度：Seema Alavi, Pablo Bartholemew, the late Mirza Farid Beg, Rana Behal, Gurcharan Das, Sundeep Dougal, John Fritz, Narayani Gupta, Ed Luce, the late Veena Kapoor, A. R. Khaleel, Jean-Marie Lafont, Swapna Liddle, Shireen Miller, Gail Minault, Samina Mishra, Harbans Mukhia, Veena Oldenberg, Pradip Krishen, George Michell, Aslam Parvez, Arundhati Roy, Kaushik Roy, Aradhana Seth, Faith Singh, Mala Singh, Manvender Singh and Pavan Varma。多虧 Stanley, Stella and Dougal 的費心，我們

在 Chopra 博士的農場一切安好。

David Godwin 付出極大的心力（和高明本事），促成我轉到 Bloomsbury 出版社，從頭至尾一直是個極忠誠且明斷的朋友。我的諸多出版人全都給了我寶貴意見：Bloomsbury 的 Alexandra Pringle, Nigel Newton and Tram-Anh Doan；Knopf 的 Sonny Mehta and Diana Tejerina；Penguin India 的 Thomas Abraham, Ravi Singh, David Davidar and Hemali Sodhi；Rizzoli 的 Paolo Zaninoni；Buchet Chastel 的 Marc Parent。最重要的，我要感謝 Michael Fishwick。他做為我的明斷主編和寬厚友人已有二十年。他先是任職於 HarperCollins 出版社，如今任職於 Bloomsbury，距簽下我出版《*In Xanadu*》一書整整二十年。

寫書一事給我最有耐心的家人帶來壓力，我何其幸運，有這樣好的家人：他們不只在我為撰寫此書做研究期間搬離倫敦的家、離開倫敦的學校，跟著我搬到德里，Sam 和 Adam 還在我寫書期間忍受聽不到床邊故事的痛苦；我溫柔美麗可人的奧莉維亞展現過人的體貼，容忍她丈夫離家長達六個月，在蒙兀兒皇廷的內院埋頭做研究。

特別令我感動的，係我十一歲女兒 Ibby 對這整個出書計畫表現出的興趣。她自封為總編，對她父親愛用「太多字」（我女兒語）的習性，提出出奇不客氣的批評，這本書的篇幅因此比其原本會呈現的稍少。我要滿懷愛意將此書獻給她。

引言

一八六二年十一月，仰光，某個霧濛濛且潮濕的冬日下午四點，雨季剛結束不久，一群人數不多的英國軍人，把一具罩著裹屍布的屍體，護送到監獄大院後的無名屍墓地。院牆圍繞的監獄，位在可俯瞰褐濁河水的高處，往山上不遠則聳立著仰光大金塔（Shwe Dagon pagoda）的大金頂。院牆周遭坐落著英軍剛蓋好的永久性兵站，仰光則是十年前被英人攻下、燒燬、占領的泊地、朝聖城。這名政治犯——死者被提及時的稱呼——出殯時，有他的兩個兒子和一個蓄鬍的老毛拉同行。沒有女人獲准參加送葬，幾個來自市集的民眾被武裝警衛隔離在送葬行列外。他們不知怎麼的竟知道這名獄囚的死訊。但還是有一或兩人突破封鎖線，在屍體放進墓穴前摸了一下裹屍布。

下葬儀式很簡短。英國當局不只叫人挖好墓穴，還讓人備好大量石灰，以便棺材架和屍體都能迅速腐爛。念完精簡的葬禮禱文後——不准生者哀悼或念頌文——就把泥土倒進墓穴的石灰上，然後仔細回填草皮，以便不到一個月，就了無痕跡，看不出下葬地點。一星期後，英國籍專員戴維斯（H. N. Davies）上尉，發文到倫敦，報告事情經過，還說：

去看過剩下的政治犯——人數已減少的那些令人厭惡的亞洲籍女眷——發現所有人都很安

分。這家人似乎沒有人因這位臥病在床的老人去世而大受影響。他顯然死於單純的衰老和喉部痲痺。葬禮當天早上五點斷氣。前國王的去世，對仰光居民裡的穆罕默德信徒，可謂毫無影響，說不定只對等待伊斯蘭最後勝利的一些狂熱分子有影響。大大一圈竹籬笆圍住墓地，籬笆腐朽，草已再度蓋住埋葬地點，不會有蛛絲馬跡可讓人認出末代蒙兀兒皇帝的長眠之處。[1]

戴維斯所提的政治犯，較貼切的稱呼是巴哈杜爾．沙二世，此人以筆名札法爾為人所知，札法爾一詞意為「勝利」。札法爾是末代蒙兀兒皇帝，成吉思汗與帖木兒的直系後裔，也是阿克巴（Akbar）、賈汗季（Jahangir）、沙迦罕（Shah Jahan）的直系後代，生於一七七五年，當時英國人仍是印度境內，相對而言較不成氣候且主要在沿海地區活動的勢力，從位於印度沿岸的三個飛地往內窺探。他在世時目睹自己的王朝沒落到令人無地自容的境地，英國人卻是從任人宰割的商人，搖身一變為咄咄逼人的擴張主義軍事強權。

札法爾遲遲才登上王位，那年已六十五歲，這時想要扭轉蒙兀兒人的政治頹勢已不可能。但他還是在德里找了一批才智出眾之士輔佐其治國。他是其王朝裡最有才華、最寬容、最受喜愛的人士之一：書藝精湛，針對蘇非主義書寫思想深邃的著作，一視同仁的贊助細密畫家，並打造匠心獨具的庭園，業餘從事建築建設。最重要的，他是非常投入的神祕主義詩人，不只用烏爾都語、波斯語寫詩，還用布勒傑語（Braj Basha）和旁遮普語寫，部分拜其獎掖之賜，印度迎來堪稱現代史上最偉大的文學復興。札法爾是極具魅力且成就斐然的嘎札爾（ghazal）抒情詩人，而且為印度前兩大抒情詩人、競比高下的加利卜和札烏克，提供了大展身手的舞台——札烏克是蒙兀兒桂冠詩人，其之於加利卜，猶如薩利耶里（Salieri）之於莫札特。

英國人逐步接收蒙兀兒皇帝的權力，把他的名字從硬幣上移除，連德里城都完全納入掌控，最後擬出欲將蒙兀兒人完全趕出紅堡的計畫，而皇宮則執迷於追逐最精妙的嘎札爾，即最上乘的烏爾都語對句。政治天空日益黯淡之際，宮廷卻沉迷於由歡樂園、交際花和吟詩大會（mushaira）、蘇非派祈禱儀式和拜訪蘇非派導師（pir）所共同構成的最後美好時光裡，文學、宗教方面的抱負取代了政治方面的抱負。[2]

針對此時期紅堡所做距離最近的專門記錄，係一位英國特派代表撰寫新聞者所寫的宮廷日記。該日記現收藏於印度的國家檔案館，逐日詳載了札法爾的生活。這位末代皇帝似乎是個舉止無可挑剔的慈祥老人，即使受到英國人粗魯無禮的對待時亦然。他每天命人將橄欖油塗抹在腳上以緩解疼痛；偶爾打起精神去逛逛庭園、出門打獵或舉辦吟詩大會。每天晚上在「享受月光」、聆聽歌手演唱或吃新鮮芒果中度過。在此期間，這個老皇帝一直竭力防止他的年輕小妾出軌，其中一名被最著名的宮廷樂師搞大了肚子。[3]

然後，一八五七年五月某個早上，三百名來自密拉特（Meerut）的叛變印度兵（sepoy）*和騎兵騎馬入德里，把城裡能找到的基督徒全部殺掉，宣布札法爾是他們的領袖和皇帝。英國人不喜歡札法爾，不僅奪走他的世襲財產，還每日羞辱他。但札法爾並不是天生的造反派。對於自己身不由己成了大叛亂的名義領袖，深感不安，但又別無選擇。從一開始他就強烈感知這場大叛亂恐怕成了不事：一支由無餉可領的農民兵組成的軍隊，本身亂無章法且無軍官領導，卻要對抗世

* 作者註：sepoy，印度基層步兵，在此指的是受僱於英國東印度公司的印度兵。Sepoy 一詞來自波斯語的 sipahi（「軍人」）。

上第一軍事強國的武力，儘管東印度公司的印度籍新兵多數已於不久前叛變，改效忠於該公司的孟加拉軍（Bengal Army）。

文風正盛的蒙兀兒都城，一夜間變成戰場。沒有哪個外國軍隊能助叛軍一臂之力，而且叛軍彈藥不多、缺乏資金、物資甚少。英國人從位於德里嶺的高處據點竭力包圍德里，但鄉村的混亂和無政府狀態，對德里的封城效果遠比英軍強上許多。糧價攀升，供給銳減。不久，德里居民和印度兵都處在挨餓邊緣。

圍攻德里之役，猶如英國統治印度時期的史達林格勒戰役：雙方力戰到底，任一方都不能撤退。死傷無法想像，雙方戰士皆被逼到身心極限。最後，一八五七年九月十四日，英國人與其徵集錫克人、帕坦人（Pathan）而倉促組建的軍隊發動強攻，拿下蒙兀兒都城，大肆洗劫，屠殺許多城民。光是在庫查切蘭（Kucha Chelan）馬哈拉（muhalla*），就有近一千四百名德里城民遇害。十九歲英國軍官愛德華·維巴特記載道，「上頭發出一個活口不留的命令」。

> 簡直就是謀殺……最近我看過許多殘忍可怕的景象，但昨天親眼目睹的一個景象，真希望以後不要再看到。女人全獲饒命，但她們看著自己丈夫、兒子遭殺害時發出的尖叫聲，讓人痛徹心扉……說真格的，我這人沒有憐憫之心，但當某個灰白鬍子的老頭被帶過來，當著你面被槍殺，我想只有鐵石心腸的人能無動於衷看著這一切。[4]

保住性命的城民被趕到鄉下自生自滅。德里成了空蕩蕩的廢墟。皇族乖乖投降，但皇帝的十六個兒子，大多遭俘、遭審判，然後吊死。三個兒子先是主動放下武器，然後被要求脫光衣服，接著被冷血槍殺，「二十四小時裡，我解決掉韃靼人帖木兒家族的主要成員，」上尉威廉·霍德森於次日寫信告訴其姊妹。「我不是殘酷之人，但老實說我的確很高興有這機會，替世間除掉這些壞蛋。」[5]

札法爾成了給訪客觀賞的展示品，據某英國軍官的說法，「像籠中野獸」展示。[6]前來參觀的人，包括《泰晤士報》通訊員威廉·霍華德·羅素（William Howard Russell）。有人告訴他，這名囚犯一手策畫了對西方殖民主義最嚴重的武裝抵抗。羅素寫道，他是個「腦筋遲鈍、眼神不定、神態恍惚的老頭子，耷拉著虛弱的下唇，只見牙齦，沒有牙齒」。

他真是那個曾構想出恢復大帝國之宏圖大計的人、挑激出世界史上最大規模譁變的人？他從頭到尾沒說話；日日夜夜不出聲坐著，眼睛盯著地上，好似渾然不察當下淪落的處境……他的雙眼透露出老耄之人遲鈍、迷糊的神態……有人聽到他念著自己的詩句、用燒過的樹枝在牆上寫詩。[7]

羅素對加諸在札法爾的罪名心存懷疑，寫道：「他被罵不知感恩，造他恩人的反。」

他無疑是個虛弱、殘酷的老頭子；但這個人眼看著祖先的疆域逐漸自他手裡被奪走，最終落得只有空銜、空虛的府庫、滿是窮公主的皇宮，說這人不知感恩，那就十足的荒謬了……[8]

---

* 作者註：馬哈拉是蒙兀兒城市裡自成一體的居住區，區中數條居民巷，通常僅靠一個大門進出，而且該門會在夜裡關上。

然後，次月，札法爾在破敗的舊皇宮裡受審，被判流放。他坐上牛拉車，離開心愛的德里。傷心的末代蒙兀兒皇帝和他心愛的一切分隔兩地，一八六二年十一月七日星期五，死在流放地仰光，享年八十七。

札法爾甫離開，他所用心培養、示範的脆弱宮廷文化跟著徹底垮掉。誠如加利卜所指，「這些東西全跟著這個國王人去燈滅」。[9]札法爾去世時，他的皇宮，即紅堡，已有許多地方、連同他所心愛並美化過的蒙兀兒德里城的大片區域，被拆毀。與此同時，紅堡裡的主要居民和廷臣——詩人和皇子、毛拉和商人、蘇非派信徒和學者——已大半遭捕並吊死，或者遭驅散、流放，其中許多人被流放到英國統治當局在安達曼群島特別興建的新勞改營裡。獲饒命者落得抬不起頭的貧窮處境。加利卜是舊皇廷的少數倖存者，誠如他所哀嘆的，「遭罷黜者的男性後代，未成為刀下亡魂者，每月有五盧比的津貼。女性後代，如果老的，淪為老鴇；如果年輕，淪為妓女。」[10]

這個城市變得如同荒漠……老天作證，德里已不是城市，而是營地、永久性兵站。沒有堡壘，沒有城市，沒有市集，沒有水道……使德里有生氣的四樣東西——紅堡、每日聚集於賈瑪清真寺的群眾、每週到朱木拿橋一次的走動、每年一次的花男盛會——全都消失了，德里怎還能存在？在印度國土上，的確（據說）曾有一個叫這名字的城市……

我們砸碎了酒杯和酒瓶；
如今，對我們來說，它成了什麼，
如果從天上落下的雨

竟都變成玫瑰紅的葡萄酒？[11]

末代蒙兀兒皇帝巴哈杜爾・沙二世是本書的主角，但與其說本書是札法爾的傳記，不如說是對以他為化身之德里城的描繪、對蒙兀兒都城之最後時光與最終毀滅於一八五七年大劫一事的記述。那是過去四年我潛心研究並化為文字的故事。含有札法爾書信和皇廷紀錄的檔案，可在倫敦、拉合爾、乃至仰光找到。但大部分材料仍在德里。那是札法爾的故都，二十多年來一直縈繞腦海、教我念念不忘的城市。

一九八四年一月二十六日，罩著濃霧的冬夜，十八歲的我來到德里，是我與德里的第一次邂逅。那時，機場周邊有許多包得緊緊、蜷身在披巾下的男子，天氣出奇的冷。那時我對印度一無所知。

我在蘇格蘭鄉村、在福斯河口灣邊度過童年。比起同窗朋友，我大概是遊歷最不廣的人。父母認為自己住在最美的地方，很少帶我們出門度假，只有每年春天去一趟蘇格蘭高地的某個角落，而那裡比老家更冷、更多雨。或許是因為這因素，德里對我的衝擊，相較於對其他見過世面的少年所會有的衝擊，更為強烈、更難抗拒；這座城市無疑從一開始就把我迷住。我背著背包四處走了幾個月，在臥亞閒晃；但不久我就想辦法回到德里，在德里最北邊，舊德里城外，德蕾莎修女的療養院裡找到一份工作。

每天下午，病人午休時，我總是溜出去四處探探。我會搭人力車進入舊城深處，穿過愈來愈窄的小路、巷弄，走過死胡同，感受近在身邊的住家生活。札法爾的皇宮——蒙兀兒皇帝的紅堡

——的殘餘，尤其一再引我重遊。我常帶著一本書溜進去，在那裡、在某個涼亭的庇蔭下耗掉整個下午。我不久就對曾住在那裡的蒙兀兒人深感興趣，開始到處找關於他們的資料來讀。就是在這裡，第一次有了替蒙兀兒人寫史的念頭，如今那念頭已擴大為替蒙兀兒王朝寫一部四卷本歷史的心願，這或許要再花二十年，心願才會完成。

但不管多常去，每次去紅堡都讓我覺得傷感。英國人一八五七年拿下該地，拆掉美麗的後宮居所，在原地蓋上一排好似仿自沃姆伍德林地（Wormwood Scrubs）監獄的兵營。即使在當時，就已有人把這些破壞視為不懂欣賞文化、藝術的輕率舉動。維多利亞女王時代的偉大建築史家詹姆斯·佛格森（James Fergusson），肯定不是愛發牢騷的自由主義者，但在其《印度、東方建築史》（*History of Indian and Eastern Architecture*）裡寫下了他對當時情況的驚駭之情，「那些幹下這一故意破壞文物的可怕行徑之人」，甚至未想到「替他們所正摧毀的建築畫下平面圖，或為世上最宏偉的宮殿留下紀錄……工程師認為，拆掉宮殿建築，他們能不花半毛錢就有道牆圍住兵營院落，讓喝醉的軍人無法神不知鬼不覺翻過圍牆，出於這個或其他糟糕的經濟考量，這座宮殿被犧牲了」。他還說，「唯一可與此相提並論的現代行徑，係摧毀北京的夏宮。但那終究是殺紅眼的戰爭行徑，而這是存心破壞文化的沒必要舉動。」[12]

兵營當然本應在幾年前就拆掉，但目前紅堡的業主，印度考古調查所（Archaeological Survey of India），卻延續英國人始作俑者的作風，任其敗壞：大理石亭子任其褪色；灰泥任其崩落；水道開裂、長草；噴水池乾掉。只有兵營保存良好。

我分居倫敦、德里兩地已二十多年，印度首都仍是我最愛的城市。最讓我著迷的，還是該城市與過去歷史的關係：它是世上最令人讚嘆的城市之一，就古蹟的數量和密度來說，僅羅馬、伊斯坦堡、開羅差堪比擬。頹圮的墓塔、老清真寺或古老大學，出現在最不可思議的地方，突然現身於圓環邊或市立花園裡，使道路網因此改道，遮住高爾夫球場的平坦球道。新德里一點都不新，而是發出痛苦呻吟的墓地，有著足夠讓任何史家忙上數個輪迴的廢墟。

對此深有所感者，不只我一人：德里的廢墟始終令來訪者驚嘆，在十八世紀，德里頹敗至極、散發最令人感傷氣氛時，或許尤然。往任何方向走上數英哩，都可看到印度六百年帝國統治的遺物，它們半倒且雜草蔓生、被搶劫和重新占領過、被所有人忽略，是德里身為君士坦丁堡與廣州間最大城市的時期所留下的破敗遺物。土耳其浴室和帶有庭園的宮殿、千柱廳和宏偉墓塔、空蕩蕩清真寺和遭棄置的蘇非派聖祠——歷史遺物數不勝數。「往德里望去，放眼所及，到處是庭園、亭子、清真寺、埋葬地的頹圮遺跡，」中尉威廉·富蘭克林一七九五年寫道。「這個一度堂皇、聞名的城市，如今看來無異於一堆雜亂的廢墟……」13

十八世紀末，最早落腳在這些廢墟裡的東印度公司行政人員，係一連串心懷同情且作風古怪、對德里所代表的高雅宮廷文化仍大為著迷的人。厲害的瑪麗亞·紐根特夫人（Lady Maria Nugent），即新任駐印英軍總司令的妻子，來到德里時，驚駭於當地所見。她在日記裡寫道，英國特派代表和其助手已全部「本土化」。

針對賈德納和佛雷澤這兩位仍是我們一員的先生，我有些話要說。他們都留了濃密的大鬍、都不吃牛肉或豬肉，信印度教和信基督徒一樣虔誠，甚至信印度教甚於基督教；他們都是精明、聰明之人，但作風古怪；早早來到這個國家，已形成他們幾和本地人無異的看法和成見。14

後來得知，佛雷澤是妻子奧莉維亞的遠親。十五年前，我以德里為題，寫了《精靈之城》（*City of Djinns*），該書主要著墨時期，就是這個令人著迷且出人意表的時期而來，這個時期給了我靈感，促使寫成上一本書《白蒙兀兒人》（*White Mughas*），談的是十八世紀末擁抱印度文化的許多英國人。因此，《印度末代帝國》是我受德里啟發寫成的第三本書。此書的核心，係一個疑問：印度和英國原本相對較平順的關係（佛雷澤在德里時就明顯是如此），如何惡化為十九世紀英國統治最盛期的仇恨和種族歧視。一八五七年的大叛亂顯然是此一改變的結果，而非其因。

這一安然共存的關係，似乎毀於兩件事。首先是英國國力的崛起：幾年間英國不只擊敗法國，還擊敗他們在印度的所有對手；就和柏林圍牆倒下後，美國人的作法沒兩樣，均勢的改變迅即催生出毫不掩飾的帝國傲慢心態。

另一個是福音派基督教的得勢，以及隨後導致心態上的深度改變。東印度公司職員所寫的遺囑顯示，娶印度籍妻子（bibi）或與印度籍女子同居之事幾乎完全不見。十八世紀在印的英國名人，在回憶錄中提到自己的印度籍妻子或英印混血小孩，但這些回憶錄後經改訂，把配偶從新版回憶錄中拿掉。威廉·瓊斯（William Jones）爵士、華倫·黑斯廷斯（Warren Hastings）之類的十八世紀名人，曾把印度人視為崇高古老智慧的承繼者，但印度人此時已不再被視為這樣的人，反倒被視為十足「貧窮愚昧無知的異教徒」，乃至「放蕩的多神教徒」，熱切期盼改信他宗。

這裡有一點必須好好談談。許多史家動不動就用「殖民主義」一詞，好似它有某種可清楚界定的意義，但愈來愈清楚的是，在此時期，殖民主義有多種模式和幾個不同階段；英國人特性（Britishness）的概念仍在變動之中，擁抱、體現、違反該概念的方式也有許多種。為最令人反感的殖民主義階段揭開序幕者，與其說是英國人，不如說是有具體帝國主義計畫的特定群體，亦即福音派和功利主義者。而殖民主義步入這個階段，對白蒙兀兒人的負面衝擊，與對蒙兀兒皇帝的負面衝擊一樣大。

因為，到了一八五〇年代初期，終於有英國官員在策畫廢掉蒙兀兒皇廷，以及策畫將英國法律、技術和基督教，強加於印度。此一愈來愈不尊重當地民情的行徑引來反彈，而在一八五七年大叛亂時達到反彈極點。孟加拉軍（亞洲最大的現代軍隊）的十三萬九千名印度兵，絕大部分叛變，僅七千七百九十六人仍忠於他們的英國主子。[15]在北印度某些地方，如阿瓦德（Avadh），叛變的印度兵就得到大批當地居民助陣。雙方都犯下不少暴行。

德里是這場大叛亂的中心。隨著叛變士兵從北印度各地湧入此城——就連坎普爾（Kanpur）一地的叛亂團都打算直奔德里，後來被納納・薩希卜（Nana Sahib）調去攻擊他們的軍官才作罷——從一開始，英國人就很清楚，必須奪回德里，不然會永遠失去他們的印度帝國。印度兵深信巴哈杜爾・沙是印度斯坦的合法統治者而群起擁護他，同樣體認到如果德里不保，他們會失去一切。每個可動用的英國軍人都被派去德里嶺，在印度最炎熱的四個夏月，蒙兀兒都城受到英國砲兵轟擊，成千上萬無助的平民驚恐萬分。

大叛亂的頭幾星期，英軍部隊從印度斯坦各地來到德里，但此後，德里，尤其是圍攻德里的部隊，很大程度上收不到他地情勢的消息。因此，圍攻德里之役始終是戰爭裡的戰爭，基本上是獨立發展，與南邊、東邊的重大情勢無涉。直到七月底，德里嶺上的英國人依舊每天期盼，惠勒（Wheeler）將軍從東南方不到三百英哩處的坎普爾率軍前來拯救，殊不知惠勒所部已在一個多月前的六月二十七日投降，並慘遭殲滅。同樣的，德里城中守軍深信，不久就會有兩支波斯軍隊前來解圍，一支會從開伯爾山口南下，另一支則會在孟買登陸後往西北過來，卻不知根本不存在這兩支軍隊。

對一八五七年事件的記述，大多反覆著墨於德里、勒克瑙（Lucknow）、占西（Jhansi）、坎普爾的情勢，讓人誤以為大叛亂的諸多中心間有甚多接觸和訊息流動（其實少了許多）。本書中，除非德里之役的參與者非常清楚他地的情勢，我決意盡量不提他地情勢，以重現在這場蒙兀兒都城的爭奪戰裡，攻守兩方都感受到的強烈孤立感和孤軍難守的感覺。

我和我的同僚馬赫穆德·法魯基、布魯斯·瓦內爾（Bruce Wannell），在印度國家檔案館的架子上找到名為「譁變文件」的資料。「譁變文件」共有兩萬件幾未被使用過的波斯語、烏爾都語文件，都與一八五七年的德里有關。過去四年裡，我們三人爬梳了其中許多文件。[16] 由於譁變文件的存在，後人得以首度從印度的角度、而非只從至今為止被據以理解一八五七年德里的英國史料，去審視當時的德里。

發現國家檔案館的大寶藏，係這整個出書計畫最令人振奮的事情之一。凡是談一八五七年情勢的書，絕大部分都哀嘆印度史料付諸闕如，因此不得不倚賴大量易取得的英國資料（回憶錄、遊記、書信、史書）。而英國資料不只帶有英國人對當時情勢的說法，還帶有其對整個大叛亂的態度和先入為主的看法；在這點上，自文森·史密斯（Vincent Smith）於一九二三年抱怨「對這段歷史的記述，一直僅從一方的角度出發」以來，少有改變。[17]

但國家檔案館一直存有四個月大叛亂期間德里情況的文獻資料，而且記載的翔實程度，和對印度史上任何時期、任何城市的記載相比毫不遜色——多到令人吃不消的短信、請求函、命令狀、請願書、訴苦文、收據、出席者名單和死傷人數表、預測勝利文和保證忠誠文、可靠性令人存疑的間諜短箋、私奔情侶的信——全都整齊捆好、裝箱，存放在印度國家檔案館有空調的儲藏室裡。

更令人振奮的，其中許多資料屬常民性質。這些文件係得勝的英國人從皇宮和軍營收集來，含有大量來自德里普通老百姓的請願書和請求函。這些老百姓包括陶工和交際花、甜食製造商和工作過量的運水工，正是一般不受史家關注的那類人。譁變文件充斥著讓人得以一窺真實生活的資料：遭印度兵偷走輕便床的捕鳥人和石灰製造者；賣掉貨物、口袋滿是現金、回家途中在德里郊外遭古遮人（Gujar）洗劫的哈里亞納（Haryana）馬販；在晚近遭毀的房子裡打牌、色瞇瞇盯著隔壁女人看，使住在那裡的一家人大為驚恐的賭徒；不拿到上次的貨款、就不肯把甜食帶到位於古德夏庭園（Qudsia Bagh）之壕溝的甜食製造商。[18]

在譁變文件中，我們碰到以下諸類人：趁英國人攻打伊德傑赫（Idgah），逃離她與丈夫下榻的客棧，和情人私奔的舞女哈斯妮（Hasni）；想勸德里的印度教徒離開自家店鋪、投入戰事，並舉了來自《摩訶婆羅多》（*Mahabharat*）的例子來勸說的學者哈里昌德拉（Pandit Harichandra）；在禁止屠牛期間烤牛肉串被發現、前去求札法爾饒恕的哈菲茲・阿卜杜拉赫曼（Hafiz Abdurrahman）；交際花曼格蘿（Manglo）的姊妹昌旦（Chandan）。美麗的曼格蘿被騎兵魯斯塔姆・汗（Rustam Khan）抓住並強暴後，昌旦跑到皇帝跟前告狀，「他囚禁她、痛毆她，儘管她大喊、尖叫，卻沒人出手救她……這種無法無天、不公不義的狀態若繼續下去，皇上的子民會全部被滅掉。」[19]

譁變文件讓我們認識日常生活、叛軍動機、叛軍所面對的難題、德里城混亂程度、蒙兀兒菁英和德里印度教徒貿易商含糊不定的回應，含有數量非他者所能及的獨一無二資料。此文件集所包含的情事，讓我們得以不從民族主義、帝國主義、東方主義或其他這類抽象概念的角度去看待大叛亂，反倒得以將大叛亂視為帶來超乎尋常、悲慘且往往難以捉摸之結果的人類活動，將那些無意間被捲入史上最大劇變之平凡人有血有肉的呈現在我們眼前。畢竟，公眾悲劇、政治悲劇、民族悲劇由許多不為人知的、家庭的、個人的悲劇構成。透過講述這些人之成功、奮鬥事蹟和悲痛、苦楚、絕望心情的故事，能最大程度將我們與大不相同的十九世紀中期印度世界隔開的巨大時間鴻溝、理解鴻溝彌合。

隨著從譁變文件所能取得資料的數量之多和記載之翔實慢慢為人所知，隨著我們認識到自一八五七年人們收集這些資料以來，或至少自一九二一年它們在加爾各答的一連串大行李箱被重新發現且分門別類整理以來，其中大部分的資料一直未被人利用。有個愈來愈讓人費解的疑問浮現心頭，為何此前一直無人利用這批上好資料。[20] 因為，在有一萬篇論文和滿滿數架的「庶民研究」（Subaltern Studies）學派著作，仔細且別具新意的針對東方主義、殖民主義和對「他者」的想像，做理論上的說明之際（這些著作的標題全都採用現在分詞和意涵令人費解的當紅名詞，例如 Gendering the Colonial Paradigm, Constructing the Imagined Other, Othering the Imagined Construction），卻沒有一篇博士論文根據譁變文件寫成、沒有哪本重要的專題論著徹底探討該文件集的內容。

這些手稿的「斷體」文常難以看懂，因為以蒙兀兒晚期的晦澀書寫體寫成，略去許多變音符，而且有時褪色、含糊不清的程度，連最頑強的研究人員都不得不認輸。此外，許多片斷（尤其間諜報告）以極細小字體寫在非常小的紙上，以便縫進衣服裡，乃至藏在間諜身體內。不過，這批文件收藏於最知名、最易取閱的檔案館裡——印度國家檔案館位在印度首都正中心，一座宏偉的魯琴斯（Lutyens）時期建築裡。利用譁變文件，充分擷取其中關於一八五七年情勢的豐富資源，有時讓人覺得就和去巴黎，在法國國家圖書館的書架上，發現一整批未被人利用的法國大革命檔案一樣奇怪——而且不可思議。

同樣令人振奮的，係發現德里的兩大烏爾都語報紙，極固執己見的《德里烏爾都語新聞》（*Dihli Urdu Akhbar*）和較莊重、較內斂的宮廷活動公報《新聞之燈》（*Siraj ul-Akhbar*），在整個大叛亂期間持續出刊，未曾漏掉一期，而且國家檔案館幾乎整套收藏這兩份報紙。同樣的，兩報的報導，此前只能找到片斷譯文。[21]

在德里，除了國家檔案館，另有圖書館藏有同樣珍貴的資料。德里專員的辦公室檔案館（Delhi Commissioner's Office Archive），距札法爾在梅赫勞利（Mehlauri）的夏宮不遠，收藏有英國人奪回政權後種種作為的完整紀錄：官員平靜的執行驅逐德里城民、搜捕並吊死涉嫌參與大叛亂的任何德里人、拆除德里大片城區的工作。這些文件讓人得以首度充分認識，英國人回應一八五七年德里大叛亂時作法的惡毒、凶殘。就蒙兀兒菁英來說，德里失陷後，迎來的是近乎種族滅絕的慘劇。英國人此時在德里的許多作為，如今會被歸類為令人髮指的戰爭罪行，並有人認為，只有維多利亞女王時代的英國人，會針對這樣的情事留下如此完整的官方紀錄。

也有數份蒙兀兒人以第一人稱記述，德里一八五七年情況的精采資料被人發現，它們此前都未被譯成英文。其中最令人難忘的記述，係年輕詩人暨廷臣札希爾．德拉維（Zahir Dehlavi），在其《譁變記事》（*Dastani i-Ghadr*）裡，對某個人的整個世界被毀掉一事的感人記述。《譁變記事》寫於事發數年後，係他在海德拉巴臨終時寫成，似乎以更早的筆記為本。與其他許多撰文談一八五七年情勢之人不同的是，他記載當時情勢真相時毫無顧忌，對於蒙兀兒皇廷、印度兵、英國人三者的缺失，一視同仁，直言無隱。

投入研究工作愈久，我愈清楚其實有兩種各異其趣的史學著作，兩者所利用的史料幾乎截然不同。英國人所寫的史書，以及在後殖民時代的印度以英語寫成且數量驚人的史書，往往只使用英語史料，而且就晚近的此類著作來說，拿許多後薩依德的理論和術語來填補空白。另一方面，當代印度、巴基斯坦的穆斯林學者用烏爾都語寫成的史書，喜歡使用全然不同卻能提供相當豐富資料的烏爾都語一手史料。此外，就德里來說，存在一些絕妙的二手學術著作，例如阿斯拉姆·帕爾維茲（Aslam Parvez）為札法爾寫的精采烏爾都語傳記（仍不為英語讀者所知的傳記）。本書的主要目的之一，係把許多談一八五七年德里情況的波斯語、烏爾都語一手及二手史料，首次呈現給英語讀者。

但經查藏有大量新資料的地方，不只德里。在南亞、東南亞各地，一再出現幾乎未被人利用過的其他文件寶庫。在拉合爾，壯觀的旁遮普檔案館，位於皇帝賈汗季最愛之舞女的巨大圓頂墓裡，不只是阿娜爾卡莉（Anarkali）本人的長眠之所，還是大叛亂前英國駐德里特派代表官邸之全部檔案的存放地。原本，史界以為這些檔案已在一八五七年被毀。[22]

在此檔案館，可閱覽到英國特派代表和其在加爾各答的上司，針對消滅蒙兀兒君臣的計畫往來書信。這些檔案也含有許多來自一八五七年的資料，包括數批間諜報告和五月十一日從德里發出的兩封著名電報。此二電報向拉合爾的英國人提醒德里所發生的事，從而使他們得以在收到關於密拉特、德里情勢的消息前，就將旁遮普的印度兵繳了械。此墓，當時一如現在，是旁遮普書記處建築群的一部分，一八五七年約翰·勞倫斯就坐鎮該地，策畫英國人收復德里的行動。在阿娜爾卡莉之墓研究德里特派代表官邸檔案時，無意中發現，離我伏案書寫的書桌僅三公尺處，就坐落著大理石棺，因出現於寶萊塢電影巨製《蒙兀兒皇帝》（Mughal-e Azam）而長留人心的那名交際花，據說就長眠於此棺；而離我書桌僅約兩百公尺處，則有約翰．勞倫斯當年為平定印度兵叛亂、恢復英國人對北印度的控制、而圖謀畫策時坐鎮的辦公室。

更令我意外的，係仰光的國家檔案館。當時我去仰光，主要是為了看札法爾流放暨死亡地點，或許順便去他的聖祠，尋求他的賜福（barakat）——如今其信徒仍祈求的東西。當地友人力促我去該檔案館走走，這才有前往的念頭。該友人認識某人，而某人認識該館館長。去後才發現，館中藏有札法爾所有的囚禁檔案，而且那些檔案都已分門別類掃描，以數位形式存放在Acrobat PDF檔裡——大英圖書館至今還未能做到的事——我因此得以在某天早上結束時，帶著一片發亮的ＣＤ，心滿意足離開檔案館。我對一整個書架資料的研究結果，全收在那片ＣＤ裡。

做完上述研究後的心得，與較晚近研究一八五七年歷史的許多史家所抱持的信念不謀而合。該年的印度大叛亂，並非如維多利亞女王時代或印度民族主義者的史學著作所說，係內部協調一致的單一叛變或充滿愛國精神的民族獨立戰爭，其實是一連串彼此大不相同的起事和抵抗行動所構成，而地方、地區的情勢、激情、委屈，決定了那些起事與抵抗的形態、遭遇。

它們表現出來的形態，因地而有很大不同——這有助於說明為何事過一百五十年，學者仍在爭辯一個老掉牙的問題，即一八五七年事件究竟是軍隊叛變，還是農民叛亂，還是城市革命，還是獨立戰爭。答案是以上皆是，而且其他許多說法亦成立：起事者不是一體化的團體，而是多個團體，各自的目標、動機、性質大不相同。拜艾瑞克．史鐸克斯（Eric Stokes）、魯德蘭修．穆克吉（Rudrangshu Mukherjee）、塔普提・羅伊（Tapti Roy）出色的地區性研究之賜，學者已理解在穆札法爾納嘎爾（Muzaffarnagar）和多阿卜地區（Doab，恆河與亞木拿河之間地帶）、勒克瑙和邦德爾罕地區（Bundelkhand），情勢差異之大。[23]一八五七年事件在德里呈現的形態，同樣不同於其他地方的起事。

因為德里始終很清楚，自己的地位凌駕印度其他地方。它是蒙兀兒皇帝的駐在地、最純正烏爾都語的所在地。德里相信其有最漂亮的女人、最美味的芒果、最有才華的詩人。在德里，許多人最初樂見印度兵致力於讓蒙兀兒人重掌大權、致力於驅逐闖入的可惡異教徒，但沙迦罕城（Shahjahanabad）*的城民不久就受不了，城裡有這麼多來自比哈爾和北方邦東部粗野、愛逞凶鬥狠、不守規矩的農民。對阿瓦德的人來說，印度兵是本地的小伙子，對他們來說，一八五七年事件是不折不扣的人民起事，順應該地區的民心。[24]相對的，對德里來說，外來的印度兵依舊是外地人，方言、腔調、習俗不同於德里人。德里的史料一律將他們稱作「提朗嘎」（Tilanga）或「浦爾比亞」（Purbia）†——意同「外人」。在阿瓦德的史料裡，從未用這兩個詞指稱印度兵。

毛拉韋穆罕默德・拜蓋爾（Maulvi Muhammad Baqar）看法的變化，具體而微說明了德里人對印度兵看法的轉變。拜蓋爾是《德里烏爾都語新聞》的主編，愛發議論且直率，不在意言語傷人與否，烏爾都語詩人和批評家穆罕默德・侯賽因・阿札德（Muhammad Husain Azad）是其兒子。一八五七年五月大叛亂初起時，他是最熱情擁護新政權的人士之一，在其專欄裡寫道，這場造反是真主所遣來，用以懲罰狂妄自大欲將印度境內宗教剷除淨盡的異教徒。對他來說，英國人受挫之快、之徹底，正是真主神奇干預的明證，因此，此一事件發生的同時，出現異夢、異象，也就不足為奇。

有個年高德劭的人夢到我們的先知穆罕默德，該受讚美的他，告訴耶穌，你的信眾已成為我族人的敵人，想除掉我的宗教。主耶穌聽後回道，英國人不是我的信眾，他們沒照我的路走，他們已和撒旦的信眾為伍……甚至有人信誓旦旦說，騎兵來到這裡那天，有駱駝在他們前面，駱駝上面騎著綠袍人……這些綠袍騎士瞬間消失無蹤，只剩騎兵還在，騎兵殺掉他們所找到的任何英國人，把他們如胡蘿蔔或蘿蔔般切碎……[25]

兩個星期後，在五月二十四日刊行的該報中，未領到薪餉的印度兵洗劫了德里大部分市集、毀掉德里大學圖書館、攻擊拜蓋爾之友人的宅第、把全城最討人愛的交際花全霸占後，拜蓋爾的立場隨即一百八十度翻轉，「人民飽受騷擾，受不了強取和劫掠，」他寫道。「城裡所有正派、有錢之人都面臨大災難……這個城市正受蹂躪。」[26]八月時，他已在其《德里烏爾都語新聞》專欄裡一再詳述懶惰、粗野的比哈爾印度兵（他眼中印度兵的形象），如何因為發現德里的奢華、高尚而變得軟弱。

---

* 作者註：沙迦罕城，就是如今稱作舊德里、有城牆圍繞的城市，由第五位蒙兀兒皇帝沙迦罕（一五九二—一六六六）建成，一六四八年啟用，做為他的新都城。

† 作者註：「提朗嘎」一詞的由來，似乎與泰林嘎納（Telingana）一地有關。該地位在今安德拉邦（Andhra Pradesh）境內，十八世紀卡納蒂克戰爭（Carnatic Wars）期間，英國人的印度兵最初有許多招募自該地。在德里，此詞似乎已成為對英國人所訓練之士兵的固定稱呼，儘管英國人老早就改以阿瓦德為其主要的招兵地，因此，一八五七年時，大部分印度兵會是來自今比哈爾部分地區和北方邦。「浦爾比亞」一詞，在德里與提朗嘎通用，單純意指「東方人」。兩詞都帶有「外地」意涵，暗指「這些來自東方的外地人」。

他們喝了這城市的水、逛過月光廣場（Chandni Chowk）……參觀過賈瑪清真寺、享受過岡塔瓦拉（Ghantawala，德里最著名的甜食店）的甜點後，立即喪失了戰鬥殺敵的衝勁和意志，完全失去力氣和毅力……有些人堅稱許多印度兵在交際花的閨房過夜後，沒沐浴就上戰場。*他們所遭遇的挫敗和我們所承受的混亂，有部分要歸因於這一不得體的行徑。[27]

這時，拜蓋爾已偷偷改變支持對象，成了英國人的線民。他的報告經人偷偷帶出城，帶到德里嶺上的英軍營地，如今仍存於德里專員辦公室的檔案裡。

受害於印度兵的一般德里市民所寫的請願書，占了譁變文件的大半；他們請願的對象都是札法爾，希望他出手保護，以免他們慘遭越來越無法無天的提朗嘎人毒手。值得注意的是德里老百姓呈給朝廷的請願書中，用來描述一八五七年情況的字眼，fasad（暴亂）和danga（騷亂或動亂），多於Ghadr（譁變），而且遠更多於Jang-e Azadi（爭自由的抗爭，或較直譯的話，自由戰爭）。對德里人來說，一八五七年的真實情況，與其說是解放，不如說是暴力、不確定、挨餓。事實上，翻閱過譁變文件，我發現圍攻德里之役有時簡直就像三方的角力，即非分出勝負不可的印度兵和英國人，以及夾在中間、生活大大受害於前兩者之暴力的德里城中人。札法爾顯然把保護德里人，使其不受佛朗機人（外國人、歐洲人）和提朗嘎人傷害，視為他的職責。

但德里人與印度兵之間日漸擴大的鴻溝——在史料裡清楚可見的鴻溝——截至目前為止，始終未見哪個史家詳細記述。對帝國時代的英國人來說，圍攻德里，是英國人英勇對抗不知感恩、未分化之土著的偉大時刻。對獨立建國以來的民族主義史家來說，一八五七年大叛亂，是英勇自由戰士對邪惡帝國主義者發起的偉大團結愛國鬥爭。事實上，該事件的性質遠非如此明確。加利卜帶著德里貴族所會有的那種傲慢心態，把印度兵看成惹亂子、舉止粗魯的「黑人」，而當時這麼看待印度兵者，肯定不只他一人。[28]

德里人對一八五七年事件的回應模稜兩可，卻很清楚德里在此大叛亂裡舉足輕重的地位。因為，儘管德里市民的組成結構蕪雜且分裂對立，但許多組成分子卻為了一個共同目標：恢復蒙兀兒帝國，放下歧見，同心協力

百年來，民族主義歷史學家使人無法完全看清這個事實，對他們來說，湧至德里的印度教徒印度兵，其欲恢復蒙兀兒帝國的想法，大體上令聞者極度反感。自薩瓦爾卡爾（V. D. Savarkar）的著作《印度獨立戰爭，一八五七年》（*The Indian War of Independence, 1857*）一九〇九年出版以來，一八五七年三月在巴拉克普爾（Barrackpore）發生的暴亂，一直被視為印度大叛亂的關鍵事件，曼嘎爾·潘戴（Mangal Pandey）則是該暴亂最重要的代表。晚近一部寶萊塢電影，更是強化這一看法。電影的英語片名為《叛亂》，但印地語片名就單純叫做《曼嘎爾·潘戴》。不過，就許多方面來看，潘戴與兩個月後（五月）在密拉特發生的暴亂幾無關係。[29]

反倒，密拉特起事者直奔德里，前往蒙兀兒皇廷，即印度斯坦全境公認的正當性來源。[30]就連在勒克瑙這個自十八世紀後期以來，一直向德里造反之地，印度兵都高舉皇帝和阿拉迪（Aradhi）

* 作者註：穆斯林與女人交歡後，照理要沐浴淨身，因此，這句話既是抱怨衛生不佳，也在抱怨未守禮法。

王廷的大旗起事，並遣使至德里，請求札法爾將年輕的當然繼承人、已在用皇帝名義鑄造自己貨幣的比爾吉斯・蓋迪爾（Birjis Qadir），冊封為維齊爾（Wazir）。在坎普爾亦然。該地的叛亂分子慶祝勝利，認為勝利要歸功於「皇帝的滅敵福運」。[31]

如果說印度兵係受了曼嘎爾・潘戴啟發而造反，他們肯定未清楚表明此事，起事後也未急奔向巴拉克普爾或加爾各答。反倒，清楚無誤的，拿下德里一事，係使這場大叛亂性質大大改變的一記高招。札法爾默然支持印度兵一事，讓軍隊譁變——在東印度公司統治下已發生的許多譁變和武裝抵抗行動之一——轉變為對英國支配印度一事的重大政治挑戰，其所引發的事態，會在不久後升級為十九世紀期間，對帝國主義最嚴重的武裝挑戰。

因為札法爾雖然在許多方面只能任人擺布，但仍是哈里發，即真主派在世間的攝政王。德里人發誓時，未求助於經文，反倒「以皇位的名義」發誓。[32]埃米莉・艾登（Emily Eden）隨哥哥印度總督奧克蘭勛爵（Lord Auckland）一同前往德里時，就連總督的隨員都向皇帝鞠躬，不管印度教徒或穆斯林皆然，「我們的僕從個個畢恭畢敬，」艾米莉寫道。「本地人全把德里的國王尊為理所當然的主子，而我想他的確是這樣的人。」[33]

誠如他的登基肖像對他的描述，他是「神聖的殿下、當今的哈里發、和賈姆謝德一樣光榮的帕德沙（Padshad）、成群天使所圍繞之人、真主的影子、伊斯蘭的庇護人、穆罕默德之宗教的保護者、帖木兒家族的後裔、最偉大的皇帝、最強大的萬王之王、本身為皇帝的皇帝之子、本身為蘇丹的蘇丹之子」。從這觀點看，真正的造反者是東印度公司，該公司兩百年來宣誓效忠於一封建領主，此時卻犯下向該領主造反之罪；畢竟該公司長年來以蒙兀兒皇帝在孟加拉之收稅人的身分行使治理權，不久前甚至還在其印璽和硬幣上，自承蒙兀兒皇帝的封臣。[34]

出於這個理由，北印度許多老百姓響應札法爾的號召，讓英國人大為震驚，畢竟英國人老早就不把他看在眼裡，在與印度民心完全脫節後，看到印度斯坦人*如此熱烈響應他的號召，大為驚愕。英國人只看到札法爾的軟弱無力，不再認識到蒙兀兒一名對北印度的印度教徒、穆斯林仍有號召力。馬克・索恩希爾（Mark Thornhill），馬圖拉（Mathura）一地的英籍收稅人，在叛軍拿下德里後，立即在日記裡寫下他的吃驚之情。

> 他們的談話全離不開皇宮的禮儀和要如何重振它。他們猜著誰會當上內務府總管（Grand Chamberlain）、拉傑普塔納（Rajpootana）的諸首領哪個會守哪個城門、會群起將皇帝送上大位的五十二個羅闍（Raja）是哪些人……聽著聽著，我理解到此前所從未理解到一點，即這個古老皇廷的堂皇威儀已深植於人心，他們非常看重此傳統，以及我們完全不知的是他們非常用心保住此傳統。蒙兀兒帝國萎頓百年後，以該方式開始展現某種令人難以捉摸的生機，著實令人覺得不可思議。[35]

對當時許多人來說，這位蒙兀兒皇帝的吸引力，既是政治性的，也是宗教性的。參與大叛亂的印度人，大體上把這場叛亂當成宗教戰爭，視之為對傳教士和基督教急速闖入印度一事的防禦，

---

* 作者註：印度斯坦指的是涵蓋今日印度哈里亞納邦、北方邦、德里和中央邦、比哈爾邦兩地部分地區且通行印度斯坦語的北印度地區，在今日印度報紙上，常把此區域稱作「牛帶」（Cow Belt）。在十九世紀的烏爾都語史料裡，「印度」一詞相對來講罕用，把印度斯坦當成一個單位的意識則很強，德里則是該地區的政治中心。一八五七年的印度，就屬此地區情勢最為動蕩。

以及為免遭外人支配所展開的全面性戰鬥。一九六〇、七〇年代的馬克思主義史家，通常把這場大叛亂說成是反英國社會、經濟政策的起事，喪失土地所有權和就業機會等因素，所引發的城市革命暨農民叛亂。這些因素的確起了一定作用。但當參與大叛亂的印度人表明其造反理由時——一如在譁變文件裡，他們所頻頻且頗為詳細表明理由時——個個都說他們最主要在抵抗東印度公司，要將基督教和基督教律法強加於印度之舉——而許多福音派英格蘭人的確考慮這麼做。

誠如一八五七年五月十一日印度兵告訴札法爾的，「我們團結在一塊，係為保護我們的宗教和信仰。」[36]後來，他們站在月光廣場（德里的主街），逢人就問：「老兄，你們信這個教？」已皈依伊斯蘭的英籍男女安然無恙，而且在德里這樣的人多得令人吃驚；但已皈依基督教的印度人隨即遭到殺害。晚至九月六日，有則宣言以札法爾的名義發布，號召德里人群起抵抗英國人即將到來的進犯，挑明「這是場宗教戰爭，係為了信仰而戰，住在此帝國城市或此國鄉村的所有印度教徒和穆斯林，都應該……繼續堅守其信仰和信條」[38]。即使我們同意人們使用「宗教」一詞（穆斯林稱之為din）時，常把它理解為非常籠統且無教派意味的達摩（dharma，即本分、正道）——因此，印度兵說他們起事是為了捍衛他們的達摩時，既意指自己的教派認同，也意指他們的生活方式——有一點極為重要，即烏爾都語史料提到英國人時，通常不把他們稱為angrez（英格蘭人）、goras（白人）或firangis（佛朗機人），反倒幾乎都稱為kafirs（異教徒）和nasrani（基督徒）。

起事的印度兵大多是印度教徒，但在德里，有人在最主要的清真寺舉起聖戰旗幟，許多起事者自稱聖戰士、穆斯林戰士。事實上，到了圍城末期，許多印度兵因拿不到薪餉、挨餓、失去鬥志而走掉，聖戰士所占比例已達德里城守軍約四分之一，包括一團來自瓜廖爾（Gwalior）的「自殺性穆斯林戰士」。這些自殺戰士已誓言就此絕食，要戰到死在異教徒手裡為止，「因為已決心一死的人不需要進食」。[39]

據德里某史料記載，騷亂的肇因之一係「英國人關掉伊斯蘭經學院」。[40]一九六〇年代的史家對這話無感。如今，可悲的，在九一一和七七恐攻事件後不久，人們對此話有再深切不過的體認，聖戰之類字眼從塵封的史料裡向外呼喊，要人投以關注。

如果說上述一切在當代依然讓人強烈的宛如昨日，但從其他方面來看，今日的德里似乎正在快速地遠離蒙兀兒時代。現今的德里，愈來愈有錢的旁遮普人中產階級，生活在有著購物中心、咖啡館和影城的小天地裡，昂揚著為未來打拚的衝勁。納賈夫嘎爾位於比英迪拉・甘地國際機場更遠的二十公里處，曾上演德里圍城戰最重要的戰役之一。我去了那裡，發現該鎮沒人知道該役或對該役有代代相傳的家族記憶；反倒是客服中心的招人海報，貼滿該鎮碩果僅存的蒙兀兒時代遺跡，德里門。

德里外圍到處是新興的郊區市鎮，那些市鎮林立著後勤處理單位、軟體公司、高級華廈，而它們的所在地，兩年前還長著隨風搖曳的冬麥。這個正在快速興起的中產階級印度，是個把眼光牢牢盯緊未來的國家。到處彌漫著一股濃濃希望，希望本國蒸蒸日上的國際地位，會彌補被視為因一連串外強入侵、擊敗構成的過往。不管原因為何，結果是德里可悲的漠視自己輝煌過去。有時我覺得德里是世上最無人愛、最受冷落的重要城市。偶爾，當詩人札烏克的墓被人發現已消失於男公廁底下，或他的詩壇對手加利卜帶有中庭的大宅第被披露已改闢為煤店時，有人發出強烈的憤慨；但大體上，古蹟多在無人聞問下消失於世間。

這令我非常難過：往往重遊某個非常喜歡的古蹟時，若非已淪為貧民區或貨櫃堆置場，就是已遭印度考古調查局漫不經心的修復或重建，抑或者，更常見的，根本遭拆除。舊德里的精致大宅第或蒙兀兒時代帶有中庭的房子，九成九都已被毀，城牆也消失的差不多。據史家帕萬·瓦爾馬（Pavan Varma）的說法，他在其十年前《日薄西山的大宅》（*Mansion at Dusk*）一書所記載的建築，大部分都已不復存在。或許，漠視過去，也歸因於文化因素：誠如某文物保護者晚近告訴我的，「你要知道，我們印度教徒實行火葬。」無論如何，消失的德里過往無法彌補，後代回顧二十一世紀初期文物保護的不力時，必然非常難過。

有時，冬日午後散步，我信步走到令人發思古幽情的札法爾夏宮的迷人廢墟，它位於梅赫勞利，離我德里的家不遠。從其宏偉的門道往外望，想著札法爾若地下有知，會怎麼想現今的情況。往下看，目光越過毗鄰皇宮的蘇非派聖祠，我想他還是能讓自己接納當今快速變遷的網路印度，即外包業務、客服中心、軟體園區正迅速接管他的世界最後剩餘部分。畢竟，務實和接受始終是札法爾的傲人特質。儘管人生多舛，他還是能看清世界繼續在運行，看清狗吠得再怎麼厲害，人生的大旅行隊還是要繼續啟程走向下一站。有首詩公認出自札法爾之手，而且據說是寫於他遭囚後不久。

當妳一身綾羅綢緞過來，
妳春天般的美令我目眩神移，
一朵花因妳而綻放——
我的生命中有了愛。

妳與我同住，耳鬢廝磨，
成為我生命一部分，形影不離；
但如今時間的巨輪轉動，
妳走了——沒有歡樂停駐。

妳曾把雙唇緊貼上我的雙唇，
把心緊貼著我跳動的心，
如今，我無意再陷入愛河，
因為販售愛之解方的老闆
已把店關了，我尋找無著。

我現今的人生黯淡無光，
我的心或眼得不到慰藉；
出於塵土，再歸於塵土，
不管對誰，我都是無用之人。

德里曾是樂園，
愛所支配、掌控之地；
但如今它的魅力已被劫走，

只剩斷垣殘瓦。

當他們未裹屍布，被放進公共墓地，
無人流淚；
無人為這些高貴的死者念禱文，
他們的墓依舊沒有墓碑。

心很苦，肉體受傷，
心著火了，嘆息愈來愈深重；
滴血，心碎，
眼睫毛上有淚。

但札法爾，世事流變，
誰說得準？
憑著真主的大慈大悲和先知，
一切或許還是會安好。[41]

威廉・達林坡
新德里，二〇〇六年一月

CHAPTER 1 棋子國王

一八五二年四月二日炎熱夏夜的凌晨兩點，皇子賈旺．巴赫特的娶親行列，離開紅堡的拉合爾門。

防禦土牆上的加農砲鳴響，煙火和火箭從燈火通明的紅堡角樓射向空中，劃出美麗的弧線，月光廣場這條通衢大街對面的兩座城門緩緩打開。

最早現身者是持杖衛士（chobdar）。德里人一直不喜受障礙物約束，動不動就闖過竹欄杆，竹欄杆上掛著照亮隊伍行經路線的燈。在興奮的群眾中開出一條路，係持杖衛士的職責。路開後，御象現身，拖著沉重步伐穿過城門，而煙火的施放令象群始終躁動不安。

兩位騎馬大臣走在娶親行列最前頭，馬鬃上裝飾了貝殼，馬頸和馬蹄後的上部肢關節掛著鈴鐺。兩大臣騎馬出來，身旁跟著持扇的僕人。然後是一隊蒙兀兒步兵，手持擦得鋥亮的黑盾牌和彎刀、長矛，長矛上的綠、金色矛旗迎風飄揚。

第一組六隻御象接著出現，頭上披掛著金色、藏紅色頭巾，頭巾上繡著皇帝的盾徽。官員坐在象轎*上，高舉著王朝徽章。自三百多年前蒙兀兒人來到印度，就一直使用這些徽章：其中一個象轎上，高舉著光芒四射的太陽；另一個象轎上，兩隻金魚懸在一把金弓上；第三個象轎上，一個獅狀野獸的頭；第四個象轎上，一隻金質「法蒂瑪之手」（Hand of Fatima）；第五個象轎上，一個馬首；第六個象轎上，一把御傘（chatri）。它們全都是金製，架在鍍金杆子上，杆上垂著絲質飾帶。

接著依序出現一隊身穿紅色短上衣的宮僕，手拿被蓋住的盤子，盤中有要送給新娘娘家的食物和禮物；一隊就著鼓聲和鳴槍聲前進的駱駝；一小隊英軍印度兵，全都戴著貼身的毛皮高頂帽，身著貼身藍色、藏紅色制服，護送兩門輕加農砲，帶隊者是宮廷衛隊長道格拉斯上尉；一隊斯金納之騎兵隊的騎兵，身著黃色短上衣，繫著緋紅色飾帶，外著胸鎧，頭頂中世紀似的頭盔；一群牛拉車，車上坐著數隊蒙兀兒定音鼓手、印度嗩吶手、小號手、鈸手；一輛歐洲四輪馬車，車身漆成翠鳥藍，車上坐著一群較高階的皇子，他們身上的鍍金織錦衣，熠熠映著煙火的亮光。

每一群後面都跟著高舉火把的人，火把人之間還穿插著手持蠟燭的男子，蠟燭擺在鐘形玻璃容器裡。還有數群人提著水，一路把皮囊裡的水倒在路上，以免隊伍走過，揚起漫天的夏日塵土。

四輪馬車過去後，來了另一群人數較少且較年輕的皇子，這次他們騎著馬，騎在最中間者是新郎。米爾札賈旺・巴赫特才十一歲，即使在青春期初期就談婚論嫁的社會裡，這個年紀當新郎還是很年輕。緊跟在皇子後面者，係騎在大象上的皇帝本人。他坐在他的金象轎上，儘管夜裡天氣熱得讓人難受，依舊盛裝打扮，穿戴著官袍和珠寶，身邊跟著手持孔雀羽扇的私人男僕。皇廷的其他人步行跟在後面，形成一條逶迤的人龍，向後綿延，穿過加蓋市集（Chatta Chowk）、紅堡市集，直到位於紅堡正中央的鼓屋門（Naqqar Khana Darwaza）。[1]

不久前，皇帝和賈旺・巴赫特都讓奧地利藝術家奧古斯特・舍夫特（August Schoefft）畫了肖像。[2]舍夫特把札法爾畫成一個尊貴、內斂且長得相當好看的老頭子，有著漂亮的鷹鉤鼻和用心修剪的鬍子。雖然長得高，但身材出奇的魁梧健壯，纖長的睫毛下方，那水汪汪的褐色大眼裡，卻散發著濃濃的溫情和敏感。還是個少年皇子時，札法爾一直以有點笨拙且惶惑不定的形象出現於肖像畫裡，身材肥胖，神情明顯不自在，留著稀薄的鬍子。但隨著步入中年，他變得成熟帥氣，到了老年——超乎尋常的——長得比以往任何時期都好看。如今，七十五歲的他，雙頰灰黃，鼻

* 作者註：象轎（howdah），象背上的亭狀座位，該時期的象轎往往有華蓋覆頂。

子比以往更突出，舉止神態更有威嚴。但當這位老皇帝跪著，一臉倦容的用手指撥著念珠，眼神裡依舊散發著鮮明的憂鬱氣息；飽滿的雙唇，依舊帶有早期肖像畫裡那種哀傷、認命的特質。在舍夫特筆下，札法爾有點撐不起裝飾他的金織錦布，被巨大的血色紅寶石和數串大珍珠壓得有點吃不消。每顆珍珠都有山鶉蛋那麼大，重重的掛在頸子上。肖像畫裡的他，似被皇帝服飾囚住。

相對的，年輕的賈旺．巴赫特，皇帝最寵愛的兒子，似乎很喜歡身上的各種珍珠、寶石、鑲珠寶的小刀和嵌了花樣的劍，身上裝飾的奢華和他父皇不相上下。他的表情也不一樣：帶著刻意的俊美，以及就十一歲男孩來說，出奇的高傲自信。他的神態十足篤定，和父親那疲倦不定的神情形成鮮明對比。[3]

有個人，未見於他們的肖像畫和娶親行列裡，但這個人為促成這樁婚事，出力最大。那就是札法爾最寵愛的妻子齊娜特．馬哈爾。她為這一天準備了好幾個月。照蒙兀兒人的傳統，女人不跟著娶親隊伍去迎娶新娘，就連母親和母后亦然；但娶親行列的大小事宜卻全由她操辦。因為米爾札賈旺．巴赫特是齊娜特．馬哈爾的獨子，而她此生最大的心願，就是看到賈旺．巴赫特，札法爾的第十五子，在他父皇死後繼承皇位。

這場格外豪奢的婚禮，照她的規劃，意在提升該名皇子的形象，並鞏固她在王朝裡的地位：賈旺．巴赫特的新娘，納瓦卜沙．札瑪妮別姬（Nawab Shah Zamani Begum）*，是齊娜特的姪女（或甥女），婚禮時大概只有十歲，她父親，馬拉嘎爾的瓦利達德．汗（Walidad Khan of Malagarh），是這位皇后的重要盟友。兩夫妻年紀這麼小，照常理一或兩年內不會圓房，甚至不會住在一塊，但出於政治考量，這樁婚事應該立即辦好，不必等到兩小口進入發育年齡。

誠如齊娜特所設想的，米爾札賈旺·巴赫特的婚禮規格，來到當今德里人記憶中前所未有的盛大程度，使賈旺·巴赫特所有哥哥的婚禮都相形失色。負責照管「魚旗」†的年輕廷臣札希爾·德拉維，六十年後仍記得從御廚端出來、分送給每個宮中官員的食物香氣，記得重大慶祝活動前的大型文娛節目，「如此漂亮華麗，此前從沒見過，」多年後他流亡於海德拉巴時寫道。「至少我這輩子還沒見過。那是我絕對忘不了的慶祝活動。」[4]

婚禮的三天前，就有一支隊伍從瓦利達德汗的家行進到皇宮，為慶祝活動揭開序幕。這支隊伍帶來主要的結婚禮物，隊伍過後，放了煙火：據《德里報》（*Delhi Gazette*）報導，「一隊燦爛耀眼的大象、駱駝、馬和各種運輸工具。」[5]接著進行抹散沫花膏（mehndi）的儀式，即用散沫花膏在新婚夫妻及其賓客（包括宮中所有女人）的手劃上圖案做裝飾；慶祝活動會在婚禮之夜後持續七天。

主要隊伍出行那晚，守夜（ratjaga）開始之時，札法爾已賜予賈旺·巴赫特一個用多串珍珠製成的結婚面罩（sehra），還命人為宮中不同等級之人同時辦一場盛大的聚會，每場聚會各有專屬樂師和女舞團。獲挑選參加的城民在某個庭院，宮中小孩和學生在另一個庭院，高級官員在第三個庭院，諸皇子在第四個庭院。[6]

---

* 作者註：「納瓦卜」一詞，原意指總督或省長，但後來單純當尊貴頭銜使用，通常用在男人身上，但偶爾——一如此例所見——用在女人身上（在英語裡，意思最接近的對應詞是公爵或公爵夫人，而公爵的英語 Duke 一詞，其最早的拉丁語形態 Dux，也有省長之意）。

† 作者註：魚旗（Mahi Maraatib），立在一根金質長支柱上的一條或一雙金質魚，係蒙兀兒人最重要的王朝徽章，儘管札希爾有著「魚旗管理人」的顯赫頭銜，其日常職責相對來講卻很卑微，形同皇帝的侍從官或副官。

札法爾經常入不敷出，更別提他的妻子，因此婚禮的許多初期事宜，涉及向德里放款人借款，而這些放款人出於經驗，很清楚借出去的錢收回的機率。自十二月起，英國特派代表的朝廷議事日誌，充斥著齊娜特欲弄到大筆金額之事，靠以冷酷無情出名的太監頭子馬赫布卜・阿里・汗（Mahbub Ali Khan）之助，她終能如願。[7]皇宮得到修補、徹底打掃，用油燈和枝形吊燈裝飾得美輪美奐。[8]弄到夠精采絢爛的煙火是另一件待辦的大事，於是整個一、二月期間，從印度斯坦各地召來煙火製造師傅，要他們大展身手。[9]

娶親隊伍緩緩往西，向著月光廣場頂端走去時，紅堡的宏偉紅砂岩幕牆周邊，仍在施放火箭、小爆竹、羅馬焰火筒，爆炸聲此起彼落，廣場上的樹和貫穿廣場中央的運河，在火炬照耀下閃閃發亮。隊伍蜿蜒前進，經過晚近被新成立的德里銀行接收的別姬蘇姆魯（Begum Sumru）大宅的庭園，穿過達里巴（Dariba）——這時已點起萬支蠟燭和燈籠，隔著揚起的塵土，燈光和燭光呈矇矓狀——然後轉左，走過布拉基別姬街（Kucha Bulaqi Begum）邊交際花之排屋（kothi）的花格窗下。

隊伍繼續前進，在映著月光的賈瑪清真寺白色大理石圓頂下，再度轉彎。然後，隊伍呈弧線走過卡斯市集（Khas Bazaar），接著繞過小了許多但金碧輝煌的蘇內赫里清真寺（Suneheri Masjid）美麗圓頂，穿過法伊茲市集（Faiz Bazaar），進入達里亞甘吉（Daryaganj）。德里最氣派的幾座貴族府第就坐落在此，例如，切傑爾的納瓦卜（Nawab of Jhajjar）的著名排屋（kothi）。據身為英國聖公會加爾各答首主教的希伯主教（Bishop Heber）所述，此排屋的「宏偉氣派遠超過在莫斯科所見的任何建築」。隊伍的目的地，瓦利達德・汗的大宅，就坐落其間。[10]

途中，誠如皇宮日誌所述，「隊伍經過數間陛下官員的屋子，官員上前呈上納茲爾（nazr，出於禮儀規定的禮物），陛下則檢視路邊的彩燈。」[11]隊伍經過的幾條富麗堂皇街道，這時大體上仍是蒙兀兒人的產物。儘管經過一百五十年的衰落和政治倒退，德里在一八五二年時，再度成為印度境內最大的前殖民時代城市——最近甫從勒克瑙手裡奪回寶座——而且做為蒙兀兒人的都城（Dar ul-Mulk），德里是優雅蒙兀兒大城的典型：詩人米爾（Mir）寫道，「在這座美麗城市裡，街道不只是街道，而是像畫家的畫冊。」[12]此時期另一位德里作者表達了類似看法，把德里諸庭園水渠裡的水，比擬為彩飾手稿頁上擦得鋥亮的邊緣，「它的水，猶如水銀，係流過石質頁的純銀邊緣（jadval）。」[13]

當穆爾希達巴達（Murshidabad）和勒克瑙正在嘗試採用西方時尚和西方古典建築時，德里仍堅定且驕傲的維持其做為蒙兀兒風格中心的身分。札法爾上朝與群臣議事時，不可能一身英國海軍上將的打扮，抑或是英格蘭教會的教區牧師打扮，據聞在勒克瑙，已有人以這樣的打扮出現在納瓦卜的議事庭上。蒙兀兒後期，皇帝所蓋的建築也看不到多少受西方建築影響的痕跡：札法爾為其夏宮「札法爾宮」（Zafar Mahal）所蓋的新門道、在月光庭園（Mehtab Bagh）——散發香氣的紅堡夜間庭園——所蓋的精致浮動花園亭子，仍是以蒙兀兒盛期的沙迦罕風格建成。

德里城的建築風格，和皇廷沒有兩樣：除了唯一的例外，德里銀行——原是別姬蘇姆魯的帕拉迪奧式（Palladian）宏偉府邸——娶親隊伍所經過的建築，看不出多少採用西方古典三角牆或英國喬治王朝時期方窗的跡象，但在勒克瑙和齋浦爾（Jaipur），這種嘗試兼採本土、西方風格的作法已盛行許久。一八五二年時，德里城裡由英國人增建的部分，只有一座圓頂教堂、晚近改闢為德里學院的古典風格英國特派代表官邸建築、一座防禦工事嚴密的彈藥庫，而且它們全都位在紅堡北邊，娶親隊伍看不到它們。此外，德里城裡的歐洲人，這時相對較少——城裡大概不到百人：誠如詩人暨文學批評家阿札德（Azad）後來所說的，「那時，若在德里看到一個歐洲人，人們會把他看成是真主親手製造之物的特例，並指著他，彼此說道：『瞧，有個歐洲人！』」[14]

其他人看法則沒這麼寬厚。英格蘭人是猿與斯里蘭卡女人（或「猿與豬」）苟合的產物一說，在德里市井非常盛行，以致德里的神學界龍頭沙・阿卜杜勒・阿濟茲（Shah Abdul Aziz），不得不發出伊斯蘭教令（fatwa），表達其對此事的看法：此說在可蘭經或聖訓（Hadiths）裡沒有依據，佛朗機人行為再怎麼古怪，仍是基督徒，因而是有經者（People of the Book）。[15] 因此，只要飲食中不含酒和豬肉，完全可以與他們為伍（如果有人出於奇怪的理由想這麼做的話），乃至，偶爾，與他們共食。*

由於缺乏與歐洲人定期接觸及其他原因，德里仍是極具自信之地，頗自得於本身的卓越和其塔赫吉卜（tahzib，高雅）的更勝一籌。隨著開放且不受約束的殖民主義入侵，一地的自信不可避免隨之垮掉，但德里尚未身受此害。反倒就許多方面來看，德里仍是在快速改變的印度裡充斥保守之蒙兀兒傳統主義的地方。在沙迦罕城，想稱讚另一位城民時，還會在中世紀伊斯蘭用語裡、在歷久彌新的詩體比喻裡，找古老的文詞來比附：德里女人高大修長如柏樹；德里男人寬厚如費里敦（Feridun）、博學如柏拉圖、睿智如索羅門；德里醫生醫術高明如蓋倫（Galen）。有個人，相當清楚自己家鄉城市和其城民的優點，那就是年輕的賽義德艾哈邁德・汗（Sayyid Ahmad Khan），†「德里的水嘗來甘甜，空氣絕佳，幾乎沒有疾病。」他寫道。

> 蒙真主恩典，居民有教養、長得好看，年輕時特別迷人。其他城市的人，沒一個比得上……尤其，此城的男人有興趣學習、有興趣發展藝術、在閱讀書寫中度過日夜。如果詳述他們的每個

特質，那會如同寫一篇談中規中矩的論文。[16]

十九世紀初期的德里人，頗似今日的紐約人，對自己所熟悉且喜愛街道之外的世界興趣缺缺，難以理解怎會有人想住在別的地方：誠如詩人札烏克所說：*Kaun jaye Zauq par Dilli ki galian chhor kar*（噢，札烏克，怎會有人離開德里及其巷子？）。他用語誇大；但這話背後，有著對一個偉大文明城市真實可感的驕傲。就在這個城市的政治前景日漸黯淡之際，其做為學術、文化、精神中心的名聲，卻來到幾乎是歷史顛峰。

如果說有樣東西是這個城市最為自信的，那就是其語言的優美。畢竟烏爾都語誕生於德里‡：那是詩人暨文學史家阿札德所謂的「被人發現遊蕩於沙迦罕城市集的孤兒」。[17] 據毛拉韋阿卜杜·哈克（Abd ul-Haq）的說法，「凡是未住過德里的人，絕不可能被視為道地的烏爾都語行家。那就像上了賈瑪清真寺台階，才能學到上乘語言。」這是座獨一無二的城市。在德里，「家家戶戶談詩」，因為「皇帝本人就是詩人和詩的鑑賞家」、「崇高紅堡的語言是高雅的精髓」。[18]

---

* 作者註：沙·阿卜杜勒·阿濟茲也裁定，穆斯林受僱於基督徒、合於伊斯蘭教法。另一方面，他不大相信英國人的智力，以其無法掌握穆斯林神學最基本的妙義，而瞧不起他們。他寫道，每個種族都有自己的特定才能。「印度教徒特別善於數學。法蘭克人特別精於工業和技術。但他們的心智無法理解邏輯、神學、哲學的較精細之處，只有少數人例外。」此段文字被引用於 Khalid Masud, 'The World of Shah Abdul Aziz, 1746-1824', p. 304, in Jamal Malik (ed.), Perspectives of Mutual Encounters in South Asian History, 1760-1860, Leiden, 2000.

† 作者註：日後他會獲授爵士之位，成為穆斯林改革者和阿利嘎爾穆斯林大學（Aligarh Muslim University）的創辦人。

‡ 作者註：儘管發源於德干高原。

男人和女人都陶醉於德里語言之優美——有種特殊的德里烏爾都語方言，只通行於女人的居所——而且，或許更令人吃驚的，各階層皆然。尤其，沉迷於詩者，不只菁英，還有不少老百姓。《詩的庭園》（*The Garden of Poetry*），米爾札賈旺·巴赫特結婚前兩年出版的烏爾都語詩集，收錄了多達五百四十首來自德里的詩，作者從皇帝札法爾及其家族五十名成員，到月光廣場上的一個窮賣水人、旁遮普人客棧裡的一名商人、年老的德籍猶太傭兵「法拉蘇」（Farasu）——德里一地愛上蒙兀兒文化的歐洲人多得出奇，他是其中之一——一名年輕的摔角手、一個交際花、一個理髮師。[19]這些烏爾都語詩人中，至少五十三人有明確的印度教徒名字。

因此，儘管瓦利達德·汗已為該夜的婚禮在德里安排最好的舞者，但是最令人難忘且討論最熱烈的話題，與其說是慶祝活動或盛宴或煙火，不如說是桂冠詩人札烏克和其對手米爾札瑙沙（Mirza Nausha）。這時瑙沙已以筆名加利卜更為人所知。

新上任的皇宮衛隊長道格拉斯上尉，跟著娶親隊伍走，遠至瓦利達德·汗的大宅。在道格拉斯之類外人看來，這場婚禮既讓人瞠目結舌、又散發著歡樂和諧的氣氛。事實上，據宮廷日誌的記述，整個典禮唯一不順利之處，發生在隔天早上十點返回紅堡途中。

瓦利達德·汗剛向賓客展示過新娘嫁妝——「八十盤衣服、兩盤珠寶、一個金床架和天篷、數個裝有白銀的容器、身上披掛了繡飾的一頭大象和幾匹馬、兩頭乘用駱駝」——札法爾剛與新娘、新郎啟程回宮，突然「一個糕餅師傅朝米爾札賈旺·巴赫特乘坐的大象，丟了兩或三塊餅乾」。大象驚退，鬧出事情的糕餅師傅被帶走入獄。[20]

不過自信、和諧的表象大抵上是自欺欺人。一如在許多婚禮所見，儘管表面上一派祥和、家人同心，私底下關係卻很緊繃。札法爾和齊娜特對娶親隊伍的高度看重，本身就饒富意義。蒙兀兒人的確始終把列隊出行，視為公開宣揚權威的重要活動。兩百年前，法籍旅行家暨作家佛朗索瓦．貝尼耶（François Bernier），描寫了一六四〇年代後期，沙迦罕女兒羅莎娜拉別姬（Raushanara Begum）夏季出遊喀什米爾的盛大行列：他在回憶錄裡寫道，「你絕對想不到比這更威嚴或氣派的了，若非以某種練達的淡然看待這盛大的場面，我很容易就會像大部分印度詩人那樣，陷入飛揚的想像裡。」[21]但如今，蒙兀兒人老早就失去對喀什米爾的控制；事實上，蒙兀兒人已一百多年未能在德里周遭以外的地方隨意列隊行進。誠如著名打油詩所說的，

沙．阿拉姆的王國
從德里到帕拉姆。*

就皇宮來說，紅堡最珍貴的財寶，已在一七三九年被入侵的波斯人納迪爾．沙（Nadir Shah）奪走。五十年後的一七八八年夏，札法爾十三歲時，流寇古拉姆．蓋迪爾（Ghulam Qadir）拿下此城，親手將札法爾祖父沙．阿拉姆二世弄瞎，要札法爾的父親、日後的皇帝阿克巴．沙二世，跳舞供他欣賞；然後他變本加厲，把沙．阿拉姆著名圖書館的藏書運走，其中大部分被他賣給阿

* 作者註：帕拉姆（Palam）離紅堡不到十英哩，在今國際機場附近。這首詩提到的沙．阿拉姆（Shah Alam），指的是蒙兀兒王朝兩個沙．阿拉姆的其中哪一個，或其實是指蒙兀兒王朝之前賽義德王朝的某個沙．阿拉姆，未有定論。

瓦德的納瓦卜，令皇帝怒不可遏。[22]自此，一個瞎眼皇帝坐鎮已成廢墟的皇宮，統治其國度，誠如阿札德說「只是個棋子國王」。[23]

沙・阿拉姆二世死後，蒙兀兒人的管轄範圍更小，札法爾的控制範圍甚至只及於帕拉姆；他真正管得到的地方，就只有紅堡城牆裡，猶如在梵蒂岡城裡的印度教皇。即使在紅堡裡，札法爾的權力一樣受限。因為英國特派代表*托馬斯・梅凱夫爵士，友善卻牢牢盯著札法爾的日常作息，頻頻禁止他行使皇帝眼中神聖不可侵犯的權利。

例如，德里境外的貴族，未經梅凱夫同意，不得進入紅堡。[24]為執行其向自己土地收租的權利，札法爾不得不向英國人的法庭請求許可。[25]未事先知會特派代表，他不能將鑲在皇冠、權杖等上面的御寶贈予他人，連贈予自己家人都不行，偶爾，特派代表得悉皇帝收到未經核可的禮物，還會被要求歸還，皇帝做到非常窩囊。[26]未經梅凱夫許可，札法爾不得將基拉特（khilat，尊榮袍服，最高領主身分的象徵）賜予來自德里轄地外的貴族：賈旺・巴赫特結婚後，有天，戈萊蘇爾（Kollesur）的羅闍古拉卜・辛格（Raja Gulab Singh）來到皇廷，獻上「一匹馬、七枚莫赫（mohur）金幣」，以表達忠誠之意，札法爾則回賜一件基拉特袍。梅凱夫得知，立即要該羅闍歸還袍服：在特派代表眼中，該羅闍是英國的子民，沒必要向外國統治者公開表態效忠。[27]

札法爾於是將自己深深的悲憤和身不由己的感受升華為詩篇，因此事感到的深深羞辱，清楚可見於詩裡。他的情詩裡不時出現籠中鳥的意象，或渴望飛進他隔著監獄鐵窗清楚可見庭園的夜鶯。

擊碎我籠子的條柵。

但一如畫中的籠中鳥，
自由無望。

早晨的微風告訴庭園，
春與秋對我沒兩樣。

我怎知，
一個季節何時來，另一個季節何時去？[28]

在別的詩句裡，他更清楚表達同樣的想法：

凡是進到這幽黯宮殿裡者，
終身都是歐洲人的囚虜。[29]

* 作者註：特派代表，最初充當總督駐蒙兀兒皇廷的大使，但隨著英國人權勢變大、蒙兀兒人權勢衰退，他愈來愈扮演起德里與德里周邊地區省長的角色。

札法爾如此身不由己受制於人，但不久前並非這樣。一八〇三年英國人首度來到德里，打敗當時支配印度斯坦許多地方的馬拉塔聯盟（Maratha confederacy），那時，英國人以沙・阿拉姆的保護者、救星的姿態現身：*總督韋爾茲利勛爵（Lord Wellesley）寫道，「儘管陛下的實權、統治權、管轄權全遭剝奪，但印度幾乎每個邦、每個階層仍承認他有名無實的最高統治權。每個當權者的流通貨幣都以沙・阿拉姆的名義鑄造……」[30]

他漏提一點，這還包括東印度公司的盧比；此外，該公司的印章也直接承認其做為蒙兀兒人法定封臣的地位，為此在印上刻了「Fidvi Shah Alam」（沙・阿拉姆的忠心扈從）。韋爾茲利寫道，因「不希望在英格蘭有人懷疑」，他想「把東印度公司實實在在的或透過代理的，擺在蒙兀兒人的大位上」。雷克勛爵（Lord Lake）接獲指示，要其向年老的皇帝獻上「忠心……徹底展現（對他的）尊崇、敬重、關注」。這位新特派代表也接到嚴格的指示，要他遵行各種「印度斯坦皇帝所應得的」禮節。[31]

蜜月期不長。開始逐步吃掉蒙兀兒皇帝之地位者，係托馬斯・梅凱夫的冷酷兄長，他的前任特派代表查爾斯・梅凱夫爵士。在一八三二年的信中，查爾斯・梅凱夫宣布「我已聲明中止先前對帖木兒家族的忠誠」，然後他說服總督片面宣布，終止向皇帝致贈納茲爾的老作法——致贈納茲爾，代表公開確認英國人做為皇帝臣民的地位。查爾斯・梅凱夫同意英國人嚴格來講仍是蒙兀兒人的封臣，但由於英國人強、蒙兀兒人弱，遂打定主意此事絕不再公開承認：他寫給總督道：「整體來講，我們從一開始就寬厚對待此國王，我從不覺得他不可理喻或妄自尊大。」但如果皇帝不願接受新現實，「我認為日後的最佳方針，係讓其淪為無足輕重的角色，而不要像我們此前那般維護他的尊嚴。」[32]

隔年，札法爾的名字從東印度公司的盧比上拿掉，奧克蘭勛爵來到德里時，甚至連禮貌性拜見皇帝阿克巴．沙二世都省了。一八五〇年時，他的繼任者達爾豪西勛爵（Lord Dalhousie），已下令禁止英國子民接受蒙兀兒人封銜：「給英國人披上蒙兀兒人的禮儀性披風」之舉，被斥為「隆重的鬧劇」。[33]達爾豪西此舉，不同於韋爾茲利勛爵當初所答應的作法，代表英國人欲把其封建領主貶為臣屬於他們的貴族。此後，愈來愈多蒙兀兒人的權利和特權遭奪走，到了一八五二年，札法爾除了皇宮和尚存的蒙兀兒王朝聲望，已一無所有。

儘管如此，札法爾仍可浩浩蕩蕩列隊出行。其他賴以表達其日益虛無之最高統治權的作法，多已遭剝奪，但他善用這項權利。札法爾在位期間的細密畫，就包含許多呈現列隊行進情景的畫卷：赴蘇非派聖祠，一年一度赴位於梅赫勞利的夏宮避暑，前去舊伊德傑赫（Id Gah）過開齋節和宰牲節，前往古老的尤格瑪雅（Jog Maya）神廟和蘇非派神祕主義者庫特卜．薩希卜（Qutb Sahib）的聖祠參觀賣花人集市（Phulwalon ki Sair）。

從這個觀點看，賈旺．巴赫特的浩大娶親行列，不是國力強大的象徵，而是病入膏肓的王朝最後一次孤注一擲的縱情享受自由。

存世的婚禮官方記述，可以理解的，未著墨於我們所知道的在該夜裡爆發的種種口角。

---

* 作者註：此前的馬拉塔人，還有羅希拉人（Rohilla），也以此姿態現身。

最不讓人意外的口角，發生於加利卜和札烏克兩大宮廷詩人之間。兩人的風格和背景，處處含有分歧的可能。札烏克的詩驚人簡潔，加利卜的詩則以錯綜複雜而惡名遠播。*札烏克出身寒微，父親是個普通步兵；但被找去當札法爾之詩藝導師（ustad）†和成為蒙兀兒德里之桂冠詩人者，是札烏克，而不是帶有貴族身段的加利卜。

此外，札烏克生活簡樸恬靜，從日暮作詩到黎明，鮮少離開其工作所在的小庭院。加利卜則非常自豪於浪蕩子的名聲。此婚禮的五年前，加利卜還因為賭博入獄，後來把此事——當時令人極難堪的醜事——當成光榮之事。有人當著加利卜的面，稱讚信教虔誠的謝赫薩赫拜（Sheikh Sahbai）之詩藝，加利卜立即反駁道：「薩赫拜哪稱得上詩人？他滴酒不沾、從不賭博；未被愛人用拖鞋打過，也不曾嘗過入監的滋味。」[34] 同樣在個人書信裡，他高調宣說自己愛在女人堆裡混的男人形象。他的一名至交剛死了情婦，懷著哀痛心情寫信給加利卜。加利卜回覆道：

米爾札薩希卜，我不喜歡你現在的樣子。青春正盛時，有個很有智慧的人勸我，「我不贊同節制、不禁止放蕩。盡情吃喝作樂。但切記，有腦筋的蒼蠅停在糖上面，不停在蜂蜜上。」我始終謹遵他的教誨。唯有自己活著，你才能對他人的逝世感到悲痛……感謝真主讓你享有自由。別哀傷……當我想到天國，想著如果我的罪得到赦免，我被安放在有個天國美女的宮殿裡，永遠和這個端莊正派的女人生活在一塊，就滿心驚愕和害怕……到了那裡，還看到她，那多令人乏味，男人承受不了的負擔。老是那座全用翡翠造成的宮殿；老是那棵投下樹蔭的果樹。而且——真主保護她，使她不受任何傷害——老是那個天國美女在我懷裡。老哥，清醒一點，另找一個。

每年春回大地時就找個新女人
因為去年的年曆沒用了。[35]

婚禮上的這場口角，因加利卜婚禮致詞（sehra[36]）裡的一個詩句而起。該詩句中，他似乎——符合其一貫作風——間接表示在場者無一人能寫出和他一樣出色的對句。如今，大部分批評家會主張那非浮誇之詞，但在當時，被視為不僅是對札烏克的輕視，也是對札法爾的輕視。札法爾當然是個頗出色的詩人，而且他指派札烏克修正他的詩句，已表明他認為札烏克的詩藝更勝他

---

* 作者註：詩人阿卜杜·拉赫曼·胡德胡德（Abd ur-Rahman Hudhud）因此寫了一首有名的模仿詩：

圓形的天軸
不在水的唇邊，
弧狀彩虹的指甲
不似琴撥。

另一位詩人持同樣看法：

Kalaam-i Mir samjhey aur zubaan-i Mirja samjhey
Magar inka kaha yeh khud hi samjhein ya khuda samjhey.
（我們追隨米爾的作詩技巧和米爾賈的語言風格，
但說到他〔加利卜〕，只有他能追隨他的詩風，或者只有真主能辦到。）

† 作者註：ustad 意指某技藝的名家。在此，ustad 是收弟子的公認詩藝大師。

人一籌。札法爾迅即表明其立場，授予札烏克一件基拉特袍和皇宮庭園長的榮譽職，同時刻意不授予加利卜任何榮銜。[37]札法爾也鼓勵札烏克回應加利卜的無故出擊。這位桂冠詩人所寫的婚禮致詞文，在末尾用了一個對句回擊加利卜：

這個善於作詩的人。
向他誦讀了這首詩，說，
「看好，詩人是這樣
織出真正的結婚面罩*。」

阿札德可謂是札烏克的弟子及帶著崇拜之心的支持者，據阿札德所述，「歌者在場，詩立即交給他們。到了晚上，該詩已傳遍城裡的每條大街小巷，隔天刊登於報紙上。」[38]兩大詩人這輪較勁，札烏克勝出。

后妃與妾間的緊繃關係和她們似乎都長年與年輕男子私通，是札法爾老年時碰到的主要困擾之一。一八五二年舉行結婚慶祝活動時，強烈的緊張關係在檯面下暗流湧動。

十五年前，即一八三七年札法爾登基時，他的大老婆是泰姬·馬哈爾別姬（Taj Mahal Begum），身分卑微之宮廷樂師的美麗女兒，伴隨其登基典禮所舉行的慶祝活動，就由她操持。[39]但這個職位無法久坐。三年後，就有人把出身較好的十九歲齊娜特·馬哈爾獻給了札法爾，時年六十四歲。幾個月後，她就嫁給他，也奪走泰姬的大老婆位置。

此後，齊娜特·馬哈爾保住其做為札法爾最寵愛妻子的地位，直到他去世為止。其實後續幾年，七十幾歲的札法爾，除納了幾個新妾，還是又娶了四個老婆，但這四人的出身，相對來講都較低：一八五三年，至少有五個妾配屬於皇帝寢室，由該年七月札法爾叫人為她們的床做了五組銀床腳一事可知。[40]札法爾似乎勤於臨幸，即使年逾八十亦然。札法爾總共生了十六個兒子、三十一個女兒，最小的兒子米爾札沙·阿巴斯（Shah Abbas），一八四五年出生時，皇帝已七十歲。

據載，未有齊娜特·馬哈爾對付哪個妾之事——事實上，有妾被宮廷樂師坦拉斯·汗（Tanras Khan）搞大肚子時，還是齊娜特出面才讓她免於受到嚴懲。[41]但她似乎一直與泰姬水火不容，甚至一度以泰姬被疑和札法爾侄子米爾札卡姆蘭（Kamran）有染而將其入獄。[42]泰姬否認有姦情，但不少人認為她的行徑讓人起疑，且根據皇宮日誌，她的確在城中自家待的時間較多，夜裡走後門來往後宮、自家間的頻繁程度，超乎注重名節的后妃所應為。[43]

札法爾的後宮，就紀律和安全來講，一般來說很鬆懈：除了被坦拉斯·汗搞大肚子的皮亞拜（Piya Bai），還有幾個妾在不同時候被公開指控「不檢點」，至少還有一件私通懷孕之事：賈旺·巴赫特結婚的兩個月前，有群英軍印度兵駐紮在亞木拿河水門，該水門就在皇宮下方。其中一名士兵趁地利之便，與另一個姓名不詳的女奴上了床，該女奴很有可能是札法爾的諸妾之一。他因此被判「鞭刑和上鐐銬」。該女孩受罰相對較輕，只「被判去磨穀物」。[44]

女奴懷孕事發才三天後，又有別的外人不服後宮守衛太監的命令。據一八五二年二月一日的

* 譯按：sehra 一字，兼有結婚面罩和婚禮致詞之義。

皇宮日誌記載，札法爾立即把內務府總管叫來，告訴他「他對後宮（zenana）的管理很不高興；守衛（chaukidar）和持杖衛士總是不見人影；允許外人進去見後宮妃妾；妾昌德拜（Chand Bai）告訴他，太監竭力阻止納比·巴赫什（Nabi Bakhsh）進入蘇爾坦·拜（Sultan Bai）的房子，巴赫什還是強行闖入……」。後宮給人的印象，一般來講，亂得一塌糊塗，曾經令人稱讚的地方，落魄時就維持不住基本的規矩；這確實與東方主義迷思裡防守嚴密、滴水不漏的蒙兀兒後宮形象大相逕庭。不管札法爾還有哪些特質，管理紅堡內廷顯然非他所長，至少在其年老時是如此。

較高階的皇子，生活有時極為愜意。札法爾自己的孩子，想過什麼樣的生活，想從事什麼樣的愛好和娛樂，享有頗大的自由，不管興趣和娛樂在做學問和藝術創作上，還是在打獵、賽鴿、鬥鶉上，皆然。但對於地位較低的薩拉丁（salatin，皇宮中出生的皇子和公主）來說，生活可能受到極大的限制。除了較高階的皇子，宮裡還有兩千多名貧窮的皇子和公主——先皇的孫子、曾孫、玄孫——其中大部分人住在宮中有高牆圍住的區域裡，生活貧困。薩拉丁區位在札法爾及其直系親屬所住區域的西南邊，[45]是紅堡中較陰暗的一面、最見不得人的地方；因為這理由，許多薩拉丁始終不得步出紅堡，碰到非常豪華隆重的活動，例如在達里亞甘吉舉行的公開慶祝活動，更是不得出宮。據某英國觀察家所述：

> 薩拉丁區立著很高的牆，高到從外頭俯瞰都看不到裡面。薩拉丁區裡有許多小草房，這些可憐蟲就住在裡面。大門打開，即有一大群悲慘、光著上半身、挨餓的人湧上來，圍住我。有些似乎年近八十的男人，簡直如同野人。[46]

札法爾整天在操煩其他事，對其較遠房親戚受的苦和犯下的過錯相當沒耐心。他認為，宮裡大部分的偷竊和亂子，往往是他們所為：有次，有個小偷沿著紅堡城牆飛奔被人發現，札法爾得知後說「那想必是某個薩拉丁」；還有一次，有人引述札法爾的話，說「薩拉丁互偷成性」、「喝酒、搞亂子成性」。[47]有人通報札法爾，有個較低階的薩拉丁，「米爾札馬赫穆德・蘇爾坦已精神失常，夜裡動不動就繞著皇宮遊蕩」，他隨即命人將其「上腳鐐，以防亂跑」。[48]

但偶爾薩拉丁打破沉默，給札法爾帶來更大的難堪。他們兩度向英國特派代表聯名請願，說他們的基本權利遭到侵犯。一八四七年，札法爾在位第十年，百名薩拉丁聯署一份請願書，向梅凱夫抱怨遭壓迫。

德里王完全受其僕人和壞顧問擺布，由於他的性格和行為，我們的處境已逼近極羞辱、貧窮的地步……低階薩拉丁飽受（太監頭子）馬赫布卜・阿里・汗和國王寵臣的種種貶黜、侮辱。[49]

薩拉丁的第二次造反，發生於一年後，抓準英國西北省副總督來德里的時機發難。這一次，一大張羊皮紙，上面有一百五十多個薩拉丁蓋的印，呈給這位省長，請求其保護，聲稱札法爾欲阻止當然繼承人與梅凱夫晤談他們的委屈。[50]

第二次請願觸動札法爾內廷裡最敏感的緊張關係。英國人加諸札法爾種種限制，其中最令其惱火者，係收走他自選繼承人的權利，然後強迫蒙兀兒人施行歐洲的長嗣繼承制。

存世的長子米爾札達拉・巴赫特（Dara Bakht）於一八四九年死於熱病時，札法爾首度試圖自定當然繼承人。英國人認為應由札法爾的次子，有才華且人緣好的詩人、書法家暨史家米爾札法赫魯（Fakhur），遞補達拉留下的位置；但札法爾受日益跋扈的齊娜特・馬哈爾催逼，堅持欲由米爾札賈旺・巴赫特接位。當時，賈旺・巴赫特只有八歲大，是札法爾的第十五子。[51]誠如札法爾在寫給副總督的信裡所說明的：

> 我的其他兒子似乎都不如米爾札賈旺・巴赫特那麼適合這個職位。我很樂於告訴你，他天生品性端正、尚未成年，由於管教得好，從未與品性不正之人為伍。此外，他是我的正室納瓦卜齊娜特・馬哈爾所生，她家世甚好……因此，基於上述因素，他是當然繼承人這個要職的最合適人選，而且他始終受我監導，把全部時間都用在不同教育機構學習。我很放心，他絕不會做出忤逆我的事。[52]

札法爾反對長嗣繼承制一事有點叫人啼笑皆非，因為當初正是因英國人堅持該原則，札法爾才得以坐上大位。他父親阿克巴・沙二世根本不同意由他接位，而是極力要把皇位傳給札法爾落拓不羈的弟弟米爾札賈汗季（Jahangir）。在此過程中，阿克巴・沙極力反對由他長子接位，於是在一八〇七年三月二十一日，寫了封信給英國特派代表阿奇博爾德・塞頓（Archibald Seton）。該信用意與四十二年後巴哈杜爾沙針對米爾札法赫魯接位之事所寫的信，簡直如出一轍：阿克巴・沙寫道「我的長子（札法爾）完全無法勝任皇位之職」。他也指控札法爾「犯了違反人性之罪，該罪太敏感，我們在此不便說明」，卻未提出佐證或詳細交代該罪。*

這時，札法爾所為，一如當年父皇所對他做的，繼續力推米爾札賈旺・巴赫特為繼承人。與此同時，他遭冷落的長子米爾札法赫魯，開始學英語，連同其心儀英國和英國文化的岳父米爾札伊拉赫・巴赫什（Ilahe Bakhsh），開始討好梅凱夫和駐紮在德里的英國高階軍官。這一招最終奏效。經過多番協商後，一八五二年一月，即婚前的三個月前，米爾札法赫魯會晤了梅凱夫和副總督，雙方簽署非正式的祕密協議：英國人不顧札法爾的意向，正式同意承認他為當然繼承人；但有個交換條件。米爾札法赫魯必須把兩百多年來一直是皇廷所在地的紅堡，遷到梅赫勞利的遙遠郊區，把這座沙迦罕的古堡壘轉交給英國人，屆時他們會將其闢為兵營和彈藥庫；法赫魯一旦當上皇帝，就要拋棄蒙兀兒人長年以來認為蒙兀兒皇帝高英國總督一階的主張，從此雙方會面平起平坐。[53]

該協議條件傳到札法爾耳中，札法爾怒不可遏，深信他的兒子已把蒙兀兒威信的兩個最神聖支柱給交易出去，「黃褐色的狗可能被誤認為豺的兄弟，」他向其侍從忿忿——但有點令人費解的——厲聲說道。[54]米爾札法赫魯在皇廷裡迅即受到抵制：札法爾宣布，「凡是宣稱和米爾札法赫

* 作者註：順帶一提，塞頓認為該指控很離譜，在發到加爾各答的文中說，年輕的阿布・札法爾是個「非常值得尊敬的人」，但非最得寵，「甚受（國王）冷落」。阿克巴・沙對米爾札賈汗季甚為關愛，塞頓說他「死心眼的喜歡」賈汗季。米爾札賈汗季惱火於塞頓支持札法爾，終於從紅堡的雉堞朝這位特派代表隨手開了槍，打掉他的帽子。一八〇九年他遭流放到阿拉哈巴德，一八二一年死於「霍夫曼櫻桃白蘭地過量」，享年僅三十一。札法爾年輕時受阿克巴・沙蔑視的經歷，無疑加劇札法爾常年的疑心病和不安全感。例如，有次，他父皇派特使羅闍拉姆・莫罕・羅伊（Ram Mohan Roy）赴英格蘭，要求英國人調漲自己的俸給，並抗議東印度公司不斷削弱其地位，札法爾以為此次出使意在拿掉其皇位繼承資格，於是憤而寫信給總督和羅伊。羅伊冷靜駁斥札法爾的指控，回道「不懂自己的善或惡者，無法理解他人的善或惡」，話中還帶了點尖酸。Percival Spear, Twilight of the Moghals (Cambridge, 1951), p. 41ff，對札法爾苦惱的青春歲月和登上皇位一事有出色的描述；Aslam Parvez 以烏爾都語為札法爾寫傳記的第一章亦然。也見於遠沒這麼全面的英語著作：S. M. Burke and Salim al-Din Quraishi, Bahadur Shah: Last Mogul Emperor of India, Lahore, 1995, pp. 43-50。

魯為友者，就是挑明與他為敵。」米爾札法赫魯在皇廷裡的各種職位、津貼、房地產，一個個被轉授給他的諸弟弟，尤其他野心勃勃且勤奮的弟弟米爾札蒙兀兒，諸皇子中最恐英者。[55]

但隨著逐漸看清英國人的立場絕不會動搖時，札法爾陷入無能為力的沮喪，一如他受挫時常有的反應。他宣布，如果他的意向遭到公然漠視，他想要退位，前去麥加朝覲：他寫給梅凱夫說：「事實俱在眼前……對這個王朝來說，如今，除了名字，已什麼都不剩。」

> 令人遺憾的，我的意向未得到政府的支持，為此極為苦惱。因此，深深覺得不該再給政府添麻煩，覺得該去麥加朝覲，在那裡度過殘年。因為我認為自己已失去此世，（但）或許未失去彼世，人老了，我承受不了哀慟。[56]

梅凱夫一時不知如何是好，把這一切歸咎於他眼中齊娜特．馬哈爾日益陰毒的影響，「在此之前，與陛下單獨相處時，我始終覺得他很明理、很理智，」梅凱夫發文到加爾各答說道。「但最近他已完全任其寵妻納瓦卜齊娜特．馬哈爾和她的親信顧問太監頭子馬赫布卜．阿里．汗擺布，（於是）易有許多不可理喻的行徑。」[57]

但到了一八五二年三月中旬，札法爾的心情似已恢復了些，把希望擺在欲改變特派代表之意向的最後作為上。他打消了前去麥加朝覲的計畫，全力辦好賈旺．巴赫特的婚禮。他似已相信——或者說，似已被齊娜特．馬哈爾說服——如若婚禮辦得夠隆重盛大，彰顯新郎的威望，英國人說不定會認真考慮札法爾的繼承人選擇。當時人的確認為這場盛大的婚禮，係札法爾為說服梅凱夫承認賈旺．巴赫特的最後一搏，而且該婚禮的確促使《德里報》公開將這位年輕新郎稱作當然繼承人。[58]

但如此不惜血本投下巨資的作法——和整個婚禮——最終弄得一場糊塗。因為對箇中緣由心知肚明的梅凱夫，在十二天的婚禮慶祝活動期間從未露面，擺明冷待這整件事。

一八五二年時，托馬斯．梅凱夫爵士待在德里已近四十年，對這座城市和統治者都非常了解。他身材瘦小、面目清秀、愛讀書、神情警醒、聰敏、禿頭、藍色眼睛炯炯有神。他女兒埃米莉認為「他談不上帥氣」，但認為「漂亮的小手和腳」的確起了彌補作用。他是個很挑剔的人，非常講究得體和品味，無法忍受女人在其眼前吃起士。此外，他認為如果女人非吃橘子或芒果不可，至少該在沒人看得到的臥室裡吃。

他絕沒想過要像前幾任特派代表那樣，穿戴整套的蒙兀兒頭巾和圍腰而繫的寬鬆褲，更絕不會想到要效法英國派駐蒙兀兒皇廷的第一位特派代表大衛．奧克特洛尼（David Ochterlony）爵士的作風。據說，奧克特洛尼每天晚上帶著全部的十三名印度籍妻子，在環繞紅堡城牆的散步道散步，每個妻子各騎一頭象。[59]反倒，已喪妻的他過著孤家寡人的生活，要他的倫敦裁縫，聖詹姆斯街的普爾福德（Pulford of St James's），定期把一箱穩重但時髦的英格蘭衣服寄到德里。

他唯一染上的印度愛好，係抽銀製水菸筒，每天早餐後抽，抽整整三十分鐘。如果有哪個僕人失職，梅凱夫會叫人拿來一雙白色小山羊皮手套，從銀托盤拿起白手套，慢慢套進他秀氣的白手指，然後，在數落過僕人的失職後，「一副莊嚴持重的神情」、「輕柔但牢牢的掐住失職者的耳朵，然後放過他——十足有效的訓誡」。[60]

梅凱夫婚姻格外幸福美滿，但一八四二年九月，妻子佛莉西蒂（Felicity）死於莫名熱病，死得非常突然，享年三十四。接下來十年，他的六個小孩全在英格蘭就讀寄宿學校，哀慟的梅凱夫變得極孤僻，謹守自己的習慣和觀念，於是一八五〇年代初期小孩開始返回印度，他們發現自己父親已成為堅持行為得體、守時的人，任何打亂其固定作息的事，都令他反感。到了一八五〇年代初期，日常作息已固定到牢不可破：女兒埃米莉寫道「他總是每天早上五點起床」，

穿上罩於睡衣外的晨衣後，他會去遊廊吃他的 chota haziri（小早餐）。他習慣於遊廊上來回散步，諸位僕人於那時過來領取當日的命令。七點鐘，他會下去他所建的游泳池，泳池就位在遊廊一隅的下方。然後換完裝，在小禮拜堂禱告之後，準備好八點用早餐。

每件事都要求絕對的準時，家中一切作息猶如鐘表運轉般一絲不苟。吃完早餐，有人把他的水菸筒拿進來，放在他椅旁……抽過水菸筒，他去書房寫信，直到宣布馬車已到為止。馬車總是十點整出現在門廊下，他穿過成排的僕人走到馬車處——一僕人拿著他的帽子，另一僕人拿著他的手套，又一僕人拿著他的手帕，再一僕人拿著他的金頭杖，還有一僕人拿著他的公文箱。這些東西都放進馬車後，他的印度籍低階軍官上車坐在馬車御者旁，馬車離去，兩個馬伕站在後面。61

沒有天倫之樂緩和他的孤寂，加上不喜歡社交的喧鬧，梅凱夫一頭栽進工作，尤其致力於經由談判達成的皇位繼承協議，使東印度公司得以據此，在札法爾死後，將蒙兀兒皇族趕出紅堡。對於他所決意要讓自己成為帖木兒世系的最後一人，他有幾分喜歡，但打心底沒放在眼裡。在札法爾面前，他始終恭敬，會以「我傑出的國王朋友……容我在此表達我對陛下的崇敬，讓我成為

陛下的真摯朋友」，私底下他並沒有這麼寬厚。[62]他寫信告訴埃米莉，札法爾「性情溫和且有才幹，但軟弱、猶豫到可悲的程度，讓人覺得他對自己毫無自知之明，從而做出極丟臉的事，偶爾給當局帶來大麻煩」。[63]

但梅凱夫對德里和德里皇帝的心態，比上述說法所可能讓人聯想到的還要模稜兩可。他得意於札法爾授予他的響亮波斯語頭銜，請人用不同書體寫下幾個版本的頭銜，並將它們裝幀成冊。* 此外，簡直違反其天性的，他竟慢慢迷上自己掌管的這座名城：他寫道「這個地方有著讓人不可能無所感之物」。

> 綿延數英哩的堂皇廢墟，深深觸動人心。頹圮成塵土的宮殿……各種大陵墓，每座陵墓都在向後世子孫傳達其冷漠居民的不朽名聲，如今已逝去、無人知曉、無人聞問的名聲……看著這些東西，心中不可能無所感……[64]

久而久之，梅凱夫徹底走訪該城市的各個古蹟，創立了德里考古學會。該學會旨在發掘德里古蹟背後的歷史，年輕的賽義德艾哈邁德·汗是其中熱情且充滿幹勁的一員。學會有自己的刊物，刊登的文章大多是梅凱夫親自請託城裡的知識分子所寫，再親自從烏爾都語翻成英語。

---

* 作者註：他的完整頭銜，誠如他偶爾向其通信對象所提醒的，係「Sahib-i-Vala, Manaqube Ali Mansib, Farzand Arjmand, Paivand-e-Sultani, Muassam ud-Daula, Amin ul-Mulk Sir Thomas Metcalfe, Baron Bahadur, Firoze Jung, Sahib Kalan Bahadur of Shahjahanabad」。

待在德里的英國官員，大多抱著過客心理，熱切期盼早日帶著積攢的錢財返鄉、在英國創業。而與這些人不同的，梅凱夫決定將其家當帶到印度，在德里為自己蓋兩棟而非一棟的鄉間大宅，此外，他還蓋了他的新特派代表官邸勒德洛堡（Ludlow Castle）*。勒德洛堡位在德里城牆外，德里城北邊新蓋的英國高階文官居住區（Civil Lines）裡。

有時，梅凱夫在其信裡把自己設想成英格蘭鄉紳，但他似有更上一層樓的抱負，某種程度上建立與札法爾皇廷分庭抗禮的統治集團，讓梅凱夫家族成為與蒙兀兒皇朝相似的王朝。梅凱夫宅（Metcalfe House），又名迦罕努馬（Jahan Numa，「映現世界」），係造價高昂且宏偉的帕拉迪奧式孟加拉式平房，位於德里城北的亞木拿河畔，其存在如同在向下游處的紅堡間接叫板。如果說紅堡有著大理石圓頂、有著汩汩流動的灌溉溝渠和浮動亭子，以及散發香氣的夜間庭園；梅凱夫宅則有綻放著英格蘭花朵的花壇，有大理石圓柱和游泳池，有柏樹大道和橘園，有藏書兩萬五千冊的圖書館、出色油畫、喬治王朝時期風格的紅木家具。梅凱夫宅還有拿破崙長廊，長廊裡擺了許多拿破崙的紀念物，包括拿破崙的鑽石戒指和卡諾瓦製作的拿破崙半身像。在德里南邊的梅赫勞利附近，原為八角形蒙兀兒人墓裡，梅凱夫蓋了另一間鄉村宅邸迪爾庫沙（Dilkusha，「怡情之物」），和附近的蒙兀兒皇帝夏宮札法爾宮相抗衡；並在墓屋前建了蒙兀兒式庭園——分成四個部分的四分式庭園（charbagh）——以凸顯兩者的相似。梅凱夫的這兩棟宅邸被大片私有土地環繞，經由氣派的喬治王朝時代風格門道進入；兩宅都蓋了奇特的建築做為裝飾，甚至，就迪爾庫沙來說，蓋了一座燈塔、一座小堡壘、一間鴿舍、一座供划船的池子、一座裝飾用的金字形神塔。

一如札法爾，梅凱夫慷慨獎掖德里的藝術家。一八四二至一八四四年，他請德里藝術家馬茲哈爾．阿里．汗（Mazhar Ali Khan），就德里的古蹟、廢墟、宮殿、聖祠，繪製了一整套畫作。阿里．汗也是札法爾最欣賞的藝術家之一。梅凱夫將這些畫作裝幀成冊，取名《德里畫冊》（*The Dehlie Book*），並寫了一篇敘述性長文放進其中。後來，在英國求學的女兒埃米莉回德里與父親團聚時，他將畫冊送給她。他也請人畫了幅出色的德里全景畫卷，長約六公尺。這兩件委製品，仍是現存呈現印度大叛亂前德里最完整的視覺藝術作品。[65]

這兩件委製品本身也是藝術佳作。馬茲哈爾．阿里．汗顯然學過古老的蒙兀兒技法，但為梅凱夫效力，以英格蘭水彩在英格蘭紙上作畫、英格蘭的建築立面圖為範本，英、印藝術追求在其筆下巧妙融合為一，一種新類畫作於焉誕生，即今日所謂的東印度公司畫派（Company School）。

色彩的明亮、簡潔、對細部賦予一絲不苟且令人眼花到昏昏欲睡的關注，畫中寶石般明亮的部分、畫面似乎亮得發光一事，全清楚指出馬茲哈爾．阿里．汗受過的蒙兀兒訓練：沒有哪個英格蘭畫家會想到，用一組至今仍像個小型燦爛煙火秀那般搶眼的顏色；印度境內白種女人摸索性的水彩畫，與此作風格殊若天壤。但對極細部賦予宛若執迷般蒙兀兒式關注的同時，又具有歐洲嚴謹精確的理性主義，營造出讓人看得到、摸得到建築質感的建築畫。因此，德里學院（Delhi College）院區裡那幅描繪加齊丁（Ghazi ud-Din）墓的畫作，鉅細靡遺重現該墓後清真寺蒙兀兒式圓頂的體積和細部，由此畫家也理解建築師所追求的輕盈纖細，在筆下將此建築呈現得如同網眼輪狀縐領般細致、纖弱：此墓纖弱且輕盈，彷彿吹口氣就可將它吹走。

＊作者註：取名勒德洛堡，並非因其類似英格蘭什羅普郡的同名城堡，係因其最初的建造者為勒德洛先生和其哥德式雉堞。

但梅凱夫與札法爾的共通之處，不只在於獎掖藝術：在其他許多方面，兩人的情況也有出人意表的相似之處。政治上，都隱約感覺到自己不知怎的已經過氣：梅凱夫行走於德里諸多的馬哈拉區時再怎麼趾高氣揚，事實是梅凱夫的許多下屬在東印度公司裡的升遷路上，老早就把他甩在身後：例如，約翰．勞倫斯（John Lawrence），曾是梅凱夫的助手，這時職級已高出他數階，係新征服旁遮普一地的省長。更令梅凱夫覺得不堪的，他的兄長查爾斯即前任駐德里特派代表，這時已取得貴族爵位，從位於加爾各答的代理總督一職，升為正格的加拿大總督。與此同時，托馬斯．梅凱夫仍窩在他位於德里的老位置上。儘管德里做為印度斯坦首府和蒙兀兒帝國中心，已有漫長歷史，但在東印度公司的行政體系裡，這是個職級不高的好缺。一八三三年成立西北省這個新管轄區後尤然。西北省由坐鎮於亞格拉的副總督治理，德里特派代表的權限因此省的成立而更加縮水。*

此外，梅凱夫、札法爾的家庭情況有許多出奇相似之處。如果說札法爾愈來愈身不由己的和其長子暨嗣子失和，梅凱夫亦然。梅凱夫的兒子昔奧菲勒斯（Theophilus，人稱昔奧），於東印度公司當低階的治安官，在英格蘭求學十年後剛回印度，個性與父親大相逕庭。托馬斯爵士個性內斂、挑剔，昔奧則好交際、爽朗，而且想要迷人時就變得極迷人。如果說父親愛獨來獨往、不喜歡玩樂，昔奧則愛喧鬧、個性活潑開朗，喜歡社交聚會、騎馬、養馬、養狗。如果說他父親自律甚嚴、循規蹈矩，昔奧則喜歡投機取巧、易陷入他父親所謂的「窘境」。[66] 因此，父子倆關係緊繃也就不足為奇。

由於此原因，一八五一年四月，即賈旺．巴赫特結婚的整整一年前，托馬斯爵士收到昔奧來信，得知昔奧剛被派到德里時，心裡甚為驚恐。托馬斯爵士寫信給他排行中間的女兒喬吉娜（在家中暱稱GG），說「我老實告訴妳，我怕我們團聚」。

我活著不想背離自己原則、不想在家裡受人管。根據過往經驗，我很了解你的哥哥，一切都要聽他的。我脾氣也急躁，而始終謹慎控制。因我體會過（急躁的）後果。（此外，）屆時我得替他備好輕便馬車和馬。前幾天，有個朋友數落我，說「如若你不堅持要他量入為出，他依賴你，也是意料中的事。（寫）這封信，我很苦惱，但可以宣洩我的怒氣……」。[67]

但在信末附筆中，梅凱夫的語氣變得更加憂心。

親愛的GG，昨天寫了給妳的信後，我收到《德里報》，在「加爾各答通信員」所寫文章的某個段落中，提到一個民法性質的不法行徑，我擔心那指的就是你哥。若真如此，他不只已惹火達爾豪西勛爵，會被革職，還很有可能會被起訴於最高法院，被（罰）約一萬或一萬兩千盧比的損害賠償金。屆時，為了不讓他坐牢，我肯定得替他繳這筆錢。情況真是一團糟。再者，若我的擔心成真，就沒錢把妳的姊妹帶出來（帶出英格蘭）。昔奧行事沒有分寸且魯莽，實在嚇人。他的鋪張浪費真是糟糕透頂。[68]

＊作者註：與此同時，特派代表（resident）這個職稱改為代表（agent），後來改為專員（Commissioner）。但為便於理解，我全書使用特派代表一名。特派代表最初是總督派駐蒙兀兒皇廷的大使；但一八五〇年代時，德里代表已聽命於直屬上司，亞格拉的西北省省長。西北省省長處理英國—蒙兀兒關係的日常事務，德里代表則和駐加爾各答的總督直接討論較重大的事務（例如皇位繼承），而且只限於討論這些事務。

托馬斯爵士始終覺得與女兒相處，比和兒子相處來得自在，他與埃米莉、喬吉娜的通信內容總是溫馨且無話不談。但一八五二年，就在札法爾正為其後宮的事搞得焦頭爛額時，托馬斯爵士正忙著阻止二十一歲喬吉娜的熱戀。

令梅凱夫大大為驚駭的，喬吉娜喜歡上年輕的蘇格蘭籍陸軍上尉愛德華·坎伯（Edward Campbell）爵士。坎伯是其蘇格蘭同鄉查爾斯·內皮爾爵士一手提拔、曾任內皮爾的副官。內皮爾曾任英國駐印度陸軍司令，而與托馬斯爵士嚴重失和；雪上加霜的是，坎伯雖貴為上尉軍官，卻囊空如洗。某天早上，為了替東印度公司位於德里的醫官格蘭特的鋼琴調音，喬吉娜去了那位醫生家，從而與坎伯結識；當天晚上，兩人已在宮廷衛隊隊長道格拉斯上尉的陪伴下，就著琴音合唱。[69]

托馬斯爵士一察覺此事，立即禁止兩人通信，喬吉娜隨即就罷食抗議。梅凱夫把她帶到剛建成的避暑山城馬蘇里（Mussoorie）避暑時，她一心等著愛人的來信，但每封信甫送達就遭父親沒收。害相思病的喬吉娜，在父親上床睡覺後，從她位於馬蘇里的臥室寫信給坎伯，說「我的愛人，

要看到你的來信真難。明知你有來信，卻讀不到或看不到，真叫我難受！噢！愛德華！如果能寫信給你、能收到你的來信，我應該會快樂無比！一星期一封短信，愛德華就會給我如此強烈的喜悅。我不懂這有什麼不得體，覺得有人在這樣的情況下還抱持這樣的想法，實在無法理解。我們不是很篤定？沒錯，如今樣樣都很篤定……」。[70]

梅凱夫那麼精於控制帖木兒王朝的許多皇子，在面對二十一歲女孩的痛苦與絕望時，卻發覺自己無能為力。他返回德里，把喬吉娜留在山區，以無助口吻從迪爾庫沙寫信道：

> 我相信妳會好好享受舒服的氣候、相信妳會好好吃東西，會想起妳有個愛妳、為妳目前身心狀態感到心痛的父親，相信不管他給妳帶來什麼苦惱，那都是出於真摯的愛和責任感。沒有哪個父親的付出比得上我。[71]

CHAPTER 2 信士與異教徒

牧師米奇利·約翰·詹寧斯（Midgeley John Jennings），係為德里基督徒執行宗教儀式的牧師，直腸子性格，有話直說。

賈旺·巴赫特結婚的三個月前，他來到德里，自那之後，一直忙於向德里居民傳播基督教。因為，詹寧斯推斷，蒙兀兒人的都城是撒旦在世間的最後堡壘：他寫道，「在該城裡，

生命之傲慢、眼之所欲、肉體之所有欲求，都囂張到極致，此區域諸王國的所有榮光，輾轉落在一個又一個邪惡者之手。好似撒旦所誇稱，他要把它賜給誰就賜給誰一說，在那裡至少獲准得到證實；但真理、謙卑、公義，一直未發威……」[1]

詹寧斯的計畫是撕破其眼中印度的虛假信仰，如有必要甚至不惜動用武力，「在這裡，一如在所有歷史悠久的地方，古老宗教根深柢固，必須要對其有透徹理解，才能將其根除。」[2]他的辦法很簡單：利用大英帝國蒸蒸日上的力量——遂行「天意之神祕作用」的工具——使異教徒轉意歸主。

詹寧斯為其所擬議成立的德里傳教團擬了計畫書，在其中主張，「光之山」（Koh-i-noor）鑽石原屬印度最偉大王朝蒙兀兒所有，如今則屬於英國國王。為表示謝意，英國人應認真致力於讓印度轉意歸主，以便「送上那顆『價值不菲的珍珠』（基督教）做為回報……我們帝國正從東印度往西印度從事令人驚嘆的擴張；英國人也應開始為征服這座次大陸做好準備，以讓英國聖公會教義和唯一真正的上帝遍行其上」。[3]他認為，面對假宗教，不應有所妥協。

詹寧斯一八三二年就來到印度，很快便以「奮力掃除宗教儀式上的漫不經心和怠忽之風」（他

女兒語）鬧出名號。最初他被派到幾個寧靜的避暑山城，以致不得不把心力放在為該地基督教公墓，設計樸實得體的墓碑之類枝微末節工作上，老早就夢想在德里闢建傳教團，以「向異教徒傳教者」身分投入較有意義的工作。[4]一八五二年，他終於在德里覓得王宮附屬教堂牧師的工作，在受邀與「出奇剛正」的道格拉斯上尉及其體弱多病妻子共用拉合爾門居所後，直接進到第一線，即紅堡。詹寧斯說她「和我一樣恪守教會儀式……熱情支持傳教事業」。[5]

但詹寧斯莽撞、無視他人感受又虛偽奉承的作風——與《巴切斯特傳》（*Barchester Chronicles*）裡奧巴迪亞·斯洛普（Obadiah Slope）的作風，驚人相似——使他除了道格拉斯夫婦外，朋友甚少。梅凱夫家的人很不喜歡他：托馬斯爵士認為他「口是心非」，很沒規矩，「透過道格拉斯還書給我，卻無隻字片語的感謝」，昔奧則認為他根本是個「偏執之人」。[6]詹寧斯讓托馬斯爵士和昔奧難得意見完全一致，但更值得注意的是，他也讓英國味非常濃的英語報《德里報》和全心支持蒙兀兒人的烏爾都語報《德里烏爾都語新聞》，難得有了一致看法。

信教虔誠的毛拉韋穆罕默德·拜蓋爾，《德里烏爾都語新聞》主編，認為詹寧斯是「狂熱分子」不足為奇，但較令人驚訝的，《德里報》竟也認為詹寧斯的傳教活動有點過火。[7]不過，詹寧斯去參加印度教大節日大壺節（Kumbh Mela），開始勸聚集於恆河岸邊的數百萬朝聖者皈依基督教，大聲譴責他們的「邪惡多神教」時，《德里報》有感而發，說詹寧斯和兩名助手或許該收斂點，「傳教士徒有熱情，考慮卻不夠周全，竟挑這個亂哄哄的異教徒活動場所傳教，」有個通信員發了文章給該報。「他們每天向群眾說道，但我要說這根本是白忙一場，因為他們必須和以最狂暴姿態呈現的四大反基督教勢力——貿易、犯罪、享樂、偶像崇拜——相抗衡。」對於詹寧斯的現身，最為憤怒者是好鬥的裸身苦行僧（naga sadhus）。他們是「特別狂妄的一群托缽僧，一絲不掛，裸身示人」，會「在密密麻麻的會眾裡，大搖大擺四處走動，辱罵或驅趕迎面碰上的非印度教徒闖入者」。[8]

在自己的教徒裡，詹寧斯的人緣也好不了多少。據托馬斯爵士的說法，有個老婦抱怨冬天時聖詹姆斯教堂很冷，詹寧斯卻告訴老婦，「如果她的心更熱情些，她的腳也會。」[9]在德里，詹寧斯的說道也不特別吸引人：有個英國籍治安官在那時間前後寫道，「我去教堂做傍晚禮拜，」注意到詹寧斯

> 一臉不肯罷休的表情……就是那種會說「我知道這有點煩人，但我覺得你該撐下去」之人的表情……（他長篇大論已頗長時間）天色開始暗了下來，不久不得不叫人拿來蠟燭。愈來愈暗的教堂裡，細弱的孤盞燭光，這個身子占掉圓形小燭光區局部的人高昂宣說，觸發我極特別的感受。這位傳道士不願因天色已晚而縮減布道詞，就我記憶所及，此次布道詳述生命的無常，告誡我們未來茫茫難料，還不悔罪何其不智。那時我的心情莫名的低落。[10]

不管詹寧斯個人有哪些缺點，愈來愈多在印度的英國人，抱持著和他一樣的觀點及人生觀。熱愛印度至死不渝的芬妮．帕克斯（Fanny Parkes），十年前來到印度斯坦時，發現當地英國人的心態在改變，信教的虔誠到了走火入魔的地步，「在坎普爾很快就變得極為普見。年輕女士有時聲稱，參加舞會、看戲、看比賽或參加可能會跳方陣舞的任何聚會，在她們看來極不應該。而有些軍官也表達同樣看法，自我標榜為『新教義派』（New Lights）。」[11]

一八四〇、五〇年代，印度境內漸漸出現虔誠的英國福音派信徒，他們不只想要統治、治理

印度，還要拯救、改善印度。在加爾各答，詹寧斯的同事愛德蒙茲（Edmunds）先生，認為東印度公司應該更強勢利用其優勢，促成印度皈依基督教，並公開宣揚此看法。他在一份廣被閱讀的傳單裡寫道，「似乎該開始認真考慮，所有人是否都該信同一宗教這個主題。鐵路、汽船、電報正把世上所有國家迅速結合成一體……土地正被夷平，印度教正到處遭削弱。總有一天，在上帝所指定的時間，它會垮掉。」[12]

想要讓印度成為基督教國度者，也不再只是傳教士。在德里西北方，白夏瓦的專員赫伯特·愛德華茲（Herbert Edwardes）堅信，由於英格蘭新教教義的優越，英國已獲授予帝國：他寫道「授予帝國者是上帝」，祂把帝國授予英國，因為「英格蘭已為保住以最純正使徒傳統形態呈現的基督教，付出最大努力」。[13]因此，英國人為傳播那個純正信仰付出的心力愈多，上帝對他們努力建造帝國一事就會笑得愈燦爛。晚近，法塔赫布爾（Fatehpur）的區法官羅伯特·塔克（Robert Tucker），抱持這一心態，立了數根大石柱，柱上分別以波斯語、烏爾都語、印地語、英語刻了十誡，「一週內兩到三次，在印度斯坦向被拉來院區聽他講話的大批當地人，朗讀聖經。」[14]

這類福音派傳教熱情，甚至已傳播到駐印英軍。據龍騎兵衛隊（Dragoon Guards）某騎兵所述，「宗教狂熱興起並當道……副官和准尉副官變得道貌岸然，每天早上參加宗教集會。」[15]在這類部隊裡，「既能打仗也能禱告的軍人，最能表現得不屈不撓」成為格言。[16]在東印度公司自己的軍隊裡亦然。在該軍中，第三十四本地人步兵團團長，史蒂芬·惠勒（Steven Wheler）上校之類的軍官，常常向其印度兵朗讀聖經，並且「在公路、城市、市集、村落裡」，勸「三教九流的本地人」改信他的宗教，冀望「主會使其成為讓他的鄰居皈依上帝，或使其鄰居免於永墮地獄的滿意工具」。[17]

東印度公司董事會裡勢力愈來愈大的福音派信徒，也表達類似看法，其中最重要的董事是查爾斯・格蘭特（Charles Grant）。他深信「說起人受外物束縛的程度，幾乎不可能有人比他們（印度教徒）受迷信束縛的程度來得大」，因此他力主增加傳教活動，以使眼中「普遍且完全腐敗……因盲目而墮落、因墮落而可憐」的人皈依基督教。[18]他深信上帝把英國人帶到這個罪惡的淵藪，有其崇高用意。

把我們獲賜予亞洲領土一事，推斷為不只因我們每年能從中獲利，還因我們能把上帝的光和良性影響，傳播給住在那些領土上且長年擺脫不掉黑暗、罪惡及不幸之人，不是事屬必然？[19]

傳教士在印度境內的最得力盟友，原係加爾各答主教雷金納德・希伯（Reginald Heber）。希伯努力為各個傳教會加油打氣，努力與各地的東印度公司行政人員合作，以使傳教士的足跡得以遍及英國人控制的區域。但晚至一八一三年，該公司規章仍明文禁止此事，直到福音派的「新教協會委員會」（Committee of the Protestant Society）在倫敦向國會提出集體請願書，該規章才有所修改。該請願書要求修改規章，以便基督教能「迅速且全面傳播」於「東方各地區」。

主導該制度之制定過程者是希伯；他寫了一連串讚美詩，做為強勢自信之新傳教事業的戰鬥口號。那激動人心的詩，至今仍在傳頌，充斥著聖戰、基督教軍國主義的意象，例如，基督教戰士靠戰鬥達成靈魂的得救，透過「冒險、艱苦、痛苦」打這場順天應人的戰；有首讚美詩一開頭說道，「上帝之子上戰場，其血色紅旗飄揚於遠處。」希伯的讚美詩也揭露了傳教士對可能經他們之手皈依基督教者的態度：

從格陵蘭覆冰的高山，
從印度的珊瑚海岸……
他們召喚我們前去
使其國度不再受謬見束縛。

就算刺骨微風
輕輕吹過錫島的島嶼；
就算每個前景都看好，
只有人是邪惡的。

上帝大灑恩澤
仁心大施卻徒然；
眼盲的異教徒，
對著木頭和石頭鞠躬。

希伯對印度之邪惡異教徒的看法，與牧師詹姆斯的看法如出一轍。詹寧斯來到德里後不久寫道，「必須在某地發動強烈攻擊，而我希望那個地方是這裡。」[20]

對於十八世紀末英國人來到印度斯坦一事，穆斯林烏里瑪（ʻulama）*的回應最初是模稜兩可。有些烏里瑪討論了印度斯坦目前是否是戰爭之域（Dar ul-harb），若是，全心全意打穆斯林聖戰就順理成章，但大部分烏里瑪認為，英國人的貢獻更勝於早前主宰北印度信仰印度教的馬拉塔人（Marathas），於是同意其在東印度公司擔任律師、祕書（munshi）、教師。[21] 數個重要的毛拉韋（穆斯林神職人員）和英國籍女人高調結婚，其中的英籍女人大多已皈依伊斯蘭教。[22] 德里學界也的確有人，對基督教的義理投以發自真心的研究興趣：一八〇七年，即英國人來到德里後不久，蒙兀兒皇廷收到一部阿拉伯語版的新約聖經大為高興，於是「投桃報李，要求繼續提供」。[23]

此外，英國人入主初期，德里許多烏里瑪隨即就和英國特派代表官邸裡的親印官員結為朋友：例如沙．阿卜杜勒．阿濟茲（Shah Abdul Aziz）極喜歡大衛．奧克特洛尼的助手威廉．佛雷澤（William Fraser），佛雷澤每週兩次前來就教於他，以精進他的波斯語和阿拉伯語。[24] 佛雷澤則是來自英國因弗內斯（Inverness）的語言學家和學者，把鬍修剪成德里樣式，娶了「六、七個合法（印度籍）妻子」，生了「和波斯王一樣多的孩子」。[25] 沙．阿卜杜勒．阿濟茲佩服佛雷澤對穆斯林習俗有同情性的理解，針對形形色色的主題，例如去白夏瓦的路上該去拜訪哪些聖祠、伊斯蘭教法的較精妙之處，提供意見給他。[26]

佛雷澤回報了這份厚愛。來到德里後不久，他就開始尋找「有學問的本地人……（這樣的人）有一些，而且貧窮，但我所遇過的人的確是不可多得之人」。[27] 詩人加利卜是其中之一。他後來寫道，佛雷澤遭暗殺時，他「再度感受到喪父之慟」。[28]佛雷澤戒掉吃豬肉和牛肉，以便和上門的印度教徒、穆斯林賓客一同用餐。他也穿蒙兀兒人服裝，生活方式全然蒙兀兒化。不久，他就以「和德里的灰白鬍子男人來往」一事為人所知，那些人「幾乎全是帶有蒙兀兒人血統的穆斯林，該皇廷的沒落貴族」。[29]誠如法籍旅行家暨植物學家維克多·雅克蒙（Victor Jacquemont）所說的，佛雷澤的

> 習慣屬半個亞洲人，但在其他方面是蘇格蘭高地人，想法極獨到的傑出人士，而且是形上學家……他的生活方式已使他熟稔本地居民的習俗和想法，而且熟稔程度或許非其他歐洲人所能及。我認為他對他們的精神世界，有真切且深刻的理解，而且理解程度只有少數人及得上。印度斯坦語和波斯語猶如他的兩個母語……[30]

誠如一八〇六年二月八日佛雷澤寫給父母的家書（他談德里的第一封信）所言，「我的情況在我看來再合意不過……我開心閱讀、學習語言。它們是我主要的歡喜來源，（但）德里也提供（其他）許多食糧。我收藏了不少東方手稿。」[31]

熱中於這些蒙兀兒這事物者，不只他一人。佛雷澤的上司，大衛·奧克特洛尼爵士，同樣

---

* 作者註：在阿拉伯語裡，烏里瑪一詞意指「有學問的人」，從而意指「學者團體」。其實此詞意指伊斯蘭的神職人員，即對可蘭經、聖行、伊斯蘭教法有足夠理解且能夠針對宗教事務做出決定的一群人。'ulama 一詞是複數阿拉伯語詞，單數是'alim。

喜愛德里宮廷文化。奧克特洛尼喜愛水菸筒（huqqa）、以表演舞蹈為業的印度舞女（nautch girl）*、印度服裝，在拉迦斯坦的荒野偶遇主教希伯時，其表現讓希伯驚愕不已，因為奧克特洛尼接待他時，坐在長沙發上，身穿圍腰而繫的印度斯坦寬鬆褲（pyjamas）。纏頭巾，同時有僕人拿著孔雀羽扇替他搧風。奧克特洛尼帳篷的一邊，坐落著紅色絲質後宮帳篷，即其女人睡覺的地方，另一邊，係他女兒的營地。據這位驚愕的主教所述，這些帳篷都「披掛紅布，使凡夫俗子無從窺視其內……（猶如）四處遊歷的東方君主……」。[32]

奧克特洛尼據說有十三個妻子，其中一個是來自浦那（Pune）的舞女，曾是婆羅門種姓，後來皈依伊斯蘭，在奧克特洛尼的遺囑中被稱作「Beebee Mahruttun Moobaruck ul Nissa Begume，別名奧克特洛尼別姬（Begum Ochterlony），我年紀較小的幾個孩子的母親」。[33]她的地位凌駕其他妻子之上[34]，年紀比奧克特洛尼小了許多，在博取這位老將軍的歡心上肯定較占上風，有位觀察家說：「要大衛爵士當（德里）專員，（如同）要將軍成為別姬。」[35]

在成員出身如此混雜的一大家子裡，伊斯蘭習俗和顧忌很清楚得到理解和尊重：例如，在某封信中記載，「奧克特洛尼夫人請假，以前去麥加朝覲。」[36]事實上，奧克特洛尼甚至考慮把他的小孩當穆斯林來養育，穆巴拉克別姬（Mubarak Begum）的小孩長大後，他收養了來自洛哈魯之納瓦卜家的一個小孩，該家族是德里的穆斯林望族之一。[37]這個女孩由穆巴拉克別姬撫養長大，最後嫁給她的堂表兄弟，即加利卜的侄子（或外甥）。[38]

除了住在英國特派代表官邸的這一大家子，在德里附近地區，也有一些有地產的世家，致力於彌合伊斯蘭與基督教、蒙兀兒文化與英國文化間的隔閡，彌合程度則因世家而異。漢西的斯金納家族（Skinners of Hansi）、加斯根傑的賈德納家族（Gardners of Khasgunge）、以瑟爾特納的蘇姆魯別姬（Begum Sumru of Sardhana）為核心的一群人，都是十八世紀歐洲籍傭兵的後裔。這些傭兵透過聯姻，打入德里的蒙兀兒菁英階層，發展出兼具西方與蒙兀兒色彩的生活方式，從而形成蒙兀兒皇廷世界和東印度公司特派代表官邸世界之間，某種英國—蒙兀兒、伊斯蘭—基督教緩衝區。這三大世家名義上宣稱信基督教，但主要講波斯語和印度斯坦語，過著幾乎完全伊斯蘭化的蒙兀兒生活方式。

不同文明的結合，有時紛雜得叫人眼花撩亂。美國出生的威廉·林奈·賈德納（William Linnaeus Gardner）娶了坎貝（Cambay）的一名別姬，兒子詹姆斯娶了札法爾的嫡堂表姊妹穆赫塔爾別姬（Mukhtar Begum）。父子兩人共同打造出一個英國—蒙兀兒世家，其中一半成員是穆斯林和半基督徒；事實上，其中有些成員，例如詹姆斯·賈汗季·席科赫·賈德納（James Jahangir Shikoh Gardner），似乎兼具這兩種身分。† 一八二〇年，賈德納的別姬來德里協商她的世家與蘇姆魯別姬世家間聯姻之事，並找了大衛·奧克特洛尼爵士為中間人；威廉·賈德納寫信給某個堂表兄弟，說「我相信詹姆斯（賈德納長子）的婚事，會在下個伊斯蘭大節日時談定」，

> 但沒有哪件事我能說得準，因為我不了解內情。太監和老婦每天往來（於兩戶人家）之間……我唯一插手的事，係否決整個皇族前來參加婚禮一事，因為我承擔不起開銷……[40]

---

* 作者註：職業舞者和交際花。

† 作者註：賈德納家族和斯金納家族，都替自家孩子取了蒙兀兒名和歐洲名，因此，蘇珊·賈德納在閨房裡被稱作舒比赫別姬（Shubbeah Begum）。斯金納家族的穆斯林分支，如今仍保有此作法，掌控密拉特黃包車出租業的法蘭克·斯金納，在其名片背面，以烏爾都語字母寫上其蒙兀兒名蘇爾坦米爾札（Sultan Mirza）。

最後，就在一切似乎都搞定時，蘇姆魯別姬的一名隨員去世，她立即宣布按照穆斯林的儀禮，服喪四十天：愈來愈惱火的賈德納說：「老別姬認為理該有個非常豪奢且冗長的服喪期，而且除了把自己打得青一塊紫一塊，她還一直供食給全德里城的人，認為四十天喪期結束時，大衛爵士要以哈基姆（hakim）的身分……替她卸下喪服（sogh）。」奧克特洛尼照規矩，於哀悼儀式上提供協助，但私下告訴其友人，「老別姬把基督教習俗和印度斯坦人的習俗如此亂混在一塊，我雖很想做會讓這老太婆高興的事，卻根本不知道該做什麼。」[41]

皈依基督教的印度人，繼續恪守其古老蒙兀兒習俗一事，未必是每個人所樂見。神父安傑洛·德卡拉瓦喬（Angelo de Caravaggio），係被派去對蘇姆魯別姬執行牧師職務的嘉布遣會修士（Capuchin），覺得這特別讓人難消受，「在瑟德特納四年期間，我看到一座教堂、一棟房子建成，」他寫信告訴位於羅馬的上司。「我無法讓當地人揚棄穆斯林習俗，而且覺得情況無望改善，因此我決定將全副心力擺在孩童的教育上……眼看我再怎麼努力，基督教還是影響不了穆斯林的習俗，我（最終）帶著孩子回到亞格拉。」[42]

神父安傑洛只是溫和表達其不以為然之意，但詹寧斯和其明顯仇視伊斯蘭的傳教團，闖入這個雜糅基督教和伊斯蘭習俗的世界，帶來了前所未有的衝擊，當地氣氛隨之劇烈改變。有些蒙兀兒菁英致力於與基督徒之間打造出工作關係，但詹寧斯等人的闖入，讓他們的心願變得渺茫，甚至讓那些長久以來反對與異教徒求同存異者的成見，更加難以改變。

因為，儘管十九世紀初期另有數名傳教士來過德里，在那裡說道、辯論、分發小冊子，但從沒有哪個傳教士採取像詹寧斯那樣公然對抗的作法。在詹寧斯發給福音傳播會（Society for the

Propagation of the Gospel）的第一份報告中，他談到自己喜歡與德里的「兩百六十一座清真寺、兩百座神廟」一較高下，毫不掩飾其公開抨擊伊斯蘭與先知穆罕默德的意向。[43]詹寧斯之前的傳教士所得到的官方贊助也遠不如他，其傳教委員會的成員包括西北省省長和旁遮普專員。做為德里牧師，他的薪水和旅行開銷也由東印度公司支應。

此外，詹寧斯來到德里時，穆斯林和印度教徒都對英國人開始利用其新支配力，來抑制先前被視為正當的宗教活動，並強勢、無所顧忌的提倡基督教一事，日益驚恐。要寡婦殉夫自焚的印度教習俗（sati），在一八二九年被明令禁止，讓許多正統印度教徒大感驚愕；立法允許喪夫的女印度教徒再婚一事，則令更多印度教徒驚駭。自那之後，民間一直流傳著，英國人如何利用官辦孤兒院使孤兒皈依基督教的傳言，而一八三二年施行新法，不顧伊斯蘭教法明文禁止，允許皈依基督教的印度人繼承祖產一事，似乎坐實了英國人的上述意向。也有人說，傳教士已獲准在東印度公司監獄裡向囚犯自由傳道：此說不無可能，因為該區的獄政主管也是詹寧斯傳教委員會的一員。[44]

更嚴重的是，英國人征服印度斯坦後，著手解決土地所有權歸屬，數百家神廟、清真寺、伊斯蘭經學院、蘇非派聖祠名下來自贈與的土地，就此遭以多種藉口「收回」，以及在提不出文件證明其受讓者的權利時，遭「收回」——實際上就是沒收——而遭「收回」的贈與土地，包含了遺贈給德里多達九家清真寺的地產收益。還有幾次，東印度公司滿不在乎的拆除當地人所尊崇的神廟、清真寺以闢建馬路——此事讓具影響力的伊斯蘭神學家沙・阿卜杜勒・阿濟茲非常生氣。*[45]有幾

* 作者註：這也是勒克瑙的別姬哈茲拉特・馬哈爾（Hazrat Mahal）口中，促使她出兵打英國人的主要不滿之一。印度

次，清真寺名下土地遭奪走，轉授予傳教士蓋教堂；又有幾次，作法同樣肆無忌憚到駭人地步，把沒收來或頹敗的清真寺送給傳教士居住。[46]

傳教士在北印度傳教，一般而言成效不大，但懼怕傳教士的心理愈來愈濃，導致猜疑心態瀰漫，因而連英國人無不良居心的主動作為，都開始引發當地人驚恐：在德里以北薩哈蘭布爾（Saharanpur）興建一座醫院，導致本地人憂心英國人是不是要廢掉婦女足不出戶制（purdah），因為英國人已要求生病婦女戴面紗赴該院治療，而非在家接受治療。所有英國學校和學院，同樣被視為偷偷摸摸傳教的機構。[47]

德里烏里瑪反擊的初步跡象，出現於一八三二年，即詹寧斯來到德里那一年，絕非偶然。就是在那一年，飽學的毛拉納拉赫馬特·阿拉·凱爾納韋（Maulana Rahmat Allah Kairnawi），寫了一份廣為傳閱的小冊子《釋疑者》（*Izalat al-awham*），在其中簡潔有力的辯護伊斯蘭，並抨擊基督教福音書經文前後不一及訛誤之處，而抨擊的依據包括德里聖經研究學者的最新研究成果。誠如這位毛拉納所說明的，

> 有段時間，一般穆斯林不願聽（傳教士）布道、不願讀他的書和小冊子，因為印度的烏里瑪無人關注這些小冊子的辯駁論點。但一段時間之後，其中某些人變得軟弱，因部分不識字者（穆斯林）有失足之虞。於是，我們這些伊斯蘭學者裡，有人轉而開始注意他們的辯駁論點……[48]

英國人勢力愈來愈大，甚至愈發傲慢，而福音派的新心態，不過是此一傲慢心態的一部分。

自一八四九年終於打敗並鎮服錫克人後，英國人不知不覺成了南亞的主子：因每個軍事對手都已是手下敗將——一七五七年擊敗孟加拉的西拉吉．道拉（Siraj ud-Daula），一七六一年擊敗法國人，一七九九年擊敗邁索爾的提普蘇丹（Tipu Sultan），一八〇三年擊敗馬拉塔人，一八一九年再度擊敗馬拉塔人，而且馬拉塔人自此不敢再反抗。

有史以來頭一遭，英國人覺得不只在文化上，還有技術上、經濟上或政治上，印度都沒有可供英國學習之處，反倒有許多地方需要英國人教導；帝國傲慢不久就普見於英國人身上。這一傲慢，加上福音派基督教興起，慢慢影響了英國與印度人間關係的各個面向。

德里學院，最初屬伊斯蘭經學院的性質甚於西方大學，但一八二八年東印度公司予以改造，使該校除了傳授東方知識，還提供英語、英語文學方面的教育，目的是「提升」新學院委員會眼中「未受過教育、半野蠻的印度人民」。一手推動此事者是查爾斯．崔維廉（Charles Trevelyan）。他是托馬斯．巴賓頓．麥考利（Thomas Babington Macaulay）的妹婿暨弟子，而就是這位麥考利，在其論印度教育的備忘錄寫下如是名言，「歐洲一座好圖書館裡單單一架子的書，就抵得上印度、阿拉伯半島的所有本地文學作品」：

大叛亂尾聲，她發了聲明，其中嘲笑英國人欲讓眾人享有膜拜自由的說法，「吃豬肉，喝酒，咬開塗了豬油的紙製彈藥筒，把豬油與甜食混在一塊，以造路為藉口毀掉印度教徒、穆斯林的廟宇，蓋教堂，派神職人員到大街小巷宣揚基督教，設立英語學校，每月付薪水給學習英語學科的人，而印度教徒、穆斯林的膜拜地全遭忽視；由上述作法來看，叫人怎麼相信宗教不會受到干預？」「哈茲拉特．馬哈爾別姬的聲明」；原件英譯本位在 NAI, Foreign Department, Political Consultation 17 December 1858, from J. D. Forsyth Sec. to Chief Commr Oudh, To G. J. Edmonstone, Sec. GOI, For. Dept, Dt Lucknow, 4 Dcember 1858.

從所有以梵語寫成書籍收集來的歷史資訊，其價值還不如英格蘭預備學校所用之最低劣節本裡所能找到的資訊……西歐諸語言開化了俄羅斯。它們對韃靼人所起的作用，我肯定在印度教徒身上也會看到。

此時，崔維廉在德里學院落實上述看法，宣布「只有純淨的英語文學泉源，（能）打破宗教情感所支持的堅不可破習性和成見障礙，有所進展。」[49]不久，一八三七年，英國人不再以波斯語為政府用語，改用英語（以及偶爾也用地區語言）。誰都看得出，從此英國人說了算，印度會完全根據英國人的喜好、傳統及看法來治理。

但就連在這所新英語學院念過書的印度人，都覺得這番經歷對改善他們在英國人面前的待遇幫助不大。莫罕·拉爾·喀什米里（Mohan Lal Kashmiri）是在德里英語學院受教的第一批學生，據他所述，「大部分英格蘭紳士以冷淡、蔑視的心態對待我們，傷了我們的心，使我們忘掉英國人統治的好處。」他還示警道，「你們或許能用武器擊垮人民，使他們心懷敬畏，但除非你們征服，並贏得民心，否則和平與鍾愛只會是言不由衷的場面話。」而非實情。[50]

對欲彌合兩種文化的白種蒙兀兒人來說，英國人語氣上的改變和愈加粗魯的作風讓人很洩氣。威廉·賈德納已深深融入寬容與兼容並蓄的蒙兀兒宮廷文化；對他來說，詹寧斯之類傳教士欲逼不情不願的印度接受他們的習俗和宗教，既莫名其妙，又叫人驚駭。英國人與印度民心脫節的程度，尤其令他惱火。誠如他在信裡向某親戚所說的，英國人一再「因對本地欠缺了解」而冒犯人，「從沒有哪個政府如此不公不義和專制」。[51]奧克特洛尼與他有相同感受。他年老時，同樣驚駭於晚輩同僚對待皇帝及其家人的方式：他寫信告訴心懷同情的威廉・佛雷澤，「帖木兒家族未被認為值得受到丁點體諒，似乎正逐步墮入最卑賤的處境。我擔心……如此挑明貶抑的行為，使我們不大受本地人歡迎。」[52]

芬妮・帕克斯在德里時，到紅堡後宮拜訪了一位與賈德納有堂表關係的年老公主。英國人得勢初期，這類拜訪常有，不值一提。但到了一八四〇年代後期，德里英國僑民的反應則是近乎驚駭。芬妮後來寫道「我聽說我因為拜訪該公主而大受指責」，

看看這些皇帝後代有多窮，窮到悲慘！過去，他們把珍珠、寶石項鍊戴在告辭訪客的脖子上。當落魄的公主希亞特烏爾尼薩（Hyat-ool-Nissa）別姬，把用剛採的白色茉莉花編成的項圈套在我頭上，我畢恭畢敬鞠躬，好似她是全天下的女王。其他人或許瞧不起這些人，但我辦不到。看看他們現在的樣子，看看他們已淪落的處境。有天，有個紳士跟我談起某個年輕皇子的豪奢，說他總是有債在身、總是入不敷出。皇子的津貼是每月十二盧比！比僕人頭頭的工資還不如。[53]

到了一八三〇年代後期，佛雷澤、賈德納、奧克特洛尼之類的白種蒙兀兒人，已變成少數中的少數；他們的生活方式開始式微。東印度公司行政人員的遺囑顯示，就是在此時，被提到的印度籍妻子或比比（bibi，配偶或女朋友）開始變少：一七八〇至一七八五年裡有三分之一的遺囑提到，到了此時，比例陡降。一八〇五至一八一〇年，僅四分之一遺囑裡出現比比；到了一八三〇年降為六分之一；到了十九世紀中葉已近乎完全不見她們。[54]

這類關係減少之快，遠超過白種女人到來的速度。一八五七年後，而非該年之前，白種女

人才真正大增。這是東印度公司招才模式改變所致；針對行政部門施行的一八五六年改革，導致一八五七年後印度服務的公務員，開始有大學畢業且經過考試遴選的二十五歲左右青年，而且那時，往往以已婚身分來到印度；相對的，更早時，年輕男子必須在滿十六歲前申請加入該公司，因此，到印度時，性格仍具可塑性，沒有家室羈絆。於是，我們不能像歷來學校教科書裡所說的那樣，將娶印度本地女子者變少一事，歸因於白種女人到來。

更早二十多年時，即一八三〇年代初期，英格蘭男子娶印度本地女子為妻或採用印度習俗，即已令人側目，甚至招來嘲笑。到了十九世紀中期，「留鬍鬚且仿穆斯林男子做纏頭巾等打扮」的該公司職員，遭「嘲笑」之事也愈來愈多。圍腰而繫的寬鬆褲——十八世紀加爾各答和馬德拉斯常見的穿著——首度成為英格蘭男子睡覺時穿的衣物，而非白天所穿。誠如《德里報》在一八五六年某篇社論裡所說的：

英格蘭男子年輕時來到印度，隨著歲月推移，徹底印度化，在習慣和想法上變得與本地人（通常是本地穆斯林）同一，以致不再喜歡與歐洲人打交道，以致從穆斯林裡挑工作夥伴、建立人脈，以致生活各方面都和穆斯林沒兩樣，以致若非公開、便默然採用穆斯林信條，總之言行中已看不出對基督教的興趣。這樣的事例已有數起。……這些人常常能力高人一等……對本地習俗的熟稔，可能有利於他們辦成原本沒把握或行不通的事。

但這樣的時代顯然已成昨日黃花，我們務必要小心，別被他們的意見誤導，不管那些意見對他們當時的工作如何管用皆然。如今，誰都看得出，這類人，這類正快速凋零的人，對現今社會的影響，只會阻撓印度境內知識的進步，只會助長本地人固守古老作風的習性，只會使本地人堅

守其古老的東方保守觀念，敵視所有新事物……[55]

牧師詹寧斯舒服地窩在他位於紅堡的房間裡，內心非常清楚他代表了要廓清這類腐敗失德心態所需的新利器。不久，兩名年輕助理加入他的陣營，其中之一學會烏爾都語和波斯語，把目標鎖定穆斯林；另一位學會梵語，把目標鎖定印度教徒。三人開始在照理不受教會約束的德里學院開設祕密讀經班，從而迅即坐實了德里菁英的種種疑懼。[56]

但有數個月，沒有本地人皈依基督教，詹寧斯欲拉本地人入基督教的作為，招來愈來愈強的敵意。然後，一八五二年七月，即賈旺．巴赫特結婚的四個月後，詹寧斯有了豐碩成果。德里兩個著名印度教徒，醫生查曼．拉爾（Chaman Lal）及其友人拉姆昌德拉大師（Master Ramchandra），宣布想要皈依基督教。查曼．拉爾是札法爾的御醫之一，拉姆昌德拉則是才華洋溢的德里學院數學講師。詹寧斯大喜過望，安排兩人於七月十一日週日在聖詹姆斯教堂，以極公開的儀式受洗。誠如詹寧斯於事後不久，在寫給福音傳播會的報告裡洋洋自得說道的，

這是最能讓傳教士大展身手的領域……這些人在德里人脈甚廣且受尊崇，因此，受洗一事將在全城引發最大轟動……週日晚上，信印度教的居民全聚集於教堂周邊……[57]

軍人在場以防出亂子，但當下平安無事，只是多日以後，「全城劇烈騷動」。[58]有頭有臉的人家迅即要自家子弟，從拉姆昌德拉大師所任教的德里學院退學。與此同時，就連最親英的烏里瑪，這時都開始對他們信基督教且益加好鬥的主子心生懷疑。

其中之一是穆夫提薩德魯丁·阿祖爾達（Mufti Sadruddin Azurda）。他與札法爾、加利卜過從甚密，係英國入主德里初期，英國人與蒙兀兒菁英賴以溝通的重要橋梁，原是大衛·奧克特洛尼的朋友和門生。長達三十年，阿祖爾達既是德里的首席穆斯林法官（Sadr Amin），也是皇廷裡重要的文學人物和穆夫提，並採行溫和親英立場，而且把這兩個角色拿捏得很好：他天生善於調解分歧，原主張在東印度公司任職完全不違反穆斯林律法，由於英國人允許完全的宗教自由，發動聖戰之說非常不當。[59]但這時，就連阿祖爾達都開始懷疑英國政策所要走的方向，悄悄勸其在德里學院的學生勿為「基督教宣傳」所惑。[60]其他人更加直言不諱。據某傳教士所述，「穆斯林會很樂意推翻英格蘭人。他們（對我們）說得很明白，『若非你們是統治者，我們會很快就讓你們傳不了道，不是用論點，而是用刀劍。』」[61]

一如好鬥的基督徒在一八五〇年代初期，成了英國人群體裡一股日益壯大的勢力。而德里的穆斯林群體裡，嚴格死板的原教旨主義派也同樣在壯大，他們對其他宗教信仰表現出同樣懷疑、鄙視的心態，同樣樂於用武力對付異教徒。*

如果說廢奴主義健將威廉·威爾伯福斯（William Wilberforce）和克拉彭派，（Clapham Sect）是促成原教旨主義福音派心態盛行於英語基督教世界的功臣，就穆斯林方面來說，激進伊斯蘭改革運動之父就是沙·瓦利烏拉（Shah Waliullah）。他是十八世紀德里神學家，與阿拉伯瓦哈比派（Wahhabis）創始人伊本·阿卜杜·瓦哈卜（Ibn Abd al-Wahhab），同時在漢志（Hejaz）的麥地那求學。†沒有證據證明兩人碰過面，但兩人的神學幾乎一模一樣，沙·瓦利烏拉回印度後，立即向其眼中德里一地對伊斯蘭教曲解且背離正道的解讀宣戰。[62]

沙・瓦利烏拉和其兒子，尤其與威廉・佛雷澤為友的沙・阿卜杜勒・阿濟茲，強烈反對蘇非派尊崇聖徒之舉，將此舉比喻為偶像崇拜，尤其直言批評他們所認定，印度穆斯林從印度教徒鄰居那兒習得並兼採異教習俗的作法：赴印度教聖地朝拜、請教信印度教的占星家、女人鼻子穿洞以裝上鼻釘、在墓上點燈、在聖地奏樂、過印度教節日。就連以香蕉葉盛裝食物就食一事，都受到強烈譴責。沙・瓦利烏拉的解決辦法，係革除所有不屬於伊斯蘭的添加物和新事物，強調嚴守可蘭經的一神教。這樣的伊斯蘭教能使信徒只向真主直接禱告，絕不透過任何聖潔的中間人。[63]

沙・瓦利烏拉認為人單靠自己的理性無法理解神的真理，因此強調神啟的重要，力促回歸可蘭經文和聖訓。為使一般人能輕易閱讀到這些經文，他把可蘭經譯成波斯語，後來他兒子則譯為烏爾都語，透過新的德里印刷機廣發這兩種譯本。[64]一如瓦哈比派，沙・瓦利烏拉也反對當時腐敗的穆斯林統治者，他和他的兒子、孫子，從位於拉希米耶經學院（*Madrasa i-Rahimiya*）的家族據點，鼓勵德里人反抗蒙兀兒人的墮落，行事勿像「被拉著鼻子走的駱駝」。[65]

---

* 作者註：尊貴者會社（Arya Samaj）之類團體所領導的印度教改革運動，要在二十年後的一八七〇年代後期才來到德里。該會社在一段時日後，成為與伊斯蘭、基督教內改革派一樣的印度教改革勢力。在札法爾時代的德里，城內有許多著名印度教徒，但此時印度教並未歸於一統的領導階層，來對基督教傳教士和烏里瑪施以反制。但在孟加拉，有印度教改革運動團體在煽動人心：一八五七年一月，人在巴拉克普爾的赫爾西（Hearsey）將軍抱怨，「加爾各答篤信印度教之團體（我認為該團體叫 Dharma Sobha）的一些特務，散播政府打算使印度兵皈依基督教的謠言。」見 Irfan Habib, 'The Coming of 1857', Social Scientist, vol. 26, no. 1, January-April 1998, p. 11。

† 作者註：十八世紀時伊本・阿卜杜・瓦哈卜在麥地那首開先河，傳授經過改革、道德要求非常嚴格的伊斯蘭教，奉行這種伊斯蘭教者就是瓦哈比派。

沙·瓦利烏拉不喜歡蒙兀兒人，既出於政治因素，也出於神學因素。數代以來，蒙兀兒皇帝和印度教徒通婚——札法爾有個拉吉普特人母親，這在蒙兀兒皇室裡頗常見——而印度教觀念和習俗從後宮慢慢滲入其他地方，已使較後期的蒙兀兒皇帝，支持特別包容異己且兼採異教習俗的一種蘇非派伊斯蘭。這種伊斯蘭與帶有自由主義精神的契斯提（Chishti）教團相契合，但與沙·瓦利烏拉的強硬神學觀點卻是南轅北轍；許多原教旨主義派認為，這種自由主義觀點跡近異端（kufr）。[66]

在正統伊斯蘭裡，人活著就要膜拜真主——這是從屬關係，真主在此中是主、信徒是奴。關係非常簡單直接：照應有的方式膜拜真主，會得到獎賞——審判日那天會上天堂——不然，就會下地獄。蒙兀兒皇廷裡具蘇非主義思想的詩人暨皇子，以及德里阿什拉夫*菁英階層裡與他們過從甚密之人，完全不接受此觀點，反倒主張信徒應膜拜真主，不是因為真主命令我們這麼做，而是因為他非常討人喜歡。於是，各種傳統都應得到尊重：任何人都有能力表達其對真主的愛，而且該能力不因所屬宗教、所屬性別、乃至不因社會地位高低而有異。為何在皇廷裡大為盛行的蘇非派伊斯蘭，在整個德里城也大行其道；為何皇廷的人受到較正統烏里瑪如此劇烈譴責，這是原因之一。

札法爾在位期間的皇廷日誌，幾乎每星期提到參拜德里古老蘇非派聖祠之事——這些聖祠，當時，一如現在，既受到德里穆斯林尊崇，也受到德里印度教徒同樣虔心的尊崇——而且比起前往清真寺的次數，多上許多。只要聖祠管理人出現在皇廷，札法爾每次都會厚予賞賜，出錢叫人獻花於聖徒之墓——沙·瓦利烏拉派特別不認同之事。[67]

事實上，札法爾本人被尊為蘇非派導師，常收門徒（murid）。[68]忠於皇帝的《德里烏爾都語新聞》，甚至稱他為「得到神廷認可的當今大聖徒之一」。[69]札法爾甚至一身聖徒打扮，在年輕還未當上皇帝時，其生活和外觀上刻意讓自己像個窮學者和德爾維希（dervish），而與他三個衣著考究的弟弟，賈汗季、薩利姆、巴布爾三個米爾札，迥然有別：一八二八年少校阿切爾（Archer）報告，「他生活儉省、身材瘦削、穿著樸素、跡近寒酸。」當時札法爾五十三歲，距登上皇位還有十年。「他的外表像個工作勤奮的祕書或語言教師。」[70]

札法爾的蘇非主義，以兩種大相逕庭的形態呈現。身為詩人和德爾維希，他吸收了蘇非派神祕主義著作最幽微奧妙的思想。但他也極易接受常民伊斯蘭講法術、迷信的一面。例如，他似乎與他的許多子民一樣相信，他身兼蘇非派導師和皇帝兩種身分，使他擁有法力。於是，他的一個追隨者遭蛇咬時，他送去「一個貝佐阿爾璽（Seal of Bezoar，解毒石）和他吹過氣的水」，要那人飲下解蛇毒。[71]

這個皇帝也非常相信咒文（taʾwiz）的效用，尤其用咒文來緩解他的痔瘡痼疾，或用來驅除魔咒。[72]有次生病，他找來一群蘇非派大導師，告訴他們「數個別姬懷疑有人對他施了咒，於是他要他們想辦法解決，以去除因此而生的種種疑懼。他們回道，會為陛下寫成一些符咒之類的東西，混在水裡喝下，屆時所有災厄都不會近身」。[73]這類蘇非派導師、行奇蹟者、印度教占星家時時隨侍皇帝身側，而且遵照他們的意見，定期拿水牛、駱駝獻祭，埋蛋，逮捕據認施巫術者，以及戴上一枚特殊戒指以治消化不良。[74]也遵照他們的意見，定期捐牛給窮人、捐象給蘇非派聖祠、捐一隻馬給賈瑪清真寺的神職人員（khadim）。[75]

* 譯按：Ashraf，法蒂瑪系的先知穆罕默德後裔。

但札法爾的詩，境界遠高於此。一如該時期的許多詩，他的詩帶有濃濃蘇非派對愛的理想觀，愛被視為通達真主的最可靠法門，真主則被視為不在天上、而是在人的內心深處。因為如果情感世界是蘇菲主義的最重要部分，情感世界也構成蒙兀兒晚期德里主要文學體裁嘎札爾（ghazal）的基石——嘎札爾一名來自阿拉伯語，意為「向一個女人說愛」。[76]嘎札爾詩裡的愛可做不只一種解讀——很少挑明詩人筆下的愛是神聖之愛，還是凡俗之愛。這一模稜兩可係有意而為，因為靈魂渴求與真主結合，被認為和情人渴求心愛之人一樣，令人無法抗拒且包羅一切，兩種愛都可被帶到瘋狂的地步，也就是蘇非派信徒所謂的法納（fana）——自我消滅和浸淫於所愛之人裡。[77]在蘇非派詩人看來，在內心尋找真主，使尋找者不再受縛於狹隘正統伊斯蘭的限制，促使信徒不拘泥於律法的表面意義，直透其神祕本質。誠如加利卜所說的，

我膜拜的對象，非我所能感知；
對了解這點的人來說，（麥加）天房是個羅盤，就只是個羅盤。[78]

他要正統派往更深處看：只有你們聽不到含有祂奧祕的音樂。一如與他同時代的許多德里人，加利卜能寫出宗教義理深奧的詩，但對於拘泥字面意思解讀伊斯蘭經文一事，心存懷疑。他帶著戲謔性質深思天堂的詩作，彰顯其一貫詩風。在某封寫給友人的信中，他寫道「在天堂，我的確會在黎明時飲下可蘭經中所提到的純酒」。

但在天堂，會有喝醉的友人和我一起在夜裡走長長的路，或有開心喊叫的喝醉群眾？在那裡，

可有令我陶醉的季風雲？既沒有秋，哪會有春？如果那裡隨時有天國美女，那還會有分離的悲傷、重逢的喜悅？那裡會有我們想一親芳澤就逃掉的女孩？[79]

出於同樣的思路，在加利卜的詩裡，正統謝赫始終代表狹隘心胸和偽善：

謝赫在小酒店門邊逗留，久久不去，
但，加利卜，相信我，
我肯定看到他溜進去，
在我離去時。

在書信中，加利卜也常拿烏里瑪墨守法規的狹隘作風，和真正的超凡入聖相比較，說烏里瑪「教巴尼亞人（baniyas）和頑童，沉溺於探究月經、產後出血的問題」，而要真正超凡入聖，必須「研讀神祕主義者的著作，把真主的真諦和其在萬物上的體現，心領神會」。[80]

一如其他的皇廷中人，若有必要，加利卜樂於實踐他的洞見。如果真主在人的心中，靠愛比靠儀式更能見到真主，那麼，印度教徒就和穆斯林一樣，能見到真主。於是，有次走訪貝拿勒斯（Benares）時，他戲謔的寫道，他差點想要在那裡永遠住下，他「多希望自己已脫離此教（伊斯蘭），在額頭點上教派符號，環腰纏上一條聖帶，在恆河畔坐下，以洗掉身上的生活污穢，像水滴一樣，與該河融而為一」。[81]

這也是札法爾——和他許多先祖——對印度教的態度。札法爾顯然自認是其印度教徒子民的保護者，使穆斯林收斂極端要求，使許多烏里瑪收斂不近人情、嚴守道德之作風的人。[82]札法爾有首詩清楚說道，印度教和伊斯蘭「本質無異」，他的皇廷體現了這一兼容並蓄的哲學，在各個層級頌揚體現，這個將印度教、伊斯蘭綜合在一起的印度伊斯蘭文明。德里信印度教的菁英前往蘇非派尼札穆丁（Nizamuddin）聖祠參拜，能引用蘇非派詩人哈斐茲（Hafiz）的詩句、喜歡波斯語詩。他們的子弟，尤其是卡特里（Khattri）、卡亞斯特（Kayasth）這兩個專門從事行政的種姓子弟，師事毛拉韋，就讀於較具自由主義精神的伊斯蘭經學院，*印度教節日向自己老師獻上食物。[83]至於穆斯林，則效法皇帝向印度教聖人致上敬意，皇廷中許多穆斯林，包括札法爾本人，遵循只喝恆河水的蒙兀兒老習俗，而該習俗其實襲自高階種姓印度教徒。[84]札法爾有批人數不少、信印度教的占星家，他們絕大部分時隨侍君側。[85]

據皇廷日誌記載，札法爾會過印度教侯麗節（Holi），即春節。依習俗將多種顏色的顏料灑在廷臣、后妃身上，並以取自七井的水沐浴，為慶祝活動揭開序幕。[86]逢印度教秋節，杜塞拉節（Dussera），會在宮中將禮物和納茲爾分發給札法爾的印度教徒軍官，以及（較出人意料的）替皇家種馬場裡的馬上色。然後，晚上，皇帝會觀賞名叫「羅摩里拉」（Rama Lila）的慶祝活動——歌頌印度教神祇暨國王羅摩打敗化身為惡魔羅波那（Ravana）的「惡」，每年在德里舉辦一次，活動中會燒掉惡魔及其兄弟的巨大芻像。[87]札法爾甚至要求改變羅摩里拉的遊行路線，讓隊伍繞過整個宮側，使其得以飽覽隊伍的精采演出。[88]在狄瓦利節（Diwali），札法爾會秤出和自己等重的「七種穀物、黃金、珊瑚等物，要人將它們分發給窮人」。[89]

皇廷日誌記載了不少這種明顯顧慮到印度教徒禁忌之事。有天傍晚，札法爾騎馬出宮，到河對岸「兜風」，「有個印度教徒等著國王過來，暗示想要成為穆斯林。哈基姆阿赫薩努拉・汗（札法爾的首相）表示，不宜處理他的請求，陛下要人將他趕走。」[90] 梅赫勞利一年一度的古老尤格・馬雅神廟和蘇非派聖徒庫特卜・薩希卜聖祠舉行賣花人集市期間，札法爾宣布「他不會跟著花環（pankah）一起進入聖祠，因為他不能跟著它一起進廟」。[91] 又有一次，一隊兩百名穆斯林出現於皇宮外，要求准許在宰牲節時殺牛（印度教眼中的聖獸），札法爾以「明確且憤怒的口吻」告訴他們，「穆斯林的宗教不靠殺牛獻祭」。[92] 一如加利卜，札法爾非常鄙視心胸狹隘的伊斯蘭謝赫：有天晚上，宮中的娛樂活動，「演員卡迪爾・巴赫什（Kadir Bakhsh）在國王面前演一個毛拉韋（穆斯林神職人員）。陛下龍心大悅，命（太監頭子）馬赫布卜・阿里汗照例予以賞賜。」[93]

德里烏里瑪回敬以鄙視皇廷。據賽義德艾哈邁德・汗爵士所述，「許多德里毛拉韋及其徒眾認為，國王簡直就是異端。他們認為不該到他常去且受其贊助的那些清真寺禮拜。」[94] 札法爾一味寵信伊瑪目阿里（Imam Ali），尤其令正統遜尼派惱火：宮中熱烈慶祝什葉派馬哈拉姆月（Muharram）節——遜尼派鐵桿分子沙・瓦利烏拉眼中伊斯蘭異端的化身——札法爾在此期間，聆聽名叫馬爾西亞（marsiya）的輓歌體詩。由於此事和其他原因，一直有傳言說札法爾其實已轉投什葉派。札法爾因此接見了德里烏里瑪派來的數個怒氣沖沖代表團，這些人揚言，如果傳言屬實，他們會祭出最終的制裁，將他的名字移出星期五禮拜者名單。[95]

十九世紀期間，隨著歲月推移，這類嚴守道統的觀點在德里漸漸得勢，烏里瑪的地位更形鞏固。因此，到了一八五〇年代，札法爾及其皇廷那種寬容異己的蘇非派作風，慢慢顯得老派且過

* 作者註：鑑於伊斯蘭經學院有點引發物議且偏狹的今日形象，許多最傑出的印度教思想家，包括大改革家拉姆・莫罕・羅伊（一七七二－一八三三），係伊斯蘭經學院所培育出來一事，值得大家謹記深思。

時，一如白種蒙兀兒人兼容並蓄的生活方式和無先入之見的宗教態度，而今徹底倒向福音派英國人眼中的形象。這為兩種互不相讓的原教旨主義派的衝突打好了條件。

原教旨主義派反對札法爾背離正統的宗教立場一事，也有強烈的階級因素在作祟。

如果說蘇非主義和寫嘎札爾詩，是皇廷和高尚貴族文化的表徵；贊助伊斯蘭改革運動，則成為日益壯大之旁遮普穆斯林商人階層的標記。這些商人有錢且識字，卻自覺被拒於偏重菁英的皇廷蘇非派文學圈外。沙·瓦利烏拉的神學家兒子沙·阿卜杜勒·阿濟茲，發出許多伊斯蘭教令（即法律見解），值得注意的是，其中許多教令與經濟事務有關——針對信用狀的可否使用或透過奴隸買賣賺錢之類事務而發——這意謂著那些向其徵求意見者，有不少人深度涉入貿易和商業。為德里的激進伊斯蘭經學院提供資金者，係百分百有錢的旁遮普穆斯林商人，尤其是那些呼籲對異教徒發動聖戰、且有意打造一個徹底除掉境內非伊斯蘭事物的伊斯蘭社會者。[96]

最直率表明此立場者，是賽義德艾哈邁德·巴雷爾韋（Sayyid Ahmad Barelvi）。他畢業於拉希米耶經學院，好戰立場鮮明，一八三〇年，針對西北邊區（North West Frontier）的錫克人、英國人，展開了一場以失敗告終的聖戰。他從那裡寫信給中亞諸統治者，請求他們聯手助印度脫離英國人統治，擺脫不符伊斯蘭教規的蒙兀兒皇廷作風，以免「伊斯蘭文化遭顛覆、伊斯蘭生活方式遭基督徒打亂」。[97]巴雷爾韋遭阿富汗人出賣，一八三一年聖戰時，死於錫克人劍下，他的聖戰士殘部仍在串聯其他幾大聖戰中心——白夏瓦、安巴拉（Ambala）、德里、巴特那（Patna）——貿易路線上從事地下活動。

一八五二年九月，即米爾札賈旺．巴赫特娶親五個月後，詹寧斯讓大師拉姆昌德拉和醫生查曼．拉爾皈依基督教兩個月後，梅凱夫轄下的德里警察懷疑，聖戰士網絡已開始重出江湖。根據收到的線報，德里警察對幾個名極端分子住所發動拂曉查抄，找到他們所認定德里一樁「瓦哈比派陰謀」的證據，查扣「宣揚發動聖戰」討伐英國人的「狂熱毛拉韋的書信」。[98]此陰謀的中心人物是，謝赫侯賽因．巴赫什（Husain Bakhsh）。他來自旁遮普商界的著名德里商人，與拉希米耶經學院較激進的伊瑪目過從甚密。

就是這所激進經學院的烏里瑪，帶頭反詹寧斯和其傳教士，尤以在拉姆昌德拉和查曼．拉爾受洗後，牧師詹寧斯於一八五三年五月，成功讓一個「家世良好」、不知名姓的賽義德皈依基督教後為然。[99]如果說傳教士使穆斯林更加相信其所憂心之事，升高了反英國人統治的心態，使正統派更加堅守正統，為聖戰士創造了一批擁護者；「瓦哈比派陰謀」的存在，則使詹寧斯和其支持者更加堅信，必須「強力攻擊」勢力如此根深柢固的「穆斯林狂熱分子」。

伊斯蘭原教旨主義和歐洲帝國主義的歷史，往往緊密交織到可能造成危害的程度。兩種信仰的原教旨主義派，都需要對方來強化彼此的成見和仇恨，這種相激相蕩的現象奇特卻具體。一方的毒液為另一方提供了生命所需的血液。

CHAPTER 3

不穩定的平衡

英國人和蒙兀兒人住在同一個城市，有時住得非常近，但到了一八五二年，兩族群已愈來愈疏離。

對德里城為數不多的英國僑民來說，與本地人通婚——或至少共居於一地——曾非常普遍，但現時的情況已近乎種族隔離。日常往來愈來愈少，想彼此了解，更少。這在德里的兩大刊物裡最為顯著；事實上，簡單比較兩報的專欄文章，或許最能看出此時德里英籍與印籍居民間愈拉愈大的誤解鴻溝。如果說《德里烏爾報語新聞》和《德里報》對於牧師詹寧斯較極端的傳教活動看法一致，其他意見一致處則不多。拿兩報對一八五二年事件的報導，有時可能讓人以為雙方在報導兩個不同城市的新聞。

《德里烏爾都語新聞》的辦報宗旨，係鼓勵其讀者「納善避惡」。[1] 其他報卻不這麼認為。據某份與其競爭的烏爾都語報所述，「這是個不入流的報紙，充斥著抨擊正派人士的流言蜚語，而且那些正派人士的宗教觀點與該報主編相忤。」[2] 這兩個看似矛盾的陳述，濫觴於同一趨勢：《德里烏爾都語新聞》的主編，是言語直率的什葉派毛拉韋穆罕默德．拜蓋爾，在其領導下，該報公開痛批皇廷、烏里瑪，乃至英國政府的腐敗。

該報始終忠於札法爾，但嚴厲批評皇宮行政部門延遲支付每月薪給的腐敗作風（「只有有機會或有權利見到皇上、穆赫塔爾（別姬）或御醫的人能領到薪水」），並在某些行徑惡劣的皇子得到懲罰時幸災樂禍——例如，放蕩不羈的米爾札沙．魯赫（Shah Rukh）前去蓋達姆．沙里夫（Qadam Sharif）的聖祠途中，遭德里放款人伏擊之時。[3] 該報將皇子的惡形惡狀，歸因於欺矇聖徒般皇帝之惡廷臣的陰謀詭計。[4]

毛拉韋穆罕默德．拜蓋爾是德里人，畢業自德里學院，曾在該校執教一段時間，後因低薪而離職。接著他短暫效力英國人，後為外來商人設了一個獲利頗豐的市集、蓋了什葉派齋期集會所（imambara），有時會在該所說法。[5]

《德里烏爾都語新聞》的關注重點，主要擺在當地的政治、宗教事務上，反映了本身所關注的事物：該報談到大師拉姆昌德拉皈依基督教之事、講述了在蘇非派聖祠所目睹的最新奇蹟、報導了德里節慶活動的盛況，以及節慶活動中偶爾出現的吵架或打架，例如一八五二年馬哈拉姆月期間的遜尼派—什葉派暴亂。該報也轉述更多宮中侍女因犯了「邪淫惡行」受懲之類的八卦消息。[6]

拜蓋爾的兒子，以筆名阿札德（Azad）寫作且前途看好的年輕詩人穆罕默德·侯賽因（Muhammad Husain），曾協助父親辦報，因此《德里烏爾都語新聞》也對文學事務很感興趣，重新刊行了吟詩大會上所朗誦最受肯定的新嘎札爾；在拜蓋爾友人暨阿札德導師（ustad）札烏克與加利卜對抗時，力挺札烏克：加利卜因賭博被捕時，該報以幸災樂禍的口吻報導了這件醜聞。如果該報提到德里城外的動態，報導的往往是周邊的興都斯坦城鎮，以及某個期間一再報導加爾各答。英國幾乎從未出現在該報專欄文章裡——整個一八四〇年代，僅七次提及東印度公司的母國，比起對埃及或波斯（拜蓋爾家族的原鄉）之類文明開化穆斯林國的報導，少了許多。[7]

相對的，《德里報》把報導重點擺在傷感欲泣的僑民上。這些僑民的思緒總是動不動就飄回到英格蘭的切爾騰納姆（Cheltenham）。該報的專欄文章，有幾次提到點亮月光廣場水渠之事，或該報之喀什米爾門營業所附近馬路上的車轍。[8]偶爾也焦慮不安的提到「最不怕死的武裝土匪」，報導德里板球會慘敗加爾各答隊之事，以及德里馬賽的完整結果，包括一年一度的「手推車比賽」。此一比賽「由部隊的樂隊男孩乘坐手推車，每輛一人，贏者可得到八盧比」。[9]

偶有非常特別的活動，能短暫把英國和蒙兀兒人這兩個愈分愈遠的圈子拉攏在一塊。英國人入主初期，往往藉由和印度人共同參加蒙兀兒皇廷的生活及慶祝活動聚在一塊，但到了一八五〇年代，此接觸往往發生在由歐洲人作主的場合：在會有當地貴族從鄉村宅邸來到城裡參賽的德里蒙兀兒杯馬賽會場上，[10]或在允許印度人入會的德里共濟會分會裡。[11]

特魯德公司（Messrs Trood and Co.）的來到，就提供了這樣的活動。他們把巡迴展辦到德里，展示品包括數具顯微鏡，《德里報》說這些顯微鏡讓「當地紳士大大驚恐於他們眼睛所目睹的奇物」。[12]另一活動，係喬丹先生與其巡迴馬戲班的到來：

> 喬丹夫人優美的騎術和舞姿，贏來觀眾席中歐洲人一再的喝采，本地人則以不由自主的哇哇聲表明他們的欣喜。喬丹先生展現過人力氣的絕活，為之驚嘆者，不只本地人，還有所有觀眾；而奧利佛先生新奇的球上絕活，踩著球繞行馬戲場、上斜坡，同時穩穩站在球頂……贏得實至名歸的讚賞，聽話的小馬拉傑帕克的表演亦然。牠完全照指示做動作，以上擔架就寢的動作結束當晚的演出，而且就這樣被抬離表演場。[13]

但《德里報》關注的重點，一如讀者、乃至其精力充沛的主編喬治·瓦根特里伯（George Wagentrieber）關注的重點，其實在別處。該報不時報導大英帝國的擴張活動，報導英國人鳴炮以示第二次英緬戰爭結束、併吞勃固（Pegu）和占領仰光；還有來自大英帝國在克里米亞半島、阿富汗、波斯的前線報導。但最重要的，該報充斥來自母國的消息，充斥為西姆拉、馬蘇里境內Bridge View、Roseville這兩家偽英式舒適別墅打的廣告，為蘇塞克斯郡境內願意接下小孩教育工作、以免他們有印度口音的好心家庭打的廣告。[14]有則廣告寫道「給父母和監護人」，「一位要回英格蘭的女士，樂於幫忙照管一些小孩，務使他們安然抵達要去的友人家。」[15]另一則廣告來自「一名已婚的神職人員，他靠教士的俸金住在薩默塞特郡一個益於健康的地方，想要收一或兩個小孩到他家……在其照管下，和他的小孩一起受教育。費用從六十幾尼至一百英鎊」。[16]

這份報紙清楚知道，如何減輕離鄉在外且一貧如洗之僑民的焦慮與思鄉之情。但到了一八五〇年代，該報極偶爾才提到德里人，而且總是以高高在上的姿態，將他們稱作「土著」或「我們的黑色兄弟」。[17]但瓦根特里伯的態度，比這些措辭所可能讓人聯想到的還要複雜。因為他的妻子伊莉莎白係英印混血，其岳父是斯金納騎兵隊的知名人物詹姆斯・斯金納，德里白種蒙兀兒社會的支柱之一。

詹姆斯・斯金納的父親是蘇格蘭籍傭兵海格立斯・斯金納（Hercules Skinner），祖父當過蘇格蘭蒙羅斯市長（Provost of Montrose），母親是拉吉普特人，外祖父是「博傑普爾地方」（Bojepoor country）的拉吉普特札敏達（Zamindar）*。[18]斯金納為馬拉塔人在戰場上英勇殺敵，後因英籍父親的關係，遭趕出馬拉塔人陣營；後來他為英格蘭人打仗，卻因帶有印度人血統，遭東印度公司歧視，「我以為自己在為一群沒有種姓或膚色偏見的人效力，」他在回憶錄裡寫道。「結果我錯了。」他推斷，他的混血身分「猶如從兩個方向朝我砍來的兩面刃」。[19]斯金納為蒙兀兒皇帝賣命，為他贏來他的蒙羅斯祖父若地下有知會皺起眉頭的頭銜：Nasir ud-Daulah Colonel James Skinner Bahadur Ghalib Jang，德里人簡稱為錫坎達先生（Sikandar Sahib），據說因蒙兀兒都城的居民將其

* 作者註：札敏達是地主或地方統治者。

視為亞歷山大大帝的化身*。

斯金納是虔誠的基督徒，晚年蓋了聖詹姆斯教堂。這是德里第一座教堂，†成為德里英國聖公會信徒的信仰支柱。但他還是養了許多比比——據對此大為驚嘆的芬妮·艾登所述，「有好多個漂亮的斯金納太太」，[20]據某人估計，多達十四人[21]——而且斯金納為他信伊斯蘭教的比比，修復了位於他德里大宅附近一座美麗的蒙兀兒清真寺，以及（至少據德里傳說）為那些宣稱信印度教者蓋了一座神廟。芬妮·艾登說他是

本地人出身的上校，膚色很黑，比起我們在此碰過的白種上校，社交本事高明許多，而且在戰場上立了許多奇功。他在此住下，是個很好的老人。我們於禮拜日時去了他所蓋的一座大型教堂，在那附近，有座也是他蓋的清真寺。他告訴我，有上帝的地方，就有宗教，但我猜想他自稱穆斯林。[22]

艾登此一推斷不實，但由於斯金納的生活方式與蒙兀兒人並無二致，他的英語說得不順且不符文法，[23]犯這樣的錯可以理解。他的大老婆（很可能是瓦根特里伯的岳母）肯定是穆斯林：名叫阿舒莉·卡納姆（Ashuri Khanam），本身有地，父親是哈里亞納一地甚有勢力的札敏達，名叫米爾札阿齊姆·貝格（Azim Beg），為斯金納管理其在漢西非正規騎兵團的兵營。[24]

錫坎達先生去世後，他「膚色各異」的孩子依舊是德里的大地主和重要廷臣，有心彌合蒙兀兒皇廷和在印英人間日益擴大的鴻溝，受到的阻力卻愈來愈大。而此家族某些成員特立獨行的衣著打扮，無助於此事的遂行。就連威廉·賈德納都不由得被錫坎達兄弟羅伯特·斯金納的作風給

逗笑，「歷來最紈絝的紈絝子弟，身上披掛的金銀鍊，比法蘭克男爵在馬格德堡地牢（Magdeburg Dungeon）身上的鐐銬還要多。」[25] 斯金納家族的某些成員，清楚發覺自己夾處於兩個不同世界，而且兩世界的緊繃關係，遠比其他人所夾處的還要嚴重：有次，昔奧．梅凱夫告訴妹妹喬吉娜（也就是ＧＧ，每個人似乎都已這麼稱呼她），「Ｊ．斯金納先生已爛醉了兩個月又十四天，從無一刻清醒。」[26] 於是，瓦根特里伯在《德里報》刊出的那篇文章，就存在著此一複雜的潛流。該文向白種蒙兀兒人的時代發出堅定告別，其妻子娘家是白種蒙兀兒圈子裡極搶眼的一部分，而他這時明顯認為白種蒙兀兒人的時代已經結束。不管對斯金納姻親有何看法，瓦根特里伯明顯認為他知道哪一方前途看好，該靠向哪一方。

不久，他就會為自己與這個「徹底印度化」的家族有關聯，為他妻子的深膚色、她一口流利的興都斯坦語、她能把紗麗穿得很標準，而感到慶幸——直至此時，這些事物對瓦根特里伯來說，始終是令人稍感尷尬的東西，對其長年受苦的妻子來說或許亦然。

一八五〇年代初期的英國人和蒙兀兒，有時讓人覺得不只住在不同的思想世界，根本是住在不同時區。

---

* 譯按：在波斯語和印度斯坦語裡，亞歷山大被稱作錫坎達。

† 作者註：有座鮮為人知的亞美尼亞喪禮小教堂，附屬於位在基生甘吉（Kishenganj）的老亞美尼亞人墓地，比聖詹姆斯教堂早建了約百年。這座小教堂靠近基生甘吉火車站，如今仍常有人使用，似乎是舊佛朗機傭兵區（Firangi Pura）僅存的殘跡之一。佛朗機傭兵區建立於蒙兀兒王朝晚期，位於後來出現的薩卜齊曼迪（Sabzi Mandi）火車站附近。

英國人起得最早：在位於德里高階文官居住區北邊的英軍永久性兵站裡，軍號於凌晨三點半吹響，那時，蒙兀兒人在紅堡舉辦的吟詩大會依然熱鬧，而在喬里市集（Chauri Bazaar）的交際花排屋（kothi）*，跳舞、吟唱嘎札爾的活動已接近尾聲，那些女孩就要履行職責裡較有肌膚之親的部分。蒙兀兒詩人和交際花加快步調時，羅伯特·泰特勒（Robert Tytler）上尉或哈利·甘比爾（Harry Gambier）中尉之類，睡眼惺忪、打著呵欠的英格蘭男子，會從床上坐起，等僕人為其刮鬍子、套上襪子。泰特勒五十歲，打仗經驗豐富，隸屬於第三十八本地人步兵團；甘比爾是十八歲的愛沙尼亞人，剛來印度不久。[27]接下來，在兵站閱兵場，會有一段不短的操練時間。

兩小時後，太陽開始升至亞木拿河上方，詩人、交際花和贊助者全都回房睡覺，這時，已經起床活動、做操者，不只軍人，還會有英籍平民。哈麗特·泰特勒或安妮·佛瑞斯特（Annie Forrest）之類女人，已做完繞行兵站的晨騎，回到屋裡：為免曬黑，女士不宜於日出後騎太長時間的馬。[28]哈麗特是羅伯特的妻子，有自信，行事俐落直接；安妮則是英格蘭圈子裡的大美女，甘比爾已寫了禮貌的仰慕信給她。

早上六點，哈麗特已忙著督管大批僕人，在她因拉上窗簾而變暗的孟加拉式平房裡幹活。第一個是準備豐盛早餐。維多利亞女王時代的印度，所有英格蘭男子都認為若不好好吃頓早餐，就無法開始一天的活：最起碼要有精選過的「剁碎排骨肉、腦髓餅、炸牛肉餅、辣味腰子、整隻雞或鴨、燉鴨、洋蔥馬鈴薯煨牛肉（或羊肉）、羊肉末馬鈴薯泥、羊頭與羊腿肉做成的肉凍，更別提各種印度菜餚，如jhal frazie咖哩料理、洋蔥咖哩明蝦（prawn dopiaza）、酸奶雞（chicken malai）、侯賽因牛肉（beef Hussainee）。此外，還有一些英印混合料理，如馬德拉斯烤腰子、馬德拉斯帶餡油炸麵團、切碎並用薑和辣椒再煎過的剩肉」。[29]然後，還會有僑居印度的英國人早餐

必備的奶油魚蛋飯。在德里，當地人認為盛夏時吃魚是大忌，但奶油魚蛋飯始終是在印英人最愛的菜餚之一。†

兵站的白種女人等著男人從閱兵場回來時，城裡，牧師詹寧斯會在寂靜的聖詹姆斯教堂裡執行清晨禮拜儀式。不久，位於教堂附近墓地一側的法庭也會醒過來：此時，約翰・羅斯・哈欽森（John Ross Hutchinson）、查爾斯・勒巴（Charles Le Bas）這兩位首席治安官，已置身辦公室，他們的兩個勤奮助手亞瑟・蓋洛威（Arthur Galloway）和以筆名阿祖爾達為人所知的首席穆斯林法官穆夫提薩德魯丁，亦然。與此同時，另一個聯席治安官昔奧・梅凱夫，此時會騎馬經喀什米爾門進城，在已遲到的情況下，正前往辦公室途中，遺憾於訴訟要點準備得不夠周全，遺憾於不如父親那麼早起。這時，他父親除了游過泳、交代好家人和僕人要做的事、讀過報紙，還已把一天要做的事做了一半。這時，喬治・瓦根特里伯也已起床。與妻子伊莉莎白吻別後，和昔奧一樣，正在從高階文官居住區前往位於南邊喀什米爾門的《德里報》營業處途中，開始一天的工作：撰文、校對最新一期報導文章。

---

* 作者註：大型排屋，往往面朝相串聯的庭院。

† 作者註：直至一九四七年為止，食用過量一直是在印英人生活的主要特點之一。晚至一九二六年，阿爾杜斯・赫胥黎（Aldous Huxley）仍大大驚訝於帝國時代英國人的食量巨大，「一天五餐——兩次早餐、午餐、下午茶、晚餐——通行於印度全境。因有劇院和舞會，從而吃消夜理所當然的大城鎮，往往還有第六餐。一天頂多吃兩餐、偶爾只吃一餐——常常連一餐都無著——的印度人，不得不承認自己低人一等……印度人驚嘆於我們對吃的講究。我們的威信與食用過量牢牢拴在一塊。為了大英帝國，真正愛國者會犧牲肝和結腸，為日後的中風和腸癌鋪好路。在印度時我竭盡所能的吃。但偶爾冒著傷害威信的風險、冒著徹底打垮整個帝國結構的風險，我低調略過一道菜。精神上願意，但肉體受不住。」Aldous Huxley, Jesting Pilate, London, 1926, p. 108.

就德里城民來說，窮人起床比富人早了許多。太陽升起，英國人結束晨騎返回途中和正準備早餐時，在蓋達姆．沙里夫的聖祠附近，第一批捕鳥人已在架網子，用小米當餌，誘捕早起覓食的鳥。在塵土飛揚的路上，蔬果販子經過身旁，有些人坐在牛車上，但多數是吃力緩慢的行走，從多阿卜地區（Doab）的村子走阿利坡爾（Alipore）路過來，把他們的貨物帶到德里城西北方，就在喀布爾門外的新郊區市鎮薩卜齊曼迪。

在拉吉嘎特門（Raj Ghat Gate），更早起的印度教徒——一天的此時，穿棉質紗麗的女人比男人多了許多——正湧出城，以執行拜神儀式（puja）和趁著群眾尚未聚集、洗衣人（dhobi）尚未出現，下聖河亞木拿河晨浴。如此清晨，只有印度教學者與他們為伴：在直至尼嘎姆博德河邊台階（Nigambodh Ghat，據德里傳說，吠陀冒出水面之處）為止，這一段亞木拿河畔，林立的小聖祠裡，響起了召喚人們做晨間婆羅門亞吉亞儀式（Brahma Yagya）的鐘聲。那是一再頌揚世界創造與再創造的儀式，每天早上舉行。高低不同的鐘聲在梵唱聲中響起，在幽黯的內部聖所裡，樟腦油燈擺成一圈，圍住毗濕奴像和撒滿萬壽菊的黑石濕婆林伽（lingam）。

這時，可以聽到伊斯蘭教宣禮員黎明唱禮（azan）的最後呼喚，從德里城最深處發出，先是從南邊的喀什米爾卡特拉清真寺（Masjid Kashmiri Katra），然後從西邊的法特赫布爾清真寺（Fatehpuri Masjid），接著從宏偉的賈瑪清真寺，然後從齊娜特清真寺（Zinat ul-Masajid）的優美河邊光塔（minaret），陸續發出。每一次呼喚都與其前稍稍錯開時間，以使一連串代表精神追求和堅持的呼喚，如海浪般一波接一波傳到河邊的聽者耳裡。召喚禮拜結束後，一片寂靜，就在此時，突然傳來最早的德里禽鳥鳴聲：鷓鳥好爭吵的咕咕叫聲、家八哥的尖銳囀鳴聲、玫瑰紅長尾小鸚鵡交替的咯咯聲和長尖叫聲、腦熱鳥的憤怒喊叫聲，而從札法爾的羅莎娜拉庭園（Raushanara

Bagh）和位於提斯哈札里（Tis Hazari）的庭園裡，濃密的果樹中則傳來炎熱天氣裡迴蕩於林間的噪鵑鳴聲。

這時，德里城內，在有高牆環繞、外人無從窺見的大宅庭院裡，例如年輕廷臣札希爾・德拉維位於馬提亞・馬哈爾（Matia Mahal）的大宅庭院裡，僕人正要開始忙碌，清起喉嚨，捲起竹簾，以露出迴廊庭園裡的水道和噴水池。不久，開始收走長枕和被單，以騰出庭院遊廊供食用早餐——印度教徒吃芒果或阿魯普里油炸麵包（aloo puri），穆斯林或許吃喬巴羊肉湯（shorba）。僕人會去井邊汲水，或出門去薩卜齊曼迪買些新鮮瓜果；某些較有錢的宅子裡，說不定泡了咖啡。從屋裡男性活動的區域，傳來最早的水菸筒汩汩聲；女眷生活區，孩童著裝，女人穿上短袖外套（choli）、長裙（ghagra）、短袖緊身馬甲（anigya），披上前開及膝束腰外衣（peshwaz）和紗麗。廚房裡，每日例行的切洋蔥、辣椒、薑的作業即將開始，鷹嘴豆和黑鷹嘴豆仁（channa dal）入水浸泡；其他地方，女眷區的不同住民會開始日間禮拜、縫紉、刺繡、烹煮或玩。

不久，年紀較大的男孩會往巷子另一頭走去，以及時抵達伊斯蘭經學院，展開一天的學習；默背可蘭經文，或聽毛拉韋說明可蘭經的奧義；或說不定整天學習哲學、神學、修辭。對許多學生來說，這絕非單調的苦活，而是令人振奮的學習；從大幹道（Grand Trunk Road）邊的小鎮來到德里、一心向學的小學生，即使在下著滂沱大雨的雨季，都會去拉希米耶經學院聽課；為免書本被雨打濕，會把書放在罐子裡，捧著去學校。[30]札卡烏拉（Zakaullah）年老時憶道，他飛奔過沙迦罕城的數條巷子，為在德里學院能學到的新東西——尤其數學——而興奮無比。就連以消滅強盜和殺手團夥成員（Thugs）著稱、對印度法院的行政批評甚力的威廉・史利曼（William Sleeman）上校，都不得不承認德里的伊斯蘭經學院教育頗為成功，「或許，放眼世界，像印度穆斯林受教如此普及的族群並不多。」他有次來到蒙兀兒都城時寫道。

擔任月薪二十盧比之公職者，通常讓其孩子受到和總理之子弟一樣高的教育。他們透過阿拉伯語、波斯語學習的東西，就和我們大學裡的年輕人透過希臘語、拉丁語學習的東西沒有兩樣，即文法、修辭、邏輯。經過七年學習，這些纏著頭巾的年輕穆斯林，腦袋裡所裝的與這些知識分支有關的東西，幾乎和剛從牛津大學畢業的年輕人一樣充實——談起蘇格拉底和亞里斯多德、柏拉圖和希波克拉底、蓋倫和阿維森納，一樣頭頭是道（他們把這些人稱作 Sokrat, Aristotalis, Alflatun, Bokrat, Jalinus and Bu Ali Sena）；而在印度，他們有一點獨占上風，即學習這些東西所用的語言，正是生活上最需要的語言。[31]

德里伊斯蘭經學院肯定聲望崇隆，才會讓年輕詩人阿爾塔夫·侯賽因·哈利（Altaf Husain Hali）不惜逃婚，隻身一人且身無分文，從巴尼伯德（Panipat）一路餐風露宿走五十三英哩路到德里，以實現在這所著名學府求學的夢想：後來他寫道「每個人都要我找份工作，但求學的熱情占了上風」。[32]德里畢竟是著名的知識中心，一八五〇年代初，正值文化鼎盛時期。德里有六所著名的伊斯蘭經學院和至少四所較小的經學院、九份烏爾都語和波斯語報紙、五份德里學院所發行的知識性刊物、無數印刷機和出版商、多達一百三十位以尤納尼醫學（Yunani）為本的醫生。[33]西方科學所揭開的許多新奇知識，在此首度譯成阿拉伯語、波斯語；在許多學院和伊斯蘭經學院裡，虛心接納新知和學習新知的興奮氣氛清楚可感。[34]

但最引人注目者，是詩人和知識分子，加利卜、札烏克、薩赫拜（Sahbai）、阿祖爾達之類人士：哈利寫道「何其幸運的，此時，在都城德里，聚集了一批如此才華洋溢之人，他們的聚會讓人想起阿克巴、沙迦罕的時代」。[35]哈利的家人最終找到他，但在找到他並把他拖回鄉下過婚姻生活前，他已獲准就讀侯賽因·巴赫什「非常廣闊且美麗的」伊斯蘭經學院，開始在那裡學習：年老時他寫道「我親眼見識了德里學問的最後輝煌，如今一思及此，就懊悔不已」。[36]

與此同時，在月光廣場，貝里斯福德（Beresford）先生，德里銀行的經理，早上九點就已上班，卻過了十一點才有店家老闆出現。他們打開貨攤的活動遮板，餵食了金絲雀和籠裡的長尾小鸚鵡，開始驅離邊晃動碗中錢幣、邊通過成排店家門前的乞丐和托缽僧。其中有些人名氣響亮，甚至是頗受尊崇的德里名人，例如「聖瘋子」（Majzub）丁·阿里·沙（Din Ali Shah）：賽義德艾哈邁德·汗在簡介德里最著名的一些城民時寫道，「他對世事極為冷淡，多數時赤身裸體，被群眾圍住時，很可能脫口說出極偏激的言語。但殷切的求道者細思這些話語時，發現在表面的無知背後，有著對他們求索之問題的答案。」[37]有些最受尊崇的托缽僧是女人，例如拜姬（Baiji），「一個有著過人才華的女人，一輩子都在沙迦罕城舊伊德傑赫（Old Idgah）附近的草屋底下度過。與人交談時，她常引用可蘭經文……所言都會完全應驗。」[38]

人行道上，地位太卑微而無緣擁有自己營業場所的商人，這時已就定位：以掏耳器和探針為工具的掏耳工、有著成捆印度苦楝樹枝的清牙工、有紙牌和鸚鵡的占星家、有蜥蜴和數瓶混濁催情油的冒牌醫生、有扇尾鴿和雜色鴿的鴿販（kabutar-wallah）。與此同時，在大街附近的珠寶商作坊裡，路人看不到的地方，珠寶商正在處理來自緬甸的祖母綠和月長石、黃玉和鑽石、紅寶石，來自巴達克山（Badakshan）的尖晶石，來自興都庫什山的天石。製鞋匠拿起加工處理過的皮革，開始在鞋楦上彎曲其印度鞋（juties）的腳趾頭部；刀劍匠開始點燃鍛鐵爐；布商攤開整匹布；香料商把堆積如山的橘黃色薑黃根整治成形。

在有持棒漢子守衛的最大店鋪裡，有著信耆那教和馬爾瓦里人（Marwari）出身的德里大放款人。他們有著彼此聲息相通的家族放款機構，其放款登記簿上記載著許多債務人的名字，包括在米爾札賈旺・巴赫特結婚後，向他們借款的札法爾。他們猛地倒在長枕上，想著要如何收回蠢得借給紅堡那些窮光蛋皇子的錢，多到讓人難以置信的欠款。這些放款人包括拉拉・薩利格蘭（Lala Saligram）、巴瓦尼・尚卡爾（Bhawani Shankar）、拉拉・春納・馬爾（Lala Chunna Mal）。其中，拉拉・春納・馬爾最有錢，係貝里斯福德先生之德里銀行的最大投資人，住在他位於卡特拉尼爾（Katra Nil）的豪華大宅裡。[39]

就在月光廣場甦醒過來之際，其北邊兩英哩處的英軍永久性兵站裡，一天的工作已近尾聲，軍人勤務大多完成。趁著磚造單身小平房還未熱到讓人受不了，洗個澡、迅速讀過報紙、打場撞球，打發掉一或兩小時，此後直到下午三點左右為止，還需要做的事，就是「穿著寬鬆的家便服」，懶散的躺著，「讀書，懶洋洋的坐著，睡覺。」[40]一天大半時候沒什麼事要做，因此，對許多英國軍人來說，無聊是他們在印度所面對的最大敵人：第五孟加拉本地人步兵團的艾倫・強森（Allen Johnson），約略此時，在日記裡寫道，「我丟臉的懶散，到了駭人地步。過去十天，幾乎未翻開過一本書或寫過一行字。其實，我除了懶洋洋的坐著、閒晃，什麼事都沒做，此刻，拿起一本書，用一隻黯淡的（原文如此）眼睛盯著它看，或在床上不斷翻來滾去。我唯一不變的念頭是想家，厭惡本地人和本地事物。」[41]

對於南邊高階文官居住區勒德洛堡辦公的特派代表托馬斯・梅凱夫爵士來說，一天的工作近乎完成：他的幾場會已開完，科特瓦爾（kotwal）*和皇廷詢問的事項已予以答覆，要寫的信已寫好，來自皇宮的消息已研究過，歸納出重點，轉發給亞拉格和加爾各答。

下午一點後不久，托馬斯爵士正要坐馬車回梅凱夫宅，一天的工作已完成，寂靜的紅堡剛開始甦醒。如若有出門狩獵的打算，札法爾也能早起，而狩獵是他都快八十歲了仍非常喜歡的活動，†但參加過吟詩大會或宮廷娛樂晚會（mehfil）後，較喜歡晚起。他一天作息的開端，會是「送水侍女帶著一只銀盆和幾個銀水罐過來，然後攤開墊子（不是布質就是皮質），把銀盆和水罐放在上面。然後，毛巾侍女會進來，拿著用來洗皇上臉和腳的小毛巾，來洗皇上鼻子的毛巾和手帕」。[42]

接著做晨間禮拜，然後醫生查曼・拉爾在旁，把橄欖油抹到札法爾腳上。[43] 自查曼・拉爾皈依基督教後，烏里瑪已數次要求換掉這位醫生，但札法爾回道，這位醫生的信仰是他的私事，「他的所作所為毫無丟臉之處」，於是這位醫生繼續每日在皇宮供職。[44] 接著是小早餐，盤腿坐在被單上用餐，用餐期間，或許會討論晚間吟詩大會的格律和押韻模式（tarah）。‡然後，札法爾會速

---

* 作者註：印度的市警局長。科特瓦爾也是首席治安官，在某些蒙兀兒城市，也是行政長官。科特瓦爾的辦公室叫科特瓦利（kotwali）。

† 作者註：有份晚期的德里史料提到，札法爾於某個冬日凌晨三點出外狩獵，有六十名獵人（shikari）、負責拍打樹叢以驚起獵物者、舉火把者陪同。據這份烏爾都語史料，札法爾會在負責驚起獵物者將獵物往他趕去時，或者在要獵殺鴨子和水鳥，他們把鳥趕上岸時，從他的轎子開槍。見 Arsh Taimuri, Qila-i Mua’lla ki Jhalkiyan, ed. Dr Aslam Parvez, Urdu Academy, Delhi, 1986。談札法爾出門打獵那段，讓人覺得他熱中戶外運動且精力充沛，但這份史料寫於札法爾遭流放的二、三十年後，未必可信。

‡ 作者註：札法爾以給其宮廷詩人出難題而為人所知。據阿札德所述，札法爾喜歡給他的宮廷詩人練習作艱難的塔茲敏（tazmin）詩——亦即針對原有的對句加一行詩，使其成為三行詩，同時不失原意或韻律。見 Muhammad Husain

速巡視皇宮一遍，全程由他的阿比西尼亞、土耳其、韃靼女衛士護送。她們全著男軍裝，配備弓和裝著箭的箭筒。[45]

接著，札法爾會處理請願之事；接見其園丁、獵人、漁民和收下他們的贈禮；審判當場被捕的犯罪女奴或偷竊被捕的薩拉丁；然後接見會幫忙修正其最新詩作的導師札烏克。偶爾，札法爾也可能自收作詩弟子，幫忙修改弟子的詩：例如，某個三月天，皇廷日誌記載他收了「一名卡斯布爾達爾（Khasburdar）和一名女性——皮拉姆・詹（Piram Jan）——為作詩弟子」。*[46] 寫詩和修改詩肯定花掉這位皇帝每天數小時的工作時間：誠如阿札德所說，札法爾「愛詩成癡」。†[47]

與此同時，位於皇宮靠河那側的皇帝塔（Shah Burj）裡，他寢宮的其他地方，米爾札法赫魯會忙於寫書法，或寫他的《諸王與諸先知傳》（*History of the Kings and Prophets*），他的幾個弟弟則開始寫作業。蒙兀兒人很看重學校作業，「他們時時被要求用功讀書，被極用心看著，」有位訪客寫道。「在印度，少有王子或根本沒有王子比得上（德里的）任何皇族成員，不只在靠學習取得的資格上如此，在心智特質上亦然。那些特質一般來講，係天生且受到良好及講究德性的教育培養。」[48]

在此時期，用心的皇子教育，極看重邏輯、哲學、數學、天文學、法律、醫學的學習。而且一如文藝復興時期的歐洲王廷，也期許每個有教養的皇子能作詩，而《詩的庭園》（*Garden of Poetry*），一八五〇年問世的烏爾都語詩人生平事典，提到多達五十位札法爾的直系親屬。其中數人是女性，而希伯主教特別指出，札法爾對宮中女性教育的看重。[49]

蒙兀兒正規教育致力於打造「文藝復興時期理想完人」那樣的通才，年輕時的札法爾正是這種通才的絕佳範例：精通烏爾都語、阿拉伯語、波斯語，而且對布拉吉語（Braj Basha）、旁遮普語的掌握，也達到了能用它們作詩的程度。‡[50]三十三歲時，他已出版了一本詩選、一本逐詩評註薩阿迪（Sa'adi）之《玫瑰花園》（*Gulistan*）的大部頭著作、「三卷本的韻律學辭典」、一本論德干高原語言的著作。[51]他年輕時也以騎術、劍術、箭法著稱，直至晚年仍是一流的步槍手。[52]就連托馬斯爵士的冷漠哥哥查爾斯爵士，對蒙兀兒皇廷並無好感，也不得不承認札法爾是「最值得尊敬、最傑出的君主」。[53]

有個蒙兀兒皇子，對讀書毫無興趣，那就是米爾札賈旺・巴赫特。他常蹺課，一人出去玩槍，但並非每次都沒事：有次，據特派代表的皇廷日誌所述，「據說米爾札賈旺・巴赫特朝一隻鴿子

Azad （Frances Pritchett and Shamsur Rahim Faruqi 翻成英文並編輯），Ab-e Hayat: Shaping the Canon of Urdu Poetry, New Delhi, 2001, p. 377。

* 作者註：從其名字研判，皮拉姆・詹似乎是個交際花。札法爾願意公開指導交際花作詩一事，有趣說明了出色的交際花在蒙兀兒德里擁有高社會地位，以及其中許多交際花善於作詩著稱的程度。

† 作者註：如今，說烏爾都語的批評家，針對札法爾詩藝的高低，看法分歧，但在當時，對札法爾作詩天賦的描述往往流於誇大。一八五五年批評家薩比爾（Sabir）寫道，「在其詩中，謙卑這個主題（mazmun），與驕傲、賣弄風情一樣受看重。」「意義的光輝透過他的詞句呈現世人眼前。」不只詞句像是具有魔力，龍飛鳳舞的字母亦然，「這些組詩，透過對主題的反思，是頁面的燈芯。龍飛鳳舞的字母，透過意義的作用，係書頁的歡樂聚會裡大酒壺上的酒痕。歡樂意義的豐富多彩，係泛著光澤的酒；在與戰爭有關的詩中，濕潤的墨水是血和汗。在神祕主義詩中，龍飛鳳舞的字母是觀看的眼；在浪漫詩中，係流淚的眼。而在與春到來有關的詩中，行與行間的裝飾是花壇。」一如這位皇帝是世界的中心、世界之軸（axis mundi）、「有天使為之戰鬥的兩個世界的庇護者、時間與空間的統治者、擁有王冠與玉璽的君王……他的統御與命運同功，在他的統御下，確立了天的旋轉」，他詩中的主題同樣涵蓋整個世界。誠如薩比爾以烏爾都語雙關語所說的，「從東方／開啟詩（malta），到西方／結束詩（maqta），係以天為穹頂之太陽的旅行場地。」見 Pritchett, Nets of Awareness, p. 11。

‡ 作者註：札法爾會五種語言，並用阿拉伯語以外的四種語言寫了許多詩。

開槍，兩發子彈打中正在亞木拿河裡沐浴的一名男人的腿。陛下很不高興，派人送六盧比給那個傷者，要馬赫布卜．阿里．汗把這位皇子所持有的長槍、手槍、刀劍全帶回來給陛下，要這位皇子專心讀書。」[54]

紅堡用早餐時，往往正值下午一點英軍兵站吃輕午餐時——或許吃隻烤雞或烤鴨，相較於此前或此後的英印混合式早餐、晚餐的豐盛，分量少了許多。但梅凱夫宅的作息，一如既往，完全按照托馬斯爵士所訂下的規矩。在此，晚餐時間很特別，下午三點，因為托馬斯爵士覺得這「有益其健康」。晚餐後他在拿破崙長廊看一會兒書，接著下到涼爽的地下室，獨自一人打上久久的撞球，「那使他心情大好，因給了他所需的運動」，也使他在一天最熱時有事做。[55]

一年有七個月的時間，德里街頭因午後炎熱而有三小時空無一人，猶如荒城：炙熱的正午陽光橫掃街頭巷尾，德里一下子陷入難得的靜寂。在英軍兵站，汗流浹背的年輕軍人在床上翻來覆去，高聲要外頭的風扇工（punkah-wallah）更用力拉布屏風扇。

但在城裡、在挑高大宅之庭院的涼蔭裡，作息會維持正常：會把以香草製成的卡斯幔（khas screen）浸入散發香氣的水裡，然後披掛在尖頭拱的連拱柱廊上；會用穿過金屬環的繩子，將巴拉達里亭（baradari）之突簷上織工甚美的挑出遮篷（shamiana）拉起。擁有涼爽地下室（tehkhana）者，會下到那裡避暑，繼續一天該做的工作——縫紉、寫信、教年幼的孩子——以及娛樂活動——抽菸、打牌、下帕齊希棋（pachisi）、下西洋棋。有個英籍旅人，下到這類地下室，驚喜於眼前所見：他寫道「溫度一下降了好多」，

有人發現，泰庫納（Ty-Khouna）的氣溫和上面房間的氣溫相差了十二度，甚至十四度，很

少低於十度……地下室離地約三十英呎，看到這麼美麗的房間和如此優雅的布局、擺設，讓人既驚又喜。設色著意於類似大理石，因為相似，眼睛最初被騙，還真以為是大理石；涼爽則使人更加相信是大理石，那種涼爽和上面讓人始終透不過氣的炎熱大相逕庭。長長走廊通往各房間，各房間都以上了色的牆壁和其他裝飾美化……許多精美畫作，描繪德里及其鄰近的名勝，更添這個仙宮的光采：光線從上方透進……在炎熱的四、五、六月退居到這種處所裡，簡直是無法形容的奢侈享受。在那期間，即使採取各種想得到的預防措施，也鮮少能將上面的氣溫降到（華氏）八十五度以下；往往是九十度……[56]

直到接近傍晚，下午五點左右，地面上才又開始有活動，德里街頭重現生氣。最早出來活動者會是運水人（bhishti），他們把羊皮囊裡的水倒在馬路上的土與穀殼上；檳榔販（paan wallah）開始準備用來包裹檳榔子的蔞葉；水菸筒扛夫（kakkar-wallah）會開始在路邊小餐館走動；鴉片店不久後也會生意興隆。*在蘇非派聖祠裡，步調也會加快，午後稀疏的信徒，到了傍晚變成大批人潮，附近巷子裡原本蹲著打瞌睡的玫瑰花瓣販子有了精神，以塔不拉雙鼓（tabla）和簧風琴為樂器的卡瓦力樂師（qawwal），演奏起卡瓦力樂（qawwali），「阿拉呼，阿拉呼，阿拉呼……」

在紅堡裡，對薩拉丁來說，這是練箭、鬥鶉、鬥羊或鬥雞、放隼和放鴿子的最佳時機。[57]夏天，

---

* 作者註：在北印度，鴉片用喝的，而非用抽的，且從此時期細密畫裡鴉片店出現的頻繁來看，鴉片癮似乎是一大問題。東印度公司獨占鴉片的種植和貿易，到了一八五〇年代，鴉片已占該公司印度出口額高達四成，該公司當然無意壓制此問題。

有些薩拉丁到皇宮下方的亞木拿河游泳或抓魚，但不無風險：例如，有個五月天，十七歲的「米爾札考斯・謝科赫（Kaus Shekoh）被一隻短吻鱷叼走」，距他用歌舞、煙火慶祝婚禮才過了三星期。[58]雨季時，（男人）放風箏，（女人）盪鞦韆。與此同時，札法爾坐下來從事他最愛的傍晚活動，看他的大象在寢宮下方河裡泡澡，或「看漁民幹活」。[59]

接著，到皇宮庭園的橘林裡走走透氣，有時徒步，但通常坐轎。[60]對蒙兀兒人來說，庭園是天堂的翻版，鑑賞植物與香氣的能力，係有教養之人的重要特質。札法爾走在庭園裡時，會巡查在幹活的園丁，命人「將嫁接用的芒果樹嫩枝（送到紅堡的）哈雅特巴赫什庭園（Hayat Bakhsh Bagh）」，或要人將橘樹幼苗和「嫁接用的大蕉」成批栽種在「新庭園」裡。「新庭園」位在寢宮下方的河岸，係他親自規畫並在其中種了樹。*[61]

偶爾，札法爾覺得精神很好時，會下到河岸捕魚，或在薩利姆嘎赫（Salimgarh）附近的沙地上放風箏，度過傍晚時光。[62]有時他會叫人把加利卜請來陪他，讓他開心，但加利卜不大喜歡這種聚精會神的伴君角色，覺得陪伴下來把人累垮。一八五六年十二月，他寫信告訴某人，「朋友，可以百分之百告訴你，（經過在皇廷裡猛獻諂媚一天）我夜裡上床睡覺時，就和粗工一樣累。」†[63]

在北邊的英軍兵站裡，有些較多事的上校會下令來場傍晚閱兵；其他上校則會省掉這麻煩，直接去食堂用餐。與此同時，擺脫繁瑣政務的昔奧・梅凱夫會騎馬出門，在梅凱夫宅北邊河岸上遛遛，狗跟在身邊跑，他或許夢想著在北印度一年一度獵狗逐兔協會的比賽中得獎（並擊退來自斯金納家族的難纏對手）——他父親是該會會長。此會每年冬天舉辦的最佳幼犬選拔賽，係英國僑民非常看重的活動，因此，《德里報》偶爾會用所有版面報導賽事。[64]這時，托馬斯爵士坐在他的河邊陽台上，等著快快吃完晚餐，早早上床睡覺。陽台是他最愛待的地方，每到這個時候，心情最輕鬆。在陽台上「擺上三或四張椅子，在這裡坐上一、兩個小時，直到該換裝吃晚餐為止。他的朋友習慣在此時過來找他聊天……」。

日落時，教堂、清真寺、神廟再度塞滿人：印度教夜間禮拜儀式（arti）的鐘聲，清真寺光塔一天最後一次的召喚禮拜聲，為牧師詹寧斯在聖詹姆斯教堂晚禱作結的風琴唱詩班之深沉男低音，與穿過狹窄的喀什米爾門駛往高階文官居住區之英人馬車行駛聲交混在一塊。喀什米爾門有兩個拱門，但第二拱門已用磚封死，係常有人在《德里報》上抱怨的緣由之一。[65]

隨著暮色益濃，一隊持火把者在單面小鼓、小號、管樂器伴奏下，為紅堡點了燈；城外，街道上出現許多在昏暗天色返家的德里學院學生和伊斯蘭經學院男學生，經過一天辛苦的上課和默背，個個疲累至極。[66]但這兩股學生鮮少混在一塊。誠如多年後哈利所憶道，

> 那時正是老德里學院最輝煌的時候，但我所長大的社會認為，只要懂阿拉伯語和波斯語，就可打下學習基礎……沒人想到要受英語教育，如果有人想受英語教育，只是把那當作當公務員的

---

* 作者註：有兩位連袂造訪的貴族，想要討好札法爾，於是帶著「滿載水果、樹、花的車子」過來，那些東西係「他們從勒克瑙所帶來」。他們認定這份獻禮會很合皇上心意，果然立即獲授予朝中高位。見 NAI, Precis of Palace Intelligence, entry for 2 August 1852。

† 作者註：原因之一，可能是札法爾放風箏時似乎常引來仰慕的群眾。一八五七年後不久，德本德雷納特・泰戈爾（Debendrenath Tagore）走訪德里，快到該城時所看到的第一個景象，係大批民眾「聚集觀看皇帝放風箏的本事」。Cited by Narayani Gupta, Delhi between Two Empires 1803-1931, New Delhi, 1981, p. 13。

手段，而非獲取任何種知識的工具。我們的宗教導師把英語學校，稱作野蠻人的教學。[67]

對英國人來說，日落代表一天的工作結束。他們指望吃另一頓大餐——再來一鍋咖哩雞湯、「一隻長得太大的火雞（愈肥愈好）……一塊超大火腿，餐桌上位擺了一塊巨大的牛里脊肉或牛大腿肉；餐桌下位擺了一塊羊脊肉、幾根羊腿，就在桌旁下方煮、烤，加上禽肉，一盤三隻，鵝、鴨、舌、背部隆肉、鴿肉派……羊排、炸雞肉餅、辣味骨，以及用當天外出打獵者獵得之物，做成的燉物和咖哩料理」，*但此後的活動就乏善可陳。[68]法國籍旅人維克多．雅克蒙，對於德里英國上流圈所提供的餐後娛樂活動，覺得平凡無奇，「在（德里）派對的無所事事者身上，我看不到一丁點兒歡欣，」他寫道，「在巴黎讓舞會充滿歡樂的條件，在德里的歐洲僑社裡完全看不到。」[69]

德里的英籍僑民的確是古怪的一群人，即便就維多利亞女王時代僑居國外者的標準來看亦然。埃米莉．梅凱夫對外科醫生羅斯（Ross）和醫生阿洛伊斯．史普倫格（Alois Sprenger），印象特別深刻。羅斯「矮、肥且長得很醜……一個糟糕透頂的醫生」。他的三個標準處方是水蛭、塞進髒「黑啤酒瓶」裡的輕瀉劑、「裝在粗製木盒裡送來的大藥丸」；[70]史普倫格是德里學院校長，其妻子（據埃米莉的說法，「值得尊敬但普通」）常把丈夫的長褲藏起來，以免他晚上外出，留她獨自一人。[71]

德里的英國人確實對較英國化的密拉特駐地有點不放心。那裡有兵力龐大的永久性兵站和人數眾多的英格蘭僑民，以劇院和豪華的團部隊舞會著稱。而這兩樣東西，德里幾乎沒有：特派代表官邸一名低階官員埋怨道，「這裡幾乎沒有社交活動」，還說，做完皇廷的工作後，除了躲到他的古希臘羅馬書籍世界裡，幾乎無事可做，「古老的拉丁語，我還記得不少——希臘語老早就離我而去——但李維、塔西陀或凱撒有時仍開心的占用掉一小時——維吉爾和賀拉斯則常探頭窺看。」[72]

昔奧．梅凱夫找其他事當消遣，不會把時間花在閱讀古希臘羅馬書籍上。他嘗試在用完晚餐後，與英國僑社的某些女士一起製作音樂：他於某信中告訴其妹GG，「我已加入愛樂社，度過一個很愉快的晚上——氣氛融洽，唯一掃興的事，係有醜惡可怕的女人在場。這個『活在地獄裡的人』，前幾天用她的綠眼看著我，活像隻憤怒的狗，但她不可能開心，因為整晚都沒人和她講話。與此同時，目前只有五名中尉、兩個掌旗官崇拜佛瑞斯特小姐。貝爾福太太（那位外科醫生的妻子）以非常粗俗的方式鼓勵他們。」[73]昔奧的妹妹GG也喜歡參加夜間音樂聚會，就她來說，彈鋼琴只是讓她得以見到未婚夫愛德華．坎伯的藉口。坎伯的歌唱風格——當她直話直說時——坦承有些乏味，就如她對其糟糕的男高音之喜愛程度差不多。」[74]

昔奧也嘗試參與「德里業餘戲劇」（Delhi Amateur Dramatics），在《誰是笨蛋？》（Who's the Dope?）和《波爾卡舞熱》（The Polka Mania）中飾演一角，以「為蘇格蘭高地和島嶼的困苦之人」募款。但據《德里報》報導，「飾演吉米一角，掀起滿堂笑聲……落幕時得到熱烈且實至名歸之掌聲者是羅賓．拉夫海德（Robin Roughhead），不是他。」[75]

這種事，托馬斯爵士完全不感興趣。他喜歡頭一個上床睡覺：女兒埃米莉憶道，「晚上他只

* 作者註：格林威治的阿爾諾特（Arnot）先生，在英國統治印度時期的一本烹飪書中建議，「什麼都可以加咖哩調味，就連老鞋都會變得很美味，舊油布或樓梯毯也不會被挑剔（但手套的話，如果磨損厲害，味道會很嗆）。」見David Burton, The Raj at Table, p. 76。

吃非常簡單的一餐」，

因為他總是在八點離開餐室，以便早早上床睡覺，始終不變。看到他在「就寢槍」鳴放、鐘敲八點時的所作所為……讓人不由得想笑。原本坐在椅上抽水菸筒的他，立即從椅上起來，向同桌用餐的每個人道晚安，然後卸下領巾、丟到地上，同時走向門口，解開背心鈕釦，接著轉身、揮手，消失於簾後，進入更衣室……[76]

但對德里人來說，一天中的最佳時光還在後頭。月光廣場在日落後才真的生氣盎然，那時，人行道上滿是來自鄉村、驚奇得睜大眼睛的男孩，或者來自哈里亞納一地之村子的賈特人（Jat）農民和古遮人（Gujar）牧民，他們盯著科特瓦利外上了手枷的賭客瞧，或前去德里諸多熱鬧的蘇非派聖祠祈求福惠和好運。在其他地方，可以看到從勒克瑙過來、穿著他們特有之寬臀寬鬆褲的體面人士，或剛從白夏瓦和安巴拉過來、身材高大且留著鬍子的帕坦人馬販，自酒館（sarai）湧出，進入著名的甜食店Ghantawallahs。該店的拉杜球（laddu），公認是印度斯坦最美味。咖啡館（qahwa khana）這時同樣高朋滿座，有些桌子坐著朗誦自己詩歌的詩人，還有些桌子坐著正在辯論的學者。

在賈瑪清真寺的門前台階上，會有說書人開講，有時一講七或八小時，中間只一次短暫休息。最受歡迎的故事是《埃米爾哈姆札奇遇記》（*Dastan i-Amir Hamza*），充滿俠義精神的冒險傳奇故事，融會多種軼事奇談、傳說、宗教故事、冗長無聊的滑稽故事於一爐。經過長久歲月，這些傳說、故事，以先知穆罕默德叔叔哈姆札的遊歷為核心，合為一體。不管這個故事有多少事實根據的事蹟做為主軸，數百年來這些事蹟已被種種次情節和龍、巨人、巫師、公主、飛毯、飛罐等角色所淹沒。在《哈姆札》裡，飛罐是魔法師較愛的移動工具。

這則故事的內容發展到最飽滿時，包含多達兩萬個自成一體的小故事，若整夜講，要連講數星期才講得完；印刷成書後，洋洋灑灑四十六冊。說書人（Dastan-go）講述英俊、勇敢且具俠義精神的哈姆札，其美麗的波斯籍公主愛人和哈姆札的難纏對手——殘酷的巫師暨大惡魔祖穆魯德·沙（Zumurrud Shah）——圍在他身邊的聽眾愈來愈多，與此同時，在台階另一頭，著名的烤肉串販子賈尼（Jani）正在搧他的煤炭。那時的德里人喜歡把外地來的人，帶去那裡吃烤肉串，卻不告訴他們賈尼會用「一鍋很辣的辣椒」浸泡過肉串，藉此讓他們大吃一驚。毛拉韋穆罕默德·拜蓋爾的兒子，年輕詩人阿札德，談到一位來到德里的外地人，說他「已餓了一整天，張大嘴，盯著它（烤肉串）。瞬間，像是有火藥把他的腦轟出嘴巴，整個人往後跳，嘴裡在哀號。（但把他帶去那裡的德里人回道：）『我們住在這裡，就只為享用這嗆辣美味。』」[77]

札法爾晚餐時也喜歡吃點辣，而他晚餐的開始時間最早也已晚上十點半，那時，大部分英國人早舒服窩在床上。燉鶉、鹿肉、上面有羔羊腰子的印度甜饢（shir mal）、亞赫尼湯（yakhni）、烤魚肉串、橘燉肉，係札法爾最愛吃的菜，但在節慶場合，紅堡廚房能製作出驚人多樣且豐盛的蒙兀兒菜：《最後一聚》（*Bazm i-Akhir*）描述了一場盛宴，宴中有二十五種麵包，二十五種名叫普勞（pulao）、比爾亞尼（biryani）的米飯料理，三十五種加了香料的燉物和咖哩料理，五十種布丁，以及多種調味品和醃製食品，用餐期間始終有歌手在演唱嘎札爾，空氣中彌漫著麝香、藏紅花、檀香、玫瑰水的氣味。[78]

不管吃什麼菜，札法爾都喜歡加上大量香料增添風味——一八五二年八月，他的朋友、總理暨私人醫生哈基姆阿赫薩努拉·汗，因連腸胃不適而不准其吃「辣椒」時，他非常沮喪。[79]札法爾另一個最愛的食物，芒果醬，也被這位醫生禁止。阿赫薩努拉．汗說，札法爾吃芒果醬過量，導致拉肚子。札法爾無視他的建議繼續大吃，結果大鬧肚子疼，這時，這位醫生「很惱火，回道，如果國王要繼續這樣，最好立刻把他開除。陛下請求原諒，保證日後會更加克制」。[80]

對加利卜來說，晚上也是盡情大啖與芒果有關之美食的時候，尤其是精致小巧且味甜的喬莎芒果（chausa），從過去至此時，他和許多識貨的德里人一起享用了這種芒果。某次聚會，一群德里知識分子討論什麼樣的芒果才是好芒果：加利卜說：「在我看來，芒果好壞只看兩個要點——甜且量多。」[81]年老時，他開始為自己不再那麼愛吃最愛的水果而煩惱，在寫給某友人的信中表達了他的焦慮不安。他告訴對方，過去他從不吃晚餐；反倒在炎熱的夏夜，他會「在腹中食物已完全消化時，坐下來吃芒果，而且要直率地告訴你，我會吃芒果吃到肚子鼓脹、幾乎無法呼吸為止。如今，我還是在一天的同一時間吃芒果，但不超過十或十二顆，如果果形碩大，只吃六到七顆」。*[82]

還有一大消遣，加利卜只在漆黑夜裡做。「食品儲藏室裡有十七瓶上好葡萄酒，」他寫信告訴某友人，講述了他對至善人生的想法。「於是我整個白天讀書、整個晚上喝酒。」[83]

加利卜快吃完芒果，期盼接下來享用他的葡萄酒時，†疲累不堪的粗工趁著居住區大門尚未關閉，正趕回村時，在月光廣場開店營業的薩利格蘭和放款人終於開始關門打烊，紅堡的晚餐才接近尾聲。這代表僕人此時該把札法爾的水菸筒送過來，因夜間娛樂活動就要開始。夜間娛樂的形式有多種：聽坦拉斯．汗吟唱嘎札爾、聽一群薩倫吉琴（sarangi）琴手演奏，或聽宮廷說書人講故事、欣賞紅堡女舞團跳舞。其中最著名的表演者是辛馬特．汗，札法爾的著名盲眼西塔琴手，「就多魯帕德樂（Dhrupad）來說，沒人及得上他。」賽義德艾哈邁德．汗如此認為。

如果（阿克巴的偉大樂師）坦森（Tansen）仍在世，大概會謙卑的拜他為師……來自四面八方的統治者和權貴懇求他為其效力，表示願奉上大筆金錢和財寶，但出於藝術大師特有的獨來獨往和自滿性格，他不願為德里破例。凡是來到沙迦罕城且自恃在這方面技藝精湛的歌手，只要聽過他的一小節樂曲，都會忘了自己的音符和拍子，然後同意以他腳上的塵土裝飾他們的眼睛……這位不世出且格外謙遜的天才歌手，其歌曲處處散發他的內心苦痛與無上法喜。[84]

還有幾次，札法爾想要安靜，這時他的主要消遣之一是邊下棋、邊等新月升上天際。還有些時候，有人說他晚餐後就只是坐著，「享受月光」。[85]

如果札法爾想要早早上床，意即午夜前後就上床，他或許會讓歌手進到寢室，讓他們在簾後唱歌，然後女按摩師按摩他的頭和腳、阿比西尼亞籍衛士在門外站崗。[86]一八五二年，坦拉斯・汗失寵後，札法爾偏愛的小夜曲歌手，是個被稱作「歌手卡娜姆」（Khanam the Singer）的女人。[87]

---

* 作者註：有個著名故事，說有天加利卜與札法爾一起走在紅堡的月光庭園（Mahtab Bagh）裡，正值芒果結果時。園中芒果只供皇族食用，但兩人走在園中時，加利卜總是仰起頭，專注看著掛在樹上的芒果。「國王問他『米爾札，看什麼看得那麼專注？』，加利卜雙手交握回道，『我的主上暨指引，有首古詩寫道：
每顆水果上頭都清楚寫著：
這是甲之物，甲為乙之子，乙為丙之子。
我在瞧是否有哪顆果子上寫了我、我父親和我祖父的名字。』國王微笑，同一天叫人把一大簍最上等的芒果送去給他。」Ralph Russell and Khurshid Islam, Ghalib: Life and Letters, New Delhi, 1994, p. 98。

† 作者註：一如許多作家，加利卜對於白天時喝點烈酒，並不全然反感，但是這麼做時，往往會加玫瑰水稀釋後再喝。一邊寫作，一邊啜飲。

有時，這類歌手的確從寢室簾幕後來到幕前：札法爾晚年娶的妻子之一，是個叫曼拜（Man Bai）的歌女。一八四七年她嫁給札法爾後，以阿赫塔爾·馬哈爾（Akhtar Mahal）之名為人所知，那時札法爾七十二歲。

在札法爾較早就寢的這些夜晚，許多皇子會在紅堡安靜下來時到街上晃晃。有些皇子可能到喬里市集的排屋密會交際花。在那裡，隔著樓上的格構式窗，可看到裡面的燈光和舞蹈，傳出的歌聲遠在月光廣場就可聽到。有位訪客指出，「這些女人打扮得花枝招展，刻意站在能吸引男人目光的有利位置，不是直接勾引、就是透過皮條客。到處是情慾流動與尋歡作樂的氣氛，夜裡人們聚集於此，縱情享樂。」[88]

德里交際花的美和風情萬種出了名：人們仍在談一百年前名妓阿德別姬（Ad Begum）的事蹟，她會一絲不掛出現在聚會上，但身上塗了顏料，著色手法巧妙到沒人會注意到她其實沒穿衣服，「她把雙腿畫成穿了寬鬆長褲的模樣，但其實根本沒穿；她用墨水畫了花和花瓣，取代袖口，就和在中東基督徒最優質布料上所見的一模一樣。」她的最大勁敵努爾拜（Nur Bai），據說紅到每晚房子外的窄巷，被蒙兀兒大貴族的象群完全堵住，就連最高階的貴族都得「送去大筆錢，才能說動讓他們進去……凡是迷上她的男人，任由她予取予求，甚至毀了自己的家……然而一旦沒了錢財可送，就甭想再得到有她相陪之樂」。[89]

不過，一八五二年，札烏克與加利卜聲名如日中天之際，最讓人著迷的，不是交際花，而是吟詩大會，尤其是在緊鄰阿傑梅爾門（Ajmeri Gate）外老德里學院的庭院或穆夫提薩德魯丁·阿祖爾達家舉行的吟詩大會。

法爾哈圖拉·貝格（Farhatullah Baig）的《德里最後一場吟詩大會》（*Dehli ki akhri shama*）

出於虛構，但以翔實的資料為依據，描述了在札法爾的德里所舉行的所謂最後大型吟詩大會之一。穆巴拉克別姬（Mubarak Begum）是大衛．奧克特洛尼的守寡比比，在其燈火通明的大宅院裡，坐著數個身為皇子的詩人，以及四十名德里詩人，包括阿祖爾達、莫敏（Momin）、札烏克、阿札德、達格（Dagh）、薩赫拜（Sahbai）、謝夫塔（Shefta）、米爾（Mir）、著名摔角手雅爾（Yal）和加利卜本人。還有一位最後的白種蒙兀兒人亞歷克斯．希瑟利（Alex Heatherly）。據某位批評家的說法，他是「烏爾都語大詩人之一」，[90]與斯金納家族有親緣關係，也是伊莉莎白．瓦根特里伯的堂表親。

> 庭院已填高到與房子的柱基等高。木板上鋪了棉質小地毯。到處是枝形吊燈、大枝形燭台、壁燈、吊燈、中國燈籠，因此，整棟房子變成了充滿亮光的圓頂建築……從屋頂正中央垂掛著一排排茉莉花環……滿屋散發著麝香、琥珀、蘆薈的氣味……沿著地毯，擺著一排相鄰的水菸筒。水菸筒筒身光滑，擦得鋥亮……
>
> 座位經過安排，凡是坐在主持大會詩人右邊那些指定位置上的人，都與勒克瑙王廷有關聯，左側則坐著德里的詩壇巨匠及其弟子。凡是來自紅堡的人，手上都抓著鵪，因為當時風行養鵪和鬥雞……[91]

事先會訂好極複雜的韻律和押韻模式；會有許多參與者彼此甚熟，會中會鼓勵眾人進行不傷和氣的競爭。會傳遞水菸筒給眾人抽，亦會傳遞檳榔、甜食給眾人食用。然後，主持人——就此次來說，是米爾札法赫魯——會說「奉阿拉之名」（Bismillah）。

宣告大會開始時，全場鴉雀無聲。來自皇廷的賓客把手中的鶉收進鶉囊裡，擺在長枕之後。僕人拿走每個賓客面前的水菸管，改放上痰盂（供嚼食檳榔者使用）、盛放了萎葉的卡斯丹盤（khasdan）和盛放了芳香料的托盤。與此同時，國王的私人代表，帶著國王的嘎札爾，從宮廷來到會場，數名傳令官陪同前來……他請求允許其朗讀這首嘎札爾，米爾札法赫魯點頭同意……

此後，眾詩人開始吟誦自己詩作，把對句往前往後傳，半吟唱半朗誦，聽到言詞巧妙或意義幽微且令他們讚賞的詩作則鼓掌、發出哇哇聲，聽到較平凡的詩作則毫不作聲。吟詩會持續到黎明，然後改由札烏克和加利卜將夜間大會帶到高潮。但在那之前許久，會有早晨軍號聲從遙遠的北邊傳來。兩英哩外的英軍兵站裡，大不相同的一天揭開序幕。

一八五二年，英國和蒙兀兒人赫然發現，自己處於不穩定的平衡狀態裡：既對立又壓不倒對方，自成一體的生活在同一個地方。雙方為了挑誰做為皇位的當然繼承人關係緊繃，而且齊娜特·馬哈爾不願接受由米爾札法赫魯繼位，於是皇宮和特派代表官邸一時休兵。

但由於一連串死亡事件，此一均勢在一八五三年被遽然打破。年底，與米爾札法赫魯簽署皇位繼承協議的三個英國官員都死了，只是死因令人費解。最叫人起疑者，是托馬斯·梅凱夫爵士拖了一段時間慢慢死亡一事——據照顧他的醫生所述，擺明遭毒死。

CHAPTER

4 風暴逼近

一八五三年夏末，托馬斯爵士就懷疑自己遭人下毒。

他很少生病，恪守嚴格的作息、飲食節制、鮮少外出或熬夜，藉此維持住身體的健康。然後，頗為突然的，一八五三年雨季開始時，他覺得很不舒服。不久開始嘔吐。一連數週，他食不下嚥。女兒埃米莉看到他消瘦得那麼快，大為驚駭，「他看來單薄且有病，臉色很白，」看望過後，她寫道。「病情沒有起色，吐出多為水分的東西，讓人煩惱。他臉上的天花皮疹，一般來講很輕微，這時變得較顯著。不難看出他病了，但完全沒感到疼痛。」[1]

去年十二月，全家人一起在梅凱夫宅的熊熊火光邊，過了德里耶誕節。昔奧在場，妻子夏綠蒂難得也在場。自丈夫派駐德里，她原本選擇留在西姆拉；就是這一趟行程，她懷了他們的第一胎。喬吉娜也在場。先前她祭出絕食攻勢，終於讓她如願以償，迫使父親允許她和愛德華·坎伯通信；不久，就接受了愛德華爵士的求婚。父親終於同意此婚事，令喬吉娜大喜過望，也讓家中其他人鬆了口氣。喬吉娜的姊姊埃米莉這時也在德里，從坎格拉（Kangra）帶著她的新生寶寶安妮和丈夫愛德華過來。愛德華剛得到東印度公司裡最受青睞的職務，那個涼爽、美麗山區的專員之職。「就一個月的假來說，這是趟漫長的旅程。」埃米莉寫道。

> 但父親要我們來。在那裡，我們度過了一次非常愉快的聚會和非常開心的耶誕節……老爸非常得意於他的孫子，認為小名珍珠（Motee）的安妮（埃米莉的女嬰），是他見過最漂亮的小孩，而她的確是非常討人喜歡的嬰兒……屋裡還有其他賓客，我們一大群人聚會，非常開心的聚會。老爸氣色很好，他的小孩們同時聚在身邊，他心情很好。天氣很棒，我們騎馬、駕車、野餐，接著晚宴。但唉！這是最後一次耶誕節……[2]

過節期間，托馬斯爵士向埃米莉及其丈夫私下透露，與米爾札法赫魯談定之祕密協議的詳情：

實際下場協商的官員是（印度總督會同行政會議的）外事部長亨利・艾略特（Henry Elliot）爵士、副總督托馬森（Thomason）先生、德里的英國特派代表──我父親托馬斯爵士……雙方協商超過一年半，當然繼承人終於同意英方所提條件……至此為止，情況比我父親所預想的順利，因為他知道皇宮中有個有力派系，正竭盡所能阻止當然繼承人同意恪守政府的提議。這個派系以皇后為首──一個精明且邪惡的女人……因此，得悉當然繼承人已同意這些安排時，她怒不可遏，決意報復。我父親深知她的為人，知道她絕不會讓她的野心受到阻撓。我父親也知道她不報復成功絕不罷休，告訴我們，「這場戲的第一幕已演完，下一幕會是什麼？」[3]

於是，托馬斯爵士強烈懷疑，一八五三年秋天他的腸胃出問題，係有人暗中搞鬼，只是，他沒有證據：他得悉亨利・艾略特爵士和托馬森先生也傳出類似症狀時，一點都不驚訝。儘管身體不適，他仍決意履行承諾，參加十月在西姆拉舉行的喬吉娜婚禮。特別是因為這一趟，有機會看到昔奧的新生兒，家族準男爵爵位的未來繼承人。他只提出一個條件。妻子佛莉西蒂十年前的九月二十六日死於西姆拉，他要等忌日過後才願意去那裡。

八月底，全家人陸續來到昔奧與夏綠蒂家，他們家位在西姆拉一地的教堂附近。喬吉娜自天氣轉熱時就待在那裡，幫忙照顧懷孕的大嫂。從坎格拉搭車過來的埃米莉，三十一日與他們會合。

一個星期後，有點早產的夏綠蒂，誕下一名健康的小男孩，那時昔奧還未從德里的工作地回來。「新生兒情況很好，看來一切很快就能復原。」埃米莉寫道。

生產過後八天，昔奧突然回來……她完全不知情。她吃了一驚，但非常高興，兩人都因有了兒子非常開心。第九天，她被扶到沙發上，我出去一小時，讓昔奧坐在她身旁。回家時，我被告知她有一段時間猛發抖。她看來沒事，但那天晚上之後，她似乎愈來愈無意識，變得不太關心寶寶，明顯猛打盹，即使進食時也不清醒。

兩醫生面色逐日沉重，聽到她老叨念著一件事時，露出和我一樣震驚的神情。哪一天？妳媽死於九月二十六日，不是嗎？她腦子似乎就只想著這件事，我們遵照醫生指示，盡力向她保證那一天已經過了，但沒用——「不，」她說，「妳媽死在那天，我也會死在二十六日。」

九月二十二日，她病重，於是讓她服了聖餐。昔奧整個人垮掉。隔天，她昏迷躺著，在床上沒轉身、不省人事……醫生終於要昔奧問她，是否想對他說什麼，或對寶寶有什麼想說的。她一逕搖頭，昔奧認為她沒聽懂，於是說：「親愛的，妳不知道我是誰？」她看著他，露出最甜美的笑容，說：「我知道，你是小寶寶的爸爸。」可憐的昔奧！他徹底崩潰、悲痛不已，大家不得不把他帶出房間。

然後，她一連串抽搐，前後長達數小時，那些深愛她的人看了都很難過。最後，她終於比較安靜時，轉向我，說：「安妮，妳沒聽到嗎？」我說：「親愛的，妳聽到什麼？」她說：「噢！天使在唱歌、彈豎琴。我聽得一清二楚。」一段時間後，夜色最深時，她轉向我，說：「安妮，離九月二十六日還多久？」我遵照醫生指示勸她，那一天已經過了，因為他們說，這個盤旋在她

> 腦海裡的念頭會要她的命。但儘管對其他事完全無感，她的心在這件事情上卻很清楚。午夜後，再度開始抽搐……
>
> 就在太陽升起、陽光照在床上時，她突然起身，詭異的盡情高歌，沒有歌詞，只有樂曲，她狂喜的神情，叫我們只能不發一語、一臉驚奇的呆望著。她已幾天沒動，這時卻有超乎尋常的力氣猛然起身。昔奧奔過去，伸出一隻手臂扶她，她完全沒注意到他，但她一停止歌唱，便倒回床上，不再動。她死於九月二十六日下午三點……一八五三年九月二十八日，摯愛的夏綠蒂葬於西姆拉舊公墓，我母親墓旁。失去她，毀掉昔奧的人生。[4]

托馬斯爵士收到消息，當時他正在平原邊緣的加爾加（Kalka）野營，等待妻子的忌日過去，那裡位在通往山上西姆拉道路的最低處。他這時病得很重，臉色蒼白、憔悴，除了一碗稀湯，吃不下任何東西。家人看到他時，決定取消已為喬吉娜和愛德華．坎伯排定的盛大教堂婚禮，轉而在昔奧家客廳辦場莊嚴的家族儀式。一週後，這對新婚夫妻前往比西姆拉還遠的山區度蜜月，這時骨瘦如柴的托馬斯爵士動身回德里，哀慟的昔奧同行。他們行進緩慢。托馬斯爵士這時明顯已快要不久於人世。據埃米莉所述，

> 他沒有病痛，只是因為不斷嘔吐、乾嘔，導致身體虛弱而日益消瘦。我在後頭盡量加快腳步，但抵達安巴拉時，收到來自昔奧的信息，得知我心愛的父親已於十一月三日頗為平和的去世（在梅凱夫宅）。他肯定遭下毒，而且毒是植物性毒，經精心調製，不留下蛛絲馬跡。但毒性的確起了作用，緩慢但百分之百——印度本土名醫深知的祕密。[5]

據每天為托馬斯爵士書寫的皇廷日誌，最後一夜，心煩意亂且絕望的昔奧請來印度本土醫生阿赫薩努拉・汗，札法爾的私人醫生，「可以的話，查明這位代表所患的病。」這位醫生搭車如期來到梅凱夫宅，但抵達時，「照料的外科醫生認為已無必要徵詢其（這位本土醫生）的意見，他於是離開。」[6]情況之危急可想而知：托馬斯爵士瀕臨死亡；為了保住父親性命，昔奧什麼都願意試；醫生羅斯不願讓他強烈懷疑那個涉及爵士之死的人進來。

該年年底，亨利・艾略特爵士和托馬森先生都已亡故，一如托馬斯爵士，除了令人起疑的症狀，沒有確切證據證明他們是遭人下毒。[7]誠如醫生阿赫薩努拉・汗多年後被問到，他是否想下毒就能下毒時，向哈莉特・泰特勒所吹噓的，「能。告訴我，妳想害誰，想要那人何時死。一年後？半年後？一個月後或一天後？而且，醫生絕對查不出那人真正的死因。」[8]不管是否屬實，梅凱夫遭人下毒和齊娜特・馬哈爾是下毒主謀的傳言，在東印度公司圈子裡有許多人相信，從而該公司行政人員以更加猜疑的心態來看待蒙兀兒皇族。

托馬斯爵士死前曾預言，一旦他死，米爾札法赫魯也活不了多久。然而，他又活了將近兩年半，讓每個人大感意外。再者，他一八五六年七月十日死於壯年，死因是霍亂，而非下毒。

如果說皇宮裡有人希望，新任特派代表會一改托馬斯爵士對蒙兀兒皇廷的政策，不久就會失望。

賽門・佛雷澤（Simon Fraser）是奧克特洛尼老助手威廉・佛雷澤的遠親，但為人大出外界意料：好相處、信教虔誠、肥胖、有點孤單的老鰥夫，喜歡唱歌，生活中的最大樂趣，係為朋友舉辦小型音樂晚會。他是東印度公司福音派董事查爾斯．格蘭特的表親，最初靠格蘭特的幫助在印度覓得工作。來到印度後，同意擔任牧師詹寧斯傳教團的贊助者：佛雷澤寫道，「他的許多看法，我並不認同，但他是個好基督徒，我很尊敬他。」[9]

不久，賽門．佛雷澤甚至加入聖詹姆斯教堂的唱詩班。這時，唱詩班正由剛到這裡的詹寧斯女兒安妮組建：漂亮且熱心的二十一歲金髮女子。安妮和與她一樣迷人的友人克利福德（Clifford）小姐，開始組建這個歌唱班。從諸多兵站搭車過來聖詹姆斯教堂參加冗長禮拜日儀式的軍人，顯著增加，不久，不只組建好漂亮的唱詩班男高音部和男低音部，而且男低音部的歌手之一，孟加拉工兵團中尉查理．托馬森（Charlie Thomason），也如願與牧師女兒訂下婚約。[10]

一如托馬斯爵士，賽門．佛雷澤的妻子年輕時就去世；與梅凱夫不同的，他從未與孩子好好團聚。他的孩子在英格蘭寄宿學校長大，選擇留在英格蘭，除了偶爾向父親要錢，連通信都很少。誠如他斥責長子時所說的，「我完全不清楚你的私生活。這無疑讓我很不滿意，但害怕通信似乎是我們家族成員的特點。」[11]他的另一個孩子，小賽門．佛雷澤牧師，被派到印度時，佛雷澤前去看他，但兩人錯身而過，都沒認出對方。[12]

佛雷澤一輩子效力於東印度公司，但未有特別傑出的表現。德里會是他最後一個工作點，而且他沒有更上層樓的野心，因此決意好好享受，善用此職務所提供的機會。「我很滿意現職。」一八五四年他寫信告訴兒子小賽門。

> 德里和我很合，已困擾一段時間的小病痛正逐漸消失……最近我們（在唱詩班上）花了很大

工夫，準備了一首美麗的聖歌，而且該聖歌完全符合現今所需。一切都很順利，我們這些上教堂的人全都表示很感激這番作為。這裡有一或兩個非常出色的表演者，因此我希望整個夏季每隔兩星期，就能把人湊在一塊，欣賞與宗教無關的小音樂會，只是身為典禮的主辦人，若碰上麻煩事，總還是要我解決。不管在家或其他地方聚會，人們關係變得很疏離，於是，不管你安排什麼，他們都會參加，但仍不願費心把自己準備好，也不練習，而這樣是不可能做出好音樂的。[13]

佛雷澤忙於去唱詩班練歌，只願意盡官職的本分，不願為其多花時間，而且他在德里待了整整一個月後，才去見皇帝。一八五三年十二月一日，札法爾為他在漂亮的蒙兀兒庭園——羅莎娜拉庭園，辦了第一場歡迎會，結果，他根本沒現身。札法爾的諸別姬，為了這個歡迎儀式已到這裡露宿，見歡迎對象未現身，隨之抱怨「太不夠意思」。此外，「數名妾抱怨，庭園各處的印度兵大肆發出不得體的議論」。[14]

佛雷澤宣布即將退休的兩天後，米爾札法赫魯去世的消息傳遍各界，而他對新皇位繼承危機的回應，正反映了平靜慵懶生活遭打斷的老頭子會有的典型心態，「這位國王尚存的諸子，沒有特別的高貴之處，或可能引來本地人支持的特殊長處。」他寫信告訴新任總督坎寧勛爵，但據記載，佛雷澤向加爾各答批評他們之前，其實未曾費心找過任何一人見面。[15]

米爾札法赫魯去世隔天，他在信裡解釋道，他難得去了皇宮一趟，向皇帝表示慰問之意。去之前，他或許以為皇帝會是一臉哀戚，結果卻見到皇帝並未哭喪著臉，而且已寫好一封要給總督的信，信中再度力主由米爾札賈旺·巴赫特繼承皇位；他聽到，米爾札法赫魯的遺體已葬在梅赫勞利一地，蘇非派聖人庫特卜·薩希卜的聖祠附近。札法爾在信中主張，賈旺·巴赫特是該職位的合適人選，理由為他是婚生子，而且，至少在他敬愛的父親眼中，「具備了皇子不可或缺的所有天賦、資格、高尚習慣，並在我指導下得到完整的教育。其他人（我的其他兒子）完全比不上他。（只有）他值得我支持。」[16]

但佛雷澤不這麼想。他力促坎寧不要承認哪個皇子為當然繼承人，尤其不要承認賈旺．巴赫特為當然繼承人。主張米爾札法赫魯之死，發生在一八五六年二月，東印度公司併吞了富饒的獨立王國阿瓦德五個月之後，正可藉此機會，讓蒙兀兒人對其世系即將斷絕一事有心理準備。他深信札法爾死時，就該是蒙兀兒皇朝滅絕之時，眼下，札法爾再活也不可能太久。「承認他的任何一個兒子為當然繼承人，在我看來並不明智，」他推斷道。「諸皇子一般來講，不是影響力甚大或人品甚好之人……公眾對這個家族的死活並不怎麼關心。這個家族和這個國家的情況已經不同於以往，必須有相應的改變，而使這個家族最受尊敬的成員失去舞台，為促成這樣的改變提供了有利機會。」[17]

新任副總督索恩希爾（C. B. Thornhill）完全支持此想法。他從位於奈尼塔爾（Nainital）的避暑山城寫信到加爾各答，力促坎寧採納佛雷澤的意見，勿錯失此良機，說：「如果不好好把握眼下這個有利且易成事的機會，促成顯然適合印度帝國之真實情況，（而且也）對諸皇子最有利的改變，（他）會非常遺憾。」接著，他解釋為何認為將蒙兀兒諸皇子驅離他們家，並立即斷絕他們的私用金——他們唯一的收入來源——對他們最有利，「他們一直把人生虛擲於無所用心、墮落且丟臉的輕浮習性上，而廢除王制國家的名號和形態，或許可望使他們較易戒除這些習性。」

坎寧勛爵隨即接納了這個意見。畢竟，來到印度接下前任者達爾豪西勛爵的職位才五個月。坎寧此時四十出頭歲，是個帥氣、勤奮但有點內斂的保守黨政治人物，他之所以接受總督一職，純粹因氣惱於自己一直未能躋身英國內閣高階職位。動身赴印前，他對印度毫無興趣，而且七月時還未離開又濕又熱的加爾各答。事實上，初到印度的頭幾個月，他覺得自己被囚在外表豪華氣派但「內部陳設糟糕透頂」的總督官邸裡（他驚駭指出官邸沒有盥洗室，「加爾各答的排水道沒有斜度」），身邊淨是堆成山的公文箱。他把這樣的生活稱作「只比大帆船上的操槳奴隸好一點點」。[18]

儘管如此，他還是對「蒙兀兒人妄自尊大的可笑行徑」不屑一顧，「本地人眼中表明權威之所在，而與王族密切相關的種種日常事物，出於官方考量，幾乎全被德里國王拿掉。」他在回覆佛雷澤建議的備忘錄中寫道。

總督和總司令不再進獻禮物給這位國王；他不再享有在錢幣刻上其標誌的特權；總督的印璽上不再有標誌封臣身分的圖案；就連本地首領都已被禁止使用這樣的圖案。我們已認定，這些表達臣屬、遵從之意的作為，與英國政府真實、穩固之權力所應得的尊敬相牴觸。德里國王*這個妄稱擁有最高統治權的頭銜，或許亦然。[19]

坎寧沒有印度經驗，但很清楚，眼下已到了使出罷黜蒙兀兒皇朝，這個戲劇性且具重大歷史意義之舉的時刻。蒙兀兒皇朝已統治北印度三百多年：皇朝開國君主巴布爾於亨利八世正要開始統治英格蘭時拿下德里。坎寧寫道，英國的印度帝國從未這麼強固、安穩或順心，「過去幾年，英國在印度的支配力不只得到擴展，還得到驚人的鞏固；英國的最高地位已變得更統一、更連貫，就連在此帝國較早期的領土上亦然。」因此，「保留有名無實的印度斯坦最高國王，變得比過往任何時候都突兀。」於是他決定不承認任何蒙兀兒皇子為當然繼承人，想法和佛雷澤一模一樣。他推斷，「北印度諸省現今的情勢，已不像一八四九或一八五〇年那樣動亂、不穩。各種跡象顯示，連穆斯林都不關心德里有沒有王室存在。」[20]

由於個人處境和晚近才來到印度，不能指望坎寧立即進入狀況。但誠如不久後的情勢表明，他的備忘錄代表了歷來對北印度情勢最全面的誤判。這時英國人與其印度子民隔閡甚深，又非常鄙視印度人的看法，因此完全沒有能力看出發生於周遭的惡兆，或精準剖析自身處境。傲慢和帝國自信，讓他們無心找出正確資訊或真正了解該國情況。

具體而言，就德里，英國人的作法讓任何皇子都無法繼承札法爾留下的皇位，從而讓皇族裡的每位成員都覺得反正再慘也慘不過現在，不如鋌而走險。英國人在此犯下要命的失策，不久後便會為此付出高昂代價。

在德里，米爾札法赫魯去世才八個月，就出現情勢日益動盪的跡象。一八五七年三月十八日清晨，有人在德里賈瑪清真寺的後牆放了張小傳單，據昔奧的說法，那是「一張骯髒的小紙，上面畫了一把出鞘的劍和盾」。[21]該傳單宣稱是伊朗國王的聲明，宣告有支英國遠征軍剛大敗於波斯，而波斯軍已越過阿富汗邊界，正朝赫拉特過來，要讓德里擺脫基督徒統治：

＊ 作者註：印度斯坦人始終把札法爾稱作帕德沙（Padshah），亦即皇帝，但英國人刻意以德里國王這個較低階的名號稱呼他。

如係天意，不久後我就會出現在印地，會使該地的統治者和子民都欣喜、快樂。英格蘭人如何用心讓他們挨餓、不舒服，我就要同樣用心於增加他們的福祉，讓他們知道我不反對任何人的宗教……三月六日時，會有九百名伊朗軍人，加上高階軍官，進入印度；而在德里，已有五百名喬裝打扮的軍人……（與此同時）穆斯林絕不可幫助或支持基督徒，應盡可能的忠於其穆斯林同胞。[22]

這項告示引來大批圍觀，張貼三小時後，才被正巧路過的昔奧・梅凱夫策馬上前撕掉。但隔天，此告示內容完整刊於皇廷報紙《新聞之燈》上，造成全城民心沸騰，但該報也質疑此聲明和波斯軍隊打敗英國人的真實性。

烏爾都語報紙已有簡短報導，提及守夜人在印度斯坦各地逐村發送神祕恰帕提烤餅（或德里報紙所謂的「炸普里麵包」）之事：二月，《馬格里布人之光》（*Nur-i Maghrebi*）有則報導，提到在布倫德舍赫爾（Bulandshahr）附近一些村子發送此類麵製品；到了三月上旬，已發送至位於通往亞格拉幹道上的馬圖拉。但似乎最遠只發送至此，未更靠近德里，但就連在德里，似乎都沒人知道此舉的用意何在；*就德里報紙來說，這件事得到的報導篇幅，肯定遠不如在馬德拉斯張貼出的一則伊斯蘭教令——「呼籲所有信士群起對抗異教徒……凡在這樣的戰爭裡捐軀者都會成為烈士」——以及俄羅斯人或波斯軍，或說不定兩者，已在趕來途中，就要出現於德里這個令人振奮的傳言。最重要的報導，二月下旬開始出現，提到孟加拉境內，尤其貝蘭布爾（Berhampore）和巴拉克普爾兩地的軍中騷動：據昔奧所述，到了一八五七年春，德里人已「完全認識到英國的印度兵軍隊有了貳心，而且此事常成為議論話題」。[23]

德里境內這日漸升高的騷動，至少在前一個冬天就已出現。當時，一八五六年二月七日，英國人片面併吞德里東邊繁榮的阿瓦德（亦即英國人口中的奧德／Oudh）王國。併吞的藉口是該地的納瓦卜暨詩人、舞者、美食家瓦吉德．阿里．沙（Wajid Ali Shah）「過度放蕩」。†德里人對於英國人欺凌、劫掠納瓦卜已見怪不怪，因為他們這麼做將近百年；但公然併吞此王國之舉，在北印度全境所激起的驚恐，遠超乎英國人的理解或預期，而且讓蒙兀兒人更加體認到自身處境岌岌可危。更重要的是，此舉使東印度公司軍隊裡的印度兵大為不安，因為多數印度兵，招自阿瓦德鄉村地區上級種姓的印度教家庭，這時赫然發現要把自己的國家降為附庸國。

用錢收買且偶爾殘酷的併吞方式，造成深深的傷痛。就連英國官員都認識到，此舉並非東印度公司歷史上較值得稱許的一頁。該公司職員羅伯特．伯德（Robert Bird），甚至匿名出版《東印度公司毀掉奧德》（*Dacoitee in Excelsis*）。[24]該書中，熟悉所有內情的伯德，揭露了公司內部與此事有利害關係的團體，為了推動併吞阿瓦德，如何拼湊出大體上向壁虛造的檔案——最終以國會《奧德藍皮書》（*Oude Blue Book*）的形式問世。這份檔案描述了一個「因為受到既無能且貪腐

* 作者註：發送恰帕提或普里麵包的確切用意為何，至今仍不明。從當時諸多村鎮裡人們所提出的各種解釋來看，它們在這整個地區得到的解讀並不一致。許多人的確把它們視為印度斯坦全境就要出現劇變的信號；但沒有證據顯示，它們對德里人的觀念有很大影響。

† 作者註：併吞阿瓦德之舉有失正當，但瓦吉德．阿里．沙也絕非靦腆之人。溫莎堡的皇家圖書館藏有一大部頭對開本書，是瓦吉德．阿里．沙的《愛史》（*Ishq Nama*），書中有數百幅他不同愛人的肖像畫，每頁一幅，而且有以小詩形式呈現的註解，稱讚每個愛人的特質和性愛本事。

政府的不當統治，而陷入罪惡、混亂、無政府狀態」的省分。伯德寫道，這個形象幾無異於「官方作家的虛構情節、虛構的東方傳奇」，「被一個簡單且難以推翻的事實」戳破——阿瓦德的人民顯然「喜歡遭中傷的（納瓦卜）政權」，甚於「一味攫取但被人美化的東印度公司政府」。

尤其，伯德指出，「那些禁受過這兩個（政府）治理的人，多達約五萬受僱於該公司的印度兵。」對這兩個政權的差異，感受和反感尤其強烈：

> 不只併吞本身，似乎伴隨了完全不可原諒的暴力和破壞行徑，而且所有財產的基礎，似乎已被鬆動到在任何文明統治都未曾聽聞的程度。我們到處聽到地主遭剝奪財產之事，簡而言之，公司處理此省時，好似不只認為它有權利享有該省的稅收，還好似認為該省境內的所有財產，都已成為公司征戰的戰利品；好似該省是剛被發現的無人島，發現者有權利為所欲為。[25]

已有許多較小的王國遭東印度公司悄悄併吞——而且從中得利。讓養子承繼父王之位的作法行之久遠，但總督達爾豪西（一八一二—一八六〇）祭出人稱失權原則（Doctrine of Lapse）的政策，禁止這個印度教習俗，促成一八四八年吞併薩塔拉（Satara）、一八五三年吞併占西、一八五四年吞併那格浦爾（Nagpur），這三件不得人心且激起極大民怨的作為；但透過吞併阿瓦德所新增的領土，遠大於迄今為止東印度公司所嘗試拿下的任何領土，而且吞併對象是個「忠實且不抵抗的盟友」，吞併時連找不到獲承認的繼承人這個名義上的理由都懶得祭出，只拿《奧德藍皮書》裡「虛構的罪名」和「虛妄的姿態」當藉口。[26]

吞併阿瓦德和米爾札法赫魯去世後，蒙兀兒皇朝的終結之日屈指可數。

對這時已八十一歲的札法爾來說，心理衝擊特別大。他老早就表明，除了保住他所繼承的少許祖產，並將其傳給下一代，別無所求。早在一八四三年，他就有意直接致函英女王維多利亞，請求允准這個最低要求。他寫道「由於時運不濟，

> 我的王國已衰微，這個王朝的統治權交到妳的手上……其地位的升降操之在妳……如今我老了，已無心追求偉大。我會把剩下的日子全奉獻給宗教，但我很希望先祖的名聲和尊貴得到維繫，希望根據英國政府最初許下的約定，它們能完好無損傳給我的下一代」。[27]

而今，看到阿瓦德的遭遇在自己面前上演，札法爾不敢再有上述的奢望。得悉阿瓦德遭吞併後，他的第一個作為，係寫了一連串哀求信給達爾豪西，說隨著「我們的人生旅程已來日無多……隨著對八十歲老耄之年的人已不能有任何指望，最近在思索家族未來的福祉，尤其是納瓦卜齊娜特・馬哈爾別姬與其孩子皇子米爾札賈旺・巴赫特・巴哈杜爾的福祉，希望他們不會遭遇苦痛或艱困」。札法爾只求英國人保證，他死後他們母子會得到照料。但達爾豪西給了其一貫風格的回應，既輕蔑且刻薄；他要一個祕書回道，「陛下已賜予諸別姬和皇子的東西，陛下應該清楚不可能長久；陛下在世時，他們或許能繼續享有那些東西，但陛下去世後，不可能再繼續享有；因為那有違先前的慣例。」[28]

感到驚恐者，不只札法爾。這位蒙兀兒皇帝一旦去世，其皇廷一旦消失，只會令所有德里人感到前途黯淡。許多德里人的事業和贊助，直接或間接來自紅堡。蒙兀兒人一旦垮台，德里城會有許多人丟掉飯碗：廷臣和皇宮文職官員、珠寶商和銀匠、廚師和轎夫、衛士和太監、樂師和舞女。在英國人統治下，這些人全都找工作無望，畢竟西北省的英國行政官員，主要在南邊一百五十英哩處的亞格拉辦公。

對宮廷詩人來說，情況也是非常不妙：加利卜於一八五六年二月二十三日寫道，「我不熟悉阿瓦德和該地事務，但這個國家被滅，還是讓我心情低落。我認為，凡是有正義感的印度人，都會有這樣的感受。」[29]加利卜原本有阿瓦德的納瓦卜發放的小額養老金，但隨著阿瓦德二月時遭併吞，再也拿不到這筆錢；隨著師從他學作詩的米爾札法赫魯於七月去世，他的收入進一步縮水：一八五六年七月二十七日，他寫信給某友人，說：

> 「記住，當然繼承人之死，對我打擊甚大。那意謂著從此以後，我與王廷的關係會與國王相終始。天曉得誰會是新的當然繼承人。懂得欣賞我的人已死，此後誰會肯定我？我相信我的造物主，我聽命於祂。結果，一下子就蒙受這樣的損失：他（米爾札法赫魯）過去每月給我十盧比，供我買水果給我的兒子（兩個養子）。此後誰會給我那筆錢？」[30]。

加利卜，一如此前和此後的許多作家，苦於既有昂貴的嗜好、強烈的自負，卻無足夠的錢來維繫這些嗜好與自負。他的財務狀況始終不穩，因拉不下面子，而拒絕德里學院波斯語教授這個大有賺頭的工作機會後，尤為困頓。那時，在受邀前來申請這個新職務後，加利卜乘著轎子來到德里學院。但來到學院大門後，他不願進去，直到祕書托馬森先生出來迎接，才入校，因為他堅持基於自己的貴族身分，必須有這樣的待遇。當時，經過長時間的僵持，托馬森先生親自出來，解釋說，他出席行政長官的政務會議時，給予他正式迎接，很適當，但目前，他是來應徵工作，正式迎接就沒道理。加利卜回道，「我以為受聘於政府，會讓我享有比此時所得到的更大尊榮，而非比我已得到的還要不如。」祕書回道，「規定如此，恕難從命。」加利卜說，「那麼我希望你准許我告辭。」隨之離開。[31]

在這樣的情況下，札法爾並未更加器重他，反倒把大部分的恩寵和隨之而來的豐厚養老金，賜予明顯不如他的札烏克，就讓加利卜益發惱火。加利卜絕對無法理解札法爾為何這麼對他，因為他曾大膽面陳札法爾：

> 我敢打包票，你肯定也為自己得到上天眷顧，擁有像加利卜這樣的奴隸，而感到很得意。加利卜的詩歌具火一般的燎原威力。依照我的本事，應得到多大的關愛，就請給我那樣的關愛，好好器重我，敞開你的心胸接納我……看看我的造詣，瞧瞧我的本事……幹嘛談到阿克巴皇帝在位時的詩人？光有我，就證明你的時代更勝他的時代。[32]

札烏克一八五四年去世時，札法爾終於任命加利卜為他的烏斯塔德（ustad，專家或大師，在此指詩學老師），加利卜隨即享有隨該職而來的薪水，而加利卜（至少據德里當地傳說）終於能嘆口氣，寬慰的說道，「那個用旅舍老闆用語講話的人」終於不在了。[33] 札法爾或許不是很看重加利卜的才華，但皇廷卻是加利卜所能倚靠的金錢命脈。早在一八五二年札法爾生病時，加利卜就焦急的寫道，「接下來會怎麼樣？受他庇蔭的我會有何遭遇？」[34] 後來他又說，「蒙兀兒皇子聚集於紅堡，朗誦他們的嘎札爾……這個皇廷已時日無多，它怎能永久存在？誰曉得他們明天還會不會碰面，如果明天碰面，他們再來還會碰面？這聚會隨時可能消失。」[35]

加利卜之所以如此悲觀，原因之一是他與德里城內許多人不同，始終清楚西方科學的先進，一八二七年去加爾各答就已見識過那種先進。賽義德艾哈邁德・汗欲說動他為某一版的《阿克巴皇帝的治理》（*Ain i-Akbari*）寫引言時，加利卜在回信中勸他，不要老是回顧過去的蒙兀兒人，應該擁抱未來，「看看印度境內的英格蘭白人！」他寫道。

他們已把我們的東方先民遠遠甩在後頭。他們已將風和浪任其擺布。他們靠火和蒸氣行駛船。他們不用彈撥器（mizrab），就創造出音樂。憑藉他們的魔法，詞語像鳥兒飛過空中。空氣著了火……不用油燈，城市得到照亮。這一新法則，使其他法則變得過時。腳邊明明有一批珍貴的珍珠，你為何非要從被歲月淘汰的老穀倉拾起麥稈？[36]

而今，在法赫魯已死且阿瓦德慘遭吞併之際，加利卜認為立即想辦法覓得其他財源，同時教英格蘭人認識他們明顯欠缺的文雅舉止，才是明智之道。為此，他經由坎寧中轉，向維多利亞女王獻上一首波斯語頌詩（qasida）。開頭，加利卜以簡短詩句讚揚女王「璀璨如星辰」，言不由衷的將她的印度總督說成「偉大如亞歷山大、傑出如費里敦」，然後迅即言歸正傳：提醒女王勿忘了行之已久的傳統作法，即君王應支持版圖裡的詩人，以換取透過詩歌名留青史。

倫敦的女王顯然不是很熟悉這些事的細微規矩，於是他在附信裡更清楚表明其意向。他提醒維多利亞女王，歷史上真正偉大的統治者，「以珍珠填滿詩人和獻上祝福者的嘴，用黃金表達對他們的看重，賜予他們村子和酬金，」藉此獎賞他們。同樣的，「崇高女王應授予請願者加利卜米赫克萬（Mihr-Khwan，『讚揚愛與仁慈之人』）的封號、賜他榮譽袍、從她的豐盛大餐撥出一些麵包屑給他——用白話說，就是『養老金』。」[37]

加利卜殷殷期盼女王充滿感激的回覆，以及她賞賜的豐厚俸給，最終落空。但這首頌詩會在不久後發揮更重要的作用，即助他保住性命。

❦

如果說加利卜在一八五六年底至一八五七年初極度焦慮且沮喪，昔奧・梅凱夫的情況同樣很糟。

突然失去妻子和父親後，他努力投入工作，並繼續擔任德里的聯席治安官。但獨力養育孩子的壓力，加上賣掉父親藏書和梅凱夫宅的其他許多家當，這份令人心情低落的差事，壓得他喘不過來。他緊守著兒子，把他視為對亡妻的最後回憶，「我無法與他分開，」他於一八五六年寫信給喬吉娜。「每天讓他獨自一人好幾小時，沒有女人陪他，我覺得很不好，但我的確對他付出慈愛，那種小時候從未感受到的慈愛，我始終哀嘆無緣擁有的東西。」[38]

隨著歲月推移，一八五六年，其精神壓力開始危害他的身體，尤其眼睛。八月，他從密拉特寫信給喬吉娜，信中終於向她坦承，得悉我的左眼疼痛、視力變差，讓我苦不堪言，妳會很難過。這病痛已讓我不得不停止使用該眼，迫使停下工作達三個月……即便這番休息，恐怕也不足以讓這隻眼睛完全康復……我受囑咐要待在幽黯的房間裡，因此，前景頗為黯淡；目前，要去德里，把我們父親（在梅凱夫宅）的遺物全部整理妥當。如果一個月後這隻眼狀況轉好，我提議到山上走走……妳有認識哪個想要照顧單身男子的寡婦，因為我相當無助，完全不准讀書或寫字。[39]

正在喀什米爾避暑的喬吉娜，立即表示願意照顧昔奧的兒子查理。昔奧勉為其難同意，但心懷感激。從賈瑪清真寺牆上撕下那張告示後不久，他寫信給其妹婿愛德華・坎伯，再度提到他非常需要放個長假，說順利的話，一八五七年五月，他能到山上與他們會合，「重重壓在我身上、使我感到無助的這種麻木感，我說不出個所以然，」他一副難過口吻寫信告訴愛德華。「我認為若不能完全卸下工作、若不能好好放個長假，我絕對好不起來。」[40]

對於昔奧的苦境，愛德華沒喬吉娜那麼同情。坎伯一路受查理・內皮爾提攜，曾在加爾各答威廉堡的東印度公司總部擔任內皮爾的副官，但內皮爾離開印度後，坎伯的仕途即受挫。他和其第六〇步槍隊的連隊，這時受命從事很不受看重或油水甚少的工作，即勘測旁遮普—信德交界木爾坦（Multan）周邊區域，而該區域以南亞次大陸最熱之地著稱；工作環境肯定和舒適的威廉堡天差地別。得知他微薄的收入正被昔奧的寶寶和保母吃掉一大塊時，怒不可遏，「我對昔奧很火大。」他寫信告訴人在喀什米爾的喬吉娜。

關於房租，我認為根本要不到，用暗示的也根本沒用，因為他會裝蒜。我認為或許我們只要寫張小便條，把因巴克斯特太太和查理搭伙所增添的真正開銷給他看，然後要他付錢。[41]

但還有其他令坎伯憂心之事，比缺錢和他不懂體諒的大舅子，更令他苦惱。因為軍方剛要他負責訓練旁遮普境內士兵，讓他們熟悉最新且最先進的武器。「我被團裡的各種事務纏身。」他向喬吉娜解釋道，

> 在新式恩菲爾德步槍的操作上，扮演領導角色之一。同袍不喜歡它們，就和不喜歡舊槍的程度一樣。我認為他們終究會懂得如何操作，但目前還不懂。情況很不利，因為我們想要打個夠，然後清槍，卻禁不起這般浪費子彈。我們手中的彈藥很少……而且打過幾發後，槍管淤塞嚴重，很難裝彈。[42]

愛德華未拿技術性細節讓妻子傷腦筋，但新式恩菲爾德步槍的問題，在於槍管內有溝槽（即來復線），這點與先前的槍，槍管內壁平滑的布朗貝斯（Brown Bess）滑膛槍，迥然不同。來復線讓這款新槍精準許多，射程也較遠，卻也使其較難裝彈，為了把彈丸塞入槍管，除了要用送彈棍大力推彈丸，還要用到許多潤滑油。愛德華必須教會士兵的技能，包括咬掉紙製彈藥筒頂部，把火藥倒入槍管，然後用送彈棍把彈丸和油膩彈藥筒的剩餘部分塞入槍管。[43]

但這是嶄新的技術，東印度公司最為不智的便是，竟在加爾各答的達姆達姆（Dumdum）兵工廠製造彈藥筒，而該廠先前從未製造過這類彈藥。於是，不可避免的在初期碰上麻煩，尤以頭

幾批製造的彈藥筒為然。這些彈藥筒所塗的潤滑油似乎過量，從而導致兩個問題。首先，誠如愛德華在寫給喬吉娜的信中所說，槍管很快就被過量油脂塞住，需要頻頻清理。[44]第二個問題，係塗在彈藥筒上的油脂放進嘴裡讓人作嘔，以致所有步槍兵都把咬開彈藥筒視為畏途。

就是在這個易滋紛擾的情況下，有個傳言迅速為人所信：潤滑用的油脂不只讓人作嘔，更是褻瀆宗教信仰，因其是混合牛油和豬油製成。大半印度兵是吃素的高階種姓印度教徒，對牛油極反感，他們對牛非常崇敬，要他們碰觸讓牛受苦的東西，也會使其不悅。至於豬油，印度教徒和穆斯林都認為豬是不潔的動物，因此豬油幾乎讓所有印度兵反感。

這些傳言似乎有憑有據：最初，誠如坎寧爵士後來坦承的，叫人作嘔的潤滑油就是用這些褻瀆宗教信仰的東西所製。[45]不久，潤滑油成分更改，而且印度兵獲准使用蜂蠟、清澄的液體奶油（ghee）自製潤滑油。但傷害已經造成。大部分的印度兵完全不願碰新槍，而且危害更大的是有種看法迅速傳開，即此疏失並非無心之過，而是東印度公司欲打破印度兵的種姓和儀禮純淨，然後使其集體皈依基督教之更大陰謀的一環。

傳教士和東印度公司裡支持他們的軍文職福音派教徒，因不懂顧及當地禁忌的活動，坐實了這些傳言。該公司若從較低階種姓招募，問題或許就不會這麼大。但從極在意合乎儀禮的較高階種姓印度教徒，尤其是從阿瓦德、比哈爾、貝拿勒斯周邊區域，招募兵員，老早便是英國人的政策。英國人鼓勵成為英軍印度兵的北印度農民，將自己視為菁英階層，這些農民對於食物的調製和食用，隨之也變得非常挑剔，而且對種姓的看法，在印度相對而言原是較易變動，這時開始固化，即某些學者所謂的梵化*，因為印度兵將這些事視為攸關他們的自尊。†

雪上加霜的，因為頗不相干——而且無關乎宗教信仰——的薪資、規章問題，軍隊已到了譁變邊緣，情勢變得更加不穩。愛德華．坎伯的老長官查爾斯．內皮爾爵士，係最早理解到這點的高階軍官。他於一八五〇年辭去總司令一職，原因在於他日益憂心印度兵的騷動將使英屬印度陷入「極大危險」，但達爾豪西勛爵對此置若罔聞。達爾豪西以書面回覆了內皮爾的書面報告，在其中寫道「印度陷入險境一說完全說不通」。「印度既無外患，而且透過其新子民的順服，內無叛亂之憂，因此，印度從未因為軍中部分成員的抗命而有動亂之虞。」[46]

愛德華．坎伯因職務關係，與內皮爾甚為親近，非常清楚軍心不滿的程度，很快就意識到這個新威脅所帶來的危險。畢竟，已有許多有力的理由讓印度兵極度不快。這時，印度斯坦境內許多印度兵家庭子弟，想要在軍中找份工作卻遭拒，因為東印度公司忙著找廓爾喀人和錫克教徒來充實兵力。十九世紀初期、中期，英國人與廓爾喀人、錫克教徒交手，雙方打得難分高下，在那期間，英國人就對他們的戰鬥本事大為嘆服。而那些能在軍中覓得工作者，升遷機會也渺茫：即使驍勇善戰、忠心耿耿效力數年，仍沒有印度人能升到蘇巴達爾（subahdar，亦即軍官，一個團

* 譯按：Sanskritisation，低種姓的人透過模仿高種姓者的儀禮和習慣來提升地位的過程。

† 作者註：在東印度公司的某些團級部隊裡，高種姓印度教徒占了招來兵員的八成左右；但一八五七年時，在其他團級部隊裡，比例稍降，而此一稍降則是造成騷亂的主因之一。整體來講，一八五七年印度人起義事件爆發時，高種姓印度教徒在孟加拉本地人步兵團裡，所占的比例為六成五左右。一八四二年的種姓組成如下（有當時的詳細數據可取得）：拉吉普特人，二七九九三人（三十四．九%）；婆羅門，二四四八〇人（三十一%）；低種姓印度教徒，一三九二〇人（十七．三%）；穆斯林，一二四一一人（十五．四%）；基督徒，一〇七六人（一．三%）。欲更深入了解東印度公司的軍隊和軍隊的「梵化」，見 Seema Alavi 開創性的專題論著，The Sepoys and the Company: Tradition and Transition in Northern India 1770-1830, New Delhi, 1995。也見 Saul David, The Indian Mutiny，談一八五七年軍隊的部分尤其精闢。

有十個蘇巴達爾）或大蘇巴達爾（subahdar-major，高階軍官，每個團一名）之上；實權完全掌握在英國人手裡。[47]

此外，曾與自己士兵打成一片——且頗常與士兵的姊妹同居——的英國軍官，這時愈來愈疏遠、粗魯、輕蔑。白種蒙兀兒人曾在營地與士兵們一起摔角或跳舞，或曾在行軍時先派人到下個村子，要其安排好最厲害的棋手等著，但那樣的時代已一去不復返。據一八五七年後寫下回憶錄的印度兵席塔拉姆．潘戴（Sitaram Pandey）所述，

> 那時，白人講起我們的語言，講得比現今的白人好上許多，而且願與我們打成一片。如今，軍官必須通過語言考試、必須讀書，但他們不懂我們的語言……白人曾為全團士兵表演舞蹈、曾參加所有士兵的比賽、出去打獵時帶著我們。如今，他們很少參加舞蹈表演，因為白人牧師告訴他們不該如此。這些白人牧師做了許多使英國軍官與印度兵疏遠的事，而且現在還在這麼做。我身為英軍印度兵時，我的連長會整天和士兵待在他的房裡，與他們講話……就在我有生之年，卻看到白人對我們的態度大變。我知道現今許多軍官只在不得不與士兵講話時才會和他們講話，而且表現出令人厭煩、想盡快擺脫的樣子。有個白人告訴我們，他始終不曉得該和我們說什麼。但我年輕當兵時，白人始終知道該說什麼及如何說出來。[48]

更令印度兵不快的是，薪水的相對價值大減——郵資免費之類的額外收入和名叫巴塔（bhatta）的戰時額外津貼被慢慢拿掉，而從軍條件這時卻比以往任何時候都苛刻：就在東印度公司併吞阿瓦德（許多印度兵的家鄉）前後，該公司也通過極不得人心的「募兵總則」（General

Service Enlistment Act），規定所有印度兵都要有赴海外服役的心理準備。由於正統高種姓印度教徒照規定不得「橫渡黑水」，此法只坐實了印度兵對公司正密謀要奪走他們的地位和宗教的憂心。

一八五五年五月，《德里報》刊出一篇長文，該文據稱係「一位剛因傷退役且在老家村子定居、以度過餘生的老印度籍軍官」所寫，但其實幾可確定是出自一位英格蘭軍官之手。根據該文作者所述，現今村子裡最有可能通過篩選從軍的人，個個都不想加入「一支隨時可能轉型為海軍的軍隊」。該軍官也主張，有人非常擔心，隨著該公司如今積極招募且升遷低種姓之人，軍人這一途會失去其地位和名聲。這時，東印度公司的最高領導班子開始認為，低種姓之人較不會生亂、較不會拘泥於儀禮；但對既有的士兵來說，低種姓之人，誠如該軍官所說，係「我們所不能結識且全村一千一百二十人會有一千人瞧不起的人」。「東印度公司名聲好、財力雄厚，但敵不過種姓成見。」[49]

有個人很有可能是《德里報》這篇文章的作者，那就是羅伯特．泰特勒上尉。

泰特勒是第三十八本地人步兵團的老戰士、老派軍官，與他的印度兵走得甚近，關心他們的福祉，印度斯坦語說得十分流利。他似乎是個和善且會顧及他人感受的人，喪妻，有兩個年幼小孩，晚近再婚，對象是活潑且生命力強韌的哈麗特。哈麗特的年紀只有他的一半，印度斯坦語說得和丈夫一樣流利。她在軍中度過童年，跟著父親的兵團在印度平原各地遷徙，在那期間跟著印度籍保母學會印度斯坦語，成為她的第一語言。泰特勒夫婦一起從事業餘藝術創作，而且——就軍人夫婦來說，教人大呼意外的——成為首開先河的攝影師，細心記錄下德里的古蹟，其中許多古蹟此前從未被鏡頭攝下。

幾年前，第二次英緬戰爭期間，泰特勒兵團奉達爾豪西之命渡海前去仰光——據哈麗特的說法，達爾豪西是個「非常頑固的蘇格蘭人」。他的印度兵所面臨的兩難困境，令其非常不悅。哈麗特在回憶錄裡寫道，「他們是來自奧德的高種姓印度教徒，要他們走海路去緬甸，會引發兵變。他們本該做的，乃是徵求志願者……我丈夫說：『我知道如果被命令去，我的兵絕不會去，但只要政府向其徵求志願者，他們都會去。』」

上級不理會泰特勒的意見，出海令下達。印度兵的反應，會去，但不走海路。達爾豪西命令全團走陸路，行軍至達卡（Dacca）——印度境內最不利人體健康的駐地之一——而非仰光，以示懲罰；不到五個月，全團士兵不是死，就是住院，只有三個士兵倖免。哈麗特認為，「要這些只是維護自身宗教權利的可憐士兵，去會讓他們像狗一樣死去的地方，非常不符基督徒作風。」[50]

泰特勒理解且支持麾下印度兵的宗教情懷，因此，他的印度兵開始聽到關於新式恩菲爾德步槍的傳言，詢問傳言是否屬實時，他非常不安。一八五七年春時，尚未把這種步槍發給駐紮德里兵站的士兵，但命令還是下來了，要駐紮德里的諸團，每團派兩個連去「大幹道」往北一百英哩處的安巴拉，接受新槍操作訓練。哈麗特寫道，「我們的兵行軍過去，離開德里前，他們顯露出些許違抗之意，但軍官仍希望他們能看出，我們無意摧毀他們的種姓身分、無意使他們成為基督徒，這股情緒就會消失。」[51] 這份希望很快就破滅。

> 准將一再收到來自安巴拉的消息，說士兵對於使用恩菲爾德步槍和其塗了油脂的彈藥筒極為不滿，我丈夫常告訴我，「如果我們的本地兵造反，印度就保不住了。」隨著時日推移，到處可見不滿的徵候，他變得非常煩惱。[52]

不滿的跡象的確愈來愈顯著。三月二十九日，在孟加拉的巴拉克普爾，有個名叫曼嘎爾・潘戴的印度兵，慫恿他的印度籍同袍造反，開槍擊傷了兩名軍官；他旋即送審、吊死。據泰特勒所知，不久後，在安巴拉，英國軍官急切要求收回新步槍，但總司令喬治・安森（George Anson）將軍置若罔聞。安森嗜賭，以「歐洲最厲害的惠斯特牌戲（whist）高手」之名著稱，曾用他僅區區一百二十英鎊買下的一匹馬，拿下一八四二年德比馬賽冠軍。[53]但對於麾下印度兵的心思，他不如對賽馬狀態的掌握來得可靠。獲告知士兵快要譁變時，安森說：「他們的可惡成見，我絕不會讓步接受。」[54]於是，從那晚至五月，安巴拉兵站遭遇一波縱火攻擊；而咬開彈藥筒的印度兵，包括來自德里團的印度兵，個個都受到同袍排擠，被揶揄為基督徒。兵站指揮官馬提諾（E. M. Martineau）上尉寫道「心情糟透了」，

> 事態已嚴重到我想不出可能的解決辦法……我知道眼下，非比尋常的騷動正席捲所有本地兵，但會演變成什麼樣，真不敢說。我能察覺到風暴逼近、能聽到颶風在嗚咽，但它會如何爆發、何時爆發或在哪裡爆發，我說不準……我認為他們並不清楚此後要有什麼作為，或者我認為，除了反抗他們的宗教和信仰所受到的入侵，沒有行動計畫。[55]

到了四月底，騷亂已蔓延至密拉特，該地的第三輕步兵團也拒絕使用彈藥筒。帶頭鬧事者被捕，五月第一週結束時，泰特勒的大蘇巴達爾和摯友曼蘇爾・阿里（Mansur Ali），已從德里過來，擔任軍事法庭庭長。他動身前告訴羅伯特，「先生，如果我裁定這些人有罪，我會給他們我權限裡最嚴厲的懲罰。」

他說到做到。五月九日，曼蘇爾·阿里把該團八十五名印度兵，判處長達十年的勞役刑。那天晚上，在密拉特市集，出現了呼籲所有真穆斯林揭竿而起殺掉基督徒的告示。[56]

一八五七年五月十日，德里熱到讓人喘不過氣，到處塵土飛揚；暑熱正值頂點，一八五七年的炎熱乾燥超乎尋常。

泰特勒夫婦一仍既往，從兵站坐車到聖詹姆斯教堂參加晨間禮拜儀式，途中遇到一個軍中同僚，那人剛結束在安巴拉的步槍訓練回來。「我丈夫大喊，『巴洛茲，士兵情況如何？』他回道，『噢，泰特勒，他們目前很好，在回去的路上。』」

但羅伯特還是憂心，不敢鬆懈。那天晚上，他聽到「（印度兵）營地裡傳來驛遞馬車喇叭發出的單調嘟嘟聲，很不尋常，因為本地士兵從不搭驛遞馬車出門。我丈夫推斷，那肯定是曼蘇爾·阿里，即剛從軍事法庭回來的、我們的大蘇巴達爾。不久，帶信人回來，說曼蘇爾·阿里沒回來，但有些來自密拉特的人來到營地看望他們的朋友。我丈夫覺得很怪，但始終未當一回事」。[57]

在德里，注意到與密拉特有關的怪事者，不只泰特勒一人。泰特勒夫婦搭車前往教堂途中，會經過德里電報局，該局位於喀什米爾門外的高階文官居住區裡。電報局裡，查爾斯·托德（Charles Todd）及其兩名年輕助手布倫迪什（Brendish）、皮爾金頓（Pilkington），正與密拉特電報局的友人聊天。他們聽說，由於剛發出的那些判決，密拉特民心騷動。九點，隨著一天中最熱的時段到來，兩電報局都歇業。

下午四點，托德結束午休回到局裡，發現與密拉特的聯繫已遭切斷。他懷疑與電纜線的那段薄弱環節有關。那一段纜線走過亞木拿河底下，由於「用來製造電纜線的絕緣物變質，那一段不斷帶來麻煩」。布倫迪什和皮爾金頓被派去查看，驚訝發現直到亞木拿河東岸的電纜線都完好，他們從河對岸將信號發回給托德，毫無問題；問題顯然出在往密拉特途中的某處。但這時已是下午六點，天黑前來不及查看別處。於是，「托德敲定隔天親自去一趟，以恢復通信。」然後他關了電報局大門，回他的平房吃晚餐。[58]

托德正要關門時，瓦根特里伯夫婦參加完詹寧斯的夜間禮拜返家途中，正好經過。那天晚上，他們有個訪客。較不尋常的是，該訪客是德里有頭有臉的人物齊亞丁・汗（Zia ud-Din Khan）。他是洛哈魯的納瓦卜、加利卜的堂表親，其父親曾是伊莉莎白・瓦根特里伯父親詹姆斯・斯金納的商業夥伴和好朋友。據兩夫婦的女兒茱莉亞（Julia）所述，夫婦倆緊挨著坐在遊廊上，與這位納瓦卜熱烈交談，但

> 我很少出房門見來訪的本地人，於是我再度進門，未再出來。但他離開時，他們談到他針對在密拉特入獄的那些士兵所發出的警示話語，說「這麼做實在不聰明，政府會為此後悔」。他們認為該把這位納瓦卜的暗示，告知托馬斯・梅凱夫爵士（昔奧），於是我父親那天夜裡送了一封信過去。[59]

但昔奧正忙著為他的長假打包：他已排定隔天清晨離開，去喀什米爾與喬吉娜和兒子查理團聚，而且他又累又沮喪，那晚未根據信中信息有所作為。

這位納瓦卜在瓦根特里伯家作客時，賽門・佛雷澤也收到一封信，就在他步出聖詹姆斯教堂夜間禮拜會場時。但那天是禮拜天，佛雷澤的心思無疑仍擺在他所摯愛的活動上，即每週一次的唱詩班演出。不管原因為何，他把信放進口袋裡，直到隔天早上才想起。[60]

吃早餐時，佛雷澤終於打開那封信，並且讀過，信中示警道，印度兵終於決定在密拉特起事，打算禮拜天晚上殺掉該地所有基督徒居民。佛雷澤大為驚駭，要人備好他的輕便馬車，以便立即採取行動；但當然，為時已晚。

密拉特印度兵不只起事、殺人，還連夜往西南馳騁，大舉越過浮橋，進入德里城找他們的皇帝。

CHAPTER 5 復仇之主的劍

一八五七年，基督教曆五月十一日，星期一，相當於伊斯蘭齋戒月十六日。

伊斯蘭齋戒月期間，平日的城市生活節奏驟然大變。白天的作息會比平常大大提早，日出前一小時就開始，那時月亮仍高掛天際，賈瑪清真寺裡一再響起鑼聲。會點上燈，早餐會匆匆備好，屋裡的人家似乎還在睡覺。苦行僧會挨家挨戶敲門，藉此掙得幾分錢，因為這是日落前得到些許食物——對正統苦行僧來說，哪怕一滴水都行——的最後機會，此後直到日落，要捱超過十二小時不能進食。[1]

時值盛夏，會把人曬到脫水的德里酷暑，正全力發威。德里家家戶戶的庭院裡，穆斯林家庭會就著拂曉前的微光坐在屋外、靠著長枕，吃齋戒前的薩赫里餐（Sahri）——用粗麵粉做成的甜布丁（sivayan）——而這麼早就有胃口的人，還會吃烤肉串，全都要在紅堡鳴砲宣告太陽即將露出地平線之前，狼吞虎嚥吃下。在這段老颳著熱風的日子，大清早還是有其討喜之處，即一天裡僅這時吹著涼風。

早上七點，札法爾已吃完早餐，正在他的河濱小禮拜堂（tasbih khana）做晨間禮拜。他起身，靠著枴杖站立，注意到左邊不算太遠處、浮橋另一端、蜿蜒河水的另一頭，有一道高高的煙柱從收費所滾滾冒出，在朝陽襯托下，收費所輪廓分明。更讓人覺得不妙的，亞木拿河對岸塵沙漫天。據他的年輕侍者札希爾．德拉維所述，札法爾向他的轎伕頭子米爾法帖赫．阿里（Mir Fateh Ali）大喊，那時，阿里正在小禮拜堂外，等著載他去做晨間的皇宮巡視。札法爾要他派一名騎駱駝的高速專差，前去查明起火和塵土漫天的原因；他也把他的總理哈基姆阿赫薩努拉．汗和皇宮衛隊長道格拉斯上尉叫來。道格拉斯負責皇宮安全，聽命於特派代表。[2]

這位哈基姆和衛隊長過來時，專差已回來覆命。他只騎到數千碼外薩利姆嘎赫的稜堡，從那可清楚看到，穿著東印度公司制服的印度籍騎兵（sawar）正大舉越過浮橋，手持已出鞘的劍。他們洗劫並燒掉位於河東岸的收費所，也已攻擊並殺掉收費所所長和德里電報局經理查爾斯．托德。半個小時前，托德搭上他的輕便馬車出門，欲查明通往密拉特電報線中斷的原因。他們也把途中遇到的英國官員的一些僕人砍死。專差還說，清晨沐浴者正慌亂逃離河邊台階，爭相經由皇宮北邊的加爾各答門進入德里城。札法爾聽後，立即下令德里城和紅堡關閉所有城門，若還來得及，也應打斷浮橋。[3]

道格拉斯上尉和阿赫薩努拉．汗獲札法爾告知這個驚人消息，驚恐卻不是很意外。軍隊造反的傳言已在皇宮裡傳了數個月，晚近更是傳得沸沸揚揚，而且更像那麼回事。二十分鐘前，紅堡拉合爾門的衛兵請他過去，告訴他有個落單的騎兵在鬧事。[4]道格拉斯和牧師詹寧斯一起住在這個城門的正上方，從其住所可直接下到拉合爾門。那個印度籍騎兵被問到想要幹什麼時，騎兵冷靜回道，他已在密拉特叛變，他和他的弟兄都不願再為東印度公司效力；他說，為自己信仰而戰的時刻已經到來。但到了德里後，他來紅堡找水菸筒抽、找水喝：道格拉斯能不能去替他弄來？道格拉斯下令衛士捉住這個無禮的騎兵，但衛士還來不及動手，騎兵就大笑著策馬遠去。[5]阿赫薩努拉．汗收到札法爾叫他過去的指示時，正走下紅堡的覆棚市集，要去弄清楚騷亂是怎麼回事；他和道格拉斯一起來到皇帝的小禮拜堂。

三人仍在商議該怎麼辦時，一群二十個騎兵正策馬走在皇宮與亞木拿河間的河岸上，意態從容，「有些騎兵已拔出劍；另有些騎兵手上拿著手槍、卡賓槍；更多騎兵從橋的方向過來，伴隨著頭上纏著布、似乎是馬伕的徒步士兵。」[6]不算太遠處，也有一群「來自密拉特的罪犯、古遮人部落民*、來自德里周邊村子的其他巴德馬什（badmash，流氓或遊手好閒之人）」，這些人很可能跟著印度兵南下至此。[7]他們在薩曼塔（Saman Burj）的鍍金圓頂和格子窗屏下方停住，數百年來蒙兀兒人都是在薩曼塔處理人民的請願；然後他們開始高聲召喚皇帝。據札法爾對此事的記載，「他們說，我們殺了密拉特所有英格蘭人後來到這裡。殺掉他們，係因為他們要我們咬開塗了牛油和豬油的子彈，這敗壞了印度教徒和穆斯林的信仰。」[8]

於是，道格拉斯主動表示願下去和這些人談，但皇帝不准，說他無武器防身，這些人殺了人，肯定會殺了他。「我不讓他去……然後，齊拉達爾．巴哈杜爾（道格拉斯）去到窗邊，對他們說話。」[9]「『別來這裡，這裡是皇宮女子的私人住所，你們站在它們對面，大不敬於國王。』聽了此話，他們一個接一個朝（南邊）拉吉嘎特門的方向離開。」[10]

據札法爾的說法，「那之後，齊拉達爾說『我會去搞定此事』，接著向我告辭。」[11]道格拉斯「神情激動」快步走開，要去確保德里諸城門全遵照命令關上。但沒幾分鐘，坐在陽台上的札法爾，就看到濃濃黑煙從南邊的城裡升起，似乎來自德里城最富裕的城區達里亞甘吉。五年前，札法爾及其家人就曾浩浩蕩蕩走過該區，前去參加米爾札賈旺．巴赫特的婚禮。札法爾清楚看出，印度兵已進到他城裡。[12]

對昔奧．梅凱夫來說，五月十一日意謂著在喀什米爾長達半年的休假開始。他苦於疲累和抑鬱——「重重壓在我身上……的麻木之感」。此外，他的左眼這時發炎得很厲害，不得不戴上眼罩；德里人開始叫他「獨眼梅凱夫」。他很清楚印度情勢的危急——不久前，

他告訴一位要回英格蘭的友人，「你運氣好，要回國了，因為我們不久後就會被踢出印度，或者為了我們的生存戰鬥至死。」他需要放假，這時等不及要搭上驛遞轎子（dak palki），以便去涼爽青蔥的喜馬拉雅山谷和喬吉娜及兒子查理團聚──來印度七年，他第一次好好休假。[13]

他起得很早，關好梅凱夫宅的門窗，早上七點左右，意態優閒的前往就位在喀什米爾門裡、他位於法院（Kutcherry）的辦公室，以便把職務交接出去。令他大吃一驚的，法院空無一人，只有

助理治安官（亞瑟．蓋洛威）在。他在那裡等，不知如何是好……有人呈報，前一晚有人聽到財務部警衛說，政府一直在干預他們的宗教，「以後會怎樣怎樣。」接著，又來掌管亞木拿橋的官員報告，（來自密拉特的）叛變士兵正朝著這個城市奔來。[14]

昔奧通過辦公室後部面河的窗子往外看：河對岸，一大群人在滾滾煙塵裡移動，但還是看得

* 作者註：古遮人是信印度教的牧民和牧場主，其中許多人過著半遊牧的生活，千百年來帶著牛、馬在西北印度各地、尤其拉迦斯坦遊走。針對牧民英雄德夫納拉揚（Dev Narayan），他們有自己的傳說和神祇，甚至有講述其起源的口語相傳史詩。在阿吉梅爾（Ajmer）附近的薩瓦伊布吉（Sawai Bhuj）舉行的德夫納拉揚慶典，每年吸引來許多不同的古遮人氏族和牲畜，至今仍是。當時，古遮人深受附近城市的猜忌，城市人把他們當成小偷和不法之徒，就與同時期歐洲人對吉普賽人的看法差不多。在蒙兀兒德里，許多守衛（chaukidar）是古遮人出身，雇主根據曾幹過盜獵者看守獵物最為得心應手這個道理，僱他們當守衛。平定古遮人和梅瓦提人（Mewaties），並使他們改營定居生活，係英國早期治理德里的重大成就。而叛亂者未能搞定他們，係叛亂者無法成事的主要原因之一，因為古遮人和梅瓦提人實際上封鎖住德里，搶劫任何進入或離開德里者。於是，古遮人實際上辦到了英國人所未能做到的事：不折不扣的包圍德里城。

出是步兵。他們由一隊印度籍騎兵帶領，朝浮橋過來，隨時可過橋。

昔奧迅速回到他的輕便馬車上，驅車直奔南邊築有防禦工事的彈藥庫。彈藥庫與德里學院的新校區相鄰，二者共用沙迦罕兒子達拉蘇科赫（Dara Shukoh）的蒙兀兒大宅遺址。*[15] 他在那裡遇見友人孟加拉砲兵隊的喬治·威洛比（George Willoughby）中尉，彈藥庫主管。昔奧要威洛比在橋尾擺上兩把槍，以防叛變士兵過橋。但兩人視線越過彈藥庫圍院後部、俯臨該橋的河濱稜堡，往遠處望去，立即清楚已經太遲：數百名叛變士兵正以散開的縱隊形式過橋，最前頭的印度兵已占據德里這一頭的亞木拿河岸。[16] 昔奧要威洛比留守彈藥庫，關門並築路障，不讓人入內，自己則火速前去加爾各答門，查看是否還來得及關上。從亞木拿河橋進入德里城，必經該門。

這一次昔奧難得趕上。特派代表賽門·佛雷澤和昔奧的兩名高階同僚，即德里的兩名首席治安官約翰·羅斯·哈欽森和查爾斯·勒巴，已來到該門，並在印度兵攻打前關上。印度兵未能推開，遂調頭而去，昔奧從門後能聽到他們重重的腳步聲。印度兵接著循著河邊沙地往南，欲找到另一條進城路線。四名英格蘭人站在該門的胸牆上，透過望眼鏡，焦急觀看印度兵的動向；後面，一群想到河邊沐浴未果的本地人和愈來愈騷動不安的圍觀者，漸漸聚集在門和安古里庭園（Anguri Bagh，札法爾最愛的葡萄庭園）間，「每一刻都有城裡名聲不好或下層的人，為已然騷動的群眾增添生力軍。」[17]

佛雷澤猜測，印度兵這時若不打算經由拉吉嘎特門入城，就是要經由齊娜特清真寺門入城，於是要昔奧盡快前去皇宮南邊，確保這兩個城門也收到關門指令，並已照辦。昔奧迅速回到馬車上，繞皇宮圍牆疾馳；但只走了一、兩千公尺，快到皇宮的大拉合爾門與月光廣場交會的路口時，一群叛變騎兵迎面而來。他們大概就是先前從薩曼塔下方向札法爾請願的那些印度籍騎兵。不管走的是哪條路，他們已經進城，這時正在追捕基督徒。據昔奧妹妹埃米莉．梅凱夫的回憶錄所述，「他們高舉劍，大聲喊叫。」

看到人在輕便馬車裡的昔奧菲勒斯爵士，某些人衝了過來，想打他和他的馬，但（昔奧用馬鞭反擊，他們）只砍到車篷……昔奧菲勒斯爵士注意到，為數眾多的民眾已聚集在皇宮前的露天廣場上，他們全都一身白，好似要過節。於是駕著輕便馬車全速衝過群集的民眾，看到叛變騎兵仍緊追不捨，他跳下馬車，混進人群裡。[18]

昔奧丟掉他的深色外套，脫掉長褲，以免自己在人群裡顯得搶眼。[19]他穿著內衣褲，用肘擠開人群，奮力前進，最後碰到一群騎警。騎警站在幾棵樹下，像是預期會有人吵架鬧事。身為聯席治安官，他有權指揮這些騎警，因此他要他們衝向叛變士兵，但他們動也不動。於是他把為首的騎警打下馬（昔奧菲勒斯爵士孔武有力），跳上那匹馬，一把奪走手上的韁繩，快馬馳入城中心，要去找本地人警察隊的隊長。

* 作者註：席爾維亞．修托（Sylvia Shorto）在其論文裡主張，彈藥庫門道正是達拉蘇科赫大宅大門的所在地。如今，彈藥庫門道仍在，位於舊德里敏多路（Minto Road）安全島上，闢為公共廁所。見 Sylvia Shorto, Public Lives, Private Places, British Houses in Delhi 1803-1857，未發表的論文，NYU，2004。

這時，全城到處亂哄哄。店家老闆正要關門歇業；有些市集慘遭洗劫，已有煙從達里亞甘吉的歐洲人宅第冒出；此外，仍看不到來自密拉特的英籍部隊追擊叛變士兵的跡象——昔奧原以為他們會這麼做。但不久，就收到北邊德里英軍兵站裡的印度籍士兵已來到喀什米爾門、正在列隊以便反攻的消息。他再度上馬，仍只穿著他的「襯衫和內褲」，穿過迷宮般的小路和後巷，朝喀什米爾門和希望能保住他性命的部隊奔去。

但疾馳過一清真寺時，一塊磚從上方窗子擲下，不偏不倚打在他後頸。昔奧落馬，滾進溝裡，一動不動，沒發出一丁點聲響。[20]

昔奧策馬離開後不久，佛雷澤聽到槍聲和印度籍騎兵的叫聲從城裡傳來。

他意識到印度兵已在城裡，意識到他和其同僚背倚城門，已成了困獸，而且憤怒的民眾愈聚愈多——這時多達五百——就在街的另一頭不遠處，他隨即從胸牆下來。立場據認親英的切傑爾之納瓦卜，撥了為數不算多的非正規騎兵，充當他的護衛隊。佛雷澤要他們形成戰鬥隊形，面朝街，劍出鞘。哈欽森、勒巴、道格拉斯上尉，全都無武器在身，站在城門底部的衛兵室旁邊。有個叫春尼（Chunni）的人，平日以在街頭宣達消息為業，當時就在群眾裡。據他所述，

就在這時，約七名印度籍騎兵和兩名騎駱駝的男子，從達里亞甘吉的方向走皇宮邊的路快馬奔來，一進入手槍射程，這群人就全部朝著城門邊的這些歐洲籍男子開火……切傑爾的納瓦卜完全未抵抗，棄佛雷澤先生而去。[21]

高階治安官哈欽森右臂中彈，就在手肘上方一點處。[22]但佛雷澤跑向衛兵室，從一名衛兵那兒奪下一把滑膛槍，擊斃一名騎兵。群集於街頭的民眾，見到這名騎兵倒下，轉為憤怒，開始氣勢洶洶朝這群歐洲人圍去。道格拉斯和哈欽森遭佛雷澤的衛兵棄而不顧，又被身後的城門擋住去路，只好跳進皇宮護城河裡；道格拉斯落地時重心沒抓好，扭到一腳的腳踝。他的持杖衛士馬坎（Makhan）跟著跳下，道格拉斯在馬坎和受傷流血的哈欽森一人一邊扶助下，於護城河裡一跛一跛走向拉合爾門。

與此同時，胖得跳不起來的佛雷澤駕著他的輕便馬車，直直衝向群眾，令他大呼意外的，竟毫髮無傷衝出重圍。他離皇宮還有約八百公尺，這段路上，他再度遭數名印度籍騎兵攻擊。騎兵朝他發射手槍，未擊中，這位特派代表安然抵達皇宮的拉合爾門。在那裡，可看到挺直身子的牧師詹寧斯，正從最上面的圓頂亭（chhatri），用單筒望遠鏡觀察德里的情況。他女兒安妮和其友克利福德小姐——佛雷澤的兩個唱詩班指揮——在詹寧斯身旁。[23]

持杖衛士馬坎助這兩個受傷的男子爬出護城河。據道格拉斯後來的證詞，道格拉斯「傷得不輕，要求將他送到庫利雅特卡納（Kuliyat Khana）裡，直到從剛剛的驚嚇稍稍平復過來為止。就在此時，牧師詹寧斯下來，與哈欽森先生一起把他扶到城門上方的房子裡」。[24]在那裡，安妮．詹寧斯和克利福德小姐把道格拉斯扶上床，給他喝了點茶，包紮他的腳踝，處理哈欽森的傷口。

道格拉斯上尉被扶上樓時，佛雷澤仍待在下面，欲守住拉合爾門。他下令關上該門，派人去請札法爾撥予兩門加農砲和一隊武裝衛士。他也請求撥下兩頂轎子，將安妮．詹寧斯及其友人撤至皇宮的後宮。但「情勢太亂，衛士和轎子都沒來」。

沒人把命令當一回事。沒人願意服從指示；國王的家人已不受管，不願遵從命令。佛雷澤繼續等轎子等了一段時間。眼見他的命令不可能有人理會，他轉身，好似要進入道格拉斯上尉的屋子。群眾逼近，他要他們不要越界。一隊本土籍步兵守著門道，這時他要他們裝彈、關上城門，但他們不從。然後佛雷澤先生要他們注意自己的行為，他們依舊一聲不吭。[25]

這時，已聚集一大群男子和男孩，而且開始鼓掌，擺明不把他放在眼裡。眼見敵意如此鮮明，佛雷澤隨即往道格拉斯上尉的住所走去，走到樓梯底部時，寶石工哈吉（Hajji）舉起劍，朝他砍去。佛雷澤先生猛然轉身，舉起他未出鞘的劍朝對方刺去，對守城門的印度籍士官說：「這是在搞什麼？」士官一聽，擺出驅趕群眾的姿態；但佛雷澤先生一轉身，士官就向那位寶石工點頭，示意他這時該再度動手。寶石工受此鼓勵，衝向佛雷澤先生，在右頸劃下一道要命的深口子。佛雷澤倒下，原一直藏身於相連副屋裡的另外三名男子，這時衝了出來，舉起劍朝他身上砍，砍在頭、臉、胸上，直到斷氣為止。[26]

馬坎證稱，「我當時在樓梯頂部，這事發生於樓梯底部。」

接下來，群眾衝向樓上的屋子，道格拉斯上尉、哈欽森先生、詹寧斯先生三位男士已退避至該處。群眾拿劍攻擊，旋即殺了他們和兩名年輕女士……（牧師詹寧斯走到門邊，欲下第二道樓梯逃走時遭砍倒）。我來到道格拉斯上尉所在的房間，看到他還有氣息。國王的持杖衛士馬姆多赫（Mamdoh）也察覺到他沒死，掄起大頭短棒往額頭一擊，立即讓他斃命。我看到其他屍體，包括那兩名女士的屍體。哈欽森先生躺在某房間裡，道格拉斯上尉、詹寧斯先生和兩名女士的屍體，位在同一層的另一個房間裡，但道格拉斯上尉死在床上。

這些人全在佛雷澤先生喪命不到十五分鐘內遇害，時為早上九至十點間。這些男士死後，群眾開始洗劫他們的財物。我擔心自己性命不保，跑出門，回到我在城裡的自宅，未再回皇宮。[27]

牧師詹寧斯遭砍死時，因他而皈依基督教的兩個最知名人物之一也已遇害。查曼・拉爾醫生正在其位於達里亞甘吉的醫院照料病人，印度籍騎兵率先衝過拉吉嘎特門。他聽到外頭的騷亂，走出醫院查看，街上的人對其指指點點。立即「有個軍人把他制住，坐在胸膛上，問他信什麼教。拉爾醫生回道，他是基督徒，印度籍騎兵舉起手槍，近距離將之射殺。然後這個騎兵洗劫、燒掉診所」。[28]

這場起事的宗教性質漸漸鮮明起來。已皈依伊斯蘭的英籍男女都逃過一劫，但凡皈依基督教的印度人，不管原是印度教徒，還是穆斯林，都被揪出殺害。查曼・拉爾是最早的受害者之一，詹寧斯和其兩個傳教助手亦然——這兩人都在月光廣場上逃跑時遭砍倒——但有個僑居印度的英國基督徒，叫阿爾德威爾（Aldwell）太太，因懂得清真言（kalima），被捉住時辯稱她是穆斯林，從而保住性命。當時，軍人回道，如果殺了穆斯林，「他們會和異教徒一樣壞；但他們打定主意要殺光基督徒。」[29]

有個皈依伊斯蘭的英國人，原是東印度公司軍人，取了名字阿卜杜拉・貝格（Abdullah

Beg），整個起事期間，一直是最積極反抗英國統治的人物之一。五月十一日，「叛變士兵抵達時，他立即投入他們陣營，簡直成為領導人和顧問」；後來，有人看到他被編入叛軍砲兵隊，其助手是另一個據認也改信伊斯蘭的白人，士官長戈登（Gordon）。戈登是個「身材高大、看來結實的男子，有張天生白皙卻曬得很黑的臉，軍人般的好身材」，大叛亂於沙迦罕布爾爆發時，由於他的印度兵相信他是穆斯林，而在基督徒遭屠殺時逃過一劫。後來他被帶到德里，據說在德里城北牆上擔任砲手。[*][30]

不管起事肇因為何，不同階層的人對這場起事的反應，大異其趣。從五月十一日早上起，最踴躍響應造反的德里城民，係靠雙手幹活的中下階層人士（尤其是信伊斯蘭的織工和紡織品商人），以及老早就支持聖戰運動、屬同一階層的旁遮普穆斯林製造業及經商族群。印度兵來到蒙兀兒都城，造成人心惶惶，讓許多較窮的德里城民有機會大肆劫掠。而這批印度兵初來時，為數不多，正是上述階層的居民響應，使造反陣營聲勢立即大振。[†]

相對的，德里菁英，包括印度教籍和穆斯林籍，針對大叛亂的正當與否，依舊意見分歧，從一開始就覺得招待來自印度斯坦以東大批無法無天、暴力成性的印度兵不甚妥當。貴族阿卜杜勒·拉蒂夫（Abdul Lativ）當時人在現場，據這位憤怒的貴族所述，「各宗教的教義遭忽視、侵犯；就連貧窮婦孺都未能倖免於難。該城的菁英和有名望的仕紳驚駭於（叛亂者的）行徑，有人看到他們向叛亂者懇求。唉！整個世界遭摧毀，由於這些罪惡，這個城市被帶來災厄的力量擊倒。」[31]加利卜也很清楚他不喜歡眼前的情況，「這些喝醉的騎兵和凶狠的步兵穿過敞開的城門，大批湧入德里城，蹂躪這座城市。」他寫道。

我關在自己房間裡，傾聽喧鬧和騷亂……從四面八方傳來步兵的奔跑聲和騎兵奔來的馬蹄聲，一波接一波。往外看，只有少許塵土，沒有血污……可憐啊！這些身材纖細的美麗女子，臉明亮如月，身軀發亮如剛鑄成的銀！那些遇害的小孩，其步態比鹿和山鶉還優美，教人無比憐憫。全都被吸入死亡的漩渦裡，溺死在血海中。[32]

對加利卜來說，這場起事，不只代表下等人的揭竿而起，更代表英國人的完蛋。對他來說，這場革命最叫人害怕之處，在於他所屬的那些溫文有禮菁英，似已完全控制不住一群家世來歷可疑且不學無術的惡棍：他寫道「尊貴之人和大學者已失勢」，

既沒名望、也沒家世、又沒珠寶且沒黃金的籍籍無名之徒，這時有了威望和無盡的財富。滿身塵土遊蕩街頭、好似被懶散的風吹著走的人，如今宣稱風受他擺布……這些下等人，手握著劍，

* 作者註：大叛亂更後期，莫拉達巴德（Moradabad）的驛站長鮑爾（Powell）先生和另四位據認已皈伊斯蘭（或者應該說「團已使他們成為穆斯林」）、但不願為叛軍打仗的英格蘭人，隨同已在沙迦罕布爾叛變的士兵，一起被帶到德里城裡。直至德里城遭攻破，他們一直待在警察局裡，受武裝聖戰士看守，但未受傷害，最終於九月英國人強攻德里城時逃脫。見 OIOC, Eur Mss B 138, Account of Said Mobarak Shah。

† 作者註：據當時人在現場的莫罕・拉爾・喀什米里的證詞，「不久，就有城裡的壞分子加入他們（印度兵）的陣營，而從獄中放出的囚犯讓這些壞蛋變得更多。卡納姆市集（Khanam Bazaar）和納胡爾（Nahur，旁遮普穆斯林聚居區）兩地的居民，率先響應叛變士兵，然後，他們開始劫掠、殺害基督徒和靠他們過活的人。」OIOC, Home Miscellanous, 725, pp. 389-422, Letter Written by Munshi Mohan Lal to Brigadier Chamberlain dated November 8th 1857 at Dehlie.

不知羞恥的投靠一個又一個團體。叛民整個白天洗劫這城市，夜裡睡在絲床上……德里城的統治者被清空，換上主所創造卻不聽命於任何主子的人——德里猶如沒有園丁的庭園，滿是不結果的樹……皇帝無力擊退他們；他們圍在身旁，他挺不住他們的脅迫，被其吞沒，猶如月亮被月蝕吃掉。[33]

年輕的蒙兀兒貴族薩爾瓦爾．穆爾克，當時約莫十二歲左右，同樣驚駭於所見。僕人拉希姆．巴赫什（Rahim Bakhsh）帶他去到位於賈瑪清真寺附近布拉基別姬街（Kuchah Bulaqi Begum）的阿姨家，正要越過月光廣場區的達里巴（Dariba），「我們見到人們往四面八方跑，神色驚惶。」

拉希姆．巴赫什身強力壯，立即把我揹到背上，拔腿狂奔。來到阿姨家時，城門就要關上，但拉希姆．巴赫什用力敲城門，使盡力氣擠進去。進到城門後，我們倆趴在地上，因為傷得不輕……浦爾比亞（Poorbya，來自東部的印度兵）全都自認是老大。他們來了之後，我們都得嚴加防守自家房子。[34]

札法爾的侍從官札希爾．德拉維也為此叛亂大為驚恐。國王初看到印度兵逼近時，已命令侍從向他報到。身邊的街頭著火時，札希爾佩上「已有數年未用的」長劍和小刀，動身進入混亂的街上，以向皇上報到。札希爾能聽到外頭傳來的槍聲；不算太遠處，暴民正在作亂，一下子獵殺基督徒，一下子洗劫較有錢的店家。他鼓起勇氣，上馬，穿過所居住的馬提亞．馬哈爾區，往賈瑪清真寺奔去。馬提亞．馬哈爾區已空無一人，門窗緊閉。

來到小城門時，我看三、四個騎馬軍人站在印度菩提樹下，緊靠著運河牆。他們穿著印度長衫、纏腰布，頭上纏著小頭巾，腰帶上佩著劍。一些信印度教的男子正和他們講話，逗他們開心，其中有些人帶去剛炸好的普里麵包、有些人帶去甜食，還有人帶水給他們。我沒注意他們，繼續往紅堡走。

不久，我看到一票巴德馬什，由一個長得像摔角手的大塊頭帶領。他穿印度長衫、纏腰布，頭上戴帽，肩上靠著一根長竹棍，帶著一大群和他一模一樣裝扮的男子。來到阿什拉夫·貝格（Ashraf Beg）家附近，帶頭者用竹棍打路燈，燈破，碎成一地。他對著友人大笑，說「瞧，我剛殺了另一個異教徒」，然後他們開始破壞布店的鎖。我趕緊策馬繼續趕路。

警察局附近已聚集了大批惡棍，途中所有店家皆遭洗劫……城中作姦犯科之徒早已看出可乘亂大搞一場，迅即決定加入叛軍陣營。他們滿是貪念、無比興奮，帶叛軍到銀行大門，殘忍殺害銀行內（貝里斯福德家）的男女老少，強行打開財箱，劫走裡面的鈔票。這些造反者和參與暴亂者，是造反的士兵、從獄中放出來的罪犯、查馬爾人（chamar，賤民和清潔工）、遊手好閒者、洗衣工（dhobi）、理髮匠、屠夫、卡嘎齊巷（Kaghazi Gali）的製紙匠、扒手、摔角手和其他遊民。這群亂民沒有人出身正派家庭，因為城裡正派體面之人全都被關在自家屋裡，不清楚城中的情況。

亂民盡情洗劫金錢，能搬多少，就從銀行搬走多少，查馬爾人、補鞋匠、遊民各拿走三袋錢，卡嘎齊巷的居民則能把自家塞滿洗劫來的財物，因為他們家（和已成廢墟的銀行）就隔著一道牆。至少一千四百萬盧比的錢在一小時內遭劫走。（月光廣場）到處有暴亂，有人四處胡作非為，血流成河，亂民無情製造出人間煉獄，毫不覺愧疚或害怕，個個想發財，沒顧及他人。

我來到皇宮大門，看到紅堡護城河附近，有約五十個騎馬士兵排成一列守衛入口。風很大，從某本英語書撕下的紙頁飛向紅堡……[35]

凡是與這個舊政權有密切關係的人，都是當下要解決的對象。英國特派代表官邸的大胖子祕書長（Head Munshi）吉旺．拉爾，得知他的英籍官員友人一個接一個遭追捕殺害，最初很想盡其所能為他的老闆幫點忙。他寫道「自己完全無能為力，我難過得哭了」。但不久，他就理解到自己的處境也很危險：

我體型肥胖，人盡皆知，只要出門，不可能不被人認出……成群的巴德馬什向士兵指出，歐洲人和較有錢本地人的住所……然後有人報稱，巴德馬什說我是米爾蒙希（Mir Munshi），是理該受死之人，主動表示願指出我的房子。我嚇死了，要人把各大門鎖好。房子蓋於（十四世紀）費羅茲．沙（Firoz Shah）皇帝在位期間，用堅硬的石頭造成，堅固如堡壘。門窗都關上。房子有地下房間，我的家人全躲進去避難，那裡很隱祕。我要所有僕人在前頭和後面守衛，下令不准任何人進來……城裡人心惶惶，所有房子和店舖都緊閉門窗，居民躲在裡面，祈求真主慈悲、保祐。[36]

許多人家遭洗劫，純粹因為富有。最初的洗劫對象，包括德里城有錢但不受喜愛的馬爾瓦里籍、耆那教籍放款人，但他們根本和英國政權沒有直接關聯。印度兵進入德里後，銀行業合夥人馬圖拉・達斯（Mathura Das）和薩利格蘭，立即成為頭一批遭洗劫的苦主之一，「提朗嘎人攻擊薩利格蘭的房子，意在洗劫財物，但最初攻不破，」隔天一位匿名的新聞撰寫人記載道。「午夜，提朗嘎人，與此城的穆斯林聯手，終於攻破大門，（他們一起）洗劫了這個排屋的所有財物。」[37] 這兩個合夥人先前為了收回欠款，扣押米爾札沙・魯赫（Shah Rukh），因此得罪了皇室，這時卻不得不來到札法爾跟前乞求保護，「你奴隸的房子，裡面的東西都已被洗劫一空，」他們懇求道。「我們的銀行交易、商業交易全被徹底毀掉和中止……如今連要取得維生所需的日常物資都難。」[38]

財力不如薩利格蘭的人，下場差不多。根據德里警察局長賽義德穆巴拉克・沙（Sa'id Mubarak Shah）的說法，「印度兵、騎兵和其他人成群橫行街頭，劫掠、虐待正派市民。」

大混亂中，一群八名下榻於客棧的朗古伊爾人（Ranghuir，即信伊斯蘭教的拉吉普特人），找來一票武裝土匪，把城中某區整個洗劫一空，將金幣、珠寶和其他值錢物裝上駱駝，動身前往他們的村子……這場劫掠持續了整整一天一夜。[39]

不久，許多最富裕的大宅都被強行闖入洗劫，通常以屋裡窩藏基督徒為動手藉口，穆夫提薩魯丁・阿祖爾達不得不幫忙組建一支私人警力，以保護自己和與他過從甚密者的身家性命。他求助的對象，係德里城內唯一具有足夠武器和軍事訓練而對付得了印度兵的城民。這些人是彼此互通聲息的地下伊斯蘭聖戰組織的聖戰士，聖戰兄弟會全體成員向領導人（即埃米爾）行拜亞（bayah）之禮，即宣誓效忠。基於此誓約，他們必須投身於聖戰。這時他們不再祕密活動，開始在德里集結，隨時可投入他們憧憬已久的聖戰。*不久，這些聖戰士會成為德里起事陣營中一股可觀的勢力，與造反的印度兵一同作戰，但又不盡然受印度兵節制。

太多人談到這場暴亂時，以伊斯蘭聖戰一詞形容，於是某些人甚至把造反的印度兵，稱作伊斯蘭聖戰士，但他們其實大多是婆羅門和其他高階種姓印度教徒。毛拉韋穆罕默德·拜蓋爾的確在《德里烏爾都語新聞》裡，把這場暴亂稱作聖戰。因他看來，造反的印度兵受憤怒的真主引領，憤慨於英國人對真信仰的攻擊。因此，與大部分受過教育的德里菁英不同，拜蓋爾從一開始就熱烈擁護這場起事。早上八點，他已出門來到街上，仔細記錄所見所聞，「這個卑微的作家，聽到槍聲後，為了伊斯蘭，走出房子，把讀者的享受和娛樂看得比自己的性命還來得重要。他立即開始朝騷亂處走去，以探明詳情。」他寫道。

在喀什米爾市集，許多人在奔跑……數個英格蘭人握著已出鞘的劍，拚命跑，一群提朗嘎人拿著槍在後面追。更後面不遠處，有城民跑在提朗嘎人後面。其中一人拿著一塊木板，另一人拿著輕便床的一支床腳，還有人握著竹棍。有些城民甚至欲朝這些英格蘭人丟磚塊，對著他們喊叫，高聲尖叫……

在法赫爾清真寺（Fakhr ul-Masajid）前，站著一群約二十名提朗嘎人，各色人等都有，有人指向清真寺，要他們留意（已有一些英格蘭人避難於寺裡）。我看到提朗嘎人進到清真寺，在寺裡槍殺了人，把那些人送上西天。更往前，我看到在（聖詹姆斯）教堂和柯林斯先生（Collins Saheb）的排屋，站了三百名提朗嘎人和穆斯林騎兵。†

數群人從那裡往外散開，向每個人詢問英格蘭人的下落。一有人提供消息，立即有四、五個軍人陪同那人過去，不一會兒，每條巷子裡，都發現基督徒屍體。他們進入每間排屋，殺掉英格蘭男子和他們的女人、小孩，洗劫房子，一間都不放過。（聖詹姆斯）教堂和法院裡，凡是能搬走的，包括桌椅、乃至地上的大理石板，全被搬空。一段時間後，我看到尼克森先生（Nixon Saheb）的屍體，他是專員辦公室的辦事員頭頭。甚至有風趣之人在他嘴裡塞了一塊餅乾……

往德里學院那頭瞧，我看到所有物品，包括肖像畫、繪畫和樂器、化學品、藥物和英語、波斯語藏書，以及價值數千盧比的地圖，全被當成戰利品拿走，情況嚴重到連室內地板和大門接合處都被挖走。槍聲從四面八方傳來……[40]

---

* 作者註：據吉旺·拉爾的日記，五月十五日時，這支警力已在執勤。大叛亂結束，阿祖爾達受審期間，他的聖戰士衛隊裡三名隊長的名字——阿卜杜·拉赫曼·盧迪阿納韋（'Abd ur-Rahman Ludhianawi）、他兒子賽義夫·拉赫曼（Sayf ur-Rahman）、穆罕默德·穆尼爾（Muhammad Munir）——被人提到，僱用他們的理由，在法庭上也有所討論。據吉旺·拉爾所述，大叛亂更晚期，這些聖戰士的確成功擊退對阿祖爾達宅的一次進犯，「今天，五十名軍人進犯毛拉韋薩達魯丁·汗的宅子，但看到已有七十名聖戰士準備好阻擋來犯之敵，他們隨即撤退，只是仍從阿赫薩努拉·汗的宅子搶走了兩匹公駒。」對於阿祖爾達拒絕乖乖交錢一事的報導，更明確提到他僱人守宅。該報導說，阿祖爾達表示他會用他所僱用的加齊（ghazi）來守他的宅子。見 Swapna Liddle 談阿祖爾達的精闢文章，收於 Margrit Pernau, Delhi College, New Delhi, 2006。關於阿祖爾達受審一事，見 NAI, Foreign Dept, 1859, Political, 113/5。如今，在凱達之類的今日聖戰團體裡，以及在某些蘇非派塔里卡（tarikhas）之類侵略性較低的穆斯林兄弟會裡，行拜亞之禮仍是標準作法。

† 作者註：托馬斯·柯林斯（Thomas Collins）是佛雷澤的副手，德里的諸多英國人家，就以他的大家族遇害者最多。據今仍高懸在聖詹姆斯教堂牆上的一塊匾，該家族多達二十三人「全在一八五七年五月十一日或那天前後遭殘酷殺害」。附近還有給牧師詹寧斯、德里銀行的貝里斯福德家族、查曼·拉爾醫生的匾。據匾上文字，查曼·拉爾被說成「本土籍基督徒和在此教堂做禮拜者」。

穆罕默德・拜蓋爾記述五月十一日情事時，既維持探明真相記者和戰地通訊員的一貫角色，也不失其向來傳道的作風。五月十七日《德里烏爾都語新聞》頭版，幾乎全版刊登與塵世虛幻、真主力量有關的可蘭經文，以及冗長的神學闡述。因為拜蓋爾不只決意描述當下的情況，也決意要予以解釋、決意強調他所深信促成這一前所未見之變局的真主之手：

> 有些人信誓旦旦說，穆斯林騎兵來這裡時，有母駱駝走在他們前面，駱駝上騎著綠袍人，然後駱駝和綠袍子瞬間消失不見。只剩騎兵，騎兵殺掉他們找到的每個英格蘭人……
>
> 英格蘭人的確已受到真正報復者所施予的神之報復。他們的傲慢為其招來神的懲罰，因為，誠如可蘭經所說「真主不愛傲慢之人」。真主給了基督徒如此嚴重的打擊，這場屠殺很快就徹底消滅掉他們……因為祂有宰制一切的力量，已打掉他們的所有圖謀和伎倆。如今，你們，德里人，有責任相信真主，相信那些把全副精力用於保護並忠於真主在世間的影子——即崇高陛下（皇帝巴哈杜爾・沙・札法爾）——的人。他們應時時謹記，他們有真主的協助與支持。[41]

拜蓋爾的二十七歲兒子穆罕默德・侯賽因，即後來的著名詩人阿札德，同樣興奮於情勢的轉變。會在印度兵來到德里後發行的第二版該報，即五月二十四日版，刊出阿札德第一首對外發表的詩，詩名「大破大立的歷史」（A History of Instructive Reversals）。詩一開頭，發出一連串意在表達而非尋求答案的疑問——亞歷山大的帝國而今安在？索羅門的國度而今安在？——然後談基督徒在印度帝國的下場。這個帝國走到此刻，顯然已來日無多：

昨天基督徒氣勢正盛，
奪取世界，橫行世界，
擁有技能和智慧，
擁有光輝和榮耀，
擁有強大的軍隊。

但面對復仇之主的劍，
那有何用？
他們的智慧救不了他們，
他們的密謀徒勞，
他們的知識和科學對他們毫無用處——
東方的提朗嘎人已把他們殺光。

這樣的事，從無人看過或聽過——
看看天的奇怪劇變，
打開法眼。
看看世界的真實狀況
已被如何揭露。

噢，阿札德，記住這教訓：

信基督教的統治者雖有智慧與遠見，

還是被除掉，

一絲痕跡都未留下。[42]

在德里北邊的英軍兵站，五月十一日早上一開始就不順利。早上八點，羅伯特．泰特勒於早上閱兵後回到他的平房，立即向已懷孕七個月的妻子抱怨，「哈麗，我的兵今早很可惡。」[43]他說，帶兵官宣讀他們密拉特同袍所受到的判決時，泰特勒的兵「發出噓聲，把腳在地上滑來滑去，以行動表達他們對判刑印度兵的同情」。泰特勒告訴妻子，如果他們再不守規矩，他會把他們操到求饒。哈麗特在其回憶錄裡寫道，「他沒料到，晚上到來前，他會沒兵可操。」

日出才一小時，泰特勒家的平房，已在外門裝上卡斯幔，並將其弄濕，但天氣還是非常熱。夫婦倆都洗了澡，正要好好坐下來吃他們早餐的第一道食物——瓜——裁縫在外面陽台上縫製衣物。突然，「門猛然打開，裁縫衝了進來，雙手緊握，神情非常激動，說『先生，先生，軍隊來了』。」泰特勒向妻子解釋道，「那些來自密拉特的傢伙已經來了，我猜正在城裡鬧事。沒什麼好怕的，我們的兵會被派去制住他們，很快就能搞定。」[44]

泰特勒奉命帶領兩百名印度兵前去守衛，晚近在梅凱夫宅北邊亞木拿河岸蓋起的新彈藥廠。與此同時，泰特勒的高階軍官李普利（Ripley）上校，帶著他的團至南邊的喀什米爾門，打算開始搜捕這些不法之徒。時間緊迫，而且要這群烏合之眾的印度兵繳械看來不是很難，於是李普利立即動身，要年輕軍官愛華德．維巴特（Edward Vibart）負責，把兩門擺在砲兵營地裡的加農砲調上來。

維巴特是十九歲連長，出身印度籍陸軍家庭；父親是駐在坎普爾的騎兵軍官。維巴特花了二十分鐘把兩門砲準備好，然後上馬，從兵站往南疾馳，穿過高階文官居住區。後來他寫道，「清楚聽到滑膛槍聲時，我們離那裡還有段距離；這時，隨著教堂映入眼簾，根據從周邊升起的煙，清楚看出我們的團已在該地與敵人交手。」

> 我們全速向前，不久遇到從喀什米爾門出來的華勒斯上尉。他懇請我們「看在老天的分上」盡快趕去，因為所有軍官都被騎兵撂倒，而他們的兵並未出手保衛。聽到這個驚人消息，佩特森少校即要我停下，裝彈。然後兩門砲往前通過城門，後面跟著步兵。就在此時，我們那位不幸的上校（李普利）屍體被人抬了出來，根本被砍成好幾塊。有條手臂差點從肩膀以下整個砍斷。如此可怕的景象，我第一次看到。這個可憐人還活著，雖然口齒不清，我還是在他喘著氣說話時，清楚聽出幾個字，意思是我們不可能打贏這些騎兵，因為我們的兵已經反了……
>
> 接著我進入主衛隊，發現到處亂成一片。教堂前，一些穿著法蘭西灰制服的騎兵，朝著皇宮的方向策馬奔回。中尉威爾森把一門砲調頭，瞄準他們，但還來不及開砲，已看不見人影。至於我們團的印度兵，一個人都沒看到，全消失了……
>
> 我們中的某些人終於挺進到內門另一頭，這時，我看到的第一個東西，是一動不動的博羅茲上尉屍體，躺在教堂庭院的大門旁。接著看到散落各地的屍體。最終找到五具屍體，將他們抬進

來……之後，目睹更多可怕的景象，那天看到可憐的同袍被抬進來時，心裡的感受，我永遠不會忘記。他們臉部扭曲，帶著慘遭暴力殺害的種種痛苦，被以各種想得到的方式砍得面目全非。一、兩個小時前，我們還一起大笑、聊天……[45]

在詭異的靜寂中，「在這種令人心神不寧的不確定狀態下」，維巴特等著。偶爾，有掉隊離群者來到兵站——英國人在這個有城牆環繞的城市裡的最後一個軍事基地：包括李普利麾下三個逃過追殺、原藏身於小街裡的軍官，以及美麗的安妮·佛瑞斯特、她母親和兩個妹妹——最小的妹妹是「討人喜歡的九歲女孩」——先前，暴民洗劫房子時，她們母女靠僕人庇護逃過一劫。她們目睹了友人，貝里斯福德一家人，為守住德里銀行做出的最後努力，說：「他們的營業場所遭叛亂分子猛攻……在這裡，這些可憐人，伴同一些辦事員，下到房子的樓上陽台，在那裡，經過一番孤注一擲的抵抗，全遭制伏，無一人逃脫。」但貝里斯福德太太拿她丈夫用來獵殺野豬的長矛，刺中多達三名印度籍騎兵，才遭殺害。

因此，不足為奇的，據維巴特所述，「與我們一同避難的這些女士，全都處於極驚恐狀態」，尤以和他們在一塊的印度兵開始低聲說「向試圖推翻其種姓和宗教之人報仇（的時刻）已來到」時為然。

維巴特推斷，「我們在此的處境，可想而知岌岌可危。」[46]

到了午餐時刻，德里城內的英國人，凡是未能來到維巴特位在喀什米爾門，這個未必守得住之橋頭堡者，幾乎都已遇害。僅有少許人還倖存，英籍商人詹姆斯・莫爾利（James Morley）是其中之一。

莫爾利與家人、他商業夥伴威廉・克拉克（William Clark）的家人，一起住在達里亞甘吉的巴札喀什米爾卡特拉（Bazaar Kashmir Katra）。他們所在城區是最早造反的區域，因此這家人老早就躲在房子後部，由僕人在大門盯著，以防麻煩上門。但暴民移到別處洗劫，整整三個小時未再有狀況。收不到外界消息，莫爾利決定出去，看看逃走是否可行。後來他寫道，「我手握一根粗棍，走上街。」

> 街上空無一人。我繼續往前走，未碰到人……只有一個老頭子坐在店門口。我站了一會兒，但遠處，似乎看到一群男子。離我很遠，只能聽到聲響和喊叫聲。原以為他們會過來到我房子，於是站著觀察了一會兒。最後，很大的聲響從後方傳來，我轉頭，看到一大群人衝進我家門道。他們也看到我，有些男人往位在街道這頭的我衝了過來。我旋即往左邊的街道跑去。我知道有條小巷通到我家（後面）。
>
> 我一路跑，突有兩個男子從另一個巷子跑出來，喊著 mar feringee ko（殺掉那個外國人），向我衝來。其中一名男子手握著劍，另一人手握竹棍。我突然停住腳，迅即轉身，往那個持劍男子的頭重重一擊，把他打倒在地。另一個男子朝我頭部出手，但我身子往前傾，竹棍掠過肩膀。我掄起棍子一掃，打在膝蓋正下方，他頓時坐下，痛得哀哀叫。[47]

莫爾利看到身後有群暴民在集結，於是繼續跑，最後藏身於用來擺放獸拉車的棚子裡。一群又一群男子在街道上來回找他，經過他藏身之處；從藏身處，能聽到經過之人討論他逃跑的方向。他躲了四個小時，然後躡手躡腳出來，決意弄清楚妻子和家人的安危。

最後我來到自家下方那座庭園的牆邊，穿過小門進去……到處一片死寂。到處散落著從屋裡丟出來的殘缺不全椅子、平底玻璃杯、盤子、書等。幾捆衣物正在燃燒……我終於聽到聲響，好似有人在牛舍附近喊叫。我走過去，發現是我們的老洗衣工（dhobi）。這個老人家已服務我父親將近二十年。我叫他的名字，他看到我時突然提高音量說：「噢，先生！他們把人殺光了，把人殺光了。」

我覺得自己驚呆了一會兒，然後起身，說「跟我進屋子」……到處散落著被恣意搗毀的東西。桌子被斧頭劈成數塊，小櫥被清空，東西散落一地。果醬和果凍成堆擺著，白蘭地和葡萄酒從破掉的瓶子流出，酒氣沖天。

每個小細節都清楚烙印在我心中，因為怯懦，我不敢去了解所有人蒙受的最悲慘遭遇，只在外室徘徊，不斷在這個房間四處看。最終我鼓起勇氣，走進隔壁房間。就在進去前，我看到克拉克可憐的小兒子被釘在牆上，垂著頭，黑色的血一滴滴往下淌，腳的附近有一大塊血泊。他想必是在母親面前被人這麼殘忍的殺害。我閉上眼，身體在顫抖，但再度張開眼，看到更可怕的景象。克拉克和妻子躺在一塊。但我不願，無法，形容那情景。先前我說過她懷孕，肚子已經很大。

我聽到一聲驚呼，進到門廳附近的臥室，看到老洗衣工悲痛的扭絞雙手，在哭。我衝到門邊，但跨不出步走進去。無法面對那駭人的景象，想到可憐的妻子可能和剛看到的克拉克太太一樣的遭遇，我就承受不住。我坐了下來，雙手抱膝。[48]

穆因丁．侯賽因汗是帕哈爾甘吉（Paharganj）警局局長（thanadar），警局位在德里城西南邊。穆因丁出身洛哈魯家族，但屬於該家族的次支系。洛哈魯家族於十九世紀初支持英國人對付馬拉塔人，從此晉身為德里的名門望族。加利卜和納瓦卜齊亞丁．汗都是穆因丁的堂表親，其中的齊亞丁．汗前一晚就向瓦根特里伯家示警，要他們留心即將到來的麻煩。

穆因丁與英國人的殖民統治事業關係深厚，又是托馬斯．梅凱夫、昔奧．梅凱夫父子的家族老友，先前得知德里周遭村落發送普里麵包和恰帕提烤餅之事，聽聞北印度多個英軍兵站裡英人的房子被火焚燬，已有所驚覺。他去見了昔奧，向其示警道，五十年前馬拉塔人的支配地位垮掉前，出現過類似跡象，但他的一番好心無人理會：後來他寫道，「政府的主事者似乎不覺此事有何重要，對我眼中正擴及全國各地民心不滿的嚴重警訊，毫不在意。」[49]

五月十一日星期一清早，穆因丁與首席治安官約翰．羅斯．哈欽森在法院處理一樁刑事案。亞木拿橋的守橋人跑進來，向哈欽森示警，從密拉特過來的士兵就要抵達時，穆因丁在場，並被哈欽森派去要德里的科特瓦爾提高警覺。在那裡，他聽到從拉吉嘎特門過來的傳信人宣布，印度兵已進到城裡。他意識到事態緊急，隨即快馬趕去向哈欽森通報，然後穿過阿傑梅爾門回到警局。他還在忙著為自己的警察提供武器，要他們做好準備時，一個孤零零的歐洲人騎馬過來。那人頭髮、衣服凌亂，只穿著「襯衫和內褲」。那就是昔奧．梅凱夫。[50]

昔奧不知道自己昏迷了多久，但到處亂成一團，沒人注意到他俯臥在溝裡；此外，他的馬仍在不遠處吃草。他躍上馬鞍，手握已出鞘的劍，快馬衝出阿傑梅爾門，成為最後安然脫身的基督徒之一。[51]

趁昔奧還未被人看見，穆因丁趕緊把他推入警局，迅即把自己的印度斯坦服給他穿上。然後派人騎馬去查看，通往兵站的路是否已通。幾分鐘後他們便回來，一臉驚懼，回報道路已被忙著大肆劫掠的暴民徹底占領。

穆因丁和昔奧隨之動身，走偏僻小巷穿過郊區，希望躲掉最大的麻煩，但沒走多遠，就發現根本不可能安然穿過，兩人一致認為，昔奧找地方躲起來最保險。穆因丁挑中當地地主布拉．汗．梅瓦蒂（Bhura Khan Mewati）的家，要昔奧等風頭過了，兵站軍隊已掌控情勢，再現身。

穆因丁把昔奧留在那裡，然後回警局，在那裡他脫下制服，換上印度斯坦服。接著騎馬進城，穿過無人看守的城門，查看飽受驚嚇的家人安危，接著前往紅堡，決意在英國人已鎮不住局面時，向皇帝回報情況。

騎馬穿過店鋪都已關門的喬里市集，尋思「少許人突然侵入，就造成人心惶惶……不清楚叛變士兵的實力，加上對他們人數的誇大報導」，使德里菁英「噤若寒蟬」，無法著手抵抗，乃至壓制無政府局面。不到兩小時，這座繁榮的大城就變成戰區：

> 政府的主要行政首長都死了。每個人（只）慮及自己和自己家人、財產的安全……城裡的惡棍到處橫行，滿載從歐洲人掠奪來的財物。來到警察總局，我發現同樣遭到劫掠，連門都被拆走。[52]

總局裡，穆因丁找到兩個蜷縮在廢墟裡的警察。他們告訴他，兩個本地籍騎兵騎馬上門，大喊「你們全都支持或反對你們的宗教？」，科特瓦爾回道「我們全都支持我們的宗教」時，囚犯已被騎兵放走。不久，「兩個騎著駱駝、身穿綠衣、纏紅頭巾的男子快步馳過，大喊『嘿，你們，宗教的鼓聲已響起』。我的線人不知道他們來自何處或要去向何方，但街上興奮、害怕的民眾，深信他們是上天派來的信使。」然後，囚犯從鐵匠那兒回來，鐐銬已打掉，接著衝進警局洗劫。[53]

他來到紅堡時，紅堡同樣混亂。「這裡無人居住，人去樓空，」穆因丁寫道。徒步穿過空蕩蕩的庭院，他來到河濱小禮拜堂，讓兩個仍盡忠職守的太監同意他見札法爾。「我請求國王制止此事（劫掠），想辦法恢復秩序，國王回道，『我無能為力；我的侍從全都人頭落地或跑掉。只剩我一人在此。我沒有聽命於我的武力：我能做什麼？』」[54]

穆因丁問札法爾是否有命令要下達，皇帝派兩名持杖衛士陪他去達里亞甘吉，拯救所能找到的基督徒，承諾讓他們在皇宮避難。穆因丁寫道，「我和持杖衛士高聲宣布國王（停止殺戮）的命令。」

> 至目前為止，我們的出手成效甚好，數十人保住性命。他們被送到皇宮，收留於奇霍塔卡薩（chhota khasa）房間，不讓他們出來，皇帝下令提供食物。我忙到下午三點左右，去了一棟又一棟平房，希望把活著的人救出來。但只找到一些活著的基督徒，把他們帶到皇宮。[55]

下午四點，穆因丁又另外找到十九名倖存者，把他們送交皇帝。但隨著時間推移，愈來愈多衣衫破爛的印度兵，從密拉特或騎馬或走路進入紅堡，皇宮裡混亂、緊繃的情勢加劇。札希爾．德拉維於穆因丁之後不久——約早上十一點——也來到皇宮，發現哈基姆阿赫薩努拉．汗正奉札法爾的命令，督導一位御用裁縫師為佛雷澤、道格拉斯、詹寧斯家裁剪裹屍布；還有別的廷臣在聚集，因為札法爾命令，整個紅堡的人都要參加這些遇害者的喪禮。就在此刻，一群印度籍騎兵氣勢洶洶強行闖入國王的私人庭院——「紅幕」（Lal Pardah）之外的區域：

哈基姆阿赫薩努拉·汗看到他們，說我們每個人都該說法蒂哈（Fatiha，為亡者禱告詞），因為死亡的時刻已到。騎兵接近私人接見廳時，我們所有人開始念誦。他們下馬，把我們拴住，未脫靴直接走進去。他們想必都是三十歲的人，穿著印度長衫、圍腰而繫的寬鬆褲、頭巾。有些騎兵手持卡賓槍，有些持手槍。他們看到鋪展開來的長長白色裹屍布，找上哈基姆阿赫薩努拉·汗，問他「這是什麼？」。醫生答，「這都是你們幹的好事，你們和你們的追隨者殺的人。」對此，騎兵厲聲回道，「你們比異教基督徒好不到哪裡去」。[*]說完，把正在裁製的裹屍布撕成碎片。

然後，有個印度籍騎兵把手槍頂在太監（暨內務府總管）馬赫布卜·阿里·汗的肚子上，要他替他們拿來食物等必需品。馬赫布卜·阿里·汗說：「我們什麼都沒有，怎有辦法給你食物等必需品？」哈基姆阿赫薩努拉·汗附和道，「陛下也坦承沒錢，他活得像個乞丐。我們去哪裡生出必需品？我們有足供御廄的馬吃上一個月的穀物。拿去用，但那能撐多久？應該夠你們用一天。」

騎兵去國王的庭園，月光庭園，在那裡，拴好他們的馬。不久，又來了一群士兵索要食物等必需品，這次有六十個人。他們也收到同樣的提議，然後又來了五十人。不久，就有約三百名騎兵群集於月光庭園。[56]

從廷臣的視角看，印度兵的到來是入侵：上一次有大批軍人強行闖入紅堡，係一七八三年古拉姆・蓋迪爾攻下皇宮、弄瞎當時皇帝之時，那時札法爾只有八歲大。自那之後，未聽聞哪個人騎馬通過「紅幕」，或未脫鞋靠近私人接見廳。一八三〇年，阿克巴・沙在梅赫勞利度一年一次的長假期間，英國特派代表法蘭西斯・霍金斯（Francis Hawkins）幹了這樣的事，當時皇帝向加爾各答抱怨這樁「令人反感的不敬之舉」，要求採取措施「將哀痛與苦惱的灰塵，從我們開明、燦爛之心的明鏡上拭去」；霍金斯迅即遭革職。[57]如今，數百名未洗淨身體、一身髒污的前東印度公司印度兵過來，未徵詢許可，就在皇宮內府房間住下，把他們的馬繫在皇帝最愛庭園的果樹間。

下午三點左右，情勢變得更緊繃，因為聚集在皇宮裡的印度兵開始不安分，再度聚集於札法爾寢宮周遭。他們顯然以為皇帝會因他們前來，為他們表示願為其效力，而重賞黃金，結果他們在城裡領受到不盡然友善的待遇、在皇宮裡受到擺明敵視的待遇。此外，他們大老遠來到德里尋求皇帝庇護，結果，自第一批騎兵於大清早向札法爾大喊以來，札法爾一直未現身。於是，下午四點左右，他們的領導人傳話給國王，說他們前來「為我們的宗教而戰，並向陛下致上敬意」。[58]據札法爾的律師（vakil）古拉姆・阿巴斯（Ghulam Abbas）所述，這依舊未能使皇帝現身，騎兵隨即聚集於私人接見廳前的庭院裡，「開始朝空中打滑膛槍、手槍、卡賓槍，大肆叫囂。」

* 作者註：這場起事被認為與宗教的關聯非常密切，因此，整個一八五七年，凡是忠於英國人的印度人，通常都被稱作基督徒。見 Rudrangshu Mukherjee, "'Satan Let Loose upon Earth': The Kanpur Massacres in India in the Revolt of 1857," Past and Present, no. 128, p. 116。他在該頁引用了《坎普爾－地的證詞》（*Depositions at Cawnpore*）的「科達・布克斯的證詞」（Deposition of Khoda Bux）。

國王聽到喧鬧聲，走出來，站在特別接見廳的門口，要侍從去制止士兵喧鬧。他要侍從把本土籍軍官叫上前，讓他們說明這麼做的用意何在。喧鬧隨之平息，騎兵軍官上前，仍未下馬。他們解釋道，他們被要求咬破彈藥筒，彈藥筒的使用，讓印度教徒和穆斯林都失去自己的宗教，因為彈藥筒以豬油、牛油當潤滑油。他們因此在密拉特殺掉歐洲人，前來尋求他保護。

國王回道，「我未叫你們來；你們的作為傷天害理。」聽到這話，約一、兩百名叛變步兵走上台階、進入接見廳，說「除非國王你加入我們陣營，否則我們必死無疑。若是如此，我們必會竭盡所能為自己爭取權益」。

札法爾與騎兵爭執了一會兒——正常接見活動裡前所未有的事——訓斥他們的殺人行徑，使「皇廷成為無比混亂、爭吵、爭論的地方」。[59]誠如貴族阿卜杜勒・拉提夫（Abdul Latif）所說的，

國王猶如將軍後棋盤上的國王。頗長的時間裡，他極為自制，後來說：「像我這樣的老人為何要受這樣的羞辱？這番喧鬧所為何來？我們人生的太陽已來到垂暮之時。我們來日已無多。我只盼退隱、不問世事。」[60]

廷臣憤怒於造反者的行為，與其爭論，終究被他們壓下，不敢再吭聲，只能識相退回。阿赫薩努拉・汗告訴印度兵，「『你們長年來，習慣於在英國人統治下定期領薪水。國王沒錢，怎麼付錢給你們？』印度兵軍官回道，『我們會把整個帝國的稅收帶到你們的財庫。』」[61]札法爾繼續與印度兵爭論了一段時間，告訴他們「『我既無兵，也無軍火，更無錢。我無法加入哪個陣營。』

他們說，『只要給我們加持即可，其他東西，我們會搞定。』」。[62]

然後，札法爾尋思自己能走的路，爭論隨之暫停了頗長時間。札法爾有許多優點，但優柔寡斷始終是他最大的缺點。埃米莉．艾登講述了一八三八年她德里之行期間，發生的一件軼事，從中可清楚看出札法爾的個性。當時，身為當然繼承人的札法爾，「經過勸說或威脅才同意拜見」她的哥哥，印度總督奧克蘭勛爵。要不要出席，札法爾拿不定主意，於是上床，並且一連派了多達「十三位醫生去說，他病得太重，無法過來」。整個下午猶豫不決，然後「他又改變心意，過來。這段期間，在外面等待這場接見的士兵，有近一半熱到暈倒」。[63]同樣的，一八五二年札法爾與米爾札法赫魯口角時，幾個星期裡態度反反覆覆，有天禁止其長子晉見皇上、禁止廷臣與他往來，隔天又公開宣說他對這個米爾札的愛，告訴廷臣可放心與他交好或參加他的雨季派對。[64]

但此刻，在札法爾要做出最重要決定的時刻，大半德里菁英已出於本能，集體反對到處劫掠的造反印度兵之際，札法爾難得做出果斷抉擇：給了他們加持。原因不難猜出。四周全是武器在身、語帶威脅且容易激動的印度兵，他別無選擇。再者，拜賽門．佛雷澤、坎寧勛爵所賜，他的處境再糟也糟不過現在。儘管害怕、憤怒、惱火於印度兵，札法爾還是做出會使其皇朝和德里城命運都為之改變的重大決定，使它們與這場起事掛鉤：

然後國王在椅子坐下，士兵、軍官等一個個上來，向他俯首致意，請他把手放在他們身上。國王照做，每個人退下……士兵把馬拴在庭院裡的尖木樁上，（在皇宮裡和橋另一頭薩利姆嘎赫的舊蒙兀兒監獄裡）住下、在接見廳展開他們的寢具、在皇宮各處布設衛兵。[65]

就在這關鍵時刻，國王剛公開——但猶豫不決且不情不願的——加持叛變士兵，而且他們正在皇宮各處安頓下來時，一場大爆炸撼動整個城市，爆炸聲之響，二十英哩外都可聽到。建築晃動；皇宮中數個灰泥天花板垮下。

紅堡北邊半英哩處，遭印度兵圍攻的昔奧友人威洛比中尉，剛炸掉彈藥庫，那是北印度最大的槍枝、彈藥儲藏所；正在攻打該庫的大批聖戰士、叛亂分子、印度兵，以及幾乎所有防守該庫的英國人，跟著灰飛煙滅。

在更北邊，比梅凱夫宅更北之處，羅伯特・泰特勒上尉五月十一日的大半時間，不知其同胞的遭遇或正在皇宮裡上演的政治劇變。

泰特勒奉命率一連兩百個印度兵，前去守彈藥庫和可涉水而過的亞木拿河淺灘。知道情況不大好，但對於正快速摧毀英國人在德里城裡及周邊地區之統治地位的反亂嚴重程度，依舊所知不多。該淺灘位於大型軍事建築「白屋」（White House）旁，兵站東北邊。

他知道在閱兵場上宣達密拉特印度兵所受到的判決時，他的兵表露出對那些印度兵的同情；也知道密拉特印度兵來到德里的消息傳來時，他的兵「容易激動」，在要他們整隊以便出發時，他們「不時激烈叫喊」；他也看到當把彈藥分發給他的兵時，有些兵拿了比他們可領取的還要多了許多，而且他已記下這些違紀者，待來日予以懲罰。往下游看，他能清楚看到煙從城裡升起、能隱隱聽到槍聲和砲聲，但由於孤處於偏遠地方，未收到關於外界情況的確切消息。

到了中午至下午三點這段期間，他和同僚賈德納上尉已注意到，印度兵不願到「白屋」躲太陽，寧可三五成群待在驕陽下。「我要他們進來，別這樣曬太陽。」他後來寫道。

他們說「我們喜歡待在太陽下」。我再度命令他們進來（沒人動）。然後我首度注意到有個本地人——從其外表研判是個軍人——向士兵大發議論，說每個強權或政府都有敗亡之日，根據他們書籍裡的預言，英國人的政府壽終正寢並不稀奇。我還來不及把他關起來，城裡的彈藥庫就爆炸，兩個連的士兵大喊一聲，紛紛拿起武器，跑往德里城，嘴上興奮喊著Prithviraj ki jai!，即「世界之主勝利！」。賈德納上尉和我跟著衝上去，命令那些聽得見號令的人返回崗位；下令不管用，改用懇求，但依舊無效。[66]

泰特勒發現身邊只剩八十個印度兵，「大多是曾跟著他一起在阿富汗服役的老戰士」、「不知該如何是好」。幾分鐘後，傳信人送來緊急命令，要泰特勒去德里嶺中央俯瞰德里城的旗杆塔（Flagstaff Tower），與他的准將會合。

泰特勒來到旗杆塔時，該處亂成一團。這座孤零零的矮圓塔，位於光禿禿的德里嶺最高點，五月十一日這一天，這裡成了所有逃出兵站和高階文官居住區的英國家庭避難所，少數得以逃出德里城的英國人也避難於此。其中包括泰特勒的妻子哈麗特，她一反平日鎮定作風，顯得慌張且哭泣，感受到身懷六甲的不便：她原一如以往鎮定自若，但四歲小兒子法蘭克問她，「媽媽，這些不乖的印度兵會殺了我爸爸，也會殺了我嗎？」時，她鋼鐵般的鎮靜終於垮掉。瓦根特里伯家族的整族人，同樣避難於塔內，該族族長喬治那天早上前往已遭洗劫的《德里報》營業所途中，在喀什米爾門邊差點命喪造反印度兵之手。

塔外立著兩門輕型野戰砲，由准將格雷夫斯（Graves）和德里法官勒巴掌管。那天早上更早時，一群人關上加爾各答門，結果那群人僅有他們倆倖存。這時，聽命於他們的則是一批繃著臉、明顯懷有貳心的印度兵，以及來自基督教男孩樂團（Christian Boy's Band）的在印英籍孤兒。這些孤兒一年一度的手推車比賽，數年來一直是德里馬賽最引人注目的活動之一，但此刻已被強行拉入軍中服役。他們領到滑膛槍，這時戍守於此塔頂端的雉堞之後。

兵站的女眷也擠在塔裡避難，其中數人剛得知他們的丈夫、兒子或兄弟已遇害。塔裡的歐洲籍軍人不多，其中之一的查理·托馬森，即牧師詹寧斯甚器重的男高音，同樣悲痛欲狂。他被人從兵站的病床上抬到塔裡，卻獲告知他的未婚妻安妮·詹寧斯已在皇宮遇害。

塔裡唯一的房間，直徑僅十八英呎，沒有窗，再怎麼樣都很悶熱；盛夏時節，猶如火爐。更糟的是，出於安全考量，許多女人被送上讓人窒息的內樓梯，其中數人因此昏了過去。[67]但比環境不舒適、悶熱和缺水更令人苦惱的，則是前途未卜的狀態。這天，接連傳來不利的消息，英國人一再受挫，遇害者愈來愈多，密拉特英國部隊前來解圍的可能性愈來愈渺茫。據年輕的佛洛倫絲·瓦根特里伯（Florence Wagentrieber）所述：

> 女士、小孩（和）男女僕，全擠在一塊，心情無比不安。許多女士因極端高溫和神經興奮，情況非常糟，小孩哭，緊黏著媽媽。這裡有妻子失去了丈夫、有姊妹知悉兄弟喪命後在哭泣、有女人的丈夫仍在懷有貳心的印度兵部隊中服勤，生死未卜……此塔附近無樹可為其擋住驕陽……天氣熱得讓人受不了，小孩脫光光。[68]

來到這個嘈雜混亂、令人作嘔的地方，泰特勒立即就看出，這座孤零零的塔根本守不住，把女人、小孩集中在這樣一個地方，會招來比城裡更大的屠殺。他隨即直奔格雷夫斯准將處，據妻子哈麗特的記述，「以非常清楚明白的口吻」問道：

「對不起，長官，你打算怎麼辦？」

他答：「留在這裡，泰特勒，保護女人、小孩。」

我丈夫以無比斷然的口吻說：「太離譜了，長官，你有糧食嗎？」

「沒有，泰特勒。」

「有水嗎？」

「沒有，泰特勒。」

「那你打算怎麼保護女人、小孩？」

「能怎麼辦？如果伸出頭，會被他們打死。」

我丈夫說：「看看這裡的男人……我們守不住的，必須撤退。」

眾軍官大聲說：「行行好，別聽泰特勒的。」我丈夫接著說，「很好，各位先生，你們想怎麼幹就怎麼幹，留在這裡等死，但我會和家人一起走，堅守我的軍事法庭。我不願眼睜睜看著我的妻子小孩遇害。」[69]

泰特勒講話時，一輛牛拉車出現在山坡底部，從喀什米爾門緩緩爬上德里嶺的斜坡。牛車裡蓋著薄薄一層沾有血污的女人連衣裙，連衣裙底下是被砍得血肉模糊、殘缺不全的英國軍官屍體。

他們遇害於當天早上更早時，正進城期間。其中一位受害者的姊妹巴洛茲小姐，大汗淋漓避難於塔內。這輛牛車其實是愛德華・維巴特所安排，原要到兵站，陰錯陽差來到旗杆塔；但焦慮不安的避難者把這視為印度兵的恐嚇。派人送來者原無此意，但肯定起了那樣的效應。

還跟著泰特勒的印度兵看到這些屍體，旋即力促他們的上尉逃跑，以免落得同樣下場，告訴他密拉特的印度籍騎兵，正讓他們的馬在奧克特洛尼庭園附近休息。「他們認為你們會整晚待在這裡，一有空就會來殺掉你們。」*

聽到此話，這群膽戰心驚之人終於慌了起來。哈麗特・泰特勒寫道，「准將和軍官一聽到他們會有的下場，隨即意識到自己的死期已近，然後驚慌四竄，個個都奔到馬車邊，以搶先離開。」[70]

愛德華・維巴特據守德里城喀什米爾門內的主衛隊營房，但隨著時間推移，他的處境愈來愈不穩。

下午一點，維巴特團兩百名失蹤的印度兵突然現身。他們說一進喀什米爾門，就被叛變士兵繳了械，殺個措手不及，以此說詞為其在那天自行跑掉、不顧軍官死活的行徑辯解。維巴特不清楚此話真假，注意到「這些兵的舉止看似恭敬，但三五成群站著，彼此竊竊私語。而連上一名印度兵抗命不去站崗，粗魯的離去，卻悄悄遁回人群裡。這一切讓人非常不安，情況很不妙」。

最初，維巴特與彈藥庫的威洛比中尉和助理治安官亞瑟・蓋洛威（Arthur Galloway）還保持聯繫。蓋洛威任職於不遠處的法院大樓。法院大樓就位在聖詹姆斯教堂的另一側，出事後他仍不願離開崗位。下午三點左右，蓋洛威已被底下懷有貳心的法院警衛殺害，威洛比則是炸掉彈藥庫，以免裡面的軍火落入叛兵之手，「可怕的爆炸讓主衛隊營房的地基中心處都為之震動」。這時，維巴特和其同事連出手，阻止他們營房前方兩百碼處的教堂遭劫掠，卻都覺得沒把握，「連墊子和凳子都被流氓般的民眾搬走，完全未受阻攔。」[71]

威洛比和其助手佛瑞斯特中尉（三個佛瑞斯特小姐的父親）出現在城門時，守軍的士氣為之一振。兩人滿身塵土和火藥，後者一隻手中了滑膛槍彈丸，傷得很重；不久，另有一些嚴重燒傷、不良於行的彈藥庫士官，一跛一跛過來。但守衛城門的印度兵懷有貳心的跡象漸漸顯露，開始抗命。一批印度兵和兩名英格蘭軍官，奉命護送兩門加農砲到德里嶺，半小時後回來時，那兩名軍官離奇失蹤。問他們為何回來、軍官怎麼了，卻含糊其詞。與此同時，「不斷有印度兵三四成群進入營區，看得出我們的兵變得非常躁動不安。」維巴特寫道。

* 作者註：奧克特洛尼庭園的正確名稱是穆巴拉克庭園（Mubarak Bagh），蓋在奧克特洛尼特別為妻子穆巴拉克別姬買來的土地上，位於夏利馬爾庭園（Shalimar Bagh）南邊不遠處，原地主是奧克特洛尼的助手威廉·佛雷澤。奧克特洛尼的墓是巧妙結合不同風格的紀念性建築，其中央圓頂似乎是德里教堂聖詹姆斯教堂的範本，圓頂上方安了一根十字架，但兩側耳房被林立的伊斯蘭小光塔圍住；因此，這座墓透過建築風格淋漓盡至的表達，奧克特洛尼在婚姻裡似已達成宗教融合。結果，奧克特洛尼未死於德里、葬在密拉特，這座空墓於一八五七年戰事期間遭毀，這期間，已改嫁給蒙兀兒埃米爾維拉亞特·阿里·汗（Vilayat Ali Khan）的遺孀穆巴拉克別姬，為叛軍作戰。這是建築史上難得一見卻遭徹底遺忘的一頁：最後一座出色的蒙兀兒庭園墓——已在泰姬瑪哈陵身上臻於極致的一項傳統——竟是蘇格蘭裔美國籍將領所建，而非蒙兀兒末代皇帝。奧克特洛尼陵墓照，見 Emily Bayley in M. M. Kaye (ed.), The Golden Calm: An English Lady's Life in Moghul Delhi, London, 1980, p. 181。

在這緊要關頭，有些印度兵奔向城門，把它關了；他們的下一個舉動，是朝著一群軍官一起開槍，很快的，營房裡的其他印度兵全部跟進……我看到戈登上尉落馬……一下看清可怕的真相——我們正到處遭屠殺，無從躲避。一清楚自己的處境，我隨即跑向從庭院通到上方稜堡的那道斜坡。似乎每個人都往那裡逃。衝上斜坡時，我遭撞倒兩次，子彈像孢子般飛掠過我們身旁，打在胸牆上，發出可怕的嘶嘶聲。可憐的史密斯和里弗利命喪一旁。後者拿著一把已裝彈的槍，使出臨死前的最後一把勁撐起身子，朝著一票印度兵放了兩槍，然後死去。[72]

斜坡頂上，維巴特從稜堡的雉堞往下看。從雉堞到下方的壕溝，落差達二十五英呎——「其他任何時候，會認為瘋了才那麼幹（跳下去）。」[73]其他幾個軍官跳了下去，開始拚命地從壕溝底部往近乎垂直的外護牆爬。維巴特就要跟著往跳下時，從稜堡另一邊的軍官居住區，傳來佛瑞斯特家三小姐的尖叫聲。她們的母親肩部剛受傷。維巴特跑過去——「一路上子彈呼嘯穿過窗子」——協助她們來到胸牆。眾軍官卸下繫劍腰帶綁在一塊，然後在維巴特及其父親的幫忙下，將女孩們一個接一個放到下面。

還有個「非常肥胖的老太太」，開始尖叫，不願跳。這時，下方的印度兵已把一門加農砲對準他們，維巴特寫道，一枚砲彈「擊破右邊一些些的胸牆，碎片灑在我們身上。把時間浪費在規勸上，根本太愚蠢」；「有人推了她一把，她頭朝前掉進下方的壕溝裡。」[74]

然後，十名倖存者（五男五女）一個接一個，試圖爬到壕溝外護牆的頂端。「女士幾乎要爬到頂上時，腳下方的土崩落，隨之滾回壕溝裡，如此一而再、再而三。但絕望給了我們超凡的力量，最終全都爬到頂上。接著跑下斜坡，衝進斜坡底部濃密的灌木林裡。」

夜色降臨時，倖存者奮力穿過濃密灌木林，來到河邊，然後沿著河往上游走，前往梅凱夫宅。途中，他們看到有人跟在後面。

我們並未停下來看第二眼，而是拔腿就跑，希望在追兵追上前，抵達那棟房子……長刺的灌叢扯碎了女士的連衣裙。我們繼續跑，汗流滿面，口乾舌燥，不敢往後看。[75]

來到梅凱夫宅時，天色已是漆黑一片。這棟房子「被一群看來可疑的人」圍住，但這些逃難者還是受到工作人員親切接待。自那天早上起，一直未看到昔奧，工作人員很想知道他的安危。他們全被帶到托馬斯爵士陰暗涼爽的地下撞球間，佛瑞斯特家三個小姐在那裡很快就進入夢鄉。有人適時送來蠟燭、食物、啤酒。佛瑞斯特太太的傷口得到處理，每個人休息了三個小時。

但到了晚上九點，工作人員示警道，印度兵遲早會從兵站過來。兵站離這裡不遠，可聽到「叛變士兵的叫喊聲，夾雜著滑膛槍的齊射聲和加農砲聲」，從那個方向傳來。這群人把食物和裝了水的瓶子塞滿口袋，再度啟程，打算涉水走過亞木拿運河，朝東北方越過原野，投奔三十八英哩外密拉特的英國部隊。維巴特寫道「我們每個人負責照管一名女士」，

我分配到年幼的佛瑞斯特小姐。這個可憐的小孩一路問著各種天真問題，未能理解已發生的可怕情事。就這樣艱難的往前走了約半小時，突然間一道明亮的火光在我們身後升起。

他們走得真及時。下游不遠處，幽黯的亞木拿河水映出詭異的色彩，梅凱夫宅陷入熊熊大火。

夜色降臨，虔誠穆斯林停下手邊的活，吃起開齋餐（iftar），德里街頭再度杳無人跡。從紅堡回來的札希爾．德拉維，沿途見到滿目瘡痍的景象：他寫道「我來到烏爾都市集路（賈瑪清真寺旁）時」，

> 寂靜無聲，完全聽不到鳥鳴或看到鳥的蹤影。奇怪的靜寂籠罩全城，好似這個城市突然變成荒野。店鋪遭洗劫，各個房子、大宅的門緊閉，沒有一絲亮光。就連街燈的玻璃都遭打破。我經過德里警察局長辦公室，來到小達里巴（Dariba）的大門（位於月光廣場）。在那裡，我看到所有刀匠店、甜食店、布店全遭打破、洗劫。在銀店前面，有個婆羅門乞丐奄奄一息。他仍在呻吟，背部有被劍劃出的三道口子。最後我來到我家（位於馬提亞．馬哈爾）。才晚上七、八點，但門已關上、上鎖、上門。[76]

德里尚存的英國人，這時全都拚命在逃。詹姆斯．莫爾利從傍晚到晚上九點，都躲在洗衣工的小屋裡，聽他的僕人在外頭談他妻子、家人遇害之事——以及談他的難逃一死。「有個人說殺掉白種女人和小孩很不應該，他們以後要怎麼找工作？但另一個人說，我們是異教徒，德里國王接下來會讓每個人衣食無虞。」靠洗衣工的協助，莫爾利穿上洗衣工老婆的襯裙和面紗，逃了出去。莫爾利寫道，「我活到這歲數都是在這個國家度過，但依然害怕有人跟我講話。我不知道他們會不會注意到我的女用方披巾披戴得很彆扭，從而識破。」但他和洗衣工坐在牛拉車上，一堆

待洗的髒衣物旁，通過無人守衛的城門，安然駕車出城。

天色已晚，但馬路上仍滿是要趕去德里城裡洗劫或滿載劫掠品返回的興奮群眾。一度有批男子圍住他們，指洗衣工將財物藏在待洗衣物裡，但這個老漢冷靜告訴他們放手搜查，結果一無所獲，隨即放行。此後，洗衣工逢人就要他們加快腳步，趁還來得及，趕快去洗劫佛朗機人，藉此避開群眾騷擾。破曉時，他們在路邊一神廟隔壁的印度教朝聖者招待所落腳。[77]

與此同時，泰特勒夫婦正在一輛超載的四輪馬車上，前往格爾納爾（Karnal）的途中。那天，英國人每個想引導情勢走向的作為，都是一開始就出師不利，旋即陷入十足的混亂，逃離旗杆塔一事也不例外。泰特勒原打算的撤退路線，係經由東北邊位於巴格帕特（Baghpat）的淺灘涉水過河，把女人、小孩帶到通往密拉特的路上。但幾乎一上路，原本的一列縱隊就分散開來，一半的四輪馬車往巴格帕特走，其他則朝錯誤方向走，前往兵站。慌亂之中，泰特勒失去其尚存的印度兵，與妻子走散，闖進一群剛從自己村子過來、打算加入洗劫大軍的古遮人部落民。他們拿著包鐵的竹棍衝向泰特勒，欲將其打下馬；泰特勒於千鈞一髮之際逃過一劫。

泰特勒終於趕上哈麗特和小孩。他們搭乘四輪馬車走錯路，還好他的同僚賈德納上尉的妻子與其同行。但賈德納太太問起丈夫的下落時，泰特勒自告奮勇回頭去找他，結果發現賈德納當初未能和其他人一起離開。當泰特勒找到他時，他身上有傷，正跛著腳穿過燃燒中的兵站。他再度穿過古遮人群眾兩次，一次是回頭去找他的朋友，一次是帶著負傷的賈德納同騎一匹馬回來；古遮人每次都用竹棍攻擊他們，想將之拉下馬。[78]

泰特勒第二次趕上馬車，跳上後，一行人快馬疾馳。泰特勒駕車前行，「速度駭人」，心知印度籍騎兵這時可能已開始在後追趕。哈麗特寫道，「沒走多遠，賈德納就大喊『泰特勒往後看』。」[79]

我們朝兵站的方向望去，每棟平房和營地都著火，讓人看了很難過，心知我們最看重的東西，都已永遠的離我們而去，那是用錢買不到的東西——摯愛的已逝孩子的頭髮、手稿和畫作、書、衣物、家具、一輛很大的四輪馬車、馬、輕便馬車等。事實上，我們失去的東西很值錢，我丈夫的制服值約兩萬英鎊，對那時的窮軍人來說是很大一筆錢……若在其他時候，那會是叫人傷透心的苦事，但此刻一心只想著逃命，不久就忘了那事。[80]

與逃命的泰特勒截然相反的，瓦根特里伯家族決定到德里郊區試試運氣，求助於伊莉莎白．瓦根特里伯父親詹姆斯．斯金納的友人。

前天晚上，納瓦卜齊亞丁．汗登門拜訪後，他們篤定認為可倚賴與其交情，於是，離開旗杆塔後，直奔這位納瓦卡位於該塔西北方的庭園宅第。該宅位於更北邊不遠的格爾納爾路上，這位納瓦卜過去常提供給他們度週末。

抵達後，他們受到園丁（mali）熱情接待。主人叫人擠羊奶給伊莉莎白．瓦根特里伯的嬰兒喝，供應了有恰帕提烤餅和蔬菜的餐食。四輪馬車和馬藏好，車轍全部抹除，挽具藏在屋裡。喬治．瓦根特里伯與其繼女茱莉亞、未成年的佛洛倫絲，拿著他們帶來的槍，上到屋頂。伊莉莎白留在下面的輕便床上，由值夜人陪著，用北印度婦女的方披巾蓋住她的臉。她告訴這個看似壞脾氣的值夜人，如果他有一丁點要出賣他們的意圖，她丈夫已把槍對準，必定會先射殺他。[81]

月亮升起，喬治從屋頂上可看到，德里城各處和兵站火光沖天；也能聽到陣陣滑膛槍聲和更響的野戰砲聲。最後一輛英國四輪馬車的啪噠啪噠行駛聲，消失於格爾納爾路的另一頭不久，騎兵隊士兵開始出現在大門，搜尋基督徒。茱莉亞憶道，「我母親已告訴值夜人，若有人想進來，就讓他進來，勿阻止，因為一阻止，立即會使他們起疑。」

她不願讓值夜人靠近大門，也不放心他離開身邊。叛亂分子兩度來到大門，向值夜人打招呼，問他是否給了佛朗機人棲身之處。第二次來的是個騎兵，來到離她坐的地方只有數碼處，勒住馬，要求帶他看過整棟房子。但值夜人遵照我母親的指示，告訴那人，有一些歐洲人經過，但沒停下，駕馬車往馬路另一頭駛去，還說如果他想看房子，很歡迎。值夜人這番爽快的答覆，似乎令騎兵很滿意，隨即策馬離開，去尋找據說經過的那些歐洲人。[82]

接近午夜時，開始聽到傳聞，說瓦根特里伯家族已被人出賣，另有二十名印度籍騎兵就在來的路上。眼下除了立即逃跑，似乎別無他途。伊莉莎白替馬套上挽具，把馬車駕到屋前；小孩進到車廂裡，喬治爬上御者座。喬治寫道「上大路前」，

愛妻建議把火器帶在身邊，於是我拿起一把裝了彈丸的雙管槍和我的手槍擺在御者座上，把兩把步槍留在裡面。我告訴與小孩一同待在車廂裡的繼女，我一旦開槍，就把步槍遞來（給我），然後我們把自己交給上帝保護，踏上大幹道。[83]

泰特勒夫婦離開德里才約十五英哩，馬就因為疲累而放慢速度。他們在政府的驛站馬廄停下，要求換馬被拒，泰特勒拔槍對準主事官員才如願。

離開馬廄後，走了幾英哩，超載馬車的車輪同時解體，「馬車主體（淪為）無望的廢物。除了用走的，別無辦法。」每個男人牽一個小孩；兩個身懷六甲的妻子，以及哈麗特的女僕瑪麗，步履艱難的走在後面，覺得隨時會聽到往他們衝來的騎兵馬蹄聲。

結果，走了幾英哩後，聽到一輛四輪馬車聲。這輛馬車屬於一個英格蘭年輕女孩所有，先前在馬路上與他們錯身而過，要進德里城，聽不進他們的警告。這時，泰特勒請求讓他們的人搭個便車，遭她拒絕。

搭便車的請求，招來「這種事我不幹！」的回應。「你是要弄壞我的馬車？」

「那我就不來請求這一套。」泰特勒說，開始把賈德納太太、瑪麗、我和我們的小孩，塞進車裡。

我們就這樣繼續上路，終於，馬車的一個後輪脫落。這個年輕女子（才十六歲）說：「看吧，我就知道會弄壞我的馬車，現在怎麼辦？」[84]

這一次，適時伸出援手者是晚近喪夫的尼克森太太。她丈夫穆罕默德．拜蓋爾，專員辦公室的主管，死在街頭，死時嘴裡塞著一塊餅乾。她躲在郵車頂上逃出城，該郵車在混亂中照指定時間離開德里，好似情勢一切如常。該車御者有繩子，泰特勒一行人用繩子重新固定車輪。泰特勒夫婦繼續駕車上路，又緩緩行進了幾英哩，馬車的彈簧終於完全垮掉，於是一如先前，他們丟下第二輛交通工具，徒步上路，「在炎熱的五月夜裡，差點累垮……口渴得不得了，除了路邊尚未乾涸的水塘裡淡綠色的泥潭，沒水可喝。」

天快亮時，他們強行徵用到逃難路上的最後一輛交通工具：滿載故障武器、要前往這時已遭炸毀之德里彈藥庫的軍用兩輪車。兩名御者一看到泰特勒的手槍立即跑走，一行人繼續緩進，早上十點抵達格爾納爾。

泰特勒夫婦等友人和同僚前來會合，等了一整天。但到那天晚上，離開旗杆塔的眾人，只有六名逃難的德里人安然脫身。[85]

瓦根特里伯家和泰特勒夫婦走一樣的逃亡路，雖然艱難，卻像是在野餐。他們離開太晚，路上滿是打定主意要洗劫難民和落隊者的古遮人部落民。喬治憶道「就在我們或許已行進一英哩時」，

妻子向我指出前方排列於馬路兩旁的一票人。他們明顯不懷好意，於是我準備保護自己和家人。接近時，他們合攏，堵住馬路，我把槍對準他們，他們見狀不敢近身，但還是跟在馬車後面，尖叫，揮舞棍棒，威脅意味濃厚。

我們把他們遠遠甩在後面，卻碰上第二群人；這一次人數更多、更難對付。我們接近時，他們橫在馬路上，擋在馬匹的前方，高舉長矛、劍、竹棍，擺出威脅姿態，高喊 thammo（停住）！我隨即把槍指著他們，大喊 hut jao（走開）！但有個人，膽子比其他人都大，走上前，抓住馬頭

的韁繩。我看沒辦法了，開槍，那個惡棍倒在馬車後面。其他人後退，妻子揚鞭策馬，往前衝，那些惡棍緊跟在後，我覺得他們靠得太近，於是端起步槍開了一槍，打中最前頭那人的腹部。他倒下，其他人不敢再靠近，只是吼叫，猛問候我和我家人的祖宗十八代。[86]

把他們甩開一段距離後，伊莉莎白止住馬車，將挽具整理好，她丈夫替槍重新裝彈。沒多遠，第三批古遮人圍住他們，而且這一次棒擊了某匹馬的馬頭。瓦根特里伯再度開槍擊倒帶頭的惡徒，但妻子也被人用末端包鐵的竹棍重擊了一下。又一人跑來，來到馬車邊，手上拿著劍，也遭擊斃；第三人成功爬上車篷，就要使出可能致命的一擊時，也遭喬治擊斃。

把第三批古遮人甩在後頭沒多遠，直直闖入一大群印度兵裡。他們剛結束在安巴拉的恩菲爾德步槍操作訓練，正要返回駐地，圍住這輛馬車，問這家人為何在這時候出現在這樣的馬路上，似乎渾然不知已發生的劇變。這時，古遮人追了上來，隔著一段距離怒目瞪著瓦根特里伯家。眼見沒別的辦法，而且注意到這些印度兵看來友善，伊莉莎白向其求助，告訴他們，她是人稱錫坎達先生的詹姆斯·斯金納的女兒，「因此有資格受到所有正統軍人的保護」。這番話說動眼前的印度兵：

「妳的確是偉大人物的女兒，」他們說。「我們知道斯金納上校，當年被派去自羅赫塔克護送他的遺體到德里的團，就是我們。」[87]

不久，其中四、五人上前，站在我們的馬車旁，把滑膛槍對準我們的敵人，要他們離遠點，不然肯定會開槍……

這之後，我們未遭到近距離騷擾，惡徒的攻擊全是從橋梁胸牆後朝我們大量擲來的長矛、竹棍、重石，很幸運的，其中大多落空。我們的一匹母馬受了嚴重割傷和瘀青，馬車出現被嚴重糟蹋過的跡象。[88]

天亮不久，這家人在某村水井旁停下，把水灑在馬身上，幫馬提神，就在這時，再度靠斯金納的名號逃過一劫。這時有一群人聚集，許多人看似來者不善。但後來發現其中一人是錫坎達先生的老僕人，斯金納在這裡原有一處莊園。「他是個值得尊敬的老人，留著長長白鬍，」瓦根特里伯夫婦的女兒茱莉亞憶道。「他似乎認識我母親，但她完全想不起來。」

「妳是斯金納上校的小孩。」他邊說邊卸下頭巾，然後把頭巾擺在她腳旁。這一表示敬意的舉措，出現在這樣的時候，令她震驚，尤以從他人對其表現出的舉止和對他的畢恭畢敬，看得出這人似乎頗有地位。

「你是誰？」她問。

「我服侍上校先生多年，我願為他的小孩獻上我的性命，」老人回道。「願不願意相信我？」[89]

老人抓住馬車的轡繩，護送他們前進。十一點，他們看到前方路上有一批衣衫破爛的人：那是格雷夫斯准將和查爾斯．勒巴，以及幾個身懷大量武器的軍人。下午四點，他們來到安全的巴尼伯德（Panipat）。[90]

自一八〇三年擊敗馬拉塔人，英國人即入主德里，但五月十二日早上，德里城裡已完全沒有英國人。

昔奧藏身在某個陌生人住家的後室，一身不合宜的印度斯坦服醒來時；泰勒夫婦在格爾納爾、瓦根特里伯一家人於巴尼伯德狼吞虎咽早餐時；詹姆斯．莫爾利在顛簸的牛拉車上思考，沒了妻子、小孩之後的人生時；愛德華．維巴特一行人，藏身在靠近密拉特原野的草叢裡，躲避搜尋逃難英國人的印度兵搜索隊時；加利卜隔著自家的格構式窗子，不以為然的盯著在其居住的巴利馬蘭（Ballimaran）區，大搖大擺走動的印度兵時；毛拉韋穆罕默德．拜蓋爾開始為《德里烏爾都語新聞》寫下，他前一天見到的種種奇事和不祥之兆時；年輕的穆罕默德．侯賽因．阿札德以這場起事為題寫詩時；札希爾．德拉維和哈基姆阿赫薩努拉．汗開始努力，將印度兵趕出皇宮裡最不容冒犯的區域時；札法爾努力地要看清自己的未來。

前一夜，他為穆因丁帶進來的四十多個落難英國人提供了棲身之地，其中某些人被安置在皇宮中、他仍能宣稱屬於自己的少數區域之一：他的私人小禮拜堂。他聽進齊娜特．馬哈爾的建議，也派駱駝的信使送了封密函，給位在亞格拉的英國行政長官，把這裡的情況一五一十告訴他，並向其求助。札法爾能看出這些印度兵凶狠且不穩定；他們不守規矩也不懂宮廷禮儀：他反對他們，主因是他們不願依照應有的禮節對待他：有個新聞撰寫人寫道，「提朗嘎人穿著鞋站（在皇宮裡），陛下對此顯得極不高興。」[91]

儘管遲疑、害怕、焦慮，儘管遭劫掠的德里城亂成一團且廷臣遭騷擾，但札法爾能看出，叛變士兵的到來，未必全是禍殃，說不定代表真主之手、代表他連想都沒想過重建其偉大蒙兀兒皇朝的機會。午夜前後，他批准鳴放二十一響禮砲，以表明他的統治從此進入新階段。莫罕·拉爾·喀什米里記載了札法爾對這場革命，充滿矛盾但愈來愈投入的心態。喀什米里是德里學院校友，與權貴關係甚好，熱切支持英國人的殖民統治，因此，印度兵一造反，他就不得不速速逃離德里：

> 我未從德里或其他地方的本地人那兒聽到，譁變前國王巴哈杜爾·沙與叛變士兵互通聲息之事。但這些惡棍入主皇宮和此城後……竟然要陛下同意浩浩蕩蕩出巡，以恢復城民信心。國王首度看到自己身邊全是充滿幹勁、守紀律且隨時願意擁護其大業的士兵。他看到，出門觀看出巡的居民，看他時並非一臉愁容。他發現人生的有利轉折已得到多數城民肯定。他聆聽（英國人）慘敗的消息，認為已有一團又一團的士兵為他效力。他收到不實消息，以為我們的歐洲籍士兵全都在波斯打仗；以為歐洲政局的不穩，會使英國無法增兵印度。他獲告知，孟買、德干高原（也）發生譁變。這一切使巴哈杜爾·沙以為，他生來就是為了在遲暮之年恢復偉大帖木兒的版圖。[92]

對於這場起事，札法爾從來都非全心接受，且始終心存矛盾，但他愈來愈願意接受這場起事，還整個改變了這場叛亂的性質。此前，在英屬印度爆發過多起譁變，尤以一八〇六年在韋洛爾（Vellore）發生者最引人注目；印度人武裝抵抗英國人擴張之事又更多。但各方結合成如此強大的一股力量，聯手挑戰英國人的最高地位，卻是頭一遭。札法爾一番遲疑後，同意出任這場叛亂的名義領袖，把東印度公司本身的印度籍部隊，與仍然能打動人心的蒙兀兒人神祕氣氛，結合在一塊，從而使這場叛亂由單純的軍隊譁變——儘管德里城民突然乘機出來殺人劫掠，弄得德里大亂——變成西方任何帝國在整個十九世紀期間，於世上任何地方，所會遭遇的最嚴峻武裝挑戰。

但對札法爾來說，更迫切的疑問，係這麼努力一場，到頭來會不會只是舊主子走、新主子來。

CHAPTER 6 毀滅與暴亂之日

譁變初起那天的早上四點，查爾斯．托德的兩名助理電報操作員，布倫迪什和皮爾金頓關閉營業所，逃到安全處所，先是逃到旗杆塔，然後逃到密拉特。

但這麼做之前，他們先以摩斯密碼發出兩則求救信息，分別發給駐印英軍總司令和位於旁遮普、邊區（Frontier）的英軍兵站。兩信息的文字紀錄原件，如今仍存於拉合爾的旁遮普檔案館。第一則，發於正午左右，比另一則完整：「兵站被圍」，

> 來自密拉特第三輕騎兵團的叛變士兵，人數不詳，據說一百五十人，切斷與密拉特的通信。占據浮橋。第五十四本地人步兵團被派去對付他們，但他們不願行動。數名軍官死傷。本城處於相當騷動狀態。已派兵去，但情況仍不定。

第二則發送於兩操作員逃走前不久，「我們必須離開工作崗位」、「密拉特印度兵正放火燒所有平房。他們今早至此。我們走了。我們認為托德先生已死。他今早出門，至今未返。」[1] 電報這門新科技——加利卜眼中的當代奇蹟之一——其效用在此得到戲劇性的證明。兩電報送到安巴拉，才幾小時就已轉到拉合爾、白夏瓦、西姆拉。

急件騎士連夜走蜿蜒山徑，將電報送上位於喜馬拉雅山區的夏都，正在該地休息的總司令喬治．安森（George Anson）將軍，星期二早上吃早餐時收到電報。安森自四十多年前滑鐵盧之役後即未見過戰事，似乎未意識到情況的嚴重性，一如他先前未把彈藥筒塗豬牛油當一回事。[2] 隔天晚上，他的顧問之一，基思．楊（Keith Young）上校，在日記裡寫道，「他似乎不把這（整件）事當一回事。等著瞧。」兩天後，總司令還窩在西姆拉。這時，就連最忠於他的友人，都開始為

他的因應態度感到不安。楊的妻子在某封信裡寫道「要歸咎於老總」。

他未受過軍事訓練，似乎無法看出情況的嚴重性。星期二早上初次收到壞消息時，他就該立即採取行動。軍需主任貝歇爾（Becher）上校，力勸他盡快行動；但他說不用；他要等驛馬送信來。如果電報送來的消息不立即處理，要電報何用？[3]

四天後，五月十五日，安森終於動身遠赴安巴拉時，發現由於後勤問題，他的部隊無法再往前：為了節省開銷，軍隊的輜重駱駝已於晚近賣掉。這時，三個歐洲人團——被稱作德里野戰部隊——已集結於安巴拉，卻找不到人承包運兵業務——就連要踏出一步都辦不到。

問題還不只這個。這三個團的兵，最初除了自己彈藥袋裡的二十發子彈，沒有別的彈藥，因為原談定從西姆拉送過來的補給落了空。此外，至少有一個團的輜重遺失於山區和安巴拉之間，士兵除了兩件白色短上衣和一件長褲，別無所有。[4]更糟的是，安森的幕僚勸他，立即將駐在安巴拉且明顯懷有貳心的印度兵團解除武裝，安森不聽，於是這些印度兵團不久後也叛變，帶著完好無缺的武器，走「大幹道」，奔向德里。年輕的陸軍少尉佛瑞德·羅伯茨（Fred Roberts）寫道「噢，親愛的母親」，

你絕不會相信英格蘭人能幹出這麼愚蠢的事，但是在這場危機期間，他們幾乎時時展現這樣的愚蠢……軍隊就這樣分崩離析，可笑至極……你絕不會相信軍隊竟能癱瘓到這種地步。因我們有個行事無比拖沓、猶豫不決的總司令。[5]

但不能只怪罪於安森。密拉特的歐洲人團未能跟在叛變士兵後面來到德里，原因出在類似的後勤問題：五月十二日，即密拉特印度兵叛變的兩天後，阿奇戴爾·威爾森（Archdale Wilson）將軍，兩個兵站指揮官之一，在寫給妻子的信中坦承，「我們動不了，因為沒有牛，只有十五頭象和一些閹牛。」[6] 威爾森的同僚休伊特（Hewitt）將軍更加無能。誠如威爾森本人所言，休伊特「是個極糟糕的老蠢蛋，只想著如何讓他的老身軀不受傷害」。[7]

安巴拉一地的部隊困在原地長達十天，在山腳忍受酷熱，動彈不得；與此同時，霍亂慢慢盛行開來，其奪走的人命，最終幾乎和死於叛亂分子槍下者一樣多。第七十五戈登蘇格蘭高地團的年輕中尉理查·巴特（Richard Barter）回憶道「臭氣熏天」，

三、四個剛被可怕瘟疫奪走性命的士兵屍體就躺在附近，裹在他們的被子裡。天氣熱得讓人吃不消，葉子紋風不動，我們就坐在屍體和垂死者間，垂死者的呻吟聲迴蕩於樹下無風的空氣裡。[8]

直到五月二十四日夜，即印度兵叛變整整十三天後，安森和其野戰部隊才終於從安巴拉開拔，前往蒙兀兒都城——但五月二十七日夜，抵達格爾納爾不久，總司令本人便死於霍亂。那時，由於英國人未採取有效的因應措施和其他原因，駐紮於以下諸地的印度兵團都已譁變：西北邊區的瑙謝拉（Nowshera）；旁遮普的安巴拉、費盧爾（Philour）、菲羅茲布爾（Ferozepur）；拉傑普塔納的納西拉巴德（Nasirabad）；西北省境內的漢西（Hansi）、希薩爾（Hissar）、莫拉達巴德、

亞格拉、阿利嘎爾（Aligarh）、埃達沃（Etawah）、邁恩布里（Mainpuri），遠至東南邊的埃達（Etah，位於亞格拉東邊）。[9]

拿地圖比對，譁變似乎以德里為中心，呈同心圓往外擴散。北印度各地許多不滿於時局的個人、團體、組織，不管是穆斯林，還是印度教徒，這時都把各種希望和追求，寄託在皇帝巴哈杜爾·沙二世和其重現生機的蒙兀兒帝國身上，幾乎所有叛變的士兵，一挺身反抗其英國主子，即投奔德里。令英國人意外的，並非所有叛變士兵都以暴力手段起事；

反倒，未騷擾、乃至羞辱其英格蘭籍軍官，而且……低調但堅定的宣布他們不再為東印度公司效力，就要成為德里國王的子民。然後，甚至出現數起向他們的軍官行禮、致上十足敬意的事例。接著，這些叛變士兵投奔這場叛亂的主要中心，以壯大就要在穆斯林的印度斯坦都城與我們交手陣營的兵力。[10]

由於此原因，蒙兀兒和英國人政權的興亡，這時主要取決於德里的情勢，「全印度的命運取決於我們的成敗，」佛瑞德·羅伯茨在德里野戰部隊開始循著「大幹道」緩緩向南挺進後不久，在寫給母親的家書中說道。「若敗了，會出現什麼情況，只有天曉得。」[11]

對英國人來說，慶幸的是並非所有指揮官都像安森、威爾森、休伊特那般拖沓、無能。在拉合爾，旁遮普首席專員，幹勁十足的約翰·勞倫斯（John Lawrence）爵士，坐鎮該地。

五月十三日早上，要十二門由英國籍砲手操作且裝填了砲彈、火藥的加農砲，對準閱兵場另一邊四個懷有貳心的印度兵團，迅即將他們繳了械。前一晚，原訂的團舞會照常舉行，以免印度兵起疑：有個軍官在日記裡寫道，「這場晚會在非常愉快的氣氛中度過，大家滿臉堆笑，不露出難過之情。一半的女士未出席，出席的女士則勉強掩藏心中忐忑。」[12]

與此同時，在更西北邊的白夏瓦，印度境內兩個最樂於以極端手段實現福音派理想的官員，赫伯特·愛德華茲（Herbert Edwardes）和約翰·尼可森（John Nicholson），五月十一日夜，甫收到來自德里的電報，即碰面商討對策。他們的解決之道，係組建一支以非正規兵為主，且足以威懾、嚇壞旁遮普人，使其自動順服的機動縱隊（Moveable Column）。「這支部隊應該立即出征，」愛德華茲於五月十二日寫信告訴約翰·勞倫斯。「靠嘴巴絕對無法消除這股貳心，必須予以鎮壓，而且愈早流血，需要流的血就愈少。」[13]勞倫斯同意此看法；不到四天，機動縱隊已在傑赫勒姆（Jhelum）成立，隨時可以往各個方向快速移動，不管哪裡爆發反東印度公司的叛亂，都前去平亂。[14]

尼可森還有別的想法，而且是較殘忍的想法。他未把這些想法告訴上司，但得悉更多德里屠殺的詳情後，他告訴了愛德華茲。建議兩人共同提出「一個將殺害德里（英國籍）婦孺的兇手活活剝皮、釘在尖樁上或燒死的構想……一想到犯下這類暴行的兇手單單處以絞刑，我就非常生氣……可以的話，我不會輕放這種窮凶惡極之徒，不會只是將其吊死」。愛德華茲不願為尼可森的想法背書，尼可森說，如果愛德華茲不願幫他，他會單獨提出這個構想：

關於折磨殺害婦孺的兇手一事，即使這麼做不應該，我還是認為不能只因那是本地人的習俗，我們就不該這麼做……聖經告訴我們，應根據犯錯的程度施以相應的鞭刑，如果這種壞蛋，處以絞刑就夠，那對普通叛變的士兵來說，處以絞刑就太嚴厲了。若這歸我處置，我會對他們施以我所能想到的最痛苦折磨，而且絲毫不覺良心不安。[15]

約翰·勞倫斯原則上樂見嚴刑峻法。他曾是托馬斯·梅凱夫爵士在德里的副手，以工作勤奮、有效率而著稱，因此在東印度公司的行政體系裡爬升甚快。他禁止其底下軍官上山避暑，並表明不認同「糕餅人」（a cakey man）——他口中的這類人，指的是除了大概喜歡吃糕餅，還「裝得很高雅、很有教養」。[16]得知他的某位低階官員，把一架鋼琴帶到其位於旁遮普的平房，勞倫斯厲聲說道，「為了他好，我會砸了他的鋼琴」，要他「在五年期間，從旁遮普一頭搬到另一頭，五次」。[17]有個在勞倫斯底下吃了很久苦頭的官員聽聞此事後說道：

我從加爾各答帶來一組漂亮的餐具，有人力促我不要讓人知道這件事，以免我一再從一地調到另一地，直到這組餐具完全破掉為止……他（勞倫斯）是個不講究生活品味的粗魯人……其眼中理想的區軍官，是穿著靴子、馬褲，努力勤奮，幾乎只生活在馬上，整日且幾乎整夜工作，吃喝不拘何時何地，沒有家累，沒有妻小羈絆，所有家當就只是一個行軍床、一套不成對的桌椅、能隨時丟到駱駝背上的一小箱衣物。[18]

約翰·尼可森完全符合這描述。儘管如此，兩人關係緊繃，因為尼可森不是個願受指揮的人，更不是個願接受批評的人。有個年輕軍官說他，很有威嚴，高約六呎兩吋，留著長長的黑鬍子，深灰色眼睛，黑瞳孔，激動時瞳孔會像虎眼那般脹大，白色臉龐不曾展現笑意……嚴格的職責意識，讓尼可森的詞彙裡沒有「仁慈」二字……（而且）他被譽為印度境內第一劍手。[19]

尼可森是沉默寡言且持重的烏爾斯特新教徒，據說，在拉瓦爾品第擔任區專員時，親自斬首了當地一名劫匪頭子，然後將頭顱擺在辦公桌上當紀念品。[20]但他話甚少；檔案機構裡有封呈現其典型作風的短信，係寫給勞倫斯，全文為「長官，我有幸告知你，我剛射殺一個前來殺我的男人。你的忠僕約翰．尼可森」。出於至今仍不明的原因，尼可森啟發了一個全新教派的成立。該教派叫尼卡爾塞因（Nikal Seyn）*，似乎是把他當成毗濕奴的化身。只要信徒保持安靜，尼可森便能容忍他們在身邊；但如果「他們匍伏在地，開始念經，就會被帶出去鞭打」。懲罰始終沒變，「用九尾鞭打三十六下」。[21]

儘管受到這樣莫名的崇拜——或者說不定正因為這樣的崇拜和其他原因——尼可森非常厭惡印度（「我不喜歡印度和其上的居民，而且不喜之情與日俱增」），認為只比阿富汗人好一點（阿富汗人是「世上最惡毒、凶殘的種族」）。[22]他在一敗塗地的一八四二年阿富汗戰爭期間被俘，淪為階下囚，但在這之前，他就已形成上述看法。獲釋時，他發現他弟弟的屍體，而且弟弟的生殖器被割下，塞進嘴裡，他對阿富汗人——甚至對任何族籍印度人、穆斯林人——的觀感，就此確立：他說他只生起「強烈的仇恨」。[23]他一直待在東方，純粹是因他想在這個異教荒野裡，擴大英國人基督教帝國的版圖。事實上，他在殘酷的阿富汗戰爭裡保住性命一事，使他生起近乎救世主般的使命感：如果軍神在其他許許多多基督徒軍人遇害之際救了他，肯定是為了某個更崇高的上帝目標。

由於這一救世主般的特質和其他原因，尼可森在情況最好時都需要小心照管，而直白坦率的勞倫斯未必是該工作的最適當人選。去年，勞倫斯撥了一名混血的在印英國人當尼可森的下屬，「侮辱」了尼可森，尼可森的回應係揚言殺掉勞倫斯，或者誠如他在寫給愛德華茲的信中所言，「幹下情有可原的殺人案」、「個人，一如國家，有其權利」，

做為個人，我有向勞倫斯開戰的理由，而且理由充分，一如做為國家的英格蘭對波斯或中國開戰的理由……我認為他當著所有旁遮普人的面羞辱我……我確信，如果處於類似情況的人更常自行討回公道，世上的不公不義和壓迫會比較少……至於「祈求上帝恩典原諒他」，我辦不到，說出如此違心之語，形同偽善。[24]

誠如某觀察家所說的，尼可森可能是「暴力的化身」，但其近乎精神變態的氣質，在眼前這場危機裡，反倒如魚得水。安森、威爾森這類人拖沓、遲疑，尼可森則是立即出征、向後轉進、解除印度兵團武裝、敉平譁變，然後吊死為首作亂者——他不採取從砲口將叛變士兵炸飛，這個蒙兀兒人沿襲已久的處死方式，不是出於慈悲心，而是因為他認為「如此用掉的火藥或許有更好的用途」。[25]他的作為迅即催生出維多利亞女王時代關於他的傳說，由於他的信和軍情急件是現今

* 作者註：尼卡爾塞因為烏爾都語，意思類似「讓軍隊出動」。

理解他許多作為的唯一資料，要分辨真假並不容易：據說他從不睡覺、不知害怕為何物；幾乎單槍匹馬強攻阿托克（Attock）要塞；單靠為數不多的帕坦人非正規兵，就殺掉數個團的叛變印度兵；有次他揮劍一砍，就把人砍成兩半，事後只說「刀子的確很利」。[26]他不留活口。尼可森機動縱隊裡的一個軍官無意間聽到以下交談：

> 「傑克，將軍在這裡。」
>
> 「你怎麼知道？」
>
> 「哎呀，看那裡；有他的招牌標記！」
>
> 這名同袍獲告知，一瞧「那裡」，係一對絞刑架，每個絞刑架上裝飾了六個吊著的叛變士兵，近旁有數輛牛車，每輛牛車上都滿載等著上場吊死的造反印度兵……尼可森很少開軍事法庭。

約翰・勞倫斯爵士寫信給他，請求「針對造反的本地人重開軍事法庭，並列出多項要施予的懲罰」，毫不寬容的尼可森只把這封急件送回，在背後寫道「兵變就要懲以死刑」。[27]

前往德里途中，他繼續監控部隊安全。五月中旬某個炎熱的夏夜，一群配屬尼可森機動縱隊的飢餓英國軍官，坐在賈蘭達爾（Jalandhar）附近的用餐帳篷裡等吃晚餐。原本一小時前就該送來晚餐，但派人去炊事帳詢問後得知，送餐會晚一些。最後，高大、粗魯的尼可森大踏步進來，咳嗽以引起眾人注意：他道歉說：「各位，很抱歉讓你們為了晚餐等這麼久，因我把你們的廚子吊死了。」

據尼可森所述，他透過細作得知，部隊的廚子已在軍官同僚的湯裡加了有毒的烏頭。他先要廚子嘗湯，廚子拒絕，即把熱湯強灌進一隻倒楣的猴子嘴裡。猴子痛苦扭動身子數秒後，一命嗚呼。誠如在場某軍官所說的，才幾分鐘，「我們團的廚子就成了附近一棵樹的裝飾」。[28]

另有個脾性和他差不多的英國軍人，也在這個前景難料的時期嶄露頭角。

一八五七年之前，威廉・霍德森被其多數同僚視為害群之馬。霍德森是神職人員之子，聰明機靈，而且與他同時在印度投身軍職的大部分人不同的，他讀過大學，劍橋三一學院出身。但據他當神職人員的兄弟所述，霍德森一看到書就會犯頭疼，他更感興趣的職業是「基督教軍人」。[29]

有個認識他的人說他「有點高，黃頭髮，臉白且光滑，鬍濃密，一雙大眼睛露出焦躁不安且不願寬恕人的神情」。[30]另有人談到他衝動、乃至魯莽的性情，談到他「劍術高手」的本事。他來印度時，正好趕上錫克戰爭開打，參與了該戰事，然後青雲直上，當上阿姆利則的區專員，隨後前往西北邊區，接下亞蘇夫宰（Yasufzai）部落區代理副專員之職，當上新成立之指導團（Corps of Guides）副官。但他的失勢同樣來得突然。經調查判定他濫用、侵吞團的公款，犯下嚴重疏忽、貪污、陳述不實罪，一八五四年霍德森遭革去指揮權。當時他寫道「我徹底完了」。[31]

後來，雖上述罪名獲宣告不成立，但關於他的流言蜚語依舊不斷——與未經審判不當囚禁一名亞蘇夫宰酋長和其十二歲兒子，以及涉嫌殺害一名據認借錢給他的放款人有關。[32]據說他挾私怨報復「所管轄的大部分帕坦人、阿夫里迪人（Afridi）」；他本人也不得士兵喜愛。[33]因此，他的名聲極差，許多人同意醫生愛德華・海爾（Edward Hare）的看法：他太不講道德，稱不上是好軍人，其實只「適合當義大利匪幫老大」。印度兵叛變前不久，三月二十一日，曾提拔過他的恩公，約翰・勞倫斯的哥哥亨利，形同宣告與他劃清界限，寫道「我看此刻恐怕沒人能幫你」。[34]

印度兵叛變時，霍德森仍在力促就其所受到的種種指控，展開正式且公開的調查，以還其清白。但一如尼可森在新危機來臨時擋也擋不住的嶄露頭角，霍德森的衝勁、無情、厚顏無恥的自信，讓他迅即得到總司令的注意，不久，就成為安森幕僚裡的紅人。印度兵起事不到五天，就被任命為助理軍需主任，獲准自行招募錫克非正規騎兵，組成自己的私人小武力，「以任職於情報部門和充當貼身護衛」。幾天後，霍德森在格爾納爾為主力部隊偵察時——在該地，他與包括安妮・詹寧斯的未婚夫查理・托馬森和瓦根特里伯全家在內的一群德里難民同住——傳來安森的命令，要霍德森所部擴編為全新的非正規騎兵團，並以其姓為團名，取名霍德森騎兵團（Hodson's Horse）。[35]

霍德森的初期任務之一，係在小股錫克騎兵護衛下，策馬穿過動亂的鄉間，抵達密拉特，與困在當地的諸團重新建立聯繫。霍德森把任務完成得非常漂亮，五月二十一日晚上九點開拔，隔天拂曉就抵達密拉特。他把信交給威爾森（並發現另一個將領休伊特，「處於無能為力的愚蠢狀態」），洗過澡，吃過早餐，睡了兩小時覺，然後直接返回格爾納爾，最後三十英哩路靠著與敵廝殺才得以脫身。五月二十三日他去了安巴拉找安森，兩天頂著夏日高溫跑了兩百五十英哩。那天晚上再度直返格爾納爾：隔天晚上他寫信告訴妻子，「五天裡只有一晚睡床上，我很累，但還可以忍受。」[36]

一如尼可森，霍德森很快就以行事不拘泥於法條闖出名聲，尤其在處置擄獲的叛變印度兵上為然。「在處置這些造反的印度兵上，有種溫情以對的傾向，那根本搞錯對象，而且有害。」五月十六日他寫信告訴妻子。不久，他把意思說得更清楚，「我絕不讓我的兵留俘虜活口，要立刻將他們槍斃。」[37]他也以殺人取樂而惡名昭著。「他善於使劍，想殺誰，從不失手，」他麾下某軍官寫道。「玩弄起這些叛亂分子中最勇敢、最火爆的那些人，他的手法最漂亮。想像他微笑、大笑、擋開最可怕的攻擊，冷靜得好似拂掉蒼蠅，不斷大喊『哎呀，再試一次』、『那算什麼?』、『你自稱劍客?』之類的……只要有一場扎扎實實的打鬥，他就樂不可支。」[38]

而沒那麼精采、卻更為重要的是，霍德森把情報頭子的角色幹得非常出色且冷酷無情，「那時他甚至連叛亂分子晚餐吃什麼都摸透。」[39]有個欽佩他的軍官寫道。往德里進發途中，霍德森找來獨眼毛拉韋拉賈卜・阿里（Rajab Ali）做他的主要助手。那人先前當過派駐錫克邦政治代表（Political Agent for the Sikh States）喬治・克勒克（George Clerk）爵士的祕書長，後來跟著亨利・勞倫斯爵士走遍旁遮普各地。[40]

拉賈卜・阿里立即動身潛入德里，在那裡成立由間諜、線民組成的廣大偵刺網，從親英的蒙兀兒貴族，到前英籍官員，到曾在《德里報》當瓦根特里伯之助理編輯的某人，都為其效力。最值得一提的是，他吸收到甚為傑出的印度兵指揮官，哈里亞納團（Haryana Regiment）的高里・尚卡爾・蘇庫爾（Gauri Shankar Sukul）准將，當他的線民。此人定期提供極重要的戰略情報，而且在叛軍內部搞破壞，指控其他幾個頗無辜（而且往往非常傑出）的印度兵軍官為敵刺探情報、通敵，藉此讓叛軍高層自亂陣腳。拉賈卜・阿里也很快就與以下諸人搭上線：齊娜特・馬哈爾；札法爾的首相，哈基姆阿赫薩努拉・汗；皇宮中以米爾札法赫魯的親英岳父米爾札伊拉赫・巴赫什為首的親英派。

霍德森在德里布建的間諜網，以英國特派代表官邸的肥胖祕書吉旺・拉爾為核心。他被困在自家幽黯涼爽的地下室裡，但很快就成為德里城內最重要的英國諜報人員。每天派出「兩名婆羅門、兩名賈特人（Jat）去每個區、紅堡、城門等地掌握叛軍動態，以便記錄下一切，供我的主子了解」。[41]根據吉旺·拉爾的日記，早在五月十九日，他就接到指示，要其留在德里城裡，從一個「喬裝成法基爾（faquir）」的歐洲人那兒收集情報。

> 這個人穿著淡紅色的印度長衫，亦即被稱作「薩德」（sadh）的印度教法基爾所穿的衣服，脖子上掛著圖爾西（Tulsi）念珠，額頭上畫了一個印度教羅摩南迪教派（Ramanandi）的標記。只有眼睛是藍的……臉上也塗了淡黃顏料，例如名叫「佩歐里」（peori）的印度黃；他告訴我，他在貝拿勒斯生活了頗長時間，已徹底掌握梵語和烏爾都語，因此沒人能從講話識破他……他坐著兩個小時談論、描述他自己的事，談叛亂分子的無知和愚蠢。
>
> 他從纏腰布褶層抽出信——長長的纏腰布，他像婆羅門般穿在身上……信中有我奉命要轉達給丘祖爾（Jhujur）、巴哈杜爾嘎爾（Bahadurgarh）、布魯卜嘎爾（Bullubgarh）三地首領的指示……他勸我（待在城裡）……提供或許對政府有用的叛軍動態消息。他還說：「而且，我們自己的人會來找你拿走消息。」
>
> 大麻煩在於凡是走馬路或通過城門的人，都受到叛軍仔細搜查，連長褲、鞋子都不放過。如果被搜到東西，會被處死。如果查出那人是傳信人，發信人的屋子會遭劫掠，對發信人的性命毫不憐憫。但我透過自己的僕人……傳信，承諾事成後給他們非常豐厚的獎賞，他們遂喬裝成乞丐……[*42]

數千份來自這類間諜的條子，如今仍存於印度國家檔案館的「譁變文件」裡，其中許多條子係由喬裝為薩德、托缽僧的送信人帶出城。它們的內容，從針對叛軍陣地——砲陣地、兵營、供水設施、團彈藥庫和軍械庫——和叛軍所面臨之問題（例如缺乏雷管）所做的長長翔實剖析，到不同印度兵團間的口角與不和等，形形色色。其中有許多是撕下的小紙張，意在縫進鞋子或衣服裡，上面的文字以極細小的字寫成，為即將到來的攻擊示警，說明會在何時攻擊、攻擊何處。這些條子也針對如何提升砲擊威力、如何利用防禦工事裡的弱點、如何破壞浮橋提出建議。[43]

這些材料並非全然可靠或精確；間諜往往誇大城裡民心的絕望不滿，花錢僱他們的英國人想聽什麼，就告訴他們什麼——霍德森和其英籍情報官很快就看出這一點。但接下來的幾個月，英國人從德里收到的情報數量之多，以及叛軍陣營情報蒐集的不足，大大決定了德里爭奪戰的結果。誠如德里高階警察賽義德穆巴拉克·沙後來所說的，「實情是叛軍未掌握英軍兵力、陣地方面真正可靠的情報，也沒有可靠的間諜。」[44]

六月的第一個星期開始時，霍德森已在前頭帶領德里野戰部隊，從格爾納爾循「大幹道」往南邊的德里緩慢前進。該部隊的新指揮官，六十歲的亨利·巴納德（Henry Barnard）將軍，聽從約翰·勞倫斯爵士的意見，「立即行動，與當地不分多寡的歐洲籍部隊一同出征，不會有危險。」

* 作者註：晚近某些後殖民時代的學術著作，嘲笑歐洲人喬裝印度人充當間諜一說，把這類說法——後來許多維多利亞女王時代小說的主題——斥為「憑空捏造」——見，例如，Gautam Chakravarty, The Indian Mutiny and the British Imagination, Cambridge, 2005，尤其第五章，'Counter-insurgency and Heroism'。但在此事上懷疑吉旺·拉爾的日記不實，似乎站不住腳，因為該日記的其他記述似乎是無可挑剔的可靠，儘管有點諂媚。見 A Short Account of the Life and Family of Rai Jiwan Lal Bahadur, Late Honorary Magistrate of Delhi with extracts from his diary relating to the time of the Mutiny 1857 compiled by his son, Delhi, 1902, p. 30。

假以時日，這支部隊會橫掃大地。」[45]巴納德此時轄下的兵力不算太多，六百騎兵、兩千四百步兵左右，並有由五十門左右加農砲和野戰砲組成的一支小型攻城隊支援。

霍德森與其非正規騎兵走在主力縱隊前，以便偵察敵情，而能先發制人阻止伏擊；有次霍德森策馬遠至位於已燒掉之兵站上方的德里賽馬場，才遇見叛軍哨兵。[46]與此同時，尼可森正在邊區忙著徵集帕坦籍、錫克籍非正規騎兵，以填補印度斯坦籍士兵譁變後損失的兵力。*

不久，霍德森、尼可森就會聯手將報仇心切的英國人，帶到巴哈杜爾·沙剛當家作主的蒙兀兒德里城門前。

札法爾特地於五月十二日下午辦了一場出巡。出巡德里城，一直是札法爾賴以宣告、申明其最高統治地位最中意有效的手段，而五月十二日，他亟需宣告這樣的地位。

一如前一天，德里街頭除了成群的劫掠者，別無他人：札希爾·德拉維寫道，「情況依舊很糟，成群的劫掠者帶著空袋子，洗劫他們所能闖進去的任何正派人家屋子。」

> 他們挑有錢人的房子下手，說此房裡窩藏白種女人或彼房裡有白種男人，藉此挑激參與暴亂者動手。聽了這話後，成群暴亂者由印度兵帶頭衝進房子，不久，就可看到此城的下層人民帶著他們所搜括的東西離開殘破的房子。[47]

數名蒙兀兒大貴族慘遭毒手，房子遭洗劫，包括哈米德·阿里·汗（Hamid Ali Khan）。他是很有權勢的德里什葉派領袖，被控庇護歐洲人，於是被拖到皇廷，靠札法爾出手相救，才得以免遭處決。[48]前一天放的火，仍在數大片城區燃燒，紅堡內此時則有許多印度兵。印度兵擺自己人守宮門，據毛拉韋穆罕默德·拜蓋爾的說法，「皇宮如今形同兵站」。[49]

小達里巴（Chhota Dariba）的珠寶商、從事放款業務的巴尼亞人、著名的布商首當其衝，受害最烈。德里著名的甜食製造商亦然。他們的聲名顯然遠播阿瓦德和比哈爾，因為據新聞撰寫人春尼·拉爾所述，「這些步兵強行闖入並洗劫城中各街道上的甜食鋪」。[50]放款人馬哈姜·納拉揚·達斯（Mahajan Narayan Das）的房子遭洗劫，屋內的東西被搬空。珠寶商莫罕·拉爾（Mohan Lal）遭印度兵綁架，用槍抵著，交出兩百盧比才脫困。[51]

交際花也易受害：數個排屋遭士兵包圍，至少一名交際花遭擄走：舞者蔓格蘿（Manglo）遭印度籍騎兵魯斯塔姆·汗（Rustam Khan）帶走強暴。[52]有時德里人反擊，「步兵與騎兵攻擊納嘎爾塞特街，欲洗劫該街，」春尼·拉爾記載，「但居民關閉大門，用碎磚攻擊士兵，把他們趕跑。」[53]在其他地方，城民也自行動手懲治壞人，例如在豪茲蓋齊（Hauz Qazi）「有些提朗嘎人和馬哈拉區的居民」，彼此大打出手。[54]

偶爾，暴民會找到最後倖存的基督徒，把他們從藏身地拖到科特瓦爾的辦公室，然後在那裡被送上黃泉路；五月十二日早上遇害者，包括具有學者風範的德里學院校長法蘭西斯·泰勒

* 作者註：錫克人響應招兵特別踴躍，因為儘管和英國人打了兩次大戰爭（最近一次係不久前的一八四九年），他們對英國人的厭惡，終究不如對蒙兀兒人的長年舊恨來得強烈。錫克人的兩個最偉大導師，都死在蒙兀兒人手裡，分別是一六〇六年阿爾姜·戴夫（Arjan Dev）和一六七五年泰格·巴哈杜爾（Tegh Bahadur）。德里聞名的財富，當然也是吸引錫克人入伍的誘因。

（Francis Taylor）。他喬裝改扮欲逃走，但被發現，立即在街上遭人打死。更晚時，伊莉莎白・瓦根特里伯的酒鬼表兄弟約瑟夫・斯金納，被人帶出大宅，在科特瓦爾的辦公室遭私刑處死；然後，斯金納的房子被洗劫一空。許多受害者至今仍不知名姓：春尼・拉爾筆下的一則典型報導，記載了

> 四名歐洲籍男士藏身於商人穆罕默德・阿里之子穆罕默德・易卜拉欣家裡。騎兵聽聞此事，趕去那裡，殺了這些歐洲人，洗劫了房子。有個歐洲籍婦女，打扮成本地人模樣，走在艾倫博羅池（Ellenborough Tank）附近，遭騎兵殺害……兩名歐洲籍男士喬裝為本地人走在路上，在警局前遭殺害。[55]

就毛拉韋穆罕默德・拜蓋爾來說，英國人輕易就遭解決掉一事，有神力使然：他在《德里烏爾都語新聞》裡寫道，「仍有英格蘭人被查獲，而且拜神力之賜，輕易就予以制伏：傲慢給他們招來神的懲罰。如今英格蘭人，因為仇視伊斯蘭且支持旨在摧毀伊斯蘭教的作為，正苦於無形力量的打擊。」[56]

除了鎖定基督徒下手，在印度兵起事後鬧了數星期的暴力活動裡，愛國或民族主義意識竟出奇的少見：起於軍中的叛變，打開了充滿不和與委屈——經濟、教派、宗教、政治方面的不和與委屈——的大潘朵拉盒子；而暴力、報宿怨的行徑一旦出現，就很難將其止住。與此同時，許多印度兵趁法律、秩序瓦解而大發災難財，許多德里人亦然。[57]

根據國王所收到的許多請願書研判（其中許多請願書尚存於「德里文件」裡），受害最深者，

是連大門或大宅高牆的局部保護都無緣享有的德里尋常百姓。在城外，在基生甘吉、尼札穆丁之類郊區，窮人更是任人宰割。在這些地方，居民不只無力抵抗入境印度兵的侵犯，還任由來自周邊鄉村的古遮人擺布。起事頭幾天，來到札法爾跟前請求保護的最大代表團之一，是來自西郊的帕哈爾甘吉。他們向皇上陳情時，不時提到蒙兀兒人的舊頭銜——把札法爾稱作「哈里發轄地的君主」、「世界萬民的庇護者」——但這份請願書的內容，呈現了他的政權完全無力左右時局的實情：

> 我們可憐的人民，賈伊辛格普拉（Jaisinghpura）、沙甘吉（Shahganj）——又稱帕哈爾甘吉——的居民，一起前來謁見光輝的陛下。因為很久以前我們的居住區就附屬於皇產，但如今提朗嘎人從阿傑梅爾門出來，壓迫店家老闆，不付錢就強行取走貨品。這些兵進入貧窮、身無分文的人家，找到什麼就拿走什麼，連吊床、餐盤、成堆的柴薪都不放過。你卑微的僕人，乃至我們最受尊敬的城民，每次去提朗嘎人那兒，向其訴說他們所帶來的苦難，都只是拿槍劍威脅我們。這些兵的劫掠，已使我們日子過不下去，因此向陛下呈上這份請願書，希望陛下把正義、憐憫的目光投向我們。請國王下道命令給提朗嘎人，要他們不要再添亂，有了最寬厚的君主支持，我們或許可以安度餘生。願興旺、成功的太陽和所有榮光，由於你、萬物之主的緣故，明亮照耀！[58]

另一支來到紅堡的大型代表團，由德里的食品零售商和穀物零售商派出。他們抱怨，印度兵奪走所有存貨，卻「一毛錢都不付，而且威脅、毒打所有商人」。[59]連紅堡圍牆內的市集——加蓋市集——的商人，皇帝都必須下特別命令予以保護，明令「若有哪個提朗嘎人違抗命令，其軍官應立即向他報告」，由此清楚可見皇帝面對這些請願者的求助有多無能為力。[60] 印度兵也洗劫國王位於阿傑梅爾門外的米廠，莫名其妙毀掉紅堡的米糧。[61] 就連國王的信使（harkara）都抱怨，受到提朗嘎人攻擊，「他們來我們房子生事，劫走屋裡的東西。」[62]

德里城外的鄉間，情況更糟：札法爾派遣數名騎手，去向阿爾瓦爾的羅闍（Raja of Alwar）尋求援兵和支持，在梅赫勞利外不遠的路上，遭古遮人攻擊；他們光著身子、一身瘀青回來，回報說古遮人「搶走他們的馬、衣服、錢；奪走國王的信，撕碎，把碎紙交回他們手裡」。[63]

札法爾希望止住劫掠，使德里回復常態，於是把朝中幾位大臣叫到皇宮，討論可行的措施。他坐在銀寶座上接見他們。自一八四二年不再舉行總督向皇帝獻納茲爾儀式以來，這個寶座一直擺在倉庫裡；如今，把它搬出來，擦亮，擺在私人接見廳裡。

討論過少許幾個方案後，皇廷決定皇帝應坐大象出巡，米爾札賈旺·巴赫特坐在他身後，「伴隨一個步兵團、一些槍、他本人的特別武裝侍衛、一隊樂師」，穿過遭洗劫、冒著煙的荒涼城區，讓街上恢復安寧。皇家宣言，伴著鼓聲，在諸多市集宣讀，聲明「國家已重歸國王所有」，札法爾已收回按理始終屬於他的最高管轄權，從今起不得再劫掠，店鋪應重新開門營業。此外，皇子米爾札蒙兀兒「乘大象去了各大警局，宣告凡是犯下劫掠罪行者，都會懲以割去耳鼻之刑」。[64]

札法爾離開皇宮時，鳴放了二十一響禮砲，返回時再鳴砲二十一響。以往，札法爾出巡，隊伍會停下來供其子民上前獻禮，象徵性表達對皇上的忠誠之意，但這次出巡大不同於以往。

家家戶戶的叫喊、訴願，轉移了國王的注意力，一下子是已遭殺害的歐洲人之僕人，一下子是自家店鋪慘遭洗劫的店老闆，一下子又是自家遭破門而入的較高階層人家——全都指望國王立即替他們討回公道。到處都有人向他請願，要他壓下橫行全城的劫掠、強奪。[65]

那天晚上，札法爾召集群臣議事，「以一道用語流暢優美的波斯語命令（rubakari）」，要各印度兵團的所有蘇巴達爾約束轄下士兵的惡行，說「這樣的情況極不合宜」，因為蒙兀兒人已重新當家作主，「其他所有國王和君主都單膝著地，聽候於（蒙兀兒皇朝）跟前」。[66]眾軍官恭敬聽命，但不到一小時，其他連的印度兵就出現在皇上面前，大聲埋怨在城裡弄不到吃的、埋怨穀物店不願開門，大剌剌要皇帝替他們找來吃的。

他們常忘了這道命令高高在上的語氣，忘了表達國王威嚴的措詞是何等高雅，卻是以「我說，國王你！」、「我說，你這個老傢伙！」（Arey, Badshah! Arey, Buddha!）之類大不敬的言語對他說話。其中有人大聲說「聽著」，同時抓住他的手；另一人說「聽我說」，同時碰這個老國王的鬍子。他憤怒於他們的行徑，但無法阻止他們的傲慢無禮，只有在他的僕人面前哀痛自己的不幸和遭遇時感到寬慰……

在這個多事的一天，他發覺自己只是一些人的傀儡，為此整天心煩意亂、困惑、畏懼。那些人原本非常樂於乖乖聽令於他，但此刻，眼看在這個毀滅與暴亂之日，抗命之風猖獗於德里各階層，他們也跟著沒有顧忌的嘲笑、羞辱他。[67]

從許多方面來看，若說札法爾是印度兵起事前在英國人宰制下最理想的君主，並不為過，畢竟他能在形同遭軟禁的處境下扮演東道主的角色、能成為重大文化復興的推手之一。但眼下，大家很快就看出，他年紀太大、神祕主義氣質太濃、太出世，根本擔當不起戰時領袖的角色。畢竟他已八十二歲，缺乏駕馭凶險之叛亂勢力所需的精力、野心、老練，乃至衝勁與決心。

他太不被人當一回事，因而，連阻止印度兵將他的公共接見廳（Diwan i-Am）改闢為砲兵的彈藥貯藏所和宿舍，或連防止防禦土牆上的叛軍衛兵不斷窺看他的後宮（他憤怒的別姬頻頻訴苦此事就是明證），都辦不到。更別提阻止印度兵破壞他心愛的庭園。五月的大半時間，他極力要求騎兵將他們的馬移出他的庭園，始終未能如願。[68]

隔天，十三日早上，札法爾再度欲讓其城市恢復安定。前天看過城裡受損的情況後，他理解到亟需撲滅仍在燃燒的許多火，尤其遭炸毀彈藥庫周邊的火；畢竟，許多德里房子幾乎只以泥土、茅草建成，就連較氣派的房子都有木造陽台和格子細工外觀。

自告奮勇前去找科特瓦爾，欲糾集到滅火所需之人力者，係札希爾·德拉維。後來，札希爾寫道，「我認為，最不想見到的事，係剩下的火藥著火，如果那還是發生，不久，全城會陷入大火。」

> 科特瓦爾派出兩、三百名運水人，他自己也過來幫忙，於是，我們一起滅了仍在燃燒的火，包括彈藥庫裡和城中各地房子的火。還好我們及時滅了火。河邊彈藥庫裡，有堆積如山的煤和火藥，以及約兩百門已裝彈、隨時可發射的加農砲。還有無數散落一地的步槍和無數手槍。不到兩、三天，就有人告訴我，下層人民已搬走火藥、槍、砲，只留下砲彈。

對我們廷臣來說，這幾天很危險。身為國王的僕人，頭頂上方時時懸著命運的匕首，常被拿手槍頂著胸膛的叛亂分子包圍。有天（亂事爆發不久），我們二十或二十五人正與哈基姆阿赫薩努拉·汗一起坐在紅堡的倉庫裡，浦爾比亞過來圍住我們。他們抽出槍，說：「你們這些異教徒！都隱瞞自己的基督徒身分！我們知道你們寫信給英格蘭人……」我們聞言大驚，告訴他們，如果真是這樣，何不乾脆當場槍斃我們，至少不用每天於如此壓力下擔驚受怕。其中一、兩個軍官很明理，有辦法安撫其他人。他們聽從勸告放過我們，但我們全都嚇破了膽。

札希爾寫道，每天都另有三、四百名印度兵進入德里，最後，德里城內群集了七、八千名來自印度斯坦各地的印度兵。

他們過得很奢侈，喝了許多名叫邦（bhang）[*]的飲料，吃了上等的 laddoo pera 甜食，不再自行烹煮食物，因為他們兩餐都吃美味的油炸 puri kachori 餡餅和甜點，夜裡睡得很安穩……他們掌控德里，為所欲為：我們求助無門。德里就像 andher nagri chaupat raj（有著無能統治者的著名黑暗城市）。

德里普通百姓很快就受不了這種不確定的日子，祈求上帝讓他們脫離這個突如其來的大災難，希望大權回到會照料他們的統治者手裡。與此同時，造反的印度兵和城中暴民愈來愈富有，想洗劫誰就洗劫誰。其中有些人富裕到不久就沒有足夠空間擺放他們洗劫來的財物。他們拿盧比

＊ 作者註：微帶麻醉性的傳統飲料，以牛奶、香料混合大麻製成。

換金幣，把金幣繫在腰帶上。與此同時，開始有德里的普通百姓餓死，所有工廠關門，由於店鋪關門，沒活可做，人們無事閒坐。[69]

就在德里城裡法律蕩然這個無政府狀態下，蒙兀兒皇廷雖然虛弱，還是扮演起它已百年未扮演的中心角色，擁有了它已百年未擁有的政治地位。

每日接見臣民之舉，自一七三九年波斯人洗劫德里後，首度重啟。皇帝巴哈杜爾．沙二世，再度於印度斯坦全境被譽為最強大的萬王之王、身為皇帝之子的皇帝、身為蘇丹之子的蘇丹。誠如《真消息報》（*Sadiq ul-Akhbar*）所說的，「我們卑微且深深感謝我們的大王，感謝他結束基督徒的暴虐統治，恢復崇高的哈里發陛下、真主在世間的影子、神聖先知代理人的治理。」[70]但這話說得再怎麼漂亮，在不為人知的背後，皇族卻以分裂成相抗衡且水火不容的派系局面，來回應新時局。

最熱烈響應起事的團體，由五個受冷落的年輕皇子皇孫組成。印度兵起事前，他們的前途看來明顯黯淡：不管米爾札賈旺．巴赫特是否繼承皇位，不管蒙兀兒人是否繼續在紅堡裡生活，他們似乎全都注定要在看來高貴但貧窮、處處受限的處境下度過一生。對他們五個人來說，這場起事給了他們絕無僅有的翻身機會。五個人全都迅速抓住命運所送上的機會。

其中四個皇子皇孫一眼就可看出誰是庸才或誰在皇廷裡人微言輕，一八五七年之前幾乎未出現在皇宮的紀錄裡。米爾札基茲爾．蘇爾坦（Khizr Sultan）是札法爾的九子，後宮小妾拉希姆．巴赫什拜（Rahim Bakhsh Bai）的非婚生子。[71]一八五七年時二十三歲，以外表俊美而著稱——加利卜甚至說他俊美如優素福（Yusuf），即聖經中的約瑟（Joseph）——而且他在作詩、射劍方面，有點本事；但他只有在一八五二年，請求父皇賜予一頭大象和位於梅赫勞利的一棟自宅時，出現在皇宮日誌裡，而且該請求旋即遭札法爾駁回。這可能是因為他與失寵的米爾札法赫魯過從甚密，而且其妻和米爾札法赫魯的妻子似乎是最好的朋友。[72]他第二次出現在皇宮日誌時，情況更為不堪：一八五二年八月，他因為打老婆，在群臣晉見的場合遭札法爾公開訓斥，當時這位皇子「趴在陛下跟前請求原諒。國王非常生氣，打了他兩、三下，然後原諒他，警告他日後要與老婆好好相處」。[73]

米爾札基茲爾與另一個投向叛亂分子陣營的皇子皇孫，米爾札阿布・巴克爾（Abu Bakr），私交甚篤。阿布・巴克爾是米爾札法赫魯的長子，是札法爾尚在世的婚生孫子裡最年長者。僅在一八五七年前的皇宮日誌裡出現過一次，即一八五三年十一月他槍枝走火失去一根手指時，但這場起事期間，他迅即從事起過去想做卻做不成的事。整個皇族中，似乎就屬米爾札阿布・巴克爾最快趁著時局劇變，開始恣意妄為：亂事爆發才幾天，他就出現在呈給國王的請願書、控訴書裡，被指控嫖妓和醉酒、鞭打僕人、毆打值夜人和隨意攻擊想約束他的警察。[74]

第三位皇子皇孫，米爾札巴赫塔瓦爾・沙（Bakhtawar Shah），更加沒沒無聞：關於他一八五七年前的事蹟，目前僅知他是札法爾的十一子，札法爾另一個妾漢瓦（Hanwa）的非婚生子，生於一八三九年，一八五二年娶米爾札法赫魯的女兒為妻。[75]第四個造反的皇子皇孫，則是札法爾的另一個孫子米爾札阿卜杜拉（Abdulla），即札法爾長子米爾札沙・魯赫（Shah Rukh）的兒子。米爾札沙・魯赫一八四七年去世時，米爾札阿卜杜拉和其身為人妾的母親凱魯姆拜（Khairum Bai）已動身前往麥加朝覲，一八五三年十二月回鄉。祖父送他一匹上好的白母馬做為他朝覲返國的禮物，此後直至一八五七年五月為止，米爾札阿卜杜拉一直未見諸記載。[76]

第五個皇子皇孫大不同於其他四人，而且此人迅即被公認為，起事幾個月期間最幹練的文職行政首長。米爾札蒙兀兒是札法爾五子，他尚在人世的婚生子中最年長者。一八五七年，他二十九歲，只比其權大勢大的繼母齊娜特·馬哈爾小九歲。他的生身母親是貴族出身的賽義達（即先知穆罕默德的後裔），名叫沙拉芙·馬哈爾·賽義達尼（Sharaf ul-Mahal Sayyidani），在札法爾後宮裡屬地位較高者。[77]

與其他四名造反的皇子皇孫不同的，米爾札蒙兀兒在這場起事前就頻頻出現於皇宮日誌，在皇廷裡地位重要。他是米爾札法赫魯失勢的最大受惠者；一八五二年二月米爾札法赫魯失勢後，米爾札蒙兀兒接掌皇宮納齊爾（nazir）和齊拉達爾（qiladar，堡主），這兩個甚有權勢的職務，從而使其成為實質上的皇宮主計長和內務府總管；也得到米爾札法赫魯的大部分地產，和隨著那些地產而來的收入。[78]他能晉陞如此高位，有一部分拜其與齊娜特·馬哈爾私下達成協議所賜。他實際上成為受她提攜的門生；她似乎與他交好，助他一臂之力，用以反制米爾札法赫魯：皇宮日誌的一則記載，即點出此事。據該記載，他就承接米爾札法赫魯職位所遇到的麻煩，向她徵詢意見，她勸他「在這件事情上，什麼都不用怕」。[79]

有兩幅米爾札蒙兀兒的畫像存世。在一八三八年札法爾的登基肖像畫裡，他是表情認真且嚴肅的十歲小男孩，穿著全套宮廷服。[80]但繪於一八五〇年代初期，即印度兵起事前幾年的一幅油畫，最為傳神。[81]此畫出自奧古斯特·舍夫特（August Schoefft）之手，呈現一位英俊、充滿活力、體型如運動員的青年，穿著寬鬆的白袍，更襯托出他的淺黑膚色、褐色眼睛和黑色落腮鬍。如果說舍夫特筆下的札法爾是一位慈祥、疲累、憂鬱的老人，他筆下的米爾札蒙兀兒正好相反——靜不下來、急躁、沮喪的年輕人，以驕傲、不得發洩的憤怒，乃至一絲怨恨的神情，瞪著觀畫之人。

畫中他身上佩戴的寶石，與其弟賈旺・巴赫特、父親在各自畫中佩戴的一樣多，但引人注目的是劍和短刀；米爾札蒙兀兒的表情，讓人覺得如有需要他會動用這些武器。他擁有一股入世的力量和衝勁，而在他父王溫和、出世的表情裡，這樣的力量和衝勁完全看不到；他也有他看來自負的弟弟畫像裡所看不到的嚴肅與持重。但儘管如此，他的眼神裡只有一丁點札法爾所缺乏的自信。

未有史料提到印度兵來到德里那天，米爾札蒙兀兒人在何處，但十二日早上，他已和他的幾個弟弟一起出現在皇廷裡，而且他們共同「請求帶兵打仗」。札法爾聽了齊娜特・馬哈爾和哈基姆阿赫薩努拉・汗的意見，駁回請求。他們二人主張，「他們的年紀和經驗不足以勝任這類職務，也無法勝任任何的（軍人）職責；他們因此老大不高興。」但隔天，這些皇子再度面見皇上，帶著「數名軍官一起提出請求」。札法爾和哈基姆阿赫薩努拉・汗依舊不同意，「你們是門外漢，」札法爾說。「當上軍官，你們會怎麼做？」但這些皇子和印度兵不死心，「因此，兩天後（十五日），他們中有數個獲授予統兵權，收到禮袍。」在印度兵同意下，米爾札蒙兀兒獲授予總司令銜。[82]

米爾札蒙兀兒，有可能在印度兵起事前，就已連同侄子阿布・巴克爾、弟弟基茲爾・蘇爾坦，偷偷和印度兵往來；後來齊娜特・馬哈爾就這麼主張。*若屬實，這會有助於說明米爾札蒙兀兒為

* 作者註：這場起事落幕，齊娜特・馬哈爾淪為階下囚時，看守她的中尉愛德華・奧馬尼（Edward Ommaney），在其一八五七年九月三十日星期四的日記裡，記下這段透露內情（但明顯只想著為自己開脫）的談話，「桑德斯今早過來……與前王后齊娜特・馬哈爾談了頗久，但他所得到的資訊，與她所給的沒有兩樣，亦即她、她兒子朱馬・巴赫特、年邁的前國王三人與這場叛亂毫無關係，他的兩個兒子米爾札蒙兀兒、基茲爾・蘇爾坦和孫子阿布・巴克爾，在此事變中的角色卻是舉足輕重。據她所知，除了這三人，先前無人有叛亂意圖，直到後來，年老的前國王、她本人、兒子形同被拘禁，

何那麼快就和這些印度兵打成一片，而皇宮中其他人卻對印度兵心存疑慮，與之保持距離。不管事實為何，米爾札蒙兀兒從此積極投身於管理軍隊，並與昔奧・梅凱夫的友人暨救命恩人穆因丁・侯賽因・汗合作，努力治理德里。他出任總司令隔天，即任命穆因丁・侯賽因・汗為科特瓦爾。

「譁變文件」最讓人意外的地方之一，係米爾札蒙兀兒和其辦公室文書作業量之大：這些文件包含成千上萬個米爾札蒙兀兒所下達的命令；有數個文件集，只有他的命令，沒別的文件。*光是編號六〇的文件集，就含有八百三十一道米爾札蒙兀兒祕書處所下達的命令。

叫人驚奇的，印度方面對一八五七年歷史許多帶有民族主義意識的敘述，竟做出普見於大英帝國歷史學家筆下的臆斷，認為所有蒙兀兒皇子皇孫，都必然是好吃懶做的紈絝子弟，此外，米爾札蒙兀兒則被貶為柔弱、無用的貴族。但根據印度國家檔案館的文件研判，米爾札蒙兀兒是擁護一八五七年起事目標的諸人中，最有幹勁、最勤於任事的人之一。米爾札蒙兀兒似乎比任何人都清楚，必須向起事陣營提供組織化的後勤支援，必須讓德里得到有條不紊的治理。結果，他的治理幾乎只限於危機管理，他想把治理團體打造成一股若非能控制諸多印度兵團，也要能控制群集於德里且人數愈來愈多的獨立聖戰士的勢力，但始終未能如願；但這方面受挫，肯定不是因為投入的心力不夠。

從第一個星期起，米爾札蒙兀兒就不斷下達命令和指示：試圖把印度兵請出德里城，移入一連串綜合規劃的軍營裡；派了警察或皇宮衛士前去解救正遭劫掠的市集，或解救房子正遭攻擊的權貴；承諾付薪水給印度兵，並為此募集了資金；為印度兵和德里城民找到足敷需求的食物；收下並處理個別印度兵的請願書；提供鍬、鏟、斧、沙包，供挖掘壕溝、構築防禦工事；對軍隊施以嚴格的軍紀規定，以使，例如未經允許搜屋之事，不再發生；透過協商讓古遮人的活動僅限於城外；設立造幣廠，以生產印有札法爾肖像的錢幣；尤其，試圖讓心情日益低落的父親重新打起精神，試圖控制住他的那些兄弟。

有封以札法爾的名義廣發給印度所有土邦主和羅闍的信，幾可肯定是出自米爾札蒙兀兒的主意。此信要他們共襄盛舉，加入起事陣營，以各宗教都受英國人攻擊為由，呼籲效忠。此信具體提到英國人禁止寡婦殉夫自焚、允許改信他教者繼承遺產的法律，提到東印度公司為傳教士活動大開方便之門，提到英國監獄裡的囚犯據說皈依基督教之事，「英格蘭人是推翻所有宗教的人」。「你們應該很清楚，他們摧毀印度斯坦的宗教為了什麼……如今我堅信如果英格蘭人繼續待在印度斯坦，他們會……徹底推翻我們的宗教。英格蘭人是兩者（印度教徒、穆斯林）的共同敵人，（我們）應聯手殺掉他們……因為唯有如此，兩者的性命和宗教才能得救。」[83]

但有份文件，大概非出自米爾札蒙兀兒或其官署之手，係一份相當值得注意的宣言，被（誤）稱為德里國王宣言，或（較切合事實的，因為此宣言和札法爾毫無關係）被稱為阿札姆嘎爾宣言（Azamgarh Proclamation）。與上述那封信不同的，這份宣言的口吻幾乎毫無宗教味，針對諸多利益團體而發，鎖定的對象甚廣；事實上，它是這場起事期間所提出的文件裡，最近乎國家獨立

她才知曉此事。他們曾努力防止皇宮衛隊長道格拉斯身陷險境，得知他受傷時，遣人送食物給他，傳去安慰之語……還說，直到叛變團到來，她才知道譁變之事。」見 NAM, 6301-143, Diaries of Col. E. L. Ommaney。另一方面，很清楚的，若說這些皇子皇孫已做好發難準備，等著迎接叛變士兵到來，並設法使紅堡城門大開，並非事實。五月十一日諸德里團的行動，讓人強烈覺得他們事前就已和密拉特叛變士兵有某種程度的勾結，但從他們的行動根本找不到證據，證明紅堡內這些皇子皇孫等著起事，隨時可接掌大局。

* 作者註：例如，編號五七、五九、六〇、六一、六二、六三這些文件集。

宣言的東西。開頭句就訂下此宣言的基調，要人民挺身戰鬥，指出「印度教徒和穆斯林都正在異教、奸詐之英格蘭人的暴虐、壓迫下飽受摧殘」。此宣言指出「目前，由於宗教因素，正與英格蘭人在戰場上廝殺」，呼籲「印度教婆羅門（pundit）和伊斯蘭法基爾（fakir）」與蒙兀兒軍隊聯手抗英，但大部分內容在抱怨英格蘭人對地主課稅過重、獨占軍文職體系裡的「所有高位肥缺」、把廉價英國貨傾銷市場，致使印度本地匠人關門停業。

有些史家，很高興找到一份來自一八五七年且清楚提到經濟、社會方面之民怨的難得文件，認為這份特別具有現代意義的文件，與紅堡有關聯，從而說不定誇大了其影響力和重要性。因為此文件其實出自頗不為人知且身世成謎的蒙兀兒皇族成員費羅茲·沙之手。他大概是札法爾的孫子，作戰場域限於阿瓦德和勒克瑙，在這場起事期間從未來到德里。為何他所提出較無關乎宗教的問題，語氣和內容上都耐人尋味的不同於當時，在蒙兀兒都城被當成主要民怨的事情，這或許是原因之一。[84]

如果說大部分皇子皇孫都覺得，反正再糟也不會比現狀糟到哪裡去，順利的話反倒會大有收穫，於是靠向起事陣營一方，齊娜特·馬哈爾和其摯愛的獨子賈旺·巴赫特則走上截然相反的道路——而且出於同樣的考量。

齊娜特·馬哈爾徹底反對丈夫走的路，認為那會毀了賈旺·巴赫特的前途。這也是札法爾娶了她以來，首次在重大事情上公開與其意見相左。據哈基姆阿赫薩努拉·汗的回憶錄，王后「抗議國王不理會她的意見。（但）他（只是）答以『聽天由命』」。[85]

齊娜特・馬哈爾似乎認為英國人不久就會回來，擊潰印度兵，此刻若仍忠於英國人，或許會認可由她的愛子繼位；不管上述說法是否屬實，不管出於哪種考量，係她在亂事爆發那一晚，鼓勵札法爾派騎駱駝的信差去亞格拉，將急件交給西北省的行政長官。[86] 後來，在她主導下，賈旺・巴赫特與叛亂分子保持距離，未涉入他們的暴力活動。米爾札蒙兀兒獲任命為總司令時，賈旺・巴赫特獲授予維齊爾（Vazir）這個無實權的頭銜，但母后不讓他與印度兵有瓜葛，所以也未參與德里的治理。[87]

皇宮中與齊娜特・馬哈爾、米爾札賈旺・巴赫特一同被歸類為審慎親英派者，係太監頭子暨齊娜特・馬哈爾的打手馬赫布卜・阿里・汗；札法爾的首相，哈基姆阿赫薩努拉・汗；米爾札伊拉赫・巴赫什，即已故米爾札法赫魯的岳父。一八五二年，伊拉赫・巴赫什已和齊娜特・馬哈爾、賈旺・巴赫特、馬赫布卜・阿里・汗水火不容。此時，這場危機的發生，使宮廷舊派系勢力出現意想不到的重組：原受齊娜特提拔的米爾札蒙兀兒，這時成了她的對手；原與她為敵的米爾札伊拉赫・巴赫什，這時成了她的盟友。[88]

札法爾與其妻子、主要顧問稍稍保持距離。他很清楚印度兵所帶來的危險，非常厭惡他們的舉止，對他們洗劫他的城市，深為驚恐且沮喪，但他還是意識到這場起事有可能拯救帖木兒家族；有可能使他自一八三七年登基以來，始終追求蒙兀兒王朝的光明未來實現。因此，他祝福並公開支持這場起事，認真看待其剛獲賦予權力的蒙兀兒皇帝角色，同時竭盡所能壓制印度兵的掠奪。

亂事爆發五天，五月十六日星期六早上的早朝，以最戲劇性的方式，揭露了齊娜特・馬哈爾、馬赫布卜・阿里・汗、哈基姆阿赫薩努拉・汗執行其對這場起事的政策時，有多不受皇帝左右；與米爾札蒙兀兒等皇子皇孫的意向有多背道而馳。根據當時在場之新聞撰寫人春尼・拉爾的日記，騎兵隊和步兵隊的士兵，在其軍官陪同下，出席了早朝，提交了一封蓋有哈基姆阿赫薩努拉・汗、納瓦卜馬布卜・阿里・汗印章的信，並說他們是在此城的德里門攔截到這封信。他們控訴這位醫生和這位納瓦卜把信送交英格蘭人，邀英格蘭人立即前來，並保證如果英格蘭人同意承認，王后齊娜特・馬哈爾為國王生的兒子米爾札賈旺・巴赫特為當然繼承人，他們會保證拿下目前在德里城內的所有軍人，並移交給英格蘭人。[89]

這位醫生和這位太監——此時這位太監病重，必須俯臥在轎子裡，由人抬到皇廷——發誓說這份文件係偽造，但不被採信。對這兩位廷臣來說，情況看來開始不妙，「騎兵隊和步兵隊的士兵抽出劍，圍住醫生，宣稱他們認定他與英格蘭人有協議。」[90]

就在此刻，其中一個印度兵提到，札法爾拘禁在宮中但安然無事的英籍犯人。此前，數個躲在城裡的英國家庭被人發現，原本就要命喪黃泉，但新任科特瓦爾穆因丁把他們帶進皇宮，因此逃過一劫。宮中拘禁的英國人也因此增至五十二人。印度兵指控這位醫生和這位太監，讓這些犯人活命，以便「英格蘭人來時，他可以把他們移交給英格蘭人，而且屆時會叫人殺掉這些軍人（印度兵）」——無疑正是這兩人心裡的想法。[91]

然後，印度兵叫人把這些犯人帶過來。札法爾將他們安置在廚房旁的一間房裡，離拉合爾門不遠，並提供吃的。印度兵捆住他們，帶到皇宮鼓屋（Naqqar Khana）前淺水池附近的一棵菩提樹旁，開始嘲笑他們，說他們就要性命不保。

據吉旺・拉爾所述，「國王及其廷臣（最初）像不會說話的傀儡站著」，驚恐於印度兵想做的事。「然後國王下令印度兵分成兩批，一批是穆斯林，另一批是印度教徒，他請求這兩批人各自去請教他們的宗教顧問，弄清楚殺害無助的男女小孩是否合理。」[92] 札法爾說「絕不允許殺害他們」，還說王后也反對屠殺。[93] 賽義德穆巴拉克．沙記載道，

國王哭泣，哀求叛變士兵勿殺害無助的女人、小孩，對他們說：「要小心，因為如果幹下此惡行，上帝的報仇和天使會找上我們所有人。為何要殺害無辜之人？」但叛變士兵聽不進去，回以「我們要殺了他們，就在你的宮裡，這樣一來，不管未來如何，你和我們會被視為一同幹下此事，在英格蘭人眼中，你的罪過一樣重」。[94]

當時也在場的科特瓦爾穆因丁和廷臣札希爾．德拉維都記載道，國王繼續與印度兵爭論，不同意殺人，但最終被哈基姆阿赫薩努拉．汗制止而不再力爭。這個醫生為他的信遭揭露一事大感驚愕，提醒國王再爭辯下去，他們的性命都會不保。

札希爾看到印度兵準備殺人時，懇求這位醫生讓他為制止殺戮做最後努力：後來他記載道，「我告訴他，看到這些犯人被帶出來，擔心他們就要殺掉他們，必須趕快出手制止。」對此，我得到的回覆是「我能怎麼辦？」，我告訴他，這是表現我們忠誠的時刻，如果他想救國王，就得勸造反者勿犯此罪行，拯救這些犯人，否則英格蘭人會過來夷平德里，使它成為杳無人煙的荒涼之地，以報此無辜者遭殺害之仇。阿赫薩努拉．汗回道，「你還是個孩子，不了解在公共事務上必須用理智，而非放任自己的情緒。如果試圖打消造反者的殺人念頭，他們會殺掉我們，再殺英

格蘭人，然後殺掉國王。」95

無論如何已經太遲。阿赫薩努拉·汗講完這番話時，印度兵和宮中暴民已開始動手。

他們要犯人坐下，其中一人朝他們開了卡賓槍。然後，國王的兩名貼身武裝侍衛用劍殺掉所有歐洲人，包括男女、小孩。池邊站了近兩百名穆斯林，朝這些犯人發出最不堪入耳的辱罵。其中一名國王侍衛的劍斷掉。殺人後，屍體搬上兩輛車，丟入河裡。此事令全城印度教徒大為激憤，他們說犯下這樁十惡不赦暴行的浦爾比亞人，絕對打不贏英格蘭人。96

對札法爾來說，這場屠殺是命運的轉捩點。這些印度兵的看法沒錯，英國人絕不會原諒集體殺害無辜者的行徑，而札法爾未能阻止此事，對他及王朝的傷害，就和對這些印度兵的傷害一樣致命。

起事兩星期時，就連原本熱烈響應的毛拉韋穆罕默德·拜蓋爾，都開始動搖其對時局的看法：他在五月二十四日《德里烏爾都語新聞》的社論裡寫道，「居民飽受騷擾，厭惡劫掠。」

不管是此城的居民，還是來自東方的外地人，個個都忙著搶劫。警察局完全未出手壓制，展現公權力。詹姆斯·斯金納上校的排屋遭洗劫之慘狀，慘到無法形容。在德里城和周遭地區，古遮人和賈特人到處製造混亂。道路被封，數千棟房子被劫掠、焚燒。所有體面、富裕的德里人都遭遇大災殃……這個城市正被蹂躪。[97]

但拜蓋爾強調，動手洗劫者不只印度兵：此城暴民的洗劫惡行不遑多讓，其中有些人喬裝成軍人。他寫道，「這些人從彈藥庫和英格蘭人的排屋搶走槍、武器、彈藥後，喜歡打扮成提朗嘎人，開始劫掠。」

昨天已有五人被捕。最終查明其中有些人是在英軍兵站工作的補鞋匠，另有兩人是查馬爾人（屬賤民）。他們被帶到聲稱隸屬的排，謊言隨即被拆穿時，蘇巴達爾和印度兵重重鞭打了他們一頓，至今仍被關著。[98]

拜蓋爾理解到當前無法無天的狀態，肇因於管轄權方面的一個根本問題。亂事爆發前，不同團之間的確存在某種程度的勾結與聯繫，但每個團各自叛變，靠己力來到德里，而且來到德里後，便要求由自己團裡的蘇巴達爾統領。這些團依舊各自為政、不需外援：各自紮營，不同意由哪個印度籍將領統領諸團，強烈反對要他們接受別團指揮官管轄。諸土邦主依舊與個別團關係非常密切，米爾札蒙兀兒想要扮演統帥，統籌諸團行動，成效甚微。蒙兀兒人始終付不出兵餉，更無力對不守規矩的印度兵、乃至抗命的團，施以應有的懲罰，因此，他們節制叛軍的能力有限，諸團在某種程度上依舊是各行其是的私人軍隊之集合體，各支軍隊聽命於自己的蘇巴達爾，蘇巴達爾形同半獨立的軍閥。為卡普爾塔拉的羅闍（Raja of Kapurthala）撰寫新聞者說得簡單明瞭，「叛軍群龍無首」。[99]

雪上加霜的是，第二個星期結束時，叛軍步兵團與騎兵的打鬥愈發頻繁。密拉特印度兵、德里印度兵關係依舊特別差，常常為了從德里劫來之財物的分配問題大打出手。[100] 誠如當時加利卜在日記裡所寫，迅速集結於德里城的印度兵，係「一千支沒有統帥統領的軍隊、數不清的團夥、沒有指揮官領導，隨時可上場殺敵」。[101] 皇帝同樣心情低落。據某特務的報告，德里、密特拉兩地出身的團不聽自己指揮官命令，彼此大打出手，造成死傷後，札法爾搖頭說道，「天已垮掉，壓在我們身上。」[101]

拜蓋爾也很憂心。他在報紙寫道，「每個人對此城科特瓦爾的辦事效率讚譽有加，但上層和下層人民都覺得無助，因為沒人管得住提朗嘎人。據說許多窮人快要餓死……放款人躲了起來，因為害怕提朗嘎人。有兩件事必須搞定，且刻不容緩：首先，分發薪水；其次，約束提朗嘎人。」[103]

印度兵不願聽命於其他印度兵團的蘇巴達爾，更不樂於遵從德里警方的命令；警方欲阻止他們劫掠，他們立即反擊。在拉合爾門，有個警察欲阻止提朗嘎人劫掠，遭一頓毒打：當地警察首長事後向新任科特瓦爾穆因丁報告，「在防禦土牆下方，有個武裝警察（barqandaz）注意到，牆邊擺著幾大袋劫來的東西，於是向物主查問。」

物主是個提朗嘎人，出言反駁，抽出劍。雙方一陣推搡，高聲叫罵，後來有幾個提朗嘎人過來（幫他們同袍），把這名武裝警察打到流血，然後押走。提朗嘎人照理是國王的僕人。這情況如果不改，根本維持不了秩序和法紀。[104]

又有一次，有個警察欲阻止一群印度兵在蓋西姆姜巷（Gali Qasim Jan）抽保護費：當地警察局長向科特瓦爾回報，「他們向所有通過該巷的贓物收錢」，收了錢，他們就放行；不給錢者，就被警衛大肆騷擾。這個警局派到那裡的武裝警察，只要出來制止，就受辱罵、威脅。最近，他們變本加厲：開始逮捕要不到錢的人，如今更是挑釁說我們警局的警力應全部撤走，不要再干擾他們。[105]

米爾札蒙兀兒管不動印度兵，札法爾卻意識到他擁有一項法寶可壓制印度兵：不合作。五月十四日印度兵無視其命令，仍要賴在他心愛的月光庭園裡時，首度認識到這項法寶的威力。見印度兵我行我素，札法爾進入他的寢宮，「煩亂，困惑，把自己關在房裡，誰都不見。」不久，有些印度兵開始移出他的庭園，移入德里城北兵站的殘餘房舍。

札法爾看出此作法的效用，一星期後下旨，揚言如果他的人民繼續劫掠，他會出走德里，到麥加度過餘生。五年前，他對托馬斯·梅凱夫爵士放過同樣的話。這一次奏效。拜蓋爾在《德里烏爾都語新聞》裡以肯定口吻報導了此事：

> 當局宣布，得悉人民房子會被毀、會遭洗劫，而且全城混亂、法紀蕩然，陛下已下旨，說士兵騷擾居民和國家的忠僕，使他們民不聊生，「先前，佛朗機人恣意向我們親愛的子民下達命令，居民始終煩惱於英格蘭士兵，時時受其騷擾。如今，你們提朗嘎人劫掠，帶來更大的傷痛與困擾。若繼續這樣下去，大家肯定來日無多。我對皇位或金錢都不眷戀，我要事先昭告，我會退隱（梅

赫勞利）克瓦賈薩希卜（Khwaja Saheb）（的蘇菲派聖祠），陛下的所有子民也會一起過去，追隨他們的統治者。然後，我打算移往麥加的克爾白（Ka'ba）和崇高聖所（Haram Sharif），在那裡禱告、悔罪、緬懷真主度過餘生。」

據說，此宣言於皇廷上宣讀時，在場者無不落淚。請大家祈求萬能的真主、所有援助的提供者，創造出讓此城安定下來的情況。這會讓人民寬慰，也能化解掉陛下額頭上煩惱、憂懼的皺紋……[106]

但事與願違。五月十九日，跡象顯示可能出現危害更大的分裂對立。那天早上，德里一名較恪守正統的毛拉，毛拉韋穆罕默德・賽義德（Muhammad Sayyid），在賈瑪清真寺立起一面聖戰旗，似乎欲把這場起事改變為純穆斯林的聖戰。札法爾隨即下令將其取下，「因為如此呈現狂熱作風，只會激怒印度教徒。」

隔天，二十日，就在德里野戰部隊正在安巴拉集結的消息傳來時，這個毛拉韋來到宮中勸誡札法爾，說印度教徒都是英格蘭人的支持者，因此，對他們發動聖戰完全正當合理。與此同時，有個德里印度教徒代表團也出現在紅堡，忿忿駁斥這位毛拉韋的指控。札法爾宣布，他對印度教徒和穆斯林一視同仁，「這樣的聖戰不可能開打，這樣的想法愚蠢至極，因為浦爾比亞士兵大多是印度教徒。此舉會引發內戰，帶來極不樂見的後果。聖戰對象是英格蘭人。我禁止把聖戰矛頭對準印度教徒。」[107]

在這場起事的這個階段，札法爾似已成功讓聖戰士噤聲。但八週後，大批「瓦哈比派」聖戰士從西北印度各地群集於此城時，要讓他們乖乖聽話就困難得多。

CHAPTER 7 岌岌可危

五月二十三日，就在安森將軍終於要從安巴拉動身時，一個一身破爛印度斯坦服裝的騎馬者，靠近英國人在格爾納爾營地的尖樁圍籬，要求進入。遭查問名字和來此緣由時，這人答以他是昔奧菲勒斯・梅凱夫爵士。衛兵聽後只是大笑。這位德里助理治安官，老早就被認定已死；甚至，據說他的頭顱被插在阿傑梅爾門外的竿子上示眾。但這個口出狂言的陌生人所言不假：他的確是昔奧，已逃亡近兩星期。

亂事爆發後的頭幾天，昔奧躲在帕哈爾甘吉區布拉・汗・梅瓦蒂（Bhura Khan Mewati）的女眷房舍屋頂上，受到周全的照料，沒餓著；晚上，他和布拉・汗出門，往德里的方向走，看火燒的房子。有天夜裡，看著城裡施放煙火，慶祝蒙兀兒人重掌大權。昔奧一直以為英軍會從密拉特過來，恢復英國人的統治地位。但第四天五月十四日早上，仍看不出英軍到來的跡象，布拉・汗告訴昔奧，他收到消息說，有人跟蹤昔奧到他的藏身處，他如果繼續待著，這房子會遭攻擊，全家人將性命不保。布拉・汗請求他移往別處，而且會幫他安排好新處所。據昔奧妹妹埃米莉的回憶錄，

> 日暮時，他帶昔奧菲勒斯到一處石灰岩坑，坑裡有個小洞。從坑裡挖出的東西用於築路。他給了他一把本地劍（tulwar）、一把手槍，因為布拉・汗說他可能會遭人跟蹤，從而遭攻擊。洞口很小，昔奧菲勒斯爵士覺得一次對付一個人，他還應付得來。若非那天夜裡，就是隔天夜裡，他聽到外頭有腳步聲和說話聲，於是等著攻擊者現身。光線足夠他看到出現在洞口的人形，於是他撲上去，用劍撂倒那人。[1]

眼看藏身地曝光，隔天早上，昔奧送了口信給他的友人穆因丁，即當時札法爾的科特瓦爾，請求助他前去切傑爾。切傑爾的納瓦卜是梅凱夫氏族的世交。穆因丁一直與昔奧暗中往來，示警他，這場危機似乎一如先前所推測的，不可能很快就落幕，還說「該來的躲不掉」。這時，收到昔奧的請求後，他送去「一匹良馬、一些錢……此去該注意的事項……照他的安排，昔奧菲勒斯爵士要打扮成本地軍人，取名謝雷・汗（Shere Khan），此後我們聯繫時，他都用這個名字」。

隔天，穆因丁收到從切傑爾寄來的正式收據，表明昔奧已收到錢。[2]穆因丁認為昔奧跟著切傑爾的納瓦卜會很安全，因為兩人是老朋友。一如穆因丁所屬的洛哈魯氏族，切傑爾的歷任納瓦卜靠支持英國人掌權，最初係在十九世紀初支持英國人對抗馬拉塔人。共同的嗜好也加深這位納瓦卜和梅凱夫家族的情誼：雙方都大力贊助古拉姆・阿里・汗（Ghulam Ali Khan）、馬茲哈爾・阿里・汗（Mazhar Ali Khan）之家族畫坊的東印度公司畫派（Company School）創作。托馬斯爵士委請馬茲哈爾・阿里・汗畫下德里的古蹟，放進他的《德里書》和磅礴的德里全景畫卷裡；這位納瓦卜則委請古拉姆・阿里・汗（很可能是馬茲哈爾的叔伯），以他的宮廷為題，畫下一系列畫作。其中一幅畫裡，他一身輕薄夏服；另一幅畫裡，有他和裹著冬披巾的諸位廷臣。另外還委請他畫了一幅他獵獅、一幅他騎著寵物虎逛鄉間庭園的精采畫作。[3]

儘管如此，這位納瓦卜未如預期般歡迎昔奧。昔奧來到納瓦卜的府邸，

> 立即要求以朋友身分見他。納瓦卜遣人回來問他名姓，他照辦。他下馬，被帶進一個小房間等候接見。他等了一段時間，請人去問，納瓦卜派人回道，歡迎來投靠他，但他不能見他。
>
> 那天下午，雙方互傳了幾次話，昔奧菲勒斯爵士表示非常驚訝，朋友竟如此冷落他。最後，

納瓦卜派他的祕書（sarishtadar）帶來一封信，信中說他不可能見昔奧菲勒斯爵士或把他留在屋裡，因為他如果庇護歐洲人，會遭德里國王攻擊，但會給他一匹馬和兩名護衛士兵，指引他回德里的路。

納瓦卜很清楚，昔奧菲勒斯爵士和他的士兵一樣知道怎麼回德里，因此，派這兩人同行，顯然居心不良。但看出只能得到這樣的協助，昔奧菲勒斯爵士接受了這個好意。提供給他的矮種馬，不是自己那匹好的矮種馬，而是劣質的印度矮種馬（tat），走不快。他要兩名士兵騎馬走在前面帶路，趁著夜色，他調轉馬頭，離開大道，進入多沙的叢林裡，以最快速度脫身，朝漢西的方向走。矮種馬不久就累垮了，他不得不日以繼夜步行，睡在叢林裡，吃喝路上村民送給他的恰帕提烤餅和牛奶。他聽這些人談論歐洲人（sahib log）如何被殺、政權如何轉移到德里國王手上。

隔天早上，昔奧不得不離開可隱藏行蹤的叢林，回到大道上。他走了一段時間，突然聽到一些人策馬疾馳的聲音，回頭看見兩個穿著這位納瓦卜制服的印度籍騎兵快速逼近，不久後就會追上他。他深信他們是要追捕他，唯一可能的藏身處是他正逼近的村子，而他原沒打算冒險進村。

但他別無選擇，而且認定時值正午，村民肯定都在屋裡睡午覺或待在街上背陽的角落，裹著長袍，遮住臉躲避驕陽……昔奧菲勒斯爵士如法炮製，很幸運在一群躺著睡覺的人中找到安身之處。幾分鐘後，印度籍騎兵來到，高聲要求告知這個英格蘭人的藏身之處，但沒人回應，因為每個人都在睡覺。其中一個騎兵用矛戳了下躺在昔奧菲勒斯爵士旁邊的男子，發出同樣的詢問。這個睡覺的男子，被人這樣粗魯叫醒，很火大，咒罵了那個騎兵，說沒有英格蘭人通過那條路。騎兵迅速上路，（昔奧）聽到他們的馬蹄聲漸漸消失，輕手輕腳走出村子，就和進村時一樣避人耳目，急忙回到叢林裡躲藏，一個小時後看到追捕他的人空手而去，才敢出叢林……（數日後）他來到漢西，已如死人一般。[4]

在漢西，昔奧直奔梅凱夫家族的另一個世交的宅第，而在此，他的境遇比在切傑爾時來得好。亞列克．斯金納（Alec Skinner）是「錫坎達先生」詹姆斯．斯金納上校尚在人間的最年長兒子，伊莉莎白．瓦根特里伯的諸多兄弟中最年長者。斯金納家族在漢西的宅第占地遼闊，屬喬治王朝時期風格，係她父親所建，做為他主要的鄉間住所，在較順遂的時期，錫坎達坐鎮該宅第，經營其非正規的騎兵團和種馬場。

結果，昔奧在斯金納家只待了一晚。起事潮尚未擴及漢西，但城中氣氛緊繃、人心浮動，覺得動亂就要到來。從亞列克那兒得悉，安森將軍在前往格爾納爾途中，昔奧未好好休息即借了一匹馬，拂曉再度上路，馬不停蹄，抵達英軍營地才休息。隔天傳來消息，位於漢西的士兵已在昔奧離開幾小時後叛變；接待他的亞列克和其穆斯林老母奇蹟般逃出生天，兩人合騎一頭競賽用的駱駝，穿過沙漠，逃到比卡內爾（Bikaner）。

這番折騰把昔奧搞得精疲力竭且極不開心，整個人就快要垮掉。托馬斯爵士始終認為，昔奧這個兒子不穩定，有點像是不受控制的危險人物，而後來的事態也證明他的看法沒錯。因自身的遭遇和自己的所見所聞，昔奧極憤慨；他的朋友和同僚的確不久後就開始憂心，他來到格爾納爾時那種憤怒、焦慮、煩憂的神情，會在亂事平定前一直跟著他。與此同時，他開始報宿怨、算舊帳，務使那些該幫他卻未幫他的人或殺害他朋友和家人的人被絞死，受到法內或法外的處置。誠如他的友人查爾斯・桑德斯（Charles Saunders）後來說的，「梅凱夫對穆斯林報仇心切，似乎因為自己吃過的苦頭，慘遭信任、結交之人背叛，於是對穆斯林心生強烈反感……」[5]

隔天早上，昔奧寫信給亞格拉副行政長官的祕書G・B・索恩希爾：

閣下，

有幸告知，我已從德里經漢西來到格爾納爾，身體不是很好，但我還是動筆請求副行政長官允許，我以某種官職的身分，隨同這支部隊和總司令到德里：相信我對德里城和周邊區域的實地了解，會對政府有所貢獻……只要是能讓我一展所長的地方，我都樂於前去任職，但在德里任職八年後，處於現今這個非常時期，我自是自負的認為，如此綿長的德里淵源，必會使我在那裡得到任用。

很榮幸為你盡心效力

T 梅凱夫[6]

昔奧的請求如其所願得到批准；但誠如後來發展所表明的，如果這請求遭拒，對每個人來說，情況會好上許多。

在外奔波者不只昔奧。整個印度斯坦，士兵、武裝土匪、部落民、難民都在走動，而且難民並非全是英國人。例如偉大的烏爾都語文學批評家哈利（Hali），比昔奧晚了幾天，逃難於同一條路上。

他在侯賽因·巴赫什的「非常廣闊且美麗的」伊斯蘭經學院就讀時，被他的家人跟蹤找到，不得不跟著家人回巴尼伯德。巴尼伯德位在「大幹道」上、格爾納爾的南邊。一年後的一八五六年，他老婆生下一個兒子，哈利意識到自己非找份工作不可，於是孤身來到離斯金納家族的漢西宅第數英哩處，希薩爾的行政中心，他沒有人脈或推薦信，最終還是在分區稅務官暨分區行政長官（Deputy Collector's）官署覓得工作。印度兵起事時，他仍在那裡工作。

叛變印度兵——由後來會成為英國間諜的旅參謀長高里·尚卡爾·蘇庫爾領軍——與梅瓦蒂（Mewati）部落民聯手起事，殺掉這位稅務官，帶著搜括來的財物奔往德里，以加入札法爾的軍隊，自此，哈利除了「冒生命危險」動身，逃回位於巴尼伯德的家，「幾無別的路可走」。途中他被古遮人逮住，搶走他的馬。此後，他一路乞討走回家，抵家時腹瀉非常厲害，因為一路日曬雨淋，身子非常虛弱。所以儘管被當成名醫，還是病了一年多，此後餘生苦於胃、胸、肺易出毛病。[7]

愛德華·維巴特一行人吃的苦頭一樣多。梅凱夫宅遭攻擊、焚燬前不到一小時，他們逃離該宅，四處找地方涉過水頗深的亞木拿運河。意識到只有折返，在兵站下方過河，才能到達彼岸，他們甚為驚恐。天黑後的幾小時裡，那裡是德里最危險的地方：造反的印度兵已群集於該處，要洗劫、破壞、燒掉每棟英國人的平房，以發洩對東印度公司的心頭恨。維巴特在回憶錄裡憶道，「我們膽戰心驚、躡手躡腳地沿著運河岸走」，

> 漸漸靠近燃燒中的兵站；無數劫匪在劫掠旁邊的平房，身影清楚可見，但我們神不知鬼不覺通過，找到尋覓良久的可涉水處，而且近旁空無一人。那種鬆了口氣的感覺，言語無法形容。

我們立即準備過河，希望破曉前已遠離兵站約三、四英哩。但要把女士弄到對岸，不如預想容易，因為水深超過預期頗多，我下水帶路，發現水深及胸。[8]

這群人就著日益黯淡的月光繼續漫無目的的走，穿過一片多荊棘的未開墾平原。女士不慣於走路，這時腳已起水泡、流血。更令人憂心的是，經過此日更早時彈藥庫爆炸的嚴重衝擊，佛瑞斯特先生開始出現古怪行為：開始落後甚多，偶爾更不見人影。拂曉時，這群逃難者遠離兵站僅三英哩，愈來愈清楚他們手上的防身之物，只有兩把老舊團劍和一把雙管鳥槍。辛苦走到灌木叢林後，全都在灌木叢裡躺下，疲累至極，開始打瞌睡。維巴特寫道，「正要睡著時，突然有人抓著我手臂搖，激動喊道，印度兵已來到附近。」

不到一百碼外，我們看到一群八或十個印度兵，呈一直線朝我們過來。他們是從密拉特過來的落伍士兵，其中兩人騎著矮種馬。天色微明，但足以讓我們看出他們有武器在身，卻只有一半的人穿軍服。他們走鄉間小路要去德里，正直直朝我們的藏身處過來……我們於千鈞一髮之際悄悄爬到灌木底下，盡可能躲好，他們就到了附近。我們屏住氣息，忐忑不安看著他們，不敢動，幾乎無法呼吸。

這時他們呈印度縱隊緩緩通過，離我們才幾呎……其中一人彎身，從地上撿起東西，對同伴低聲說了些話，然後突然停止。糟了！我們的水瓶洩露了我們的行蹤！匆匆忙忙一陣混亂，我們把它留在開闊的地上……鴉雀無聲，只有印度兵的低語聲打破這死寂……我不自覺拔起擊鐵……（但）不久後，我們看到他們不發一語離開……[9]

但此後幾天，這群人就沒這麼好運。漫無目標在大太陽上遊走，穿過光禿禿的平原，朝著他們所希望通往密拉特的方向，沒食物又沒錢，他們看著佛瑞斯特惡化為精神錯亂，躲在灌木叢裡，不肯跟上來，「說經過這番折騰，他已累垮，寧可留下來安然死去。」兩天後，他們遇到另一批衣衫同樣破爛的德里難民，帶隊者是維巴特的指揮官克尼維特（Knyvett）上校。兩隊人一起走，總數增為十七人。但不久，他們就全被一臉凶狠的男人

圍住。這些人手上拿著矛和大頭短棒，正是讓人害怕的古遮人，而且人數快速增加，朝哪個方向望去，都能看到有人朝我們奔來，身上帶有類似武器。把我們團團圍住時，他們發出一聲可怕的吼叫，往我們衝來。我們往後一退再退，明知徒勞，仍想擊退他們；但我們人數僅對方的十分之一，很快就被壓制住。有個惡棍抓住我的劍，想從我手中奪下。抵抗無效，後頭有人往我背部一擊……

在這場混戰中，我看到克尼維特上校把槍近距離對準其中一個壞蛋……所幸有人朝他大喊制止；他刻意拿下帽子，不再反抗。好在我們自行繳械，若繼續抗爭，性命肯定不保。

要我們都趴下後，他們開始搶劫我們身上所有東西。螺栓式耳環、戒指、表等，全被拆走。連我的內背心也不放過……有個女士背部衣服被撕掉，其他女士也受到類似的野蠻對待。他們終於搶走一切東西，只留下我們的襯衫、長褲，讓女士留下上衣，隨後所有人退到不遠處，開始為戰利品爭吵。

口渴無水的情況下，又流浪了三天，佛瑞斯特再度搞失蹤，又被找到，然後，一行人碰上第二批古遮人作戰隊。古遮人把他們圍住，「在我們身上找不到東西可搶，只能拔下上校禮服大衣上其他壞蛋漏搶的鍍金鈕釦了事，然後放我們過去。」[11]

一行人逃離德里整整一星期後，終於遇到最令人意想不到的救星。佛朗茨・戈特利卜・柯恩（Franz Gottlieb Cohen），筆名「法拉蘇」（Farasu），用波斯語、烏爾都語寫了「一駱駝的詩作」，係碩果僅存的白種蒙兀兒人之一，大不相同且兩極對立較不嚴重的時代遺老，已經八十歲。[12]法拉蘇父親是發了財的說德語猶太人、母親是蒙兀兒公主。法拉蘇生於一七七七年，當時他父親正在為謎樣的瑟爾特納的蘇姆魯別姬（Begum Sumru of Sardhana）效力。[13]

蘇姆魯別姬掌理朝政，廷臣兼有西方人和印度本地人，兩種文化激蕩出印度境內最耐人尋味的王廷之一。據說，他最初是喀什米爾舞女，名叫法爾札娜・宰卜尼薩（Farzana Zeb un-Nissa），生於一七五一年，成為德意志籍傭兵瓦爾特・萊因哈特（Walter Reinhardt）的比比後，人生一帆風順。萊因哈特表情嚴肅，因此人稱「Sombre」（印度人將其本土化為「Sumru」）。蒙兀兒皇帝把位在德里北邊多阿卜地區（Doab）的一大塊地賜予萊因哈特時，萊因哈特的別姬和他一起去那裡，將瑟爾特納這個村子改造為他們的都城，從蒙兀兒貴族及兩百多名遊手好閒、衣衫破爛的法國籍和中歐籍傭兵裡找人，組成統治階層，其中許多傭兵似已皈依伊斯蘭。[14]法拉蘇的父親，約翰—奧古斯都・戈特利卜・柯恩（John-Augustus Gottlieb Cohen），是這些傭兵之一。

「嚴肅」去世後，他的別姬接掌他的國度，有時坐鎮瑟爾特納，有時則坐鎮她在德里月光廣場的大府邸。她皈依天主教——同時仍照穆斯林的作風蓋住她的頭——直接請求羅馬教皇為她的王廷送來一位神父。這位名字取得耐人尋味的神父，尤利烏斯・凱撒（Julius Caesar）出現於瑟爾特納時，這位別姬已開始建造北印度最大的主教座堂，風格胡亂雜糅巴洛克、蒙兀兒元素，有個西方古典風格的圓頂從蒙兀兒式對角斜拱升起，對角斜拱上飾以波斯鐘乳石狀拱頂（murqana）。*[15]

誠如她的主教座堂建築風格所表明的，這位別姬的基督教信仰完全不合正統。瑟爾特納長達三天的基督教節慶活動，以大彌撒開場，「但接下來兩天，以本土舞蹈表演和放煙火」，為節慶增色。這是包括法拉蘇在內的瑟爾特納詩人，朗誦自己烏爾都語詩作的機會。[16]十勝節（Dussera）、排燈節（Diwali）、侯麗節（Holi）這三個印度教節日，同樣熱鬧慶祝；此外，這位別姬也玩巫術——名字取得甚妙的大衛・奧克特洛尼・戴斯・松伯（David Ochterlony Dyce Somber），係她的繼承人，而他的日記多次提到這位別姬僱用女人施法驅魔。[17]

這位別姬的歐洲籍傭兵軍官，有三人成為烏爾都語大詩人，其中以法拉蘇最為傑出；他甚至躋身德里學院校長阿洛伊斯・史普倫格眼中最著名的印度詩人之列。據法拉蘇墓上的波斯語銘文，「他為殿下效力五十年，最後三十二年擔任布達納（Budhana）的稅務官（tahsildar）。」[18]

這位別姬死後，英國人片面併吞她的土地，年紀已大的法拉蘇繼續在英國人底下當稅務官，

---

* 作者註：更怪的是墓地。如今，此墓地是雜草叢生且少有人造訪的地方，隱身在瑟爾特納公車站後。這位別姬的歐洲籍傭兵，包括法拉蘇及其父親，埋在該地的帕拉迪奧風格墓裡。這些墓猶如泰姬・瑪哈陵的迷你版，墓身布滿令人眼花撩亂的多種混合西方、本土風格裝飾，可看到巴洛克式丘比特裸像，歡騰於波斯銘文周邊，格構圍屏（jali）上接西方古典風格的圓拱。圓頂四個角落和鼓座基部，你以為會看到伊斯蘭光塔或印度小塔，結果卻立著四個巴洛克式兩耳細頸橢圓土罐。

主要在其位於赫爾昌德布爾（Harchandpur）村、布局凌亂的老舊大宅活動。*衣衫不整的英籍難民，在他的土地上漫無目的晃蕩，又渴又餓，得知此事後，他立即就從這裡派一隊人前去找人。「有個傳信人從赫爾昌德布爾過來，說他的主人柯恩先生，聽聞我們的悲慘處境，派他過來表達對我們的同情，請我們到他那兒棲身……我們自然欣喜若狂。」維巴特寫道。

七、八點間抵達那裡，受到這個老人和兩個孫子的熱烈歡迎。他們似乎擁有這附近數個村子，每年為此付一筆錢給政府。這個老人一直住在這裡，久到幾乎完全不會講自己的語言，生活習慣已完全本土化；但他的兩個孫子在這方面有點不同，生活方式較像歐洲人。

不久，我們喝了一杯熱茶，精神好了不少，然後有人拿來乾淨衣物，我們脫下身上又髒又破的衣服，洗了難得有肥皂、有水的一次澡。主人為我們之中的女士單獨闢了間房，她們也拿到衣物換上，乾淨的庫爾塔（koorta，長而寬大的無領襯衫）和雪白的上好紫花布披巾。她們照本地人的方式，把披巾蓋住頭，披在肩膀上，新奇的打扮看來漂亮整潔。（隔天早上）她們和我們共進早餐時，和昨天那可憐模樣判若兩人，幾乎認不出來……

至於佛瑞斯特……他依舊把自己關在老柯恩先生的「私室」裡，享受難得的布屏風扇吹拂，抽香味十足的水菸筒……下午四點，豐盛佳餚擺在面前，而且令我們大為吃驚的，竟還送來數瓶啤酒，用完餐，菜餚收走，還送上一瓶上好的干邑……[19]

不久，在法拉蘇通知密拉特英軍後，有支解救隊和騎兵護送隊從密拉特抵達。現今一行人離開德里已過了八天。隔天晚上，十七名難民已全都安然棲身於設防嚴守且有壕溝防護的密拉特兵站裡。

八天後，五月二十七日晚，安森將軍終於找到足夠的閹牛供部隊從密拉特動身，對叛變印度兵展開早該進行的追擊。他的部隊兵力不大，僅兩千步兵、五十騎兵、六門砲；目的地是德里北邊八英哩處的阿利玻爾（Alipore），要在那裡與自安巴拉往南走的德里野戰部隊主力會合。

動身前，威爾森——矮小、愛整潔、留著山羊鬍的六十歲紳士——信心滿滿寫信告訴待在避暑山城馬蘇里的妻子，「叛變士兵……未表現出來犯的意向。」[20]在這點上，一如在其他許多事情上，威爾森將軍大大誤判。札法爾其實力促進攻密拉特已有一段時間，主要是想把更多的印度兵請離他的皇宮和他的城市。此一出征之舉還有個好處，即可藉此把札法爾那個愛生事的孫子、新

* 作者註：這位別姬的繼承人大衛．奧克特洛尼．戴斯．松伯，被奪去繼承地產的權利，他即前往英格蘭討公道，最後，在那裡，以輝格激進黨（輝格自由黨）候選人的身分，角逐薩福克郡薩德伯里（Sudbury）一地的國會議員席次，如願當選，成為英國第一位亞洲籍國會議員。後來，由於松伯送出巨額賄款，他的當選被宣布無效，他的英格蘭籍妻子瑪麗．安妮．傑維斯（Mary Anne Jervis），後來如願讓他被宣告為精神失常，送進精神病院。松伯設法逃出精神病院，逃到法國，在那裡獲正式證明精神完全正常，並打官司，指控妻子向醫生行賄，以便將他關進精神病院，奪取財產；他也出版了一本五百九十一頁的書，《戴斯．松伯先生對精神失常指控的駁斥》（*Mr Dyce Sombre's Refutation of the Charge of Lunacy*）。他繼續打官司，欲拿回財產，未能如願，而他一連與數個妓女交往，行為日益離經叛道，公然敗壞道德，無助於他打贏官司。一八五一年七月一日，他在失意、孤單下去世。其生平與威爾基．柯林斯（Wilkie Collins）的《白衣女人》（*The Woman in White*）情節有一些鮮明的相似之處；也有人說朱爾．凡爾納（Jules Verne）的小說《別姬的財富》（*The Begum's Fortune*），以其事蹟為本。Michael Fisher, Counterflows to Colonialism (New Delhi, 2005)，第八章，對此有精采描述。

任騎兵統領米爾札阿布・巴克爾調離紅堡。

兩星期前獲提拔為叛軍騎兵統領後，米爾札阿布・巴克爾已成為大包袱。擺脫先前卑微的皇族成員身分後，他開始帶著兵四處招搖，在城裡城外都犯下令人憤慨的惡行。他被派去守郊區防古遮人進犯後，洗劫了薩卜齊曼迪（薩夫達爾鍾／Safdarjung之墓的周邊區域）和古爾岡（Gurgaon）兩地，「上述的米爾札洗劫了這個地區、放火燒了該地區。」某份烏爾都語新聞信札記載道。[21]不久後，他與「此城叛軍領袖」米爾納瓦卜（Mir Nawab）一同率領一支部隊，出征羅赫塔克（Rohtak）。在那裡，據某目擊者所述，他們

> 劫掠、焚燒了高階文官居住區的每棟房子，洗劫了這個城市，虐待男人，強姦女人。米爾納瓦卜本人帶走三個漂亮的印度教徒女孩，女孩身上滿是昂貴飾物。然後，米爾札阿布・巴克爾及那票壓迫人民的人，帶著政府所有財物返回德里，一路有叛國的印度兵護送。[22]

之後，他和米爾納瓦卜以攻擊德里什葉派領袖哈米德・阿里・汗的大宅為樂，「調來火砲對準房子，把他轟走，以其與英格蘭人勾結為藉口（相當牽強的藉口）。」札法爾收到哈米德・阿里・汗發來的求救信，大為憤慨，要求立即停止攻擊。但他要騎兵隊勿服從阿布・巴克爾的命令時遭拒，騎兵隊回道，「他是我們的軍官，他要我們去哪裡，我們怎可不去？」[23]騎兵統領阿布・巴克爾遭短暫停職，但該命令被當成耳邊風。[24]於是，當札法爾得知米爾札阿布・巴克爾想領軍攻打密拉特的英格蘭人，他非常樂於讓他去，命令他「帶兵前往密拉特，務必盡快擄獲該地的英格蘭人加農砲，送回來」。[25]

毛拉韋穆罕默德．拜蓋爾在《德里烏爾都語新聞》上，呼籲派兵出征密拉特已有一段時間，晚近他的社論則已開始抱怨遠征部隊的開拔遭沒必要的推遲：他在五月三十一日寫道，「每天都有消息說部隊就要前往密拉特，但似乎無一次成真。」

有智之士老早就說應該盡快拿下密拉特、格爾納爾，基督徒與真主為敵，不會有好日子過……崇高的皇族成員米爾札阿布．巴克爾很想統領這支部隊出征，其實已懇請陛下讓他帶一支兵力不小的特遣隊。此事應如他所願，因為這樣一來，事情會很快解決。[26]

然後，印度兵堅持要札法爾隨他們一同出征，出兵之事便再次遭推遲。印度兵說：

「到時你會看到我們如何為你打仗。」國王回道，他年邁體弱，勉為其難才能四處走動，連（伊斯蘭兩大節）重要的敬拜日子去伊德傑赫這麼近的地方，都去不了，即使那裡就在城外不遠。不管是他，還是自富魯克西雅爾（Furuksiyar）時代以來，他的歷代先祖一百零八年來從未上過戰場，還說「我對行軍打仗一竅不通，但你們懂」。軍官回道，如果你無法親自去，務必要派一個兒子去。[27]

最後，五月二十五日，即威爾森自密拉特動身的兩天前，「在國王的施壓下」，一支印度兵大軍，在米爾札阿布．巴克爾統領的野戰砲兵隊和馬砲隊支援下，從德里出發，欲拿下密拉特。[28]雙方都不知道，有一支對方的軍隊正朝自己的方向過來。

威爾森所部自密拉特開拔，行軍狀況就和從西姆拉出發的安森所部一樣亂。因找不到駱駝，英國人所徵集的鄉間牛車根本就不適合運兵。[29]他在二十八日向妻子坦承，「第一次出征，亂得一塌糊塗，但我希望今晚情況能好轉。我們車輛以牛車為止，但牛車給我們帶來很大的麻煩和不便。」[30]

威爾森此次帶兵出征，也有件事引人注目，只是他本人未提及，那就是出征途中，幾次欲不分青紅皂白殘忍報復，正好碰上倒楣的當地居民：連未批評英國人的親英警察賽義德穆巴拉克·沙都說：「部隊於前進途中施行報復，數百名無辜旅人，以及（的確該抓的）武裝土匪、攔路劫匪，被捉住並吊死。」[31]

五月三十日下午四點半，在英國人新建的辛旦（Hindan）河鋼質懸索橋上，兩支部隊終於相遇，雙方都大感意外。第一次短暫交手，以英軍過橋、逼退印度兵收場，英軍死傷甚微；但隔天下午一點，叛軍捲土重來，雙方交手更為激烈。[32]據穆因丁所述，

> 砲擊打響戰鬥。離跨河橋不遠、辛旦河附近，有間房子，（米爾札阿布·巴克爾）上了那間房的屋頂，觀看戰局。偶爾傳話給砲兵，要他們如何用砲火打亂英軍陣腳。
>
> 他在橋附近布設了一個砲兵連，以該部隊與英格蘭人交火，後來，雙方交火變成類似一問一答的對話。此刻，一枚砲彈在砲兵連附近炸開，揚起的塵土落在砲手身上……（米爾札阿布·巴克爾）首度感受到砲彈炸開的威力，迅即從屋頂下來，上馬，在他的印度籍騎兵護衛下，快速撤

到遠遠的陣地後方，不顧其士兵的喊叫。

接下來士兵亂竄。部隊遭擊退的消息傳到德里，當局下令關閉城門，不讓印度兵進城。這些人抵達時，發現亞木拿橋（浮橋）已壞掉。* 眾人急欲渡河，橋禁不住重壓垮掉，約兩百人溺死。[33]

威爾森拿下一場具象徵意義的大捷，但印度兵的火砲威力比預期大上許多，英國人死傷慘重；事實上，差點止住威爾森所部的前進：那天晚上，他寫信告訴妻子，「我方損失慘重，以我的小股兵力，我承受不起再拿一場這樣的勝利，我會完蛋。」[34] 如雨落下的葡萄彈兩次掠過身旁，差點要了他的命，但奇蹟似毫髮無傷。[35]

此外，仍沒有巴納德將軍的德里野戰部隊到來跡象，圖姆斯（Tombs）少校的馬砲隊迅速機動，係英國人拿下此勝利的關鍵，但這時該部隊已無彈藥：威爾森六月一日焦急寫道，「我只剩小股兵力頂住叛軍的所有兵力。」[36] 他一度考慮後撤到密拉特，但隔日，由廓爾喀人組成的席爾穆爾團（Sirmoor Regiment）和一隊坑道工兵來援，戰力陡然大增。這批坑道工兵從北邊的台拉登（Dehra Dun）過來，也在找巴納德將軍。[37] 席爾穆爾團團長里德（Reid）上校寫道，「我發現威爾森准將處境很不利，害怕敵人再來犯……我這麼快過來和他會合，他很高興，大為吃驚。」[38]

但另一方面，威爾森遲疑不決，因而未能利用辛旦橋之捷擴大戰果。誠如穆因丁所記載，

* 作者註：很可能是擔心英國人追來。

印度兵此時在開闊原野上和英格蘭人較量。他們原以為勝券在握，卻受挫，對未來憂心忡忡……（但）英格蘭人並未乘勝追擊；不會有他們的蹤影，印度兵的害怕漸漸消失。[39]

如果說巴納德所部前進緩慢，遲遲未能與威爾森會合，原因之一，係該部隊循著「大幹道」往南途中恣意殺戮許多印度人：有個軍官於南征途中寫信告訴其兄弟，「我不把黑人和白人一樣看待」、「對這些殘忍的畜生、這些懦弱的怪物，仁厚或慈悲，無異於讓他們覺得你很蠢，同時你的目標肯定會一無所成」。[40]

德里野戰部隊與威爾森會合的前一晚，萊（Rhai）村發生了一件特別殘忍的事。「第九長矛輕騎兵團的某兵，在乾涸小水道的橋下，發現一個（英籍）小孩的斷腳，腳於踝關節處砍斷，仍穿著鞋子。」[41]下午兩點左右，一天最熱的時候，第七十五戈登蘇格蘭高地步兵團的二十九歲中尉理查·巴特（Richard Barter）正在帳篷裡睡覺時，有人把斷腳拿進來。

> 立即傳來嗡嗡聲響，像大蜂巢遭驚擾發出的聲音，然後是許多急匆匆的腳步聲，不久，此營地攻擊範圍內的每個村子都著火，快得讓人不可思議；數個軍官參與了此行動……九個人（村民）被押著遊街後，吊死在一棵大樹上。[42]

後來發現昔奧·梅凱夫是私刑處死隊的首領之一。

對德里野戰部隊的許多人來說，叛變印度兵施暴平民的消息——經由道德塗說已被誇大渲染，甚至包含根本虛構的集體強暴之事——無異坐實他們本就存有的成見。羅伯特・鄧洛普（Robert Dunlop）係蘇格蘭籍平民，已主動加入名叫卡基里薩拉赫（Khaki Risalah）的非正規騎兵隊。對他來說，無辜的女人、小孩在德里、密拉特遇害一事，正證實了他老早就認定的

> 本地人軟弱、幼稚但殘酷、狡詐的本性……事實擺在眼前，盎格魯撒克遜人對亞洲人帶有高傲心態的鄙視，其實，很大程度上，係在拯救我們的印度帝國。來到此國的人，幾乎個個都願意讓該國黝黑的居民享有平等的權利和特權；但……實際經歷使所有人確信，他們就是低賤。[43]

南進部隊裡，有個女人挺身反對這等赤裸裸的種族歧視心態，那就是哈麗特・泰特勒。逃離德里後，她和丈夫羅伯特逃到安巴拉。隨著自己所屬的第三十八本地人步兵團解散，羅伯特失業，但經過一番努力終覓得新差事，掌管德里野戰部隊的金庫。此時，泰特勒夫婦循著三個星期前，他們拚命逃離的那條路緩緩南下，驚駭於與他們一同南進的英藉士兵對本地人的任意虐殺。小孩的斷腳被拿進營地那天，這時挺著大肚子的哈麗特看到

> 矮小的可憐男子，信穆斯林的烘焙師傅，一身潔白衣服，吊死在刺槐的大枝上。據我們推斷，

這個男子應該做好麵包就送來給士兵當早餐，卻遲了好幾天，於是，英國兵（Tommie Atkins）*揚言若再犯，就要把他吊死，而且真的這麼做了。我搞不懂怎會容許這樣殘忍的行為，因為他們本身才該被吊死，我想任何軍人都不能饒恕，即使為了正義。那些幹下此事之人，大概多於圍攻德里期間被叫去向上帝報到，為他們的罪做交代。[44]

後來，羅伯特・泰特勒救了一個隨軍雜役，使其免遭類似下場：

就在我丈夫的帳篷外，我們聽到一個不幸的老頭可憐喊著「Duba' I Sahib Kee, Duba' i Sahib Kee」（各位長官饒了我，各位長官饒了我），看到一些軍人把他拖走，顯然要把他吊死。我請丈夫火速跟過去，要他們饒了這個老頭。一趕上他們，他即說：「各位小伙子，你們要怎麼處置那個可憐的老頭？」

「當然是吊死他，長官。他是潘戴（Pandee，叛亂分子）†。我們看到他在閹牛前跳舞。」

泰特勒上尉回道，「胡說八道，各位，他不是潘戴，只是個牛車伕。」

「才不是，我們知道他是潘戴，長官。」所有士兵突然激動的說。

丈夫再回道，「我知道你們只是想找點樂子。何不讓那個老頭去追那隻狗，不要把他吊死。」

「我知道，長官，你不希望我們吊死他。」

「的確不希望。」

於是他們讓他去追一隻狗，未當場將他吊死。[45]

六月七日，三一節，威爾森將軍終於率領所部進入，巴納德將軍在德里北邊八英哩處的阿利玻爾新紮的營。在這裡，昔奧被介紹給他的新長官赫維・格雷特海德（Hervey Greathed）認識。格雷特海德曾任密拉特專員，係跟著德里野戰部隊行動的最高階英國文職官員：格雷特海德寫道，（梅凱夫）「說他很稱職，其對德里的了解，對我會很有幫助。」兩人合作愉快：格雷特海德後來寫道，「我很喜歡梅凱夫這個人」、「活潑開朗，沒有什麼事讓他惱火」。[46]

在這裡，昔奧也收到他妹妹GG、妹夫愛德華・坎伯的音訊：坎伯的士兵在錫亞爾科特（Sialkot）叛變時，他毫髮無傷脫逃，然後千辛萬苦來到西姆拉，在那裡的康斯坦提亞宅（Constantia），與懷孕的GG團聚。一八五二年，他們兩人就在那裡結婚。但幾乎才與妻子團聚，愛德華就被下令南去德里野戰部隊與昔奧會合：抵達西姆拉後不久，他寫信告訴母親，「我們憂心忡忡留意這支往德里進發的軍隊進度」、「成敗大大取決於它受到怎樣調度……如今我們全都聽天由命」。[47]

威廉・霍德森和其情報頭子拉賈卜・阿里，也在德里野戰部隊的阿利玻爾營地裡，忙著整理從位在德里密探傳回來的報告。這支部隊遲遲未與印度兵交手，令霍德森非常喪氣：他寫信告訴妻子，「羅希爾坎德（Rohilcund）全境譁變」、「事實上，亞格拉區係如今西北省境內唯一歸我

---

* 作者註：Tommie Atkins，維多利亞女王時代泛指英國步兵的俗語，因此，Tommies 意指一群英國兵。

† 作者註：如果說 Tommy 是當時對英國兵的俗語統稱，潘戴（Pandee 或 Pandey）則是指稱造反印度兵的俗語。此名來自曼嘎爾・潘戴（Mangal Pandey），他是最早挺身反抗東印度公司的印度兵之一，三月二十九日在孟加拉的巴拉克普爾槍傷兩名第十九本地人步兵團的軍官，開槍時喊，「這是為我們的宗教而開槍。咬開這些彈藥筒，我們會成為異教徒。」見 Rudrangshu Mukherjee 簡短但精闢的 Mangal Pandey: Brave Martyr or Accidental Hero?, New Delhi, 2005。

們掌控的區域。延遲會害事，我們可是點滴在心頭。我擔心這事恐怕很久才會結束。」他還說，「但我個人沒什麼理由抱怨。」[48]

六月八日凌晨一點，德里野戰部隊拔營出發時，霍德森在前頭偵察，就是他在不久後帶回消息，說叛軍已在英軍部隊正前方、蒙兀兒老旅舍巴德利基塞萊（Badli ki Serai）周邊，布設了剛構築好防禦工事的前線。

米爾札蒙兀兒未浪費掉自辛旦橋失利、至德里野戰部隊抵達阿利玻爾這段空檔。他逼數隊工人修補失修的德里城牆，在薩利姆嘎爾，在城牆上的數個稜堡上，還有城外的德里嶺上，布設了砲台（德里嶺是兵站東北邊阿拉瓦利山脈的岩質山脊）。米爾札蒙兀兒的祕書處下達給科特瓦爾的命令，語氣非常急切：「糾集民工完成砲台，民工愈多愈好。此事至為緊急，勿延遲。我不接受你或你職員的任何藉口或懶惰。」[49]另有命令要求，找來供運土的駱駝、牛車、馱籃，找來斧、鏟、運水人，以及找來更多苦力，幫忙構築有壕溝的防禦工事。[50]

最令人佩服者，係為了阻止敵人從北邊進犯德里，米爾札蒙兀兒已命人在「大幹道」邊一間老旅店處，建立強固的防禦陣地。那是抵抗來敵的理想地點。兩邊都是沼澤地，一排火砲安置在這間旅店與西邊一座小丘之間，且有壕溝予以防護。成排火砲橫跨道路兩側，形成一道規模小但難以攻破的馬其諾防線：從阿利玻爾過來的部隊，除了循著狹窄的堤道過來，直衝進蒙兀兒人已集結的火砲射程裡，別無他路可走。

七日下午六點，米爾札蒙兀兒派出一支龐大的步兵武力，布設在砲台與砲台之間和之後，等著據認會在八日早上來犯的英國人。這支武力由米爾札基茲爾·蘇爾坦領軍、太監頭子馬赫布卜·阿里·汗輔佐。動身前，馬赫布卜·阿里·汗「把美味麵包和努庫爾（nuqul，小而硬的甜食，由棕櫚粗糖、腰果、杏仁、芝麻製成）分發給士兵」。印度兵的蘇巴達爾吻了國王的腳，然後奔赴戰場。[51]札希爾·德拉維聽到軍號聲，心頭一驚，從紅堡圍牆往外望，看著士兵和彈藥車隊離城，想著隔天早上會是什麼情況。[52]

幾小時後，米爾札蒙兀兒通報父王，要他無需憂心。他寫道「王與世界庇護者，安心！」。

> 願陛下勿懼於我們的敵人：你的僕人過去兩天，一直與其士兵待在壕溝。哪裡有挖壕溝者，他就在那裡。放心，絕不會讓敵人越雷池一步——我已把全部兵力調到前線殺異教徒。雙方就要交手，承蒙真主一如既往的恩寵，陛下就要見到敵人的潰敗。[53]

英軍於凌晨一點開始往前推進時，第七十五戈登蘇格蘭高地步兵團的理查·巴特人在前線。開拔三小時後，剛過凌晨四點二十分，見到漆黑中的叛軍陣地被印度兵砲手升起的一團篝火照亮。後來他寫道「一縷煙從火附近的小土丘升起」，

> 立即有一枚球形彈從一門大砲射出，穿過路右邊的一些樹。此時，有命令要第七十五步兵團轉向（轉右）……而我們正在展開時，又一枚敵人砲彈射來，整個打在我們通譯格蘭特所乘之馬的胸口上，貫穿牠的身體直抵馬尾，馬上之人重重落馬，但未受傷。緊接著，從我左邊，格蘭特

的馬遇害處的近旁，傳來一聲哀叫，我看到我們的第一個受傷士兵往後倒，一隻手臂被砲彈打爛。

接著，大量砲彈快速飛來，我們就位在敵人火砲正前方，而且在其射程內，於是將軍下令第七十五團臥倒，其他團開始就定位。砲彈呼嘯過我們頭頂，發出只要聽過絕不會忘記的奇特聲音。我下馬，盡可能緊縮身子，絲毫不為此覺得愧疚。幾分鐘後，命令下來，「第七十五團進攻，奪下砲台。」全團立即組成戰鬥橫隊。

不久，我們的兵就迅速倒下……敵人每發砲彈都打中我們的橫隊。我尤其記得有一發打掉某人的頭，或者更具體的說，把他的頭打爛，鮮血、腦漿濺得我的掌旗老士官華爾什一身，他因此有一會兒看不到。

巴特的士兵不久就挺進到離印度兵砲台不到一百五十碼處，能看到他們的步兵整齊排列於低處，朝進攻的英國人開火。

各連橫隊被打出缺口，但立即有人補上，橫隊繼續前進……我看到一枚榴霰彈就在右翼某連正面炸開，撕開一個大缺口，附近的士兵不由自主的散開。我大喊，「兄弟們別轉向、別轉向。」立即有人回應道，「巴特長官，我們不怕，不會轉向。」他們接著靜靜補上同袍倒下產生的缺口。

結束這一切的時刻已經到來……命令下來，要「第七十五團準備衝鋒」，長長橫隊個個放低刺刀……橫隊往前猛衝，發出狂野的叫喊，或者應該說報仇的怒吼。敵人跟著我們做出同樣的調整，也放低刺刀，往我們逼近時，陣腳很穩，但聽到我們歡欣得意的吶喊，他們頂不住，隊形開始不穩，呈波浪狀，其中許多人開始用頂在髖部的燧發槍開火。最終，我們朝著他們漸漸合圍時，敵人全部轉身逃命，接著我們的兵發出轟然的嘲笑。才三分鐘，第七十五團就站在敵人的砲台裡，氣喘吁吁，但打敗敵人、繳獲砲台裡的重砲，以及後方大營地裡許多野戰砲和一堆堆小型武器與彈藥。[54]

後來的發展表明，拿下叛軍的野戰砲，讓英國人取得重大的戰略優勢。此後，直至德里城遭攻陷，印度步兵大多得不到砲火支援。[55]

到了早上八點，此役已結束。米爾札基茲爾·蘇爾坦是叛軍陣營最早逃跑者之一。他原本身先士卒，置身戰鬥的最前線，「戴著非常耀眼的頭盔，頭盔在太陽下閃閃發亮。」但英國人的球形彈一開始落在這位皇子右側，他即以「要把和主力部隊不在同位置的庫存軍火調上來」為由後撤。[56]馬赫布卜·阿里·汗欲制止他逃跑，未能如願，然後，「印度兵奔向德里城，完全制止不了。他們大批通過喀什米爾門、拉合爾門、喀布爾門，留下大開的城門。」[57]據賽義德穆巴拉克·沙所述，「那天有許多叛變士兵、馬、步兵、砲兵喪命，還有更多人受傷。戰場上散落許多屍體，但大部分傷兵若非靠己力、就是靠戰友協助，奮力逃到城裡。」[58]

對某些英國人來說，此勝利有苦有樂。他們不只死傷程度遠高於預期、遠超乎其小股兵力所能承受；而且士兵在死者中認出認識且交好的印度兵。對第三十八本地人步兵團的軍官來說尤然。此團駐紮於德里兵站，直至亂事爆發為止，然後，在巴德利基塞萊之役，遭英軍強攻，死傷狼藉，從此未再以獨立建制上戰場。[59]羅伯特·泰特勒通過此戰場時，看到他的老勤務兵塔庫爾·辛格（Thakur Singh）。泰特勒夫婦逃離旗杆塔時，他乞求和他們同搭一輛馬車走，但因為無法再多塞一人，請求遭拒；此時，他和他的叔叔一動不動躺在一塊。他叔叔是該團的士官，泰特勒與之相識十餘年。哈麗特在其回憶錄裡匆匆記下她對這些死亡印度兵的複雜心情，「我看到我們的一些優秀、高大、帥氣的兵躺在那兒，因天熱身體有點腫脹，全身赤條條。」

每個隨軍雜役搶走他們身上的金銀珠寶，最晚來者則剝掉他們身上的衣服，這些不幸之人因此落得像上帝創造出來時的模樣。他們都是帥氣英挺的高階種姓印度教徒啊！有個人，額頭上有個和撞球一樣大的洞，如同死了不動的完美巨人。在其他時候，看到這樣可怕的景象，我的心會滿是同情與悲傷……但我不由得要說「你們殺了我們那些從未加害於你們的可憐婦孺，你們罪有應得」。[60]

十一點，英軍前線部隊短暫停駐於奧克特洛尼的舊庭園，即他所買下且為紀念其比比而用她的名字命名的穆巴拉克庭園。但巴納德決定繼續挺進，未事休息即繼續上路，穿過已遭焚燬的兵站——「到處散落昂貴家具，有些平房牆壁上有受害者的血污」——指向德里嶺。[61]在此，他兵分二路，以便從兩方夾擊。

高地上，英軍輕鬆拿下米爾札蒙兀兒新建的砲台，幾乎未遇抵抗。據當時從城牆上焦急觀看戰局的札希爾·德拉維所述：

駐守德里嶺的叛軍，看到友軍以最快速度逃入城，即離開自己崗位，拋下加農砲、帳篷和其所有彈藥，逃入城。英軍抵達兵站時，看到嶺上所有戰壕毫無動靜，於是上去占領了這些要塞，燒掉叛軍的營地，把叛軍棄置的加農砲轉向對準德里城。[62]

英國只在一處遇到認真抵抗，即旗杆塔，一個月前英國人倉皇撤離的地方。只有這裡的印度兵堅守城池，「以毀滅性的齊發砲火，迎擊歐洲人，炸死、炸傷許多人。」[63]下午三點至五點間，印度兵也終於發起反攻，欲經由薩卜齊曼迪奪回高地，但遭手持闊頭彎刀（kukhri）的廓爾喀人擊退。[64]下午五點，整個德里嶺已落入英國人之手。

不久後，英國人發現那輛滿載著英人屍體的牛車還停在旗杆塔附近，他們全是亂事爆發後最早遇難；這時只剩罹難者的骨骸和制服，團鈕釦在陽光下閃閃發亮。[65]

與此同時，在下方城裡，印度兵慘敗的程度，完全掩蓋不住。札希爾・德拉維前去皇宮上班途中，看到此役的第一批傷兵大量湧入。

早上約八點，我要去紅堡工作。來到糾哈里（Johari）市集的大門時，看到大批傷者進城。每個傷兵都由四或五個浦爾比亞人抬著。馬路因滴落的血而變色，一片血紅，好似過侯麗節時。兩個騎馬軍人經過我近旁，看到他們胸膛上有彈孔，像開了小洞，背上的血像噴泉般流出。他們的內臟想必已殘破不堪，但右手仍握著手槍和韁繩。他們未露出疼痛或驚慌的表情，非常鎮定，彼此交談。至今我仍驚訝他們受了這樣的傷，怎還能存活，更驚訝於他們怎麼從戰場騎馬走了四英哩路。

不久後，我看到一個騎馬軍人疾馳而過。他身上也有深的彈孔，血從傷口流出，猶如水從水龍頭流出，因而身上滿是凝固的血。他身後有個已失掉一臂的徒步士兵。兩個浦爾比亞人陪他走，告訴他一定會把他帶到營地醫院，但那人不願，要他們離他遠遠的。我抵達紅堡時，已遇到許多這樣的傷兵。[66]

人心日益恐慌，只有米爾札蒙兀兒保持鎮靜，說就像下棋，只要國王在城堡旁，「他就穩如大山，完全不擔心將死。」[67]

據祕書吉旺．拉爾的說法，英軍雖大獲全勝，卻錯失了一個大好機會，因為未試圖拿下德里。他寫道「城民爬上屋頂」，

看著遠方的戰事，心裡甚為害怕……（他們）大罵那些回城的叛變陣營士兵，指責他們懦弱，城門的士兵則辱罵當日更早返回、避難於城裡的本土籍騎兵……由於戰事失利，軍人全沒了鬥志……令人非常遺憾的，英格蘭人並未進攻德里城。如果這麼做了，一定會拿下此城，因為城門大開，城民對英格蘭人的按兵不動表示驚訝。[68]

但巴納德決定止步於德里嶺、決定拿下這個俯瞰德里城的高地，有其道理。那天夜裡，英國人利用已燒燬的兵站平房立起營帳。但拿下此高地且架起俯臨德里北城牆的火砲後不久，他們就意識到陣地可能隨時不保，即使未進一步冒著可能失去它的風險，嘗試攻入德里城亦然。

接下來幾日，英國人從其設在德里嶺脊的觀測站，早早就能看到一團又一團的叛變士兵，經由浮橋湧入城裡，而且更令他們驚恐的，從他們後方循著「大幹道」湧入。每次有新一批叛變部隊抵達，都只讓英國人更加體認到，以他們小小的兵力根本解圍無望。

隔天，城中叛軍砲兵開始砲擊無遮蔽的英軍陣地，威力和精準度出乎英國人意料。來自城裡

一連數日數夜的攻擊，開始消耗掉英軍兵力，許多人開始意識到，戰局正進入奇怪的主客易位狀態。誠如德里野戰部隊的牧師約翰・愛德華・羅頓（John Edward Rotten）所扼要道出的：

對於像我這樣的平民來說，我要坦然承認，靠著只有兩個步兵營多一點的兵力、小股歐洲騎兵、威力不大的火砲，要拿下德里，似乎是癡心妄想……我們要來圍攻德里，但很快就看出我們其實是被圍的一方，叛變士兵則是圍攻的一方。

CHAPTER 8 血債血還

六月十日，開始砲擊德里。

最初只造成些許損傷。在此階段，英國人所擁有的加農砲相對來講較少，而且沒有大型攻城砲，對大部分德里人來說，砲火對決幾可說僅帶來娛樂。城牆稜堡邊緣密集布設的重型加農砲，火力重重壓過英國人的火砲，誠如威廉·霍德森在攻城第一天觀察到的，「他們是一流的砲手，砲擊精準度勝過我們。」[1]於是，許多德里人湧上他們平坦的屋頂，「國王和王族安坐在王宮最高處，薩拉丁從紅堡的稜堡觀戰。」[2]薩爾瓦爾·穆爾克憶道，「那時天氣很熱，我們每天夜裡看加農砲彈的火光掠過頭頂，把它們當成煙火表演。」[3]

但砲彈落在自家房子上，就沒那麼好玩。一個月後，薩爾瓦爾·穆爾克家的大宅就碰上此事，他寫道，「有枚砲彈擊穿樓上屋頂，落在遊廊上，那時我們正在遊廊用餐。我叔叔立刻跑過去，把數罐水倒在砲彈上。」[4]

皇宮成了英國砲手容易擊中的目標，不久，就有一門英國榴彈砲死死對準皇宮，以高弧線將砲彈射入沙迦罕的紅色石牆裡。[5]札希爾·德拉維注意到英國人將美麗的白大理石皇帝寢宮列為砲擊目標，寫道「每天都有砲彈從德里嶺上的所有營地射來」，

> 隨著他們抓準有效距離，砲彈炸開後造成很大破壞。如果加農砲彈落在數層樓的建築上，砲彈會直直穿過建築落地；如果落在平坦的地面上，會炸出深坑——深入地下至少十碼——毀掉周遭一切東西。砲彈破壞力較大：沙迦罕時代的紅堡老房子，如果直接命中，會被徹底炸掉。到了攻城更後期，淒慘的夜裡就像人間煉獄，黑夜裡一次射來十枚砲彈，一個接一個爆炸。[6]

不久，就有一枚砲彈擊損俯臨亞木拿河邊地的皇帝塔，另一枚落在紅幕（Lal Purdah）附近，炸死一名小馬倌和一名受僱在街道上宣讀公告的公告傳報員。第三枚落在皇宮南區的後宮，打死齊娜特．馬哈爾的女僕查梅莉；不久，齊娜特遷出紅堡，搬到她位在拉爾寬（Lal Kuan）的私人大宅。她認為這裡防護較佳——或許也較不受這時在皇宮裡已是無所不在的印度兵打擾。搬到這裡，也使她和其摯愛的獨子米爾札賈旺．巴赫特，得以稍稍遠離叛亂分子。[7]

然後不久，一輪齊射的砲彈差點打中皇帝。已於不久前，取代穆因丁出任科特瓦爾的賽義德穆巴拉克．沙，當時人在皇宮。他寫道「有天早上約八點時」，

國王還未步出他的寢宮，三、四十名貴族圍坐於宮中水池（hauz）周邊，等國王駕臨。就在國王從寢宮出來時，三枚砲彈直接落在他身前身後，隨即爆炸，神奇的是未有人受傷。國王立刻退回寢宮，其他坐在那裡的人全都起身離開。同天晚上，國王召集軍中主要將官，向他們說道：「眾兄弟，已沒有可安全坐著的地方，對你們或對本城居民，乃至對我來說，都是如此。球形彈和砲彈不斷傾瀉而下，已使那不可得，因為誠如你們所看到的，就在我習慣每天坐著的那個水池邊，如今有球形彈和砲彈落下。你們說你們來這裡打基督徒，要把他們趕走。你們能不能阻止這如雨落下的球形彈和砲彈落入我的皇宮？[8]

對札法爾來說，這不是一週裡最令他苦惱的事：六月十四日，他的內務府總管、太監頭子馬赫布卜．阿里．汗，突然身亡。他已病了一段時間，但宮裡謠傳他是被毒死。[9]城中到處民心低落。據賽義德穆巴拉克．沙的說法，從造反印度兵劫掠德里到英國人砲擊德

里，德里人「不管好人還是壞人，不管對英格蘭人很有好感還是心存敵意，此時都覺得自己像關在籠中的老鼠，無法逃脫」。[10]

對加利卜來說，這番砲擊是擊垮他的最後一根稻草。過去一個月，他眼睜睜看著鄉巴佬在他所摯愛之城市的諸多馬哈拉區，對他的友人作威作福——誠如他所說的，

> 每個不入流的傢伙，不可一世的模樣，為所欲為；那些高地位的人，曾在有音樂、美酒的聚會裡，用玫瑰的火點燃明亮的歡笑之燈，如今卻躺在幽黯的房間裡，燒死於不幸的火焰裡。此城面貌姣好的女人，其珠寶……填滿卑鄙可恥小偷和竊賊的袋子……從未碰過比面貌姣好之情婦的任性脾氣還要吃不消之事物的情夫，此刻必然受苦於這些惡棍的恣意妄為。[11]

對這麼一個愛寫信成癡的人來說，更糟的是眼前的情勢，中斷了書信的遞送：在其圍城記事《達斯坦布依》（*Dastanbuy*）中，他寫道，「郵遞體系一團亂，遞送幾乎中斷。郵差不可能來去自如，因此，信既送不出也收不到。」[12]

接著，令這位詩人更加惱火且痛苦的，有砲彈從德里嶺射來：他寫道「滾滾濃煙從噴火的槍砲和雷擊般轟然的加農砲冒出，猶如高掛天空上的烏雲，那聲響宛若雹塊大量落下的聲音」。

整天傳來加農砲的開砲聲，好似石頭從天上落下。權貴的屋裡沒油點燈，漆黑一片，必須等

一閃而過的閃電，才能找到杯罐來止渴……在如此無政府的狀態下，勇敢之人怕起自己的影子，

德爾維希和國王都受軍人擺布。[13]

但對大部分德里人來說，郵件遞送中斷和斷斷續續的砲擊，是他們最不煩惱的事。此時，亂事爆發一個月，德里老百姓過得很苦，窮人尤然。由於許多運水工和清掃工被逼去幫忙興建、維護德里防禦設施，市容變得極髒；連在達里亞甘吉這個上層人士居住區的街頭，都躺著腐爛的駱駝屍體。[14]

被安置在全城各地的印度兵，依舊是個困擾。即使他們未打劫時，店家還是擔心他們逞凶、強索，因此百業停擺。七月，皇家莊園的管理人（daroga）拉坦・昌德（Ratan Chand），寫了一封文情並茂的波斯文信給札法爾，請求他著手恢復月光廣場的生意，「因為騎馬民兵入住十字路口處的店家，把他們的馬拴在那裡。於是，租店做生意的批發商大多逃掉，留下來者則忙於清空店鋪。這意謂著收租者沒有收入，就連得到政府修復的店鋪，如今都已歇業。」[15]

有錢的放款人首當其衝。七月一日，朱嘎爾・基修爾（Jugal Kishor）和謝奧・普拉薩德（Sheo Prasad）這兩位合夥人抱怨，騎兵每天上門，「目的是打劫，讓我們嚇得要死或把我們關起來。過去三天，我們不得不躲起來，而職員和僕人則受騷擾、迫害。如今我們逃離家，心情苦惱且混亂。我們的名譽和名聲全都泡湯了。」[16]

但就連最卑微的商人都發覺，只要有印度兵被安置在附近，人們就怕得不敢出門購物。六月二十日，月光廣場警局的局長哈斐茲・阿米努丁（Hafiz Aminuddin）呈文給科特瓦爾，

木頭販子阿南迪懇求道，過去十一天，有個騎兵團駐紮在他店鋪所在的巴格別姬（Bagh Begum）附近，於是，因為害怕，沒人到他店裡買東西，收入全無。我因此在想，是否允許這位店家老闆將他的店搬離此地。你下的令，沒人敢不從。[17]

生意停擺，物價卻飆漲。這與英國人到來關係不大，與他們可能有的任何包圍、攻城計畫，關係更小。這其實是德里城周邊的古遮、梅瓦蒂部落民所造成，此時，德里的大部分腹地，實質上歸他們控制。他們搶劫想要進出城的人，因此，所造成的封城效果，比北邊英國人所達成者，大上許多。來自索赫納（Sohna）的哈里揚維族（Haryanvi）馬販梅赫拉卜·汗（Mehrab Khan），其遭遇在當時極常見。他意識到他的馬在飽受戰火摧殘的德里會奇貨可居，於是帶了三匹母馬進城。想辦法將其中兩匹賣給駐紮在達里亞甘吉的一些印度籍騎兵，然後騎剩下那匹馬回家，把賺來的錢放在口袋裡，但「在梅赫勞利附近，古遮人突然襲擊，打劫我」。[18]

公權力蕩然，導致上述的封城效應，從而造成城中物資供應急速減少、物價飆升。毛拉韋穆罕默德·拜蓋爾在英國人來到德里嶺後第一次出刊的《德里烏爾都語新聞》裡寫道，「由於基本商品短缺，人們開始苦不堪言。」

即使能找到必需品也買不起，因為太貴。要不就是店鋪關門，一旦開門營業，便有一千人排隊，只為搶購店中僅僅百顆的石榴。能找到的東西，品質都很差，但飢餓是更大的主子，匱乏是不折不扣的苛刻工頭，因此，只要能入手的東西，來者不拒，認為那是天大的福氣。有句話說得好，「如果找不到小麥，大麥無妨。」

又苦又髒的印度液體奶油，兩錫厄*要價一盧比；麵粉幾乎找不到；白小麥變得猶如（神話中的）安卡（Anka）鳥。問題還不止於此：把白小麥拿給磨坊主，磨坊主說了一千個藉口都打發不掉你時，才同意幫你碾成粉；你回去拿成品時，他說有個提朗嘎人把它強行取走，他也沒辦法。

有些芒果和其他農產品，的確從城裡的果園運到一些地方，但窮人和中產階層只能舔著嘴唇，看著這些新鮮味美之物送進有錢人家裡。城裡的紈絝子弟，尤其習慣嚼檳榔、抽菸的女士，日子很難過，因為這時只有在一地——賈瑪清真寺外的市集——買得到檳榔，而且一片荖葉要價兩分錢，對大部分的人來說太貴了。想想真主所給我們的教訓：過去我們那麼挑剔，拒收最上等的小麥，抱怨麵粉太臭，只適合給法基爾（fakir）吃。如今為了市集所剩下的最低劣東西，我們毫不遲疑動手爭搶。[19]

文末，穆罕默德．拜蓋爾重拾忠於皇帝這個他最愛談的主題，把皇帝稱作真主在世間的代表；他拐彎抹角批評印度兵對皇帝不夠尊重：

我們可以確定，這些白人不久後就會長眠不起，我們應祈求陛下——真主在世間的影子——的版圖增加許多倍。我們這位國王是當今諸多大聖徒之一，已得到神庭的任命。多年來，他形同遭英國人囚禁，雖從未慫恿誰揭竿而起，也未貪求王位或財富，如今，真主的軍隊已把這個神賜的大禮送到他門前。我們一定要相信，國王不會再淪為哪個人的階下囚，軍隊和人民都該把國王

* 譯按：ser，一錫厄約合一升。

的決定，視同真主和其先知所認可。誰都不應懼怕英國人：他們所已取得的，係靠詐欺和違反其（忠於蒙兀兒人的）契約辦到。[20]

對於德里食物短缺一事，其他人的看法則沒這麼形而上。此時呈給札法爾的請願書，包含來自王家園丁的一些請願書，他們在請願書裡抱怨提朗嘎人無視皇宮衛士的存在，掠奪他們的果樹：

主上，我們的作物，值一千盧比，包括香蕉、葡萄、李子，已經可以採收，但提朗嘎人過來洗劫，也把剩下的東西都搶走。政府布設在果園大門的衛兵完全不管用，因為提朗嘎人根本不甩他們，衛兵抗議時，逕自奪走他們的槍。[21]

儘管日子愈來愈苦，對於即將與固守在德里嶺上的小股英軍交手一事，卻是深具信心。城民從初見英國人回來時的震驚之情平復過來後，立即看出英國野戰部隊的不堪一擊和兵力薄弱，也看出城內守軍急速壯大的兵力。

眾人此時都在關注，諸多印度兵團如何把可恨的基督徒趕出防禦工事嚴密的戰壕；但誠如頭幾次作為所表明的，此事不如乍看之下那麼容易。

英國人重返德里嶺之後的兩個星期裡，叛軍陣營得到數千兵力的增援——來自北邊的安巴拉和賈朗達爾（Jalandhar）、西邊的哈里亞納和納西拉巴德。正從東邊兩百英哩處的巴雷利（Bareilly）

緩緩前往德里的一股叛軍，兵力又比上述任何一支都來得大。在印度斯坦全境，孟加拉軍中有十三萬九千名印度兵，此時只有七千七百九十六名印度兵未站出來反東印度公司，而已叛變者有一半以上，此時若不是在德里城裡，就是在前往德里途中。[22]也有傳聞，有支由三、四千名武裝平民組成的武力——在沙·馬爾·賈特（Shah Mal Jat）領導下起事的賈特農民——剛攻擊過被留下來守橋的英國部隊，從而切斷德里野戰部隊與密拉特在通信、援兵、物資補給上的往返，因為該橋地處英軍位於巴格伯德（Baghpat）防線的後方。

令英國人更加苦惱的是，已然有平民、叛亂分子、難民群集而不易掌控的城內局勢，增添新變數的數支大部隊也來到德里。這些部隊的成員是拿錢打仗的伊斯蘭聖戰士、組織凌亂的烏合之眾，由以下多種人組成：「瓦哈比派」毛拉韋、蘇菲派納克什班迪教團（Naqshbandi）的好戰法基爾、虔誠的穆斯林平民——尤其「織工、工匠和其他靠工資為生者」。穆斯林平民，在其中人數最多，認為把他們從伊斯蘭區（Dar ul-Islam）自可惡的異教徒統治魔掌裡解放出來，係他們的職責。[23]英軍圍城第一個星期裡，四百人從附近的古爾岡、漢西、希薩爾到來德里，但最大一支兵力——四千多人——來自位於拉迦斯坦的小穆斯林公國棟格（Tonk）。長久以來，棟格便樂於接納極端的「瓦哈比派」傳道師，早被英國情報官員視為狂熱主義的溫床和聖戰運動的地下中心。

這些聖戰士一來到德里，即在賈瑪清真寺和河邊齊娜特清真寺（德里最美清真寺）的庭院裡紮營。印度兵與伊斯蘭聖戰士經常並肩作戰，但印度兵似乎還是定期向進出這兩座清真寺者搜身，羈押了行事可疑的幾個人，由此可見雙方間還是存在某程度的猜忌和緊張。[24]偶爾，印度教徒居多的印度兵和好戰穆斯林聖戰士間的緊張關係，爆發為正格的街頭武鬥。[25]

聖戰士和其狂熱的毛拉韋在德里的清真寺裡號召聖戰，打動了一些較極端的伊斯蘭主義者，其中包括旁遮普穆斯林籍的「瓦哈比派教徒」。[26]薩爾瓦爾．穆爾克的阿富汗籍導師，身材魁梧，也是出城至德里嶺與聖戰士並肩作戰的人士之一：

這位毛拉韋，體格壯碩，頭大，髮長及肩，善於撥念珠喃喃祈禱。有天，他來找我父親，說全能的真主最近已給了人一個大大的恩賜，遺憾的是我們未善加利用；我父親問恩賜為何，他答道「聖戰和殉教」。我父親竭力想打消他這個念頭，但他滿腦子殉教想法，最終，纏著頭巾，腰佩劍，手持步槍，動身。[27]

城內聚集許多愛逞凶鬥狠、欠餉、飢餓的印度兵，已讓德里人心生驚恐，要他們再接納數千名狂熱聖戰士，德里人大體上並不樂見。由於伊斯蘭聖戰士對德里的印度教徒（占德里一半人口）並不友善，更因德里上層人士力求勿推翻城中印度教徒、穆斯林間的微妙平衡，這一不樂見的心態尤其強烈：賽義德穆巴拉克．沙寫道，「他們宣之於口的目的是討伐異教徒，但真正目的是劫掠。從諸多不同地方過來的整整五千人，就以加齊（ghazee）之姿這樣湧入德里，其中大多以戰斧（gundasah）為武器，身穿藍色緊身短上衣，纏綠頭巾。」[28]

聖戰士進城後，受到這般冷淡對待，因此，不久就有一位毛拉韋來到札法爾面前，抱怨他們受到不該有的冷落。這份請願書以新頭銜稱呼札法爾：這位毛拉韋寫道，「噢，寬厚且慈愛的墮落異教徒殺手」、「我們聖戰士已展現強烈的英勇和奉獻精神，但至目前為止，並未因此受到肯定，甚至沒人問過得如何……我們只希望付出會得到認可和獎勵，才能繼續投入戰鬥。」[29]

有個人，自稱「楝格聖戰士的主指揮官」（Principal Risaldar of the Tonk Jihadis），呈上類似

的請願書。他在請願書裡抱怨的事情較嚴重：某次強攻時，他的聖戰士遭印度兵遺棄，落得只能獨力對付異教徒：

> 昨天我們參與攻擊，你的奴僕親手將十八名異教徒送進地獄。你的奴僕部眾則是有五人喪命、五人受傷。陛下，我們與異教徒交手時，友軍完全未幫我們。那時，他們若只是袖手旁觀，一如我們所期待的；但若表現出支持的模樣，那麼在真主的助力下，昨天會大獲全勝……我希望發一些武器，加上微不足道的資金，給我的部眾，好讓他們有力量去打殺異教徒，實現他們的願望。

請願書背後，米爾札蒙兀兒草草寫道，皇上軍械庫如今空蕩蕩，但會送去一些資金。[30] 發下的錢顯然不夠：七月底，有數批聖戰士面陳札法爾，說「沒吃的，快要餓死」。[31]

聖戰士成功辦到的一件事，則是令德里的印度教徒驚恐，而且可能讓他們對其心生反感。最初，德里的印度教徒、穆斯林對於印度兵叛變一事的回應，並無顯著差異。五、六月間，好戰的印度教傳道師，對此舉的公開支持程度，絲毫不遜於穆斯林傳道師：烏爾都語史家札卡烏拉寫道，「印度教學者傳達來自印度教聖典的命令，說他們應該打英格蘭 mlechchbas（外夷）。」[32] 尤其是有個婆羅門，學者哈里昌德拉，似乎特別搶眼，出現在數份英國人的情報裡：有個密探報告「他告訴眾軍官」，

> 憑藉他的占星術和只有少許人懂的本事，他已得知神力會支援這支軍隊。他指出了一個吉日，說那天會有激戰，猶如昔日俱盧族（Kauravas）與般度族（Pandavs）所打的俱盧之戰（Kurukshetra）

翻版（俱盧之戰是《摩訶婆羅多》最高潮的一場戰役）。他告訴印度兵，他們的馬腳會踩在英國人的血泊上，然後他們會拿下勝利。這支軍隊人人都非常相信他，因此決定以這位印度教學者所指定的時間和地點開戰。[33]

這些報告不只一次提到哈基姆阿赫薩努拉・汗——很可能奉札法爾的指示——花錢僱請婆羅門，每日「對著（聖）火」祈求勝利；甚至有一處提到，有個婆羅門告訴札法爾，「如果將其安置在一個防護良好的房子裡三天，給他用來營造香煙的一應東西，他會設法讓國王得勝。」[34]札法爾似乎信了，滿足他的所有要求。蒙兀兒皇廷所發出的種種宣告，一再強調印度教徒與穆斯林在「為了牛與豬的事情作戰」、在「為了伊斯蘭正道和印度教的法」而戰上面，團結一心。有份具革命性質的小冊子，名叫「伊斯蘭的勝利」（Fath e-Islam），儘管取了這樣的標題，仍強調印度教徒和穆斯林必須合作共存、強調此文作者深信蒙兀兒皇帝始終照顧其印度教徒子民：

> 為了保衛自己的宗教，印度教徒應站在皇帝這一邊，並且應鄭重宣誓；印度教徒和穆斯林情如兄弟，也應殺掉英格蘭人，因為穆斯林國王保護印度教徒的生命財產和孩子，與其保護穆斯林的生命財產和孩子並無二致，而且所有印度教徒全心全意服從、忠於穆斯林國王……印度教徒會繼續堅信其宗教，我們也會保有自己的宗教。我們會互助互保。[35]

同樣的，在許多印度兵團裡印度教徒和穆斯林打成一片，於是，誠如賽義德艾哈邁德・汗後來所指出的，互把對方當成兄弟。[36]事實上，有些印度教徒印度兵開始在呈給皇廷的請願書中使用伊斯蘭用語，用伊斯蘭的聖戰（jihad）一詞稱呼這場起事，用穆斯林的異教徒（kafir）一詞指稱英國人。*[37]

但隨著城中伊斯蘭聖戰士變多，德里城裡的起事具有愈來愈濃的伊斯蘭味道，隱伏的緊張關係似乎逐漸惡化，許多印度教徒愈來愈焦慮不安。有些聖戰士的確相信「所有印度教徒站在他們（英國人）那一邊」、相信「錢商和印度教徒與基督徒勾結」。[38]還有份呈給札法爾的請願書，透露了當時某些穆斯林對印度教徒的看法，請願人是位老別姬。她顯然把這場起事看成，幾無異於鄉下印度教徒前來打劫其大宅的藉口。她把札法爾稱作「摯愛的親人、我所珍愛的人、我肝的一角」，請求札法爾「派五名突厥籍（即穆斯林）騎馬衛士過來保護我，以免遭邪惡、腐敗的印度教徒傷害。因為你也知道的，西塔拉姆市集（Sita Ram Bazaar）的印度教徒對我們不懷好感，那裡有個詭計多端、不老實的頭人。希望印度教徒未耍詐的將間諜弄進軍中，以免我的房子遭洗劫」。[39]

在這樣的時空背景下，聖戰士到來不久後，毛拉韋穆罕默德．拜蓋爾就在專欄文章裡呼籲，德里的印度教徒勿灰心洩氣，大概絕非巧合——此話當然在暗示他覺得印度教徒恐怕已開始灰心。拜蓋爾六月十四日發行的報紙，刊載了一封以其印度教徒讀者為對象的信。信中，他呼籲德里所有城民同心對付共同敵人英國人，把英國人比擬為羅波那（Ravana），即印度教史詩《羅摩衍那》（*Ramayana*）裡的惡魔國王。他寫道「我的同胞啊！」，

* 作者註：當然，此用語有可能反映了大概信伊斯蘭教的宮中書吏將請願信翻成波斯文時的用語，而非這位印度教徒將領真正的用語。

看過英格蘭人的謀略和精明狡詐、他們有條不紊處理事情和隨心所欲整頓世界的本事、他們版圖的遼闊和滿溢的財富及收入，你們或許會失去鬥志，覺得這樣的民族恐怕難以打敗。但我的印度教徒兄弟，如果翻翻你們的聖書，就會知道，在印度斯坦這塊土地上，多少輝煌的王朝誕生，到頭來全都覆滅。就連羅波那和其惡魔軍都敗於國王羅摩（Raja Ramchandra，信印度教的國王和印度教神祇）之手……除了遠古神祇阿迪普魯什（Adipurush），沒有東西永遠存在……

如果神使這些輝煌的王國倏起倏滅，那麼你們怎會無法理解神已對（為了打敗）這個百年歷史的（英國人）王國暗暗伸出援手，這群瞧不起神的後代、把你們的兄弟姊妹稱作「黑人」的人（基督徒），如今已受到侮辱、蒙羞？理解這一點，你們就不會再害怕、憂心。此刻逃跑或背棄，將如同把神的援助和恩惠拒於門外……[40]

聖戰士或許已讓印度教徒心生驚恐，而接下來幾星期，他們不要命的英勇更是讓印度教徒汗顏，尤以某些最耀眼的聖戰士竟是女人時為然。據驚訝且佩服的賽義德穆巴拉克·沙所述，

其中幾個狂熱分子與敵肉搏，不少人命喪歐洲人之手。常會有兩個來自蘭布爾（Rampur）的乾癟穆斯林老婦，持劍走在前頭，帶領後頭的叛軍征戰。印度兵後退時，她們即尖刻嘲笑，罵他們懦夫，高聲要其見識女人如何率先走到他們不敢跟著去的地方，「你們逃離紛紛落下的葡萄彈，而我們在彈雨中前進，毫不退縮。」印度兵說「我們去拿彈藥過來」，為自己開脫，但這兩個女人會回以「你們別走，上前戰鬥，我們替你們把彈藥拿來」。她們的確常為砲台裡的士兵送去補

給的彈藥筒，在葡萄彈雨中毫無畏懼的走動，但憑著神意，從未中彈。最後，其中一人被俘……整隊的加齊出戰時，她們走在最前頭。[41]

不久，明眼人都看出，攻打德里嶺一再失手，與其說是因為作戰不夠英勇，不如說是缺乏長遠謀略、不懂智取及各部無法協同作戰。「要不是有新血不斷注入叛變士兵陣營，叛軍早就垮了，」赫爾維．格雷特海德六月二十五日寫道。「他們被各個擊破，作戰似乎沒有明確目標。」[42]此外，城內秩序總是無法恢復的那個老問題——欠缺一位明確且受認可的行政龍頭——也因此讓他們欲協調一致作戰或發揮戰力的目標一再落空。

從英國人回到德里嶺的第一天起，叛軍每天從城西拉合爾門大舉出擊，沿著德里嶺山坡辛苦往上攻，通常是穿過城西郊區薩卜齊曼迪（蔬菜市場），但在對手眼裡，這處市場一覽無遺。山坡上，他們多次正面強攻英國人陣地，展現大無畏精神。通常全力進攻英國人在前線上的關鍵據點，即威廉．佛雷澤於太平歲月時所建的白色帕拉迪奧風格豪宅。後來此宅轉入興都．拉奧（Hindu Rao）之手，因此以興都．拉奧宅之名為人所知。

印度兵展現了如瘋子般的英勇，但還是一再被廓爾喀人擊退。英國人遂將此宅分配給廓爾喀人住宿，他們很快就替它構築了高明的防禦工事。此宅易守難攻，因廓爾喀人就守在沙包後，決心與其共存亡：六月十三日，即圍城進入第四天時，廓爾喀指揮官里德少校寫道，「今早得知，有兩個新的叛變團抵達該城。」

（有人告訴我們）他們正獲分發武器，會在下午四點來犯。果不其然，他們來犯……我已做好萬全準備等著，放他們進到離我們不到二十步處時，就用葡萄彈和滑膛槍從四面八方開火。我用兩個連向其猛攻……翻過山……我方三死十一傷；三人右臂截掉……他們成數個縱隊，循「大幹道」往北走，由該團的瑟達爾巴哈杜爾（Sirdar Bahadoor）統領。他打算轉左時，對士兵大喊勿靠太近，從而使他非常顯眼。他們作戰英勇，根本不要命。第六〇團的瑟達爾巴哈杜爾被我的勤務兵拉爾・辛格（Lall Sing）殺了。我取走他胸膛上的印度勛帶（Ribbon of India）。叛變士兵計約五千，有步兵和騎兵。[43]

印度兵的英勇每每令他們的英籍老軍官佩服，但他們的戰術作為則不然。大量集結的兵力，從城牆望去，的確顯得軍容壯盛——札希爾・德拉維認為這場較量是「一場奇怪且令人著迷的戰爭，此前從未聽聞或見過的戰爭，因為敵我兩軍都是英國政府的一部分，叛軍也受過經驗豐富的英格蘭軍官調教，因此像是老師與學生的交手」。[44]但印度兵亂無章法的進攻，一個團接一個團輪流上場，正面強攻早已做好迎敵準備的英軍陣地，如此日復一日，但人數居於劣勢的英國人絕大部分還是都能輕鬆應戰。霍德森說「他們的所作所為，幾乎就只是在騷擾我們；他們所帶來的唯一大麻煩，就是讓我們的兵在這炙人的高溫下於外頭待上幾小時」，語氣流露他一貫的不屑和自大。[45]但印度兵的戰略確實未能善加利用其在人數上的優勢，反映了叛軍諸領袖統兵作戰能力的局限。先前，由於軍中規章限制，他們替英國人效力時都未有過統領連級以上部隊（百人）的歷練，也未學到如何處理大型軍事行動的後勤或戰略問題。雪上加霜的是，叛軍每天早上都必須奪回前天奪占的土地，因為印度兵每到夜裡就回城中睡覺，睡在各自的營地裡，英國人火砲打不到的地方，從而把德里嶺和通往該嶺的路徑拱手留給英國人。

圍城階段，聖戰士的表現不若印度兵亮眼，因為要靠近英國人的壕溝，他們才有機會用上斧頭，但很少逼到這麼近。《泰晤士報》的傑出通訊員威廉・霍華德・羅素（William Howard Russell），看過他們在德里城東作戰，他說，

這些加齊很不簡單，大多是留著灰白鬍子的老頭，纏著綠色的頭巾和寬腰帶，個個戴著銀質圖章戒指，戒指上刻了長長的可蘭經文。他們攻過來時，頭壓低在盾牌底下，揮舞於頭上的馬刀閃耀著寒光，嘴裡喊著「Deen! Deen!」（穆斯林的宗教），瘋子般手舞足蹈。走在最前頭者朝我們逼近，大喊著要我們上前較量，在彈雨中逼近到離防線不到一碼。然後，我方有個年輕軍人步出隊伍，把他的恩菲爾德槍提到兩眼間，開槍，然後用刺刀朝對方臉上一刺，就此了結這個走在最前頭的倒楣鬼。[46]

最初，人員損失，對叛軍來說似乎不礙事，因為每天都有新血湧入叛軍陣營，壯大叛軍兵力，填補每天早上大量倒下的兵員。但隨著圍城戰從六月打到七月，印度兵的作戰熱情可想而知的低落，不管是面對英軍火砲的葡萄彈，還是面對廓爾喀人的闊頭彎刀與刺刀，皆然。根據《譁變文件》，這時開始出現表明叛軍鬥志低落的命令。有份請願書，來自蓋達姆・沙里夫聖祠的看守人，抱怨印度兵逃避勤務，躲在該聖祠裡；然後揚言要對皮爾札達（pirzada，蘇非派聖祠的守祠人）不利，並搶走木板、橫梁、戒指和行軍床，「他們已使捕鳥人、石灰製造者、其他數人的家變成廢棄屋。但如果我們想阻止他們過來，他們就對我們亮槍，揚言要殺掉我們……」[47]

米爾札蒙兀兒以總司令身分下達一則絕望又無奈的命令，更能道出當時印度兵的真實情況。這則命令早在六月二十三日就發出，懇求印度兵勿半途而廢，對象是「未前赴壕溝的排級部隊和騎兵隊的所有軍官」。

> 這場戰爭為了信仰和宗教而開打，但你們許多人未上戰場殺敵，反倒在庭園或店鋪裡消磨時間。還有人躲在住所裡保命。皇帝陛下已要你們所有人發誓，各排都會出擊殲滅異教徒，只是在你們身上已看不到這樣的意念。這是關乎宗教與信仰的一場對抗，而且陛下給了你們保護，你們卻還是不願上陣殺敵，這是多可嘆的事。切記，凡是未出戰的排，從明天起不再享有津貼，但今日表現出英勇和堅忍的排級部隊、騎兵隊，以及此前已表現出該精神的部隊，會得到皇廷的獎賞、獎牌和勳章。此外，皇帝陛下會非常滿意。

這則命令末尾還附了補充說明：

> 給第二排的所有軍官：
> 要你們前去特利瓦拉（Teliwara）並進攻的命令，已下達。但此時已知你們並未開赴前線，反倒正在那附近的庭園裡閒晃。這非常不應該。你們應立刻去那裡消滅異教徒。[48]

每天都有許多印度兵命喪英國人之手，但最令人唏噓的是，其實他們在圍城初期就找到英國人的罩門，卻未意識到此事。六月十九日，印度兵一反常態，從三個方向對德里嶺發動更具有創意的夜襲，讓英國人差點應付不來而垮掉。日落前一小時，從德里嶺後側開始發動大規模奇襲，印度兵不只從薩卜齊曼迪過來，還從西北邊的穆巴拉克庭園、東邊的梅凱夫宅過來，並由來自納西拉巴德、裝備精良的叛軍部隊打頭陣。雙方交戰一整夜，英國人因此沒時間恢復戰力。據英國牧師約翰·羅頓所述，

> 敵人大舉出擊，人數具壓倒性優勢，包括砲兵、騎兵、步兵……我們常常納悶他們怎麼從不（自後方）發動這樣的攻擊，有計畫、有步驟且定期的攻擊：如果發動這類攻擊，肯定會讓我們吃盡苦頭，即使未比所預測的攻擊時間提前多少……我們依舊拚死戰鬥，頂著猛烈、令人吃不消的敵人火力；夜色快速降臨……
>
> 這次交手結果，令營中多數人大為憂愁；並非因為我們付出極大代價拿下的勝利靠不住，而是因為最初我方就理所當然的認為敵人會如此威嚇我們，日後會打算如此對付我們：敵人只要在後方騷擾我們，就會看出其相對於我們的有利地位。事實上，我們比對手更清楚自己的弱點，因此頗為擔心，但老天眷顧，這樣的擔心最終多餘。[49]

叛軍不知道自己在圍城戰初期階段，差點就可以拿下勝利，由此可看出他們情報工作做得多差。此次進攻過了許久後，叛軍才再度嘗試對英軍後方發動一次真正的聯合進攻，實是要命的失策，當再度嘗試這麼做時，為時已晚。

七月初，昔奧．梅凱夫的妹婿愛德華．坎伯來到德里嶺，被派去興都．拉奧宅附近駐守，正好趕上印度兵一次大規模的猛攻。一如英軍陣營的其他人，他為英人處境的岌岌可危大為煩憂。隔天晚上，他拾筆寫信給人在西姆拉的孕妻喬吉娜。上次他來到德里係五年前的耶誕節，當時就在德里嶺另一端的梅凱夫宅，在托馬斯爵士不以為然的目光注視下，向她求愛。

信開頭交代家族消息。喬吉娜在前信裡提到，想知道更多昔奧脫身的詳情，問及家族兩棟德里房子的現況，「你有去看過殘破的老房子？庫特卜宅毀了？」[50]坎伯回覆道，就在他來到德里嶺的同時，昔奧跟著霍德森的騎兵團一起被派去他地，兩人還沒機會好好聊聊；她的哥哥此時正在英軍陣地後方的一些村子，執行解除村民武裝的工作。但，坎伯告訴喬吉娜，昔奧的雙眼再度腫脹發疼，他認為昔奧該請個假去西姆拉。經過逃出德里這番折騰，他該去那裡好好休養，而且這麼做也能讓他得以照顧懷孕的妹妹。坎伯還說，「除了提供關於這個國家的情報，我看不出他在這裡有何用處，而且他所提供的情報，他們似乎並不怎麼看重。」[51]

他接著寫道，梅凱夫宅已被洗劫一空，空蕩蕩的房子如今是英軍陣地最東邊的警戒哨，緊鄰亞木拿河岸。房子受損非常嚴重，坎伯認為打劫者惡劣到「在每個房間點火……唯一尚存的屋頂，在（昔奧的老家）單身平房頂上」。但從迪爾庫沙傳來較好的消息：他寫道，「我們派了幾個人去查看庫特卜宅，他們說沒事，該宅未遭洗劫，僕人全都還在——很怪是吧？」

愛德華知道，這個消息對喬吉娜來說意義重大。一如其他家族成員，她非常苦惱於他們所熱愛的家宅成了廢屋。就財務來說，這對他們也是個好消息，因為一如德里城的其他英人家庭，他們的財產在五月十一日那天幾乎成空。亂事爆發前的幾個月裡，昔奧因未能將父親的藏書、藝術作品拍賣掉，在家族間飽受批評。[52]但有沒有拍賣掉，最終差別不大：已拍賣的所得，存在家族的德里銀行帳戶裡，而該銀行的薄冊、資產已在梅凱夫宅被毀的幾個小時前付之一炬。此時，父親的部分家當，至少有希望從他們在梅赫勞利附近的另一棟房子毫髮無傷搶救下來。

傳達了這個好消息後，坎伯向喬吉娜講述了他對英國人在德里嶺目前處境的悲觀評估：

潘戴約八點出擊，持續不斷猛攻興都·拉奧宅前的前沿砲台……我們最大的威脅來自球形彈和砲彈——我所經歷過最猛烈的火力。

我不得不整天維持猛烈火力，以防叛變士兵偷偷繞到左側，那是我們非常易被攻破之處。此時的我憂心忡忡，因為深感處境危殆。我們的步槍連如今兵力薄弱，麾下只有三十個兵堪用，而非七十個。謝天謝地，我有四個傷兵，沒人戰死。我要為自己大大感到慶幸——因為多次僥倖逃過一劫——除了不斷想偷偷爬上來偷襲我們的潘戴直接射來的子彈，還不斷有大量乏彈自四面八方掠過上頭，打在岩石上。我有個士官，手臂遭射穿，有個兵手受傷，另一個兵脖子受傷……摩根，我的中尉軍官，大腿被一發乏彈擦過——有個兵被子彈打穿帽子，另一個兵遭砲彈碎片打穿粗帆布背包，還有個兵大腿挨了砲彈碎片……

一如毛拉韋穆罕默德·拜蓋爾向讀者保證，神很清楚站在叛軍這一邊；坎伯接著在信中也向喬吉娜保證，神站在英國人這一邊：他寫道「我相信我的神會安慰我嬌小的老婆」，

因為祂的安慰是唯一真正的安慰、唯一禁得起所有考驗的安慰。GG，妳在那裡靠一己之力過得很好，對於攻取德里一事，妳不要太擔心。妳也知道，我一再告訴妳，攻取德里並非短期可成，

根據所看到皇宮的人為暨天然防禦設施，我認為只有集結更大武力——更大的圍城兵力和更多的槍砲彈藥存量——才能順利將其拿下，或對這個國家有所助益。我認為在目前的情況下，強攻只會一敗塗地。

我認為上帝已挑明是站在我們這一邊……相信祂會讓我勇敢且體面的善盡職責。當其他人看著叛變士兵的屍體，往往感到高興，但我生不起這樣的感受。他們也都是上帝所造，覺得這場殺戮的帳勢必會回算在我們頭上。祈求上天讓我們因上帝的恩典而變得謙遜。[53]

坎伯的焦慮反映了德里嶺上大部分英國人日益深刻的體認。他們前來圍城，但此刻的兵力顯然既不足以圍城、也不足以拿下該城，除了繼續死守，承受叛軍的各種攻擊，直到解圍之日的到來，別無他路可走。與此同時，四千名左右的政府士兵對抗兩萬多名叛軍，而且叛軍人數與日俱增。誠如威爾森將軍在寫給妻子的信裡所說，「目前，在這裡，我們該如何是好，依舊拿捏不定……老實說我懷疑我們有辦法拿下德里，沒有上帝慈悲的援手，我擔心結果不妙。我相信祂不會背棄自己人的奮鬥目標……」[54]

如果說在城裡，對目前的僵局感到沮喪；在德里嶺上，沮喪之情更加強烈。「我們四處閒晃，很清楚做不了別的事，」佛瑞德・羅伯茨寫道。「在德里旁邊這樣閒待著，叫人非常氣餒：如果能好好打一仗，而且想要打這樣一仗，目前這樣閒待著無關緊要，但這些潘戴多不勝數，甚至從沒變少。」[55]

與城裡居民不同的，英國人的糧食供給頗為穩定，武裝車隊從安巴拉走「大幹道」運來糧食；但在其他方面，他們的處境比下方德里人還要慘。除了來自德里城的每日攻擊和不斷的砲擊，德里野戰部隊的士兵除了帳篷，沒有遮蔽處或涼蔭，於是許多士兵「死於中風和中暑，臉幾分鐘就曬得很黑，看了嚇人」。[56]除後方一英哩外的亞木拿運河，無水可用，而該處的水，「若非（令人作嘔的）氣味，會讓人以為是豌豆湯」。污水排放極為原始。

一、兩個星期後，高高堆在通往德里嶺山坡上的印度兵屍體腫脹、發黑、腐爛，屍臭愈來愈讓人難以忍受，岩石硬到只能挖出淺淺的墓穴。「前天，我有了最慘的站哨經歷，」某士兵寫信告訴母親。「不到十碼外，有約十五具腐爛的潘戴屍體，惡臭讓人吃不消，我們吸這臭味已經吸了三十八個小時。」[57]從旁遮普過來的數小股英國援軍，還沒看到德里，但憑這臭味遠遠就知道接近了，「透過鼻子，我們痛苦察覺到即將見到的情景，」喬治・布希耶（George Bouchier）上校在接近德里時寫道。「從阿利玻爾到營地，一路見到各種死貌；就連為了餵食駱駝而被砍掉枝葉的樹都顯得很淒涼，光禿禿的大枝伸向天空，好似在為自己祈求憐憫或祈求懲罰毀掉它們的人。」[58]

蒼蠅是只有少許人會忘掉的另一個特色。營地牧師羅頓寫道，「你在帳篷裡時、用餐時、執勤時，牠們都不放過你。」

> 不管你選擇吃什麼，食物一揭開，立即就有大批蒼蠅落在上面；就連一杯茶這麼簡單的東西，幾分鐘後杯裡就會滿是蒼蠅，除非你非常小心，不然，茶水會因為蒼蠅浮在表面呈現極令人作嘔的黑，其中有些蒼蠅已死、有些快死。[59]

德里嶺營地生活環境的骯髒，也嚇壞年輕中尉查爾斯・格里菲斯（Charles Griffiths）。他剛從菲羅茲布爾過來，一如羅頓，立即痛恨起躲都躲不掉的蒼蠅。他寫道，許多天都是在被吵醒後開始，而吵醒他的東西不是軍號聲或砲彈爆炸聲，而是睡覺時蒼蠅爬過嘴唇的感覺：

牠們簡直遮天蔽日，密密麻麻落下，蓋住所有東西，讓我們猶如置身霧中。牠們令人噁心、厭惡。我們知道牠們因人和動物的腐屍而孳生，且因腐屍長得肥滋滋。腐爛的屍體散落各處，沒有埋葬，氣溫很高，空氣中散發著腐敗味。難怪營地裡惡性傳染病日增，每個團都有人因此而死，包括歐洲人和本地人。[60]

六月二十七日雨季降臨，情況更糟，德里嶺一夜間變成格里菲斯所謂的「沼澤和泥坑」、霍德森所謂的「熱而潮濕的沼澤」。羅頓在日記裡寫道，「營地簡直變成池子，氣味很難聞。」蛇被趕出巢穴，突然大增，「幾乎和敵人的火箭一樣嚇人。」時常發現「長得像小龍蝦」的黑蠍子爬過寢具。[61]夜裡幾乎睡不著覺：即使濕熱天氣和惡臭還受得了，但加農砲的隆隆聲、豺與狗的吠聲、《德里報》號外版所謂的「頑固駱駝的咯咯呻吟聲」，都使休息成為奢望。[62]更嚴重的是，在這潮濕、發臭、停滯不前的困境中，霍亂再度爆發，以驚人的速度橫掃營地、奪走人命。[63]如此不利健康的環境裡，醫療設施卻非常簡陋，許多必須截肢的傷兵，幾乎無一能活下來講述其遭遇，也就不足為奇。

軍官至少能到團的食堂用餐，辛苦逃難到營地的挨餓基督徒、在印英國人則沒這福氣：牧師羅頓描述了他看到他們「瘦弱的四肢、凹陷凝滯的眼睛、憔悴消瘦的面容、抽搐的身子」時，心中的驚駭。[64]大著肚子的哈麗特．泰特勒和小孩也不得去團食堂用餐，被迫和她丈夫所必須守護的軍隊財箱擠住在牛車上。「除了牛車，我們沒有家，」她寫道。「我們依舊每日每夜就著大腿用

餐。」[65]而且這裡危險，易遭攻擊，不久，

就有一枚砲彈在牛車近處炸開，一塊大碎片落在車輛下方，謝天謝地，我們無人受傷……威洛克上尉晚上過來看我們。一枚砲彈飛過旗杆塔，一路呼嘯，最後落在印度兵營地的土牆裡炸開，就在我們近旁。倒楣的威洛克上尉跳起來，說「天啊，那是什麼？」，我冷靜回道「噢，只是一枚砲彈」。我把這看得那麼雲淡風輕，令他大為震驚。到了食堂，他重述此事，然後，就成了此營地的俗語，「噢，只是一枚砲彈。」人日日夜夜聽這些聲響，最後竟能安之若素，但可憐的他，未能活到發現這點。

就在她的牛車裡，哈麗特生下一名男孩，時間為六月二十一日凌晨兩點。孩子出生通常教人歡喜，但此刻不然：哈麗特寫道「我的寶寶生下來就得痢疾（此前她已有幾個小孩死於印度）」，

（他）恐怕活不過一星期。這個小孩無立即的生命危險時，好心的醫生說：「泰特勒太太，現在妳可以想想要給他取什麼名字。」可憐的小孩，一生下來就是個貧民，降生在這個紛擾不安的世界，前途黯淡。他躺在車廂開口附近，僅有一小塊方形法蘭絨蓋在身上，小臉蛋上映照著落月的清輝，只有警報聲、喊叫聲、槍聲、砲聲當搖籃曲。[66]

一星期後雨季降臨，水開始穿過牛車的茅草篷頂洩下，哈麗特的丈夫羅伯特把母子安置進錐狀鐘形武器貯藏室裡，在地上鋪了稻草當床。她寫道，「我赤腳走進那間武器貯藏室，用濕被單

裹著我的寶寶，在那裡住下。」

有了這番經歷，原以為寶寶和我會死，但上帝慈悲，我們的處境未更糟，雖沒了通常會有的一瓶牛奶的援助，我還是能餵寶寶吃奶。不管奶瓶，還是牛奶，要花錢或不用花錢，都弄不到手。我們睡在只鋪了稻草和被子的地上，沒有舒服的枕頭，後來有個不幸軍官喪命，其財產遭售出，我丈夫買了他的被單……（但）我的寶寶從不眨眼，躺在他的稻草床上，一直在睡覺。如果躺在皇宮中的羽毛褥墊上，他會睡得更酣暢。[67]

哈麗特被催著替小孩取個好名字，想到一個很切合她當下處境的名字：史坦利．德里部隊．泰特勒（Stanley Delhi Force Tytler）。

隨著七月和雨季往前推移，英國人的矮防護牆和防禦工事益加複雜精細，英國人死於霍亂多過死於印度兵槍下的現象愈來愈嚴重。定期走訪營地醫院的兩間霍亂病房，係牧師羅頓的每日職責之一。他後來寫道，「只有意志力很強的人，才不致被這兩間病房裡令人作嘔的景象擊倒。」

不斷乾嘔的病人，使這個地方讓人很不舒服。蒼蠅落在你臉上、爬過你的背、鑽進短衣領的領口，偶爾也在你向一個垂死的人念誦經文時，飛進喉嚨裡……我的聖經，因為這場瘟疫，給留下令人難過的印記，每次打開它髒污的內頁，總是想起在那些病房裡親眼見過的許多痛苦面容……

在這些醫院裡，這種要人命的病太常見，最終只希望能在病房中央，擺上一張椅子和一個供我禱告用的跪墊，以便同時為所有病人祈禱，然後，手持聖經，朗讀、闡述某段適切的經文……[68]

七月五日，霍亂奪走第二個英國將領的命：五月在格爾納爾奪走安森將軍性命後，這時也要了繼任者巴納德將軍的命。如果安森和巴納德都不夠格，領導眾人度過這場待處理的危機，那麼，第三位接下領導之位的老指揮官，托馬斯·里德（Thomas Reed）爵士將軍，則是三人中最不適任者：威爾森認為他「老弱不堪，較適合躺在病人診察台上，而非執掌兵權」。[69]其他人更是直言無隱。年輕的蘇格蘭籍中尉托馬斯·卡德爾（Thomas Cadell）寫道，「在我們領導階層這批上等笨蛋的領導下，我不懂我們要怎麼進德里城。」[70]

一如赫維·格雷特海德在里德上任那天所預料，這個老將軍「病到毫無作為」。[71]一星期後，他仍在受病痛折磨，出不了帳篷。「我們沒看到或聽到里德將軍的任何動靜，」格雷特海德寫信告訴妻子，「真希望他剛買來、拴在近旁的那匹馬，也給我這樣的感受；過去兩小時牠吼喘個不停。」[72]不久，里德死了奮發進取的念頭，選擇退休，轉赴西姆拉。接掌兵權不到兩星期，他於十七日離開德里嶺，一隊病號和傷者與他同行；他的最後作為，係把兩支近乎叛變、看來可能開小差的騎兵部隊打發走，以及將兵權轉交給威爾森將軍。

威爾森行事始終過度謹慎，想法也不夠大膽創新，但相較於三位前任，卻很善於運籌帷幄。他相當清楚所接任務的艱鉅。誠如他在得知自己要接掌兵權時，在信中告訴妻子，「唉，親愛的艾倫，這是我所擔過最可怕的職責，深知自己的缺點和不適任，自覺像是要禁不住重擔而昏倒。」[73]儘管缺乏幹勁和信心，威爾森很清楚軍事形勢，能看出眼下英國人除了採取守勢，守住陣地直到援軍從旁遮普過來，別無他途。

於是，他禁止那種一直在削弱英軍兵力的冒進作為，例如代價高昂且凌亂的反攻或「獵鼠」行動，即追擊後撤的印度兵到山下，進入薩卜齊曼迪一地的果園：最近兩次這類反攻幾乎一敗塗地，其中一次損失了兩百二十人；另一次，在五天後，又損失了兩百人。他也有計畫改善矮防護牆、防禦設施、壕溝的品質，拆掉英國人陣地後方亞木拿河上的橋，以免再遭敵人從後方奇襲。[74]

七月十八日，他寫了封相當絕望的信給人在拉合爾的約翰．勞倫斯爵士，概述了英國人處境的危急，以及要勞倫斯不計代價立即派援軍來德里嶺一事：

只限本人拆閱。

長官，

我已和本部隊的工兵長商量過，兩人都推斷，此時任何攻擊德里城的作為，都只會以我方失敗、一敗塗地收場。

我部目前兵力為兩千兩百名歐洲人、一千五百名本地人、刺刀共三千七百支，叛亂分子則多不勝數，已得到來自各地叛變團的增援。他們戰備完善、防禦堅固、裝備齊全……叛亂分子已攻擊我方陣地二十次，今天，他們再度出擊，第二十一次的攻擊。他們的確每次都遭擊退，但我方在此過程中有人戰死、受傷，損失了許多兵力……

我已決定堅守目前所據有的陣地到底，因為阻止德里的叛亂分子擴及全國各地至為重要。但要能守住此陣地，必須得到強大兵力增援，而且刻不容緩。我聽說不用指望依靠在下游（從加爾各答）糾集的兵力，因此懇請你盡快從旁遮普派來這樣的援軍：可能的話，一個整編的歐洲人團，以及一、兩個錫克人團或旁遮普人團。坦白說，除非快速得到增援，我部兵力不久就會因死傷、生病，減少到一無所剩，不得不撤至格爾納爾。事態若演變成如此不幸的地步，情況會有多糟糕，我無法估量。

容我請求立即以電報回覆，說明你能提供怎樣的增援，我部何時可望得到他們加入。

謹啟

阿奇戴爾·威爾森[75]

威爾森心情如此低落，原因之一出在英國人所遇過的最大一股叛軍，七月一日來到浮橋。從德里嶺上可看到，巴雷利旅的數支縱隊延伸至觸目所及之處，然後消失於熱霾中。這支叛軍由多達四個步兵團組成，除了有兩千三百名左右的士兵，還有七百名騎兵、六百門火砲（包括一些亟需的馬砲）、十四頭象、三百匹備用馬、由千輛牛車和駱駝組成的輜重隊（載運帳篷、彈藥和必需品、值四十萬盧比的財物），以及殿後的另外「三、四千名加齊戰士」。[76]

七月二日，這支部隊越過浮橋進城，在加爾各答門受到齊娜特·馬哈爾父親納瓦卜古利·汗（Quli Khan）以水果、甜食歡迎。他們浩浩蕩蕩進城，旗幟飛揚，印度兵管樂隊演奏「加油，男孩們，加油」——那天早上，一支來自菲羅茲布爾且兵力小上許多的英軍部隊，也在這支樂曲伴奏下，進入英軍營地。英國人透過雙筒望遠鏡看著這一切，心中百般無助。[77]賽義德穆巴拉克·沙指出，「城裡沒有足以容納這麼大批人馬的開闊空間，於是，此旅紮營於（城南）德里門外……這被認定不得不如此，因為已在城裡的許多印度兵，占用了所有房舍和大部分店鋪。例如，第七十三本地人步兵團已接收整個阿傑梅爾市集——每間店鋪（分配給）六或七名印度兵（住）。」[78]

與巴雷利旅的龐大兵力同樣不容小覷的，係其領導階層：兩個似乎能讓叛軍陣營從此不再抓不到方向、不再各行其是的人。其中一人是砲兵隊的蘇巴達爾巴赫特．汗（Bakht Khan），一個戰功彪炳、身經百戰的軍人，打過阿富汗戰爭。他屬羅希拉族（Rohilla），身材高大魁梧，有著濃密的翹八字鬍和連鬢鬍，被巴雷利旅的士兵推選為將領，來到德里時，已以善於治理和統兵作戰為人所知。

好巧不巧，巴赫特．汗和德里嶺上的數名英籍軍官有私交。喬治．布希耶上校在他位於沙迦罕布爾的家，跟他學過波斯語，曾在筆下說他「非常喜歡和英格蘭人交往……一個非常聰慧的人」。[79]其他英國人對他的看法，則沒這麼寬厚：有些英籍軍官將其斥為肥胖、一心想飛黃騰達、「馬術不精的人」，而馬術不精這一點，最為德里嶺的英國軍人所瞧不起。

另一位叛軍領袖是巴赫特．汗的精神導師，伊斯蘭主義傳道師毛拉韋薩爾法拉茲．阿里（Sarfaraz Ali）。這位毛拉韋，這時已被稱作「聖戰士的伊瑪目」，在德里待過多年，在皇廷和德里民間人脈深厚。他是亂事爆發前幾天，最早提倡對英國人發動聖戰的神職人員之一：五月一日，在沙迦罕布爾，他於演說中告訴聽眾，「我們的宗教如今身陷險境。我們已失去這塊土地的主權、已屈服於不淨的異教徒底下，還要把我們從願主福安之先知那兒領受到的、不可剝奪的特權交出去？」[80]

但甚為重要的，在那之前，薩爾法拉茲．阿里已在穆夫提薩德魯丁．阿祖爾達的德里伊斯蘭經學院「永遠存在之屋」（Dar ul-Baqa）執教。這座位於賈瑪清真寺南邊的經學院，由於他在代數學和幾何學方面的學問，已成為最受尊敬的德里烏里瑪成員之一；事實上，在印度兵譁變之前，賽義德艾哈邁德·汗特別稱許他，是德里知識皇冠上最亮的明珠之一。[81]亂事爆發前，薩爾法拉茲·阿里和巴赫特·汗的關係不詳，但根據某些資料，係薩爾法拉茲·阿里說服巴赫特·汗加入叛軍陣營；這支軍隊抵達德里時，巴赫特·汗肯定已唯他馬首是瞻。這樣的人不只巴赫特·汗：四千名跟著這支軍隊一起過來的伊斯蘭聖戰士，也指望從這位毛拉韋身上得到精神指引。如果說有誰能把印度兵、聖戰士、德里菁英團結在一塊，這兩人有此潛力。

德里嶺上的人，或許對巴赫特·汗有褒有貶，但札法爾和其顧問似乎沒有這樣的疑慮。巴赫特·汗和毛拉韋薩爾法拉茲來到德里不到一天，便得到皇帝召見和隆重接待。就是在這次接待期間，巴赫特·汗某些較直率的特質首度為人所見。因為，一如許多「瓦哈比派教徒」，巴赫特·汗鄙視俗世領導人，認為他們不符伊斯蘭精神，渴望建立道地的伊斯蘭政權。

巴赫特·汗和這位毛拉韋帶著麾下兩百五十名全副軍裝的軍官來到皇宮，大不敬的策馬直接經過公共接見廳，然後未下馬就進入皇帝寢宮。[82]不管他多善於統兵作戰、多用心於行政治理，巴赫特肯定不是長袖善舞之徒；他對皇廷的失禮之舉，立即惹得某些人不快。哈基姆阿赫薩努拉·汗當時在場，對此不以為然：他寫道「巴赫特·汗晉見國王」，

連同團裡的軍官和跟著他過來德里的伊斯蘭聖戰士。但他不遵守儀禮、未在（國王寢宮入口處的）紅幕行禮，與他同行者亦然，許多人規勸他，他聽不進去。進到私人接見廳，國王座椅附近時，他像對同地位的人那般行禮，逕自從腰側抽出劍獻給國王。國王驚駭於他的失禮，但還是稱讚其士兵的英勇……

（巴赫特．汗的兩名軍官）說：「陛下應賜劍和小圓盾給巴赫特．汗，因為他理該得到這樣的獎賞，這樣的恩賜係這樣的首領所應得的。」最初國王辯解道未備好這兩樣東西，但禁不住強求，他叫人從軍械庫拿來，賜予巴赫特．汗。但收了賞賜之後，他還是未向國王獻上納茲爾，（反倒）說：「我聽說你把兵權交予皇子，那不好。把兵權交給我，我會把一切搞定。這些人哪懂英格蘭人軍隊的習慣？」國王回道，「任命皇子統兵，係應軍中諸軍官的要求。」然後，他要巴赫特．汗告退。[83]

巴赫特．汗雖言行無禮，但札法爾還是相信巴赫特．汗可靠，接下來幾天，授予他「法爾贊德」（Farzand，「兒子」）和世界之主（Sahib i-Alam）這兩個稱號，讓他取代前任總司令米爾札蒙兀兒，統領所有叛軍；後來札法爾任命巴赫特．汗為總督，米爾札蒙兀兒則改任命為人事行政參謀主任，把他的角色從統兵作戰轉為掌管軍隊行政。[84]

相較於英國人所統領、從德里嶺上砲轟叛軍的那一小股武力，叛軍在兵力上享有壓倒性優勢，卻因為許多問題，令叛軍一直動彈不得，而打不開戰局。巴赫特．汗受重用後，戮力回報，試圖解決這些問題。他也嘗試解決印度兵洗劫德里城所導致的問題，並使國王發出的薪水都能送到領薪人手裡。他嚴厲要求科特瓦爾和其警隊逮捕所有打劫者，命令印度兵搬離市集，遷至位於德里門外的新營地。據祕書吉旺．拉爾所述，接下來幾天，巴赫特．汗密集發布了一批命令和新措施：

將軍下令大肆宣傳一份公告，明令所有店家老闆都要持有武器，任何人都必須帶武器出門。沒有武器者要向當局申請，會免費領到。凡是被發現劫掠的軍人，都會被砍下一臂。凡是已（劫取）

彈藥者，都要將彈藥繳給彈藥庫，違者重罰……將軍巡查了彈藥庫，命令將儲藏所和物品整理妥當……下達了一道命令，要（較年輕的）皇子卸除與軍隊有關的任何職務……下達了數道命令，要全軍士兵早上列隊接受檢閱……三名來自英格蘭人營地的間諜遭處決……部隊從德里門列隊行進到阿傑梅爾門；將軍親切向士兵講話，安慰他們……（但）警告（他們）勿騷擾、劫掠城中居民。[85]

更令人佩服之處，係巴赫特・汗所施行的新戰略。七月三日，派一支部隊循亞木拿河往上到阿利玻爾，欲從側翼包抄，以有成有敗收場。該部隊燒掉該村裡的英國人補給基地，返回途中，遭英國人發現行蹤並伏擊，但至少此次襲擊出了奇兵，不再因循以往戰法。與此同時，巴赫特・汗擬出新的車輪戰法，讓英國人疲於奔命。英國人從間諜處得知這個新規定，「每一天都要有小衝突，為此，軍隊分成三部，以便每天至少都打上一仗。」[86]

攻擊節奏加快，帶來幾乎立即可見的影響：據理查・巴特的說法，由於「巴赫特・汗所擬出的辦法……我們幾乎挺不住……精疲力竭，心知無望脫困，有些軍人豁出去，衝向敵人，存心戰死以盡快解脫，心裡想的是既然遲早要來，早來總比晚來好」。[87]

❁

七月九日，即巴赫特・汗來到德里一個星期後，係他所選定要以聯合進攻永遠終結英國人陣地的日子。

早上五點開始動手，最初打得很漂亮。先是從城裡大規模砲擊，然後在滂沱大雨中，巴赫特・汗的一部分非正規騎兵從後方進攻英軍陣地，身穿與英國非正規軍一模一樣的白制服。此一欺敵之舉，令英軍陣腳大亂，巴赫特・汗的騎兵乘亂深入英國人營地——首度穿過英軍防禦設施的叛軍——然後警報才響起。他們摧毀一部分英軍火砲，差點擄獲至為重要的英國人馬拉砲，但最終遭擊退。

與此同時，巴雷利旅的全部兵力湧出城，前往基生甘吉這處郊區，打算自右翼包抄。英國人奮力將其擊退；但印度兵未逃跑，反倒把英國人誘離戰壕，在更下方的山坡處，即得到掩護較少處，繼續戰鬥。中尉查爾斯・格里菲斯佩服他們撤退時依舊井然有序，展現鋼鐵般的紀律。印度兵撤退時，每隔一段距離就轉身發射滑膛槍，偶爾調轉火砲，把球形彈、葡萄彈打入無掩護的英軍裡。

> 這時，雨傾盆而下，雨勢很大，濕透我們的薄棉衣，幾分鐘後濕到皮膚……我們有許多人倒下……完美的密集砲擊，我方損失慘重，不得不暫時中止戰鬥。費了很大工夫，才說動士兵繼續打……這天的損失，比圍城以來任一天的損失都大。經過此番交手，我們這支小部隊死傷兩百二十一人。[88]

而其他地方，西邊有點距離處，巴赫特・汗在伊斯蘭聖戰士支援下，率兵進攻，拿下英國人位於提斯哈札里庭園的警戒哨。據威廉・愛爾蘭（William Ireland）的說法，營地遭敵人入侵後，數名英籍士兵把怒火發洩在一些毫無還擊之力的印度籍僕人身上，由此可見德里嶺上軍隊精神狀態的脆弱——英國人心裡的恐懼、沮喪、緊繃。

這些僕人為避難而群集於教堂墓地附近，其中幾個不幸之人遇害，有些則躲在墓後。有個女人遭射穿胸部……這麼多場慘烈的戰鬥和處決，使我們的兵變成野獸般殘忍，這時把本地人的性命看得比最低賤的動物還輕；他們的軍官也未藉由規誡或以身作則來糾正他們……

就連軍官都以離譜的嚴酷，對待忠心耿耿的僕人。這些人毆打、虐待他們……許多人遭殺害。生病的馬伕、割草工、抬轎人，躺在無遮蓋的地上數月，白天日曬，夜晚受寒，其中許多人在為我們服務時受了傷……食堂裡的交談，語氣野蠻、殘酷：公開宣稱要大屠殺德里居民，明知其中許多人希望我們贏……[89]

這段文字凸顯了德里嶺生活紀錄裡常被忘掉的一點，即一半以上的軍人，還有龐大支援群體的幾乎所有人，不是英國人，而是本地人。這是場非常奇怪的宗教戰爭，穆斯林皇帝受印度教徒占多數的叛變印度兵軍隊催逼，向壓迫他的基督徒舉起造反的旗幟。這些印度兵自願（而且最初不顧其反對）投奔於他，請求給予穆斯林式的賜福，請蒙兀兒人、即他們眼中的合法統治者，出來領導他們抗英。

更為奇怪的，係一批批穆斯林聖戰士的到來——最終占了德里城叛軍至少一半的兵力——竟成了危及蒙兀兒人之新軍隊團結的最大因素之一。同樣更為奇怪的，係英國人為了反攻這些部隊，招募了一支以帕坦籍、旁遮普籍穆斯林非正規兵為主的新軍，來對付蒙兀兒人。誠如德里譁變備忘錄上的戰死數字所顯示，「英國」方面多達三分之一的戰死軍官、八成二的戰死士兵被歸類為「本地人」。[90]到了圍城末期，最後一批援軍從旁遮普來到德里嶺時，「英」軍裡大概八成左右是印度人。如果說德里城裡的起事，最初是英國人和以印度教徒印度兵為主的軍隊間較量，而且這些印度兵大多招自阿瓦德。到了起事的尾聲，已變成混合數股勢力的叛軍和拿英國人錢打仗的錫克人傭兵、穆斯林傭兵間的廝殺。這時的叛軍，至少有一半人是平民身分的聖戰士，而這些替英國人打仗的傭兵，則來自西北邊區、旁遮普。

此外，儘管從德里嶺發出的信，大談「英國人的勇敢」和「本地人的懦弱」，但發出這種種族歧視論調者，本身的家庭背景根本談不上是「純種」盎格魯撒克遜人；事實上，就能找到詳細個人資料的那些個案來說，他們，或許令其自身感到尷尬的，其實是多文化的產物。伊莉莎白·瓦根特里伯當然有她娘家斯金納家族的許多親人，其中不少人——大概包括自己的母親——是印度穆斯林。梅凱夫家的昔奧與喬吉娜兄妹，透過堂哥詹姆斯·梅凱夫這層關係，有了些旁遮普錫克籍的親戚。詹姆斯·梅凱夫的父親是查爾斯爵士，即托馬斯爵士的哥哥暨前任英國駐德里特派代表。查爾斯爵士在蘭吉特·辛格（Ranjit Singh）的拉合爾王廷上，遇見動人的錫克籍比比，而且據家族傳說，他照「印度儀式」娶了她。[91]具有一半旁遮普人血統的詹姆斯，少年時期，與他的嫡堂兄弟姊妹在英格蘭一起長大。此時，他則住在倫敦，昔奧的弟弟查爾斯（後來成為祕書吉旺·拉爾與穆因丁之《譁變記》的英譯者）常去找他，很喜歡堂哥的美麗妻子，誠如他在寫給喬吉娜的信裡說的，她是個「開朗活潑的標致女孩，我日後會毫不猶豫娶進門的那種女孩」。「坦白說，我真的超喜歡她。我告訴詹姆斯，我看到她的那一刻，詹姆斯太太根本是GG的翻版。」[92]

牧師羅頓的情況更為鮮明。這位牧師大談英格蘭人是上帝的選民，卻有一大批英印混血的嫡堂兄弟姊妹，包括不會說英語的詹姆斯·羅頓。他皈依伊斯蘭的堂兄弟費利克斯·羅頓（Felix Rotten），娶了多個印度藉妻子，共生下二十二個穆斯林兒子（「不折不扣、土生土長的本地人」）。那時，這二十二個兒子全都在阿瓦德，為叛軍一方打仗。在那裡，他們積極參與了圍攻勒克瑙英國特派官邸之役。據印度事務部圖書館（India Office Library）裡的東印度公司文件，「（費利克斯・）羅頓先生似乎自願留在叛軍陣營，直到上個七月（即一八五七年七月），自願充當叛軍之父，堅決認為若背離叛軍就是不忠。」「雖是歐洲人的後裔」，他未對英國人伸出援手，「他那些能拿武器殺敵的兒子，全都與我們為敵，他該為他那些兒子的行為負責。」*[93]

就連佛瑞德・羅伯茨在家書裡，一再咒罵「邪惡的本地人……一群可鄙的懦夫」，都有個英印混血、同父異母穆斯林兄弟約翰・羅伯茨。約翰・羅伯茨，又名「矮小先生」（Chhote Saheb），一如牧師羅頓的那些堂兄弟，那時正在勒克瑙與英國人廝殺。約翰「完全照印度人的方式生活，是個虔誠穆斯林，特別注重禮拜（namaz）、齋戒（roza）之類的宗教儀禮」；妻子是勒克瑙女子沙札迪別姬（Shahzadi Begum），即納瓦卜拉姆贊・阿里・汗（Ramzan Ali Khan）的孫女。約翰與佛瑞德一樣善於寫作，係著名的烏爾都語詩人，以筆名「姜」（Jan）行走詩壇，但不會讀寫英語。他們的父親，亞伯拉罕・羅伯茨（Abraham Roberts）爵士將軍、巴思勛位騎士指揮官（ＫＣＢ），聽聞約翰在其同父異母兄弟被譽為德里嶺英雄之際，與叛軍並肩作戰，大為憤怒，立即中止給他的零用錢。「你為羅闍製造砲架來對付英格蘭人，希望你能從他那兒得到濟助，」這位火冒三丈的將領寫道。「如果你和其他人一樣投奔特派代表，你會得救，但眼下你別想得到什麼東西。」[94]

* 作者註：費利克斯・羅頓一八五八年向英軍投降時，聲稱他原打算去英國特派代表官邸，但「印度兵進城時，他在睡覺」。見 Rosie Llewellyn-Jones, A Fatal Friendship: The Nawabs, the British and the City of Lucknow, New Delhi, 1992, pp. 32-3。

就叛軍陣營來說，七月九日進攻英國人一役，肯定是當時最成功的一役。但皇宮和德里城民都期望太高，對於戰局未有重大突破，對於英國人依舊穩穩固守在德里嶺上，深覺失望。

接下來幾星期，這股沮喪之情更為濃厚。德里城收不到關於英軍動靜的情報，意謂著叛軍陣營裡無人知道巴赫特·汗的戰術作為有多成功：不清楚英國人處境的岌岌可危和巴赫特·汗所加諸他們的壓力，只能看到防線依舊如故，不利於巴赫特·汗的耳語旋即開始傳開。米爾札蒙兀兒對於自己被拔掉兵權一事憤恨難消，其他印度兵則不喜歡聽命於來自別團的指揮官。隨著歷次進攻都未能取得決定性勝利，巴赫特·汗的威信和其對印度兵的掌控，慢慢開始瓦解。

七月底，開始有人在皇廷公開表達不利於巴赫特·汗的怨言。二十九日，有個印度兵抱怨，「過了這麼多天，這位將軍都未領軍出擊。」巴赫特·汗大怒，但皇帝說所言屬實。[95]幾天後，因大雨而取消預定的進攻時，札法爾很生氣，說「你絕對拿不下德里嶺……你帶來給我的財物，都已花掉。國王金庫空掉。我聽說每天都有軍人回鄉。我看得勝無望」。

隔天，瓜廖爾兩千士兵和納西拉巴德六千伊斯蘭聖戰士的請願書送到皇廷，說只要國王一聲令下，他們隨時可往德里嶺進發。但札法爾口授回函，「德里六萬人都未能將英格蘭軍隊驅離德里嶺，你們六千人要如何辦到？」巴赫特·汗抱怨印度兵不再聽命於他時，札法爾回道，「那就要他們離城。」[96]不久後，札法爾還說，德里仍受到軍人的騷擾和威脅，這事讓人無法忍受。

那些軍人來到這城市，抱著消滅英格蘭人而非自己同胞，這個公開宣布的目標，始終誇稱要走出安全的防禦工事，前去消滅英格蘭人，卻總是回到這城裡。英格蘭人顯然最終會奪回這城市、會殺掉我。[97]

於是，七月底，兵權再度易主，也就不足為奇。巴赫特．汗形同遭拔除總司令之職，最高管轄權轉交給理事院（Court of Administration），米爾札蒙兀兒代表父王主持該機構。理事院是個奇怪的機構：某種由選舉產生的軍事執政團，從中可見，西方共和制的強烈影響多於蒙兀兒人的政治理念，甚至用英語詞彙指稱該機構的諸多職位。根據該機構的十二點章程，共有十名成員，其中六人選自軍方：步兵、騎兵、砲兵部隊各兩人，剩下四人來自皇宮。

理事院定期開會議事，充當軍方、文官當局間的聯絡委員會。[98]偶爾，理事院出手除弊，收到成效，例如該機構批評米爾札基茲爾．蘇爾坦，未經其授權擅自逮人和向城中銀行家收稅時。[99]但該機構始終未能發揮一統事權的中央司令部角色，巴赫特．汗始終與其保持距離；就現存於「譁變文件」裡的檔案來說，它簡直就是米爾札蒙兀兒與其軍事盟友的機關，仍歸巴赫特．汗指揮的巴雷利旅，實際上依舊不受該機構節制。

於是，理事院所辦成的事，似乎正與其所欲達成的事背道而馳。它未協調不同造反團的行動，反倒強調它們之間既有的分歧，以致水火不容更甚以往，演變成相抗衡只聽命於自己軍閥的諸派系。無論如何，巴赫特．汗作戰方法告終，立即讓德里嶺上的英國人鬆了口氣。誠如理查．巴特所指出的，「德里國王在朝會時奚落譁變領袖打不了勝仗；這導致相互指責，某些人從此不願再執行巴赫特．汗所擬出的戰法。於是，就在我們幾乎要挺不住時，敵人停止進攻，好似天意如此，而此舉給了我部亟需的休息空檔。」[100]

巴赫特．汗強硬的「瓦哈比派」觀點，加快其失勢。跡象顯示，他未「滿足（高種姓印度教徒）所需」，這些印度教徒找上國王，詢問是否可以讓他們轉歸米爾札蒙兀兒統管。[101]後來，巴赫特．汗不顧國王的明白反對，找來德里城所有烏里瑪，迫使他們簽署一則聖戰教令，該教令宣布凡是穆斯林都應拿起武器，在聖戰士首領毛拉韋薩爾法拉茲．阿里統領下，打宗教戰爭；數個毛拉韋，包括加利卜的友人穆夫提薩德魯丁．阿祖爾達，後來說他們係被迫簽署，有人威脅若拒簽，「他們會家破人亡」。[102]

有了此道教令壯膽，七月末，聖戰士在印度教徒和穆斯林共同維繫住的戰線上，弄出最嚴重的裂口。宰牲節就快到；皇廷竭力防止德里城因族群差異而分裂，但令其大為駭異的是，聖戰士竟特意去惹印度教徒不快。在整個伊斯蘭世界，穆斯林過宰牲節時，通常會殺一頭山羊或綿羊獻祭，紀念易卜拉欣以兒子易司馬儀獻祭和真主寬免易司馬儀一事（在古蘭經中，被拿去獻祭者是易司馬儀，而非舊約聖經中的以撒）。但誠如穆罕默德．拜蓋爾所寫道，

來自棟格的加齊戰士決意在三天後，宰牲節那天，在賈瑪清真寺前的空地上殺一頭牛。他們說如果印度教徒反對此事，會殺了他們，而與印度教徒算完帳後，就會去進攻、消滅佛朗機人。他們說：「因為我們要殉教，殺掉印度教徒和殺掉佛朗機人，一樣可獲致殉教的殊榮。」[103]

不久後，七月十九日，一些信奉印度教的印度兵，把五名他們認定殺了牛的穆斯林屠夫割了

喉。一場會使德里城因宗教差異一分為二的全面危機，即將爆發。而這正是札法爾害怕發生的事。德里城民有幾乎一半的印度教徒，他始終清楚，若沒有一半子民的同意和支持，自己的大位不可能坐得安穩。此外，他母親是印度教徒，從而始終遵守頗多的印度教習俗，令較正統的烏里瑪深感憂心。這時，他以難得一見的果斷回應，處理此一突發事件。五屠夫遇害那天，札法爾下令禁止屠牛、禁吃牛肉，明令凡是殺牛被發現者，將處以砲決的重罰。警方立即據此執法，甚至逮捕任何被發現烤牛肉串的攤販。其中一人，哈斐茲．阿卜杜拉赫曼，寫信給皇廷，堅決表示他不是屠夫，不能以殺牛罪名究責於他；此外，他因印度兵作亂，毀了平日的生意，才從事起目前這個烤肉串生意。但他並未獲釋。[104]

接著，札法爾下令登錄全城的牛，要各馬哈拉區的值夜人和清掃工，將所有「擁有牛的穆斯林家戶」上報當地警局，要每個警局將「伊斯蘭信徒所飼養的牛」全數造冊，呈交皇宮。札法爾要各地警察局長於六小時內執行完此命令。[105] 三十日，德里的科特瓦爾，賽義德穆巴拉克．沙接獲指示，要其向全城宣告嚴禁殺牛，因為那會引起「沒必要且只會壯大敵人實力的爭鬥」；「就連懷有違抗政府命令之念頭者，或有違抗政府命令之作為者，都會受到嚴懲」。[106]

接著又下達數道命令，包括一則極荒誕的指令，要所有登錄在案的牛此後棲身於德里的警察總局（科特瓦利）。札法爾或許不願或沒辦法關住聖戰士，但能把牛關在一塊。只是這道命令的執行難上許多。賽義德穆巴拉克．沙在回給札法爾的公文中憂心指出，如果「把所有穆斯林的牛都叫來，大概會有五百頭或一千頭。為此，我們需要一大塊田野或圍場，供圈養數天，但忠心的我不知道哪裡有這樣的地方，而且牛主人只會疑慮、憂心」。該計畫隨之遭打消，轉而要牛主人具結保證，不會殺牛獻祭。[107]

最後，札法爾派穆夫提薩德魯丁．阿祖爾達前去，與聖戰士陣營斡旋。[108]挑他當使者，再理想不過，這不只因阿祖爾達是德里最受敬重的穆斯林知識分子。賽義德艾哈邁德．汗說他是「智者中的智者」；德里詩人薩比爾（Sabir）則認為他是能「給柏拉圖的知識當頭一踢」、能使亞里斯多德「從至善的高處落得抬不起頭」的人。[109]阿祖爾達還是天生的縱橫捭闔高手：思想追隨沙．瓦利烏拉所開創、嚴守可蘭經義的學派，但本身依舊是個詩人，而且與詩人為友；德里烏里瑪的重要成員之一，曾成功調解蒙兀兒人和英國特派代表官邸的歧異。此外，阿祖爾達不只是札法爾的親信顧問和盟友，還是毛拉韋薩爾法拉茲．阿里的恩師和前雇主。阿里離開德里之前，一直受到阿祖爾達提攜。現存紀錄看不出兩人之間有過什麼意見交流，但最終毛拉韋薩爾法拉茲同意勸聖戰士，勿再於宰牲節時以宰牛、吃牛肉為樂。

由於札法爾種種的預防措施，八月一日宰牲節平和度過。英國人透過密探得知，不同宗教族群間關係日益緊繃，一直熱切期盼城裡發生重大的族群暴亂，結果德里局勢平靜，令其好生失望。赫維．格雷特海德不由得只能在給妻子的信中發牢騷，說「在這個宰牲節，在穆斯林國王統治下，竟不准殺牛獻祭，對那些為自己信仰而戰的穆斯林來說，何其諷刺」。[110]

不管是對札法爾來說，還是對毛拉韋穆罕默德．拜蓋爾而言，與牛、伊斯蘭聖戰士、遇害屠夫有關的這起事件，似乎都是轉捩點。

兩個半月來，他們的城市遭一波波湧入的印度兵、聖戰士洗劫，嚇得心神不寧。但至少最初的情勢讓人覺得，一旦走過過渡期，似乎有望建立新秩序、恢復蒙兀兒皇朝。而且都把此皇朝的皇帝視為哈里發，印度斯坦唯一合法且神聖的統治者。但到了七月底，打敗英國人似乎愈來愈不可能。這時，更有可能的結果，似乎是印度教徒與穆斯林和平共存的局面即將瓦解，而這一和平共存卻是維繫德里團結的主要憑藉。在札法爾和拜蓋爾看來，這無疑是高得讓人吃不消的代價。屠夫遇害後的一星期裡，兩人在對方都不知情下，各自派人前去英國人營地探口風，希望與德里嶺上的軍隊達成某種和解。

札法爾和拜蓋爾老早就想這麼做。隨著七月一天天過去，札法爾心情日益低落，對於這場起事愈來愈提不起勁。他念茲在茲的，始終是他的城市和他的皇朝，而他愈來愈清楚這場危機都無益於這兩者；反倒，這場起事導致德里城毀、當家作主三百多年的蒙兀兒人永遠垮台的可能性，此時高了許多。薩爾瓦爾・穆爾克的叔叔前去晉見國王，「一身全套的朝服，纏頭巾，繫腰帶」，請求給他一些兵去打英國人，札法爾回道，「我沒有兵可給你。我已八十歲，年邁體衰。這不是我要打的仗。叛變士兵想打。你如果想打，去找那些兵的軍官，和他們談好。」[111]

皇后齊娜特・馬哈爾，這時已退居自宅，憤怒於丈夫挺叛軍的一敗塗地政策。札法爾沒她可倚賴，也無法倚靠內務府總管，而太監馬赫布卜・阿里・汗說他的行為變得非常難捉摸，精神彷彿隨時就要垮掉——畢竟他已八十歲，亂事爆發前就已出現年老糊塗的跡象。

隨著德里被圍一直無解，前景益發黯淡，朝會時他對事情的處置，變得更加任性、自我中心。有時他言行悖離常軌到了精神失常的地步，猶如印度的李爾王，例如他任命自己的岳父為奧德的納瓦卜，但自十八世紀中期起，該地區就不受蒙兀兒人控制。[112]後來，為了讓一個心懷不滿的印度兵將領留在德里，他表示願授以德干與古吉拉特的蘇巴達爾之職，但這兩個地區更早時就脫離蒙兀兒人的掌控。[113]到了八月上旬，他已不問朝政，埋頭寫詩。詩風，一如其多變的心情，從悲觀猛然轉變為離譜的樂觀。「國王整天忙於寫詩。」密探高里．尚卡爾八月七日報告。「他寫了如下的詩句：

> 噢，札法爾，我們不久後就要去拿下倫敦。
> 那裡不遠。」[114]

不寫詩時，他把許多時間花在把印度兵趕離他心愛的庭園，其中許多庭園係他本人設計。六月，終於如願以償，但兩星期後，卻發現「第五十四本地人步兵團的兩百名軍人和一名攜家帶眷的醫生已住進那裡」。他在寫給米爾札蒙兀兒的信中忿忿說道，「國王的隊伍常走那個方向，這麼一來，就大不方便。因此，我要你們，我的兒子，就此事找皇廷的軍官說話，把這些軍人和那名本地人醫生趕走。」[115]

其他時候，札法爾則似乎一心想逃。他揚言離開德里，前去麥加朝覲和在那裡度過餘生。最初很可能只是為了讓起事各方團結一心，為了逼印度兵聽命於他、不再劫掠他的城市，但到了七月，這番表態似已真的反映他內心想要逃離自己不堪處境的強烈念頭；不想再眼睜睜看著他所規畫、追求的一切——他所打造的文明有禮、有文化的綠洲，他一輩子努力保住的皇朝——土崩瓦解，卻無力挽救。

札法爾受審時提交法庭一份極悲涼的文件，透露了他坐困愁城的程度。那是一封寫給其封臣的求救信，請該封臣前來救他。那位封臣則是切傑爾這個小市集鎮的納瓦卜，阿卜杜．拉赫曼．汗，即先前不願庇護昔奧的那個人。札法爾把這位納瓦卜——此前從未打過仗的紈絝子弟型審美主義者——稱作「戰虎」，說：

由於發生許多不愉快的事，而且因為年老體衰無法處理國政，我們目前只想投身於真主和人類所認可的好事，只想把餘生用於奉獻、禮拜真主。

接著他詳細說明其全然不切實際的計畫：首先，把「崇高帖木兒家族的所有成員」和「此皇族所有成員的財物、動產」，遷到梅赫勞利蘇非派聖徒克瓦賈·庫特卜的聖祠，然後，備齊此行所需的一切東西後，穿過飽受戰火蹂躪的印度，前去麥加、麥地那的「聖所」。於是，他請求切傑爾的納瓦卜，「我們的奴僕，趕快前來謁見我們的王，帶著你完全信任的扈從……保護我們的神聖之人，直到前往真主的聖房（麥加）為止。若如此，你會從這兒得到無上的讚許和喜樂，你會名揚四海。」但有個後勤上的小麻煩：札法爾寫道「這裡沒有車輛」可取得，「因此，務必一起帶來四百或五百輛獸拉車、五百或六百頭駱駝。」[116]

這位納瓦卜打定主意坐牆觀虎鬥，不投向任何一邊，辯解道：他很遺憾札法爾的處境，但局勢不穩，無法前去援助「真主的影子」。不久後，據某英國密探所述，札法爾於某天晚上印度兵軍官離開他之後，朗讀了以下對句：

天已倒在我們身上，
我不再能休息或睡覺。
如今，只有徹底的離開是必然之事，

不管是在早上，還是夜裡。[117]

札希爾・德拉維，整個圍城期間以侍從官身分隨侍札法爾，看他在七、八月之交日益消沉，最終落得近乎無助絕望的地步。許久後，札希爾寫道「他始終難過、憂傷」，

眼中總是含著淚水。晚上他走進他的小禮拜堂，獨自一人坐在那裡，總會咒罵叛亂分子。我們奉命輪流前去侍候，有天夜裡，我值班時，聽到衛士要所有人機靈點，我們全都纏上頭巾，做好準備。國王出現時，全員起身歡迎。他坐在小禮拜堂裡低矮的王座上，背靠墊枕。然後對我們講話，說「你們知道眼前局勢帶來什麼結果？」，沙札達・哈米德・汗（Shahzada Hamid Khan）回道，「過了一百五十年，陛下的威信終於恢復，失去的蒙兀兒帝國重見天日。」

國王搖搖頭說：「我的孩子，你們不懂。聽好：這場劫難，完全不是我招來。我一貧如洗，沒地，也沒帝國。我始終是個乞丐、坐在角落尋找真主的蘇非派信徒，吃我的日常麵包，身邊有些許人。但如今，在密拉特點燃的大火，照主的意思，已吹到德里，並使這個大城著火。如今我和我的世系似乎注定完蛋。偉大帖木兒（蒙兀兒）皇帝之名仍在，但不久後，會被完全毀掉，並遺忘。這些背信棄義的人（印度兵），造他們主子的反，來這裡尋求庇護，不久後就會全部被消滅。這些人對自己的領導人不忠，我還能指望他們什麼？他們過來摧毀我的房子，一旦把它毀了，就會跑掉。然後，英格蘭人會砍掉我的頭、我小孩的頭，擺在紅堡上頭示眾。他們不會饒過你們任何一人，如果你們之中有人逃過一劫，記得我告訴你們的話：即使只是想拿一小口麵包塞進嘴裡，那麵包都被會人奪走，丟到老遠，印度斯坦的貴族會被當成低賤的村民對待。」[118]

對札法爾來說，與英國人搭上線，探索和解的可能，並不難；事實上，他的妻子和首相已透過霍德森的情報頭子毛拉韋拉賈卜．阿里，與德里嶺上的人間互通聲息。拜蓋爾大概也是循同一途徑與英國人搭上線，被要求核對一份新聞信札，以便送給英國人營地裡的情報部門。當時的一篇譯文，很可能譯自德里嶺上，把似乎是拜蓋爾的第一份報告譯成英文。該譯文倖存於德里專員官署的檔案室裡，從中可看出如此公然且積極抗英的叛軍，為何不到三個月就對時局感到失望。他寫道，「自從信奉印度教的印度兵殺害了五名殺牛的屠夫後，叛軍裡印度教徒和穆斯林的嫌隙一直很大。」

> 我們是城裡正派體面的居民，我們之中有些人慘死於印度兵的施暴，無望逃過死劫。巴赫特．汗將軍的密探到處跟蹤我。有人站崗把守穆夫提薩德魯丁．汗（阿祖爾達）的房子，所有出入口都不得通行。我透過齊娜特．馬哈爾，建議國王開城門，邀英格蘭人前來奪取此城，告訴他，如果他能消滅叛變士兵，對他和他的小孩會大有好處。國王贊同我的意見，承諾會這麼做。但哈基姆阿赫薩努拉．汗，基於我們信仰的差異，阻止我的意見落實。這個醫生是遜尼派，本文作者是什葉派。[119]

拖了這麼久才試圖與英國人和解，沒有人會因此受益。德里嶺上的威爾森將軍和拉合爾的勞倫斯都向加爾各答建議，至少探一探札法爾的口風，但坎寧堅決反對任何談判，堅決認為絕不可讓札法爾以為一旦叛亂敉平，他會獲准保有舊頭銜或地位。[120]於是，蒙兀兒皇廷陷入前途未卜的狀態，自覺與起事勢力日益疏遠，而且這時看來，起事失敗的可能性愈來愈高，卻無法擺脫之間的瓜葛。與此同時，穆罕默德·拜蓋爾繼續當霍德森的密探提供情報，但英國人並未保證他背叛自己人的舉動，會在城破之日保住其性命。

七月底，跡象清楚顯示戰局已不可逆轉的轉為有利於英國人。德里嶺上的兵力仍大大少於城中兵力，但出城攻擊次數與日俱減、城中守軍士氣逐日衰落、叛軍領導階層裡的不和加劇。格雷特海德在七月二十九日寫給妻子的信裡說，「局勢已開始逆轉，打在我們防禦岩石上的波浪，力道已減弱。」[121]

在英國人營地裡，這時心態開始轉向報仇：集體屠殺德里人之說，得到公開且熱烈的討論，夷平德里城之說亦然。英國人的報紙則煽動此一報仇之心。這些報紙剛得知一起戰爭罪行：七十三個女人和一百二十四個小孩，在坎普爾的比比嘎爾（Bibigarh）遇害。那是這整個起事期間對英籍平民所犯下最惡劣的戰爭罪行。喬治·瓦根特里伯是鼓吹殺戮最力的人士之一，逃離德里後，帶著妻小千辛萬苦逃到拉合爾，在那裡主編復刊的《德里報》，取名《德里報號外》。此報定位為新聞信札，旨在為德里倖存的英國人加油打氣。瓦根特里伯在此報上接連以歇斯底里的口吻呼籲，徹底摧毀德里，「消滅用凶殘罪行玷污其城牆、弄髒其歷史書頁的惡魔。」[122]

革命暴行和凶殘罪行的風暴，已席捲居住在孟加拉的英國人，留下恐懼、荒涼的殘骸，只有那些窮凶惡極之徒表現出的不知感激和罪愆，比得上這波惡行。那些窮凶惡極之徒擬出至目前為止已執行的凶殘計畫，再度高舉那位淫亂先知的旗幟，與提供給人類且存在於神子耶穌基督身上的新天道相對抗……

印度教徒和穆斯林以史上無人能及的眾多凶殘行為，向世人宣告他們的種姓制度和宗教。即將施加於他們身上的懲罰將是不相上下：給予應有的懲處，就是慈悲的表現——風暴即將降臨這個注定滅亡的城市，而「血債血還」會是響徹整個風暴間的口號；英國軍人必須趕快行動：復仇天使靠你們來屠殺，而屠殺等著你們前進德里去完成。

看看更遠處，看看德里，因為德里不久後就會被英軍重新占領，統兵將領會坐在蒙兀兒的皇宮裡，麻繩項圈會套在國王脖子上，取代他的王冠。他會被拿去獻祭，以還給英國人公道。接下來呢？我們的答覆是：讓德里變得寂靜無聲；但就在城裡一片死寂時……正義不斷得到伸張，讓捲進這場可怕風暴的每個本地人的性命，被正義緊緊抓在手裡，拿去正義的聖壇上獻祭。[123]

維多利亞女王時代的福音派，要求屠殺德里城民，而且藉由他們對基督教聖經經文的解讀，認為此一屠殺正當合理。八月五日，大兵力援軍終於上路的消息傳到德里嶺時，這一屠殺的實現之日更為接近。為完成此一偉業，約翰·勞倫斯不得不把旁遮普境內的英籍部隊全部調走，從而是在下一場豪賭，賭沒了英軍的旁遮普會依舊平靜。但先前已集結於菲羅茲布爾的圍城輜重隊，這時已上路，循著「大幹道」緩緩南下。輜重隊載有重型火砲，綿延長達一英哩，與此同時，行動更為快速的「機動縱隊」已抵達安巴拉，再過幾天就可助德里野戰部隊脫困。

對德里嶺上英籍部隊的士氣來說，尤其對期盼攻入德里城血腥報復的那些人來說，更可喜的消息是，就在「機動縱隊」離德里愈來愈近時，統領該縱隊者是約翰·尼可森。

CHAPTER

9　局勢逆轉

八月十四日星期五，早餐前不久，約翰·尼可森准將率部進入德里嶺上的英國人營地。他帶來一千名英籍士兵、來自木爾坦（Multan）的六百名非正規騎兵（全是旁遮普穆斯林）、一個英國砲兵連、一千六百名錫克籍印度兵緊跟在後，從而使威爾森的小股軍隊兵力增加了一倍。但令受困的德里野戰部隊印象最深刻者，不是隨尼可森過來的部隊，而是尼可森本人。「尼可森一人能頂許多人，」霍德森在信中告訴妻子。「想到情勢將有決定性的變化，營地就整個生氣勃勃。」[1]平常非常內斂的查爾斯·格里菲斯，吹捧更為肉麻：他寫道，「約翰·尼可森這位英雄到來，與我們同生共死，係讓我們實力大增的最有力因素。」

許多關於他本領和技能的事蹟流傳人間……他身形瘦削，但身材高大，整個儀表和風度讓他成為「人中之王」。冷靜且自信，善於應變且大膽，沒有困難能嚇倒他。他不屈不撓的精神，似乎立即為這支部隊注入新活力……人人都在談尼可森，每個軍人都知道會有強有力的作為來確保最後的成功。[2]

尼可森原是西北邊區一名沒沒無聞的三十六歲軍人和公務員，除了與他過從甚密的少許人，沒人知道這號人物。但自從五月離開白夏瓦，他在幾星期裡成為北印度英國人眼中的傳奇人物。畢竟，經過一連串大錯和疏於注意本地人忌諱而引發兵變，然後因應兵變拖沓、遲疑、笨拙，導致亂事如此快速擴散開來後，英國人亟需英雄來提振士氣。尼可森虔誠、穩重、勇敢，加上其咄咄逼人、殘酷無情的本事，正是欲讓德里嶺上藏身於胸牆之後的沮喪英籍士兵提振士氣所需之人物。

德里野戰部隊的士兵兩個月來被沒日沒夜的敵人進攻，折磨得身心俱疲，而慢慢傳到德里嶺上，另有叛亂爆發於印度斯坦全境的消息；從勒克瑙圍城戰傳來的壞消息，和該地特派代表官邸的傑出守衛者亨利・勞倫斯爵士的死訊；駐守坎普爾的英軍及其妻小遭屠殺一事，則使他們既驚且憂。密拉特一地年老糊塗的將領休伊特和安森、巴納德、里德這三位老弱將領（接連三位才具平庸的德里野戰部隊指揮官）的怯懦無能，更是令他們愁眉不展。

對他們來說，要解決這些疲弱、緊張不安的老頭子所導致之困境，尼可森是絕佳解方。來到德里前，種種關於他的事蹟就已流傳開來：「機動縱隊」一天四十六英哩的強行軍；他的士兵在涼蔭裡休息時，尼可森會「頂著烈日一動不動直挺挺地騎在馬上」候著；他從不睡覺，夜裡其他人都在休息時，則是熬夜寫信和軍情急報；尼可森「痛恨印度兵，筆墨無法形容的痛恨」。

最重要的是，尼可森晚近在特林姆嘎特（Trimmu Ghat）拿下勝利，消息傳到德里嶺上的英國人營地，全營振奮。該役，他藉由一連串強行軍追擊、伏擊，從錫亞爾科特出發，欲趕赴德里的一整個叛變印度兵團，在拉韋河（River Ravi）河邊追上後，不讓已被河水堵住去路的印度兵逃掉一個，於是，最終，「大部分印度兵往（因雨季而）漲滿的拉韋河裡逃生，並溺死，只有極少數人被俘，而這些被俘的人當然遭擊斃。」[3] 到了八月，「機動縱隊」大肆殺戮的消息甚至已傳到加爾各答，在該地，坎寧以肯定的口吻寫道，尼可森「猶如復仇的化身橫掃全國，使意志動搖者為之喪膽」。[4]

對於這個充滿帝國主義心態的嚴重變態人格者，少有人能不為所動，不生起英雄崇拜之心，年輕中尉愛德華・奧馬尼是少數的例外之一。征途中，他看到尼可森的凶殘無度，震驚不安，「他讓人見識到他是何等殘忍，」奧馬尼於七月二十一日的日記上寫道。「例如，他鞭打一名年輕廚子，只因他在隊伍行軍時擋到他（他要一個非常強壯的正規兵執行此處罰）。廚子抱怨，又被抓來，禁不住第二次鞭打而身亡。」[5]尼可森任由其士兵凶殘對待任人宰割的俘虜，同樣令他非常驚駭：

有個第二非正規兵團的兵，向錫亞爾科特叛變士兵指出可涉水渡河之處，結果兩隻手被砍斷，刺刀穿過他身體，然後吊死；數批俘虜，手被綁著，帶到叢林裡，讓錫克人將其處決。這類殘酷行徑長遠來看，必會讓我們吃虧，只因這些人這麼對待我們……我們就以其人之道還治其身，根本沒道理。應以絞刑、槍斃的方式，殺掉真正有罪的人（但應饒過無辜之人）。[6]

尼可森也給德里嶺上某些較有人性的軍官留下不好印象。在興都·拉奧宅率領廓爾喀兵正面迎擊印度兵的雷德少校，寫到「我認為我從沒見過一個第一眼就這麼不喜歡的人。他的高傲和特有的不屑，我受不了。他問了數個關於敵情的問題，然後無人應答」。[7]赫維·格雷特海德也拿捏不定該如何回應這個嚴酷的傢伙，這個愈來愈被視為德里野戰部隊真正統領的人。他抵達當晚，在軍官食堂裡，尼可森整個用餐期間一語不發，他身形壯碩的帕坦籍男僕隨侍在後，「一手拿著已扳起扳機的左輪手槍，除了他本人，不讓任何人上菜給他主子。」[8]*誠如隔天格雷特海德向其妻子所抱怨的：

尼可森將軍在用晚餐。他是個優秀、威嚴之人，能不講話就不講話，就公眾人物來說，很了不起的本事。但如果我們在過去兩個月裡都這麼嚴肅、這麼沉默寡言，我想我們活不到現在。歡樂快活的食堂晚餐時光，使我們的士氣不致低落。[9]

尼可森不為任何批評所動，隔天一大早就出門四處走動，騎馬巡視德里嶺各地，查看防禦設施，檢查砲台和胸牆，開始為拿下德里擬計畫。「據說有個長得非常引人注目的陌生人，走訪了我們的所有警戒哨，非常深入詢問了它們的兵力和歷史。」有個軍人憶道。

> 從他的穿著看不出他的軍階，這個人顯然從來不在意穿著……不久就弄清楚這人是尼可森將軍，營裡還不認識的一個人；與此同時，有人在竊竊私語說，他具有最厲害的作戰本事。他身形高大、胸膛寬厚、四肢強健、神態熱情且威嚴，又帶有些許粗魯；有著俊酷的臉龐、長長的黑鬍、深沉洪亮的嗓音。他整個身形和舉止，透露出無比的力量、本事和決心，以及在重要場合身為龍頭老大者所具有的那種，誰都必會注意到的氣勢。[10]

相較於愛整潔、膽怯、留著山羊鬍的威爾森將軍，差別再鮮明不過，而兩者發生衝突勢所難免，以尼可森無法聽命於他人的習性來看，尤然。威爾森相當反感尼可森那種雖友善但自命不凡的心態：畢竟他是尼可森的上司；尼可森則驚駭於威爾森的謹小慎微和憂心不斷。尼可森寫信告訴約翰·勞倫斯，「威爾森說他會在重砲抵達時發起攻勢，但他說這話時帶著尚未定案的口吻，我不禁覺得如果不盯著他，他恐怕不會這麼做……他根本應付不了這場危機，我相信他自己也心

* 作者註：這個帕坦人，據說曾被尼可森救過一命，夜裡也睡在尼可森帳外，因此，想進帳的人都必須跨過他的身體。見R. G. Wilberforce, An Unrecorded Chapter of the Indian Mutiny, Lodnon, 1894, pp. 28-9。

知肚明。」

後來的信件透露雙方失和加深，「威爾森就要撐不下去，」尼可森於八月中旬告訴勞倫斯。「這話是他自己說的，而且這話很顯然不假。」三個星期後，寫給勞倫斯的一封信，用詞更不客氣：尼可森寫道，「我這輩子見過許多無能將領，但像他這樣無知、愛發牢騷、阻撓成事的，還是第一次碰到。攻下此地後，我怎麼都不願在他麾下待上一天。」[11]

但就在尼可森繼續抱怨時，威爾森的作戰方針——強化德里嶺的防禦，等圍城輜重隊抵達——開始奏效。叛軍來犯未斷，雖然次數已不如過去頻繁，每次有新叛變印度兵團經過浮橋進城，該團就派兵進攻德里嶺，以彰顯自己本事，然後被接納為叛軍陣營一分子。英國人愈來愈能在毫無傷亡的情況下，擊退如此大規模攻擊，主要得歸功於威爾森防範未然的防禦作為。

有「數千兵力、十門野戰砲、三門迫擊砲」的尼馬傑（Nimach）印度兵團，從拉迦斯坦來到德里，並於幾天前對德里嶺發動一場聯合攻擊。在瓜廖爾旅和十二門野戰砲支援下，他們的進攻整夜未輟，一直打到隔天正午。但了午餐時間，已有千餘名印度兵陣亡，英國人則死傷甚微，僅四十六人傷亡。指導團的亨利·達利（Henry Daly）*認為，這是「我們給潘戴最成功、最符合科學精神的痛擊。潘戴損失甚大；已耗掉數車的彈藥；始終未見到我們的人。這是我們從事守勢作戰時該傳達的經驗」。[12]

英國人安然置身戰壕中，比以往更加清楚敵人盲目、可悲的血氣之勇。查爾斯·格里菲斯寫道，「他們幾乎無日不出擊，那股不輟的勇氣，舉世無匹。雖然每次都遭擊退，還是一來再來，重啟戰鬥。」[13]

從德里城發動的攻擊，不只成效愈來愈差，而且前後兩次攻擊的間隔愈拉愈長：誠如赫維．格雷特海德八月四日寫信告訴妻子，「二日起，敵人幾乎沒開火，就連砲火亦然，如果他們再攻擊，那根本是魯莽之舉。」[14]

隨著戰事變得較平靜，信心提升，於是有閒暇的英國人找到更多消遣來打發時間。有人去德里嶺後面的亞木拿運河釣魚，有人踢足球、打板球、玩擲環套樁遊戲，有天還辦了矮種馬競速賽。格雷特海德開始喜歡每天騎馬到營地外，指出他「能騎得很遠，沒有安全疑慮」，同時向妻子說，「營地外動物屍體的惡臭，掃了這類短途旅行的興。」[15]

食物和奢侈品也變多：有人從菲羅茲布爾趕來一大群綿羊，提供了極受歡迎的新鮮羊肉，旁遮普的親英羅闍已開始往南定期送來穀物。欽德的羅闍（Raja of Jheend），在德里北邊行軍一天可至之處，守護英國人於萊伊（Rhai）的補給基地，一個受到效率管理的基地。[16]安巴拉的皮克與艾倫（Peake & Aleen）開了一間店鋪，把牙粉、針、紙、巧克力、「一些上好的莫澤爾白葡萄酒」，賣給買得起的人，但他們的白蘭地，一瓶八盧比，大部分人買不起。而為一般人買得起的，係帕西商人傑罕吉爾（Jehangeer）和科瓦斯吉（Cowasjee）所販售的啤酒。皮克與艾倫迫於削價競爭，不得不以一打十五盧比的價錢販售他們「最上好的英格蘭酒」。[17]

每天仍有許多人死於霍亂，德里嶺上人屍、畜屍的腐臭味濃烈更甚以往；但壕溝裡的士兵普

* 作者註：指導團（Corps of Guides）創立於一八四六年，旨在維護與阿富汗接壤之動蕩西北邊區的平靜。

遍認識到局勢已開始逆轉，士氣較一個月前高了許多。赫維．格雷特海德八月六日寫道「不得不說」，

比起印度的其他任何地方，這裡的抱怨聲或許最少、歡笑聲或許最多……自我們紮營於現址，叛變士兵已吃了二十五次敗仗，如今他們已收到所能指望的所有援軍，正逐漸耗掉他們的彈藥。另一方面，我軍不久後會得到增援，攻陷德里城不可能拖到本月底之後。就連最無知、最不安分的人，都漸漸認清我們在印度的統治不會終結。我認為恢復我們的管轄權不會太難。[18]

其他人夢想著下方德里城的財富，藉此維持其鬥志於不墜，希望從「有錢的老黑人」那兒搶到「一、兩顆小鑽石」。[19]「一八五七年時，德里是印度斯坦境內最大、最美、肯定最富裕的城市，」查爾斯．格里菲斯寫道。「我們很清楚那城裡有數不盡的財富，即使此時，只要想到拿下這個造反城市時，我們會分到的錢財，心情就高興起來。」[20]

雨季的威力正逐漸衰退，七月時冒著蒸氣的沼澤，八月時已變成茂盛、泛著光澤的綠。有些較具審美意識的英國軍官，察覺到他們此前未曾注意到的東西：他們所在地方的驚人之美。善於表達且腦筋好的哈利．甘比爾是其中之一。他年僅二十三，從伊頓公學畢業不久，五月十一日時人在德里，那天夜裡和克尼維特上校一起逃出城。幾天後，兩人已和維巴特一行人會合，然後同行時，甘比爾——一如此前許多男人——愛上美麗可愛的安妮．佛瑞斯特，愛到神魂顛倒。他老早就從遠處欣賞安妮。

哈利和安妮在逃難途中被古遮人搶劫過，餓著肚子、半裸身子遊走過多阿卜地區數個村莊，

然後才得到法拉蘇的解救。這段共患難的經歷，使兩人關係更親密。這時，甘比爾從德里嶺寫了封充滿詩意且快意的信，給人在密拉特的安妮，描述他在德里嶺上的日常生活，從每天早餐吃的奶油拌香瓜、芒果泥，到所目睹的軍事演習，形形色色。他和安妮兩人在亂事爆發前就已在德里的派對上相處過一段時間；這時，他寫信告訴她此地在被圍的狀態下，景象有多大的不同：「景色很美」，

想像一下，日落時置身旗杆塔。後方是一大片泛著紅光的雲朵、波浪狀的綠色地平線、一大片直瀉而下的光芒、倒下的柱子、熏黑的平房。接著，往德里城望去。左右是山嶺，腳下是綿延至德里城牆的平原，平原綠意盎然，某幾處草木很濃密。壁球場看來乾淨，軍官偶爾來打；更遠處是克爾先生住過的隔壁房子——球場與房子的對面是禮堂，禮堂沒了屋頂且焦黑，（而這反倒讓人想起）大不同於眼前景象的事物：燈光、音樂、裙子、「人」和垂下的頭飾、無帶輕軟舞鞋、勒巴、蘭謝舞曲（Lancers）、最後的波爾卡舞曲，再者，誠如我若沒提、妳會提到的，我最好還要加上有著清秀五官和惱怒臉龐的H小姐……

越過禮堂，往更遠處望，可看見勒德洛堡（原是特派代表賽門．佛雷澤的官邸），以及堡後兩棟堅固的房子，其中一棟，蓋洛威家最近住過……透過單筒望遠鏡，可看到潘戴們成群移動，以牆和石頭為掩護悄悄上來，朝我們的警戒哨放槍，但沒一次打中！如果藝術家在此，看到廣闊的德里城，肯定會想把它畫下來。河水浩浩蕩蕩流淌，如一道寬銀帶，一條細線橫跨河上，那就是仍然完好無損的浮橋；從「水稜堡」冒出一道閃光、一縷煙、一聲砲響，射入梅凱夫的馬廄……教堂圓頂沒了十字架，賈瑪清真寺帶著挑釁意味，高高挺立於一旁，意態威嚴——好似基督教臣

服於假先知的信仰之下。殘破的喀什米爾門（裡的火砲），把砲彈硬生生往（德里嶺上）老清真寺送，在它四周炸開。莫里、喀布爾、拉合爾諸門（的火砲），對興都．拉奧（宅）給予同樣無情的對待，而阿傑梅爾門（上的火砲）則是不把薩卜齊曼迪放在眼裡。[21]

甘比爾心思細密，注意到眼前景象之美，並描述於筆下，但也清楚戰事的殘酷，使他變得冷酷粗俗，並在寫給安妮的信中坦然交代。他寫到某次交手時，一隊印度籍騎兵遭擊退，

> 一匹沒人騎著的馬，在他們撤退後四處晃。我方兩人以牆為掩護，下到馬路另一端，擄走那匹馬，在馬附近發現一名受輕傷的印度籍騎兵，隨之踢那人的頭，那人死掉。我的心變冷酷了，若是較高貴的敵人受到類似的處置，我會生起同情之心，但此刻卻無此感受。那是匹漂亮的白色阿拉伯馬，但穿過身體的槍傷已使牠失去神采。牠無疑曾是某軍官的戰馬。臨死時的汗水黯淡了牠光澤的毛皮，死命撐開的眼睛、脹大的鼻孔、發抖的四肢，透露了牠的苦楚。一顆子彈結束了牠的性命，我對這匹馬寄予了我在那人身上感受不到的遺憾之情。[22]

愛德華．維巴特改變更大。哈利．甘比爾已知他的姊妹（或妹妹）在亂事爆發前夕就從坎普爾搬到勒克瑙，因此躲過該地的屠殺；維巴特則沒這麼幸運。經過一段時間休養，從逃離德里的磨難中恢復元氣後，於離開密拉特前不久得知，他的父母、幾個弟弟和兩個姊妹全都遇害於坎普爾屠殺；他認為他的姊妹遇害前恐怕曾遭強暴——後來發現並無此事。

在令人痛苦難忘的五月十一日那天，和接下來逃往密拉特的過程中，維巴特始終不失好脾

氣和人性，但此時，他已失去讓其存活的一切東西，只想報仇，不是殺人，就是被殺。事實上，他不久就相信，因為這個目標，上帝已寬恕了他，「為我父母——我親愛的母親、我年幼的弟妹——我不幸的父親報仇。」[23]

他寫信給人在英格蘭的叔叔戈登，說：「此刻我覺得再沒有什麼事物能讓我感到歡樂或幸福。」戈登是他尚存於人世的少數親戚之一。

我心裡只想著不幸遇害的父母——像沒魂似的四處走動，不在意自己的死活。唉，上帝！為何如此慈悲饒了我性命，卻把父母從我身邊奪走？我心情哀慟，拿起每份送來的報紙，從頭到尾看過——他們在坎普爾遇難的每個令人痛苦細節。有時我認為上帝絕不會讓他們受這樣的苦、認為他們還活著，我摯愛母親的臉龐浮現眼前，看到她在得知我脫逃的消息時，寫給我那封信，寫道「臨死之際，我要頌揚全能的上帝，謹記我對祂的感激之情，感激祂對我們如此慈悲，讓你，我的兒子，我摯愛的兒子，活了下來」——而今，我已失去摯愛的母親。能讓我想起她的東西，就只有那封珍貴的信。

我的父親也浮現眼前——我看到他，就在我向他告別要回德里時，這場可怕的亂事爆發前，僅僅四天之時。他握著我的手，說：「上帝賜福你，我兒。」——而今，我活著，他走了……想起他可能不得不承受的苦，沒人在近旁安慰他或給他慰藉，我就發狂。我發誓要向這些壞蛋、殺人兇手、惡魔報仇……

我來到這裡（德里嶺）——不在意喪命，只想要報仇——以能活著訴說，「沒錯，我也在那裡，我也在德里，為報我父母之仇，獻上一己之力。」有時，看到這些黑人被殺，我的確感到戰慄，但也就只是一下子：我看過五具印度兵屍體，然後走過去，對他們吐了口水。昨天我看到兩人中槍，他們死後，屍體丟入河裡——願每個殺人兇手都這樣死掉……殺掉你們這些軍人，不留活口！勿忘坎普爾！[24]

英國人在印度其他地方以驚人凶殘的手段平亂之事，這時漸漸傳到德里。最近，有支印度籍騎兵隊逃離英國人的「報復軍」（Army of Retribution）在坎普爾大肆殺戮，來到德里城裡，講述了尼爾（Neill）將軍的部隊，如何在奪回坎普爾後大開殺戒：放火燒掉行經的每個村子，把老人、女人、小孩燒死在屋裡；允許錫克人拷問被俘的印度兵，將其釘死在尖樁上，活活燒死；要其他人舔乾淨屠殺處的地板，然後把「豬肉、牛肉、每種可能破壞種姓地位的東西」塞進喉嚨裡，使他們被逐出種姓，接著把他們縫進豬皮裡，吊死。但這還沒結束：尼爾下令，接著把所有印度教徒屍體「埋掉、把穆斯林屍體燒掉」，也就是一反兩種宗教處理屍體的規定。[25]

在每個地方，英國人都相信，由於印度兵對英國婦孺加諸的暴行，他們再也不必把叛亂分子當人：麥肯錫（A. R. D. Mackenzie）上校寫道，「他們既已殺害我們那些毫無還手之力的婦女、小孩，我們如果不和人只要遇到蛇就將其殺掉一樣撲殺他們，就違背了人之常情，就不是人。」[26]不久，在英國人的圈子裡，凡是把戰線另一邊的人看成同類者，都變成了異類：韋德（J. M. Wade）上尉寫道，「我（就是）無法把這些印度兵當人，把他們當爬蟲類消滅根本稀鬆平常。」[27]喬治・瓦根特里伯從其位於拉合爾的新《德里報號外》印刷助長了這類激憤之情：他在某篇社論裡規勸道，「我們軍隊已被叛亂分子的獸行激怒到簡直要瘋掉。」[28]

再者，就許多英籍士兵來說，他們的怒火和報仇心切，與其說是種想望，不如說是聖經裡被奉為圭臬的一種權利。有個綽號叫「貴格會教徒」（Quaker）的英籍軍人華勒斯，常一邊念誦聖經詩篇第一一六篇、一邊用刺刀刺與他交手的印度兵。誠如尼爾將軍所說：「聖經未認可現今對人命的心慈手軟。」[29]牧師羅頓完全贊同此說。他寫道，叛軍未理解到這場起事其實是

> 原則之戰，對與錯之爭；他們選擇靠向黑暗、避開光明，也就不可能成功。此外，他們雙手沾了任人宰割的無辜婦孺之血，而那血（現今）正請求上天為其報仇。那請求毋庸置疑已被上天聽到。主除了向這樣的一個國家施予報復，不可能有別的作為。[30]

對於德里城民聽聞英國人殘酷報復而心生恐懼一事，赫維・格雷特海德並不感到遺憾，「從坎普爾來到這城市的印度籍騎兵，以悲戚口吻描述了他們的挫敗，」他寫信告訴妻子。「他們估計有萬人遭殺害，講述了（穿褶襇短裙的）蘇格蘭高地士兵的可怕事蹟；說他們是穿裙子的兵，來自錫蘭；說他們是食人族，但在他們眼中，廓爾喀人只是老鼠。」

不過他也說，德里城裡的人和印度兵此刻另有許多煩人的事亟需解決，而英國人此時認為叛軍說不定會完全逃離德里，因為在軍事上他們並未一敗塗地，只是後勤一塌糊塗，處境堪慮。「他們資金、彈藥、糧食都不足，」他寫道。「我開始收到皇子的來信，信中嚴正表示他們始終心向我們，只想知道能為我們做什麼。他們必須自行找出答案，因為不會回覆、不會告訴他們。」[31]

就在德里嶺上的軍人有了更多東西可吃、要煩心的事變少之時，德里城內的守軍此時逐日逼

近挨餓的境地。

印度兵軍事、戰略上的局限，顯露於外已一段時間，尤其他們未能收集敵方情報，未能與坎普爾、勒克瑙之類的其他叛軍重鎮有效的協同作戰，或未能說服中印度、拉傑普塔納的大部分獨立羅闍不再觀望、共襄盛舉。特別值得一提的，德里叛軍若從後方進攻德里嶺，本可輕而易舉的打敗英國人，但他們未能看出這點，「我認為威爾森在這之前焦慮不安很有道理，」尼可森於八月二十八日寫道。「敵人若敢於派一支強大部隊到他的後方，我們能派去迎擊的兵力不會超過五、六百人。但此時要來這一招已經太遲，而且即便他們知道這一點，卻也想不出新的作戰計畫。」[32]

但在圍城戰一天天慢慢過去時，大家才看出，叛軍在治理、財務上的不濟，與其在軍事、戰略上的缺點，同樣是導致他們最終失敗的原因。他們製造出動蕩和混亂，卻無法恢復秩序。對德里周邊鄉村的叛軍來說，這尤其致命。他們未能建立受到良好治理的「解放區」或蒙兀兒國度，供其收稅、招攬人力，以及最重要的，收取糧食。事後來看，係德里叛軍最嚴重的失敗。毛拉韋穆罕默德·拜蓋爾當時就看出這一點，並且一再於社論裡談到此事，「我們未試圖收稅，這種不在乎的心態真是奇怪。」

天曉得，未這麼做有何用意或目的，什麼因素造成這種懈怠……應派某個埃米爾或貴族負責向羅闍等權貴收取貢物和稅，以利陛下遂行治理和控制。凡是過去有異教徒派駐收稅官的地方和區域，都應派去一名陛下的代表擔任齊拉達爾（Ziladar），同時派去一些士兵和伊斯蘭旗。諸村已得到確認並標記，可照規定從那些地方收錢。每個地方都應派一個排或數排的士兵駐守。沒有這類措施，這些地區的權貴和地方巨頭，肯定甩不掉深藏心中對異教徒的畏懼，而且他們肯定希望再看到自己（蒙兀兒）政府東山再起。[33]

六月過去，七、八月之時，德里城糧食與飲水嚴重不足，上述立論的切中時弊也益加鮮明。英國人已於六月切斷流入德里城的亞木拿運河，因而此時的水源僅城中微鹹的井水和城東的河水，而到城東河邊取水、沐浴的人，有遭英國人砲擊之虞。[34]儘管如此，還是有許多人前來取水，甚至坐下來釣魚，不顧置身毫無遮蔽之處，冒著遭偏離砲彈擊中的危險，只為釣上新鮮的魚。[35]糧食不足同樣嚴重。自六月起，就有挨餓的城民、聖戰士、印度兵向紅堡送去大量請願書，請求給予糧食和活命物資，城中街道上的飢民已成為密探情報報告的主題之一。

早在六月七日時，連王室雇員都在抱怨已一個月沒領到配給。[36]六月十二日，副科特瓦爾發文給諸位助手，請求他們為剛從哈里亞納進入德里城的幾營新部隊找到糧食。以下是得到的答覆，「店舖裡什麼都不剩，沒有麵粉，沒有豆子，什麼都沒有，要我們怎麼辦？」[37]到了六月十五日，已有數團軍官來紅堡，訴苦說他們的兵餓肚子，已無法向英國人進攻；說他們的印度兵已開始調頭回來，「仗還沒打完，就被餓意擊退。」[38]

六星期後，七月二十八日，密拉特印度兵的兩個蘇巴達爾，基尚・達亞爾（Kishan Dayal）和蓋迪爾・巴赫什（Qadir Bakhsh）來到皇廷，說他們的兵已在挨餓。他們叛變時把所有財物留在密拉特，「因此這時手頭非常緊。已經過了約八至十天，我們連一顆鷹嘴豆都沒領到。我的兵驚恐於各種開銷，沒有放款人願意借錢給他們。」[39]

不只放款人如此：商人和店家老闆也不願賒帳；八月四日，德里的甜食業者集體去找科特瓦爾，宣布他們過去供的貨未拿到貨款，因此不會再提供甜食，除非用現金支付。[40]到了八月十四日，剛抵達的尼默傑旅公開揚言，如果不餵飽他們肚子，就要棄城而去。這個旅的兩個蘇巴達爾晉見札法爾，講述了他們情況的危急：

> 大王，容我講述尼默傑部隊的情況。此部隊長途跋涉，克服重重難關，來到都城，一心要為陛下效力。至目前為止，你聽話的僕人一直自掏腰包支付馬、騎兵、砲兵、牛、象、駱駝的開銷。大王，騎兵、砲兵、象、駱駝屬於薩爾卡爾（Sarkar，英國政府），此前一直有拿到他們該有的津貼。但此時，已經四、五天了，整支部隊，包括軍人和動物，一直挨餓，連購買基本必需品的錢都沒有。所有軍人都決心戰鬥，但他們問我們：餓了兩、三天肚子的人怎麼打仗？
>
> 因此，希望你大發慈悲，支付國王部隊的所有開銷，給這些卑微之人一個答覆。不然，請把情況告知這些軍人，因為在薪水之事搞定前，沒有軍人願意打仗。請勿把這當成抗命，除非你不希望尼默傑旅留下，那麼就請好心給我們明確的答覆。凡是注定的，都會發生。先前已呈上無數請願書，但我們尚未收到回應。
>
> 謹以最大的敬意和奉獻之心，
>
> 蘇達里・辛格將軍和旅參謀長希拉・辛格[41]

尼默傑旅最終被說服留下，儘管一時間還拿不到錢或糧食；但英國密探回報，愈來愈多叛軍士兵逃亡：據密探圖拉卜・阿里（Turab Ali）的說法，光是八月第一個星期，就有七百五十名騎兵、六百名聖戰士回「去老家……因為在城裡得不到每天應有的麵包」。[42]

整個七、八月間，由米爾札蒙兀兒領導的理事院拚命籌錢，以購買糧食、支應軍隊開銷。最初他們想向德里的放款人借錢，但只籌到六千盧比，僅夠買到幾日的必需品。月光廣場的警察局長，受命向卡特拉尼爾（Katra Nil）的銀行家、巴尼亞人索錢，回報說：「其中有些人遁入他們家，另有些人未給答覆，大部分人搬出藉口，將這位國王僕人拒於門外，永遠在想方設法逃避其應繳的錢。」[43] 一個月後，情況沒變：這位警察局長報告，「每次這位國王僕人上門，都吃了他們的閉門羹，未給答覆，不見人影。」此報告底部，有米爾札蒙兀兒的批註，並蓋有他的印信。他建議採取更強硬作法，「明令如果這些放款人依舊躲著不見人，你會放砲轟他們。」[44]

拉克斯米·昌德（Laxmi Chand）是以富有聞名的放款人，位於通往亞格拉大路上的馬圖拉。他收到一封公文，告知只要出借五十萬盧比，政府會授以司庫（Fotadar）之職，但他回以愛莫能助。[45]* 官方隨即逮捕這位放款人在德里的代理人，押至巴雷利旅的營地，做為報復。此人在該營地受到「虐待」。[46]

八月七日，米爾札蒙兀兒無計可施，乾脆逮捕德里全城主要的巴尼亞人和銀行家，押至紅堡，揚言如果不為這場起事出錢，就要他們死。被逮者包括數位曾在英國人底下擔任官職者，祕書吉

* 作者註：不久，馬圖拉的放款人就開始招兵買馬為英國人助陣。見 Eric Stokes, The Peasant Armed: The Indian Revolt of 1857, ed. C. A. Bayly, Oxford, 1986, p. 232。要了解原因，見 Gautam Bhadra 的〈一八五七年四叛亂分子〉（Four Rebels of 1857）一文，收於 Subaltern Studies, IV, ed. R. Guha, Delhi, 1985, p. 254。該文對馬圖拉一地被人痛恨的巴尼亞人在亂事爆發時，受到如何的攻擊、打劫、折磨，有精采的描述。這有助於說明為何拉克斯米·昌德即使想幫叛軍，或許也幫不上忙。有一點值得一提，即英國人入主印度，尤其在孟加拉活動的入主初期，大大得力於印度籍放款人與其的合作。

旺·拉爾便是其一。有天晚上，他打開大宅門要讓運水人進來時，突遭印度兵扣住，押至紅堡。那裡的情景，讓他大為驚駭：

我被押上樓，來到米爾札蒙兀兒面前。在那裡，我看到聚集了大群人，怪的是聚集方式不合規矩。米爾札蒙兀兒坐於一側，斜靠在他的枕頭上……著名的庫雷·辛格（Kuray Singh），提朗嘎旅參謀長，就在米爾札面前，伸展四肢躺在他的床上。宮廷禮儀完全不顧，而國王的官員四處走動，毫無秩序可言。拉拉·薩利格蘭、拉姆吉·達斯·古爾瓦拉（Ramji Das Gurwala）和約二十五名銀行家坐在那裡，失去人身自由；我也被命令坐進他們那一排。

我們受到威脅，甚至有人把槍擺在我們肩膀上方開槍，就是要求必須出錢。儘管如此，我們不為所動，打定主意，寧可死也不屈服於叛亂分子的威脅，於是被迫（整夜）處於這樣悲慘的情況下，直到（隔天）下午四點。[47]

整整一天一夜，有人拿出手槍恐嚇，揚言要這群人死。但最終，親英的米爾札伊拉赫·巴赫什出手，救了祕書吉旺·拉爾和其他祕書。他把米爾札蒙兀兒帶到一旁，警告他，「英格蘭人會拿下德里，你會落入他們手裡。這些人是英格蘭人的祕書，日後你會有求於他們。勸你放走他們，讓他們欠你一個人情。」[48]

威脅銀行家無果後，米爾札蒙兀兒勸市集的這些商人拿出五十萬盧比，以賒欠方式提供糧食給軍隊，承諾「發薪時會還錢」。但這些商人不接受此議，即使受到科特瓦爾施壓，被威脅會入獄、店鋪會遭洗劫一空，也不為所動。[49]八月上旬，英國密探回報說，許多旁遮普籍商人，以及「阿什拉菲卡卡特拉（Ashrafee ka Katra）居住區的馬爾瓦里人」已被關入獄中，繳錢才能獲釋。[50]另有許多放款人也被關在那裡，包括極著名的放款人薩利格蘭。[51]直到九月的第一個星期，札法爾得知此事，他們才獲釋。札法爾「命令米爾札蒙兀兒不得惡待國王的子民，只能收取每個人同意上繳的金額，並以溫和手段收繳」。[52]

官方數次欲向城中貴族募集三十萬盧比，並且抱著虛應故事的心態，欲向德里西邊名義上仍歸札法爾控制的小區域——梅赫勞利、古爾岡兩村——收稅；但成果甚微。[53]到了該月底，米爾札蒙兀兒的部隊已缺錢缺到開始到紅堡對面的薩利姆嘎爾——蒙兀兒人的巴士底獄——挖掘埋於地下的寶藏。「有人向皇帝說，這裡埋了其先祖的寶藏，」英國密探高里．尚卡爾寫道。「甚至有人提到確切地點，但目前還是一無所獲。」[54]後來，他們挖出「一些小野戰砲」，但始終未找到傳得沸沸揚揚的寶藏。[55]

同樣強烈的絕望心態，助長以下的不實傳言：波斯軍就要前來解救叛軍，已一路打過阿富汗，經由白夏瓦進入印度，這時正在阿托克準備渡印度河。據說，走海路過來的另一支伊朗部隊，已取道孟買，趕來德里途中，要進攻英國人。拜蓋爾於《德里烏爾都語新聞》裡論道，「此消息無法證實，但不無可能。」[56]

因為，到了八月中旬，就要告罄的東西，已不只錢：火藥、火帽的補給也開始不足。這是說明叛軍治理疏忽的最鮮明例子，因為初起事時，他們承接了北印度最大的武器、彈藥儲藏所。但起事頭十天，他們未派人看守彈藥庫爆炸後殘存的軍火，於是城民、乃至來自鄉村的古遮人，前去那兒自行取用。[57]

於是，到了七月下旬，砲彈和火帽所需的引信都不足；火藥已用光，想自行製造火藥，卻因城裡缺乏硝石和硫磺而受阻。幾次派人向印度斯坦各地的著名煙火製造商求助；其中一人，「阿克巴・汗，密拉特的居民，來到諸皇子跟前，表示願製造一款體積和威力大到能消滅一整區人的砲彈。他們相信他的本事，預付了四千盧比，命令他立即在皇宮裡開工。」但這項實驗似乎未成功。[58]

甚至曾試圖利用從英格蘭人房子沒收的酒來製造爆裂物。九月二日，「一百四十四瓶酒」送到火藥備，但結果未盡如人意。英格蘭籍觀察家指出，整個圍城戰期間，叛軍砲兵的射擊始終很準，但七月起，叛軍砲彈未爆炸的情況愈來愈常見。[59]

最嚴重的打擊出現於八月七日。那天，一枚失準的英國砲彈引爆叛軍位於楚里瓦蘭巷（Gali Churiwallan）一個重要的火藥廠，在那裡工作的五百人葬身火海。印度兵認為有人搞鬼，指控札法爾首相哈基姆阿赫薩努拉・汗叛國，於是攻擊他的大宅。大宅付之一炬，加利卜甚為難過：他是這位醫生的摯友，在那幢房子裡度過多個愉快夜晚。在《達斯坦布依》中，他認為此舉是對其熱愛且協助打造的文明有禮、文化高尚之德里的另一場攻擊。加利卜寫道，這位醫生性命得保，但「這場胡鬧一直搞到房子徹底被毀才結束」。

> 這棟豪宅，其美麗與裝飾和中國的彩繪宮殿不相上下，卻遭洗劫，屋頂付之一炬。大梁和頂蓬的嵌板淪為灰燼。牆壁被煙熏到全黑，整棟豪宅猶如哀痛得披上黑斗篷。
>
> 別被天空所可能賜予的好運誤導。
> 狡詐的天空，把
> 原本抱在大腿上愛護的人，

捲進痛苦與折磨裡。[60]

到了八月中旬，隨著糧食短缺，開始打擊民心士氣，每天都有許多挨餓的印度兵和聖戰士離城。沒東西可吃，還是得打仗，令他們絕望。

據八月十六日霍德森收到的一封情報信，札法爾心情太低落、太冷漠，這時可能也精神錯亂，於是連阻止他們離去的想法都沒有；在他看來，至少此時他已從這場起事脫身：有個未透露名姓的密探寫道，「昨天約兩百名提朗嘎人，全副武裝，身著軍裝，騎著馬，（出城）途中，遭某些叛軍士兵攔住，回報紅堡。」

國王召見，問以為何要走。他們說：「妻小會擔心我們；此外，已無東西可吃，那是我們要走的真正原因。」於是，國王請他們交出所擁有的武器和騎兵裝備，然後讓他們離開。接著他在皇廷上公開宣布，「誰要走要留，我不在意。我未求過誰過來、未阻止誰（離開）。凡是想留下者都能留下、不想留下也能離去。我不反對。我已扣下這些武器，以便英格蘭人如果來，可以交給他們。如果有士兵想要，就拿去。此事與我無利害關係。」[61]

難怪毛拉韋穆罕默德·拜蓋爾，札法爾的最忠心支持者，會在此時寫道，「陛下的精神狀態仍然不佳。」[62]到此月底，饑荒更加嚴重。三十日，更多失望、挨餓、消瘦的士兵來到皇宮，宣布若不餵飽他們肚子，他們撐不下去了。

大王，從來到這裡的那一天起，我們這些誠心奉獻的人一直匍匐在你腳邊。但你未供養我們，而我們帶來的東西都已用盡。如果養不起我們，一定要告訴我們。挨餓情況太嚴重，除了離開前往他處，別無選擇。除開陛下，德里城內其他人，包括公務員，個個都站在英格蘭人那一邊。[63]

與此同時，在城裡，人們坐在緊鎖的門後，竭力保住性命。八月一天天過去，從「譁變文件」中請願書給人的印象，德里是個破敗、被遺棄、挨餓的城市。賭徒和請願者口中的「惡棍、流氓、壞蛋」，坐在已被印度兵洗劫過或遭英國人砲彈直接命中燒燬的房裡打牌；法伊茲市集的米爾阿克巴．阿里，在請願書裡抱怨，賭徒常坐在廢屋頂部，以便窺探他家女眷庭院，「色瞇瞇盯著裡面的女人，喊出不應該的髒話。」[64]大部分店鋪關門歇業、空無一人，除非被徵用為士兵的住所。而在這遭徵用的店鋪裡，可看到沒了鬥志的印度兵坐在階梯上，抽「邦（bhang，大麻）和恰拉（churrus，用大麻調製成的東西）」。[65]

法律與秩序，一如既往隨時可能垮掉。仍有一群又一群挨餓的印度兵索取保護費，最近索要對象是月光廣場的店家老闆。[66]其他印度兵則硬闖入附近住房，只為止飢。瓜廖爾騎兵隊（Gwalior Cavalry），被安排住進佛朗茨．戈特利卜．柯恩——詩人法拉蘇——的德里大宅，至八月中旬為止，一直表現出難得一見的自制，但最終還是到鄰近的馬哈拉區鬧事，回程時在當地警局停住腳步，辯解說「我們沒東西吃，因此劫掠了這個馬哈拉區」。[67]城外，情況更糟：早在六月時，德里的割草人就不願出城，除非有軍隊護送。[68]

對窮人來說，放款人一如城裡的印度兵或德里嶺上的英國人，叫人坐立難安。巴尼亞人對德里官員叫窮，不願出錢或借錢助力抗英，卻更用心於收債，「譁變文件」裡保存了許多被他們催債催到忍無可忍的德里窮人提交之請願書。例如，八月十六日，來自德里達爾瓦札（Darwaza）周邊區域的代表團晉見國王，抱怨拉拉・賈特馬爾和其同夥的惡形惡狀。他們帶了騎兵、步兵同來，

> 放話威脅，強索金錢，連無助的女人、寡婦、窮人都不放過……大王，拉拉・賈特馬爾動用武力與強制手段，他向每戶人家收了錢……我們窮人無法好好吃上兩餐。應該對他施以嚴懲，因為他使用不法、不正當手段。你如果這麼做，日後就不會有人壓迫或欺騙人。[69]

由於警察無法有效執法，報宿怨、算舊帳也不難：馬利瓦拉（Maliwara）區居民在請願書中抱怨，拉達（Radha）、坎海伊亞（Kanhaiyya）這兩個很有權勢的女人，先前被他們告發過，這時挑明打算報復，「如今這些人威脅我們，放話說『你們提起訴訟，給我們造成莫大傷害，我們會攻擊你們，因為沒有政府』。我們都害怕性命不保。請叫科特瓦爾調查此事。」[70]

正常生活崩解，的確至少為一起私奔的情人提供了機會，而根據那個月呈上的請願書數量判斷，八月日益嚴重的無政府狀態，似乎助長了私奔潮。蘇拉吉・巴利之妻巴拉希雅與畢卡里私奔，根據她措手不及且難過的丈夫所述，巴拉希雅「以偷竊手段搶走我所有財產」。[71] 曾是交際花的侯賽因妮，嫁給某個伊斯蘭謝赫，此時也乘機和新歡私奔。這位謝赫向札法爾解釋道，他是從印度教改宗的穆斯林，亂事爆發時，從密拉特逃來德里避難。他們兩夫妻來到伊德傑赫附近後不久，侯賽因妮遇見製鞋匠庫達・巴赫什，這位謝赫把這名製鞋匠稱作「間諜和賭徒」。或許懷念往日生活的歡快，覺得和謝赫相處有點嚴肅，侯賽因妮決定離開，但據謝赫的說法，她帶走「我從家裡帶出來的所有值錢東西」。[72]

與女人私奔的情夫，有些是印度兵，因為，一如在許多戰爭時所見，瀟灑帥氣的軍人通常不乏仰慕者。馬口鐵匠暨鍋盤製造者皮爾．巴赫什，不只與妻子同住，還與兄弟的遺孀齊婭同住，而據鄰居說法，他常毆打齊婭。八月下旬，齊婭已被名叫札米爾的印度兵搶走。這個印度兵似乎在齊婭遭嚴重家暴後，給了她棲身之所。法官聆聽此案證詞時，齊婭告訴庭上，「卡特拉馬哈拉區的所有居民都能作證，皮爾．巴赫什打女人。」皮爾．巴赫什否認指控，說打齊婭的是他老婆，「我就只甩過她一次巴掌，」他在陳述時說，「兩個女人打架。」他還說他無意娶齊婭，而札米爾似乎獲准帶走齊婭；皮爾．巴赫什不得不簽下保證書，說他「不會對那個女人有任何壓迫行為，如果我造成傷害，會付五十盧比罰款」。[73]

其他人則乘局勢大亂，擄走、強暴女人，滿足私欲。整個起事期間，交際花尤其難自保，在德里亦不例外。五月上旬，印度籍騎兵魯斯坦姆．汗擄走交際花蔓格蘿，儘管收到皇宮要他將其釋放的兩道命令，還是把她囚禁到七月下旬。

皇宮一再收到要求解救她的請願書，發出請願者既有她的兄弟昌丹，還有一個自稱「奇赫迪（Chhedi），來自古爾岡營地旅人」的男子。昌丹似乎是她的皮條客，奇赫迪則說他「因不信神的佛朗機人的劫掠而無家可歸」——換言之，當初有些村子被英國人認為與其為敵，或未能在五月十一日夜英國人逃離德里時提供幫助，而遭到報復，許多村民因此無家可歸，逃離鄉村，他是諸多難民之一。據奇赫迪的說法，「先前，該團已發生一件令人髮指的事，即身為宮廷達法達爾（Dafadar，印度兵軍階，相當於衛士和小軍官）的法爾贊德．阿里，勒死了名為伊瑪曼的交際花。這時，該名奴隸擔心魯斯塔姆．汗會殺掉上述女人（蔓格蘿），因他曾揚言要對其不利，並且沒日沒夜地毆打她。」[74]但另一道要魯斯塔姆釋放蔓格蘿的命令狀，遭魯斯塔姆的里薩爾達爾

（risaldar，騎兵指揮官），名叫法伊茲・汗（Faiz Khan）的印度籍騎兵撕掉時，昌丹再度上書皇廷，陳述道，魯斯塔姆・汗

囚禁她，毆打她，即使那個交際花喊叫、尖叫，也沒人幫她。儘管一再接到命令，這位里薩爾達爾始終抗命不從。這種無政府、不公不義的狀態若繼續下去，陛下的子民會被消滅掉。因此，我希望就救回那個交際花一事，向這個里薩爾達爾再發一份帕爾瓦納（parwana，書面命令或敕令）……她的陳述應給登記在案，以讓這個不幸之人得到補償，而且她能為陛下的安康和名聲祈禱。[75]

在這個遭圍的城市裡，在街頭胡作非為者不只印度兵；較不守規矩的皇子也肆無忌憚、恣意尋歡作樂。行為最惡劣者，一如既往，又是米爾札阿布・巴克爾。在某個與平日無異的夜裡，他出現在米爾札古拉姆・高斯（Ghulam Ghaus）的大宅，古拉姆・高斯的姊妹是德里著名的大美女。據說米爾札阿布・巴克爾告訴古拉姆・高斯：

「我喝得很醉」，然後開始說髒話。我要我的姊妹躲起來，然後他（阿布・巴克爾）舉劍停在我頭頂上，把手槍對著我，但我成功安撫了他……與此同時，為防災禍上門，這個馬哈拉區的大門已鎖，眼見拿鑰匙有所延遲，他開始辱罵居民，然後在大門處用雙管槍做了無數次排槍射擊……有個來自法伊茲市集的擲彈兵過來，說了些話，米爾札阿布・巴克爾竟用劍攻擊他三次。這時，已有四十個來自亞歷山大排和其他提朗嘎部隊的軍人聚集，開始恢復馬哈拉區的秩序。與

此同時，我要我的姊妹翻牆，把她們送到拉爾寬那兒，以策安全。[76]

還好他預作安排，因為不久後，米爾札阿布・巴克爾及其同夥就強行入宅打劫，甚至把他們在內院找到的「一匹馬、兩頭牛」一起帶走。正要離去時，騎馬過來調查這場騷亂的副科特瓦爾，質問這位皇子的所作所為，米爾札阿布・巴克爾不當一回事，還持劍撲向他，經過一番扭打，把副科特瓦爾的馬也搶了去。就在此時，米爾札阿卜杜拉，即札法爾已故長子米爾札沙・魯赫的兒子，騎馬上前，斥責堂哥惹出這麼大的亂子，費了一番工夫，終於說服他離開，回去紅堡。[77]

城內秩序日益崩解，難怪毛拉韋穆罕默德・拜蓋爾的《德里烏爾都語新聞》深感時局不妙。「死神籠罩各方，」拜蓋爾於八月二十三日的社論裡寫道。「應把正發生於身邊的事，視為是我們的（惡劣）行徑和作為所致。我們把卑劣的自我當成我們的主，未考慮到全能真主的話語和命令。」

拜蓋爾頗為詳細的講述了英國人正在坎普爾等地展開報復，「如今，異教基督徒已開始大搞破壞，尤其是針對穆斯林。只要控制一地，他們即在該地不分青紅皂白的吊死男人、摧毀全村，傷不了我方得勝的軍隊，就把氣出在我們皇帝的子民身上。」[78]

❖

但不同團的意見分歧，依舊是讓打贏英國人的僅存希望可能落空的最嚴重威脅。

從尼默傑過來的旅，為叛軍陣營增添了最後一股大規模的生力軍，但此旅的領導人不願受巴赫特・汗節制的心態，比米拉特團、德里團的蘇巴達爾更為強烈。八月二十三日甚至指控——極沒道理的指控——他與英國人勾當，「按兵不動，直到英國人得到來自英格蘭的援軍為止。」[79]

他們如此反巴赫特・汗，係受到哈里亞納團高里・尚卡爾・蘇庫爾的唆使。他是英國人安插的密探，除了替英國人收集情報，也在內部搞破壞，用以削弱叛軍。他提出一個造假扯謊的錫克籍目擊者，那人偽稱看到巴赫特・汗遣人送信到德里嶺。巴赫・汗宣誓效忠札法爾，但札法爾卻公開討論可不可以禁止他進入紅堡，尼默傑旅的軍官則開始密謀強行解除巴雷利旅的武裝。[80]

為了重建自己的權威，且為了發動最後一次聯合出擊以趕走英國人，巴赫特・汗提出一個甚具新意且雄心勃勃的新計畫：派一支大軍出阿傑梅爾門，該部要往西佯退，但不奔往齋浦爾，而是經由納賈夫嘎爾附近的橋，越過亞木拿運河，然後折返，從後方伏擊。兩個月前，英國人最難守住其陣地時，叛軍就該提出這種別出心裁的計畫。現階段，札法爾非常樂於同意能把印度兵移出他城市的任何計畫。「去，願主保護你們！」他說，「進攻英格蘭人，表現你們的忠心；消滅他們，勝利歸來。」[81]

於是，八月二十四日，滂沱大雨中，巴赫特・汗帶著九千兵力和十三門砲出城。這是叛軍為單一攻擊集結的最大兵力之一。他們走著濕漉漉的道路，前往有圍牆環繞的納賈夫嘎爾村，希望在緊臨該村的南邊越過運河。

印度兵來到就位在帕拉姆（Palam）北邊的亞木拿運河時，雨下得比來時還大，而且發現那座橋已被英國人摧毀。威爾森將軍訂下不讓印度兵從後方來襲的策略，命人毀掉該橋是策略的一環。巴赫特・汗不想讓其作戰計畫因這座橋而泡湯，命人予以修復，但橋建得不夠扎實，幾乎一上橋，就再度垮掉。又過了二十四小時，才完全修復。等待的空檔，「整個部隊受狂風暴雨摧殘整個白天和夜晚，雨水濕透全身。」此外，「叛軍（此時）已餓了三天」。[82]

二十五日，這支全身濕透、餓著肚子、心情低落的叛軍再度開拔，沿著橋的另一頭納賈夫嘎爾濕地邊緣成縱隊前進。據賽義德穆巴拉克・沙描述，走得很辛苦，「部隊抵達濕地時，已疲累不堪，但沒時間休息恢復元氣。砲車車輪一再深陷濕地裡，前進非常緩慢，而且印度兵必須徒步涉過過膝的水。」[83]

大軍從德里開拔時，巴赫特・汗的巴雷利部隊走在最前頭，但經過橋邊耽擱，此時走在縱隊最前頭者是尼默傑旅，接著是來自納西拉巴德團的小股部隊。尼默傑旅的頭頭是巴赫特・汗的對手暨敵人，蘇達里・辛格將軍和旅參謀長希拉・辛格。兩天前，這兩位尼默傑將領還試圖打倒掌兵權的巴赫特・汗。把這樣的人湊在一塊統兵，出征前景不妙。

英國人透過望遠鏡盯著這支印度兵大軍出城：查爾斯・格里菲斯寫道，「我們從德里嶺看他們列隊走出拉合爾門、阿傑梅爾門，前進到我們的右後方，看了數個小時。」[84]威爾森將軍收到巴赫特・汗出征的報告時，非常清楚該派誰去攔截：事實上，就許多方面來看，他想把約翰・尼可森打發出營地，比札法爾想把巴赫特・汗打發走，還要急切。

隔天二十五日凌晨四點，滂沱大雨中，尼可森帶著「機動縱隊」出擊。除了自己的部隊，他還帶了來自德里野戰部隊的三個馬砲連和一支混合的英國步兵隊，成員包括他的弟弟查爾斯・尼可森及查爾斯・格里菲斯、愛德華・維巴特。尼可森率領的這支軍隊，兵力不大，共兩千五百人，其中一半是英國人。昔奧・梅凱夫走在最前面，擔任德里小路的嚮導。

威爾森下令勿離開道路、勿迷失於雨季沼澤裡。部隊一開拔，尼可森就把這命令甩在後頭，走昔奧建議的捷徑。該路線穿過已成水鄉澤國的鄉間，途中必須把馬砲拉出及膝的爛泥。雖然碰上爛泥和大雨，尼可森還是讓這支縱隊以其一貫的速度前進，一如既往深信，讓敵人措手不及是致勝之道。部隊疾行六小時，早上十點停下腳步，在蒙格萊（Munglaee）村吃了兩小時濕答答的早餐，然後於正午時分再度上路，雨下如傾盆。[85] 尼可森下令行軍途中保持靜肅，「不得發出任何聲響」。[86]

下午近四點時，在納賈夫嘎爾北邊兩英哩處，昔奧走在最前頭，勘察另一條可能捷徑，突遇尼默傑旅的前沿偵察兵。偵察兵立即衝了過來，朝他砍去，但一如五月十一日，昔奧避開攻擊，安然返回主縱隊。[87]

英軍正前方，某運河另一側，坐落著供商人或香客等旅行隊過夜的老蒙兀兒旅舍。尼默傑部的先遣部隊正在那裡休息，等其他部隊趕上來，有九門砲護衛；他們後面頗遠處，帕拉姆橋附近，則是巴赫特．汗的巴雷利旅士兵。大部分的印度兵在睡覺，但小部分已架好槍，正在紮營，「許多人已卸下腰帶和裝備」。[88] 疲累的英軍已行軍十二小時，在大雨中走了約二十英哩，涉過厚厚爛泥，還越過兩片「水深及腰」的沼澤，「把彈藥袋頂在頭上」過去；但尼可森毫不遲疑，下令立即進攻，打得印度兵措手不及。[89]

印度兵的砲瞄準運河上的橋，因此，尼可森要英軍從可涉水渡河處越過運河，渡河後，部隊迅即在對岸形成兩列橫隊。尼可森騎馬來回走動於隊前，高聲要士兵逼近敵人砲台才開火，然後上刺刀衝鋒。查爾斯．格里菲斯寫道，「眾人以歡呼聲回應他，橫隊前進，穿過平原，隊伍始終齊整，好似在接受校閱。」[90]

敵人開火，我方開砲回擊，步兵槍上肩，以整齊隊形快步前進，離敵人不到一百碼處，我方對敵齊射一次。然後傳來英軍的喊殺聲，兩個團衝鋒，疾奔向那間旅舍。

我團中尉加貝特頭一個攻抵戰壕，穿過砲眼後，左胸遭刺刀刺中，隨之倒在地上……不久（死於）內出血。但士兵跟著上前，清除面前一切障礙，擄獲旅舍裡的四門砲，刺死叛軍士兵，朝在我們逼近時逃跑的敵人開火。[91]

尼可森帶頭衝鋒，但愛德華．維巴特是最早與印度兵交手者之一。隔天，他寫信告訴倖存的一個姊妹，「我們強攻他們陣地，把其趕出……然後拿下整個營地、彈藥和輜重。」

衝鋒號吹響，我們往前衝，對面是他們全部的人，許多滑膛槍子彈從一座方形圍場後朝我們射來，圍場的圍牆上到處是槍眼。將軍帶頭一聲響亮的吶喊，我們頂著刺刀驅逐了他們——往前衝時，我心裡那種快發狂的感覺，真不知如何向妳形容，我想起我們的父母，心中滿是復仇的怒火。這是我的第一場仗，再度蒙主慈悲保住性命，但我近旁的人戰死。甚至有顆子彈打中我的劍，緊跟在身後的某人因此躲過一劫——但眼下談這些有何意思？我們前方只有黑暗和苦難。親愛母親的臉龐始終浮現在我前方……[92]

那一天陷入絕望者，不只維巴特。尼可森進攻時，大部分印度兵還在沼澤岸邊排成長列吃力前進，無法向左或向右移動，而且被前後戰友夾在中間。即使在沼澤邊緣，泥巴還是很爛，許多人在及膝深的爛泥裡吃力前進。賽義德穆巴拉克．沙寫道，「就在他們於泥淖中奮力前進時，英國人朝他們開砲。」

十二門砲的葡萄彈往尼默傑部傾瀉而下，步兵和砲兵困在沼澤裡任人宰割。他們既不能進、也不能退，許多人開始倒下。雪上加霜的是，他們看不到正朝隊伍大開殺戒的英國火砲，因為樹木和高高的農作物遮住它們。儘管處境極為艱困，叛軍砲兵一再開火，印度兵亦然。但前進皆不得，他們根本任人宰割，不管是勇士，還是懦夫，除了停下來等死，沒別的路走。那天，尼默傑旅光是死於葡萄彈者，就有四百七十人，步騎、砲兵都有。[93]

對叛軍日後內部的統合更不利的，係巴赫特．汗在帕拉姆橋附近得知，前頭的尼默傑部已和英國人交上手時的反應。三天前，尼默傑旅的將領指控他背叛，如今，他並不急著趕去救他們，反倒是聽到砲火聲後，巴赫特．汗要後備隊止步。賽義德穆巴拉克．沙寫道，「事實上，他和尼默傑部的軍官關係不睦。」

因此，一方樂見另一方完蛋。每個領導人都只想自己留名、只想自己被譽為勝利者。（所幸）納西拉巴德旅已在右翼向前推進，他們的火力打死百餘名英國人，從而使尼默傑部的殘部得以從沼澤脫身。若非如此，那個旅會全軍覆沒，連牲畜都無一倖存。他們的砲落入英國人手裡，叛軍潰逃，亂成一團，途中不斷受到球形彈騷擾。潰不成軍的他們，拖著疲累的身軀蹣跚前進，終於和尚未與敵交手的巴赫特．汗部會合，然後一同後撤。歐洲人拆解擄獲的火砲，擺在大象上，運到德里嶺上的營地。[94]

對雙方來說，這都是極關鍵的轉捩點。自兩個半月前，巴德利基塞萊之役以來，德里野戰部隊首度在開闊地域與叛軍交手，而叛軍的潰敗和士氣所受到的打擊，意謂著雙方都很清楚，對德里城的全面進攻即將展開。

一星期後，九月四日，攻城砲隊綿延八英哩長的大象，終於走進英國人營地，大象拉來六十門重榴彈砲和迫擊砲，而前面是長長數列的「牛車」。牛車共六百五十三輛，滿載彈藥、榴霰彈、球形彈、葡萄彈，其中許多葡萄彈剛從旁遮普兵工廠出廠，在整個起事期間繼續大發神威。許多攻城砲也非常巨大，尤以六門能發射二十四磅重砲彈的巨砲為然，靠象隊才能拉著走。*[95]伴隨攻城砲隊過來者，有一支四百名歐洲籍步兵的護衛隊、一大批錫克籍騎兵，以及「俾路支營，長得非常凶惡的一群人」（查爾斯．格里菲斯語）。[96]

隔天，赫維．格雷特海德前去視察正在工兵車場卸下的所有物資。在這裡，理查．貝爾德—史密斯（Richard Baird-Smith）正忙於擬訂他的計畫。他是來自旁遮普的灌溉專家，被徵入伍，擔任德里野戰部隊的工兵長。格雷特海德寫道，「子彈、砲彈的量似乎足以粉碎德里。」

我未見過作戰計畫，但每天的工作鉅細靡遺記錄、寫下。貝爾德—史密斯連最細微末節的地方都不放過。工兵車場一片忙碌。有盛了泥土的許多籮筐，有擺滿數英畝地（用以填溝、加固戰壕）的束柴，隨時都可運到戰場；還有砲床、彈藥庫構架、沙包、掘壕工具、梯子，以及構築砲台和進攻所需的一應器物。[97]

隔天，英國人開始構築會打垮城牆的重砲台，旁遮普籍坑道兵則在英國籍工兵指導下工作。這樣的活動不可能偷偷進行。叛軍砲兵從城牆和稜堡瞄準構工隊；面對他們的砲擊，首當其衝者必然是印度籍苦力，他們的英籍主子帶著事不關己的不屑旁觀：佛瑞德・羅伯茨寫道，「他們表現出本地人那種一貫的被動式勇敢，眼看一個又一個被擊倒，他們會停住片刻，為倒下的朋友哭泣，把他的屍體和其他屍體排成一排，然後繼續工作。」[98]

巴赫特・汗將軍從納賈夫嘎爾返回德里，顏面盡失，因見死不救，任由尼默傑部吃敗仗，在皇廷上受到辱罵。就連近幾星期愈來愈不問政事的札法爾，都因為這場慘敗，頭腦稍稍清醒過來，「派人傳話給巴赫特・汗將軍，說他背離戰場，背叛了他。」[99]

有一星期時間，印度兵似乎快要二次兵變。印度兵陣營盛傳一離譜構想，即罷黜齊娜特・馬哈爾，改以她的前任泰姬別姬為皇后，除非「他們在十五天內拿到薪水」——他們指控齊娜特・馬哈爾一直與英國人互通聲息，而事實的確如此。[100]齊娜特的父親米爾札古利・汗，也被一群印度兵短暫逮捕，而這些印度兵逮人似乎是自行起意，非出自他人唆使。另有印度兵提議罷黜札法爾、改立圍城以來幾乎銷聲匿跡的米爾札賈旺・巴赫特為皇帝。有天，五百名印度兵聚集於私人接見廳外，指控米爾札阿布・巴克爾和米爾札基茲爾・蘇爾坦侵吞公款，「從城民那兒取走數十萬盧比，

* 作者註：值得一提的，攻城砲隊賴以移動火砲的大象，係旁遮普一地的諸位羅闍所提供。若非他們提供大象，這場圍城戰的結局說不定會大不相同。

一毛都沒給軍隊。」無計可施的札法爾，索性將宮中剩餘的白銀全數交給印度兵，告訴他們，「賣掉，賣得的錢，你們自行分掉，充當薪水。」[101]

但隨著英國人的攻城砲步步進逼，九月八日開始砲轟城牆，城內叛軍體認到城池就要被攻破，受此危機刺激，才一反圍城以來的各懷鬼胎，突然團結起來。這主要得歸功於米爾札蒙兀兒。他的官署開始針對守城發出多道命令，而且以其父皇的名義，向城民發出最後呼籲，要他們團結對抗異教徒：他在六日寫道，「這是場宗教戰爭，」要下屬在鼓聲伴奏下將命令向全城宣達。「是為了信仰而戰，皇城或皇城外村子所有信印度教、伊斯蘭教的居民……都應繼續堅守自己的信仰和信條、都應殺掉英格蘭人和為其效力者。」[102]

這時，英國人的攻城砲正連續砲擊北城牆；到了九月十二日，全部六十門砲日夜不停的發動一波波砲擊，而且盡可能縮短前後空檔。「喧囂聲和轟隆聲震耳欲聾，」查爾斯·格里菲斯寫道。「火砲齊射聲響於耳際，日夜不斷，隆隆砲聲不絕於耳。」[103]遭砲擊一方，情況更慘，「德里嶺上加農砲和迫擊砲沒一刻停歇，」札希爾·德拉維寫道。「只有天曉得他們有多少砲。那天，城內所有門窗都在振動，從天落下火雨。如似煉獄已降臨人間。」[104]

英國人不知道，城牆另一邊，米爾札蒙兀兒已開始構築複雜的路障、街防系統，包括位於喀什米爾門前方區域的一座土堡（damdama），因為理解到英國人一旦入城，會比躲在德里嶺上精心打造的胸牆後更好打。[105]他的計畫似乎是鼓勵英國人離開他們堅不可破的戰壕，誘使進入城裡打巷戰，屆時便會失去戰略優勢，因會有裝了葡萄彈的加農砲及躲在掩體裡的狙擊手，等著隨時給他們苦頭吃。城內守軍的確任由英國人拿下德里嶺與城牆間的土地，並未多做抵抗；但英國人一旦進入城牆內可輕易擊中的區域，叛軍便將大舉反擊。

在城牆附近平地構築砲床的無掩護工作隊，比六月以來送給叛軍的任何目標，更加讓其不想放過。「異教徒已在射程內，」米爾札蒙兀兒九月八日在發給軍官的公文裡寫道。「上場戰鬥。城牆頂上是非常有利的射擊位置。立刻行動，勿怠忽職守，因為敵人已兵臨城下，人人都應勇敢的準備行動。」[106]

再者，伊斯蘭聖戰士首度有機會逼近敵人，他們的斧頭因此得以派上用場：巴赫特．汗麾下的聖戰士伊馬達德．阿里．汗（Imdad Ali Khan），據說特別英勇，「雖然被圍，仍奮力脫身。」[107]此次與他一同作戰者，包括「毛拉韋納瓦齊什．阿里（Mawazish Ali）和他的兩千部眾」，以及剛從瓜廖爾來到德里的一個「自殺加齊戰士」團。這些加齊戰士誓言就此絕食，要戰鬥到死在異教徒手裡為止，「因為前來赴死者不需要吃東西」。[108]

此時表現非常搶眼的另一個叛軍成員係戈登中士。他是皈依伊斯蘭的英格蘭人，被印度兵從沙迦罕布爾帶過來。據賽義德穆巴拉克．沙的說法，戈登「架設火砲，對英格蘭人砲台開砲。砲擊甚準，印度兵非常高興，向這位中士獻上納茲爾，中士回道『太遲了，此刻我什麼都不能做。如果你們一開始就照我的意見做，英國人的砲台根本不可能往前移。如今情勢無望，你們要我止住其再前進，那完全辦不到，但我會和你們一起死』」。[109]

毛拉韋薩爾法爾茲．阿里，聖戰士的伊瑪目，九月十日去見了皇帝，說聖戰士很感激他們的「英勇和奉獻」終於得到肯定，說他們期盼以更勇猛的表現，投入即將到來的戰鬥。[110]據赫維．格雷特海德的估計，由於八月許多印度兵逃亡，聖戰士所占的比重大增，如今占尚存叛軍的近一半：

德里尚存的叛軍兵力，據估計在六萬左右，其中多達兩萬五千人是聖戰士。*[111]

米爾札蒙兀兒派出兩名公告傳報員，在大街小巷鼓吹老百姓出來一起守城。聖戰士發出同樣的呼籲，開始巡迴德里街頭，大喊「『城民，城民，凡是想要為信仰殉難者都跟我們走……』。他們糾集到許多人，準備作戰，立下重誓，說他們會上場殺敵，如有必要不惜一死，但絕不後退」。[112]九月十日，諸蘇巴達爾收到命令，要他們同心協力打最後一仗：米爾札蒙兀兒寫道「皇上已下達一道命令」，

提醒印度教徒和穆斯林，為了牛，為了不致被豬（褻瀆），為了遵守宗教和信仰，如果你們想要有所進展，在此世積德，那麼，就讓我們看看你們是否能把步兵、騎兵、砲兵準備好，去到喀什米爾門，以攻擊卑劣可恥的對手、可惡的異教徒。事不宜遲。照皇上的命令行動。立即行動。你們既已為了宗教和信仰而作戰，就該繼續打下去。每個軍官都應把自己的排和騎兵組成數個小隊，安排妥當後，把命令傳達下去，為進攻做準備。若有人，不管是軍官，還是印度兵，藉口推拖，請立即針對他們寫份報告呈給皇上。[113]

九月十一日，英國人開始協同所有火砲的射擊，於是，在震耳欲聾的齊射聲中，砲彈同時打在城牆上。到了正午，城牆開始崩垮，「揚起漫天灰塵，磚石落入溝中。」[114]喀什米爾門上的火砲不久就啞了，幕牆被打出兩個大缺口，一個缺口位在喀什米爾稜堡附近，一個位在亞木拿河邊地區附近的水稜堡。儘管餓著肚子，叛軍這時表現出此前未見的戰鬥拚勁，從諸城門派出數個中隊的騎兵，騷擾英軍的苦力、工兵和砲手；幾天時間，英國方面的死亡人數就達四百大關。

查爾斯·格里菲斯注意到，「叛軍稜堡上的砲台啞了，但依舊死守著城牆前空地上的野戰砲；他們從馬爾特洛塔（Martello Towers）的其中一塔發出一波火箭、從防禦土牆和前沿戰壕發射滑膛槍。」[115] 數個英軍砲台著火，最後「剩下一堆悶燃的沙包、束柴和篾筐」。[116] 就連愛德華·維巴特都不得不承認「叛變士兵以想像不到的頑強戰鬥，以火砲回敬我們，儘管稜堡已淪為一堆廢墟。他們兵力充足，連續數日出城，從四面八方攻擊。不動用刺刀，絕對無法將其趕離城牆」。[117]

到了星期日，九月十三日，明眼人都看出攻城在即，多數人猜測會在隔天早上發動。英軍士兵整日練習雲梯攻城戰術，也經由投票選出戰利品處置官，由該人掌管城破後合法劫掠所得：令愛德華·坎伯意外的，拿到最高票者就是他本人。聽到這項人事案時，他人在喀什米爾門對面的舊蒙兀兒庭園，古德夏庭園（Qudsia Bagh）。他原在興都·拉奧宅，五天前被調到這處新前線。

那天早上十一點的高階指揮官會議上，威爾森將軍宣布，由尼可森領兵攻城，發動時間暫定

* 作者註：考格希爾中尉認為，聖戰士占叛軍兵力至少一半：他寫信告訴其兄弟，「敵人實際上有約兩萬五千或三萬印度兵、約三萬多加齊戰士，這些加齊戰士是一批惡魔和狂熱分子。」見 NAM, 6609-139, Coghill Letters, letter form Lt Coghill to his brother, 信上註明的日期為一八五七年九月二十二日。如果說叛軍兵力組成有大變動，英軍亦然。這時，印度人在英軍裡所占比重大概在八成左右。如果德里城裡的起事，以印度斯坦印度兵和英國人的較量為起始，最終則以混編叛軍和英國僱傭軍的對戰劃下句點。混編叛軍裡至少有一半是平民身分的穆斯林聖戰士，而英國僱傭軍則由錫克人、旁遮普穆斯林及帕坦人構成。

於隔天早上日出時。屆時會有四個縱隊出擊，每個縱隊受命經由北牆上不同的開口進城，前往攻取不同目標；第五個縱隊當預備隊；令愛德華．維巴特大為反感的，他被派去第五縱隊，因此不會參與攻城。與此同時，昔奧．梅凱夫會替經由喀什米爾門進城、以賈瑪清真寺為攻取目標的那支縱隊帶路。拿下該清真寺後，會以該寺做為攻打皇宮的基地。

大部分人在寫遺書、訣別信中度過那個晚上。有個年輕軍官寫信給他不安的母親，說「我相信我們就要用雲梯攻城」。

> 妳知道屆時會是什麼情況——迅速爬上梯子，上面會有人想把你推下來，用刺刀刺你、開槍打你。但你必須揮劍，把那當成很好玩的事，盡快把你的兵帶上去，讓他們跳下去和已裝了刺刀、準備好要迎擊你的人交手。這些事想來並不是很愉快，但那一刻到來時，興奮感會讓你覺得無比快樂……我希望這不會使我發出咒罵，但咒罵幾乎是無妨的事，因為人興奮欲狂，不知道自己在說什麼。但我會盡可能不去咒罵。[118]

愛德華．維巴特參加了牧師羅頓主持的教堂禮拜儀式（那會是他在德里嶺上主持的最後一場禮拜儀式）。當時，羅頓主持聖餐儀式——「一場極肅穆且令人印象深刻的活動」——根據聖保羅寫給提摩太信中「我已準備好被拿去奠祭」這句經文講道。但真正打動羅頓且使他以最長時間宣講的經文，係預告尼尼微這個「充滿謊詐和搶劫」的「流人血之城」滅亡的舊約經文：他根據那鴻書宣講，「你要打水預備受困，要堅固你的堡壘」、「在那裡，火必燒滅你，刀必殺戮你，如同尺蠖吃掉你……被殺的甚多，屍首成了大堆……人碰著而跌倒」。[119]

城裡，抵抗攻城的準備工作也幾乎完成。巴赫特．汗忙著為他所要統轄的喀布爾門周邊區域防禦設施收尾，建造路障和沙包陣地。那天早上，他派人去老對手米爾札蒙兀兒那兒，請他送來兩百名苦力、木板、簍子和黃麻袋。這時，巴赫特．汗似已和米爾札蒙兀兒達成協議，共同抗敵。他所要求的人和物，很快就全數送來。[120]與此同時，米爾札蒙兀兒發布最後命令，要全城人民以自己所能找到的武器抵抗來犯之敵。他也命人清空最靠近城牆缺口的兩個馬哈拉區，把居民移到城中他處，以策安全。[121]

在紅堡，札法爾刻意繼續履行其禮儀性的職務，好似情勢一如平常——就此次來說，係將薩斐爾道拉（Safir ud-Dowlah）這個頭銜，授予代表勒克瑙王廷前來向皇帝表態效忠的使者。但私底下他擔心發生最不樂見的情況：賽義德穆巴拉克．沙寫道，「國王得知城牆上的火砲已被打啞時，心情極為低落，拿起可蘭經，翻開它，欲從中得到指引。他第一眼看到的經文，大意如下，『不是你，也不是你的軍隊，而是先前那些人。』老國王依舊沉默不語，但哈基姆阿赫薩努拉．汗勸他，此段經文其實意謂著他會打贏這場仗。」札法爾認為結果恐怕正好相反。[122]

與此同時，齊娜特．馬哈爾人在城另一頭，她位於拉爾寬的大宅裡，正忙著透過霍德森的情報頭子毛拉韋拉賈卜．阿里，與英國人做最後談判。自八月四日起，札法爾的皇后就定期與英國人互通聲息，派人前去摸底，希望能與英國人達成協議，要其滿足她的某些條件做為回報。霍德森定期將最新情勢轉達人在拉合爾的勞倫斯情報首腦，羅伯特．蒙哥馬利（Robert Montgomery）爵士，回報說齊娜特．馬哈爾「正與英國的間諜密謀起事」、「堅定親英」，已「表示願協助拿下此城」，甚至協助「炸掉浮橋」。[123]

八月二十五日，即尼可森啟程追擊巴赫特．汗那天，她派了一名特使前去見格雷特海德，「表示她願向國王疏通」；但格雷特海德客氣回道，「我們希望她個人一切順心，我們不和女人、小孩作對。」但他未獲授權「與任何屬於皇宮的人互通聲息」。[124]

齊娜特．馬哈爾是個不達目的絕不罷休的人，這時希望把聯絡對象轉向霍德森，以取得進展。這是一記高招，因為霍德森喜歡用計，雖未獲授權，他還是重啟聯絡，而且是自己作主聯絡。九月九日，齊娜特．馬哈爾要求在她位於拉爾寬的大宅再次與毛拉韋拉賈卜．阿里會晤。到了十三日，就在英國人的兵鋒愈逼愈近，她愈來愈無實力與英國人討價還價時，仍抱著舊夢想不放，仍想要實現這麼多年來追求不倦的那個目標。誠如霍德森在報告裡說的，齊娜特．馬哈爾同意助英國人一臂之力，條件是英國人

宣布她兒子為當然繼承人，保證由他繼承王位，至於國王，齊娜特．馬哈爾要求讓他保有原有地位，不予以削弱，因五月亂事爆發而未給付的五個月欠款立即支付。

我花了很大工夫，才讓她清楚國王的真正處境，清楚不管是國王、還是此家族的任何成員，都不可能重登他們已失去的王位。她最終理解到，國王和他兒子不只自由可能不保，性命也岌岌可危，這時我保證保住她兒子和父親的性命，藉此成功說服齊娜特．馬哈爾為我們效力。我們同意這個條件，她才同意利用其影響力疏通國王。[125]

這些祕密協商在拉爾寬進行時，毛拉韋穆罕默德．拜蓋爾發行了他深深懷疑恐怕會是末刊號的《德里烏爾都語新聞》。這一期的社論散發沮喪但認命的氣息，以悔罪為主題，未致力於弄清楚真主的神祕作風：他勸道「勿喪志，要拿出信心，堅定你對全能真主的信念」。

異教徒正向我們進逼，幾乎每晚挖出一道新戰線，重要的還是欽佩我們勝利軍的鬥志和勇敢，注意到他們不分日夜欲攻擊異教徒陣地的表現。如果全能的真主在我們的路上設下這道障礙，那必定有其深意：會不會是我們在無意中犯下的傲慢或不義行徑，從而導致此障礙？我們應祈求真主寬恕、開導，應打定主意不對人類同胞犯下惡行，或剝削、傷害他們。

據說城裡的人，尤其窮人，處境危急。在此時刻，應向艱苦大眾送上救濟和幫助，使他們得以誠心祈求皇帝的政府拿下最後勝利。切記，時機成熟、全能真主想要我們勝利時，祂會立即把勝利送上門。誰曉得他想讓我們受到什麼樣的折磨和考驗，才遲遲不讓我們得勝？未知之事，只有祂曉得。賢明之士等待祂的眷顧。[126]

那天晚上，在德里嶺上，羅伯特．泰特勒要哈麗特保證，如果隔天早上情況不妙，她會帶小孩搭上牛車，早早前往安巴拉。「屆時他會和其看管的財庫一起留下來，直到出現大潰敗為止，」哈麗特寫道。「那大概是營地裡最不可能保住性命的地點，因為敵人若攻進來，會急忙搜刮盧比……（但）如果戰局受挫，我認為沒有人能去到什麼安全之地。屆時西姆拉會丟掉、卡紹利（Kussowlie）會丟掉，印度全境人民會一致揭竿而起。」但羅伯特還是把「我們的牛車備好，以便隨時可動身」，以防萬一。[127]

大部分英國人早早就寢。「那天晚上，在營地裡，沒睡很飽，」理查．巴特寫道。「我偶爾入睡，但總是睡不久，醒來時，看到不只一個軍官帳篷裡有燈光，士兵壓低嗓音講話。寂靜的夜裡，槍機的吧嗒聲或推彈桿的彈簧聲傳得很遠，在在說明正在為即將到來的戰事做準備。」[128]

愛德華・坎伯也無法成眠，乾脆動筆寫下他認為說不定是訣別的信給妻子，把自己和家人交給上帝：他在帳篷裡振筆疾書，「沒有上帝，我們什麼都做不成。」

> 我的愛妻，切記，至目前為止祂對我們如此慈悲、如此克制，我們都在祂的掌控中。相信你的主，主會是我們的救星。我愈來愈覺得在祂那兒尋求慰藉非常重要，只有祂能給我們真正的平和……警報已響，我不得不停筆，做我的工作。願上帝看顧妳，我的愛妻，保住我們兩人和我們所珍視的所有人。[129]

午夜，部隊起床，開始照各自的縱隊編制集合。就著燈籠的照明，威爾森將軍的命令向他們宣讀。每個人要帶兩百二十發子彈，每個縱隊的目標和他們要走的路線，得到扼要的交代。傷者會被留在他們倒下之處。不得劫掠，城中所有值錢物都要放進公庫，歸愛德華・坎伯看管。不留活口，但「為了人道和國家名譽」，不得傷害婦孺。

凌晨三點，四支攻擊縱隊先行出發至旗杆塔，然後從德里嶺靜肅下山，以曾經賞心悅目的蒙兀兒古德夏庭園裡札法爾的果樹為掩護。在此期間，攻城砲和破牆砲一直在發射，發砲速度就和此前十天一樣快，據巴特的說法，「天亮前的黑暗被不斷閃現的火光照亮，空中似乎到處都是砲彈。」[130]

如此過了半小時，然後隨著地平線上露出曙光，火砲突然完全靜默。寂靜的瞬間，軍人能聽到「小鳥在林間啁啾」，聞到橘花和札法爾玫瑰的香氣，「儘管空氣中瀰漫火藥的硫磺味」，這兩種花香依舊鮮明。[131]

然後尼可森下令，三個月來，英國人首度進向德里城牆。

CHAPTER 10 格殺毋論

攻城行動一開始完全照計畫進行。每一縱隊的統兵官遵照指示發出信號，官兵發出歡呼聲，藏身於古德夏庭園的部隊，以最快速度從樹木後跑出來，穿過玫瑰園，進入該園與城牆間縱深五十碼的無人地帶。在此，他們隨即遭遇早就等著出手的印度兵，發出的「一波鋪天蓋地的彈雨」。[1]

第一個要克服的障礙是深二十英呎、寬二十五英呎的壕溝。梯子取來架好期間，待在城外斜坡頂端的士兵下不去，「迅速倒在毀滅性的彈雨裡」。將近十分鐘後，才有第一批士兵活著從斜坡另一側起身；但他們一爬到城牆缺口，那股勢頭，敵人就難以阻擋。[2]「我們的兵上去，很帥，像一群獵犬，」佛瑞德．羅伯茨在寫給母親的家書中說道。「我們的砲手幹得很漂亮，缺口很完美，我們以相對較少的傷亡拿下防禦土牆。」[3]

如果是像理查．巴特之類第一批上去的人，似乎就沒這麼順利。巴特記得，往前跑時，看到好幾顆守軍的頭從缺口冒出來，「在城牆邊，密密麻麻像蜂群。陽光整個照在白頭巾、黑臉孔上，他們的劍和刺刀閃閃發亮，我們的兵抵達缺口時，瘋狂歡呼。」

> 我們停止開火時，敵人的火力減弱。那時，敵人似乎因我們的現身而大吃一驚，但此時，他們回過神，再度猛烈開火：球形彈從右側遠處的火砲厲聲飛來，葡萄彈和砲彈從更近處的火砲呼嘯飛來，城牆似乎是我們前方的一排火。子彈咻咻飛過空中，翻起腳邊的土，有人迅速倒下……
>
> 雲梯隊遭掃滅三次，梯子被敵人從死傷者手裡搶走三次……要登上缺口很難，就像在猛烈砲火下爬上有斜度的沙岸。缺口後是一些簍筐，敵人在簍筐與簍筐間不斷猛烈開火，近到我的臉頰都能感覺到敵人每次發射時熱燙的火光。為粉碎他們的企圖，我右手不斷擊發左輪手槍，同時靠左手爬上（梯子），因未攜帶劍鞘，只好盡可能地把劍夾在腋下。他們不斷把大塊磚石丟向我們，

想將其滾落下來……

守軍最終退回城裡，留下費茲傑拉德和我站在篾筐近旁。我們握手，然後分開，他下到缺口右邊，我則沿著缺口左側的胸牆走向喀什米爾門。我未再見到他，與我分手後，立即喪命於一枚從城裡射來的葡萄彈。[4]

巴特在城牆上步道奔跑時，聽到很大一聲爆炸，抬頭看到喀什米爾門「被炸飛到德里裡」。按照攻城計畫，十名坑道兵和一名號手要緊貼著城門前，放置一大包炸藥，炸出缺口，然後士兵湧入缺口。攻擊發起時間比預定晚了些，這時已是大白天，該行動遠比紙上作業時來得困難。攻擊信號發出，守軍打開位於城門底部的小門，當坑道兵沿著已受損、僅剩一根梁的橋跑過來，欲把炸藥安裝定位，開始朝他們直接開火。[5]

帶頭的是二十七歲的菲利浦·薩凱爾德（Philip Sakeld）。五月十一日晚上，數人與愛德華·維巴特一同從喀什米爾門逃走，薩凱爾德就是其中之一。接下來四處飄蕩的幾天裡，他展現義舉，把鞋子送給安妮·佛瑞斯特。這時，他帶領爆破隊冒生命危險，衝過僅剩一根梁的危橋，握著要用來引爆炸藥的導火索。四人跟在後面，把炸藥包扛至定點；另外七人，包括薩凱爾德，要把炸藥包釘在城門上，點燃導火索和緩燃引信，以將其引爆。

薩凱爾德一行人接近城門時，守軍透過小門，從上方槍眼，近距離開火。坑道兵欲把炸藥釘在門上時，其中四人接連被擊斃。才幾秒鐘，全隊除了三人，不是陣亡，就是身受重傷，薩凱爾德則有兩處嚴重傷口，有喪命之虞。但倖存三人之一的中士史密斯，雖然也受重傷，還是重新點燃熄滅的導火索，在炸藥爆炸時跳到橋下，把對開城門的右邊那扇炸離鉸鏈。號手霍桑

（Hawthorne）也是倖存者之一，以壕溝為掩護，吹出進攻號角，示意英軍衝鋒奪門。[6]

這時是早上五點四十五分。第三縱隊的士兵一直趴在古德夏庭園裡的地上，滑膛槍射程之外，焦急等待號角響起。但從城牆發出的滑膛槍聲太吵，縱隊官兵未聽到霍桑的頭兩次吹號；第三次才隱約聽到。中尉肯達爾．考格希爾（Kendal Coghill），憤怒、暴烈的英格蘭與愛爾蘭混血新教徒，是等待吹號進攻的官兵之一。幾個月來，在德里嶺上，他一直夢想著報仇、教訓叛軍。這時，他寫信告訴父親，這一刻已經到來，「我很想殺人，期盼這一刻到來，野蠻、瘋狂之感襲上心頭，心知衝得愈快，愈接近敵人，愈早報仇雪恨。」

我嘴裡緊咬著手槍子彈，以使嘴巴濕潤，一聲惡魔般的怒吼，我衝出掩護處。滑膛槍子彈如雨落下，四周不斷有人倒下，但我覺得自己被施了法，它們碰不到我。傷者和垂死者咒罵、呻吟、詛咒，痛恨自己被留在外頭，無法親自報仇，情景讓人無比辛酸。他們痛苦得滾動、扭動身子。

我們要往左側強攻，但右邊的火力太密集，右邊的雲梯隊全數遭擊斃，於是我們……往右邊衝過去（替補他們的位置）。然後，我覺得自己像是喝醉。只記得自己收起劍、抓起梯子丟進壕溝裡，但梯子只有八英呎長，壕溝深二十英呎。我們精神亢奮，下到壕溝，梯子搆到對岸的護堤，快速往上爬。

這些畜生奮戰不懈，直到我們用劍和刺刀又砍又劈，在他們之間殺出一條路，方才停手。很遺憾的，我的劍頭一個擊中的東西，係我方一個掌旗士官的身體。他就位在我旁邊，隔壁的梯子上，中槍，倒下來正迎上我揮出的劍。但接下來，我的劍刺穿一名潘戴的身體，然後又刺穿另一名。秩序和隊形全亂了，我們放手砍劈。我從未想到拔出手槍，一逕戳刺砍，直到雙臂疲乏。[7]

經過十分鐘不要命的肉搏戰，這座城門和主衛兵院已落入英國人手裡，英國國旗飄揚於拱道之上。[8]但往城區更深入，在聖詹姆斯教堂對面，斯金納的大宅處，碰到更激烈的抵抗。納西拉巴德部已在此處構築防禦工事，以該宅做為他們整個圍城戰期間的總部。另有守軍占據有利位置，隔著聖詹姆斯教堂的低矮院牆向英軍開火。[9]這兩支部隊放出大量葡萄彈和滑膛槍彈，撤退前殺死英軍前頭隊伍的許多人——賽義德穆巴拉克・沙認為或許有多達三、四百英軍士，死於喀什米爾門和斯金納大宅之間。[10]但三個英軍縱隊此時都集中火力攻打這座大宅和教堂庭院，納西拉巴德印度兵除了帶著火砲撤退，別無他法。

接著，尼可森把三支縱隊的士兵集結在外面，面朝聖詹姆斯教堂的空地上。[11]他理解到自己縱隊的許多兵力已沿著城牆去往他處，又不想停止攻擊，讓叛軍有時間重新部署，於是尼可森帶著剩餘的兵力，沿著胸牆往西去。他的目標是趕上失聯的部隊，以及盡快拿下喀布爾門和拉合爾門。他們會在這兩處城門與雷德（Reid）少校統領的第四縱隊會合。照理，第四縱隊應該已從興都・拉奧宅穿過基生甘吉這處郊區打了過來。照威爾森的計畫，英國人會以此方式在午飯前，控制住德里城整個北部和西部邊緣。

與此同時，昔奧跟著第二縱隊出發，在他的帶路下，這支以廓爾喀人為主的縱隊，穿過偏僻街道，往賈瑪清真寺的方向進發。第三縱隊往東南走，經由德里學院，指向紅堡。部隊開拔時，威爾森將軍從勒德洛堡過來（他已從該堡屋頂觀看過進攻狀況），在殘破的斯金納大宅裡設立他的司令部。一所軍中小賣部兼野戰醫院，於附近的聖詹姆斯教堂裡成立。

就在此刻——剛過早上七點——情勢突然轉為大不利於英國人。英國人原以為破城會是此役最難打的部分，不過此時已在傷亡相對較少下，比預定進度還早的完成目標。但實際發展表明，下一階段——穿過城區街道挺進——其實付出的代價更大。英國人原以為，印度兵一旦知道英國人要進攻紅堡，會喪失鬥志，遲早轉身逃走。但這一情況並未發生，反倒叛軍此時反攻，反擊力道之勇猛，差點把英國人趕出城、趕回德里嶺。巴赫特·汗和米爾札蒙兀兒已做好萬全準備。誠如佛瑞德·羅伯茨所言，「從這時起，我們吃了很大的苦頭。」[12]

查爾斯·格里菲斯跟著朝南進向紅堡的那支縱隊走。就在開始緩慢穿過遭破壞、洗劫的德里學院的庭園時，他們中伏。突然間，

從每個門和窗，從建築上的槍眼，從房子的頂端，猛烈的滑膛槍子彈從四面八方向我們襲來，偶爾，通過街角時，填裝了葡萄彈的野戰砲朝此縱隊開砲。不久即有官兵倒下。而這只激怒倖存者……經過激烈的小衝突後，倖存官兵清除掉庭園、房舍裡的叛軍，用刺刀把在那裡找到的叛軍全數了結。

但這支縱隊兵力損失太大，不得不死了再往前挺進的念頭，開始在德里學院構築防禦工事，做為他們的前線據點。

昔奧所屬縱隊被誘入城區更深處後，赫然發現被聖戰士逼入困境。昔奧小心翼翼在前帶路，專挑偏僻小巷走，途中有些士兵死於狙擊手和偶爾襲來的一波葡萄彈之手。街上幾乎見不到人，最初遭遇的抵抗出奇的少。他們繃緊神經通過月光廣場，在詭異的死寂中推進到遠至賈瑪清真寺北門處。

他們意識到自己未帶炸藥，無法炸開清真寺門，就在此時，悄然無聲之時，門慢慢自行打開，等在寺裡的成群聖戰士尖叫著衝下台階。據賽義德穆巴拉克．沙的說法，聖戰士「猛撲向英格蘭人，英格蘭人不敵後退，損失兩門砲」，約莫四十人喪命。[13]英國人退回月光廣場時，聖戰士得到從拉合爾門調過來的一門野戰砲支援，此砲砲火覆蓋整座市集，把一枚砲彈直直打進「英格蘭人縱隊裡，造成多達五十人死傷」。[14]

昔奧所屬縱隊的殘部，在月光廣場停留了半小時，竭力抵禦聖戰士的劍、斧攻擊，希望這時照理會來與他們會合的格里菲斯縱隊前來解救。但三十分鐘過去，眼見另一支縱隊也碰上麻煩，這支縱隊受命退回喀什米爾門。[15]

上述情況發生時，城牆上的尼可森部隊也陷入嚴重困境。奪取喀什米爾門期間，這支縱隊已分成兩股，而且大部分兵力已不歸其統轄，因為那些兵力在沒有他的統領下沿著城牆繼續前進。理查．巴特是其中一員：他小心翼翼沿著城牆基部前進，在一個又一個拱狀凹室間快速移動。「我們不時碰到火砲往馬路掃射，每次看到緩燃引信裝上火砲，就急奔進這些拱狀凹室裡。一波葡萄彈飛過後，我們趁著敵人裝彈的空檔，衝上前，用刺刀和子彈了結砲手。」巴特所屬部隊常會停下來攻擊內有印度兵的房子，以奇襲手法將其全殺掉，然後繼續沿著城牆基部前進。[16]

其他人對於危險較漫不經心。中尉亞瑟．莫法特．蘭（Arthur Moffat Lang）在日記裡寫道，「我們（沿著胸牆）繼續往前衝，嘴裡吶喊、歡呼，從每個轉彎處、每條通往左側的街道、從防禦土牆和房頂射來的葡萄彈和滑膛槍彈，撂倒官兵。」

讓人興奮欲狂，我毫無感覺，只想不斷往前衝：心裡只想著子彈鋪天蓋地而來，我還能撐多久不被打中……我們拿下一座座塔、一門門砲，始終未停住腳……我們蜂擁經過喀布爾門，往前行，直到快到拉合爾門時，一道路障短暫擋住去路，有門砲從路障後面發射葡萄彈。布里格．瓊斯過來，叫來工兵官，問喀布爾門在哪裡……「後面遠處，」我說。「我們要立刻拿下喀布爾門。」唉，他宣布他接到的命令是在喀布爾門停住……

此前我們一路歡呼往前衝，從不停下，一切都很順利。但這次受阻令人遺憾：蹲在角落後和蹲在支撐防禦土牆之拱道裡的士兵，漸漸心生恐慌。他們一個接一個想折返：我們攔住他們，制止逃跑，達半小時，最終他們全都走出藏身處，把軍官推到後頭，往喀布爾門走去。[17]

拉合爾門和伯恩稜堡（Burn Bastion）上聚集了重砲，由巴赫特．汗的巴雷利旅士兵操作。這時，這些重砲發出的葡萄彈掃過胸牆和城牆，眼看就要全面撤退。就在此刻，尼可森出現在下方街道，試圖挽救危局。他把被嚇壞的士兵叫下來地面重整，抽出他的劍，不顧射來的滑膛槍彈和葡萄彈，在夾於右側城牆和左側房子間的窄街裡，往另一頭逕直衝去，喊著要士兵跟上。衝到半途，他看出只有他一人，轉身叫士兵支援。就在他行動稍停但仍揮舞著手中劍時，一名印度兵狙擊手，大概位在伯恩稜堡上，朝下方的他開槍。彈丸打進尼可森胸膛，就在裸露的胳肢窩下。而後跟上的其他燧發槍手，發現他中彈了。「沒錯，沒錯。」尼可森氣惱回道，然後倒在地上。[18]

他被抬回喀布爾門，兩名轎伕奉命將其抬到德里嶺上的野戰醫院。眼見情勢混亂，英國人攻勢受阻，每支縱隊潰退，轎伕遂把這個受傷的將領棄在街旁。一段時間後，佛瑞德．羅伯茨正好經過：他寫道，「騎馬穿過喀什米爾門時，我注意到路邊有個沒了轎伕的轎子，而轎子裡顯然有個傷患。」

我下馬查看能否幫上這個轎裡人，悲痛且驚愕的發現那是（垂死的）約翰・尼可森。他告訴我轎伕放下轎子，跑去劫掠；說他很痛，希望把他抬去醫院。他仰躺著，看不到傷口，除了始終沒有血色的蒼白臉孔，看不出他一直蒙受的痛苦。聽我說希望他傷得不重時，他說：「我快死了；我沒望了。」眼見那麼傑出的人無助躺著，瀕臨死亡，我簡直無法承受。朋友、同袍遇害，每天都有人死在我周邊，但我從未有過那時心裡生起的感受——那時的我，失去尼可森，猶如失去一切。[19]

正午時，英國人鬥志已急速下滑，攻進城裡的雀躍漸漸消失，取而代之者，是日益體認到仍朝他們開火之叛軍的兵力龐大，以及抵抗到底的堅決意志：對此感到驚訝的上校喬治・布希耶（George Bourchier）寫道，「敵人顯然打算與我們爭奪每條街，寸土不讓。」[20]

這時英國人僅控制德里城的一個區，而光是拿下那個區，就已讓他們付出迄今為止最大的損失。沒人料到德里野戰部隊會蒙受這樣嚴重的傷亡：拂曉時整隊出擊的官兵，日落時已損失近三分之一——約一千一百名士兵和六十名軍官，包括安妮・佛瑞斯特的愛人哈利・甘比爾。赫維・格雷特海德也喪命，但不是死於子彈，而是死於霍亂。

這時，德里嶺上的野戰醫院已陷入無以名狀的慘境。牧師羅頓逐床安慰垂死之人，「軍醫和藥劑師全忙於手術。各種截肢手術幾乎都動了：沒有血色且皺縮的腿和臂，乃至手指，永遠離開它們原屬的身體，隨意擺在地上。」[21]病房內，傷者成堆躺在一塊，兩或三人躺在一個輕便床。愛德華．維巴特也在那裡，仍痛心被擺在預備隊中，無緣參與攻城：

我比其他人更應該參與攻城。但天意要我留在營地，照顧這些受傷、垂死的不幸之人。每分鐘都有人被抬進來，是我這輩子從未見過的慘狀。看到那些恐怖的景象，我心很痛……我去探問那個被截掉腿的可憐少校，只見他身體被縫進毯子裡……叛亂分子拚死戰鬥。我們被他們的某個砲台擊退三次，我相信還是沒能拿下它。[22]

斯金納宅英軍總部裡的士氣一樣低落，總部參謀開始陷入愁雲慘霧中。佛瑞德．羅伯茨寫信告訴父母，「約十二點，我在教堂吃了早餐，打入教堂的球形彈來得非常快，我想我活到這年紀從沒見過這麼多愁眉苦臉。」

每支縱隊都已被迫撤退。我們最優秀的軍官，不幸的尼可森，我剛看到被擺在轎子裡，臉上沒了生氣……似乎沒有人挑得起重任。所有老軍官都已徹底沒轍。雪上加霜的是，我不知道是否出於蓄意，任由賣啤酒、白蘭地的店鋪營業，好幾個兵喝醉，還有些兵找不到自己的團，所有人都因為五、六天前的辛苦活給累壞了……

我睡了過去，儘管非常嘈雜，還是一直睡到日落……（然後）去我們的陣地四處逛逛。所有哨所都沒了秩序。配給完全未送進城。勸不動廚子這些可憐傢伙進城——來自四面八方的攻擊火力非常猛烈。歐洲人喝醉了，本地人出去劫掠。[23]

軍隊紀律和士氣敗壞之速，令霍德森驚駭。他寫信告訴妻子，「活到這歲數，我頭一次看到英格蘭軍人一再對其軍官抗命。事實上，辛苦活和烈酒，已讓部隊士氣蕩然無存。」[24]更糟糕的是，威爾森將軍似已對這次出擊完全失去信心，只想著要撤退。霍德森寫道，「威爾森被疲累和焦慮打垮，（甚至）站不住。」[25]

午後三點左右，傳來更令人驚恐的消息：雷德少校統領的第四縱隊不只未能拿下拉合爾門，而且在派歸雷德節制的喀什米爾土邦主的部隊逃走後，面臨巴赫特．汗和其巴雷利部隊在「來自巴雷利營、尼默傑營的加齊戰士支援下」堅決反攻，雷德不得不退回到興都．拉奧宅。[26]巴雷利旅的另一部分兵力，也已於日落時在莫里稜堡（Mori Bastion）裡「大舉」強勁反攻，在夜間繼續向前探查。[27]

有些官兵被困在莫里稜堡和喀布爾門間的這段西北戰線上，肯達爾．考格希爾便是其中之一。他覺得聖戰士——「一批惡魔和狂熱分子」——是尤其可怕的對手。一如他的許多同僚，他驚訝發現自己先前的勇敢自信和殘暴，很快就被十足的恐懼取代。「本地人防守每個地方，寸土不讓，」他寫道。「這是場硬仗，他們的兵力和野戰砲優於我們僅存的少許兵力和滑膛槍。」

我們接到的命令係拿下，並保住它，但沒有援手。就在那時，我發覺我們最需要的東西是勇氣。官兵累得要死，經過這番折騰，那股興奮感已消失。我們接到的命令係誓死保住每個門道，於是在每個門道和稜堡留下一支分遣隊，如此一來，在喀布爾（門），我們只剩約兩百名兵力。敵人定期成群來襲，以約三千兵力和兩門輕砲從正面攻擊。我們若出兵攻擊，他們會從側翼包抄，接著奪回城門。於是，我們不得不趴著，任由砲彈飛過，直到他們靠近為止，然後我們的刺刀始終管用。從早上九點守到下午四點，我們被敵人從遠處一個個撂倒，無望報復或得到援軍，而且不清楚左翼或後方的情況，因為我們是前沿右翼……

我們整天沒得吃、沒得喝，累壞了。唯一讓我感到慰藉的東西，係掛在腰側的一瓶用薄白蘭地和水調製成的蘇打水，但此時也被打穿，裡面的東西一滴不剩。我們整夜武器不離手，因為他們整夜不停攻擊。[28]

威爾森因失去尼可森而心生膽怯，知道進抵興都．拉奧宅的巴赫特．汗部隊，有可能包圍其部隊，並切斷與營地的聯繫，隨著時間過去「益加焦慮和沮喪」，這時他的精神明顯因受不了壓力而垮掉。他本想下令立即出城，遭麾下諸軍官制止，才打消此意。這群軍官以工兵官理查．貝爾德—史密斯為首，此人規劃了此次攻城細節，這時「堅決主張『必須挺下去』，語氣之堅定和不肯讓步，讓討論再也進行不下去」。[29]

威爾森的高階軍官之一，內維爾．張伯倫（Neville Chamberlain），寫信給人在拉合爾的勞倫斯，表達其必須盡快解決的隱患，即威爾森鬥志全消，會隻手讓英國人輸掉德里爭奪戰：張伯倫寫道，「他常常讓人覺得比較像是個精神失常的人，而非統領常勝軍的將領，明眼人都看得出來，誠如他常告知每個人的，他已方寸大亂。」

你必須處理這些事，不然，什麼事都會辦不成。碰到困難時，這位將軍偶爾才會聽進別人的意見；面對建議，他的回應一律是「不可能」，而且總是招來麻煩。他告訴我，德里陷落後曾打算去山上，（老實說）他沒那麼做真是可惜。[30]

威爾森想撤退的消息，傳到躺在德里嶺上野戰醫院奄奄一息的尼可森耳裡時，他表現出一貫作風，反應更為直率。儘管身體疼痛、困乏無力，他伸手去拿手槍，吼道：「謝天謝地，我還有力氣槍殺他，如有必要的話。」[31]

隔天，他心情較平靜，請軍醫照其口述寫下短信，以便寄給人在拉合爾的勞倫斯，信中附和張伯倫信中觀點。他口述道，「告訴約翰爵士，我建議他盡其所能找人換下威爾森。威爾森精神垮掉，而且他自己知道這點。我認為繼續讓這樣的人掌管軍隊，根本是拿我們國家的命運在兒戲。」[32]

札希爾．德拉維九月十四日早早醒來，一如既往騎馬到德里城另一端的紅堡上班。這時他已習慣於猛烈砲火聲，卻不清楚北邊不到一英哩處發生戰事的重要性。讓其覺得事態不尋常的第一個跡象，出現在他從月光廣場出來，碰到另一個廷臣時。這個廷臣迎面過來，告訴他沒必要再往前走，因為紅堡的大門都鎖上了。

那時我才注意到城裡店家幾乎全未開門，這個市集不尋常的冷清，只有一、兩人在走動。我認為該親自去看一下情況，但抵達（紅堡的）拉合爾門時，看到門閂著，兩門裝了砲彈的加農砲。附近站著一群人，在聽一名哈維爾達爾（havildar）講述今早的戰事。

此時，一個團的騎馬軍人從堡內策馬過來，高聲要衛兵開門，因為他們要出去。這位哈維爾達爾要他們去德里城的喀布爾門，因為那裡是援軍集結地。聽到這話，我轉身朝住家走。

沒走多遠，我看到一些普爾比亞人從巴瓦尼・尚卡爾家的側邊疾奔而出，顯然在逃離戰鬥。城民看到這些懦弱的提朗嘎人時，大為反感，問他們「把我們的城市捲進這場戰爭後，你們如今為何要跑掉？」。聽到這話，這些普爾比亞人丟下槍和劍，說「一直以來都是我們在打仗，現在你們何不試試？」。[33]

札希爾認為該回家去要家人小心點；但來到巴利馬蘭時，發現這個馬哈拉區的大門已鎖上。接著跑回位於月光廣場的小達里巴大門，那裡的門也鎖著，但小門開著。他擠過小門，卻發現戰事這時已打到科特瓦利：他運氣真差，竟和要前往賈瑪清真寺的昔奧縱隊狹路相逢：

> 齊射的子彈從科特瓦利的側邊朝我飛來，子彈鋪天蓋地打到路面和排水溝。一支英格蘭部隊就站在科特瓦利前，朝看見的每個人開槍。有個站在我旁邊的男子彎下身子，腹部中彈。我拉著他穿過大門上的小門，拉到安全地方，然後直奔回家……
>
> 一到家，立刻回到房間，然後躺下來，驚嚇不已。我剛親眼看到英格蘭軍隊已進城，普爾比亞人已逃走，這時英格蘭軍人就要進入家戶，開始殺人。我認為死期已到，除了祈禱，沒什麼事可做，只能靜觀其變。
>
> 我未把我所看到的事告訴母親或家中成員，反倒是待在房間裡祈禱。約一個半小時後，傳來一門加農砲的連續開砲聲，聲音很響，聽來就像從我家屋外發出。我很訝異加農砲怎會進到我們的巷子，於是帶上兩、三個僕人，出門查看怎麼回事。[34]

札希爾一行人來到大街上，問行人英格蘭軍隊去了哪裡，有人說他們剛被趕跑。接著札希爾前往大清真寺後的喬里市集，看到人們四處走動，配備劍、小刀、削尖鐵皮竹棍和他們所能找到的任何武器。

我來到賈瑪清真寺側邊時，看到一大堆屍體，一時間讓人以為那是木頭販子的貨攤。另有屍體散落於整個基爾希赫市集（Kilhih Bazaar），和這座清真寺與科特瓦利之間的巷弄裡。我問街上的人怎麼回事，他們告訴我，一支英格蘭軍部隊來到賈瑪清真寺的台階；與此同時，有些英格蘭軍人進入民宅，開始打劫。

然後，軍人欲進入賈瑪清真寺，寺裡的人認為他們如果進來，會開始在聖所裡殺人，那還不如出寺與他們對抗。於是帶槍衝出寺……許多英格蘭士兵死傷……最終他們退往喀什米爾門。在那裡，英格蘭人抵抗，架好加農砲。[35]

札希爾再度返家，想睡個覺。但隔天早上，城裡盛傳英格蘭士兵在那個夜裡挨家挨戶搜索，靠梯子爬進房間，闖入女眷居住區，殺害熟睡的女人，然後偷走她們的珠寶。這個傳言有多大成分屬實，並不清楚——此階段的打劫似乎只限於喀什米爾門周邊，已落入英國人手裡的區域——但前一個夜裡，在英格蘭人從賈瑪清真寺遭擊退後，彌漫全城那股勝利感，不久便開始消退，城裡千家萬戶轉而日益恐慌。

薩爾瓦爾．穆爾克家十四日吃早餐時聽聞英國人已進城，不想坐等被殺，於是他找親戚納瓦卜齊亞．道拉（Zia ud-Daulah）商量，決定冒個險，欲趁還能逃離時，逃到這個親戚位於拉傑普塔納之阿爾瓦爾（Alwar）的家。只有薩爾瓦爾．穆爾克的叔叔反對此計畫：他根據占星推算，判定英格蘭人肯定會吃敗仗。

我父親很遺憾的返回（他位於）德里門（附近的家），以便護送自己的人、帶著必要的東西，到他哥哥家；但他未能如願，因為突然間，城裡（北區）出現很大騷動，接著，近身肉搏在每條大街小巷上演。白種軍人，連同他們的印度籍、帕坦籍戰友，配備各種武器，陶醉於勝利裡，打劫非常起勁，對象不分老弱婦孺；血流成河。然後，數群人進入女眷居住區，開始劫搶，而女人——費爾道西（Firdausi）說得沒錯，「她們的身體罩得非常嚴密，連陽光都透不到她們的皮膚」——不清楚自己丈夫死活，往四面八方逃。

（德里南）城門就在我們家附近，我父親和我舅舅，連同女人、小孩和僕人，膽戰心驚的經由該門急急逃走，避難於（城外）某聖徒的墓裡。直到我們的老僕人前來會合，才得知我叔叔和納瓦卜齊亞．道拉的死訊。他們似乎在帶上防身武器，然後攜著家裡的女人、小孩和僕人徒步離家時，在月光廣場或附近，遇到「獨眼梅凱夫」（昔奧），接下來雙方交手，兩人都遇害。女人、小孩遭遇不詳。

聽到此消息的人，難過溢於言表。我們的情況也好不到哪裡去，因為擔心生命財產遭遇兩方毒手——一方是叛變士兵，另一方是英格蘭人和支持他們的人；這兩批人馬在劫掠或搶奪上互比高下，深怕輸給對方。[36]

薩爾瓦爾·穆爾克家的遭遇並非個案。英國人此時勉強控制住的那些區域，即德里城東北區，所有民宅都被當成理想的劫掠標的，凡是年紀適合打仗的男性都被視為戰鬥人員。許多德里居民，尤其放款人和那些有財產或經商的人，已受了印度兵四個月的劫掠之苦，老早便期盼結束這無法無天的局面，深信東印度公司再度入主，至少會恢復德里城的安定，即使該公司有種種令人惱火、公然不公不義的行徑。此外，英國人透過許多密探，很清楚他們得到這些民心的默默支持。沒有哪個德里居民料到會有大劫掠，更別提大屠殺。但英國人甫入城，即出於一時的利害考量，而未將其所有盟友和支持者放在心裡。就連最忠於他們的密探都難保安全，毛拉韋穆罕默德·拜蓋爾對此有著切身的體認。九月十五日那天或前後，他被不分青紅皂白逮捕。[37]

就連最諂媚的親英人士，都驚駭於他們入城後，這種不公不義的離譜行徑。「城裡，沒有人安全，」穆因丁·侯賽因·汗寫道。「所有體格健全的男子，一看到，都變成造反者，予以槍殺。」加利卜從一開始就不喜歡印度兵，但此時同樣驚駭於返回德里之英國人的殘暴。「勝利者在街上見人就殺，」他在《達斯坦布依》裡寫道。「這些憤怒的獅子進城時，殺掉無力反抗者、弱者，燒掉他們的房子。集體殺人盛行，街頭瀰漫恐懼。或許破城後，總會出現這樣的暴行。」[38]

那些殺紅眼的人，有一些是在亂事爆發時失去朋友或家人者。英國人進城後不久，查爾斯·格里菲斯遇到約翰·克利福德。克利福德曾是古爾岡的稅務官暨行政長官，妹妹克利福德小姐是安妮·詹寧斯的朋友，和同為唱詩班一員的女指揮。亂事爆發前一晚，約翰把妹妹丟在紅堡裡，讓她和詹寧斯家人在一塊，這時他為妹妹先遭輪暴（英國人這麼認為）再被殺害而自責。格里菲斯不是熱愛和平的自由派，但為眼前的克利福德不寒而慄：他寫道「我的老校友已變了個人」、「他的激情被整個挑起，一心只想報仇」。

他配備劍、左輪手槍和步槍。自離開密拉特後，與叛變士兵的交手，他幾乎無役不與……用他的步槍殺人，毫不留情。他豁出性命，只要能向殺害他妹妹的人報仇雪恨，完全不顧個人安危……

我們進城後，我在某條街上遇見他。他與我握手，說他看人就殺，女人、小孩也不放過，從他興奮的模樣和衣著外觀——布滿血漬——我相信他所言屬實……營中別的軍官，在德里失去妻子、親人，這時的行徑與克利福德沒有兩樣。[39]

但英國人一再覺得，可用看似符合宗教義理的論點，為如此殘暴的戰爭罪行自圓其說：他們在替上帝行道，讓不是人、反倒比較像惡魔的人受到應有懲罰，在維多利亞女王時代的福音派眼中，集體殺害不再是集體殺害，反倒是神的報復，因此這些士兵是在替上帝向壞人討公道。舉例說，牧師羅頓清楚且公開表示，如此殘暴的集體殺害德里城民，在他看來，其實是上帝的作為，「我想到上帝，想到祂已對我們做的事……然後我想到，想到必然在人們血流成河後，上帝才會以古今諸國歷史上所未見的手段，針對暴行與惡行報仇。」[40]就連以當時標準來看，絕非原教旨主義派的溫和人士，愛德華·坎伯，都在筆下將攻打德里之役說成「我救世主的戰役」，自認在履行身為「基督的優秀戰士」之職責。[41]

查爾斯．格里菲斯表達同樣看法，說「眼前，的確是可怕時期，信基督教的男人和勇武的士兵，憤恨於摯愛之人慘遭殺害，於是不再心生憐憫，誓言向叛變士兵報仇雪恨」。

那些參與平定譁變之人，或多或少抱著同樣的心態。我們部隊裡的每個軍人都知道，針對敵人暴行算總帳的日子已經到來，打定主意以冷酷無情的心來完成此目標……這是場滅絕戰，不留活口，不心慈手軟，簡言之，這是歷來最殘酷、最報仇心切的戰爭之一。街上、空地上躺著密密麻麻的屍體，許多人在家裡遇害……許多非戰鬥人員喪命，我們的兵瘋狂亢奮、見人就殺。沒有比強攻拿下的城市更恐怖的地方。[42]

有個軍人清楚道出，許多英國人對落入他們掌控者所抱持的心態。此人從德里投書《孟買電訊報》，痛斥必須放過女人、小孩的說法，即他所謂威爾森將軍的「鬼話」。他寫道，這「錯了」，因為他們「不是人，而是魔鬼，或者，頂多是只配像狗那樣殺掉的野獸」。

我們部隊進城，在城裡一找到城民，便當場用刺刀殺掉，因此死掉的人很多。因為常在一棟房子裡找到約四、五十人藏身其中，你試想接下來的情況。他們不是叛變士兵，而是該城居民，指望我們按照我們著名的寬大規則饒其一命。我要很高興的說，讓他們失望了。[43]

九月十五、十六這兩天，德里命運未卜。

除了從德里學院緩緩推進，以及十六日早上拿下緊臨南側的彈藥庫，英國人未再向前推進；英國人也從斯金納的大宅往月光廣場的方向逐戶慢慢推進。誠如查爾斯·格里菲斯所言，「拿下我們陣地前的一些房子，但未嘗試大規模往前推進，因為多數的歐洲籍步兵不想打。」[44]

由於這些小幅推進，英國人進入紅堡迫擊砲的射程：叛軍負隅頑抗，英國人無法再往前，於是在德里學院的庭園裡設立砲台，朝沙迦罕的宏偉皇宮猛轟，藉此發洩挫折感。而西戰線，他們待在城牆邊，未再往前推進，依舊被巴赫特·汗的士兵及群集於伯恩稜堡上的砲兵困住。英國士兵感到洩氣，慢慢把精力消磨在飲酒和劫掠上，不久紀律蕩然。威廉·愛爾蘭少校寫道，「我們的兵沒有規矩、管不動，即使意識到陣地有危險，也未因此乖乖待在部隊裡。」[45]

在設於斯金納宅的總部裡，威爾森的軍官忙著阻止將軍將部隊完全撤至德里嶺，甚或阻止他在更悲觀的心態下撤至格爾納爾。誠如他在十五日晚，寫給妻子的信裡說，「我們如今保住已拿下的，但僅僅就是這樣……我所屬縱隊裡的歐洲人在店鋪裡找到許多啤酒，把自己搞到無力……街頭戰鬥很可怕。我方兵力損失慘重，包括軍官和士兵皆然。我累垮，做不了什麼事。前景不妙。我就只能寫這些。」[46]

現階段，德里城本可能落入兩方的任何一方之手，叛軍若發動真正的聯合反攻，尤其是旨在襲取此時幾乎不設防的英國人後方的反攻，或拿下德里嶺營地的反攻，會迫使英國人立即撤退出城。十五日晚的一場小型反攻，正說明叛軍本可能取得的戰果。該反攻得到塞利姆嘎爾稜堡上叛軍砲兵的火力支援，把英國人從他們新攻下的地方逼退回德里學院的舊陣地。[47]

對許多叛軍領袖來說，一如對德里城民來說，未能更有效反擊所造成的挫折感，隨著時間流逝益加強烈。逃亡、消沉的印度兵遭德里城暴民攻擊的事例再起。這些暴民「為自己所受過的惡劣對待報仇雪恨，搶走他們的武器，用鞋子打他們，以各種方式羞辱他們，大喊『你們誇稱的勇敢到哪去了？你們的威風怎麼了，怎麼無法再壓迫我們、欺壓我們？』」。[48]

然後，十六日早上十點至十二點，城民開始自發聚集於紅堡外。由毛拉韋薩爾法拉茲·阿里領導的許多聖戰士，以及「叛軍的數名主要軍官」，也來到紅堡前，進入皇宮，懇求札法爾帶領他們上場殺敵。據賽義德穆巴拉克·沙的說法，他們「向他保證，全軍、德里城民、周邊鄉村的人，都會跟著上戰場，為他打仗，為他而死，驅逐英國人」。[49]隨著愈來愈多聖戰士和城民群集於紅堡外，「其中有些人只以棍子為武器，有些人帶劍，還有人帶著舊滑膛槍。」情勢突然來到轉捩點。

宮內，氣氛愈來愈凝重。十四日，米爾札蒙兀兒緊急通報札法爾，懇求他增撥經費給軍隊，以讓士兵吃得好，能全力打仗。札法爾回道，「把挽具和銀質象轎、銀椅送去給米爾札蒙兀兒變賣，所得全拿去支付開銷。我剩下的就只有這些。」[50]這時，幾乎每分鐘都有砲彈落在宮內某處：內維爾·張伯倫十七日晚呈報拉合爾，「國王住所必然是很溫暖的住所，因為我們把砲彈打在整個宮裡，從北至南轟遍。」[51]雪上加霜的，德里城原就如涓涓細流的糧食補給，這時已徹底斷流，城裡人，包括諸皇子和撒拉丁，就快餓死。

這時，毛拉韋和聖戰士群集宮外，請他親自統兵反攻，見真章的時刻已到來，但札法爾不知該怎麼做。自宰牲節以來，皇帝一下子又沮喪又痛恨印度兵和他們對其城市、皇宮所做的事；一下子默然但冷淡的支持米爾札蒙兀兒的抗英大業，舉棋不定。還有時他似乎已相信，自己是在這場與己無關爭鬥中一個中立的旁觀者。如今，這樣的猶豫不決已不可能：再怎麼游移不定，再怎麼困惑，此時他必須做個決定，要嘛應要求領兵反攻，要嘛拒絕這麼幹。賽義德穆巴拉克·沙寫道，「過去，國王怕自己性命不保，而猶豫不決。」

但現在他們懇求他，說：「你的末日就快到，你會被俘。何必蒙羞、不光彩死去？何不死於戰鬥，留下不朽令名？」國王回道，他會在那天十二點出任統帥。

國王打算領兵作戰一事廣為周知，隨即有更多叛變士兵、加齊戰士、城民聚集於宮前，人數不下七萬。不久，國王的「tomjon」（輿）從大門緩緩出來，士兵和城民隨之朝彈藥庫走去，但在離彈藥庫約兩百碼處停住，因為走到更前面的人，都被雨般落在街道上的英國子彈打死。

御輿此時幾乎已來到另一個宮門，國王一再派人去確認，他的軍隊已前進多遠，但哈基姆阿赫薩努拉．汗擠到他的主子身旁時，他的軍隊未向彈藥庫更逼近一步。這個醫生告訴國王，如果他再往前，肯定會中槍，因為有歐洲步兵藏身於諸多房子裡。這位醫生低聲說道，「此外，如果你隨軍隊出去打仗，明天我怎麼跟英國人解釋，你跟著叛變士兵一起上戰場後，我能怎麼替你辯解！」

札法爾不能再當騎牆派。他得選邊站，但還是猶豫不決，而他在慌亂、惶惑時，這位親英的醫生繼續操弄恐懼。據阿赫薩努拉．汗的自述，他告訴主子，「但願印度兵不要把陛下帶到前線，然後自己跑掉，讓你淪為俘虜。永遠不要……這些人沒來由讓陛下蒙羞。你絕不該向前走。」[52]賽義德穆巴拉克．沙寫道，「聽了這些話，國王離開行進隊伍，以做昏禮為藉口，回宮。群集的民眾和士兵這時困惑，然後驚恐，最終鳥獸散。」[53]

如果說五月十一日下午，札法爾決定支持起事之舉，係讓軍隊譁變轉變為，英國人在整個十九世紀遭逢最大規模反英叛亂的關鍵轉捩點；九月十六日傍晚，札法爾臨陣退縮，則是象徵那場叛亂開始步入尾聲的決定性時刻。從諸多烏爾都語史料可見，信心與決心係抵抗英國人所需的法寶，至此一直昂然不墜，但這時，德里叛軍開始失去這兩樣東西。

現階段，叛軍並未落敗，反倒英國人在潰敗邊緣，因部隊的士氣和鬥志在持續瓦解；晚至十八日，威爾森仍在家書裡寫道，「我們的兵很不喜歡打巷戰……恐慌，不願前進。我不知該如何是好。」[54]但叛軍的信心已被札法爾的臨陣退縮徹底打掉，恐慌心態一出現，即在部隊裡迅速蔓延。雙方軍隊互盯著對方已經三天，最終，叛軍一方先眨了眼，而這至少有一部分得歸咎於，札法爾未能出來領導大局。

德里人民這時心知城破在即，開始收拾行李，逃到安全之地；派駐興都·拉奧宅屋頂的英方監視員當晚報告，「人畜走出阿傑梅爾門，川流不息。」[55]原本零零星星的離城印度兵，這時變成龐大出走潮，霍德森從伊德傑赫看到巴雷利旅士兵，開始炸掉他們的彈藥儲存所，準備逃走。細作也回報巴雷利和尼默傑這兩支部隊，已將其輜重送上路，要送到馬圖拉，打算一有機會逃離德里城，就強行跟著過去。[56]

賽義德穆巴拉克·沙寫道「叛變士兵這時已完全失去鬥志」，

> 他們想著要全數撤離都城。歐洲人一看到機會，就進入主街和市集，射殺所有與他們作對的人……不久，整個月光廣場、皇宮，乃至拉合爾門，只零星見到成群的印度兵、加齊戰士，其他人都已逃走。

十六日那天夜晚，係兩百多年來蒙兀兒皇帝在沙迦罕城紅堡度過的最後一夜。

據他的掌上明珠庫爾蘇姆．札瑪尼別姬（Kulsum Zamani Begum）家族所保留的傳說，札法爾退回到他的河濱小禮拜堂，祈禱和思考，就在外頭的戰鬥聲離紅堡愈來愈近時。然後，十一點，他派一名太監去請庫爾蘇姆．札瑪尼別姬：

> 到處傳來槍聲……皇帝告訴我，「我把妳交給真主。這就和妳的丈夫離開。我雖不想和妳分別，但這時妳還是離我遠點，會比較安全。」然後他出聲祈求主保祐我們平安、賜福於我們，交給我們一些珠寶等值錢東西，要我丈夫米爾札齊亞丁（Ziauddin）把我們帶走。我們的旅行隊深夜離開紅堡，來到科拉利（Korali）村，在那裡，以大麥麵包和酸奶簡單果腹。但隔天，在前往密拉特（四個月前許多逃離德里的英國人投奔之目的地）途中，遭到一群古遮人攻擊，我們全身幾乎被剝光。[57]

十七日凌晨，午夜至拂曉間，札法爾經水門悄悄溜出紅堡，未告知他的首相，乃至齊娜特．馬哈爾。除了一隊隨員，他隻身一人，只帶走挑選過的一批祖傳寶物，包括「國家珠寶、財物和這些物品的清單」，以及一頂轎子。[58] 拂曉，札法爾搭小船順亞木拿河而下，大約抵達位於舊堡（Purana Qila）的突碼頭，從那裡前往位於沙迦罕城東南邊三英哩處的蘇非派聖徒尼札穆丁的大聖祠。[59]

據代代守護聖祠的家族——尼札米（Nizami）家族——所保留的傳說，札法爾接著將祖先遺物交由保管，包括一只他特地帶出紅堡的聖盒。聖盒裡有三根來自先知穆罕默德鬍子的聖髮，自十四世紀起，這三根聖髮被當成神聖受託物，在帖木兒家族父子相傳，札法爾極其珍視：宮廷日記和其他記述說，他親自用玫瑰水浸洗它們。[60]在聖祠做過禮拜，吃了守祠人為他準備的簡便早餐後，札法爾據說突然老淚縱橫，告訴領頭的蘇非派信徒：

我始終認為這些造反軍人會給我們帶來災殃。我從一開始就不放心，如今憂心成真。這些軍人看到英格蘭人到來就逃走。老弟！我有法基爾和神祕主義者的傾向，但我的血管裡流著會讓我戰鬥到最後一滴血方休的偉大血性。我的先祖遇過比今日還糟的逆境，而且從未喪志。我已讀過牆上的文字，親眼看到這場快速逼近且必會使我王朝榮光灰飛煙滅的悲劇。如今，確切無疑的，我會是偉大的帖木兒家族裡，最後一個坐在印度大位上的人。蒙兀兒統治權的燈就快熄滅；只會再亮幾個小時。我既知道這點，為何還要讓更多人喪命？因此，我離開紅堡。這個國家屬於真主。祂想給誰，就給誰。[61]

說完這番話，札法爾把祖先遺物交給守祠人保管，上轎前往他的夏宮。夏宮位於梅赫勞利，毗鄰蘇非派聖徒庫特卜．薩希卜的聖祠，他已和巴赫特．汗講好，在此碰頭。但走了一段路後，米爾札伊拉赫．巴赫什騎馬過來，告訴他，有幾幫古遮人在搶劫往那方向走的人，一如他們先前搶劫逃難的英國人。

伊拉赫．巴赫什講得大致沒錯，但札法爾有所不知的是，伊拉赫．巴赫什已被霍德森收買，此番過來，就是受霍德森指使，他向霍德森保證，會竭盡所能出賣他的堂兄弟皇帝，不讓札法爾逃離德里太遠。對於自己所正欲談成的條件，霍德森未向長官徵詢過意見，但他希望藉由上述作法，使自己揚名立萬，成為偉大的帝國英雄，希望藉由將這個蒙兀兒皇帝帶回囚禁受審，確保自已重獲器重。[62]為此，霍德森這時另與齊娜特．馬哈爾、她的父親米爾札古利．汗談定交易（古利．汗仍在齊娜特．馬哈爾位於拉爾寬的大宅裡）。這對父女經過一番猶豫，已答應勸札法爾投降，以換取英國人保證饒齊娜特一命，以及她生命中三個男人——她父親；她兒子米爾札賈旺．巴赫特；她丈夫札法爾——的性命。齊娜特．馬哈爾和父親與霍德森談好的保證，非常清楚不包括她丈夫與其他妻子生下的任何兒子。*[63]

聽勸改變心意之後，札法爾下令調頭，返回尼札穆丁，在那裡等待齊娜特．馬哈爾前來與他會合。[64]然後，一起前往札法爾先祖的大陵墓。這座有著大理石圓頂的大墓就在近旁，裡面葬著蒙兀兒皇朝第二個皇帝胡馬雍。這是蒙兀兒人在三百年前的十六世紀中期所建的第一座宏偉大墓，這時仍是德里最壯觀的蒙兀兒古蹟。[65]

在此，札法爾發了一道指示，要人把大象送去哈基姆阿赫薩努拉．汗的大宅，告訴他過來此陵墓與皇族會合。[66]

然後札法爾退回祖先的墓室，等待，祈禱。

札法爾終於做了他老早就揚言要做的事——離開紅堡，前往克瓦賈．庫特卜的聖祠——十七日早上，消息如野火般傳遍德里城諸馬哈拉區。

早上十點左右，已有大量人潮湧出阿傑梅爾門，另有人認定——誤判——英國人不如古遮人可怕，於是冒險從其占領的喀什米爾門出去。在此，許多男人和少年遭射殺，女人、小孩則在遭衛兵徹底搜括走金錢、珠寶和包袱後才放行。[67]

其中某些難民走上四個月前逃難英國人所走的同樣路線——往格爾納爾、往密拉特的路。五月十一日，被迫逃離的哈麗特·泰特勒看著他們離去；旁觀的英國人裡，幾乎就只有她為他們的苦難感到不忍：她寫道「看著形形色色的女人、小孩步出喀什米爾門和莫里門，心裡感觸良多」。

> 從未走出女眷居住區、看過牆外世界的女人，或在她們只有幾步路距離的小小庭院裡走動的女人，身邊原都只有自己家人或自己的奴隸，這時不得不承受自己軍人和歐洲籍軍人的盯視……我為這些不幸的人感到難過，尤其是那些高階種姓的可憐印度教女人。對這些高階種姓女人來說，和清潔婦等低出身、低種姓的女人一路緊挨著走，是極大的苦楚。[68]

整個十七日早上，札希爾·德拉維的家人焦慮不安看著身邊人離開，拿不定該怎麼辦。但那天傍晚，納瓦卜哈米德·阿里·汗，德里什葉派領袖，上門請求這家人，趁還來得及和他一起離城。

---

* 作者註：霍德森寫給齊娜特·馬哈爾的某封保證信，日期註明為九月十八日，信中寫道：

霍德森上尉給別姬齊娜特·馬哈爾之保證函譯文

經過一番問候，本人表明理應懲罰那些參與叛亂者，但保證饒她本人、她兒子賈旺·巴赫特、她父親一命，他們毋需憂心，而且可以一如既往的繼續住在他們（位於拉爾寬的）自宅。他會做某些特殊調查，因此她必須立即派來可信之人；他會派衛兵保護其住所。

一八五七年九月十八日

DCO Archive, Mutiny Papers, File no. 10, Letter no. 3，一八五七年十月三十日霍德森寫給德里 C. B. Saunders 的信裡有副件）。後來某封信保證也不殺札法爾，但此信已佚失。

他問我父親，「國王已離開紅堡，此時他的所有子民也都要離城，你怎麼還這麼冷靜坐在屋裡？拜託，今晚，帶著你的家人離家，逃出城。你沒看到德里到處殺人搶劫？我要帶老婆、小孩離開這個地方。請把你家的女人，連同我的家人，一起安置在牛車上。」

納瓦卜哈米德・阿里・汗的房子在喀什米爾門旁，但一個月前（在英國人開始砲擊該區域後）他已在我家隔壁（月光廣場附近）租了間房子，住在那裡。父親聽進這位納瓦卜的意見，雖然太陽就要落下，他下令全家離開。每個人一陣慌亂，就穿著當下的衣服離開。我母親慌張到除了當時身上戴的東西，連個戒指都沒帶走。我老婆至少帶走她的結婚禮服，那值約兩千五百盧比。她也帶走一小盒珠寶。她用棉質床墊包住所有東西，捲成像個墊枕，然後鋪在四輪牛車上。

一行人動身，穿過他們已生活了一輩子、但此時幾乎認不出的街道：

> 街道上景象駭人：我們離開時，看見人們的痛苦與無助，還有恐懼與貧困，看到此前始終待在女眷居住區、從未像這樣來到街上的女人困境，看到顯然不習慣走路的女人困境。我們聽到小孩吼叫、啼哭。景象讓人心碎，只有曾目睹過這類景象者能真的理解。
>
> 我們所有人——男人、女人、小孩——出德里門，外面的景象猶如煉獄。成千上萬罩著臉、帶著小孩的女人，還有她們受騷擾、憂心忡忡的男人，全都在離城。沒人知道自己處於何種情況或要往何處，就只是走。經歷過一些麻煩和難題，我們一行人來到冰屋（Barf Khana，位於今康諾特廣場／Connaught Place 底下）。整個地方都已被納瓦卜哈米德・阿里・汗先生租走。所有人在那裡過了一夜，很高興來到安全且有遮蔽之處，但我們都沒東西可吃。[69]

那天下午更晚時，巴赫特．汗的部隊終於放棄他們在基生甘吉的前沿陣地，即令威爾森將軍非常不放心的陣地。自此，他的後方，即德里嶺和營地，不再受到威脅，這位將軍終於可以放手挺進。伯恩稜堡依舊在抵抗，德里城西半部也還在與英國人對抗，但東半部，英國部隊這時在街頭穩定推進，到了十七日傍晚，就在札希爾離家後不久，他們已占據月光廣場沿線陣地。

英國部隊往前推進，中途暫時停下來洗劫行經的房子。運氣好的居民遭趕走，運氣不好的遭殺害。不管是上述哪種情況，英國部隊經過後，沒有哪間房子還有人住：德里城內，凡是落入英國人之手的區域，都變得空蕩蕩。毛拉韋穆罕默德．拜蓋爾的兒子，詩人暨批評家穆罕默德．侯賽因．阿札德，是較幸運者之一，至少從相對角度來講。據他後來的記述，那天傍晚他與妻子、整個大家族的人待在他的房子時，

得勝軍的軍人突然進屋，揮舞步槍，喊著「立刻離開這裡！」，世界在我眼前瞬間變黑。整屋子的東西在我面前，我僵住站著，「我要帶走什麼？」所有珠寶首飾鎖在一個盒子，丟進井裡。但我的目光落在那一小袋（札烏克的）嘎札爾詩（阿札德，札烏克的愛徒，打算針對這些詩整理出一份異文校勘版，以在其恩師一八五四年去世後出版）。我認為，「穆罕默德．侯賽因，如果真主仁慈，而你活著，那麼，這些俗物都能重歸手裡。但另一位大師何處覓，誰能再寫出這些嘎札爾？這些嘎札爾存在的話，札烏克會在死後仍長留人心；如果這些嘎札爾失去了，他也會跟著湮沒於歷史。」

於是，我拾起那一小袋（札烏克的詩），夾在腋下。我放棄一棟陳設完善的屋子，帶著

二十二個半死的人，離開這屋子——或者應該說離開這座城市。我嘴裡念道，「阿丹*先生離開樂園；而德里也是樂園。但如果我是阿丹的後裔，為何不該像他那樣離開我的樂園？」70

阿札德一家人蹣跚走出德里時，一顆流彈或一塊砲彈碎片擊中阿札德一歲大的女兒；她陷入昏迷，幾天後死去。

那天夜裡，阿札德一家人也避難於札希爾正棲身的那間冰屋，但阿札德的記述和札希爾的記述都未提到對方。一如札希爾一家人，阿札德一家在極慌亂中離開，但把各人手裡的資源集中在一塊使用，他們有了少許麵粉，「這時和黃金一樣貴的東西」，然後將麵團放進一個破鍋子裡揉。用樹葉和枯枝生火，從別的難民那兒借來大蒜、辣椒、鹽調製出酸辣醬。儘管陷入困頓，眼前的食物很粗糙，但阿札德告訴他的小孩，他「吃起大蒜酸辣醬和半熟無酵素麵包，覺得比（他後來人生所會享用的）任何最上等的比爾亞尼、科爾馬（korma）或普勞都還要美味」。71

隔天，找到牛車可用，一行人在一位毛拉韋照護下，前往索尼伯德（Sonepat）。但阿札德未與他們同行。他已沒了家、沒了女兒，但還有父親。隔天，他冒著特大風險回德里，想找到並解救被英國人拘禁的毛拉韋穆罕默德·拜蓋爾。阿札德費了番工夫，找到一名錫克籍將領。該人是他父親的朋友，同意幫他。他也給了阿札德藏身之處，佯稱阿札德是他的馬伕，藉此給了他假身分。這位將領帶著化身馬伕的阿札德，到拜蓋爾等囚犯等待受審、處決的地方。就這樣，穆罕默德·拜蓋爾被帶到絞刑架，父子倆長長對望了最後一眼。

不久，毛拉韋穆罕默德·拜蓋爾遭吊死，阿札德相信英國人已對他發出逮捕令，於是偷偷溜出城，開始流浪生活。他隻身飄泊了四年，在此期間一貧如洗，走遍印度各地，去了馬德拉斯和尼爾吉里山脈（Nilgiri Hills），然後勒克瑙，最後是拉合爾，一路上帶著恩師的詩作。

一八六一年，他在拉合爾的郵政部長官署覓得底層工作，才終於得以重建自己的人生。在這裡，他開始履行他對恩師的承諾，整編札烏克的詩作。這部作品會是此時已遭徹底摧毀的德里城，和一段思想、藝術勃興時期的絕佳見證。[72]

隔天九月十八日上午十點左右，全日蝕五分鐘。德里城暗了將近三小時，才慢慢重見光明，讓人覺得是不祥之兆。

英國軍人被此天象弄得不知所措，因為沒人事先提醒。但對印度教徒來說，這事非同小可。即使在今日的印度，仍有些高階種姓印度教徒不願在日月蝕期間出門，日月蝕前後各二十四小時，印度教神廟全上鎖上閂。在融合不同宗教信仰的蒙兀兒德里，尤其在聘用印度教徒為占星家的蒙兀兒皇廷，這次日蝕令人心駭怖：這是最不祥之兆，神極不高興的表徵。†日月蝕被視為最不利出行之時，但這次日蝕卻被尚留在城裡的印度兵解讀為，放棄無望的戰鬥、逃出這注定滅亡之城市的時刻。[73]

那天夜裡，下起雨季晚期的傾盆大雨時，印度兵出城逃往亞格拉——通往亞格拉的路已被步

* 譯按：即聖經裡的亞當。

† 作者註：根據宮廷日誌，一八五二年七月二日日蝕後，札法爾秤出與己同重的「數種穀物、奶油、珊瑚等物，分發給窮人」，欲藉此抵銷日蝕的不良效應。見 National Archives of India, Foreign Dept Misc., vol. 361, Precis of Palace Intelligence, entry for 2 July 1852.

履維艱的逃難德里人塞得水洩不通。眼看英國人和他們那些同樣凶狠的錫克人、帕坦人、廓爾喀人盟軍逼近，這些德里人以最快速度離城。查爾斯·格里菲斯寫道，「黑暗加劇他們出於迷信的恐懼、加快他們逃離這個已受主降災報復之城市的腳步。」

那個夜裡，據說許多叛軍從南邊撤離，巴雷利、尼默傑兩旅朝瓜廖爾的方向離去。就從這時起，出現了敵人力量漸衰的跡象，對我們前哨的攻擊減少……我們的砲扼控浮橋，因此白天度過該橋者不多。但十九日夜，我們坐在教堂院子裡看炸彈在皇宮、塞利姆嘎爾上方爆炸時，於砲火間歇空檔，清楚聽到遠處凌亂的嘈雜聲，就像一大群人的竊竊私語聲。那聲音來自河的方向，係一大群人所造成。那些人經由浮橋逃到對岸，遺棄這個不久後就會落入我們手裡的城市。[74]

十八日，英國人攻打伯恩稜堡再度受挫，死傷甚重。隔日午後，終於拿下稜堡。那天晚上，他們拿下德里銀行大樓，為隔天二十日早上攻打皇宮之役，找到有利位置。

九月十七、十八、十九日德里難民的遭遇，就和五月上旬逃出城的英國人一樣悲慘。他們走同樣的路、陷入同樣的恐慌，途中和該年夏天更早時逃難的英國人一樣，被同樣的古遮人、梅瓦蒂人攻擊搶劫。活下來的印度難民，以第一人稱寫下且保存至今的逃難記，相較於英國人記述五月十一日經歷的無數著作（這場起事結束後才幾個月就付印出版），肯定少了許多。但如今，在某些德里老家庭裡，還是保留了豐富的口傳故事，講述一八五七年時他們曾祖父母所遭遇的不幸。其中某些口傳故事，係二十世紀初期克瓦賈・哈桑・尼札米（Khwaja Hasan Nizami）從老人家那兒收集來，收錄在一九五二年出版的《別姬之淚》（*Begmat ke Aansu*）中。

米爾札沙左爾（Mirza Shahzor）的故事，道出了當時逃難者的典型遭遇。「皇帝離宮後不久」，他與他懷孕的妻子、妹妹、媽媽分搭兩輛獸拉車逃離德里。一如許多蒙兀兒難民，他們先是前往位於梅赫勞利的庫特卜・薩希卜的聖祠，在那裡過一夜。隔天早上再度動身，但走了幾公里，在切德爾布爾（Chhatarpur）附近，遭古遮人攻擊打劫。古遮人把他們洗劫一空，但饒了他們性命。「女人在哭，」米爾札沙左爾憶道。「我竭力安慰她們。附近有個村子。我媽每一步都走得踉踉蹌蹌，不斷哀嘆自己命運悲慘，活到這麼大年紀還受此苦難。但那個村子住著信奉伊斯蘭教的梅瓦蒂人，讓我們棲身於村中央的公共會所裡。」

村民接納這些難民，供他們吃的，但幾天後要米爾札沙左爾有所回報：

> 「你怎麼整天坐著？」他們問。「為什麼不去做點事？」我說我很樂於幹活，「我來自尚武的家庭，我能開槍、懂得使劍。」聽到這，村民開始大笑道，「在這裡，我們不需要你們射子彈，但要犁地、掘地。」我聽了，眼中含淚，村民看了不忍說，「這樣吧，你們何不來照看我們的田地，你們的女人可以縫製東西，我們會把部分收成分給你們。」我們就這樣開始過活：我將整個白天在田裡、趕鳥，女人在家裡縫製衣服。」[75]

他們與村民一同生活了兩年，同甘共苦：體驗到什麼是真正的挨餓；雨季大水幾乎把他們沖走；由於沒醫生可請，米爾札沙左爾的老婆死於生產時。不久，這個家族的倖存者能回德里、能靠英國人提供給少數倖存皇族成員每月五盧比的補助金展開新生活。

另有許多人落得類似遭遇。米爾札札法爾・蘇爾坦（Zafar Sultan）是米爾札巴布爾（Mirza Babur）最喜愛的兒子，巴布爾是皇帝的弟弟，喜歡英國文化，以一身英國花花公子打扮和在紅堡裡蓋了座英式平房著稱。九月十九日，眼見皇宮陷落之日接近，札法爾・蘇爾坦把他眼盲的母親送上牛車，請了一個車伕帶他們穿過阿傑梅爾門，走上前往格爾納爾的路。成功避開英國人和古遮人後，他們第一晚在某村附近停腳，很快就入睡。隔天早上醒來，發現車伕跑掉了，還把牛車帶走。

他們在某個賈特人的村子找到棲身之處，獲提供一餐，不久，一些賈特人攻擊他們，懷疑他們帶了無價的珠寶首飾——的確如此。札法爾・蘇爾坦清醒過來，發現帶出來的東西全被搶走，他們被丟在叢林裡，老母親被人用鐵皮竹棍打了頭，性命垂危。「我問她怎麼樣，她說『我是印度皇帝的弟妹，看看我的遭遇——我就要死在叢林裡，死後連一塊下葬用的裹屍布都沒有』，說完她斷了氣。我鼓起力氣，盡可能給她安葬。」

札法爾・蘇爾坦成了法基爾，雲遊於諸城間。他去了孟買，從孟買去了麥加，在那裡靠朝覲者施捨過了十年。最後他取道喀拉蚩回德里，「因為我忘不了這個城市……我在這裡當小販（thelewala）謀生，用獸拉車運磚塊，以協助蓋新鐵路，最後存夠錢，有了自己的運磚車。」政府願給他補助金，但他拒絕，因為他認為「靠辛苦工作謀生，比靠補助金苟活」好。

一九一七年克瓦賈・哈桑・尼札米偶遇米爾札札法爾・蘇爾坦時，他是個耳聾的老頭子。其身分因一場官司而被揭露，官司則源於他「和一個喝醉的旁遮普籍富商」打了一架。當時他的獸拉運磚車與這名富商的汽車相撞，富商拿出馬鞭，開始抽打這個老頭。他不吭聲挨了頭幾鞭，但最終鼓起勇氣反抗，猛揍富商，把他的鼻梁打斷。「這個有錢人瞧不起窮人，」札法爾・蘇爾坦在法庭上說。「但六十年前，這個人的先祖會是我的奴隸。不只他們，而是印度斯坦全境的人，過去都服從我的命令。我從未忘記自己的家系，怎能忍受這樣的侮辱？看看我打那個懦夫時，那個懦夫逃跑的模樣。要承受住帖木兒家族成員的一擊並不容易。」[76]

九月二十日，英國人從位於德里銀行廢墟的前線陣地進向紅堡。十九日夜裡，排列在宮前的諸砲被用大釘打入火門而成了廢物。二十日上午十點，爆破隊在火力掩護下跑上前，把火藥包安放在宮門底下。與拿下喀什米爾門不同的，在皇宮幾未遭遇抵抗，皇宮守軍大部分都已逃走，只剩一些聖戰士抵抗到底。這些聖戰士寧可戰死，也不願不經抵抗，就把他們皇帝——當代哈里發、被成群天使圍繞之人——的大位奉上。[77]

愛德華・坎伯是這次攻城行動的統兵官之一，但他的副手，年輕陸軍上尉佛瑞德・梅西（Fred Maisey），留下更多完整記述。「一段焦慮的等待後，火藥包爆炸，發出轟然巨響，」他寫信告訴他位在瑞士的母親和姊妹。「大宮門的一半重重倒下，然後在吶喊聲中我們所有人進去：軍官、坑道兵、歐洲人、本地人，大家亂哄哄，毫無秩序可言，此時敵人若持續抵抗，後果不堪設想。」

我想叫一、兩個軍官管管他們的兵，但他們全都跑掉，我或其他人所能做的，也是急奔過去。在通往第一庭院的拱道裡，遭遇猛烈的滑膛槍子彈攻擊，數個蠢到繼續戰鬥的潘戴丟了性命。挨自家子彈的風險高於挨他們的子彈，因此，出拱道進入空曠地，我們很高興。

我往左邊走，因為那是通往塞利姆嘎爾的方向，有人說國王在那個方向。我帶隊前進，有個阿富汗籍瑟達爾，名叫米爾・汗（Meer Khan），跟著我們走。他此前已用一隊非常非正規的騎兵為我方助陣，是個相當帥氣、留著黑鬍、目光銳利的人，一想到能捉到國王就非常興奮（如果捉到，他肯定會要了他的命）。我們一路衝過數個門道和窄街，因為你要知道，宮裡有個不折不扣的城鎮。我們時時以為會遭遇一波齊射來的子彈，結果途中只見到兩名男子，我們的阿富汗籍友人朝他們兩人開火，像幹掉山鶉那樣幹掉他們……

（最後）我捉到一名從門道往外窺看的男子，要他在我身旁跟著走。他身上沒武器，似乎是牛車伕。我告訴他，如果他待在我附近，幫我們指路，提供好情報，我保證他毫髮無傷——但那天，我的保證根本無足輕重。我的阿富汗籍友人緊跟在後。我告訴他，這個老傢伙是我的俘虜，我已向其保證不傷他。那人跪在地上叩頭感謝，顯得非常害怕。這個可憐蟲一路跑在我身邊指路。前進才十碼，我就感覺到一陣嘶嘶聲和一道閃光，我的俘虜倒地，子彈穿過身體。那個流氓般的阿富汗人槍殺了他，我身上差點因他這麼做燒了起來。我很生氣，但這個瑟達爾不受我管，他不解我為何要向在敵人據點裡逮到的一個巴德馬什做出承諾，又為何那麼當真。

一段時間後，梅西和他的同伴聽到皇宮中央傳來槍聲，決定加入中央隊，因為他們負責掃蕩的宮區，似已完全人去樓空。

我們找到這隊人——士兵、軍官和馬混雜在一塊，被鑲了金屬且牢牢上了掛鎖的大門（鼓屋門）擋住，無法前進。靠用粗梁撞、開槍和其他暴力辦法，終於打開大門，我們亂哄哄衝進皇宮的中央廣場，廣場另一頭是公共接見廳。這個大院裡滿是被洗劫過的四輪大馬車、兩輪輕便馬車、牛車、轎子。有一、兩門砲，顯然是匆匆丟下。

我們繼續往前，來到公共接見廳，發現那裡已被闢為某種兵營。約十五個病患或傷兵在那裡，我們的兵一看到，只想撲過去解決掉他們。但軍官攔住士兵，開始向這些人問話。有個年輕的穆斯林，顯然病得很重，就在我近旁，我問他部隊在哪裡、國王在哪裡……那人乞求饒他一命，我告訴他，如果他能跟在我身旁，我會保護他，前提是他必須透露國王的下落。他說國王和他的妻子、較年幼的兒子在寢宮，寢宮位在隔壁院或最裡面的院子。這個壞蛋說謊。國王幾天前就離開了，他很清楚此事。但我們相信他的話。然後一聲吆喝，要眾人去搜查下一個院子。

就在此時，「黑鬍子」過來，他一看到這些潘戴，就帶著兵飛撲過去。沒人攔得住他，我想也沒有兵想攔。至於軍官，事發這麼突然，情況又這麼亂，我們搞不清楚狀況，即使搞清楚狀況，也無能為力。幾聲尖叫和呻吟，說明了他們的下場。我離開我說要饒他一命的那個人，照料一些士兵——因為當所有人都往前奔去之際，我不能留在那裡——但他後來也遇害。我聽說總共十二或十五人裡，米爾．汗親自殺了其中八個。我從未見過這樣殘忍的暴行。[78]

霍德森的談判祕密進行，因此，這個強擊隊裡似乎沒人知道皇帝已不在宮中，但霍德森與米爾札伊拉赫．巴赫什直通聲息，知道皇族幾乎所有年長成員的確切下落。強行闖過「紅幕」後，英軍士兵大舉湧入內院，往拱廊式迴廊另一頭跑去，搜尋皇族，深信他們仍在那裡。

不久，被迴廊圍繞的私人接見廳院區和更加不准閒雜人等進入、此前未有英格蘭人踏足過的廳室裡，迴蕩著步槍托踵和武器的金屬環刺耳撞擊聲：蒙兀兒皇帝的私人房間、努爾・馬哈爾（Nur Mahal）的寢室和不計其數之宮女的臥房、儲藏室、餐具室、幽閉的小地方、浴室，遭宮外的野蠻人徹底搜索過，完全沒有國王和其家人的蹤影。但我們不久便發現，「食廚是空的」，然後，劫掠的精靈上身，接下來的景象，我覺得是前所未見。

一群亂哄哄的士兵和追隨者，洗劫了每個大大小小的地方，為了搜刮財物，把每個地方翻得亂七八糟（往往也把自己弄得亂成一團）。為了打掉門鎖，到處傳來槍聲。士兵愈散愈開，子彈更是到處亂飛，風險很大。我從未見過這樣混亂的景象。先前，叛變士兵已把各種搜刮來的東西搬進宮裡，呈給皇上和皇廷成員，這些東西和宮中家具、男女衣物、舞女的俗豔服裝、食器和酒器、富麗的懸掛物和裝飾品、書籍和手抄本，我們來時，都被亂七八糟丟進幾個小房間裡，這時又被興奮的士兵弄得更亂，到處亂丟。

或看到一群人在神祕的盒子裡翻找珠寶，或看到另一群人拖走各種東西——畫、書、槍、手槍、他們看中意的任何東西。有些人嘗了甜食和果汁牛奶凍，另有些人運氣較不好，喝了一大口似乎是皇家飲料的東西，結果發現是藥，遲遲才發現這個老國王很喜歡儲備藥品，在近旁備了大量的藥。

在私人居室裡，沒看到半個人影，至於搜括，最大宗是垃圾，沒有值錢的東西。我在國王的私人涼亭裡找到一個全新的氣墊，這時凱特（梅西的妻子）已將其放在她的山區轎子（janpan）裡。那是我在德里搜刮到的唯一東西，但我決意留住這個小紀念品，把此意告訴了戰利品處置官（愛德華・坎伯）。由於疲累，士兵終於開始安靜，被軍官集合在一處。幾個人被派去向將軍通報已拿下皇宮。[79]

那天晚上，英國軍人在賈瑪清真寺裡跳吉格舞，錫克人在此清真寺的米哈拉布（mihrab，清真寺正殿縱深處牆正中間指示麥加方向的小拱門或小閣）旁點起勝利之火，威爾森將軍和總部參謀從聖詹姆斯教堂遷至紅堡的私人接見廳，在那裡吃了一頓雞蛋火腿晚餐（佛瑞德．梅西思忖道「不知道這裡的守護神會怎麼想」）。將軍提議舉杯為維多利亞女王乾杯，「天祐女王」。[80]後來，他的一名軍官發了電報到拉合爾，得意宣布「我們的戰鬥已在此處結束。孟加拉軍的大範圍叛亂已在北印度徹底落敗。克萊夫、雷克的年代再度重現於今日」。[81]

消息也傳到躺在德里嶺上帳篷裡養傷的尼可森。他喘著大氣苦撐，不想就此告別人間，由他了不起的帕坦藉僕人暨侍衛在旁照料。內維爾．張伯倫前去探望，把消息告訴他時，發現他「像嬰兒一樣不能自理，呼吸吃力，每個字都要拆成不同音節分開說，前後字間有很長的停頓，而且說時表情痛苦」。但他還是康復到足以用手槍朝帳篷一側開槍，讓已集合在他帳篷外守護的非正規騎兵閉嘴。[82]

獲告知德里城已落入英國人之手時，他回道「我一直希望死前看到拿下德里城，現今如願以償」。[83]

三天後他去世，葬在一大理石底座下。這個底座係為了安葬他而劫來，劫自札法爾所摯愛的月光庭園。

英國人猛攻皇宮，提議舉杯祝維多利亞女王時，在德里城其他地方，正上演這場起事期間部分最無人道的屠殺。對英國人來說，戰事或許已結束，但對許多德里城民而言，最嚴厲的考驗才剛開始。

上午，英國人已沿著城牆飛快挺進，拿下拉合爾門、阿傑梅爾門、嘉爾斯丁稜堡（Garstin Bastion）。與此同時，霍德森和其非正規騎兵策馬繞行城牆外，來到阿傑梅爾門、德里門外的印度兵大營地，藉此，終於包圍德里城。這些印度兵營地遭棄，營地上只剩一些「無法走動的生病、受傷」印度兵，而且隨即就死在英軍劍下。他們的屍體就在那兒，和印度兵逃離時棄置於營地的東西在一塊——彈藥、衣服、劫掠所得物，以及「他們的鼓、樂器、寢具、鍋具等和所有奢侈品」。[84]

不久後，命令下來，要「掃蕩」德里門周邊區域。愛德華・維巴特參與了接下來的屠殺。「我最近見過好幾樁殘忍可怕的事，」他在寫給叔叔戈登的信中如此說道，信中流露勇於殺人的自信，但也閃現他對自己幹下恐怖事的體認。「但像昨天我親眼目睹的那種事，真希望不要再見到。」

> 這個團奉命掃清德里門、土庫曼門之間屋裡的殘敵。我們必須保住這兩個城門，而接到的命令是格殺無論。我認為應該有約三、四十個毫無抵禦之力的人，被槍殺在我面前。那是不折不扣的殺人，我嚇壞了。女人全都放過，但她們看到自己丈夫、兒子被殺時發出的尖叫聲最恐怖。
>
> 誠如你或許想像得到的，這個城市現今的景象很恐怖……到處可見一堆堆屍體，每間房子都被人強行闖入並洗劫過，但如今受害於憤怒軍人者，係城裡（普通）老百姓。
>
> 不難想像，昨天我去到過往常去那些地方時的心情。我去了所有記得的老地方，差點以為沒什麼異狀；但環顧四周後，錯覺立即戳破，因為到處可見加農砲彈、滑膛槍彈的彈痕，在在說明

不久前，這裡曾上演激烈殊死戰。再往前些，會遇見一堆已在最後腐爛階段的屍體，或一些挨餓的老婦，讓人不由得納悶，人怎會樂於殺人和戰爭。再往前數碼，會有一些喝醉的（我們的）士兵踉踉蹌蹌經過身旁，讓人生起夾雜著強烈反感的同情。不管去到哪裡，都會看到某個不幸的男子或他人被拖出藏身處，遭野蠻殺害。

我竟然毫無憐憫之情，但當某個留著灰白鬍子的老頭被押到我面前射殺，我想，只有鐵石心腸之人，才能無動於衷看著這一幕。但不得不鐵石心腸，因為這些黑皮膚的壞蛋，要用鮮血補償我們遇害的同胞——我的父母親——兄弟姊妹都高喊著要報仇，而他們的兒子會替他們報仇。沒錯！他們的兒子會出現在日後的戰鬥裡，絕不會害怕（殺人），因為神已給了他力量和勇氣。[85]

更令人髮指的殺戮，出現於庫查切蘭的馬哈拉區，估計約有一千四百名德里人遇害。在此，納瓦卜穆罕默德．阿里．汗欲制止劫掠，射殺了三名翻過大宅圍牆、進入他女眷居住區的英國軍人。他們的同袍回去叫來同團其他人，還帶了一門野戰砲過來，用該砲炸掉大宅。

接著，殺掉此城區的每個人。英國人及其盟友厭倦了用刺刀殺人後，把四十名倖存者押到城外亞木拿河邊，要他們排列於紅堡城牆下方，然後槍殺。死者包括德里一些最有才氣的詩人和藝術家，因為庫查切蘭以城裡最具文藝氣息的馬哈拉區著稱。「他們是有名且有錢的人，德里的驕傲，」札希爾．德拉維寫道。「他們生前無人能望其項背，我們再也見不到像他們那樣的人。」

例如，米揚埃米爾潘賈卡什（Miyan Amir Panja-kash），傑出的書法家，冠古絕今。然後是我們偉大的詩人之一，毛拉韋伊瑪目巴赫什．薩赫拜（Bakhsh Sahbai）和他的兩個兒子，以及庫查切蘭的著名說書者米爾尼亞茲·阿里（Mir Niyaz Ali）。那個馬哈拉區約一千四百人遇害。有些人被捕，押著通過拉吉嘎特門到河邊，在那裡槍斃。屍體全丟入河中。與此同時，許多他們的女人被目睹的情事弄得煩亂不安，帶著小孩離家，跳入井裡。此後數月，庫查切蘭諸井塞了許多屍體。我的筆不願再描述這些慘狀。[86]

有個倖存者叫蓋迪爾·阿里（Qadir Ali），詩人薩赫拜的侄子，與他一同住在德里，晚年時講述了他逃到德里史學家拉希德·凱里（Rashid ul-Khairi）那兒的事。他說：「德里猶如『最後審判之地』，囚犯遭槍殺而非吊死。」

軍人備好他們的槍。就在那時，有個穆斯林軍官過來告訴我們，「你們性命就要不保。你們前面是槍、後面是河。因此，識水性的人都該跳進河裡逃跑。」我水性很好，但馬穆姆·薩希卜（Mamum Sahib，即薩赫拜）和他兒子毛拉納索茲（Maulana Soz）不會游泳。我不忍自己逃命丟下他們，但馬穆姆·薩希卜催我快，於是我跳進河游走。我一再回頭望，游了約五、六十碼，聽到槍聲，看到成排的人倒下死去。[87]

那天，札希爾·德拉維失去另外一個人，而且是與他有切身關係的人。整個圍城期間，他的岳父悄悄庇護三個英格蘭女人，認為這些女人會確保他的安全，於是當家中其他人都逃走後仍留在城裡。但他還是被洗劫的英格蘭人開槍打死，兒子和兩名僕人也遇害。[88]

那天夜裡，軍官在私人接見廳大吃大喝時，對德里的搜刮未停。威廉·愛爾蘭是清楚此事的軍官。「錫克籍軍人原就夢想著帶走珠寶財物，讓自己家從此有錢，」他寫道。「威爾森將軍保證，從此城搜刮到的東西，要分配給全軍……於是，在各城門設了衛兵。衛兵沒收想要偷渡過關的東西，（但）要鬥過錫克人不容易。」

他們要人在夜裡把牛車駕到城牆上，將戰利品回丟給下方的友人。他們也搶走許多女人。直到從德里搶來的戰利品往北運送到旁遮普時被人看到，西北部各穆斯林大城才完全相信德里遭攻陷的消息為真……許多城民遭射殺，死時緊握雙手做求饒狀。我們也知道，大部分城民原本希望我們成功。不管是男是女，只要是起不了威脅者，都應放過，尤其是那些從未害我們的人。軍官持劍刺穿發抖的老漢，或士兵轟掉受傷男孩的頭，就和打女人一樣，係男人所不應為。[89]

到了二十一日上午，藏身冰屋裡的札希爾及其家人，開始收到消息，得知朝中所有忠於英國、自信會受到善待、因而留在城裡的親英派，還是遭英國人殺害。其中包括米爾海達爾·阿里（Mir Haidar Ali），朝中親英派的主要人物之一。札希爾看清凡是與皇廷有關聯的人，都逃不了誅殺命運，於是認為他和他的兄弟此時該與家人分道揚鑣，逃到安全之地。「我們聽聞此前一直在支援英格蘭人的那些密探，這時繼續向其通風報信，助他們劫掠殺人，幫他們找該吊死的人，每通報一人，領兩盧比賞金……」

納瓦卜哈米德·阿里·汗告訴我母親，他覺得我的兄弟和我住在冰屋裡不安全，「把他們送到別處，哪裡覺得安全，就去那裡。這些人（英國人和他們的線民）不會讓與皇廷有關聯的人活命。」於是，我恭敬告訴父親，「沒錯，我們該離開，你得忍受我們不在身邊，允許我兄弟和我離開。我們會去主接納我們的地方。我特別擔心我兄弟的安危，因為他此前一直在為國王的軍隊效力，英國人絕不會饒過他。如果主願意讓我們活命，我們會回來、會找到你。」

然後我帶著幾塊薄銀，塞進鞋面與鞋底間的襯裡及寬鬆褲的腰帶褶層裡。我把杜帕塔（dupatta）圍腰繫住，手上拿著一根棍子。我害羞的妻子低聲啜泣。她剛失去父親和兄弟，這時丈夫也要離開。離開時，我附耳對她說，她從此有主的照顧，「我如果活下來，會回來找妳；如果丟掉性命，請原諒我。」說完，我呼叫真主的名字，大步出門，走向（位於梅赫勞利的）克瓦賈．薩哈卜的聖祠。[90]

札希爾走了半英哩多，看到一隊騎兵迎面而來。「來到我們面前時，他們把我們團團圍住，說要查看攜帶的東西。他們一無所獲，但有個人拆下我的頭巾搶走。然後我把纏在腰上的杜帕塔改纏在頭上，一段時間後，另一個土匪見到，把它也搶走。」

這番遭遇為接下來五年完全居無定所的日子，揭開了不吉的序幕。他流浪於西北印度的馬路，四處躲藏，躲避英國的巡邏兵。他回德里數次，但始終未能返家，藉由買賣馬匹竭盡所能維生，遊歷過一個又一個王廷，靠書法本事和寫烏爾都語詩的本領，他在王廷裡至少不愁吃住。

二十日夜，巴赫特．汗將軍在胡馬雍墓停住，勸札法爾跟他一起到勒克瑙，他打算在那裡繼續抗英。這時，又是哈基姆阿赫薩努拉．汗說服札法爾別去，「想想你是國王，」他說。「你不該去那裡。英格蘭人的軍隊向他們的主子造反、與他們作戰，已被徹底擊潰，做鳥獸散。陛下和他們有什麼關係？勇敢些，英格蘭人不會認為你有罪。」由於這番話，國王未跟著軍隊一起逃亡。[91]與此同時，米爾札蒙兀兒被居心不正的米爾札伊拉赫．巴赫什說服留下。[92]

那天夜裡，米爾札伊拉赫．巴赫什進入德里告訴霍德森，札法爾與米爾札蒙兀兒的下落，此舉可能是齊娜特．馬哈爾和哈基姆阿赫薩努拉．汗唆使所致。[93]他也告訴霍德森，札法爾帶著「國家珠寶、財物和這些物品的清單」。[94]霍德森立即去見威爾森，請求允許前去抓捕札法爾，主張「如果國王和其男性親戚逍遙法外，勝利就談不上圓滿」。威爾森最初說此事「太危險。但禁不住霍德森和內維爾．張伯倫施壓，允許霍德森前去，前提是霍德森帶自己的人去，無需動用大部隊，還說『別讓我為此事操心』；如果霍德森想去，他必須自冒風險，還得把整件事搞定」。[95]

二十一日上午，英國人「日出時鳴放國王禮砲，宣告德里再度是英王的屬國」。[96]但他們所拿下的這座城市——印度斯坦的古都、蒙兀兒人的大城——這時是充斥著死人的死寂之城，只有一群群四處打劫的英國醉漢。整個戰役期間，始終批評自己同僚殘暴不仁的威廉．愛爾蘭少校，驚駭於所見到「光復後」的城市。「這座大城的荒涼，生動說明了戰爭的不幸，」他寫道。「除了有軍人居住之房的旁邊，到處寂靜，看不到人。」

> 沒有商人坐在市集裡；沒有成串的駱駝或牛車艱苦走過城門；通衢大街上沒有行人；沒人在房門邊說話；沒小孩在土地上玩耍；簾後沒傳來女人的說話聲。各種家具散落街頭。
>
> 晚近棲居城裡的動物所留下的蹤跡，更添悲涼。爐灶裡的灰燼仍是黑的，家畜四處走動，尋找已故的主人。到處有房舍遭焚或遭砲彈炸碎，砲彈碎片散落一地，不時見到腐屍，而且已被烏

鴉、豺吃掉一半。商人原守著店鋪不走，聽到砲擊和我們軍人為非作歹的消息才走人。[97]

指導團的愛德華·奧馬尼中尉，係對此城市歷史有所了解的烏爾都語和波斯語學者，也驚駭於日出時所見景象。「整個城市人口大減，」他寫道。

偶爾才見到一群約六十名男女在街上走往某個城門，欲離開此地；此外，完全看不到印度兵或城民。或許會見到我們的兵在空房裡搜刮，就此而已。十五萬城民，幾乎全走光。就連納迪爾·沙征服此城時，也未見到此情況。*[98]

不久後，威廉·霍德森派他的「首席情報員」毛拉韋拉賈卜·阿里和小股旁遮普非正規騎兵護衛隊，隨同米爾札伊拉赫·巴赫什前去捉人；「不久」，霍德森本人帶著第二支騎兵隊約五十人，從紅堡前往胡馬雍墓。[99]他希望此次出擊不僅能完全恢復他在軍中的名聲，而且會使其名垂青史。一切就緒。把札法爾捉拿回來的時刻已到。這時，許多英國人相信，他是整起叛亂的核心人物、蛛網中心的蜘蛛。

* 作者註：事實的確如此。納迪爾·沙一七三九年的著名屠殺，只進行了幾小時。據傳說，有個印度人來到他跟前請願，念了一首詩，屠殺即中止：
如今無人可供你用你賣弄風騷的劍殺掉，
除非你讓他們復生，再把他們殺掉。

CHAPTER

11 死人城

霍德森捉拿國王，一開始並不順。

毛拉韋拉賈卜．阿里和米爾札伊拉赫．巴赫什接近胡馬雍墓時，遭一隊聖戰士伏擊，四名護衛騎兵身受重傷。他們調頭往德里逃；但一段距離後遇到霍德森，被說動繼續其任務，因為此攻擊「似乎是狂熱分子所為，並非來自國王的人馬」。[1]

抵達後，霍德森躲在某廢墟裡，從墓門看不到的地方，然後派兩個很緊張的談判人員，毛拉韋拉賈卜．阿里和伊拉赫．巴赫什進去。十五人的小型武裝衛隊同行，衛隊成員來自霍德森騎兵隊，由名叫瑟達爾曼．辛格（Sirdar Man Singh）的錫克籍里薩爾達爾（騎兵指揮官）帶隊。霍德森下令，由這位毛拉韋主導談判。難民、沙札達（shahzada，皇子）、廷臣、扈從、聖戰士棲身於庭園陵墓的圍牆內，霍德森要他直直越過這群為數眾多且不穩定的人，前去見札法爾。抵達時，他要「告訴國王，如果他乖乖出來自首，我（霍德森）會確保他的安全；但如果他膽敢離開此墓，我已控制墓門，會毫不留情射殺他和他的隨從」。令人心焦的兩小時不見動靜。霍德森就要以為他的特使已遇害時，

> 這位里薩爾達爾終於回來說，國王就要過來。不久，米爾札伊拉赫．巴赫什和毛拉韋護送御輿出現，後面緊跟著別姬的轎子（還有她兒子米爾札賈旺．巴赫特和她父親米爾札克利．汗跟在轎子旁），以及他們的隨從和一批從皇宮、德里城逃出者。兩頂轎子停住，有人傳話給我，說國王希望聽我親口說饒他一命。
>
> 我騎馬過去，乘機將我的兵安插在國王一行人和緊跟在後的群眾之間，把前者和看來意圖不善的後者隔開。我暫時下馬，向國王和別姬保證，只要沒人救駕，就會饒他一命，藉此要他們放

心（兩人顯然都很激動且害怕）。[2]

除了保證饒札法爾一命，霍德森還答應國王不會讓他蒙受「恥辱（be-izzat）或有損個人尊嚴的事」。[3]

接著我再度上馬，以大到能讓群眾聽到的音量重複這番話，並命令我的兵，有人動手，就射殺。然後我要米爾札伊拉赫・巴赫什、毛拉韋拉賈卜・阿里，在兩頂轎子離群眾夠遠後，立即跟著轎子一起走。[4]

穿越無人地帶前往德里這趟路，對霍德森來說，似乎永遠走不完。誠如他向某同僚說的，「轎伕步伐的緩慢、他們一再的換肩、群眾的不斷逼進」，使氣氛緊繃。但印度籍騎兵策馬緊跟在御輿旁，沒人試圖救駕。一行人接近德里城牆時，遊蕩的群眾慢慢變少；來到拉合爾門時，霍德森的印度籍騎兵發現，只剩他們和所押的人[5]。城門衛兵問霍德森，轎裡所坐何人，他回道「只有德里國王一人」。然後他們走過月光廣場，進入紅堡，札法爾回到他祖先世居之地，但不再以皇帝之身，而是階下囚的身分。

人人停下手邊的活盯著眼前一幕。有個英籍軍醫說，有個「臉龐瘦削、表情焦慮不安的老漢」，被抬著穿過已遭洗劫的皇宮廢棄物間。這位軍醫寫道，「他的面容看不到殘酷之情，而是顯得溫和。」[6]霍德森把他捉來的一人轉交給查爾斯・桑德斯，然後前去向威爾森將軍報告他完成任務。桑德斯這時已接替赫維・格雷特海德，成為德里民政長。

令霍德森驚訝且失望的，威爾森聽到已將國王捉拿到手的消息時，似乎並沒有特別高興：他只說「嗯，很高興你捉到他」、「我從未料到會再見到你們之中任何一人」。[7]據當時也在房間裡的佛瑞德·梅西的說法，這個老將軍其實「極生氣將國王活捉過來……我覺得這個消息遠非他所樂見，我不禁懷疑，（霍德森）信誓旦旦說威爾森將軍保證饒國王一命的說法是否屬實」。[8]後來威爾森將軍極力否認他曾如此保證，而且這說法很可信，因為德里的軍文職當局都已收到，來自加爾各答之坎寧嚴厲且明確的指示，要他們只准蒙兀兒人無條件投降，不得向他們提其他條件。

那天下午，札法爾被帶到齊娜特·馬哈爾位於拉爾寬的大宅，在那裡，英國人指派不討人喜歡且咄咄逼人的肯達爾·考格希爾當看守員，從而讓札法爾的階下囚日子更苦：隔天，考格希爾寫信告訴他的兄弟，「我很滿意能把『印度斯坦國王』當成囚犯來接待，立即指派雙哨看守，保護他的安全。男子漢大丈夫不該這麼做，但我就是忍不住要罵他豬，用其他適合的綽號叫他，並且向他問起我們家人的事。他即使只是抬頭看，都想射殺這個畜生，於是我給哨兵下達命令，他膽敢妄動，就幹掉他。」[9]

隔天上午，霍德森說服威爾森，同意派第二支部隊出擊胡馬雍墓。

此次的目的是，捉拿蒙兀兒、基茲爾·蘇爾坦、阿布·巴克爾這三位米爾札。這三位皇子、皇孫於起事期間統領蒙兀兒部隊，而且米爾札伊拉赫·巴赫什已證實他們三人在陵墓裡。*[10]一如既往，威爾森要霍德森別讓他為囚犯之事煩心，但由於雙方未談到要保證饒這三人性命之事，霍德森按己意解讀將軍的命令。

上午八點，霍德森帶著一百名印度籍騎兵為護衛，策馬出城，一如先前，有他的談判人員毛拉韋拉賈卜·阿里、米爾札伊拉赫·巴赫什同行。霍德森及兩名英籍副手再度在陵墓園區入口外止步，派這兩名印度人進去談判。麥道威爾（MacDowell）中尉為接下來的情況留下唯一紀錄。據他所述，「我們派人進去傳話，說這些皇子、皇孫必須無條件自首，不然後果自負。」

漫長的半小時過去，有人出來傳話說，這些皇子、皇孫想知道如果出來，能否保證不殺他們。回覆是「無條件投降」。我們再度等待，這段時間真難熬。我們不敢強行押走他們，若如此，什麼都會失去，但是我們又覺得他們恐怕不願乖乖出來。我們聽到狂熱分子（聖戰士）請求皇子、皇孫繼續帶領他們對付我們的喊叫聲；我們僅約百人，離德里六英哩……（圍牆環繞的陵園裡）有近三千名穆斯林追隨者。在附近某郊區（尼札穆丁），另有約三千人，全都有武器在身；因此，此事非常棘手……

最終，三位皇子、皇孫認為遲早被捉，決定無條件自首，我猜他們以為我們既饒了國王一命，也會饒他們一命。於是有人出來傳話說他們會出來。我們派了十人前去迎接。我奉霍德森的命令，把部隊橫陳於馬路上，準備迎接他們，若有人敢動手相救，立刻射殺。不久他們現身，坐在由閹牛拉的小「拉特」（rath）裡，即印度斯坦牛車，車兩旁各有五名騎兵。身後聚集約兩、三千穆

* 作者註：米爾札伊拉赫·巴赫什給了這件情報，出賣自己的外孫：米爾札阿布·巴克爾是米爾札法赫魯與伊拉赫·巴赫什之女所生的兒子。後來，甚至英國人都稱他是「德里的叛徒」。

斯林（絕無誇大）。我們與他們碰頭，霍德森和我立即策馬上前，把士兵留在後方一段距離處。我們上前時，他們向我們鞠躬，霍德森鞠躬回禮後，命令車伕繼續前進。

霍德森要他的印度籍騎兵一路催促三位皇子、皇孫加快腳步，麥道威爾和他的騎兵在群眾與三人間列隊，往廷臣和隨從緩緩逼近，迫使他們折回陵園。

（然後）霍德森和我（我一路上緊跟著他），還有四個兵，策馬上台階，穿過拱門，向群眾大喊放下武器。群眾竊竊私語。他重述此命令，（不曉得為什麼，我始終搞不清楚）他們開始照做……

我們的用意是爭取時間將三位皇子、皇孫帶走，因為他們若出手攻擊，我們毫無招架之力……我們在那裡逗留了兩小時，將他們繳械，我跟你說，我時刻認為他們會朝我們衝來。我沒說話，一個勁的抽菸，讓人覺得我毫不擔心；但最後，一切搞定，武器全搬上一輛車時，霍德森轉身對我說「上路」。我們慢慢上馬，要士兵列隊，小心出發，後面跟著那群人。走了約一英哩時，霍德森轉身對我說「噢，麥克，我們終於把他們抓到手」；兩人如釋重負的舒了一口氣。[11]

接下來發生的事，未有定論。據霍德森的說法，他們走了三英哩遠，終於在接近德里城牆處，在後來人稱流血門（Khuni Darwaza）的拱道附近，追上三位皇子、皇孫，這時，有大股來意不善的群眾往這三人漸漸合攏，看來就要出手救他們。據他人的記述，包括麥道威爾的記述，那群人為數不多，無論如何不具威脅性。但關於霍德森接下來的作為，則非常確鑿。

他止住那輛車，下令三個皇子、皇孫下車，全身脫光，然後拿出左輪手槍，非常冷血且近距離的將他們一一擊斃。接著取下屍體上的圖章戒指和綠松石臂章（bazuband）據為己有、收走他們鑲有珠寶的劍。隔天，霍德森寫信告訴他姊妹，說種種任務讓他非常疲累，但再怎麼疲累，「我成功消滅敵人，收到各方的熱情祝賀，為此我還是不由得很高興。舉國同歡。」他還說，「我並不殘酷，但我坦承我的確很高興，有機會替世間除掉這些敗類。」[12]

屍體搬走，裸身棄置在科塔瓦利前面，供英軍士兵排隊觀看。佛瑞德·梅西寫道，「看到他們赤裸全身僵硬躺在那裡，我必須說我很高興看到他們，因為**他們**的罪過毋庸置疑，我真的相信國王大抵上是他們的傀儡。」[13] 查爾斯·格里菲斯也為霍德森「替世間除掉敗類」鼓掌叫好，還說「他此舉受到整個德里軍隊的贊同，德里軍隊從每個方面來說，比國內那些多愁善感的人，更有資格就此事做出論定」。

那天下午我看到他們；也不能說我或其他看到這些冰冷遺體的人，為這些壞蛋感到可憐，畢竟他們已為自己的罪行受到應有的懲罰。最年長者（米爾札蒙兀兒）正當盛年，體格健壯結實，接下來一位（基茲爾·蘇爾坦）稍年輕，第三位（阿布·巴克爾）是個不到二十歲的年輕人。他們個個的心臟部位都有兩個小彈孔，該部位的肌肉被火藥燒焦，因為極近距離開槍……屍體棄置了三天，然後葬在有辱其名聲的墓地裡。[14]

在德里的英國人，絕大部分抱持和梅西、格里菲斯一樣的心態：後來雖針對霍德森的作為展開一連串調查，但調查的不是他槍殺三皇子、皇孫一事，而是他妄自作主，保證不殺札法爾的寬大之舉。*

整個上午，霍德森在胡馬雍墓忙碌時，好奇的英國軍人成群結隊前去觀賞被俘的國王。他可憐兮兮地坐在妻子的大宅裡，據軍官的說法，「像籠中獸」。†[15]有個心懷鄙視的軍官，叫休·奇徹斯特（Hugh Chichester），告訴其父，「我已見過國王這隻老豬」、「他很老，就像個老僕。過去，上清真寺時或見國王時，總是要脫鞋，現今我們不再遵守這些小規定」。[16]另有軍官在家書中說，他們對待國王「非常不敬」，逼他起身向他們問候；有一人吹噓說，他扯過國王的鬍子。[17]

二十二日夜，去看過札法爾的人，包括新任民政專員查爾斯·桑德斯和他的妻子馬蒂爾妲。他們前去看國王，告知他的兩個兒子和一個孫子已遭槍殺一事。查爾斯·格里菲斯是奉命看守國王者之一。他寫「盤腿坐在庭院的遊廊裡，坐在一張本地常見之輕便床的墊子上，係偉大蒙兀兒王朝的最後代表」。

他的表情毫無威嚴可言，只有長及腰帶的長長白鬍。他身材中等，七十多歲，‡一身白色打扮，纏著同顏色、同材質的圓錐狀頭巾，身後站著兩名隨從，拿著孔雀羽大扇（最高統治權的象徵）在他頭上方揮——就一個已被奪去國王象徵、淪為敵人階下囚的人來說，這是可憐的鬧劇。他不發一語，日日夜夜靜靜坐著，眼睛盯著地上，好似渾然不察自己的處境。另一張床上，離國王三英呎遠，坐著看守他的軍官，兩名健壯的歐洲籍哨兵，上了刺刀，分立於軍官兩側。命令下達，只要有人試圖救他，軍官就該立即親手槍殺國王。[18]

三皇子、皇孫的死訊向札法爾宣布時，他震驚沮喪到了無法回應的地步。但據馬蒂爾妲・桑德斯的說法，齊娜特・馬哈爾被安置在「猶如房艙的小房間裡」，房間內掛了簾子，以隔出女眷居住區，她隔著簾子聽到這消息，驚喜過望。「她說國王較年長兒子的死亡，她很高興，因如此一來，她兒子（米爾札賈旺・巴赫特）就有機會接掌王位。或許有人會說她很坦率，但這個搞不清楚狀況的可憐女人，根本不可能替他兒子找到王位，而且不久後她就會看清這一點。」[19]

然後，馬蒂爾妲・桑德斯前去探望泰姬別姬，她被關在另一間房裡，不與她長年的對手同室。

我們去見據說是個大美女的另一個妻子，她叫泰姬別姬。我們發現她神情哀戚，黑色麥斯林紗垂覆於頭和肩膀上。她的母親和兄弟都已在英國人攻城後，死於霍亂，如今她也失寵於國王。齊娜特・馬哈爾非常嫉妒她，把她關在獄中三年。

我要離開時，國王把我叫回去，告訴我，他希望再見我一面，希望我充當他與查理之間的使者。我回以 Kubbeen Nai，意為**絕對辦不到**！說得斬釘截鐵。我說了兩次，讓這個可憐的老頭徹底

* 作者註：最後，責任丟給赫維・格雷特海德。他已經亡故，就無法證實或駁斥霍德森所謂的他批准饒札法爾一命的說法。

† 作者註：這樣的形象常出現在幾個來看過他之人的筆下，主要因為同一個庭院裡也關著齊娜特・馬哈爾的寵物虎，「這裡有隻老虎，我覺得最好把牠移走，因為沒人餵，」九月二十四日，看守齊娜特的人寫道。「或許可把牠賣給某些本地人換錢。如果移不走，把牠槍殺大概比較好。這裡也有一隻印度羚。」Oriental and India Office Collections, British Library, CB Saunders Papers, Eur Mss E 186, no. 122, Ommaney to Saunders, 22 Septmber 1857。

‡ 作者註：札法爾這時其實整整八十二歲。

了解我的意思。查爾斯正幫著格蘭特太太上大象背時，我對著在外面看守國王的步槍衛兵說，我希望你們好好看守，別讓他跑了。衛兵回道「不會的，不必擔心這種事，我們非常喜歡他！」，於是我說「那就好」，邊向他們道早安邊走開。[20]

同天傍晚，年輕軍官亨利・烏弗里（Henry Ouvry）看到皇子、皇孫的屍體，光溜溜躺在科特瓦利外，他在日記中寫道，這只是英國人老早就計畫好懲罰行動的開端：他雖然「怕見血」，但很清楚「我們得處死一大批人，才算大功告成」。[21]

不久，這一本就順應人心的預言開始應驗。殘破的德里城各地架起絞刑架——有個德里人寫道，「有人說德里每個居住區都設了行刑地，已開始施行絞刑。」[22]最大的行刑地「就位在月光廣場中央，一個猙獰的木頭架，係（整條街上）唯一新且未受損的結構物」。[23]二十三歲中尉愛德華・奧馬尼在月光廣場散步，事後在日記裡漫不經心記載道，他在那裡看到「十九個男子被吊死在科特瓦利對面的一個絞刑架上，九人在另一個絞刑架上」。[24]

看到大批人把處決當成娛樂活動圍觀，一如法國大革命時的巴黎，奧馬尼甚為反感。他指出，月光廣場「擠滿軍官和歐洲人」。那個夜裡他在日記中寫道，「看到人如此迅速告別，讓人覺得人生何其短暫：只消幾個片刻，有生命的個體就和已到造物主面前接受審判的靈魂分開，但看看群眾，他們幾乎未察覺或未理解在他們面前上演的可怕改變。」[25]他也指出「下墜距離很短，因為憲兵士官說繩子禁不起長距離墜落」——言下之意，短繩意謂著緩慢且拖沓的才被勒死，長繩則會擰斷脖子，使人瞬間死亡。[26]

其他觀察者以幸災樂禍的心態表明，使用短繩係刻意之舉，意在讓受刑者較慢死去。據某資料，行刑者受了站在周邊抽雪茄圍觀的英籍軍人賄賂，這些軍人一心要劊子手讓受刑人「慢慢死去……因為他們喜歡看這些罪犯跳『潘戴的角笛舞』，即這些壞蛋的垂死掙扎」。光是某個憲兵軍官就處死了「四、五百名壞蛋」，然後才「想到辭去職務」。[27]有些劊子手甚至嘗試用「絕妙」的手法，解決掉「八名」交給他們處死的人。[28]

這類情事的報告，開始讓人在加爾各答的坎寧勛爵憂心。九月二十五日，他呈文給女王維多利亞，談到

> 非常多的英格蘭人，對不管哪種階級的印度本地人，都懷有惡狠狠的敵意。到處彌漫著偏激、不分青紅皂白的報仇心態，就連許多更該以身作則的人亦然。而不為自己同胞所為感到羞愧的人，更不可能想到要以身作則。十人中無一人認為吊死或槍殺四、五萬名叛變士兵和其他叛亂分子，可能不可行且不應為……[29]

德里城裡的囚犯，並非個個都被吊死；有許多人是遭槍斃。休·奇徹斯特寫道，「過去三天，什麼都不幹，就只是槍斃這些惡棍，昨天槍斃了約三、四百人。」並指出英國人所遇到的少年，有一部分獲准自由通過城門，但「大部分遭處死」。[30]據威廉·愛爾蘭的說法，「被捉到的犯法者，轉交軍事委員會受審。審判非常快速。死刑幾乎是唯一的懲罰，而判定有罪幾乎是唯一的審判結果。審判犯法者的諸公，毫無寬大處理之意。」[31]這場集體屠殺，並非只是殺戮欲和報仇心切使然：還有利欲熏心在作祟。密告者每促成一人被捕，就能領到兩盧比，而捉到人者，可保有「在捕獲

之叛變士兵身上找到的所有金錢和黃金」。[32]

喬治·瓦根特里伯在《德里報號外》裡為這種種作為加油打氣。他於攻下德里後從拉合爾回來，報導他期盼已久的懲罰行動：他返回後不久寫道，「我要很開心的說，絞刑在這裡無日無之。」

> 每天從周遭鄉村押來叛亂分子，然後上午吊死六到八名。承平時期，德里居民或許會在這些人裡認出那些作風浮華、令月光廣場增添光采（或蒙羞）且每個週日傍晚刻意展露自己體型的騎馬者。但如今，變化真大！他們的臉孔或許會被認出，卻成了一群垂頭喪氣的可憐壞蛋。在這個充斥宅第的城市裡，這樣的事可謂頭一遭。[33]

此後出刊的數期，幫助瓦根特里伯的讀者掌握尚未停手屠戮的最新情況：回德里數星期後，瓦根特里伯語帶肯定的論道，「昨天上午，十四名叛亂分子被吊死於科特瓦利對面，另有些人今早被吊死。」在瓦根特里伯心裡，這還不夠。他在其專欄文章裡抨擊桑德斯的軟弱和寬大：

> 在德里，有個人滿腦子悲天憫人的情操，舉世疾呼向德里國王和他的所有子孫報仇，以懲罰他們禽獸般的殘忍與野蠻，他卻「打從心底憐憫」這個無辜的兒子暨繼承人、十足同情這個十八歲的男孩（米爾札賈旺·巴赫特），於是致力讓這個小傢伙少受點侮辱……（他）每次去見這個已淪為階下囚的國王，都是畢恭畢敬。

他寫道，只有梅凱夫投入懲罰工作，以「應有的幹勁絞死叛亂分子」，「在昔奧菲勒斯爵士毫不遲疑的指示下，我們已除掉許多巴德馬什（budmash，『惡棍』），若非藉由讓他們絕跡於此城市，用監禁來達成，就是——藉由最佳的辦法——絞刑架，來達成。」[34]

九月二十七日星期日，牧師羅頓在皇宮裡的私人接見廳舉行了特別的感恩儀式。羅頓就著經文講道，說「耶和華向我賞賜一切厚恩，我拿什麼來回報？」。就羅頓來說，這場儀式代表感恩，感恩主使「善」脫離「惡」的魔掌：他寫道，「不可能想到比這場聚會更令人讚歎的事，一支為數不多但拿下勝利的基督教軍，聚集於印度斯坦之穆斯林古都的皇宮裡，擠滿那個大理石廳的四周，而不久前，國王和他的顧問就在那個廳裡開會、密謀、決定破壞英國人的大業。」

而今，那些惡人組成的委員會已化為泡影，他們的每個不良居心都遭徹底挫敗，得勝的軍隊——神所樂於用來促成這些善事的工具——虔誠站在神的面前，讚美祂，說光輝與榮耀、力量與統治權是祢的。[35]

在場的女人不多，庫普蘭（Coopland）太太是其中之一。她把羅頓對當前情勢的看法做了更加離譜的解讀：她寫道，「這個宏偉的大廳，曾迴蕩著一個專制皇帝的赦令，那人一手掌握數百萬順服奴隸的生殺大權，而今，這裡迴蕩著基督教民族的平和禱告聲。」[36]

隔天大清早，一支縱隊出城，進向亞格拉，對巴赫特・汗及其造反印度兵發動早該發動的追擊，儘管此時德里野戰部隊只剩兩千六百人。拿下亞格拉之後，發動一八五七年的最後一場大仗，即赴勒克瑙為被圍的英國特派代表官邸解圍。他們的第一個難關是穿過荒無人煙的城區：理查·巴特寫道「這段行軍很可怕」。

由騎兵、砲兵組成的前鋒部隊，壓爆、壓碎月光廣場上已腫脹到很大的屍體，臭味駭人。到處有官兵作嘔，我們覺得要穿過這個城市絕對辦不到。這是我不想再來一次的騎馬行，馬的難受和我一樣，因為牠貼著街道上到處令人作嘔的東西滑過去，而非從它們上面走過去時，呼哧呼哧噴著氣，身體顫抖。[37]

佛瑞德·羅伯茨受到同樣的驚嚇。「晨曦中這趟穿過德里的行軍令人毛骨悚然。我們經由月光廣場往拉合爾門途中，只聽到自己的腳步聲，無其他聲響；一路上沒看到活的東西。」

到處屍體橫陳，擺出各種臨死前掙扎的姿態，腐爛程度各異。許多屍體的姿勢猶如活著，令人駭異。有些屍體舉起手臂，像是在召喚人，整個情景詭異、可怕，非筆墨所能形容……氣味令人作嘔，到了你無法想像的程度，因為瀰漫著最難聞、最噁心的氣味。[38]

出征的士兵要再上戰場與敵廝殺，其中許多人會在勒克瑙的激戰中丟掉性命，但這支縱隊只有少許人，羨慕戰利品處置官或留在這座惡臭死人城裡的小股駐軍。

剛收到自己要留在德里城這個壞消息的人，包括年輕的中尉愛德華・奧馬尼。他是個被看好的語言學家，原是尼可森「機動縱隊」一員，已在日記裡寫下他對該縱隊殘忍對待叛變士兵、乃至殘忍對待那些不幸少年伙伕的驚駭之情。但自那後，他被自己所目睹、參與的暴力行徑鐵了心腸、失去了人性；他的日記，一如愛德華・維巴特的信，一會兒有對他人苦難感同身受的觀察，一會兒又出現驚人殘忍的情景。

事實上，他本人很清楚，無日無之的暴力活動為英國占領軍帶來的改變：他在得悉約翰・克利福德死訊後，於十一月一日的日記裡寫道，「死人一事對人的影響真小」。克利福德的姊妹與安妮・詹寧斯一同遇害，攻城期間克利福德沾滿血污的外觀，讓查爾斯・格里菲斯大為震驚。「幾天前最後一次見到他（克利福德）時，他很年輕、很有精神。我和某些人談起（克利福德喪命之事），他們只說『喔，我聽某人說過此事，可憐的傢伙』，就這樣而已。有人死了，只有交情最好的朋友哀悼，而這樣的人真少。」[39]但幾星期後，同一人卻寫道，「我們回來後，痛打每個不行額手禮的本地人。」[40]

縱隊出征的兩天前，奧馬尼收到來自桑德斯的命令，要他看管札法爾。他第一件要辦的事，係在紅堡圍牆內找到安全處所關這位國王。他剛在市集後部找到一間看來適合的房子——較年幼皇子米爾札尼利（Nili）的住所——就獲告知，除了札法爾和跟在他身邊的隨從，他還要看管札法爾後宮的八十二個女人、四十七個小孩、兩個太監。這些人剛從胡馬雍墓被帶進宮，交給奧馬尼「嚴加看管」。[41]隔天，他還沒能思考要如何餵飽這麼多人，或搞定他們的衛生事宜，霍亂就在這些王族囚犯間爆發，隔天夜裡奪走第一個別姬。

札法爾及其家人的新住所骯髒又簡陋：庫普蘭太太在輪到她去看守這名囚犯時寫道，「我們進了一間又小又髒又矮的刷白房間」、「在一頂矮輕便床上，蜷縮著一個瘦小老頭，他一身髒兮兮的白色棉質衣服，裹著破破爛爛的披肩和被子。我們進去時，他擱下原在抽的水菸筒。過去只要有人在他面前坐下，他就認為在侮辱他，但這時他開始以最卑躬屈膝的方式，向我們行額手禮，說他 burra kooshee（很高興）看到我們。」[42]

另一個來看過他的人說，「他被關在一間僅有一張輕便床的小房間裡，一天的伙食費只有兩安那幣（三便士）。官兵對他極無禮，但桑德斯先生禮貌待他。」

> 他家的諸別姬、諸皇子與他關在一塊。這些不幸的女人，沒有罪責可加諸，還得任由官兵在她們身上打量。官兵想進她們的房間就進去。對最低階的本地女人來說，這是無法說出口的恥辱。（只要有男人進來）她們全都轉頭面向牆壁。[43]

許多來看札法爾的英國人，刻意無視穆斯林女人不拋頭露面的習俗，藉此享受羞辱此家族的快感：庫普蘭太太寫道，「過去，受他們控制的歐洲人，個個都受過他們的輕蔑或侮辱，此時，遷就他們的愚蠢成見，就顯得荒謬。」[44] 再者，札法爾不斷要求見他的醫生，都未獲准，他也不准見他的洗衣員、理髮師。[45] 約翰·勞倫斯在此時期的大部分事情上，扮演了制止英國人行事過火的踩煞車角色，但就連他都勸桑德斯不要太關心前國王，「不管是國王，還是此家族的任何成員，都不配得到我們的善待，」他於十二月寫道。「在目前的民心氣氛下，我們萬萬不可對其示以任何的體諒。」[46]

不管此話暗示何種不義之舉，勞倫斯對英國人輿論的評估甚為正確：奧馬尼帶米爾札賈旺·

巴赫特去達里亞甘吉騎象兜風，希望藉由將他帶離父母身邊，從這個男孩身上弄清楚這場起事的根源，此時，《拉合爾記事報》（*Lahore Chronicle*）痛批德里行政當局「讓國王過奢華生活」，開始鼓吹吊死札法爾和夷平他的城市：好似「國王獲饒一命和生活奢華」還不夠糟糕。此報於某篇社論裡抱怨，

（如今）他的么子在這座城市裡，這座依舊能聞到英格蘭人所流之血的腥味城市裡，擺出皇子的姿態，大搖大擺走在月光廣場上，同時有一名英格蘭軍官跟在身後。噢！怎會有如此卑賤的英格蘭人接下這份差事，怎會有英格蘭軍官當起毒如蛇蠍之人後代的跟班！[47]

夷平德里之議，《拉合爾記事報》的讀者響應特別熱烈：某讀者寫道，「剛看過你本月十八日發行那一期，你在那一期，一如你在最近大部分幾期，贊同德里非『徹底』摧毀不可，贊同勿因擔心觸怒穆斯林而放過賈瑪清真寺之類建築，這看法我認為非常正確。我認為協助你向全民呼籲『血淋淋的報復』和『推倒德里』，係對我國應盡的職責、所有英格蘭人應盡的職責。」[48]此議也打動德里的許多英籍官兵。休·奇徹斯特是個典型例子。「此城裡有數座非常漂亮的清真寺，」他寫信告訴父親。「但我想看到它們全被摧毀。這些可惡的禽獸褻瀆我們的教堂和墓地，我認為我們不該尊重他們的惡劣宗教。」[49]查爾斯·雷克斯（Charles Raikes）認為應留下賈瑪清真寺，但要把它改為教堂，「根據基督教殉教者的名字，為每顆石頭命名。」[50]

庫普蘭太太更加直接且公開的附和此議，不失其一貫作風。她在回憶錄裡寫道，「我深信，不把這座城市夷平，而是留下它和它沾了血污的城牆、街道——時時提醒英格蘭國格所受的侮辱

——根本是英格蘭的恥辱。」

許多人會忘了這個侮辱；但這個侮辱不能遺忘、不該遺忘……它是他們最神聖的城市，而且是讓其記得他們已失去昔日輝煌的城市，如果將它摧毀，會比吊死數百人更有助於彰顯我們對其罪行的深惡痛絕、我們對其的義憤填膺。德里應被夷平，應在其廢墟上蓋一座教堂或紀念性建築，上面銘刻所有受害於譁變者的名字——可以的話，收集所有遇害者的名字——應向每個與譁變脫不了關係的本地人收取罰款，藉此籌得建造經費。[51]

在這種自以為是的歇斯底里氣氛中，只有一人公開要求更加善待札法爾。亨利・萊亞德（Henry Layard），曾是英格蘭艾爾斯伯里（Aylesbury）選出的國會議員，前來探望札法爾，驚駭於所見情景。「許多人遺憾犯了錯的德里國王未得到應有的懲罰，」萊亞德在倫敦告訴一群聽眾。「我見了德里國王，我要根據這次會晤判定……他是否受到懲罰。」

我不會就我們對待他的方式，是否是一個偉大國家所應為表達任何看法。我看到那個精神已經垮掉的老頭——不是在房間裡，而是在他皇宮某個很糟糕的小地方裡——躺在床架上，除了一條破爛的床罩，沒別的東西可蓋。我看著他時，他似乎深深想起往日榮光。他吃力的從床上起身；把已被疾病、蒼蠅啃蝕的手臂給我看——缺水是原因之一；他以哀嘆的口吻說他吃不飽。那就是身為基督徒的我們對待國王應有的方式？我也見了他的女人，她們全和自己小孩擠在角落；我獲告知，他們所有人一天能拿到的資助是十六先令！讓一個曾身為國王者受到這樣的懲罰還不夠？[52]

奧馬尼堅信英國人對待德里太寬厚，應施以更加暴力的懲罰，不願改善這些囚犯的處境。但令他自己都感到意外的是，他慢慢喜歡上札法爾這個人，認為他看去「非常像查爾斯·內皮爾爵士」。事實上，他很快就斷定，札法爾年紀太大、太衰老、心思太煩亂，「完全不必為（起事期間）他的作為受追究」。[53]不久，這個耄耋的國王開始回報他的看守人，對他投以意想不到的厚愛：十月中旬，奧馬尼已在日記裡記載札法爾「儼然要擁抱我，（但反倒）把他的右臂放在我左肩上，輕拍我」。[54]

奧馬尼也對齊娜特·馬哈爾這個人愈來愈感興趣，說她愛對她病痛纏身且衰老的丈夫嘮叨責罵，但他的十六名後宮女人中，似乎只有她會照料這個老頭。[55]奧馬尼在日記裡寫道，札法爾「被他最寵愛的妻子齊娜特·馬哈爾管教得很好。她講話時，他如果插嘴，她會告訴他，她說話時要閉嘴。他總是想要些無關緊要的東西，如果那些東西無趣，他就把它們丟掉。有時這會惹火掌管財務的前王后。他的僕人和兒子對他最為恭敬」。*[56]

至於齊娜特·馬哈爾本人，他在日記裡寫道，「她說話很好聽，但用語艱深，初學者難懂。」後來又說，「我沒見過齊娜特·馬哈爾，（但）有天我看到她的手和臂。那時，她缺錢，伸出手和臂，好讓我看她身上衣物的局部。她說話好聽，但我相信她長得不好看。她讓我覺得是個很精明且迷

* 作者註：庫普蘭太太有類似的記述，說她聽說「國王和王后處得不是很好。她說他仍會自認是國王，她派人去市集買回來東西，他說那些東西不夠好，菸草送來時，他不願意抽，因為他認為品質不夠好。他抱怨她私藏了許多錢和珠寶，不願拿出來讓他過舒服日子；奧尼馬先生不得不允許一天給他約六便士」。R. M. Coopland, A Lady's Escape from Gwalior and Life in the Fort of Agra during the Mutines of 1857, London, 1859, p. 277。

人的女人。」[57]

這個家族的成員，只有一人讓奧馬尼心生厭惡。那就是齊娜特・馬哈爾的愛子米爾札賈旺・巴赫特。賈旺・巴赫特被寵壞，冷酷無情，不久就讓英國人知道，他非常願意交代起事期間家族任何成員的活動。被囚初期，奧馬尼「痛打」未經允許擅自進入囚室的札法爾裁縫，賈旺・巴赫特看了大笑。奧馬尼警告這名年輕皇子，「如果在我懲罰人時大笑，很可能會受到同樣的懲罰。」[58]不久，他主動表示願帶奧馬尼去他母親埋藏寶物的地方，條件是給他一百根方頭雪茄菸。奧馬尼從帕西人科瓦斯治商行（Cowasjee and Co.）買到這些雪茄菸，這時商行的帕西商人已從德里嶺搬進紅堡市集。[59]「他（賈旺・巴赫特）如果認為自己受到鼓勵，很容易就變得非常隨便，」奧馬尼在日記裡寫道。「在我看來，根據英格蘭人對榮譽感和愛心的看法，他沒有一丁點這兩種特質。」

他跟我講了許多讓他父親牽連進這場叛亂的事、講了他母親所擁有的珠寶和財物——他母親嚴正表示她一無所有——甚至告訴我，他母親說謊。把他哥哥的寶物拿給我們看後，他害怕且發抖的去找父母親，未據實以告他去了哪裡。他對他的諸多兄長毫無愛意，罵他們是巴德馬什。要知道這個一度驕傲且強大的帖木兒家族，墮落到何等地步，看看這個吃裡扒外的年輕後代就夠了。[60]

十一月中旬，德里方面收到來自加爾各答的消息，得知軍事委員會欲審判包括國王在內的德里所有皇子、貴族所需的細部事項，已全部搞定。不久，哈里奧特（J. F. Harriott）少校以軍法署副署長的身分來到德里，開始投入各項審判工作。奧馬尼受命協助哈里奧特，翻譯已在皇宮裡找到的文件。這些文件據認會提供，整個蒙兀兒家族及其廷臣定罪所需的證據。[61]這時許多英國人把札法爾視為這場起事背後的主謀，審判札法爾一事也被寄予查明起事肇因的厚望。

奧馬尼於十一月二十七日與哈里奧特第一次會晤後寫道，「從哈里奧特的神情、舉止研判，這些囚犯安然脫身的機率不大。」[62]

王族的處境再怎麼苦，都好過德里普通老百姓。這時，他們大多散布於周邊鄉間，棲身於墓室和廢墟裡，採摘野果或乞食果腹。只有極少數老百姓仍待在城裡，而這些人大多挨餓。據查爾斯．格里菲斯的說法：

有人發現全城各地的房子地下室（tai-khana）裡擠滿人，他們或年老、或體弱，因而在圍城最後幾天裡無法跟著眾人逃出城。有人在這些地方發現數百名老漢、老婦、小孩擠在一塊，都快餓死，這是我所見過最讓人不忍卒睹的事。

城裡沒辦法提供他們吃的，而他們的存在會引發瘟疫；於是，奉將軍的命令，他們被移出德里城。看著他們列隊走出城，數百人通過拉合爾門，真叫人難過……我們獲告知，在數英哩外某處，已備好供他們使用的必需品，希望這些可憐人不致餓死；但我們對此事心存疑慮，心知當局對受苦之人有多麻木不仁，我擔心許多人會死於匱乏和風吹日曬雨淋。

在城裡，就連最忠心為英國人賣命、選擇留在自己大宅裡不出逃的人，這時都覺得活不下去。一群群打劫者，包括有官方身分者和無官方身分者，挨家挨戶搜刮，經過廢棄的破家具和遭砸碎、在街道上散落一地的店舖內物品，搶走他們所能搶走的東西，逼他們所找到棲身於地下室的居民，指出值錢物的藏放處。[63]「對我們所有人（軍人）來說，打劫這個城市是對我們所經歷之辛苦與匱乏的合理補償，」查爾斯·格里菲斯寫道。「根據得到認可的軍事法──『靠強攻拿下的城市，就是歸征服者所有的戰利品』──打劫引發物議，我們從來不放在心上……。」

> 軍人若未乘此機會劫掠他們周遭的財物，反倒有違人性，與掠奪的本能完全背道而馳；也別指望人在擁有值錢物之後……把掠奪來的東西全上繳給當局……我與他人一同遊走市區尋找可劫掠之物時，往往碰到與我們一樣在尋找這類東西的軍官……[64]

與此同時，戰利品處置官上工。穆特（Muter）太太描述她丈夫吃完早餐後帶著一隊苦力出門，

> 這些苦力帶著鶴嘴鋤、撬棍、測量繩。一天要搞定一間據說藏有寶物的房子，會以仔細勘測房子開始……藉由仔細測量上方屋頂和下方房間的大小，任何隱匿的空間都無所遁形。然後，把牆打破，如果有密室或增建的壁龕或凹室，會呈現眼前，他們的搜查有了大筆收穫做回報。有次……他回來時，十三輛車載著搜刮來的東西，值錢物包括八萬盧比，相當於八千英鎊。又有一次，搜到銀器和金飾，還有……一袋錢共一千盧比。[65]

查爾斯·格里菲斯寫道「短短時間」，

戰利品處置官的房間就滿是各式寶物——首飾和寶石、鑽石、紅寶石、祖母綠、不計其數的珍珠。珍珠大者如雞蛋、小者用於項鍊；金飾、工藝最精湛的項鍊、金屬實心的手鐲和腳鐲……我去過一個房間，房間的長桌被沉甸甸的財寶壓得快撐不住，讓人目瞪口呆。[66]

許多密探與英國人合作者寫下書面證詞，證明他們幫過英國人，但威爾森將軍下令，「任何保護令未經他附署都無效，於是，只有少數人的財產得到保護。」東印度公司情報部的某份報告寫道。「才兩、三天，每棟房子都已遭徹底搜查，被搜刮走房內財物，政府的友人和敵人受害程度一樣。」[67]祕書吉旺．拉爾在整個圍城期間，一直是英軍陣營的重要情報官員，叛軍幾次欲將其擒住、處決，他都逃過一劫，卻在九月二十一日遭錫克籍軍人將其房子洗劫一空。[68]就連與英國人合作的頭號人物米爾札伊拉赫．巴赫什，也落得類似下場。他出賣自己堂兄弟札法爾、甚至自己的孫子米爾札阿巴．巴克爾，他的房子還是遭徹底搜索，所有財物被戰利品處置官搶走。[69]

曾任德里學院數學講師且皈依基督教的拉姆昌德拉大師，寫下最辛酸的信，道出所有忠英分子遭出賣的心情。他於五月十一日逃離德里，即與他同樣皈依基督教的查曼．拉爾醫生，在起事首日上午遇害那天。英軍攻下德里後，他回到德里，以為會受到教友的歡迎，卻發現和起事期間一樣，時時擔心自己性命不保——先前，他因宗教信仰遭鎖定，這時則純粹因膚色而遭殃。最後他決定寫信給最近被任命為德里軍事行政長官的伯恩上校，交代自己的過往經歷。信中，他描述了擔任戰利品處置官助手和翻譯叛亂分子審理用文件那段愉快的工作經歷，卻還是陷入生命時時受威脅的處境。他寫道，「一個多月前，我奉指示去教堂附近的墨菲先生家，將某些文件從波斯語譯為英語。」

走在路上時，我看到一些英格蘭軍官站在哈米德·阿里·汗的清真寺，用弓朝所有路過的本地人射土丸。我再怎麼解釋自己是政府職員和基督徒之類的，都不管用；反倒使他們更火大；他們辱罵我，用更大勁道朝我射土丸……（後來，我再次去）那個清真寺找戰利品處置官要我收的一些書，一如既往遭到攻擊，即使我有兩名戰利品處理機關的勤務兵陪同，即使我高聲告知那些軍官我有戰利品處置官的通行證亦然。

那之後，我很難過的發現，我不只在荒無人煙的街道上危險，在自己家亦然。約十二天前，晚上約九點，我和兩名友人正在聊天……突然被石頭打在家門和牆壁的聲響弄得不知所措，有顆石頭落在我床上，來勢甚猛……

拉姆昌德拉說他發現那是被安頓在他家對面的英格蘭軍官所為，說他們接下來不分日夜、每隔一段時間就會攻擊他和他的房子。有天，從愛德華·坎伯位於紅堡裡的家回來時，

我的頭挨了一記重擊，動手者是經過我身旁的一名英格蘭軍官，那人與另一名也騎馬的先生同行。用棍子打我頭之後，他調頭，要我對他行額手禮。*我行了多次額手禮，而非一次額手禮，高喊長官，我是基督徒，受僱於戰利品處理機關，然後他繼續往私人接見廳走，邊走邊辱罵我，說我和煤玉一樣黑。我覺得很委屈，簡直驚呆，非常難過。在挨了那記重擊的地方停住一會兒，卻看到打我的那位先生折返，快馬往我奔來，下馬，朝左臂和背部施以好幾記重擊……

然後，拉姆昌德拉描述了他在起事期間因為皈依基督教所吃的苦頭，「但想到我所受的苦，與英格蘭軍文職官員和傳教士所受的苦相比，根本算不得什麼，無比痛苦的我，心裡就舒服了些。」

此外，我認為如果叛變士兵找到我，把我殺了，他們會是因為我背棄了自己先祖的信條、擁抱基督教才這麼做，屆時我會是萬福救世主之信仰的見證者，一如過去的殉教者、十二使徒、早期基督徒。這給了禁受種種苦難與危險的我很大的寬慰。但當本地基督徒，只因不是生於英格蘭、不是白皮膚，就可能受到信基督教軍官的傷害，任何寬慰幾乎蕩然無存。過去，就連德里城裡表明忠於偽教的叛軍，都不會這樣。叛軍把穆斯林或印度教徒當兄弟接納，他們只是痛恨基督徒和他們所知道對基督徒友善的人。

灰心失望的拉姆昌德拉寫道，「我這個請求，不只是為信基督徒的本地人而發，因為在德里這類人（所剩）無幾，也為獲准住在城裡、但會受到英格蘭軍人傷害、尤其英格蘭軍官傷害的印度教徒和一些穆斯林而發。」[70]

* 作者註：這位軍官很有可能是愛德華・奧馬尼。他就在此事發生的那個時間，在日記裡寫道，他「痛打每個不行額手禮的本地人」，而且他有充分理由往紅堡去。National Army Museum, 6301/143, Diaries of Col. E. L. Ommaney, vol. A, entrty for 24 November。

加利卜是留在城裡的極少數穆斯林之一。他的許許多多友人和贊助者或遇害或被趕出去時，幸運之神眷顧，讓這位詩人躲過一劫。因為他所居住的巴利馬蘭區，住了忠英分子伯蒂亞拉土邦主（Majaraja of Patiala）的醫生和數名高階廷臣。此前，這位摩訶羅闍送兵、送物資給德里嶺上的英國人，這時部署衛兵防止打劫者攻擊此街道。拜這位摩訶羅闍的衛兵之賜，加利卜是德里少數在自家未受騷擾的城民之一，幾乎是德里遭攻陷後唯一保住性命且財產完好無損的宮廷上層人士。

即使如此，情勢依舊危急。加利卜在《達斯坦布依》中寫道，他和他的鄰居關上馬哈拉區的大門，再用石堆頂住，以阻止外人進入，他的數十個友人因發生於周遭的「集體逮人、暗殺、屠殺」而被囚或喪命。與此同時，在街壘所屏障的這個區裡，加利卜的鄰人緊張兮兮等待，希望他們儲存的少許糧食和水，能撐到局勢回復安定之時。日記中，這位詩人潦草寫下他的憂心：他所在的城市已遭徹底摧毀，在此情況下，他要如何保命。

> 沒有賣東西的人，也沒有買東西的人；沒有小麥商可讓我們買到麵粉，也沒有洗衣工可收我們的髒衣服；沒有理髮匠理髮，或清掃工弄乾淨我們的地板。要離開這條巷子去取水或麵粉不可能。自己家裡所剩的生活必需品漸漸耗盡。我們用水非常儉省，杯或罐裡不剩一滴水，但是我們日日夜夜都又飢又渴。外頭，集體殺人盛行，街頭到處是恐怖的事物……我們猶如囚犯：沒人來看我們，也收不到消息。我們無法離開此巷，於是無法親眼目睹外頭的情況。然後，有天，烏雲密布，下起雨。我們在庭院裡張起一張被單，把罐子放在下面，藉此集水……被我寵壞的兩個（收養的）孩子，向我要水果、牛奶和甜食，我無法讓他們如願……[71]

另一個讓加利卜煩心的事，係他精神有問題之兄弟的安危。他聯絡不到兄弟，最初聽聞他家遭洗劫，接著傳來更糟的消息：他的兄弟跑到街上，被愛亂開槍的英國軍人開槍打死。更慘的是，無法將其運出城埋葬，連找到水替他淨身或找到一塊妥適的裹屍布讓他長眠都難。最後，十月五日，即英國人經喀什米爾門進城三星期後，英國士兵爬進這個馬哈拉區，把加利卜拖到伯恩上校面前訊問。加利卜始終衣著講究體面，戴上他最好的土耳其式頭飾，才接受訊問。

上校看了看這奇怪的打扮，用破烏爾都語問：「嗯？你穆斯林？」「半穆斯林。」加利卜說。「那代表什麼意思？」上校問。「我喝酒，」加利卜說，「但不吃豬肉。」上校大笑，然後加利卜把信拿給他，那是印度事務大臣寄給他的信，以肯定加利卜送去讚頌女王陛下的詩。上校說：「政府軍得勝後，你為何不上德里嶺？」加利卜答，「根據我的地位，應有四個轎伕抬我去，但他們四人全跑掉，留我一人，所以去不了。」[72]

根據加利卜自己對此次會晤的記述，他還說：「我又老又跛又聾，不適合商議大事，一如我不適合打仗。我真心祈求你們成功，一直如此祈求；但我能從這裡做如此的祈求。」[73]伯恩上校放了他。

加利卜未逃離城，且捱過毀掉德里的浩劫保住性命。在他所屬的階層，幾乎就只他一人有此機遇。但此時，他得面對身為唯一倖存者的無盡孤單——已沒人能與其一同品味他的喜好或藝術作品，或與他一同回憶過往。據他自己的估計，城裡幾乎只剩一千名穆斯林；他的許多最好朋友和對手已死；其他人則散落於周邊鄉村的「壕溝和泥屋裡」。與此同時，他在這個被占領的城市裡不出頭，而是「在血的汪洋裡泅泳」。他寫了封信給位在蘭布爾的友人，信中有詩云：

每個英國武裝軍人
能為所欲為。
僅僅從家到市場
就讓人傷心落淚。
月光廣場是屠殺場
家是監獄。
德里的每粒塵土
渴求穆斯林的血。
即使我們在一塊
我們也只能為自己的人生哭泣。[74]

「光明已離印度而去，」他在某信裡寫道。「大地不見燈光。數十萬人死去，倖存者中數百人身陷囹圄。」[75]在另一封信裡則寫道，「人哀慟逾恆而發瘋」、「如果我禁不住哀傷而精神失常，你會覺得意外嗎？」。

死亡、離散、失去收入、失去榮譽的哀傷，哪種哀傷我未禁受過？除了紅堡裡的慘事，我好多德里友人遇害……我哪能忘掉他們？我怎有辦法把他們帶回來……親戚、友人、學生、愛人。

如今他們個個都已不在。要為親戚或友人哀悼何其困難。想想我得為那麼多人哀悼。我的天！那麼多我的友人、親戚已死，如果現在死了，不會有人來為我哀悼。[76]

加利卜以充滿絕望的類似吶喊，為《達斯坦布依》作結，「我的悲傷治不了，我的傷口永不會癒合」、「我覺得自己好似已死」。[77]

如果那些原本表態支持英國人的人日子難過，那些原本歡欣鼓舞於英國人倒台且這時在城外挨餓、搜尋食物的人，日子更加難過許多：加利卜在寫給某人的信中說，「英國軍官不知道許多無辜且思想高尚的女人，包括年輕和年老的，還有年幼孩童，在德里城外森林裡飄泊？」儘管身邊種種證據顯示，英國人已完全失去人性，他仍冀望他們保有人性。「他們既無東西可吃，也無衣服可穿，既無夜裡睡覺的地方，也無躲避炙熱驕陽的地方。人只能為這個城市的命運哭泣。」[78]

就連無情的喬治·瓦根特里伯都震驚於他在德里所見。全城存在著「綿延不絕的屍骸——駱駝、馬、閹牛的屍骸，乾掉的獸皮蓋著碎裂的骨頭，仍在污染周邊空氣」。

每棵樹不是被剪去樹枝，就是被砲彈夷平。納瓦卜和德里其他有錢本地人的庭園宅第，淪為大批廢墟；大多只剩四面牆，牆上彈孔累累，前面、乃至整個周邊，躺著漸漸曬白的人獸遺骸。左邊馬路附近，我看到一具完整的人骨，骨頭全連著，色白如雪，外觀完好無損，只有顱骨上有個洞。

接近薩卜齊曼迪（蔬菜市場）裡一度濃密的樹林時，我驚訝於短短六個月所帶來的改變。長長一排高聳的菩提樹、芒果樹已不見蹤影，連綿數英哩通行無阻，原本無法穿過的叢林如今只剩光禿禿的樹幹。其中許多樹，其實是大部分的樹，已被拔掉葉子拿去餵牛，但那些被球形彈夷平的樹，清楚可見帶有傷痕、凹凸不平的外表……這裡沒有房子得以逃過一劫，還屹立的牆非常少，而且這些牆上被葡萄彈、滑膛槍彈打得彈痕累累。[79]

德里人，不分貧富，就在這些廢墟間努力尋找防曬避雨處、尋找食物。誠如加利卜所說，「這一大塊地，長約七英哩，其上的居民每天都有人死於飢餓和沒有棲身之處。」[80]路邊已冒出簡陋的棚子，裡頭住著「或許有錢的巴尼亞人、商人、店家老闆」，直到十一月，英國當局下令禁止建造這類棚屋為止。英國人下令立即拆除棚屋，難民因此過著風吹日曬雨淋的日子。[81]

不久，疾病找上許多衰弱的難民，尤其是位在札法爾梅赫勞利舊夏宮和尼札穆丁聖祠周邊的難民。[82]「數百名虛弱者在物資匱乏和苦難中死去，」少校愛爾蘭寫道。「直到十一月底，才准許信印度教的居民回城。沒有特別命令，穆斯林依舊不得進城。他們的房子被打上標記，必須證明對英國人忠誠，才能回來。」[83]

薩爾瓦爾・穆爾克的貴族家仍養著僕人，但躲在墓裡，害怕被捕，因而以撿破爛為生。他寫道，「我們的兩個僕人會每天出去，與其他打劫者一起帶回數種可吃卻全混在一塊的東西，例如米、羊肉、棕櫚粗糖、麵粉。這些東西一股腦丟進盛滿水、靠三顆石頭穩穩支撐的鍋子裡。然後，誰肚子餓，誰就小心翼翼走到鍋邊進食，吃飽了，在城牆掩護下慢慢走開，躲起來。」[84]年老時，薩爾瓦爾・穆爾克憶道，他曾爬上一棵羅望子樹，把果實丟給下方的朋友，看到一隊穿著卡其服的士兵朝他的方向過來，讓他恐懼萬分；他也憶及他們轉向，去別的地方時，他的如釋重負。[85]

下場更加悲慘者，係原本與皇廷有瓜葛者，不管此瓜葛如何淺薄亦然，因為廷臣若遭逮，通常的懲罰是處死。札希爾·德拉維知道這點，盡可能不在一處久待，以免被捉。他這樣的遭遇並不罕見。在梅赫勞利的聖祠待了一晚後，他與其他難民繼續上路，前往切傑爾——五月時昔奧走過的路——得到他的堂兄弟，切傑爾之納瓦卜的首相，提供吃住。在此，他吃了多日來第一頓像樣的餐點。在那裡待了一星期，從苦難中恢復了元氣，但第八天夜裡，他被堂兄弟叫醒，獲告知英格蘭軍人已到該處。他們集體逮捕德里難民，如想保命，得立刻離開。[86]

他從切傑爾走到巴尼伯德，在那裡，他姑姑的家，與家人全員團聚。但幾日後，英格蘭人包圍該鎮，開始挨家挨戶搜查，揪出叛變士兵和蒙兀兒貴族、廷臣。札希爾在千鈞一髮之際逃脫，因英格蘭人破門而入時，他正好不在屋裡，但他的姑丈、兄弟等全被帶走吊死。[87]札希爾在夜裡逃脫，紅堡的前侍臣姜·巴茲·汗（Jang Baz Khan）與他同行；他們避開英國人的羅網，費了一番工夫渡過恆河，前往巴雷利。在此，他們終於趕上逃亡的叛軍，卻被當成英國人的密探立即逮捕。就要被押出去槍斃時，米爾法特赫·阿里這個一直力挺叛軍的德里貴族正好騎馬經過，認出他們：

他看到我，跳下馬，用劍砍斷拴在我和姜·巴茲身上的繩子，握住我們的手，帶我們去見薩哈卜將軍（巴赫特·汗），對他一頓辱罵和斥責。他說：「你們這些叛徒，你們毀了我王的家族、毀了德里。你們毀了他的子民，使他們無家可歸，如今仍在亂搞。這兩人是國王的僕人，這兩個可憐人不想命喪英格蘭人之手，因此逃走，你們卻把他們當成告密者。若非我往這方向來，你們已殺掉這兩個無辜之人。[88]

在蘭布爾，札希爾於千鈞一髮之際第三度躲過英國人追捕，在齋浦爾土邦主的宮廷裡找到棲身之地，覓得詩人和廷臣的職位。然後，他從這裡轉往海德拉巴，在那裡，一如薩爾瓦爾．穆爾克，終於以尼札姆（Nizam，海德拉巴土邦主的稱號）廷臣的身分展開新人生。[89]

就是在這裡，二十世紀的頭幾年，札希爾終於「以札烏克、加利卜、莫敏的語言風格」，將他在蒙兀兒德里和逃離蒙兀兒德里期間零散的生活筆記，寫成一篇完整的文章：他在手稿末尾寫道，「我已年過七十」、「身心都已衰弱，記憶開始不靈光。我重聽，視力大不如前。親眼目睹的慘劇使我悲傷難抑」。[90]

札希爾．德拉維從此未再見到德里。死於一九一一年，埋骨異鄉海德拉巴。

札希爾的逃亡生涯，係札法爾大部分薩拉丁和廷臣的共同遭遇。只有少數人長期躲過英國人的搜捕隊，主要是因為英國人以重金懸賞每個與紅堡有密切關係者的人頭。

整個十、十一月，英國人派出搜捕隊追捕王族成員。最早落網者是札法爾的兩個較年輕的兒子，十八歲的米爾札巴赫塔瓦爾．沙和十七歲的米爾札敏杜（Meandoo）。兩人原分別統領密拉特部隊和「亞歷山大步兵團」（Alexander Pultun）。被捕後，迅即被哈里奧特審訊，判處死刑。

奧馬尼於十月十二日的日記上記載，「瓦特菲爾德過來告訴這兩名囚犯，明天會將他們處決。」

我和他在一塊。他們似乎無動於衷，只希望能見他們的女人、小孩一面。我把米爾札敏杜的兩個女人和一個小孩帶去，讓他們見丈夫、父親幾分鐘……（隔天）他們被押上牛車，帶到行刑場。砲兵走在最前頭，牛車跟在後面。抵達行刑地（皇宮前的沙岸），立好柱子，囚犯被帶下牛車，遮住眼睛。然後，十二名步兵槍奉命往前至距離他們不到十二碼處。[91]

但行刑隊的廓爾喀人刻意往較低部位開槍，要他們緩慢痛苦死去，主事軍官最終不得不用手槍了結這兩人。查爾斯·格里菲斯寫道，「沒有人能比這兩個可憐的受刑人更難過、更髒，但他們靜靜赴死，表現出最頑強的鎮定。」[92]

札法爾的兒子、孫子大多或遲或早落得同樣下場。誠如威廉·愛爾蘭少校指出的，皇子皇孫「有各種機會逃脫，但令人驚訝的，其中許多人逗留於附近地區而被逮；（最後）王族的二十九個兒子被捕處死」。[93]眼見這麼多王族成員慘死，加利卜因此把皇宮的傳統烏爾都語名——吉祥堡——改名為不吉堡。[94]

據知札法爾的兒子只有兩人逃脫。就在米爾札巴赫塔瓦爾、米爾札敏杜被捕時，另兩名皇子，即仍無助棲身於胡馬雍墓的米爾札阿卜杜拉、米爾札快什（Qwaish），被逮後，交由錫克籍衛兵看守。據烏爾都語作家阿爾什·泰穆里（Arsh Taimuri）在二十世紀初年所記載的德里口述傳說，

錫克籍里薩爾達爾同情這兩個年輕人，問他們「為何站在這裡？」，他們回道，「白人要我們站在這裡。」他怒目瞪著他們，說「饒你們一命。他回來會殺了你們；能往哪個方向跑，就往那跑。切記勿停，連停下來喘口氣都不要」。說完，這位里薩爾達爾轉身，兩名皇子朝不同方向

跑走。一會兒之後，霍德森回來，看到囚犯已逃，問里薩爾達爾，「那兩人跑哪去了？」「誰？」里薩爾達爾問，裝出不知情的樣子。霍德森說，「站在這裡的皇子？」他說，「我不知道。什麼皇子？」

米爾札快什直奔尼札穆丁，投奔他的姻親兄弟，告訴他，他逃離霍德森監管。他的兄弟說，「兄弟，快快離開這裡。」於是，他剔掉頭髮，頭上纏布，纏上腰布，改扮為法基爾，費了番工夫抵達（位於拉迦斯坦）烏代布爾（Udaipur）。在那裡，他遇見土邦主某個同樣來自德里的太監。太監告訴土邦主，來了一個德爾維希，如果固定發他薪水，他會留下，不斷為你祈求健康和發財。土邦主同意此請求，每天給他兩盧比。譁變事件後，他活了三十二年，在烏代布爾度過餘生，人稱米安・薩希卜（Mian Sahib）。

霍德森繼續搜尋米爾札快什，遍尋無著。政府甚至貼榜追緝，懸以重賞。數人受誘於重賞，前去烏代布爾，在該城科特瓦爾協助下，來到米爾札快什隱姓埋名後的住所，但他始終未落入他們之手，以自由之身終老於烏代布爾。

與此同時，米爾札阿卜杜拉生活在棟格土邦，生活極為艱苦，以破爛乞丐的身分四處飄泊，最終客死該邦。[95]

皇子被捕後，英國人對於該如何處置，未有明確方針。凡查明捲入此次起事者，立即吊死，但仍有許多皇子，除了生為蒙兀兒王朝一員，明顯未有任何罪行。此期間德里英國人政府的檔案，完好保存於德里專員公署檔案室裡，從中可見，英國人對該問題的回應漫無標準且驚人混亂。[96] 其中某些皇子遭吊死，另有人被移送至新設於炎熱且濕氣令人吃不消的安達曼群島上的帝國集中營，還有些人被流放到國內他處。大部分皇子囚禁於亞格拉、坎普爾或阿拉哈巴德，但因囚禁環境惡劣，其中許多人不到兩年就死去，包括「一個跛子、一個十二歲男童、一個很老的老頭」。

一八五九年四月，桑德斯奉約翰・勞倫斯之令，檢討了其中某些個案。德里專員不得不承認，針對幾乎所有被囚的皇子和薩拉丁，「我調查的結果，未能證明上述任何一人有過錯」，在大部分個案裡，無法「證明犯了哪種昭然若揭的叛亂行為」。

> 經查，這些囚犯，除了身為前國王之家族成員這項罪過，未犯下較嚴重的過錯。在許多人眼中，這已足夠證明他們理應受到重罰，因為眾所周知的，整個帖木兒家族（一如人們所順理成章認為的），為他們的王朝有機會再度掌權而雀躍不已，非常熱心且積極參與皇宮裡的戰事和可怕情事。
>
> 但此家族成員所受到的懲罰還是非常重，已交由委員會審查的囚犯，死亡率非常高（附表是此前十八個月死於獄中的十五名皇子）。因此，我請求將尚存的囚犯移到離德里甚遠的仰光，在那裡，他們不可能興風作浪，或移到屬於印度教徒城市的貝拿勒斯，或如果有必要將他們交由旁遮普政府看管，移到木爾坦。[97]

就在此時，在刑法制度竭力處理平亂後眾多入獄的囚犯時，該制度的亂無章法表露無遺。一連數個監獄發文給桑德斯，說未收到要送交監管的犯人；被判流放緬甸的犯人，給送到安達曼群島或喀拉蚩；僅僅兩年裡的死亡人數，就比此前的死亡總數高出許多。有群倒楣的薩拉丁，被認為關在亞格拉，後來在坎普爾找不到人，最後發現關在阿拉哈巴德監獄，但不久前已移至加爾各答，並轉送至安達曼群島；就要動身那一刻，他們卻又被流放到印度另一頭的喀拉蚩。這些倖存者（包括數個原未被捕、在德里平靜度日者），最後分成兩批，一批人數較少，送至喀拉蚩；另一批占了一半以上的男性薩拉丁，流放緬甸毛淡棉。

無人獲准定居於德里，即使能證明自己完全清白者亦然，但後來有五名位在喀拉蚩的皇子潛逃，據信隱姓埋名回到蒙兀兒都城。[98]

英國人打算逮捕送審者，不只王族。德里地主於整個起事期間是騎牆派，兩邊討好，卻也不支持任何一方。但英國人認為中立就是有罪，於是，札法爾皇廷的納瓦卜、羅闍，一個接一個入獄、受審、吊死。

加利卜的友人納瓦卜穆札法爾．道拉（Muzaffar ud-Daula），連同德里另兩個貴族，在阿爾瓦爾被捕，然後於古爾岡附近被處以絞刑，「因為此區域的稅務官暨行政長官說，沒理由將他們送回德里，於是就地處決。」[99]什葉派領袖納瓦卜哈米德．阿里．汗，和札希爾．德拉維家一起逃離德里，在格爾納爾附近被捕。哈基姆穆罕默德．阿卜杜勒．哈克和納瓦卜穆罕默德．汗，雙雙在「切傑爾的納瓦卜領地上」被捕，帶回德里受審，十一月二十五日「受了最重的刑罰」。[100]前者是巴拉卜嘎爾羅闍（Raja of Ballabgarh）的代理人，後者是米爾札基茲爾．蘇爾坦的木赫塔爾（mukhtar），在辛旦橋、巴德利基塞萊兩役中，統領叛軍一翼。法魯赫納嘎爾納瓦卜（Farrukhnagar Nawab）被從自家府第帶走，但他吸食鴉片成癮，在奧馬尼照章辦事的監禁體制下，沒鴉片可吸，出現嚴重戒斷症狀。後來被吊死。[101]

昔奧・梅凱夫親自出馬逮捕切傑爾的納瓦卜，即事變爆發頭一星期拒絕庇護他的那個納瓦卜。奧馬尼特別欽佩切傑爾納瓦卜的風範和勇敢，說他「長得好看、身材結實、頗帥氣」。[102]聽到他被判死刑，感觸甚深，「切傑爾納瓦卜的兩名幼子看到他們的父親，哭得很厲害，令人印象深刻且心痛的一幕……我同情這個納瓦卜；他長得好看，從容接受自己受到的判決和死亡。接受處決時，僕人行了低低的額手禮。」[103]

為這些貴族全遭吊死感觸良深者，不只奧馬尼。另一個親眼目睹者，穆特太太，尤其佩服切傑爾納瓦卜在法庭上的辯詞，「驚人的公道」和合理。他主張，「把災殃帶到這個國度上的那些惡徒，係英格蘭所武裝且訓練出來；我國的統治者和法官未能叫自己的部眾順從於他們，卻認為他（切傑爾納瓦卜）該叫他們的部眾順從於他，這根本沒道理。」

這位土邦主在絞刑架上吊死時，表現出冷靜、堅毅、紳士般的風範，令我統領護衛隊的丈夫肅然起敬。（巴拉卜嘎爾之）羅闍的死，更令人難過。身為印度教徒，他對英格蘭人的支持，大概就和他對穆斯林皇帝的支持一樣高。這個舉止溫文、年輕帥氣的高貴之人，陷入步步都危險的境地，在只要敵視我們統治就會性命不保之時受審，實在是時運不濟。他向法官陳述的最後一段話，令人動容，「我原本安穩坐在一棵茂密之樹的粗枝上，但自己的作為，踞掉了安坐的那根大枝。」[104]

昔奧・梅凱夫很快讓人見識到他是最積極的賞金獵人和劊子手之一。自結束飄泊來到英國人營地起，他的報仇念頭日益濃烈；十月時，他甚至在梅凱夫宅立起一個絞刑架。在那裡，他把他所認為犯法的印度人，吊死在他家的焦黑大梁上——清楚表明要為他家房子被毀、他所認為切身經歷的背叛，報仇雪恨。《德里報》刊載的一件事，與先前把昔奧某個僕人交出給叛亂分子的一個村子有關。據說，昔奧迅速槍斃了該村二十一名有頭有臉的村民以示報復。[105]

已住進齊娜特·馬哈爾位於拉爾寬豪宅的昔奧，從他的新居出擊，猛撲向一群群棲身於墓室與聖祠的難民，吊死他認為涉入這場亂事的男子，令德里周邊地區的人聞他色變。[106] 據刊登於一八五八年一月《泰晤士報》上的一則投書，梅凱夫「每天審訊、吊死他所能捉到的每個人……本地人非常怕他」。札希爾·德拉維指出「梅凱夫亂開槍」、「看見年輕男子，就用手槍當場射殺，沒有理由或不問對錯」。[107]

昔奧惡名遠播，不久便猶如令人聞之喪膽的德里妖怪，光是他的名字就足以讓人心生恐懼。據女中豪傑庫普蘭太太所述，

> 我在德里時，他忙於搜捕叛變士兵和殺人犯，予以審問，然後吊死：他眼光銳利，一眼就能看出兇手。有天，他經過潘尼將軍宅，在由印度籍騎兵組成的衛隊裡，識出一名殺人犯，隨即把他揪出來，審問，然後判死刑；他也找到殺害可憐的佛雷澤太太的兇手，將其吊死。有天，有個本地珠寶商主動向嘉爾斯丁太太兜售商品，嘉爾斯丁認為開價太高，說「我要把你送交梅凱夫大人」，那人一聽，丟下珠寶，迅即跑掉，從此未再露臉。[108]

這個時期，每日都有人遭吊死、殺害，稀鬆平常，英國人覺得這沒什麼好大驚小怪。於是，

儘管昔奧動不動就槍斃、吊死人，細節依舊不明，但被特別拿出來談，間接表明在外界眼中，他隨意殺人的事幹得實在太多。他濫殺之事，甚至已傳到拉合爾的約翰・勞倫斯爵士耳裡。勞倫斯很快就為「文職官員隨意隨興吊死人」的傳聞感到憂心。不久，勞倫斯開始就是否該約束昔奧，乃至暫停其職務，向人徵詢意見。他寫信給桑德斯，說「如果我所聽到的傳言屬實，我們就該出手管管，不該讓梅凱夫掌有生殺大權。（我的線民）似乎深深覺得，他的狂熱與特別委員會所需的公正審議精神相牴觸，覺得愈早拿掉他無需呈請核准就直接殺人的權力，對人民和政府都愈有利」。[109]

勞倫斯聽得愈多就愈不安：他寫信告訴桑德斯，「他（昔奧）具備道地的軍人特質，在強攻德里之役表現出色，但執迷不悟、判斷力差，而且，這時由於對穆斯林懷著滿腔怒火，以致上述傾向更為鮮明。要管住他很難……梅凱夫的父母是我認識最久、交情最好的朋友之一。就私人交情來說，我很樂於幫他；但還有比這些更重要的事需要考量。」[110]

由於身為戰利品處置官，愛德華・坎伯也涉入報復行動，但比起他日益凶殘的妹婿，他對此差事遠沒那麼熱中。他不時從數個挖寶地點寫信給妻子喬吉娜：有回他匆匆寫道，「我正在城裡挖掘寶物，找到一本老舊的空白簿子，從中撕下一頁以便寫信給妳，而且已派人去一個放款人那兒，看看能不能弄到墨水。我從戰利品裡弄到一些小東西要給妳，都是些微不足道的東西，但我想妳會喜歡，一有機會就寄去給妳。」[111]

戰利品處置官是份高薪且能撈到很多油水的差事，但不是坎伯中意的差事：那個星期他寫信告訴喬吉娜，「讓放款人心生恐懼，乖乖說出他們藏放財物的地方，實在是令人厭惡的差事。」

親愛的，妳也知道我和拷問這檔事從來沾不上邊。里福德是強索他們財物的高手。我知道自己看來不夠殘酷、嚴厲，但實情是一成不變做同樣的事做不久。人們一聽到風聲便逃跑，除非（每）十間房子就有一（人）指出他們藏錢的地點，你可能要挖個沒完沒了。但老婆，這是令人非常厭惡的差事，*我言盡於此，不想再多說。[112]

他還說，「我們找到一把（來自梅凱夫宅）有雕刻圖案的老椅。我擔心可憐的昔奧會認為這些東西理該歸他所有，當發現他得花錢買下，會非常苦惱，因為（連同在德里找到的其他東西）它們被視為戰利品。對我來說，戰利品處置官是毫無樂趣可言的苦差事。」然後寫到他希望喬吉娜不要見怪的事，「我擔心昔奧未扮演他應扮演的角色，反倒利用對這個城市的了解為自己牟利，我為此非常痛苦。」

言下之意，一如後來對其指控更清楚表明的，似乎是昔奧涉嫌將不肯乖乖把財物交給他的德里名人吊死。也有傳言說他私下洗劫財物，從想要保住自家財產且願意花錢買護身符的銀行家那兒收受了保護費。昔奧肯定是絕望至極才會幹出這樣的事。他已在這場亂事中失去一切——他的房子、他所繼承的遺產、他投入德里銀行的錢。再者，身為文職官員，他沒資格分到戰利品出售所得的錢，照理只有軍隊能分到這筆錢。

愛德華．坎伯承認，這怎麼說都不公平，「我說他應該和軍人一樣分到戰利品出售所得的錢，因為他被要求像個軍人一樣，在攻破德里後，帶領一支隊伍挺進直到賈瑪清真寺，我希望此事得到處理。不然，我們身為戰利品處置官，不能讓他為所欲為。」

愛德華最後說：「GG，我很想放掉戰利品處置官這個職務，但最終它或許是個好差事，我不該只受了這麼短的考驗，就放掉這麼多錢……我希望他們盡快把我們帶回國（英格蘭），因為現今兵力非常薄弱，要招募新兵恢復到原有兵力，需很長時間。自六月三十日（坎伯來到德里那天）迄今，我團死傷四百人左右，占了將近一半。」[113]

到了一八五八年一月底，札法爾的朝中貴族全都已受審吊死時，換札法爾本人面臨審判。

一八五七年整個秋天和初冬，印度斯坦東半部的勒克瑙爭奪戰打得正酣時，德里的英國人政府，把大半心力用於準備一場具重大歷史意義的審判，對象是這時顯然會成為蒙兀兒王朝末代皇帝的札法爾。從拉合爾派來翻譯人員，幫忙閱覽已從皇宮祕書處和叛軍營地搶救出來的一大堆文件；霍德森不殺札法爾的保證，其合法性和約束力受到仔細調查；皇帝受審一事的性質及他會受到的指控，得到討論。最終眾人同意，此保證具法定約束力，儘管該保證的發出，違反坎寧勛爵事前一再下達的書面指示；札法爾會被軍事委員會控以「造反、重叛逆、謀殺罪名」，以及「不尊重他（身為英國子民）的忠誠義務」。軍事委員會將於一八五八年一月底開庭，審理這些罪名。

* 作者註：針對愛德華未拿去煩擾喬吉娜的這件「令人非常厭惡的差事」，林賽（A. H. Lindsay）中尉留下了一份記述，「他們逮到一個非常和善、肥胖、看來時髦闊氣的印度教徒，認定此人很有錢。他撐了好久，仍不肯吐露藏錢地點，於是他們把他關在一間陰暗的地下室，拿起手槍朝著頭頂上方開槍，最後他嚇得乖乖交代哪裡能找到他自己的五萬盧比和某個友人的四萬盧比。他認為讓這個友人逃過一劫沒道理。隔天，他們捉住另一個有錢的黑人，但這個人見到手槍卻面不改色，甚至我們仿照中國雜耍朝他身旁丟小刀，也不為所動。於是他們在他面前替手槍裝上子彈，開一槍穿過他的頭巾，他這才看出我們不是在鬧著玩，說出四萬盧比的下落。」被引用於 Christopher Hibbert, The Great Mutiny: India 1852, London, 1978, p. 321。

已成功起訴並吊死札法爾大部分廷臣和家人的哈里奧特少校，會起訴他已言明係「叛亂分子龍頭老大」的這個人。

從未討論到的一點，係東印度公司是否有法定權力審判札法爾。因為，此政府雖然主張札法爾領了該公司的養老金，是領取該公司養老金過活者，從而是該公司的子民，但真正的法定地位還是相當含糊。該公司一五九九年的東方貿易特許狀，來自議會和國王，所以就法來說，該公司在印度的治理權，其實來自蒙兀兒皇帝本人。一七六五年八月二月普拉西之役後數年，蒙兀兒皇帝正式僱用該公司，為他在孟加拉的收稅員。

晚至一八三二年，札法爾五十八歲時，該公司仍在錢幣上，乃至在大印上，表明自己是蒙兀兒皇帝的封臣；大印上有銘文「Fidvi Shah Alam」（沙·阿拉姆的忠誠扈從），一八三三年，在查爾斯·梅凱夫爵士影響下，才移除銘文。自那之後，未發生過足以改變兩方法定關係的事，因為該公司雖片面停止獻上納茲爾，不再於公司錢幣或印章上宣明自己的封臣身分，不管沙·阿拉姆，還是阿克巴·沙，抑或札法爾，都未聲明放棄對該公司的統治權。從這觀點來看，的確可以把札法爾當成戰敗之敵國國王來審判；但他從來不是該公司的子民，因此不能將其稱作犯了重叛逆罪的造反者。反倒就法律觀點，認定東印度公司才是真正的造反者，言之有理且持之有故。畢竟，該公司宣誓效忠於一封建領主近百年，卻向該領主造反。[114]

《泰晤士報》通訊員威廉·霍華德·羅素（William Howard Russell）——戰爭新聞報導之父——此時前後來到已成廢墟的德里，精闢點出該公司對札法爾的指控荒誕不經。街上仍散落骨骸，德里城的圓頂和塔上彈孔累累；但紅堡城牆依舊雄偉：羅素在其印度回憶錄裡寫道，「我很少看到比這還雄渾的牆，鮮紅城牆的巨大牆面，令我想起溫莎堡最出色的部分。」羅素也非常著迷於舒適的勒德洛堡。那是賽門・佛雷澤的舊宅，民政專員（Civil Commissioner）已於最近將其整修翻新。「馬車來到帶柱的門廊底下，」羅素寫道。「不一會兒，出來一位臉色紅潤、迷人的英格蘭紳士，我還來不及知道自己身在何處，就被帶到一個金髮英格蘭女人面前。她坐在一張陳設非常齊全的餐桌旁，向一圈賓客善盡地主之誼。」

自離開加爾各答，這是我第一次見到英格蘭女人的臉。我滿身塵土進來——恐怕是一身髒——一個初來乍到、看來不討人喜歡的陌生人。立刻覺得自己回到文明生活，置身許久無緣享受的奢侈品之間。房子的舒適和豪奢，讓人大飽感官之娛。挑高寬敞的房間——內有柔軟地毯、沙發、安樂椅、書、畫，一派安詳寧靜。外頭有濕香簾*和風扇工。我們進去時，這一家人正在吃他們的第一頓早餐。我發現他們早餐吃兩次，一次八點，一次三點。

但羅素的最後目的地，叫人比較不舒服。後來，他被人帶著走過紅堡的一條「陰暗、骯髒的偏僻通道」，來到囚室，裡面關著他被告知已被指控為此次起事主謀之人：驚訝的羅素問道，「那個身形矇矓、眼神恍惚、失了神的老頭，耷拉著無力的下唇、露出無牙牙齦的老頭，真的就是那個想出恢復大帝國宏圖計畫的人、引發世界史上最大規模譁變的人，從其古老皇宮的宮牆蔑視、嘲笑，把印度境內每個王位都牢牢控制在手中的我族之人？」羅素走進來時，札法爾人正不舒服，「身子對著銅盆彎成幾乎俯臥狀，朝銅盆裡猛乾嘔……」

* 作者註：kusku-tatty，用草和竹子編成的簾，炎熱天氣時灑水保濕，本身散發香氣。

這個蹲坐的人（是）個身材瘦小的老頭，穿著普通且骯髒的麥斯林紗無袖上衣，光著瘦小的腳，頭上戴著質地輕薄的麻紗無沿小便帽……他不發一語，日夜靜靜坐著，眼睛瞧著地面，好似渾然不察其淪落的處境……他露出年紀很大之人那種無精打采、迷濛不清的眼神……好似要引領我們前往大黑暗……有人聽到他念自己的詩文，用燒過的柴枝在牆上寫詩……[115]

羅素很清楚他的生平，且有感於蒙兀兒大皇宮破敗仍不失宏偉的氣象，對東印度公司加諸札法爾之罪名的合法性，心存懷疑。

當年就是從這裡發出威嚴的敕令，依據那些敕令，讓一些發抖的商人有權利在獻上服務與順服的條件下，持有印度境內土地……即使已衰老至極，這位阿克巴的後裔仍以尚存的威嚴護住自己，使印度總督無法以平起平坐的姿態靠近他。德里的英國官員與他打交道時，不得不表現出君主所有權，要求其僕人表現出種種體現於外的尊敬……

（這位國王）被說成恩將仇報，竟造他恩人的反。他無疑是個衰弱、殘酷的老頭；但這個人眼看著先祖的所有疆土被人從他手上漸漸奪走，最後只剩一個虛銜、更空虛的府庫、滿是窮困潦倒的王宮，說這個人不知感激，十足荒謬。他要為自己陷入的處境感激該公司？

如今我們的確擁有統治領土的權利和特許狀，一如這個德里王朝的穆斯林創建者，有權利和特許狀聲稱他們擁有印度斯坦的最高統治權（亦即征服權）。但我們進入印度時，不像他們那樣領著大軍、公開聲明要制伏這個國家，而是以卑微的以物易物者身分悄悄進來。這些人的榮枯取決於德里國王之代理官員的厚賞和特別照顧，而我們所表現出的「寬宏大度」，就只是小小承認他的先祖曾對我們恩遇有加。[116]

最後羅素指出，如果用正規法庭而非軍事委員會，審判這位國王，加諸札法爾的那些罪名，幾乎不可能成立，「在英格蘭人的法庭上，英格蘭律師或許會證明，我們政府很難以重叛逆罪、以對身為最高領主的我們發動戰爭的罪名，將德里國王起訴……」

羅素也寫道，他深信要以札法爾想擺脫自己受束縛的狀態為由，究責於他，幾乎不可能辦到。他寫道，「看著這個老頭，我不由得認為，他所犯下的罪行其實是我們的統治者所造成……」

在我看來，叛亂爆發前許久，這位國王就是承受最難忍受不幸的人之一。他的皇宮其實是囚籠；他知道他尚保有少許令人生氣的特權，猶如在嘲笑它們所代表且已成昨日黃花的權力，而且等到繼任者繼位時，連這些特權都會被拿走；知道他的繼任者連住在自己皇宮的權利都會被剝奪，會被流放到城外某處。我們不讓他的王族成員為我們效力；我們逼他們在自己宮牆內過著有辱人格的生活，貧窮且債務纏身，然後卻斥責他們懶惰、卑劣、縱情聲色。我們對他們關上軍中升遷的大門——不讓他們追求任何值得尊敬的目標——然後我們的文件和食堂裡，充斥著對懶散、怠惰、好感官享受皇子的辱罵。

死一千次，都好過在如此可鄙、有辱人格的情況下苟活。如果這個老頭和其兒子未曾殺害無辜之人——如果他們是在善盡自己職守的情況下死去——我會對他們的遭遇一掬同情之淚。[117]

他的審判日終於敲定，訂在一八五八年一月二十七日，那天到來時，札法爾依舊重病在身。那是個寒冷、潮濕、多雲的冬日，愛德華．坎伯在日記裡寫道，他慶幸自己臥室裡有火。[118]「那個老頭今天早上似乎特別消沉，」奧馬尼向桑德斯報告。他「非常虛弱，幾乎說不出話。我認為他這個樣子撐不了多久」。[119]札法爾無法行走，奧馬尼不得不扶著他下轎；他由兩人攙扶著，一邊是米爾札賈旺．巴赫特，另一邊是個僕人。他們領他進入私人接見廳，以便被以重叛逆罪名受審，而審判他的人，乃是他仍有理由視之為封臣的人。

為讓札法爾知道自己已非一國之君，他既不得使用他的撣子，也不能抽水菸筒。已坐上觀眾席者，包括查爾斯．桑德斯和馬蒂爾妲．桑德斯、愛德華．維巴特，以及代表《德里報》出席的喬治．瓦根特里伯，還有哈麗特．泰特勒。攻下德里那天傍晚，哈麗特丈夫羅伯特把他團的錢箱搬進城裡後，她就分配到紅堡裡的房間。[120]

審判一開始頗為混亂。訴訟程序會有一部分以印度斯坦語進行，但五名法官——全是較低階的陸軍軍官——個個對這語言都不在行。愛德華．維巴特寫道「只有主席熟稔印度斯坦語」。[121]訴訟程序排定在上午十一點開始，軍事法庭主席蕭爾斯准將直到正午才現身，然後宣布他已接到命令，要去亞格拉接掌該地部隊，隨即匆匆離去。在此期間，札法爾一直在外頭，「在步兵的嚴密守衛下」等著。[122]

那天下午更晚時，終於開庭審理，由道斯上校主持，宣讀了札法爾遭指控的罪狀，向札法爾——這時被安置在道斯與檢察官哈里奧特少校之間，由數塊墊子鋪成的床上——詢問是否認罪。

但不久大家就看出這個老人搞不清楚狀況，經過又一段「頗長的延擱」，才得以說服他回答，而他回以不認罪。

接下來幾天，一批甚為可觀的證據呈上法庭。證人被傳喚出庭，講述自己親眼目睹的亂事爆發情況和這場起事的主要事件，而從皇宮祕書處、米爾札蒙兀兒的官署、德里的科特瓦利、軍營沒收來的手稿，其中的主要段落，被完整宣讀於庭上。在場旁觀的查爾斯・博爾（Charles Ball）寫道，「宣讀每份文件時，都把該文件拿給犯人的瓦基爾（vakil，札法爾的律師，古拉姆・阿巴斯／Ghulam Abbas）看，並經他確認。但國王本人表示完全不知這些文件的存在——否認文件上他的簽名，並以表示不同意的頭手動作，向法庭傳達他完全無辜的立場。不久，札法爾的注意力開始渙散，博爾寫道「這個淪為階下囚的國王，似乎完全不把眼前的訴訟程序放在心上，只覺得厭倦，開始打盹打發無聊……」。

但偶爾，聽到庭上宣讀某段文字時，無精打采的眼神會精神起來，低著的頭會抬起，明顯專注聆聽一會兒，接著又墮入慵懶的冷漠中……他的兒子看來較有精神，大笑，與父親的隨從聊天，完全看不出難為情。[123]

不久，被奧馬尼認為「很不禮貌、不得體、不尊重」的米爾札賈旺・巴赫特，被他的看守員禁止出席此後的庭審。[124]沒有自己摯愛的年輕兒子作陪，札法爾益發覺得訴訟程序無趣。他常常因為身體太差而無法出庭，法庭頻頻以犯人身體不佳為由延後開庭。據博爾所述，真的開庭時，國王表現出一貫的行為模式，而且該行為完全不是身居大位的他所應有的。偶爾，法官聽取證詞時，他會蜷縮在披巾裡，斜靠在為了讓他舒適而擺放的墊子上，完全不關心正在進行的訴訟程序；有時，他會突然起身，好似從夢中醒來，大聲否認正在接受訊問的證人說詞；然後再度陷入冷漠或假裝冷漠的狀態中，接著漫不經心地問起某事，或大笑著解釋證詞裡所用的某個語句。

有次，法庭上有人就他被指與波斯密謀一事提出質問，他十足裝傻，竟問「波斯人和俄羅斯人是不是同一種人」。他數次宣稱自己遭指控的罪是莫須有，而且拿圍巾自顧自玩了起來，像個調皮小孩把圍巾纏在頭上再解開，藉此打發他那些受到約束之觀眾的倦意。[125]

對於加諸自身的諸多指控，札法爾的回應，就只是提出一份簡短但條理分明的烏爾都語書面辯詞，否認他與這場起事有任何關聯，堅稱他始終無力反抗叛變印度兵，只能任其擺布。札法爾的書面證詞寫道，「亂事爆發那天之前，我對此事毫不知情。」

> 我懇求他們離開。老天作證，我發誓我從未下令殺害佛雷澤先生或其他任何歐洲人……關於蓋了我的大印且有簽名的那些命令，實情是自從那些軍人過來、殺了歐洲籍軍官、把我納為俘虜起，就一直受他們擺布。凡是他們認為該擬的文件，都要人擬好，然後帶來給我，逼我用印……他們常常要我把印蓋在未註明收件人的空白信封上。我不可能知道他們送來的空白信封裡有什麼文件，或要把它們送去給誰。
>
> 他們指控我的僕人送信給英格蘭人、與英格蘭人勾結……甚至說要罷黜我，立米爾札蒙兀兒為王。我究竟有什麼權力？這事需要耐心且公正的思量。這支軍隊甚至要我把王后齊娜特·馬哈

爾交給他們，要把她關起來，說她與英格蘭人交好……

所有作為都是造反的軍隊所為。我受他們擺布，能怎麼樣？我無力反抗，而且受制於我所擔心的事，所以他們要我做什麼，我就做什麼，不然他們會立刻殺掉我。這是舉世皆知的事。我陷入這樣的困境，以致有厭世的念頭。在這樣的情況下，我決意安於貧窮，穿起用紅土上色的托缽僧服，打算先去庫特卜・薩希卜的聖祠，再從那裡去阿傑梅爾，最後從阿傑梅爾去麥加。

如果我和他們勾結，怎會有上述情況？至於那支造反軍的行為，可以這麼說，他們連向我行禮都沒有，也沒有向我表達任何敬意。他們總是穿著鞋走進特別接見廳和禮拜堂……我怎會信任殺了自己主子的兵？他們怎麼殺了你們，就怎麼把我納為俘虜，欺壓我，要我乖乖聽話，以便用我的名義認可他們的行徑。眼看這些兵殺了自己的主子、殺了權大勢大的人，我沒有軍隊、沒有錢，要怎麼抵抗他們……？老天作證，我所寫句句屬實。

126

對原告及其律師來說，所幸札法爾未在法庭上發出更嚴正、更用心的答辯，或未選擇反詰問哪個證人，因為隨著訴訟程序緩慢進行，儘管檢方密集提出證詞和證據，檢方主要論點的荒謬處卻益發明顯。撇開此法庭是否有權力審判札法爾這個更大的疑問不談，檢察官哈里奧特少校選擇大大倚重猜測，提出如此明顯站不住腳且對這場起事所追求的目標全然無知的論點，因而，凡是記錄這場審判的英國籍觀察家，沒一個能打從心底相信他的論點。

哈里奧特主張，札法爾是天生的壞胚子、一樁國際穆斯林陰謀的幕後關鍵人物，這個陰謀所要施作的範圍從君士坦丁堡、麥加、伊朗至紅堡城牆，涵蓋甚廣。哈里奧特特別嚴正表示，他存心推翻大英帝國，由蒙兀兒人取而代之。種種證據表明，這場起事最初爆發於以印度教徒居多的印度兵部隊裡，高階印度教徒印度兵一直是叛軍主力，而且印度兵、伊斯蘭聖戰士、波斯的什葉派穆斯林、德里的遜尼派皇廷間存在種種鮮明歧異，但哈里奧特少校不顧上述事實，還是主張這場譁變是上述諸多陰謀勢力，以札法爾的狂熱伊斯蘭王朝野心為中心，合流的產物。「我們可以把一八五七年的可怕災難，主要歸因於穆斯林的詭計和伊斯蘭教徒的陰謀，」哈里奧特少校主張。「叛變士兵與關在你們獄中的這個犯人聲息相通。」

> 這個陰謀從一開始就非只存在於印度兵，甚至非發軔於他們，反倒其效應已遍及整個皇宮和整個德里城……（札法爾是）德里叛亂分子的龍頭……這個身形皺縮的災星化身，對人類的所有正派情操無動於衷，想必已是圍繞在他身邊那群惡徒的理想中心人物……我們看出（穆斯林）神職人員，老早就對此事非常感興趣，並投身其中，看出這個陰謀的參與者如外界所料，全是伊斯蘭教徒，沒有別種人……
>
> （札法爾是）始作俑者，此事的首腦暨掩護此事的檯面人物，還是只會點頭同意的工具……一心欲提倡宗教偏見的神職人員所調教出來，擺在門面上、行事肆無忌憚但仍舊易操控的傀儡？我相信許多人會傾向於後一看法。眾所周知伊斯蘭狂熱主義騷動不安的特質，一直是首要侵略者，該古怪宗教報復心切、無法包容異己，拚命要主宰一切，因此煽動叛亂的陰謀是其遂行目的的手段。這個囚犯一直是其積極配合的共犯，各種罪行則是隨之而來的可怕結果……伊斯蘭教充滿仇恨的熱情，我們到處碰到……其表現於外的作為十足惡毒……[127]

這場起事，從各種跡象來看，其實是高階種姓印度教徒印度兵所發動，他們反感於軍中的作法而起事，認為那些作法威脅到他們的宗教和「法」（dhamra），然後，這場起事迅速擴及全國，吸引其他群體共襄盛舉。英國人不知尊重本地人忌諱且殘暴的政策，失去這些群體的民心，但這些群體雖共同高舉抗英大旗，彼此卻有嫌隙，未能同心協力。共襄盛舉者，包括蒙兀兒皇廷，以及許多自行前來德里的穆斯林個人，即對異教徒同仇敵愾的平民聖戰士。但哈里奧特充滿偏見且非理性仇恨伊斯蘭的論點，把這個錯綜複雜的局面，過度簡化為虛構成分甚大但容易理解的全球穆斯林陰謀，並把一個看得見、已淪為階下囚、會激起仇恨的人物，視為該陰謀的中心人物，從此便可名正言順將報復的矛頭全指向他。

這個流於簡化的說法，肯定打動了英國境內那些無知且自認高人一等的報紙讀者，但在德里的任何人看來，此論點存在明顯缺陷，而這主要因一個昭然若揭的事實，即那些可恨的「潘戴」至少六成五是高階種姓印度教徒。二月三日審訊期間，為證明印度兵和札法爾在亂事爆發前就有往來，哈里奧特拿一八五三年有十二名印度兵前來晉見札法爾，詢問是否能成為他的修行弟子（murid）一事大作文章。其實此事只表明，札法爾被某些信徒視為擁有神奇法力的神聖蘇非派導師而已；但在哈里奧特看來，這是能一招斃命的證據，證明札法爾至少在亂事爆發的三年半前，就已忙於顛覆軍隊。[128]

奧馬尼很清楚檢方的說法是胡說八道，認為此說法表明檢方既完全不了解印度社會的複雜，也完全不懂引發這場起事的諸多民怨。他在日記裡寫道，「在我看來，把這場亂事說成是穆斯林所掀起，真是大錯特錯。（哈里奧特的說法）完全未提及該公司之本地人軍隊的心態。該軍隊（裡的印度兵）看出自己有力量，決定問鼎中原。有穆斯林加入這支軍隊，不表示這場叛亂是穆斯林所發動……」[129]

事實上，隨著證人一個個上場，事實愈發清楚，即若有人擬了計畫，以發動一場各方協同的起事，札法爾根本不知這樣的計畫，除了致力於保護他在德里的子民，他始終未幹下什麼壞事。在場旁觀這場審判的穆特太太寫道，「據我所知，他（札法爾）似乎譴責納納在坎普爾（的屠殺）；許多證據表明，他竭力保護德里城民，使其不受軍人暴力和貴族暴行傷害，保護鄉村人民不致遭古遮人劫掠。」

> 很清楚的，這個老人在譁變旋風裡被推著轉，而無力控制，無法排除萬難管束身邊那些殘酷之人，處境何其可憐。如今已有許多人民請願書被翻譯出來，上有國王的批註。他所說的大多很有道理，他所忿忿抱怨的是印度兵的傲慢無禮……為其準備好的床上那些刺，他很清楚有多銳利。他只是個傀儡……
>
> 我無法認為在對待帖木兒家族最後君主上，展現了我國一貫的寬宏大度。我們必須把以下事實永遠謹記在心：使這個國家陷入火海者，是我們的軍隊——我們的膽怯導致這場浩劫；我們連拿這場譁變是始料未及之事來當藉口都沒資格。
>
> 儘管這個國王身陷貧困、受到鄙視，看到許多被傳喚出庭作證者在庭上的表現，我還是感到欣慰。他們雙手交握，對著這個躺在床上的不幸之人跪拜，儘管委員會稱他是圖姆（tum，只用於稱呼較低位者和僕人的用語），他們還是稱他「天下的統治者」，向這位受擺布的老人、這個過去只需要點頭就能將其處死的老人，致上他們不願向法庭致上的高度敬意。[130]

這個案子拖了兩個月才審完。經常因札法爾健康不佳而不得不延期再審。有次，這個皇帝呻吟著被抬離法庭。審理初期，他臉上露出焦慮、驚恐之意，但隨著數星期過去，「他的臉漸漸變得茫然，表現出假裝的或由衷的冷漠，依舊明顯無精打采，大半審訊期間雙眼緊閉。」[131]

三月九日軍事法庭最後一次開庭。上午十一點，在擠滿人的法庭前，哈里奧特做了他的最後一次發言。整整兩個半小時，再度闡述他的一貫看法，即這場起事是國際伊斯蘭陰謀。他慷慨陳詞道，「我一直要讓大家知道，這個囚犯，身為印度伊斯蘭教徒的首領，與那個陰謀組織關係非常密切，若非擔任該組織的領袖，就是該組織的無恥共犯……」

關於伊斯蘭教徒的背叛，已有證據予以證明，那麼，聽過我陳述的人，還會有人相信這一樁規畫縝密且統合周全的陰謀，與此毫無關係……如果從事後角度審視，我們在長期調查間所已能推導出的種種細節，會看出與該陰謀有關的重點，都和伊斯蘭教脫離不了干係。一個佯稱見到異象且被認為擁有神奇法力的伊斯蘭教神職人員——一個信伊斯蘭教的國王、受他愚弄的人和他的共犯——一個派到波斯、土耳其這兩個伊斯蘭教大國的地下伊斯蘭教徒使團——宣稱我們會垮台的伊斯蘭教預言——我們垮台後由伊斯蘭教徒入主——伊斯蘭教刺客所幹的最冷血謀殺——為讓伊斯蘭教稱霸而發動的一場宗教戰爭——無所顧忌教唆犯罪的伊斯蘭報業——發動此譁變的伊斯蘭教印度兵。我可以說，不管在哪裡，都未看到印度教的蹤影或代表印度教行動之人……[132]

然後，哈里奧特在結論時補充了一段話，批評這場起事與基督教傳教士的活動有關聯一說（已有人提出此說）。他說「我很清楚，坦率且毫不掩飾為基督爭取信徒的作為，從未有哪個本地人以一丁點的非難心態看待……當基督教被從其原本面目的角度看待時，完全未讓本地人感到害怕……」。[133]

下午快三點時，諸法官退庭，商議要做出的裁定。幾分鐘後，他們回到法庭，一致宣布札法爾「所受到的每項指控」，罪名成立。

主席指出，正常情況下，這樣的裁定會導致「身為叛徒和重罪犯所應受的死刑刑罰」，但由於霍德森保證饒他一命，法庭不可能做出這樣的判決。於是，札法爾被判「流放度過餘生，若非流放到安達曼群島某島，就是流放到印度總督會同行政會議所可能選定的其他地方」。[134]

然後，延擱了七個月才執行此判決。在此期間，英國人尋覓流放札法爾的合適地點，為此，書信往返於德里、加爾各答、仰光、安達曼群島，乃至開普殖民地之間。英國人也擔心，如果印度斯坦東部某些較不平靜的地區戰事尚未完全停歇，就把札法爾送出都城，可能會有人出手救他。一八五八年九月底，終於判定此時將札法爾送離德里安全無虞，儘管最後的落腳地尚未敲定。奧馬尼中尉會押送他前往流放地，務使這個「國家犯人」（State Prisoner，英國人此時對札法爾的稱呼）在途中不會與任何人聯繫。[135]

十月七日凌晨四點，即巴布爾首度征服該城三百三十二年後，末代蒙兀兒皇帝坐牛車離開德里。隨同者有他的諸多妻子、兩個尚在人世的孩子、*諸妾和僕人——一行共三十一人、兩頂小轎、三輛轎式馬車，由第九長矛輕騎兵隊和一個中隊的馬砲兵護衛。這趟遠行祕而不宣，連札法爾都未獲告知，直到當日凌晨三點被奧馬尼叫醒，要他準備好，這個老人才知道自己要離開。

「他被以最快的速度移走，」馬蒂爾妲·桑德斯在次週告訴婆婆。「一切祕而不宣，但C（查爾斯・桑德斯）當然老早就知道此事，一直在忙著為他們置辦交通工具，以便能搭乘有篷馬車、轎子之類旅行，並採辦牛車、帳篷之類東西。」

事前的籌畫和安排非常周全。凌晨三點，睡在紅堡裡的老公（桑德斯）下床，協助其能幹的助手奧馬尼先生，要他們收拾好東西。四點，他把他們轉交給長矛輕騎兵衛隊，看著他們安全走過浮橋，踏上離開都城之路。國王離開，令德里如釋重負。他的兩個王后陪他，他的兩個較年幼兒子、其中較大兒子的老婆一起走，還有可選擇留下但決定和國王一行人共進退的旁系親屬。

她還說：「沒有群眾看著他們離開；凌晨時分，到處靜悄悄。」[136]

* 作者註：除了米爾札賈旺・巴赫特，還有一個皇子保住性命，未遭英國人殺害。這人是札法爾的么子，米爾札沙・阿巴斯（Shah Abbas），札法爾的十五子。他是札法爾與妾穆巴拉克・尼薩（Mubarak un-Nissa）的非婚生子，生於一八四五年；因此，他隨同札法爾、他母親離開德里時，十三歲大。

CHAPTER 12

蒙兀兒末代皇帝

「前國王等囚犯這趟遠行很順利，」中尉奧馬尼十月十三日報告。「他們都很開心。我要這些囚犯最晚早上八點時，必須在帳篷裡舒舒服服待著，除了每天凌晨一點叫他們起床（以便白天趕路）這件事，沒多少讓人煩心的事。」[1]

札法爾原本就喜歡遠足，一行人浩浩蕩蕩出巡、有具體目的的遠行。年輕時到德里周邊鄉野打獵，一直是他最愛的娛樂之一；即使年紀大了，在梅赫勞利的夏宮避暑時，他也常利用雨季期間雨停的幾天空檔，到南邊叢林裡狩獵。但此前他出門再遠，離都城都未超過一或兩天的距離，這趟流放之行則是他這輩子所從事過最久的遠行。經歷過壓力大到叫人吃不消的起事抗英、圍城，經歷過被囚、審訊的羞辱，因此前往流放地的旅程，即使談不上是度假，至少紓解了此前十八個月期間膽戰心驚的心情。

一行人組成車隊行走。一個中隊的長矛輕騎兵走在最前頭，擔任前衛，接著是有篷的轎式馬車，車裡載著札法爾和兩個兒子，四周有長矛輕騎兵護衛；再來是載女眷的封閉式轎式馬車，裡面坐著齊娜特·馬哈爾、米爾札賈旺·巴赫特的年輕妻子納瓦卜沙·札瑪妮別姬、她的母親穆巴拉克·尼薩。第三輛馬車載著王后泰姬·馬哈爾和她的隨從，包括她的太監，叫克瓦賈·巴利什（Khwajah Balish，意為「墊子」）的「一個安靜隨和的年輕人」。[2]後面跟著五輛「牛拉的斜頂彈藥車」，載了男女隨從和札法爾的女眷，每輛四人，各有一隊長矛輕騎兵護送。

有輛彈藥車在浮橋上傾斜，差點把札法爾的妾翻進亞木拿河裡，但除了這樁有驚無險的插曲，一路順利，沒人抱怨，這一家人尤其肯定奧馬尼為他們野營所做的安排：一頂「山帳」由札法爾和兩個兒子共用、一頂「有昆納特（kunnat，女眷居住區的帆布簾）的軍人帳」供女人使用。[3]天氣絕佳——晨夜涼爽，白天晴朗溫暖——抵達坎普爾時，這支隊伍裡的蒙兀兒人第一次看到蒸氣火車，「接納其乘客，不久後在規律性吐出黑煙和發出奇特氣笛聲中駛離」，同時有支樂隊在月台上演奏〈英格蘭人〉（The Englishman），大為驚愕。[4]國王甚至向奧馬尼透露，他希望看到海，搭大船遠遊，說他從未搭過比河船還大的船。

只有不斷出現於身邊的晚近戰事痕跡——破敗焦黑的平房、付之一炬的警察局——才讓這行人想起，迫使他們走上此旅程的可怕緣由。偶爾碰上真槍實彈的交火：有次，札法爾來到可看到叛軍所據有之蘇尼亞赫（Suniah）堡的地方，當時英國部隊正在強攻。而在前往阿拉哈巴德那段路程的最後階段，他們大半時候是走在叛軍所據領土的邊緣。[5]還發生了一件要命的意外，「有些長矛輕騎兵帶馬到水邊，其中一人走進深水區，滑落馬，被馬壓在下面數秒。四十五分鐘後才找到他的屍體。」[6]

這趟旅程的新奇，也令札法爾的同伴高興，據說他們心情大好。喬治・瓦根特里伯在《德里報》上報導，「根據各方說法，這些囚犯心情愉快，可聽到女人在簾後講話、大笑，好似離開德里，她們並不覺得很遺憾。」[7]

這與被囚於德里日子快結束時，她們的心情迥然有別。當時，除了英國人所橫加的種種羞辱外，皇族本身的內鬨，讓日子更難過。據奧馬尼所述，動身前，齊娜特・馬哈爾與賈旺・巴赫特大聲爭吵，起因是後者愛上他父親後宮的某個女人。賈旺・巴赫特也開始利用家族現今已然捉襟見肘的錢財收買衛兵，要衛兵替他帶進黑啤酒：不以為然的奧馬尼向桑德斯寫道，「此事充分說明了前王族的品行和家庭經濟狀況」、「母子失和，兒子勾搭上父親的妾，無視自己所信宗教的教規，從異教徒那兒買酒來喝」。[8]

動身前，齊娜特・馬哈爾也與她的老對手暨敵人泰姬・馬哈爾大聲爭執過數回。先前，她被以和札法爾侄子米爾札卡姆蘭有染為由，在囚室裡度過印度兵譁變前的三年時光。因此，泰姬·馬哈爾是德里城內極少數因亂事爆發而明顯改善境遇的人士之一。但此番爭執後，泰姬迅即宣布她不想再與齊娜特·馬哈爾和札法爾有任何瓜葛，搬到離他們遠遠的廊道另一頭，「我與國王毫無關係，」她告訴奧馬尼。「我沒和他生下兒子，我不想讓步。」「很好，泰姬·馬哈爾夫人，」奧馬尼回道。「妳必須去前國王的居住區，如果不自行去，我就不得不把妳強行押到那裡。」泰姬回道，「你可以殺了我，但我就是不去。」[9] 誠如奧馬尼向桑德斯寫道的，「前國王一行人不喜歡她，因此，她會是很大的麻煩。」

此行頭幾星期，遠行的樂趣和不再被囚禁於皇宮後部髒污廊道裡所帶來的喜悅，似乎緩和了王族裡的種種宿仇舊怨。但快到阿拉哈巴德時，緊繃關係再度浮上檯面。抵達原屬蒙兀兒人但這時被英國人據有的古堡時，*隊伍中一半的人——以泰姬別姬為首，還包括札法爾的諸妾和米爾札賈旺·巴赫特的岳母、小姨子——決定回德里，不願繼續前往流放地。最初出行的二十九人，僅十五人選擇繼續跟著札法爾走。

此事尚待解決期間，當時人也在阿拉哈巴德的坎寧，與奧馬尼見了面（但值得注意的，未與札法爾見面），告訴他，他已決定將這位前皇帝流放緬甸，而非開普殖民地。但他還未決定該讓這位被罷黜的君王就此留在仰光，還是該把他往緬甸北部送，送到位於克倫族山區領地裡的東吁（Tounghoo）。東吁「有與外隔絕的地利，離熱門的旅人路線、交通路線甚遠，因而任何外地人，尤其印度斯坦的本地人，只要進入該地，都會立即引來當局注意」。[10]

與此同時，札法爾做了健康檢查。醫生的報告說，「考慮到他這麼大的年紀所必然會有的身體衰退，他的整體狀況超乎預期的好，以這樣的年紀，他算硬朗、充滿活力，而且身上沒病。」

委員會要走海路把他移到仰光，或他日後位於該地的住所，或（緬甸南部）勃固省的其他地方，從專業角度來看，並無不妥之處。反倒，相較於（印度斯坦的）北部諸省，勃固氣候溫和宜人，終年變動不大，不易出現印度西北諸省那種波動甚大的氣溫變化，因此，擁有一般來講被認為有利於延長年邁之人壽命的環境。[11]

針對札法爾的流放地做出決定後，坎寧寫信給仰光專員費爾（Phayre）少校，制定了日後對待皇族上該遵守的基本規則：費爾少校獲告知，

總督大人希望嚴加看管這些囚犯，不允許他們與任何人聯繫，不管是口頭、還是書面聯繫都不行，只有爾後確切提到的那些會和他們在一塊之人不在此限……務必用心且禮貌的對待這些囚犯，勿損及他們的尊嚴，除開為了安全看管所不得不然之舉，否則不得讓他們感到不舒服……生活所需物資要給得大方，但不宜給他們任何人零用錢。

坎寧還說「奧馬尼中尉會繼續負責看管這些囚犯和他們的同伴」、「他得每天去看望這些囚犯，滿足他們所需，把他所認為值得注意或重要的任何情況，第一時間知會你」。[12]

* 作者註：阿拉哈巴德的堡壘，係先前英國人將札法爾的弟弟米爾札傑罕吉爾（Jehangir）流放的地方。一八二一年絕望的米爾札傑罕吉爾，也是在這裡死於「飲用霍夫曼的櫻桃白蘭地過量」。

剩下的十五人，十一月十六日從阿拉哈巴德繼續上路，兩天後抵達米爾札布爾（Mirzapur），搭上氣船「泰晤士號」。奧馬尼報告，「這些國家犯人看不出有何焦慮不安，這個老人似乎很開心，說『這是他第一次搭上大船』。」[13]他們順著恆河緩緩而下，經過貝拿勒斯幾個宏大的河邊台階和神廟。不久，與兩艘英國氣艇錯身而過，它們在河上巡邏，以防叛亂分子在伯格薩爾（Buxar）戰役所在地附近渡河。一七六四年，札法爾的祖父沙・阿拉姆在位期間，蒙兀兒人與英國人在此首度兵戎相向。此役的開打，代表英國人開始從孟加拉往德里擴張領土。[14]在泰晤士號引擎出現問題後，他們於蘭布爾棄小船改搭汽輪科伊爾號（Koyle），十二月四日抵達戴蒙德港（Diamond Harbour，加爾各答南邊的泊地）。*

在這裡，札法爾一行人迅即被轉移到英國皇家海軍軍艦馬嘎拉號（Magara）。此船解開泊船索具，末代蒙兀兒皇帝啟程離開祖國，就此未再回來。據河岸上某位目睹此事者的說法，

> 十二月四日上午十點，前德里國王被帶上女王陛下的優秀軍艦馬嘎拉號。而就皇家海軍的船艦來說，馬嘎拉號此時呈現難得一見的景象，主甲板上擠滿家具和有生命、無生命的東西，牛、山羊、兔、家禽、米、豆之類，全是這位淪為階下囚國王及隨員帶來，供他們日常食用和讓生活過得舒適些。自他被俘，第五十九團中尉奧馬尼一直負責看守，此刻在這個運輸工具上陪他，而且這很可能會是他這趟旅程所搭乘的最後一個運輸工具。
>
> 他有兩個老婆同行，†她們把臉遮得密密實實，靠嚮導牽著，才得以下到下層甲板。他看來整個人垮掉，老朽不堪；但未顯現出那種糟糕的東方人表情和舉止——他眉頭深皺的臉，以及大量的袍服、開士米織物，‡顯出類似國王的風範。他頗為鎮定，有人聽到他問某些軍官，他們在船

上各自的職位之類。

一子一孫[§]跟著他，而他們踏上甲板時頭一個關心的事，係索要方頭雪茄菸——簡而言之，把日子過得無憂無慮。與此同時，前國王下到下層甲板，據說手腳一伸，舒服躺在鋪了枕頭、墊子的臥榻上。他的人一轉眼就為他擺設好這樣的臥榻。轉移他和同伴的作業，很快就完成；然後，第八十四團的衛兵回加爾各答，馬嘎拉號駛離港口，順胡格利河而下，前往目的地。

這趟航程走了五天。十二月八日，馬嘎拉號離開肆無涯際的大洋，駛入伊洛瓦底江三角洲邊多沼澤的感潮溪，逆著混濁溪水而上，進入仰光河。船上乘客遠遠就看到仰光大金寺的金色大尖頂，聳立於蓊鬱的河岸熱帶樹林之上，「這個塔甚為雄偉，」奧馬尼寫道。「我們一進入此河，立即在二十英哩外看到它。這是三級磚造結構，從上級磚造結構的中心，升起令人眼花撩亂的一堆建築，而一個優美的結構物再從這些建築拔起甚高，全身覆以金箔。」[15]

抵達仰光港時，據惱怒的奧馬尼所述，「大批本地人和歐洲人聚集觀看這些囚犯上岸，前去他們的住所。」[16]令他惱火的事不只這樁。仰光的糧食價格比印度貴了許多，家僕的工資亦然。而

---

* 作者註：從戴蒙德港往上游走，即是加爾各答，該地住著另外兩個晚近遭罷黜流放的穆斯林王朝之倖存成員：瓦吉德·阿里·沙（前阿瓦德的納瓦卜）的家族和邁索爾蘇丹提普之諸子的家族。這兩個家族過得頗為闊氣——瓦吉德·阿里·沙在加登里奇（Garden Reach）有棟上好的房子，提普諸子獲贈的房子，即今日的多利根傑俱樂部（Tollygunge Club）；但整個一八五七年，他們全被關在威廉堡，以防他們成為異議分子關注的焦點。

† 作者註：第二個遮住臉的女人其實是沙·札瑪妮別姬，他的媳婦。

‡ 作者註：即開士米披巾。

§ 作者註：其實是兩個兒子。

家僕未像被打敗、驚魂未定的德里城民那樣行額手禮，讓奧馬尼很生氣，「僕人的獨立自主和放肆無禮，讓人不敢相信，」他於一週後向桑德斯寫道。「他們的舉止像是為你服務是給你的恩惠。他們的冷漠傲慢，讓我目瞪口呆。」

最令他惱火的，係費爾少校這位專員未針對札法爾的到來做任何準備，未備好合適的房舍供他們入住，「費爾少校不知道要把這些囚犯永久拘禁於何處。」奧馬尼寫道。

> 目前，騰出兩間小房間給他們（就位在大金寺正下方之新永久性兵站裡「主衛隊」附近），兩間房都沒有德里那棟房子的任何房間大，四頂在旁邊搭起的帳篷供隨員住，周邊以女眷居住區的帆布簾圍住。這些囚犯如今的生活幾無舒適可言。政府應給他們更好的待遇。[17]

如果說仰光讓奧馬尼覺得很彆扭，對札法爾一行人來說，仰光想必是格外陌生：處處透著新奇的熱帶河港，周邊遍植砂糖椰子，港口裡滿是明輪船、柚木筏子和鼓張著帆、形似中國式帆船的赫諾（hnaw）漁船；城裡的緬甸建築則有逐級而上的鍍金尖頂、尖頂飾、飛簷。城裡的佛寺，有著大鐘和帶翼獅身鷹首獸；巨大佛像和菩薩像；雕刻了圖案的木柱和竹編隔牆、藤編格子細工；佛塔和朝拜地點；以及到處可見，手持木質托缽、身穿紅黃袍服的僧人。女人的絲質「褡媚」裙（htamein）和飾有亮片的陽傘，男人穿著巴索（pasoe）紗籠；金質漆器和裝飾精細的陶器；街頭樂隊的音樂；曾歸緬甸國王所有的諸多平靜藍色湖泊；造型奇怪、有著細編竹頂篷和飾以花卉圖案之邊護板的勒陰（hle-yin）牛車；味道刺鼻的緬甸料理氣味——對蒙兀兒人來說，這些全是很新奇的東西。

儘管如此，悲慘的仰光政治情勢，卻有許多地方如同他們剛拋下之德里政治情勢的翻版。一八五二年四月，賈旺·巴赫特迎娶沙·札瑪妮，迎親隊伍得意穿過蒙兀兒德里的街頭那天，一支東印度公司的軍隊，包括一個錫克人團，在兩名英籍商船船長被控殺害印度籍船員，且仰光港的行政長官（Shwebo Wun）表明不願照這兩名船長的意思行事後，入侵仰光。在英國海軍火砲突破成排圍樁，緬甸部隊被擊退回曼德勒後，戰利品處置官獲准放手洗劫聖祠，為找到寶石而搗毀聖像。

一如在德里，這裡也出現非經官方核准的劫掠。《加爾各答英格蘭人》（*Calcutta Englishman*）報導，「這裡有許多聖像，但有人堅持打破聖像往裡面翻找寶物，而且似乎是在戰利品處置官不知情的情況下這麼幹，因為歐洲砲兵大量賣掉在聖像裡找到的銀像和瓶裝紅寶石。」[18]有一隊劫掠者甚至挖掘地道，深入大金寺地基，打定主意要找到傳說中埋在那裡厚厚的一層護面寶石。這時，一個錫克人團紮營於遭褻瀆的大金寺院子裡，就在另一批錫克兵於德里賈瑪清真寺拱廊裡坐下升火煮飯之時。

此外，這些囚犯到來前不久，英國人開始掃除仰光濱水區的古老孟族漁村，以及該村的數百個古老佛教地標和香火鼎盛的聖祠。一群群被強拉來幹活的緬甸工人，這時正在清除瓦礫，打算於廢墟上建造一個棋盤狀格局的新殖民地城鎮。

就在札法爾於仰光上岸時，英國人正開始根據類似的大規模破壞、殖民地重建計畫，除掉他剛拋下的蒙兀兒都城許多最熟悉、最美麗的地標。

「這個城市似乎整個會被拆掉，」加利卜在此時前後寫道。「有些最大、最有名的市集——卡斯市集、烏爾都市集、卡努姆市集（Khanum ka Bazaar），每個都幾乎是個小鎮，這時全消失無蹤。甚至看不出原來的所在地。住戶和店鋪老闆無法向你指出，他們的房子和店鋪原位在何處……食物很貴，人命不值錢，穀物價格高得會讓你以為每粒穀物是顆水果。」[19]

加利卜這段話，其實是一個大破大立計畫的極小縮影。這個計畫由《拉合爾記事報》最早提出，旨在徹底夷平德里，以懲罰該城做為那個已遭打敗之叛亂勢力的中心。在印度和倫敦，許多有力人士支持此議，其中之一的帕默斯頓勛爵寫道，應把德里從地圖上抹除，「凡是與伊斯蘭傳統有關的民用建築，個個都應夷平，不用顧及尊重古文物或藝術愛好。」[20]坎寧勛爵最初頗樂於接納該報的建議，但最終在某人勸說下，不情不願的，未下令夷平德里。這個勸他的人是約翰·勞倫斯。

勞倫斯在其職業生涯之初，待過德里數年，擔任托馬斯·梅凱夫爵士的助手，那時已愛上蒙兀兒都城。擔任旁遮普首席專員時，他和其他人一樣，竭力助英國人在一八五七年拿下勝利，因而極有資格勸其同僚打消大規模破壞、合法集體屠殺的計畫——這時英國人正以合理的懲罰為幌子，從事的兩件事。

一八五八年二月，德里治理工作正式移交旁遮普政府負責時，勞倫斯的初期作為之一，係把昔奧·梅凱夫送回英格蘭放長假。他向加爾各答的坎寧直接請求送走昔奧，一八五八年三月二日如願以償。他寫道，昔奧已犯下「濫殺無辜」的罪。[21]四月時他已能回報道，「我阻止了諸多民政官員隨意隨興吊死人的行徑，找人成立了一個委員會，那之後，情況已大有改善，本地人的信心大增。最令人遺憾的，係梅凱夫在德里當權。」「他造成很大傷害，但如今他已回國。」*[22]

在同一封信中，勞倫斯描述了他如何開始力主大赦，未親手冷血殺害英籍平民的人。這是他後來向坎寧提起的想法：他主張，有些英國人的行事好似在打「滅絕戰」。他建議全面赦免，因為「只要把所有（叛變士兵）都歸為一類，他們全都會抱在一塊，誓死抵抗」。支持勞倫斯計畫者中，有個人或許令人意想不到，那就是對這場起事所引發的英國人殺戮深感震驚不安的迪斯累利（Disraeli），「我反對以暴制暴，」他告訴下議院。「我見過上述的事，晚近讀過對上述事的文字敘述，那會讓我覺得……我們不願在耶穌的名字前低頭，反倒準備重振對摩洛神（Moloch）的崇拜。」[23]

大赦之議最終成為官方政策。一八五八年十一月一日，以女王維多利亞的名義對外宣告。與此同時，在「印度治理改善法」（Act for the Better Government of India）中，英國國王終於把東印度公司所持有的治理責任全攬下來，該公司兩萬四千兵力的軍隊併入英國陸軍。如果統治印度

---

* 作者註：昔奧在英格蘭待了五年，一八六三年回印度，但那時已升任印度總督的勞倫斯阻止他得到「體面的職務」，他不得不從印度高階文官體系永遠退休，返回英格蘭。據某部現收藏於大英圖書館的家族回憶錄，「數年後，貝利夫人（昔奧之妹埃米莉）問勞倫斯勛爵（前約翰爵士），為何對她的哥哥如此不友善，他回以因為他未有犯罪事證就吊死許多人。她回道，她曾就此事問過昔奧菲勒斯爵士，他說他從未這麼做，唯一感到自責的事，係燒掉阿利玻爾。他第一次搜查該地時，在那裡發現三隻白人小腳，據此證明有歐洲人在那裡遇害。」昔奧一八六三年後未再去印度，於倫敦度過二十年的退休生活。在那裡，他的侄子、姪女常「聽他講述一八五七年的冒險事蹟」，在他們的記憶中，他「是個迷人且令人愉快的同伴」、「很愛惡作劇」。從中看不到一八五七年時被視為德里城內最麻木不仁、最愛吊死人的法官。他於一八七六年再婚，七年後去世，僅得年五十五。見 Oriental and India Office Collections, British Library, Hardcastle Papers, Photo Eur 311 A。

斯坦近三百年的蒙兀兒人會失去該地，該地就要由一個以正規方式組建的殖民地政府統治，而非由一個行事至少有一部分在照顧其股東利益的貪婪跨國公司統治，至少目前要如此。*

挽救德里和限制房子清除數量，花了更長時間才完成。晚至一八六三年，桑德斯出任德里專員時，仍主張「造反城市德里的全體城民」，因為參與這場起事，「已徹底喪失其權利」。他主張「德里城民與叛變士兵攜手合作」。[24]但勞倫斯利用其影響力，大幅降低了擬議拆除的房子數量，主張德里「是個極重要的地方，應被我們據有」。他也不合時宜的指出，「這件事我們所該負的責任，幾乎和人民一樣大。我既未看到、也未聽到，足以讓我相信軍隊以外存在陰謀的東西，而且即使在軍隊裡，也幾乎談不上有陰謀……這支軍隊的狀況，老早就不讓人滿意。」[25]

坎寧已下令拆掉德里城牆和防禦設施，但勞倫斯費了番工夫讓其撤回該令，主張德里城裡的火藥不足以炸掉數英哩長的城牆。[26]到了一八五九年底，坎寧已同意他的計畫，只拆掉為使紅堡和德里城更易防守的部分。到了一八六三年，擬議拆掉往南直至達里巴月光廣場東半部一事也已叫停。[27]儘管如此，還是有數大片城區——尤其是紅堡周邊區域——遭清除。加利卜在其寫給印度斯坦各地通信對象一連串難過的信裡，就記載了此事，「（位於此城東緣、面朝亞木拿河的）拉吉嘎特門與賈瑪清真寺之間的區域，淪為一座大磚塊丘，絕不誇張。」

拉吉嘎特門已被填實。只有帶壁龕的城牆雉堞還明顯可見，其他部分都已被瓦礫填滿。為了蓋碎石路，加爾各答門和喀布爾門間已闢出一塊廣闊的空地。旁遮普卡特拉（Punjabi Katra）、洗衣工區（Dhobiwara）、薩達特汗卡卡特拉（Sadat Khan ka Katra）、穆巴拉克別姬（奧克特洛尼的遺孀）的大宅、薩希卜．拉姆的大宅和庭園——全都被破壞到認不出來。[28]

加利卜的其他信哀嘆德里的以下建築遭破壞：某些最精美的清真寺，例如阿克巴拉巴迪清真寺（Akbarabadi Masjid）和喀什米爾卡特拉清真寺；一些重要的蘇非派聖祠，例如謝赫卡利毛拉．賈罕納巴迪（Sheikh Kalimullah Jahanabadi）的聖祠；†毛拉韋穆罕默德．拜蓋爾所建的伊瑪目巴拉（imambara）；‡布拉基別姬的馬哈拉區；達里巴的大門。他也哀嘆在賈瑪清真寺周邊清出一塊七十碼寬的開闊空間。[29]德里最氣派的府第，也有四座遭徹底摧毀：晚近遭處以絞刑的切傑爾、巴哈杜爾嘎爾、法魯克納嘎爾三地納瓦卜的大宅，以及巴拉卜嘎爾的羅闍的大宅。[30]沙迦罕的女兒賈哈娜拉（Jahanara）的大旅舍遭拆除，原地蓋起新的市政府大樓。沙利馬爾庭園，即奧朗則布當年加冕之地，賣掉供農用。就連在舊蒙兀兒結構物獲准保留的地方，這些結構物都往往遭改名，例如別姬庭園（Begum Bagh）成了女王庭園（Queen's Gardens）。

可悲的是，有些區域，因為勞倫斯太慢出手阻止，遭不分青紅皂白破壞，紅堡就是其中之一。他挽救了賈瑪清真寺和皇宮城牆，主張它們不只對蒙兀兒人有用，也會對英國人有用，但紅堡的其他部分，八成遭夷平。此時住在公共接見廳上方某房裡的哈麗特．泰特勒，驚駭於這項決定，決意趁此城還未消失，畫下它的全景圖。§她極反感於英國人自九月十四日起開始猛攻德里後，在

---

* 作者註：一八七四年一月一日，「東印度股息贖回法」生效，該公司的殘餘組織終於解散。

† 作者註：但在舊德里的賣鴿人市集（Pigeon Sellers' Bazaar），仍存在一座此聖徒的小墓。

‡ 作者註：什葉派教徒一月齋期集會場所。

§ 作者註：這幅全景畫似乎畫成，但早已佚失。不過，大英圖書館藏有另一幅紅堡全景畫。該畫係一八五七年前，托馬斯．梅凱夫爵士請人繪製，局部複製呈現於本書。過了一段時間後，哈麗特．泰特勒的丈夫羅伯特，出任英國人在安達

德里城的各種行徑，而此畫正揭櫫她的這個心態。「德里如今真的是個死人城，」她在回憶錄裡寫道。「德里的死寂駭人。放眼望去只能見到空屋……完全靜寂……無法形容的難過。好似已有什麼東西走出我們的生活。」[31]

二十年後詹姆斯·佛格森（James Fergusson）指出，「從此市集往南、往東各有一排位於中間的建築物，各綿延約一千英呎，而在這兩排建築物之間的區域，過去是整個皇宮的後宮所在地——此皇宮面積比歐洲任何皇宮大了一倍。」

根據我手上出自本地人之手且完全可信的平面圖，它有三座庭園院子，約十三、四座其他院子，有些院子供官方用，有些則是為了生活便利；但它們的面貌已無從知曉，全都蕩然無存……宮中的後宮院子，整個被夷除，以騰出空間蓋醜陋的英軍兵營，而執行此一可怕的文物破壞行動者，不覺得有必要為他們所要摧毀的建築製作平面圖，或保留此一世上最壯麗宮殿的任何紀錄。[32]

晚至一八五九年三月，喬治·瓦根特里伯仍在《德里報》裡欣然記載道，皇宮裡仍在「大肆爆破」。有些最出色的建築最早遭殃，例如小彩宮（Chhota Rang Mahal）。就連紅堡的美麗庭園，尤其是哈雅特巴赫什庭園和月光庭園，都遭夷除。該年年底，紅堡原有的結構，只剩約五分之一——主要分布於亞木拿河水邊地上一些零散、孤立的大理石建築。這些建築得以保住，主要是它們被英國占領軍拿去當作辦公室和食堂，而它們原是庭院的一部分，但在庭院遭拆除後，整個建築條理也跟著蕩然無存。

所有的鍍金圓頂和大部分可拆下的大理石構件，都被戰利品處置官拆走賣掉。誠如佛格森所

指出的，

我們據有此皇宮時，每個人似乎都已自行洗劫過財物。其中有個叫約翰．瓊斯的上尉（後來成為爵士，在拿下此城堡期間，炸掉拉合爾門），拆下一大塊，然後想到一絕妙點子，把他所搶來的東西嵌在大理石裡，充當桌面。他所帶回國的這些東西，有兩件以五百英鎊的價錢賣給政府，放在印度博物館裡。[33]

這些斷片包括著名的彩石鑲嵌（pietra dura）工藝品「奧菲士鑲板」（Orpheus panel），係沙迦罕安置在他孔雀寶座後方的東西。

與此同時，未遭拆除的紅堡區域成為灰色的英軍兵營。鼓屋（Naqqar Khana），即過去擊鼓

曼群島之可怕集中營的主管，她於一八六二年伴隨丈夫赴該地就任。哈麗特「從第一天就痛恨這個地方」，但她的名字被拿去為該群島最高峰命名——哈麗特山——因此她至今仍留在後人心中。在此，哈麗特欲降低受刑人的驚人死亡率，但成果不大。他們來此時，一年約有七百人喪命。許多人來到濕氣重、不利健康的安達曼群島叢林後，才幾個月，甚至幾週，就病死；一萬個受刑人裡，一度只有四十五人被集中營的醫生宣告為「體檢合格」。另有人死於島上原住民對集中營的頻繁攻擊，其中有些原住民是食人族。遭流放至這個駭人環境的受刑人，有許多來自德里：只要曾在起事期間就任何事情向國王呈上一封請願書，就足以使該請願者落得終身流放的下場。詩人暨知識分子法茲勒．哈克（Fazl i-Haq）是受刑人之一。他是加利卜的友人裡最聰穎、最有才華的人士之一，最初受奧克特洛尼提攜，曾是加利卜常一起下棋的朋友。他被控鼓勵德里穆斯林向英國人發動聖戰，儘管獲告知如果承認此罪名，他有資格得到赦免，還是在法庭上否認指控。釋放他的命令送達前不久，他與世長辭。羅伯特．泰特勒死於十年後的一八七二年。哈麗特前往不列顛哥倫比亞，在那裡與女兒一同生活了一段時間，後來還是回到印度，住在西姆拉。她在西姆拉寫回憶錄，一九〇七年去世，享年七十九。

吹號宣告來自伊斯法罕、君士坦丁堡使節抵達的地方，成為英國陸軍上士的住所。公共接見廳成為軍官休息室，皇帝的私人入口成為陸軍小賣部，彩宮（Rang Mahal）成為軍官食堂。蒙塔茲宮（Mumtaz Mahal）改闢為軍事監獄。宏偉的拉合爾門（Lahore Darwaza）改名為維多利亞門，成為「為紅堡的歐洲籍軍人服務的市集」。札法爾為皇宮增建的建築，札法爾宮（Zahar Mahal），係以紅砂岩建成的水上建築，位在一座大池上。英國人入主後，它成為軍官游泳池最搶眼的建築，哈雅特巴赫什庭園裡尚存的兩座大亭，則改闢為男人小便處。[34]

整個一八五八年，上述改變進行期間，慢慢准許印度教徒返回德里城，但依舊完全禁止穆斯林入城。誠如加利卜在《達斯坦布伊》所寫的，

> 整個德里城，找不到一千個穆斯林；我是其中之一。有些穆斯林已離開此城到很遠的地方，好似從未曾是德里居民。許多非常重要的人士住在城外、住在嶺上和茅草屋裡、住在壕溝和土屋裡。棲身於荒野的那些人，有許多人很想回德里，他們是囚犯的親人，靠施捨過活。[35]

一八六〇年一位行經德里的旅人，驚駭於「枯槁的老穆斯林和形似吉普賽人的蒙兀兒人，（仍）在庫特卜露宿」。就連跋扈的馬蒂爾妲·桑德斯都清楚，「每天都有許多人死於飢餓和缺少遮蔽處。」[36]

一八五九年十二月，德里的穆斯林請求政府允許其返回自己的房子。他們寫信給女王維多利亞，（根據查爾斯·桑德斯所請人翻譯的譯文）懇求

允許他們回到他們位於德里城的房子。他們極為痛苦，被嚴禁入城，既找不到遮蔽處，也找不到維生工具。寒冷天氣就快來，目前處境貧困、悲慘，乞求勿讓他們身陷嚴寒之中。他們相信女王陛下會效法其他寬宏大量的君主，原諒他們的罪行，允許住回自己的老家——否則他們未來只會淪為乞丐。[37]

即使他們的請求如願，一八六〇年開始獲准返回老家之時，仍有許多無法證明自己忠誠的穆斯林，發覺房子已遭沒收。德里穆斯林的處境悲慘到，連印度境內某些英國人辦的報紙都開始同情他們，「歐洲人的焦慮不安何時才會平復？」《鄉村人》（*Mofussilite*）一八六〇年六月問道。「這毫無道理……」

這些人絕望無助，因為挨餓、遭驅逐出境、遭掠奪。成千上萬的穆斯林無屋可棲身、無家可歸、四處飄泊；印度教徒為自認的忠誠而自豪，趾高氣昂走在大街上，一副不可一世的模樣。公眾勿以為德里未遭懲罰。走過空蕩蕩已長草的街道，注意遭夷平的房子和彈孔累累的宅第。[38]

遭英國人沒收且拿去拍賣的穆斯林財產，大多被德里城信印度教的卡特里人（khatri，神職人員種姓）和信耆那教的銀行家——例如春納．馬爾（Chhunna Mal）和拉姆吉．達斯——大量買走。他們是唯一有機會動用流動現金的德里城民，他們的大本營尼爾卡卡特拉（Nil ka Katra），已在德里城失陷後不久，靠著向英國人獻上大筆金錢，買到免遭戰利品處置官掠奪的特權。[39]信印度教的商人和銀行家甚至買下德里極著名的兩座清真寺：春納．馬爾買下法特赫布爾清真寺，有個信印度教的烘焙師買下美麗的齊娜特清真寺（整個起事期間，聖戰士的大本營之一）。*[40]

起事前穆斯林菁英一直主宰德里城，但上述事態加劇，他們的驟然失勢；亂事平定後，成為德里最有錢城民的是，信印度教銀行家隨即當道。愛德華．坎伯一八五八年寫道，「資本掌握在春納．馬爾、馬赫什．達斯（Mahesh Das）之類一、兩人手上。」[41]尚存的宮廷人士和蒙兀兒貴族大多落得窮困潦倒。有些人靠著當學校老師、私人教師的微薄薪資勉強活下。對毛拉韋札卡烏拉之類的許多人來說，原置身的世界整個崩毀，其衝擊之大「令人無法承受」，札卡烏拉後來坦承，有段時間他「憂鬱到近乎徹底絕望」。[42]

「哎，老弟，」加利卜一八六二年一月寫信給某友人。「這不是你生出所在的德里、不是你上學時的德里、不是你來我這兒上課時的德里、不是我度過五十一年人生的德里。」

> 它是個營地。這裡的穆斯林只有手藝人或為英國當局做事者，其他都是印度教徒。遭罷黜之國王的男性後代——未亡於刀劍之下者——拿一個月五盧比的津貼。女性後代，如果上了年紀，當老鴇；如果年輕，淪為妓女……[43]

加利卜未道出的，係許多德里別姬在德里城陷後遭輪暴，注定走上賣淫之路。英國軍官深信，亂事爆發時德里城裡的英籍女人遭性侵——後來證實這是不實的傳言，桑德斯後來命人全面調查，查明此說不實——因此幾未阻止其士兵強姦德里女人。就在桑德斯的調查結果徹底證實，叛亂分子未犯過強姦罪時，另一項調查發現，或許有多達三百名的王室別姬——不含曾在宮中當妾者——「在德里陷落後遭我們的士兵帶走」，未遭擄走的別姬，則有許多人如今當交際花為生。[44]王族女人的遭遇顯然令加利卜大為震驚，他在信中一再重提此事：他告訴友人米爾札塔夫塔（Tafta），「當時你若在此，會看到紅堡的女人在城裡四處遊蕩，她們的臉蒼白如月、衣服污穢、寬鬆長褲的腿部被扯掉、拖鞋碎裂。這絕無誇張……」[45]

蒙兀兒皇廷消失，德里城做為文化、學問中心的名聲也跟著大衰。德里的圖書館遭洗劫，館內珍貴手抄本佚失。伊斯蘭經學院幾乎全關閉，其建築也大多被信印度教的放款人買走——一段時間後遭拆除。最有名望的經學院，拉希米耶經學院，遭拍賣給重要的巴尼亞人拉姆吉・達斯，被他拿去當作店鋪。[46]

一八五九年，加利卜已在抱怨，在這個曾經文風鼎盛的城市裡，他連一個書商、書籍裝訂工或書法家都找不到。[47]更別提詩人：馬姆努恩（Mamnun）何在？札烏克何在？莫敏・汗何在？兩名詩人倖存。一個是阿祖爾達，如今靜默無聲；另一個是加利卜，如今陷入迷惘、心灰意冷。沒人寫詩，沒人評詩。對加利卜來說，雪上加霜的是他的許多詩作——他一生最大的成就——已佚失；他始終未替自己的詩作存下副本，他的朋友在兩間私人圖書館裡存了他的詩作，但這兩間圖書館都已遭英國人洗劫摧毀。「幾天前，有個嗓音很好、歌聲動聽的法基爾，在某處發現我的一首嘎札爾，把它寫了下來，」他在某信裡寫道。「他把那詩拿給我看，我告訴你，那一刻我真得流下眼淚。」[48]

---

* 作者註：多年後這兩座清真寺才還給德里穆斯林——法特赫布爾清真寺一八七五年，齊娜特清真寺於二十世紀初年由柯曾勛爵（Lord Curzon）歸還。錫克籍士兵占據賈瑪清真寺，一八六二年才歸還。見 S. M. Ikram, Muslim Rule in India and Pakistan, Lahore, 1966, p. 462。

「整個城市已成荒漠，」憂鬱的加利卜一八六一年寫信告訴某友人。「德里人仍自豪於德里語言！多可悲的信念！老哥，烏爾都市集已不在，烏爾都語何在？老天作證，德里已不是城市，而是個營地，永久性兵站。沒有紅堡，沒有市集，沒有水道……」[49]「四樣東西使德里煥發生氣，」另一個友人問起德里近來如何時，他在信中如此回道。「紅堡、每日聚集於賈瑪清真寺的民眾、每週走向亞木拿橋的散步、每年一次的賣花人集市。這四樣皆已不復存在，德里如何還能獨存？印度的確曾有一個叫那名字的城市。」[50]

在如此情況下，加利卜常在想，一直以來他為之而活的東西樣樣都已消失，人生還有什麼好留戀。「人無法以淚止渴，」他寫道。「人絕望到了谷底，就只能聽天由命。人還能低落到比這還低的什麼境地：對死亡的希冀使我繼續活著？」[51]他在一八六二年六月寫道，「近日我體內的靈魂騷動不安，如同籠中鳥。」[52]

沒有了德里學院和那幾座大經學院，沒有了印刷廠和烏爾都語報紙，沒有了蒙兀兒皇廷——此皇廷無比崇高的文化威望，讓人始終甘於接受其實際上不多的贊助金額——以及最重要的，沒有了皇帝充當中心和在某程度上充當催化劑，推動德里文藝復興和藝術昌盛的力量已遠颺。印度—伊斯蘭文明搏動的心臟已遭挖走，沒有東西可替補。誠如加利卜在臨死時所寫的「這些東西全都跟著這個國王人亡政息」[53]。

一八五九年四月一日，愛德華．奧馬尼向札法爾及其家人告別，帶著他的團啟程返印；另有札法爾的四個印度籍隨從，在緬甸思鄉，想回印度和家人團聚，也跟著他回去。

三星期後，札法爾經由兵站被遷移至新住所，位於大金寺南邊半英哩處。[54]「房子位在離主衛隊僅幾碼處，一如該國的木造房子，架離地面頗高，」札法爾的新看守員尼爾森・戴維斯（Nelson Davies）上尉報告。「它位在圍起來的院子裡，院子面積一百平方英呎，四周環繞十英呎高的柵欄。」

這個住所由四間各十六平方英呎的房間組成，其中一間分配給前國王，另一間給賈旺・巴赫特和其年輕別姬，第三間撥給齊娜特・馬哈爾別姬。每間房附有沐浴區。沙・阿巴斯和母親住剩下的那間。

隨員若非在遊廊上四處躺，就是睡在房子下方，房子頂上覆蓋敲碎的磚，以保此地乾燥。環繞此房的排水溝也有助於此地乾燥。有兩間浴室和一間僕人所需的雙人房，還有供炊煮的地方。

此房樓上的遊廊，周邊環繞著用板條固定的竹簾。老弱的前國王和兒子通常坐在這裡，由於樓上地板抬高到幾乎與院子柵欄同高，他們在此能享受盛行的海風吹拂，還有賞心悅目的遼闊景致。看著過往行人，凝望船隻，稍稍紓解被囚生活的單調，使他們在某種程度上認命接受目前的住所。

戴維斯接著講述了為確保王族安全所做的安排，「白天兩名哨兵守衛，夜間通常三名。」每天查看這些囚犯兩次。為人寬宏大度的戴維斯接著寫道，至於這個皇帝和其家人的食用開銷，「在這裡大大超過在印度所會有的開銷，平均一天約十一盧比，而隨著食物等必需品的價格上漲，每日的支出很可能會超過此數目。我接掌職務以來，每個星期天酌情多給他們一盧比，每個月第一天，多給兩盧比。」

這使他們得以好好添購一些廁所所需的物品，不必每個可能需要的小東西都向我要。筆、墨、紙當然嚴禁。我上任之前，他們自掏腰包買進所需要的許多小物品，還有全部的穿戴之物，但此時他們說錢已用光，這種說法或許不盡可信。我每天親自檢查和探問，以確定供給的食物量足且質優。最近提供了一批衣物，但他們的舊衣物已非常破爛，我立刻得再補上一些。

為這些囚犯設立的常設組織，編制小到不能再小，成員包含勤務工一人。勤務工的職責係採買他們的日常必需品，他如同安插在我與他們之間的心腹。目前的勤務工是個緬甸人，但印度斯坦語說得頗流利，這些囚犯想要從市場添購的東西，他都能聽懂照辦。他的薪資比我找來一個印度斯坦人所要支付的高出不少，但我認為僱用不同種族的人較明智，在這裡，時時需要和該種族的人打交道。

受僱的其他僕人，就只有運水人、洗衣工、清掃工各一人。這些人非印度斯坦籍不可，但他們全都聽命於我，而且我要他們全都住在這些囚犯隔壁，我的宅院裡，因此能隨時使喚他們，也能予以嚴密監督。公眾當然不得與這些囚犯往來，這些僕人得從我這兒領到每日發出的通行證，才能進入囚犯住處，而且進入前得經過主衛隊軍官的搜查。為提高安全性，這些通行證係印製而成，除了要核對每個簽名，還有一套編碼系統防範偽造。

戴維斯接著談到札法爾的健康，說「尚可……自從先前的拘禁處遷來，他的健康已大有改善，雖然很虛弱，就八十六高齡的印度本地人來說，他的身體已算不錯」。

給他時間慢慢回想，他的記憶力還不錯，但由於掉牙，口齒不清。就他目前給人的印象來說，肯定是無法長時間動腦筋，但整個看來，以這樣的年紀，身體似乎頗硬朗。他終日無精打采、表情冷漠，除開永恆的事物，對其他事物顯得頗為冷漠。這似乎是他長久以來的常態，老早就如此，而且未來可能會有一段時間仍是如此，直到有一天他的人生突然告終為止，而那時不會有人感到意外。

戴維斯未能見到齊娜特・馬哈爾，她依舊恪守女人不出深閨的習俗，但戴維斯派自己老婆前去查看，再向他回報。「偶爾前去探望兩位別姬的戴維斯太太，說（她）是個中年婦女。」

她身體很好。我與她隔著簾子談了幾次。她頻頻細說亂事爆發時她在德里的作為，說她寫信給（亞格拉一地）已故的西北省副總督科爾文先生，懇求他前來助她，藉此暗示當時王族受叛亂分子擺布，而且她不斷堅稱，他們因此連保護求助於她那個不幸的歐洲籍女孩都無能為力。

她也頻頻提到個人財物與首飾的損失，說霍德森少校答應過她，給了她一份書面文件，擔保她個人財產的安全。我不了解確切細節，但我認為不妨講述一下這位別姬對此事的說法。她說霍德森少校死後，她的財產才受到侵擾。那時，她被要求交出他給她的保護文件，然後被德里專員桑德斯先生奪走她所有的值錢物，總值達兩百萬盧比（二十萬英鎊），而且他拒絕歸還文件。

我向她解釋，她丈夫被判定犯了叛亂罪，其家族的財產全部充公，她雖然與國王各走各的，住在與國王不相干的宮裡，卻不能就此脫離干係。但她似乎認為沒收她的個人財產有點違背習慣作法。但我要她別指望憑著有錢免除罪責，因為從她的言談和舉止來看，她似乎是個很有男子氣概的女人。關於叛亂分子的陰謀詭計，她與聞的程度很可能更甚於她低能的丈夫。*

然後戴維斯透露了札法爾、齊娜特·馬哈爾兩人，如何將自己所陷入的處境歸咎於他們的前親信、私人醫生暨首相阿赫薩努拉·汗。據數位證人（包括證詞通常絕對可靠的札希爾·德拉維）的說法，係這位醫生力促札法爾不要阻止叛亂分子殺害紅堡裡的歐洲籍囚犯；主導屠殺係札法爾被扣上的主要罪名之一，而這位醫生出庭做出不利於前主子的證詞，藉此換得未遭吊死、乃至囚禁的回報。戴維斯寫道「囚犯的陳述，我們當然始終勿遽然採信」，

但關於她喪失財物一事，有個名叫阿札姆·烏拉赫·汗（Azam Oollah Khan）的人，似乎有參與——至少所有囚犯都對他滿懷怨恨，信誓旦旦說這個人，即國王的醫生和顧問，係提出居心不良的意見、使歐洲籍囚犯遇害的主犯。我認為此說與事實不合，[†]但此人不無可能針對祕藏的財物下落提供了消息，因而令王后那幫人懷恨在心。不管此說可信程度如何，根據報告，這位醫生似乎已取得德里英國人當局的信任，英國人當局無疑有其有力且充分的理由信任他，而這個別姬及其同夥所顯露的怒氣，只讓此看法更加為人所相信。

接著戴維斯轉而著墨於沙·札瑪妮別姬。他說——可能又是透過妻子之口得來的二手說法——她是

年輕貌美的女人，很可能不超過十五歲，但已是兩個孩子的媽。囚禁生活的不便，她似乎比其他人感受更深。這可能有一部分得歸因於她產後身體虛弱，她是來此之後不久生產。據我從奧馬尼中尉那兒所了解的，這是個男嬰，而且是死胎。老國王及其媳婦特別愛拿各種微不足道的理由找醫生服務，這個少婦則非常希望獲准能偶爾出去透透氣。

至於米爾札賈旺．巴赫特和米爾札沙．阿巴斯，

這兩個兒子都是身體健康且很受看好的年輕人，但行為舉止上稍有不同。較年長的兒子，賈旺．巴赫特，表現出高人一等的外觀和舉止。這很可能要歸因於他目前在家族裡受承認的地位，而非因他人品或成就上有什麼略勝一籌之處。他生下來就是皇子，而他那個運氣較差的同父異母弟，只是侍女之子。兩人都極無知，較年長那個的學識，只具有一丁點的波斯語讀寫能力，而被人拿最普通的事訊問時，兩人知識的缺乏鮮明可見。就連他們祖國的疆域，都完全不知。

身為讓他們的希求得以為外界聽到的唯一憑藉，我覺得把這兩個年輕人，所表現出來值得嘉許的學習欲記錄下來供政府了解，係我的職責。尤其在學習英語上，他們常常表露出非常熱切的求知欲，似乎很清楚這麼做，係其擺脫目前無知狀態所帶來之苦難、乃至恥辱的最後法寶。而且

---

* 作者註：這說法與實情完全相反：齊娜特．馬哈爾始終與叛亂分子保持距離，一直站在他們的對立面，主要是因為與賈旺．巴赫特爭奪皇位的人力挺叛亂分子。

† 作者註：戴維斯此說有誤。若非這個醫生懇請他勿再阻止叛亂分子殺人，札法爾很有可能如願救下這些歐洲籍囚犯。

他們說，他們向德里專員表達了希望被送去英格蘭甚於其他地方。這兩個年輕人的父母都已跟我談過，都急切盼望此事立刻去做。這兩個年輕人的智力都有迅速進步的潛力，都已認真向我承諾，只要政府允許，他們會全力以赴。我告訴他們，我會把他們的心願傳達給政府，讓政府考量。

戴維斯在附信裡詳談了他對這兩個年輕人的期望，建議將這兩名皇子送到英格蘭，藉此打造出兩個英格蘭化且親英的蒙兀兒皇子。戴維斯還說，札法爾、齊娜特・馬哈爾都已贊同此計畫，「我極力避免給這兩個年輕人過高的期望，以免他們以為政府會往有利於他們的方向插手，」他寫道。「但由於他們父親的大限之日快速逼近，這裡的情況和這兩個年輕人的處境，不久後不無可能會有所改變。」

> 如此一來，滿足他們目前對歐洲知識的求知欲，不容否認的會帶來極重大的道德好處與政治好處。這使我們得以——說不定這是達成此事的唯一辦法——在某種程度上斷絕他們的母國淵源，從而帶來一個極有利的結果，因為……遭外國強權制伏的一個王朝的繼承人和子民，都懷抱著同化這個未言明的希望。
>
> 這兩個年輕人的父母都已跟我談過，都急切盼望此事立刻開始做……

這樣的見解，似乎為完全切斷他們與同胞的關係一事，提供了有利機會。這一切斷，先前已提到是可取的結果，而且藉由將他們移出狹窄且具有種種偏見與荒謬的印度人生活圈，會大有利於遂行這一切斷。找合用之人促成這樣的改變，其好處已在土邦主達利普・辛格（Duleep Singh）

身上得到令人滿意的體現；*目前，這兩個男孩正值容易塑造好印象和發展天賦才能的時期，能非常容易培養規矩、拔除後天惡習，能使道德觀念係真幸福所不可或缺這個道理，在他們身上永遠發生作用，能把該道德觀念的實踐培養成習慣。

有一點不容忽視，即這兩個淪為囚犯的年輕人成熟的時刻就要到來，負責管理的人能給他們未來明確的方向。這樣的職位豈不責任重大？

因此，最重要的必要條件，係給這兩個年輕人活動的空間，把他們與目前所置身的有害環境，偏見、源於迷信的無知、因此而來的墮落所構成的環境，完全隔離，他們平日相處之人都是低級下人，這些人也不知道教育與道德的好處。

信的最後，戴維斯針對札法爾那些選擇留在流放地、跟著他一起被囚的隨從多談了些。這些隨從展現令人欽敬的忠誠，但戴維斯不覺這有什麼了不起。

關於那些隨從，我只能說他們是低賤的一群人，有著骯髒的習慣，比軍官家裡的普通傭人差了甚多。唯一例外或許是艾哈邁德．貝格（Ahmed Beg）。他是個可敬的老人，照料前國王純粹出於忠誠，別無居心。至於別姬的隨從阿卜杜勒．拉赫曼，情況稍有不同。他是個低賤、狡猾的

---

* 作者註：土邦主達利普．辛格，著名的獨眼錫克籍統治者拉合爾的蘭吉特．辛格（Ranjit Singh）的么子，十歲時成為旁遮普統治者，一八四九年英國—錫克人戰爭後遭英國人罷黜。一八五四年，他前往英國，在那裡改信基督教，甚得女王維多利亞喜愛，女王常邀他至奧斯本（Osborne）的住所作客。他在東英吉利買了一棟鄉間別墅，英國人開始將其視為「英格蘭化土著紳士」的典範，尤其贊同他獵松雞的嗜好。

傢伙，關於他在王后跟前的角色，不管是隨從，還是職位高於隨從的人，我都不是很滿意。[55]

戴維斯認為應盡快且不容置喙的將這兩名皇子送到英格蘭，但位在加爾各答的上司駁回此議，不准他再於「信中或日記裡提到政府毋需知道的瑣事」。[56]戴維斯也因為使用「前國王」、「前王族」、「別姬」之類措詞而遭責罵。印度總督會同行政會議，訓令戴維斯上尉日後應避免使用這些措詞，只能以「德里國家犯人」稱呼他們。[57]

這兩個年輕人被禁止離開他們在仰光的拘禁處，而且不受加爾各答的英國人政府看重，若要受教育，除了指望戴維斯，別無選擇。他們繼續「非常規律的」前往他家，據說英語學習「進步神速」，但戴維斯坦承他覺得「要找出什麼事來打破他們生活的單調很難……」。

他們偶爾過來，與戴維斯太太交談，談他們生活的苦……沙．阿巴斯較專注，因此成績較好。賈旺．巴赫特似乎比他弟弟討厭歐洲人，由於沒有更好的機會，他弟弟偶爾會與看守隊的歐洲籍軍人交談。[58]

其他信也間接提到賈旺．巴赫特心中日益強烈的不滿。戴維斯寫道，「沙．阿巴斯很明智，看出規則有其必要」，

愉快忍受這一點，一般來講，在一名哨兵陪同下將每天早上的散步延長至庭園。但賈旺．巴赫特或許認為，這些安排比過去還差，完全不願出去，過去兩個月都沒有伸展筋骨。這一頑固心

態若不改，對其健康沒好處。但我想他的心情總會好轉。[59]

與此同時，札法爾靜靜坐在他仰光住所的陽台上，看過往船隻。他不得擁有筆紙，因此他對自己與外隔絕、流放異地的處境有何反應，今人只能訴諸揣測。那些被認為寫於他流亡時期、表達傷痛與憤懣的著名詩作，如今看來似乎並非出自他手，但威廉·霍華德·羅素清楚談到，他用燒過的柴枝在牆上寫詩之事，這些詩不無可能被記錄並保存下來。*

一八六二年，札法爾已是八十七歲高齡。他身子虛弱，約二十年來醫生一直認為他將不久於人世，但除了「舌根麻痺，覺得不舒服」，完全看不出不久於人世的跡象。[60]

* 作者註：兩首長久以來被認為出自札法爾之手的著名嘎札爾——Lagtaa nahii hai dil meraa（沒有事物令我快樂）和 Naa kissii kii aankh kaa muur huun（我未使心或眼得到慰藉）——如今在印度次大陸家喻戶曉，主要拜穆罕默德·拉菲（Mohammed Rafi）在孟買電影《紅堡》（*Lal Qila*）裡唱了這兩首詩之賜。但在那之前，由於有個叫哈比卜·瓦利·穆罕默德（Habeeb Wali Muhammad）的人，在錫蘭電台的才藝表演節目《Ovaltine Amateur Hour》裡所唱的版本，它們在一九五〇年代後期就已紅透半邊天。六〇年代，拉菲的版本成為全印電台（All India Radio）的當紅歌曲。但拉合爾學者伊姆蘭·汗（Imran Khan）晚近的研究，讓這兩首詩出自札法爾之手一說受到懷疑，而數名烏爾都語文學界的重要學者也支持他的研究結果。這兩首嘎札爾的確未出現在已出版的四部札法爾詩集裡的任何一部，也未出現在期刊《*Hazoor-e Wala*》裡（札法爾發表詩作的另一個場所）。我要感謝 FranPritchett 教授和 Sundeep Dougal 讓我注意到這些新發展，也要感謝 C. M. Naim。Naim 在成為傑出的烏爾都語文學學者之前，很愛聽《Ovaltine Amateur Hour》的節目。

但一八六二年十月下旬，雨季結束時，札法爾的身體狀況突然大幅惡化：無法吞嚥或無法止住嘔吐，戴維斯在日記裡寫道，此時他還能活多久，「難料」。這個老人靠用湯匙餵食肉湯活命，但十一月三日，連肉湯都愈來愈難吞嚥。五日，戴維斯寫道，「醫務長認為阿布・札法爾活不了太多天。」隔天，戴維斯報告，這個老人「明顯因喉部的老化和麻痺而日益衰弱」。戴維斯命人找來磚塊和石灰，以便札法爾去世後使用，要人在宅院的後部找好一個僻靜地點，供下葬之用。

經過一個漫漫長夜的苦撐，札法爾終於在一八六二年十一月七日星期五早上五點，嚥下最後一口氣。帝國機器迅即開始運作，務使末代蒙兀兒皇帝的去世盡可能不引人注目、不引發事端。札法爾的去世或許代表一個存世三百五十年的大王朝走入歷史，但戴維斯決意要讓目睹這一傷感且重大歷史時刻的人愈少愈好。他寫道，「一切準備就緒，他於同日下午四點埋在主衛隊後方的磚墓裡，上覆與地面齊平的草皮。」戴維斯指出他的兩個兒子和他們父親的男僕出席了葬禮，但女人遵照穆斯林習俗未現身。

他最後寫道，「一道竹籬圍住墓，竹籬與墓隔了頗遠，等到竹籬自然損毀，草會再度密密蓋住此地，屆時將了無痕跡，看不出末代蒙兀兒皇帝長眠何處。」

隔天，戴維斯就其看守之人去世一事，寫下他的正式報告。「不管是對親人、還是對此城的伊斯蘭教居民來說，此事產生的影響甚微，」戴維斯滿意的指出。「喪禮時大概有兩百人在場，但這樣浩大的場面，大抵是因為有遊手好閒者從附近的薩德市集來鎮上看賽馬所致，那天下午正好有賽馬在附近舉行。」[61]

他還說，「前國王的去世或許可說，對仰光信伊斯蘭教的那一部分居民毫無影響，或許只有在場觀禮並祈求伊斯蘭取得最後勝利的一些狂熱分子例外。」

札法爾去世的消息，兩星期後的十一月二十日傳到德里。加利卜在《阿瓦德新聞》（*Avadh Akhbar*）上讀到此消息，就在賈瑪清真寺終於要還給德里穆斯林一事對外宣告那天。聽過那麼多死訊和慘事，加利卜的心早已麻木，對此的反應是認命且淡漠，「十一月七日星期五，伊斯蘭曆五月十四日，阿布・札法爾・西拉吉丁・巴哈杜爾・沙擺脫外族的桎梏和肉體的束縛。『我們確是真主所有的，我們必定只歸依他。』」[62]

加利卜的反應正是絕大多數人的反應。不管英國報，還是印度報，沒有哪份報紙詳細刊載札法爾去世的消息。這之前已經歷過太多殺戮、舉行過太多喪禮，而且就某種程度上說，札法爾早已被人哀悼過，然後遺忘：畢竟他被逐出德里流放緬甸已過五年。

緣於事後之明，札法爾的皇廷遭摧毀打散所留下的真空之大，才漸漸為世人所體認。亂事爆發時，印度教徒和穆斯林皆奔赴蒙兀兒都城，奉蒙兀兒皇帝為共主一事，已說明在蒙兀兒人於政治、經濟或軍事上的失勢，一百多年後，此皇朝的神祕魅力依舊如何深深打動人心。與所有人的想法大相逕庭的，蒙兀兒皇帝係神授的天下主宰和世界之主（Padshah）一說，此時在印度斯坦各地依舊頗為盛行。更令人意外且與今日許多看法背道而馳的，此說受穆斯林看重，絲毫不下於其受印度教徒看重的程度。誠如印度兵從密拉特來到德里後不久，人在馬圖拉的馬克・索恩希爾所寫的，他聽了辦公室的職員興奮討論蒙兀兒王朝的復興：

> 他們的談話全繞著皇宮儀式和該儀式會如何重振在打轉。他們猜誰會是內務府總管，拉傑普

> 塔納的哪個首領會守衛哪個城門，共聚一堂將皇帝迎上大位的五十二個羅闍會是哪些人……聽著聽著，我深深領會到此前從未領會到的一個道理，即這個古老皇廷的輝煌過往已深深烙印在人民心中，人民非常看重傳統，而且我們完全不知曉的，他們非常用心保住傳統。[63]

這場亂事的爆發，讓人見識到在北印度全境蒙兀兒皇廷，如何出人意料的不被視為入主的穆斯林外族（如今有些人，尤其信印度教的右翼分子，就如此看待蒙兀兒人）——而是被視為政治正統性的主要來源，從而是抵抗英國殖民統治的當然中心。*

如果說這場亂事的爆發，說明了蒙兀兒名號的號召力，但此次起事過程的接連受挫，則鮮明凸顯那個古老蒙兀兒封建體制的缺點與無能。札法爾或許已贏得印度兵及其人民名義上的效忠輸誠，但那一效忠並未延伸為直接的聽命和順服，尤以他的府庫已被看出空虛、個人權威的弱點已被人看破之時為然。叛軍連德里腹地都未能使之接受札法爾統治，或未能成立應有的後勤組織以餵飽群集於城裡士兵的肚子，係其所犯下的重大失策，因此使得如此快速且洶洶聚集於德里的大軍（大多是印度教徒），很快就糧食短缺，不久便陷入餓死邊緣。隨之，在英國人進入喀什米爾門給予致命一擊前，叛軍就已快要分崩離析、各自逃命。

一八五七年九月德里陷落時，遭連根拔除摧毀者，不只這座城市和札法爾的皇廷，還有蒙兀兒人在印度全境之更大政治、文化勢力圈的自信與權威。破壞與失敗的規模之大，落敗蒙兀兒人所受到的羞辱之深，不只大大削弱了這個古老貴族體制的威信，而且——至少在某種程度上——削弱了印度教徒—穆斯林、印度—伊斯蘭共同組成的文明。札法爾的皇廷是這個文明最重要的組成部分，該文明老練、包容異己、願傾聽考量他人想法的態度，仍可在加利卜的詩作裡鮮明看到。

對一八五七年後的英國人來說，印度穆斯林簡直成了比人還不如的動物，在大剌剌表露種族歧視心態的大英帝國文學作品裡，被和愛爾蘭天主教徒或「流浪猶太人」之類受鄙視、受支配的其他族群歸為一類。印度穆斯林在英國人眼中，地位低落的程度，清楚可見於一八六八年的出版品《印度人》（*The People of India*）裡。該書內有南亞不同種姓、部族的照片，從藏人、原住民（以一張裸身部落民的照片說明），到比哈爾的多姆人（Doms），皆在其中。「伊斯蘭教徒」的形象，則是用一張阿利嘎爾勞動者的照片說明，照片圖說「他的臉部五官呈現伊斯蘭教徒特色……有力體現了他這類人的頑固、喜愛感官享受、無知、偏見。或許幾乎不可能想到更令人反感的臉孔」。[64]

英國人對印度穆斯林和蒙兀兒文化所表露的強烈鄙視，很快傳播開來，尤其傳播給此時已得勢的印度教徒，還有許多年輕穆斯林。印度教徒對待所有與伊斯蘭有關事物，不久就變得嚴酷無情，而這些年輕穆斯林此時則認為，他們大受看重且歷史悠久的文明已名聲掃地、無可挽回。有些人甚至和賽義德艾哈邁德·汗最初的看法一樣，認為印度穆斯林絕無可能再繁榮昌盛或「受到敬重」。他寫道「有段時間，我連思索同胞的悲慘處境都不願，因為那讓我不快。我極力壓抑內心的悲痛，說真的，那使我一下子蒼老許多」。[65]

一如蒙兀兒所領導的半調子軍隊，打不過英國將領和英國恩菲爾德步槍，一如米爾札蒙兀兒老犯錯的軍隊給養部門，敵不過東印度公司的行政體系，依舊充滿活力、乃至欣欣向榮的蒙兀兒

* 作者註：當時，的確並非每個人都指望蒙兀兒人出來領導抗英大業，就連印度穆斯林也非人人如此：例如邁索爾蘇丹提普表明爭取鄂圖曼哈里發的支持。但英國人鼓勵勒克瑙王廷，找加爾各答而非德里加持，該王廷卻於一八五七年遣使晉見札法爾，請求他冊封年輕的當然王位繼承人畢爾吉斯·蓋迪爾（Birjis Qadir）為維齊爾。當時蓋迪爾已在用皇帝的名號自鑄錢幣。

細密畫和建築傳統，在接下來幾年裡，面對熱帶哥德式殖民地建築和其他維多利亞女王時代的藝術形式，也很快就敗下陣來，成了昨日黃花。蒙兀兒禮儀和印度—伊斯蘭規矩的講究禮貌，被視為與時代脫節。札法爾的吟詩大會所代表的那個詩藝世界，會愈來愈難得到印度年輕知識分子的青睞。丁尼生的誘人召喚或此時在英語學校裡教授的華滋華斯自然主義，把他們吸引過去。[66]誠如毛拉韋穆罕默德．拜蓋爾之子，詩人暨批評家阿札德所寫的，「最重要的，贏者成功的榮耀，賦予他們的每樣東西——甚至他們的衣著、步態、交談——令人心動的光采。人們不只採用它們，而且自得於採用它們。」[67]

當然，並非所有改變都必然往壞的方向走。蒙兀兒人的獨裁政治結構受了致命一擊。一八五七年英國人攻破德里諸城門，九十年後的一九四七年，英國人才經由孟買「印度門」（Gateway of India）完全撤出南亞。但對於一八五七年英國人暴行的記憶，或許助長了印度民族主義。此次起事後，統治者與被統治者之間，日益嚴重的疏離和互相猜忌，亦然。但引領印度走向獨立自主者，不是少許尚存的蒙兀兒人後代，也不是哪個古老土邦主、封建領主。引領印度擺脫殖民統治者，其實是新興的一類人，即英格蘭化且受過教育的英國殖民地公職機構（Colonial Service）職員。這些人於一八五七年後畢業自英語學校，大多運用西方民主機構和方法——政黨、罷工、抗議遊行——來爭取自由。

甚至在獨立後，蒙兀兒人發展出來的藝術——細密畫傳統、嘎札爾、精巧細緻的蒙兀兒藝術形式——也從未能完全找回昔日的活力或藝術威望，依舊一如獎掖它們的蒙兀兒皇帝受到唾棄，至少在某些地區是如此。

如今，走訪蒙兀兒古城亞格拉，或許會去看看蒙兀兒人統治時代最高的建築成就，泰姬馬哈陵，但請注意，交會路口中央的圓環，立了占西的拉尼（Rani of Jhansi）、希瓦吉（Shivaji），乃至蘇巴斯・昌德拉・鮑斯（Subhas Chandra Bose）的雕像，自獨立以來，這個城市未立過哪個蒙兀兒皇帝的人像。當今在德里仍有條叫巴哈杜爾・沙・札法爾的路，一如有根據其他每個蒙兀兒皇帝名號命名的路，但對今日許多印度人來說，不管對錯，蒙兀兒人仍被視為追求感官享受、墮落、摧毀神廟的外來入侵者，就和一八五七年後，英國人在印度學校裡所教授的那套帝國宣傳，英國人所視之為理所當然的那個蒙兀兒人形象一樣：一九九二年拆掉阿約提亞（Ayodhya）巴布爾清真寺（Baburi Masjid）一事，正強勢且令人心情為之低落的表明了現今許多印度人的心態。阿克巴、達拉蘇科赫或後來的蒙兀兒皇帝，所提倡的極為精致、開明、多元的文明，在今日的印度，只在都市中產階級身上稍稍得到共鳴。其中許多人對蒙兀兒人的成就褒貶參半，即使他們依舊樂於吃一頓蒙兀兒餐，或湧入戲院觀看寶萊塢出品的蒙兀兒史詩電影，乃至去紅堡聽總理從拉合爾門前方的雉堞上發表一年一次的獨立紀念日演說。

至於札法爾，他依舊是某些人帶著濃濃懷舊心情的同情對象，尤以印度穆斯林為然（但並非只有他們抱持此心態）。但對於已走入歷史之帝國懷有浪漫的憧憬，不足以保護或保住他所體現的蒙兀兒文化。鑑於其對一八五七年起事的立場含糊，在起事者氣勢正盛時只給予有限支持，然後在起事者落敗後完全否定此舉，因而蒙兀兒文化的保護或保存難以開展。他未留下什麼東西可讓其支持者繼續堅守，連一個脈絡一致的政治理念都沒有。隨著他的去世，以及七年後加利卜去世，一整個文明的自負與信心也跟著逝去，此文明被踐踏在腳下，翻身無望。

加利卜死於德里那年（一八六九），在古吉拉特的博爾本德爾（Porbandar）出生了一個叫莫罕達斯・卡拉姆昌德・甘地（Mohandas Karamchand Gandhi）的男孩。印度的未來將繫於甘地所領導的政治運動團體，而非札法爾所代表、乃至坎寧勛爵所代表的那些團體。

❧

札法爾去世後，蒙兀兒王族殘部迅即分崩離析。誠如戴維斯上尉在發至加爾各答的下一份報告裡所寫，此時的蒙兀兒人，就像他們所代表的那個文明，

因內部不和而被削弱……別姬齊娜特．馬哈爾自成一個小團體，直到晚近，她和她兒子、媳婦一直鬥得你死我活……賈旺．巴赫特和妻子形成第二個小團體，沙．阿巴斯、他母親和祖母則是第三個。這三派人各有自己地盤、各自炊煮用餐，彼此幾不交談。[68]

隨著歲月推移，情況每下愈況。一八六七年，這家人獲准離開拘禁的圍場，住到仰光兵站裡的其他地方。[69]但他們領到的津貼太微薄，到了一八七〇年，即札法爾去世八年後，賈旺．巴赫特及其母親、納瓦卜沙．札瑪妮別姬一起住的那間房子，已被說成「破爛不堪……十足簡陋的小屋，擁擠不堪」。沙．札瑪妮別姬還是個十歲小女孩時，坐在迎親隊伍的象背上風光走過蒙兀兒德里街頭，嫁給她的米爾札賈旺．巴赫特。此時，失望於自己人生走到這地步，痛苦萬分，染上「重病……極度憂鬱」，而且讓奉命照顧她的英國官員驚愕的，她開始看不見。[70]

賈旺．巴赫特和妻子領到另一間房子，離仰光監獄不遠，英國人冀望這樣的安排會改善情況。但儘管貧窮，賈旺．巴赫特還是在飲酒上花費無度，有個政府官員向加爾各答報告，他的養老金「幾乎不夠滿足這一家人的實際需求……」。

於是，每當賈旺．巴赫特小小揮霍，或者小小放縱，真正且唯一受苦者是他的妻子和小孩。沙．札瑪妮是這個德里家族唯一完全無辜的成員，卻是其中受害最烈者。這個瞎眼女士不只一次不得不典當她的衣物和僅存的少許飾物，以為她和她的小孩買到食物；賈旺．巴赫特會用大喝特喝驅散心中的懊悔……我實在無力插手；任何插手只會導致他威脅妻子，使他惡待她。[71]

一八七二年，沙．札瑪妮別姬據報已「完全瞎掉，孤立無助……這個女士的表現堪為世人表率；而她的苦難，並非咎由自取，卻非常深重。賈旺．巴赫特的行為，晚近已大有改善，但她對他的完全依賴有時肯定非常嚴重，常叫他吃不消……她實在可憐」。[72]

米爾札沙．阿巴斯最終娶了一個來自仰光的女孩——當地穆斯林商人之女——似已局部擺脫打擊他家族其他成員的苦難。*齊娜特．馬哈爾則獨居度日，「非常儉省，近乎赤貧……與兩、三個女僕住在她自己買的木房裡……這個喪夫的別姬，任由房子年久失修……過著平靜不問世事的生活，舉止不失莊重……（但）她現今所住的房子已破敗不堪、丟人現眼，令它所在地方看不下去。」老年時她請求回印度，說她受到兒子賈旺．巴赫特的「壓迫」，但遭斷然回絕。[73]她唯一的慰藉和嗜好是鴉片，而且在人生走到日薄西山時，鴉片癮愈來愈重。一八八二年，在丈夫去世二十年後，她與世長辭。她去世時，札法爾墓的地點已被人遺忘而找不到，於是給葬在一棵樹附近大略相仿的地點，據記憶，那棵樹就位在札法爾墓附近。兩年後，米爾札賈旺．巴赫特嚴重中風，

* 作者註：他的後代至今仍居住在仰光。

去世，得年僅四十二。

一九〇三年，一支來自印度的代表團前來札法爾埋葬處致敬時，連齊娜特．馬哈爾墓的確切位置都已遭遺忘，儘管有些當地嚮導說看到那棵「枯掉的落拓棗樹」。[74]不過，一九〇五年，仰光穆斯林發出抗議，要求標出札法爾墓的所在地，因為「仰光的伊斯蘭教徒為尊貴的蒙兀兒世系末代國王的長眠地煩惱……巴哈杜爾．沙的為人或其治國表現，不值得景仰，但他不該被遺忘」。他們要求「政府准許他們買下該墓周邊土地，面積大到足以在其上蓋一座配得上巴哈杜爾．沙身分的紀念性建築」。[75]

英國人最初並不樂見此事。加爾各答當局收到轉呈上來的這項請求，其回應大意為「總督認為政府著手使巴哈杜爾．沙永留人心或向其致敬，或在他的遺體上方蓋座可能成為朝拜地的墓，非常不適當」。[76]

但經過一場示威和連續多篇報紙報導，英國人當局終於在一九〇七年同意，立一座「簡單的墓碑，碑上刻著巴哈杜爾．沙，德里前國王，一八六二年十一月七日死於仰光，葬於此地附近」。當局也允許架起籬垣，圍住據認是此墓所在的地點。而據一九〇七年八月二十六日《仰光時報》報導，一段時間後，在維多利亞廳開了一個會，「以記錄下伊斯蘭教徒」、「由於政府對此事投以同情且有益的關注」、「對立起墓碑的滿意之情」。[77]同年更晚，也為齊娜特．馬哈爾立了一塊墓碑。

到了一九二五年，籬垣已變成臨時性的祠廟，蓋了瓦楞鐵屋頂。[78]十八年後，二次大戰期間，日本人就把印度國民軍的部隊安排住在這個簡陋祠廟旁的道路上。此舉是否出於刻意，不得而知，但其中一支部隊，占西的拉尼旅（Rani of Jhansi Brigade），派駐在現今劇院路（Theatre Road）上的這座祠廟旁。這支部隊根據一八五七年另一個起事領袖的名字命名，而他們欲藉由與入侵日軍聯手，使印度擺脫英國人統治之舉——注定失敗，且在尼赫魯和甘地眼中誤判情勢之舉——有一部分受了占西的拉尼啟發。[79]

然後，一九九一年二月十六日，工人在這座祠廟後面挖排水溝時，挖出一塊以磚塊襯壁的墓。它在地下三英呎，離祠廟約二十五英呎。而墓內發現的末代蒙兀兒皇帝骨骸頗完整。

如今，這座巴哈杜爾·沙磚墓坐落在這座老祠廟旁邊下方的某種地窖裡，係仰光穆斯林居民的熱門朝拜地。當地穆斯林把札法爾視為法力甚強的蘇非派聖徒，前來尋求他的加持與庇祐，他若地下有知，肯定會很高興，因為他生前就喜歡收穆里德（murid，蘇非派弟子）。來自南亞的政治人物也常順道前來，向札法爾致意；來自印度、巴基斯坦、孟加拉的要人競相贈予此墓禮物，其中最慷慨的大禮，係拉吉夫·甘地（Rajiv Gandhi）致贈的一面大但不美的地毯。

儘管如此，札法爾在當今的歷史書裡少有支持者。就某些方面來看，他的一生的確可謂是典型的失敗者：畢竟，在其當政期間，印度—伊斯蘭文明垮掉，而對一八五七年起事的貢獻更是談不上英勇。某些民族主義史家指責他在戰事期間與英國人通信，其他民族主義史家則指責他未能帶領叛軍拿下勝利。但當時的札法爾恐怕難有別的作為，無論如何他那時已八十二高齡，身體衰弱，甚至有些年老糊塗，而且沒錢支付薪水給群聚於旗下的士兵。八十幾歲的人哪有辦法帶領騎兵衝鋒。他或許有努力過，但連要阻止一支對其子民的威脅都無能為力。但「諱變文件」有力證實，他曾花大力氣保護他的城市和子民。

札法爾雖然稱不上是個英勇領袖或革命領袖，卻一如其先祖阿克巴皇帝，係最寬容、最多元的伊斯蘭文明之動人象徵。他本身是值得稱道的詩人和書法家；他的皇廷匯聚了南亞現代史上一部分最有才華的藝術家、文學家；他所主掌的德里正值德里學術、自信、族群和睦、繁榮都最輝煌的時期。維多利亞女王時代的福音派，因不懂尊重本地人風俗，傲慢、無視現狀，係使他們與德里人民、蒙兀兒皇廷蒙受一八五七年起事巨變，讓整個北印度捲入凶殘之宗教戰爭的重要肇因，而相較於這些人，札法爾的確是個相當開明且討人喜歡的人物。

尤其，札法爾始終看重他保護印度教徒和節制穆斯林之要求的職責。他從未忘記維持其印度教徒、穆斯林子民關係和諧係頭等要務，始終認為這兩個族群的和睦，是維繫其都城團結的最重要憑藉。整個起事期間，不願為了同意聖戰士的要求，而失去印度教徒子民的民心，大概是他最始終如一的方針。

蒙兀兒人的衰亡絕非勢所難免，印度兵浩浩蕩蕩奔往德里皇廷之舉，就表明此點。但接下來的歲月，隨著穆斯林的威望和學問低落，隨著印度教徒的信心、財力、教育和權力提升，印度教徒和穆斯林的隔閡逐漸拉大，因為英國人的分而治之政策，在這兩個宗教族群的沙文主義者裡，都找到願意與他們合作之人。若說德里的混合文化猶如一塊質地緻密的織物，一八五七年時這塊織物裂開一道縫，這道縫慢慢擴大為長長的口子，然後，一九四七年印巴分治時終於裂成兩塊。隨著印度的穆斯林菁英大量外移到巴基斯坦，不久後，就幾乎不可能會有人認為當年信印度教的印度兵曾奔赴紅堡，高舉穆斯林皇帝的大旗，與他們的穆斯林兄弟一起戮力於復興蒙兀兒帝國。

一八五七年起事遭敉平，德里皇廷遭連根拔除、朝臣遭殺害，然後，印度穆斯林本身也分裂成兩個陣營，走上截然相反的兩條路：一條路由主要的親英分子賽義德艾哈邁德．汗爵士提倡，把目光望向西方，深信只有擁抱西方學問，印度穆斯林才得以振衰起敝。賽義德爵士懷抱這個想法，創辦了他的阿利嘎爾伊斯蘭盎格魯—東方學院（Aligarh Mohamedan Anglo-Oriental College，後來的阿利嘎爾穆斯林大學），欲在印度斯坦平原上打造另一個牛津劍橋。[80]

走另一條路者係沙・瓦利烏拉所創辦的舊拉希米耶經學院的倖存者，他們徹底拒斥西方，欲重拾他們眼中伊斯蘭的本來面目。為此，這所學校裡那些看清現實的學生，例如曾在一八五七年於多阿卜地區密拉特北邊的沙姆利（Shamli），短暫建立一個獨立伊斯蘭國的毛拉納穆罕默德・蓋西姆・納瑙塔韋（Muhammad Qasim Nanautawi），在前蒙兀兒都城北邊一百英哩處的代奧本德（Deoband），創建了一所具影響力但眼界狹隘、想法類似瓦哈比派的伊斯蘭經學院。他們已被逼到沒有退路，拒斥創建者所認定舊蒙兀兒菁英那種墮落腐敗的作風。於是，代奧本德經學院重拾可蘭經基本義理，大力清除學校課程裡一切與印度教、歐洲有關的東西。*[81]

一百四十年後，在巴基斯坦、阿富汗境內的代奧本德派經學院受過教育的塔利班，創立了現代史上最倒退的伊斯蘭政權，該政權所提供的磨練，則催生出凱達組織，以及現代西方所遭遇過最激進、最有力的伊斯蘭原教旨主義派反擊。

如今，東西方再度隔著一道分界線，惴惴不安的看著對方，許多人把這道分界線看成宗教戰爭。聖戰士再度針對他們信基督教的敵人，打他們眼中的自衛反擊戰，再度有無辜的婦女、小孩、平民遇害。一如過去，西方福音派政治人物動不動就把他們的對手和敵人說成「惡魔的化身」，把針對侵略、占領而發起的武裝抵抗視為「十惡不赦」。西方國家再度無視於他們的對外政策，

* 作者註：兩派並非涇渭分明、不相往來，例如阿利嘎爾的宗教教育由代奧本德那幫人掌控。

對更廣大世界帶來的影響，為自己受到無知狂熱分子的攻擊而感到委屈。

相較於當今這種嚴峻的二元對立情勢，札法爾那種平和、寬容的處世觀，彌足珍貴；而英國人徹底消滅、連根拔除後期蒙兀兒人多元並存、兼容並蓄的文明，令人深感遺憾。

誠如我們在當今之世所看到的，西方氣勢洶洶的闖入東方和干預東方，給伊斯蘭開明、溫和的那一部分帶來最大的威脅，而且是使一般穆斯林激進化、壯大極端勢力的最有力推手：畢竟伊斯蘭原教旨主義的歷史和西方帝國主義的歷史，往往緊密且危險的交織在一塊。歷史教訓昭昭在目。因為，套用痛批西方在印度之侵略行徑的愛德蒙·勃克（Edmund Burke）名言：[82]凡是未能從歷史學到教訓者，必會重蹈覆轍，屢試不爽。

圖片出處

- 巴哈杜爾・沙・札法爾二世加冕肖像，出自古拉姆・阿里・汗之手，約一八三七年。Stuart Cary Welch 收藏品。
- 蒙兀兒皇帝阿克巴・沙二世與其兒子、英國特派代表在行進隊伍中，德里，約一八一一至一八一九年。倫敦 Simon Ray 惠允翻拍。
- 沙迦罕城的星期五清真寺，賈瑪清真寺，約一八四〇年。William Dalrymple 收藏品。
- 紅堡，約一七七〇年。Add.Or.948, © British Library Board
- 「庫圖卜宅」，來自托馬斯・梅凱夫爵士的「德里書」（Dehlie Book），Add.Or.5475 82, © British Library Board
- 梅凱夫宅，來自托馬斯・梅凱夫爵士的「德里書」（Dehlie Book），Add.Or.5475 84v-85v, © British Library Board
- 巴哈杜爾・沙・札法爾二世年輕時，約一七九〇年。Add.Or.343, © British Library Board
- 著名的盲西塔琴手烏斯塔德辛馬特・汗，來自詹姆斯・斯金納的《王族傳》（*Tazkirat al-umara*）。Add 27255 134, © British Library Board
- 從拉合爾門所見景致，來自馬茲哈爾・阿里・汗的「德里全景畫」。Add.Or.4126 3, © British

Library Board

- 畫家與其畫筆、材料，來自詹姆斯・斯金納的《王族傳》，約一八三〇年。Add.Or.27255 258v, Ⓒ British Library Board
- 米爾札蒙兀兒，出自 August Schoefft 之手，約一八五〇年。拉合爾堡惠允使用。
- 視線越過賈瑪清真寺，往更遠處眺望所見，來自馬茲哈爾・阿里・汗的「德里全景畫」。Add.Or.4126 4, Ⓒ British Library Board
- 科塔的拉奧走訪德里，約一八四〇年。Stuart Cary Welch 收藏品。
- 札法爾肖像，來自托馬斯・梅凱夫爵士的「德里書」（Dehlie Book），約一八四五年，Add.Or.5475 17, Ⓒ British Library Board
- 札法爾在宮廷主持議事，約一八四〇年。Ⓒ The Trustees of the Chester Beatty Library, Dublin。
- 兩頭官象。V&A Images, Victoria and Albert Museum, London。
- 著夏服之切傑爾的納瓦卜與群臣議事。Add.Or.4680, Ⓒ British Library Board
- 切傑爾的納瓦卜騎著寵物虎在其鄉間庭園逛。Cynthia Hazen Polsky Collection 惠允使用。
- 《佛雷澤畫冊》某頁局部，描繪德里「九個馬商」，約一八一六至一八二〇年。倫敦 Simon Ray 惠允翻拍。
- 四個軍人，來自《佛雷澤畫冊》，據認出自古拉姆・阿里・汗之手，約一八一六至一八二〇年。來自 Prince and Princess Sadruddin Aga Khan 的收藏品。
- 德里著名苦行者「花男子先生」及其徒眾。V&A Images, Victoria and Albert Museum, London。
- 德里蘇非派信徒和苦行僧、瑜伽修行者和苦行者圍在火堆邊。Joachim K. Bautze 惠允使用。

- 舞女皮亞莉・詹（Piari Jan），來自《佛雷澤畫冊》，出自Lallji或Hulas Lal之手，一八一五年。來自Prince and Princess Sadruddin Aga Khan的收藏品。
- 工作中的會計，手裡拿著出納登記簿，來自詹姆斯・斯金納的《王族傳》（*Tazkirat al-umara*）。Add 27255 96v, © British Library Board
- 舞女、樂師組成的表演團。V&A Images, Victoria and Albert Museum, London。
- 德里鴉片館和躺著的成癮者，來自詹姆斯・斯金納的《王族傳》（*Tazkirat al-umara*）。Add 27255 337, © British Library Board
- 舞女馬拉吉爾（Malageer）肖像，來自《佛雷澤畫冊》，出自Lallji或Hulas Lal之手，一八一五年。來自Prince and Princess Sadruddin Aga Khan的收藏品。
- 一群德里說書人和喜劇演員，來自《佛雷澤畫冊》，出自Lallji或Hulas Lal之手，約一八二〇年。來自Prince and Princess Sadruddin Aga Khan的收藏品。
- 札法爾肖像，出自August Schoefft之手，約一八五四年。拉合爾堡惠允使用。
- 哈基姆莫敏・汗，「詩人肖像」，據認出自Jivan Ram之手，印度，約一八三五年。© President and Fellows of Harvard College, Harvard University Art Museums。
- 齊娜特・馬哈爾，《倫敦新聞畫報》所想像的模樣。P2380, © British Library Board
- 刊於《倫敦新聞畫報》的札法爾像。P1519, © British Library Board
- 齊娜特・馬哈爾，麥莫漢將軍攝，一八七二年。Add.Or.5475 17v, © British Library Board
- 詩人米爾札阿薩杜拉・汗，筆名加利卜。P1007/16, © British Library Board
- 阿奇戴爾・威爾森將軍，出自John Jabez Edwin Mayall之手。National Portrait Gallery, London。

- 約翰．尼可森准將，出自 William Carpenter 之手。National Portrait Gallery, London。
- 泰特勒夫婦。
- 霍德森騎兵團的威廉．霍德森。P79(2), © British Library Board
- 向蒙兀兒首都進發的德里野戰部隊。X271 3, © British Library Board
- 霍德森騎兵團，出自 Felice Beato 之手。Wilson Centre for Photography。
- 九月十四日英國人進攻喀什米爾門。X271 16, © British Library Board
- 「安逸日子」：札法爾的私人接見廳，一八五七年。1261.e.31. © British Library Board
- 浮橋，出自 Felice Beato 之手，一八五八年。P193 1, © British Library Board
- 喀什米爾門，出自 Felice Beato 之手，一八五八年。P25 14, © British Library Board
- 旗杆塔，出自 Felice Beato 之手，一八五八年。Wilson Centre for Photography。
- 胡馬雍墓，出自 Felice Beato 之手，一八五八年。P52 18, © British Library Board
- 遭罷黜的虛弱皇帝，出自「攝影師謝潑德先生」之手，P797 37, © British Library Board
- 兩皇子：米爾札賈旺．巴赫特和米爾札沙．阿巴斯，出自 Felice beato 之手。倫敦 Jane and Howard Ricketts Collection 惠允使用。

字彙

Akhbar	報紙，或更早時，印度宮廷新聞信札
Alam	什葉派所用的遊行旗幟，做為他們在穆哈拉姆節（參見 Muharram）遊行時崇敬的焦點。通常做成淚狀（如本書正文插圖所見）或單手狀，以制式化的手法，呈現西元六八〇年克爾巴拉之役時，伊瑪目・侯賽因所持的旗幟。往往裝飾華麗、造型賞心悅目，最精美的這類旗幟是中世紀印度最出色的金屬工藝品之一
Amir（埃米爾）	貴族、領導人或有錢人
Arrack	印度苦艾酒
Arzee	波斯文請願書
Ashur khana	穆哈拉姆節（參見 Muharram）期間使用的哀悼堂
Avadh（阿瓦德，又稱 *Oudh*）	北印度中部地區，十九世紀初期時歸勒克瑙的納瓦卜統治，一八五六年遭英國人吞併。英國軍隊裡的印度兵，大多招募自此地區
Avatar	化身
Azan	唱禮，即向穆斯林公眾發出的祈禱召喚
Badmash（巴德馬什）	惡棍或暴徒
Baniya（巴尼亞人）	放款人

Banka	蒙兀兒勇武男子
Baradari（巴拉達里亭）	蒙兀兒式亭子，每邊各有三道拱（字面意思「十二門」）
Barakat	賜福或加持
Barat	迎親隊伍
Barf Khana	冰屋
Barqandaz	武裝警察
Bayat	效忠誓言
Begum（別姬）	印度穆斯林貴族婦女。高社會地位的敬稱「夫人」
Betel（檳榔果）	微帶麻醉效果的堅果，加工處理成檳榔（參見paan）食用
Bhand	小丑、啞劇演員或滑稽戲演員
Bhang（邦）	微帶麻醉效果的傳統飲料，將牛姫、香料與大麻混合調製而成
Bhatta	東印度公司於戰時發給印度兵的津貼
Bhisti	運水工
Bibi（比比）	印度籍妻子或情婦
Bibi ghar	「女人的屋子」或女眷居住區（參見 zenana）
Biryani（比爾亞尼）	以米飯和肉調製成的料理
Brahmin（婆羅門）	印度教教士種姓，最高階種姓
Chamar	賤民，往往屬清掃工種姓

Char bagh（四分式庭園）	以規則的幾何圖形布局的蒙兀兒庭園，因以溝渠和噴泉分成四（char）塊而得名
Charpoy（輕便床）	粗製床架
Chattri	以柱子撐住的圓頂亭，往往作為最高塔樓和清真寺旁光塔的裝飾物（字面意思「傘」）
Chaukidar	守衛，值夜人
Chobdar	持杖衛士
Choli	印度女用緊身短上衣（此時通常透明）
Coss	蒙兀兒距離計算單位，相當於三英哩多一點
Dafadar（達法達爾）	印度兵軍階，相當於海軍士官
Daftar	官署，或在尼札姆的宮裡，大臣官署
Damdama	土堡
Danga	騷亂
Dak	郵遞（十八、十九世紀時有時拼作 dawke）
Dak gharee	郵車
Dargah	蘇非派聖祠
Darogah	軍官、主管或掌管者。十七世紀時，darogah 是王室的行政主管，但到了十九世紀時，此詞已用來指稱掌管警局、橋梁或王室內個別部門的中階或低階官員
Dastan-go	說書人
Deorhi	有庭院的房子或大宅（haveli）
Derzi	裁縫師

Dharamasala	驛站旅館
Dharma（法）	本分、正道、從而是信仰（對印度教徒來說）
Dhobi	洗衣工
Dhoolie（或 *doolie*）	有蓋的轎子
Dhoti	纏腰布
Din	信仰（對穆斯林而言）
Divan	一作者的詩集
Diwan	首相，或掌管行政機關財政的維齊爾
Dubash	通譯
Dupatta	披巾或圍巾，通常搭配寬鬆女套裝（字面意思「兩葉或寬的東西」）也稱 chunni
Durbar	王廷
Fakir（法基爾）	蘇非派聖徒、德爾維希或雲遊的穆斯林苦行僧（字面意思「窮」）
Farzand	兒子
Fasad	暴亂
Fatiha（法蒂哈）	《可蘭經》首章，在儀式場合誦讀的經文
Fauj	軍隊
Firanji（佛朗機人）	外國人
Firman	皇帝或蘇丹的書面命令
Fotadar	財務主管
Gali	巷

Ghadr	譁變
Ghagra	印度裙
Gharri（或 *gharry*）	獸拉車
Ghat	河邊陸地，通常蓋了階梯，以便沐浴者或洗衣工下去
Ghazal（嘎札爾）	烏爾都語或波斯語情詩
Ghzai（加齊兵）	聖戰士
Gora	白人
Hackery	牛車
Hakim（哈基姆）	以傳統希臘／伊斯蘭醫術行醫的醫生
Hamam	土耳其式蒸氣浴
Haram	禁止進入地
Harkara	跑腿者、信使，或在某些情況下，新聞撰寫人或間諜（字面意思「什麼都做的人」），在德里通常受僱於皇帝
Havildar（哈維爾達爾）	印度兵部隊裡的士官
Hindustan（印度斯坦）	北印度境內涵蓋今日哈里亞納、德里、北方邦諸邦和中央邦、比哈爾邦兩邦部分地區且通行印度斯坦語的地區，在今日印度報紙裡常被稱作「牛帶」（Cow Belt）。在十九世紀烏爾都語資料裡，「印度」一詞相對較少使用，但把印度斯坦當成一個單位的意識很強烈，以德里為該地區政治中心。一八五七年時就屬這個區域情勢最為動蕩

Hle-yin（勒陰）	緬甸牛車一種
Holi（侯麗節）	印度教春節，過節時參與者互撒紅、黃粉
Howdah（象轎）	象背上的座位。在此時期，象轎常覆有華蓋
Htamien（襁媚裙）	緬甸婦女穿的筒裙
Huqqa	水管或水菸筒
Hut Jao!	走開！
Id	伊斯蘭兩大節：開齋節（Id-ul-Fitr）代表齋戒月就此結束；宰牲節（Id ul-Zuha）則為紀念易卜拉欣將兒子易司馬儀獻祭一事。後一節日時宰殺公羊或山羊，一如《舊約聖經》和《可蘭經》都記載的最初情景
Iftar（開齋餐）	齋戒月期間暫時結束齋戒的晚餐
Imambara	什葉派齋期集會所
'Ishq	愛
Jagir	因服務國家而獲授予的地產，該地產的收入可當成地產所有人的所得
Jali	石質或木質的格構圍屏
Jang i-Azadi	爭自由（字面意思「自由之戰」）
Jashn	派對或婚宴
Jemadar	低階印度籍軍官
Jhil	湖或沼澤
Jihad	聖戰，因此，jihadi 是聖戰士
Juties	印度鞋

Kafir	異教徒
Kakkar-wala	水菸筒扛夫
Karkhana	作坊或工廠
Khadim	僕人。就清真大寺來說，指行政人員或神職人員
Khalifa（哈里發）	蒙兀兒皇帝自封的頭銜之一，但提到此頭銜，更常令人想起者是從阿巴斯王朝承襲此頭銜的鄂圖曼皇帝
Khansaman	十八世紀時此詞意指男管家，如今更常見的意思是廚子
Khanum	較低地位的妻子或妾
Kharita	蒙兀兒人的密封織錦袋，用來發信，功能如同信封
Khidmatgar	僕人或男管家
Khilat（基拉特）	蒙兀兒人賜給其封臣的榮譽服，象徵對其的恩庇
Koti	大型排屋，通常圍繞一連串庭院布設
Kotwal（科特瓦爾）	蒙兀兒城鎮的警察首長、首席執法官或城市行政首長
Kotwali（科特瓦利）	科特瓦爾（參見 kotwal）的官署，從而是一城鎮的總警察局
Kufr	信奉異教
Kukhri	廓爾喀人配戴的鋒利短彎刀
Kurta	印度長衫

Laddu	以牛奶為基底的甜食
Lakh	十萬
Langar	宗教節日時免費分發食物
Lathi	警棍或棍子
Lota	水罐
Lungi（籠基）	印度式紗籠，纏腰布（參見 dhoti）加長版
Madrasa（伊斯蘭經學院）	傳統伊斯蘭學院或授教地。在此時期的德里，許多印度教徒也上伊斯蘭經學院
Mahajan	放款人或銀行家
Mahal	字面意思「宮」，但常用來指稱皇宮或住所的寢宮或女眷居住區（參見 zenana）
Mahi Maraatib	蒙兀兒王朝的禮儀用魚旗，以兩種形態呈現，一種是安在一根竿子上單單一隻金魚（如第一章開頭插圖所見），另一種是垂掛於一弓下的兩隻金魚（如正文插圖所見）
Majlis	集會，尤其穆哈拉姆節（參見 Muharram）期間的集會
Majzub	蘇非派聖人，即卡蘭達爾（Qalandar）
Mansabdar	蒙兀兒貴族和官員，其地位高低由其願提供上戰場的騎兵多寡決定。例如兩千五百騎兵的 mansabdar，會被認為該在尼札姆出征時提供兩千五百名騎兵
Marsiya	烏爾都語或波斯語輓歌，悼念先知穆罕默德之孫侯賽因的殉教，穆哈拉姆節（參見 Muharram）的節慶期間唱於哀悼堂（參見 ashur khana）

Masnavi	波斯語或烏爾都語情詩
Maula	「我的主」
Mazmum	（嘎札爾詩的）主題
Mehfil	蒙兀兒宮廷娛樂晚會，通常包括跳舞、誦詩、唱嘎札爾（參見 ghazal）
Mihrab（米哈拉布）	清真寺裡指向麥加的壁龕
Mir（米爾）	放在名字前面的頭銜，通常意指其持有人是個賽義德（參見 Sayyed）
Mirza（米爾札）	皇子（王子）或高社會地位出身的人
Mohalla（馬哈拉）	蒙兀兒城市裡自成一體的居住區，由數條居民巷構成，通常只靠一個大門進出，而且該門會在夜裡關上。
Mohur	高價值金幣
Mufti（穆夫提）	解讀或闡述伊斯蘭律法且能發布伊斯蘭教令（參見 fatwa）的伊斯蘭學者
Muharram（穆哈拉姆節）	什葉派穆斯林的大節日，紀念先知穆罕默德之孫伊瑪目侯賽因遭擊敗、死亡一事。如今，在海德拉巴和勒克瑙，還有德里紅堡內，特別隆重緬懷此事
Mujtahid	神職人員；解讀經文者
Munshi（蒙西）	印度籍私人祕書或語言教師
Murid（穆里德）	師從於導師（參見 pir）的蘇非派弟子
Muqarnas	清真寺或皇宮門道上方的鐘乳石狀裝飾

Mushairas	吟詩大會。大會上，詩人在詩藝鑑賞家面前誦讀自己的詩作
Musnud	此時期印度本土統治者的寶座，以墊子和長枕鋪設而成
Nabob（納博卜）	印度斯坦語納瓦卜（參見 nawab）的英語訛語，字面意思為「代理人」，係蒙兀兒皇帝授予其地區行政長官和總督的頭銜。在英格蘭，此詞變成辱稱，指那些從印度返國的「老印度通」
Namaz	祈禱文
Naqqar Khana	鼓屋
Nasrani	基督徒
Nautch	印度舞蹈表演
Nautch girl	職業舞者暨交際花
Nawab（納瓦卜）	原指稱總督或行政長官，後來純粹當尊銜使用，通常用於男人，但偶爾也用於女人（例如齊娜特・馬哈爾）。在英語裡，意義最近似的詞是公爵或女公爵（Duke or Duchess），而 Duke 的原始拉丁語形態 Dux，也意指行政長官
Nazr（納茲爾）	在印度王廷裡獻給較上級封建領主的象徵性禮物
Nuqul	以棕櫚粗糖製成的小甜食，質地硬
Paan（檳榔）	用檳榔果加工處理成的東西，微帶麻醉作用
Pachchisi	印度棋戲
Padshah	皇帝

Pagri	頭巾
Palanquin	印度轎子
Palki	轎子
Pardah	字面意思「簾子」，用以表示女人在女眷居住區（參見 zenana）裡足不出戶一事
Parwana	書面命令，即敕令
Pasoe（巴索）	緬甸紗籠
Peshkash	下位者獻給上位者的奉獻或禮物。馬拉塔人（Marattas）對此詞的用法較具體，特指「較下位」的掌權者，例如尼札姆，獻給他們的錢
Peshwaz	高腰長服
Phulwalon ki Sair	賣花人集市，雨季期間在梅赫勞利開辦
Pir	蘇非派導師或聖徒
Pirzada	蘇非派聖祠官員，往往是創始聖徒的後裔
Puja	（印度教徒）祈禱
Pukka	適切的，正確的
Pundit	婆羅門
Punkah	扇
Purbias（浦爾比亞人）	東部人。在德里，此詞與提朗嘎人（參見 Tilangas）交替使用，用以指稱造反的印度兵。兩詞都帶有外地人之意，暗指「這些來自東部的外地人」
Puri（普里）	油炸而成的印度全麥麵包

Qahwah Khana	咖啡館——茶葉於十九世紀後期引入之前，印度斯坦的典型咖啡館
Qasida	頌詩，通常寫給贊助者
Qawwal（卡瓦力歌手）	卡瓦力歌（參見 qawali）的歌手
Qawali（卡瓦力歌）	唱於蘇非派聖祠且激動人心的聖歌
Qila	堡壘
Qiladar	堡主
Qizilbash	賜給薩法維軍人（和後來賜給商人）的名字，因頭戴紅高帽，帽外纏頭巾而得名（字面意思「紅頭人」）
Rakhi	腕帶，用以表示兄弟般的情誼、團結一心或保護
Ratjaga	婚禮前的守夜
Razai	被子
Resident（特派代表）	東印度公司駐印度王廷的使節。隨著時日推移，英國人益發強大，特派代表漸漸擔負起地區行政長官的角色，控制他們所派駐的城市，乃至朝政
Risaldar（里薩爾達爾）	騎兵團裡的印度籍高階軍官
Roza	齋戒
Rozgar	雇用
Rubakari	命令
Sadr Amin	首席穆斯林法官

Sahri	齋戒月期間天亮之前吃的齋前餐
Salatin（薩拉丁）	出生於宮中的皇子。在紅堡，薩拉丁住在自己的住所，往往徒有高貴身分卻頗貧窮
Sanyasi	印度教苦行僧
Sarpeche	頭巾寶石飾物或飾物
Sati	寡婦殉夫自焚或殉夫自焚的寡婦
Sawar	騎兵（有時拼作 sowar）
Sawaree	象廄，以及與飼養大象有關的整個組織和設備
Sayyed（賽義德）（或 *Sayyida*／賽義達）	先知穆罕默德的直系後裔。賽義德往往有米爾（參見 Mir）這個頭銜
Sehra	以成串珍珠製成的結婚面罩。也指婚禮頌詩或婚禮致詞。
Sepoy	印度步兵二等兵，在此指的是受雇於英國東印度公司的印度兵。此詞源自波斯語 sipahi（「軍人」）
Shadi	婚宴或派對
Shagird	師從於某導師（ustad）的學詩弟子
Shahzada	皇子、王子
Shamiana	印度大帳篷，或圍繞帳篷區的屏幕
Shanai	王侯的或尊貴的

Shi'a（什葉派）	伊斯蘭兩大派之一，肇始於先知穆罕默德去世後伊斯蘭本身立即的分裂，分裂的一派承認麥地那哈里發的權威，另一派追隨先知之女婿阿里（Shi'at Ali，阿拉伯語意為「阿里的隊伍」）。如今大部分什葉派教徒住在伊朗，但在印度德干高原始終有許多這類教徒，海德拉巴自建城以來大多時候係什葉派文化重鎮
Shikar	打獵，於是，shikari，就是獵人
Shikastah（斷書體）	精細複雜的波斯語、烏爾都語草體（字面意思「斷書」）。盛行於十八世紀後期和十九世紀，係複雜且富個性的一種波斯體（nasta'liq）。此字體的書寫者把詩或句裡正常情況下隔開的部分連在一塊，使字母與詞之間的自然停頓變得不清楚，從而往往使文句非常難讀懂
Shir	mal
Shorba	湯
Shwebo Wun	緬甸省長
Sirdar（瑟達爾）	貴族
Sogh	喪服
Subahdar（蘇巴達爾）	印度團裡的印度籍高階軍官
Sufi（蘇非派）	穆斯林神祕主義者
Surahis	用來將水或酒冷卻的北印度傳統壺／長頸瓶，形體高而優美
Taal	印度斯坦音樂裡的節拍
Tahsildar（稅務官）	掌管稅收與徵稅的區官員

Tasbih	念珠，因此，Tasbih Khana，意為小禮拜堂或祈禱室
Tawaif	具有文化素養、溫文有禮的舞女和交際花。她們的存在係晚期蒙兀兒社會和文化的一大特點
Ta'wiz	咒文
Tehkhana	涼爽的地下室或成組的涼爽房間
Thammo	停住！
Thana	警察崗哨或警察局，其主管為 Thanadar
Tilanga（提朗嘎人）	此詞似乎源自位於今安得拉邦的特倫甘納（Telingana），十八世紀卡納蒂克戰爭（Carnatic Wars）期間英國人最初所招募的印度兵，有許多來自該地區。在德里，此詞似乎已專指英國人所訓練出的士兵，但英國人的主要招兵地區，老早就不是特倫甘納，而是阿瓦德，因此，一八五七年時，大部分印度兵會是來自今比哈爾部分地區和北方邦。浦爾比亞人（參見 Purbias）一詞，在德里被拿來與提朗嘎人交替使用，單純意指「東部人」。兩詞都帶有外地人的意涵，暗示「來自東部的這些外地人」
Tulwar	印度彎刃軍刀
Ukases	敕令
'Ulama（烏里瑪）	在阿拉伯語裡，「烏里瑪」意指「擁有知識者」，因此該詞意指「有學問者的群體」。實際上它意指伊斯蘭神職人員，對可蘭經、遜奈（Sunna，「聖行」、伊斯蘭律法）甚有了解而足以就宗教事務做出決定的一群人。'Ulama 是阿拉伯語複數詞，單數詞是 'alim，意為有學問的人

'Umbara	有華蓋的象轎（參見 howdah）
Umrah	貴族
Unani	愛奧尼亞（或拜占庭希臘）醫學，最初經由流亡至波斯的拜占庭人傳到伊斯蘭世界，如今仍行於印度
'Urs	節日
Ustad	某技藝的名家（或導師）
Vakil	使節或代表（但在今日，此詞只有律師之意）
Vilayat	省，祖國
Zamindar	有地者或一地的統治者
Zenana	女眷居住區，後宮

註釋

引言

1. National Archives of India (hereafter NAI), Foreign Department, Political, November 1862, p. 204/62.
2. Frances W. Pritchett, *Nets of Awareness: Urdu Poetry and Its Critics*, University of California Press, Berkeley and Los Angeles, 1994, p. 10.
3. NAI, Foreign, Foreign Dept, Misc., vol. 361, *Precis of Palace Intelligence*. For oil rubbing see entry for Monday, 29 March 1852; for hunting, see entry for Thursday, 13 April 1852; for visiting gardens, see Friday, 16 April 1852; for enjoying moonlight, see entry for Saturday, 10 September; for infidelities of BSZ's concubines, see entry for Saturday, 17 April; for other pregnancies among the imperial concubines, see entry for Tuesday, 30 August 1853.
4. Oriental and India Office Collections, British Library (hereafter OIOC), Vibart Papers, Eur Mss 135/19, Vibart to his Uncle Gordon, 22 September 1857.
5. Major W. S. R. Hodson, *Twelve Years of a Soldier's Life in India*, London, 1859, p. 302.
6. Sir George Campbell, *Memoirs of My Indian Career*, 1893, vol. I.
7. W. H. Russell, *My Diary in India*, London, 1860, vol I, p. 60.
8. Ibid., vol. 2, p. 51.
9. Cited in Pritchett, *Nets of Awareness*, p. 29.
10. Cited in Ralph Russell and Khurshid Islam, *Ghalib: Life and Letters*, Delhi, 1994, p. 269.
11. Ralph Russell, *The Oxford Ghalib: Life, Letters and Ghazals*, New Delhi, 2003, pp. 166, 188.
12. James Fergusson, *History of Indian and Eastern Architecture*, London, 1876, p. 594.
13. Lieutenant William Franklin in the 1795 edition of the new *Asiatick Researches*.
14. Lady Maria Nugent, *Journal of a Residence in India* 1811–15, 2 vols, John Murray, London, 1839; vol. 2, p. 9.
15. Irfan Habib, 'The Coming of 1857', *Social Scientist*, vol. 26, no. 1, January–April 1998, p. 6.
16. The collection was catalogued in 1921. See *Press List of Mutiny Papers 1857 Being a Collection of the Correspondence of the Mutineers at Delhi, Reports of Spies to English Officials and Other Miscellaneous Papers*, Imperial Records Dept, Calcutta, 1921.
17. Vincent Smith, *Oxford History of India*, Oxford, 1923, p. 731.
18. NAI, Mutiny Papers: bird catcher – collection 67, no. 50, 14 July; horse trader

– collection 67, no. 76, 27 July; gamblers – collection 62, no. 80, 3 August; confectioners – collection 61, no. 296, 4 August.

19. NAI, Mutiny Papers: Hasni the dancer – collection 62, no. 84 (no date); kebab seller – collection 103, no. 132, 10 July; Manglu the courtesan – collection 60, no. 605, 29 August.
20. It is true that several scholars – notably Aslam Parvez and Mahdi Hussain – have already drawn glancingly on some of the material in the Mutiny Papers, and Margrit Pernau has used it extensively for her forthcoming study of the Muslims of nineteenth-century Delhi, but I believe this book is the first time a properly systematic use has been made of the material for the study of Delhi in 1857.
21. Margrit Pernau is currently embarking on a project to translate and publish these riches as well as the court *Akhbarat*, which preceded the printed newspapers. Up to now scholars have used only the brief passages which are translated in Nadar Ali Khan's *A History of Urdu Journalism 1822–1857* (New Delhi, 1991).
22. The only historian of Delhi who seems to have used the Punjab Archive seems to be Sylvia Shorto, who drew on the material for her fascinating thesis, *Public Lives, Private Places, British Houses in Delhi 1803–57*; unpublished dissertation, NYU, 2004.
23. Eric Stokes, *The Peasant and the Raj – Studies in Agrarian Society and Peasant Rebellion in Colonial India*, London, 1978; Stokes, *The Peasant Armed: The Indian Revolt of 1857*, ed. C. A. Bayly, Oxford, 1986; Rudrangshu Mukherjee, *Avadh in Revolt 1857–8 – A Study of Popular Resistance*, New Delhi, 1984; Tapti Roy, *The Politics of a Popular Uprising: Bundelkhand in 1857*, Oxford, 1994.
24. See Mukherjee, *Avadh in Revolt.*
25. *Dihli Urdu Akbhar*, 17 May 1857.
26. Ibid., 24 May 1857.
27. Ibid., 23 August 1857.
28. Ghalib routinely referred to the mutineers as 'blacks' in both his public works – such as *Dastanbuy* – and his private correspondence. See, for example, Russell, *The Oxford Ghalib*, p. 167.
29. This is well argued by Rudrangshu Mukherjee in his excellent short monograph, *Mangal Pandey: Brave Martyr or Accidental Hero?*, New Delhi, 2005, p. 63.
30. Though of course there were those who resisted the Mughal claim, such as the Nawabs of Avadh and, farther away, Tipu Sultan.
31. Rudrangshu Mukherjee, '"Satan Let Loose upon Earth": The Kanpur Massacres in India in the Revolt of 1857, *Past and Present*, no. 128, pp. 110–11.
32. Akhtar Qamber, *The Last Mushaiirah of Delhi: A Translation of Farhatullah Baig's Modern Urdu Classic Dehli ki Akhri Shama*, New Delhi, 1979, p. 62.
33. Emily Eden, *Up the Country, Letters from India*, London, 1930, p. 97.
34. This important point was well argued by F. W. Buckler (1891–1960) in his righly celebrated essay 'The Political Theory of the Indian Mutiny', *Trans. of the Royal Historical Soc.*, 4 series, 5, 1922, pp. 71–100 (also reprinted in

Legitimacy and Symbols: The South Asian writings of F. W. Buckler, ed. M. N. Pearson, Center for South and Southeast Asian Studies, University of Michigan, Ann Arbor, MI, *c.* 1985.

35. Mark Thornhill, *Personal Adventures and Experiences of a Magistrate, during the Rise, Progress and Suppression of the Indian Mutiny*, London, 1884, p. 7.
36. NAI, Mutiny Papers, collection 60, no. 830.
37. OIOC, Eur Mss B 138, *The City of Delhi during 1857*, translation of the account of Said Mobarak Shah.
38. Quoted by the prosecution in the concluding speech at the trial of Zafar, *Proceedings on the Trial of Muhammad Bahadur Shah, Titular King of Delhi, Before a Military Commission, upon a charge of Rebellion, Treason and Murder, held at Delhi, on the 27th Day of January 1858, and following days, London, 1859*, p. 142.
39. OIOC, Montgomery Papers, no. 198, 7 September 1857.
40. Fazl ul-Haq, 'The Story of the War of Independence, 1857–8', *Journal Pak. Hist. Soc.*, vol. V, pt 1, January 1957.
41. See footnote on p. 473.

CHAPTER 1 | 棋子國王

1. National Archives of India (hereafter NAI), Foreign, Foreign Dept Misc, vol. 361, *Precis of Palace Intelligence*, entry for Friday, 2 April 1852. Also *Delhi Gazette* (OIOC microfilms), hereafter DG, issue of 31 March 1852; Munshi Faizuddin, *Bazm i-Akhir, Yani sehr e-Delhi ke do akhiri badshahon ka tareeq i-maashrat* (The Last Convivial Gathering – the Mode of Life of the Last Two Kings of Delhi), Lahore, 1965, ch. 7; Zahir Dehlavi, *Dastan i-Ghadr: An eyewitness account of the 1857 Uprising*, Lahore, 1955 pp. 17–18; Aslam Parvez, *Bahadur Shah Zafar*, pp. 78–9. Additional details about Mughal processions have been taken from the description given by Captain Robert Smith in his journals, cited by Sylvia Shorto, *Public Lives, Private Places, British Houses in Delhi 1803–57*, unpublished dissertation, NYU, 2004, p. 136, and from the many images that survive of such processions, such as that shown in Niall Hobhouse, *Indian Painting for the British 1780–1880*, London, 2001, item 26, or Emily Bayley (ed. M. M. Kaye), *The Golden Calm: An English Lady's Life in Moghul Delhi*, London, 1980, pp. 41–3, and especially pp. 150–59. For an intriguing indication of how the Mughals lit such night-time wedding processions, albeit two hundred years earlier, see the images of the night-time *barats* of Shah Shuja and Dara Shukoh in Milo Cleveland Beach and Ebba Koch, *King of the World: The Padshahnama, an Imperial Mughal Manuscript from the Royal Library, Windsor Castle*, London, 1997, pp. 61 and 71.
2. Schoefft was actually in Delhi in 1842 but seems to have painted all his Mughal portraits from more recent sketches, miniatures or photographs than those he made on his visit, as the ages of all three of his sitters – Zafar, Mirza

Jawan Bakht and Mirza Mughal – all correspond to their ages in the mid-1850s – perhaps 1854–55 – rather than ten years earlier. There are precedents for this in Schoefft's work: for example, his portrait of Ranjit Singh, who died shortly before his arrival in Lahore, and must presumably therefore have been painted from pre-existing miniatures. The pictures were exhibited for the first time in 1857. I would like to thank Jean-Marie Lafont and F. S. Aijazuddin for their help in solving this conundrum.

3. The two portraits, along with one of Mirza Mughal, hang today in the Mughal room of the Lahore Fort in Pakistan.
4. Zahir Dehlavi, *Dastan i-Ghadr*, Lahore, 1955, p. 19.
5. DG, 31 March 1852.
6. For mehndi procession see NAI, *Precis of Palace Intelligence*, entry for 31 March, and DG, 31 March 1852. For other celebrations and the *sehra*, see also Dehlavi, *Dastan i-Ghadr*, p. 19. A wedding chaplet is referred to in the entry for the wedding in the *Precis of Palace Intelligence*, Friday, 2 April 1852, and its pearls referred to in the celebratory poems of Ghalib and Zauq; see Muhammad Husain Azad (trans. and ed. Frances Pritchett and Shamsur Rahim Faruqi), *Ab-e Hayat: Shaping the Canon of Urdu Poetry*, New Delhi, 2001, pp. 410–13. From the references to strings of pearls in the poem, this chaplet would seem to be the same object that is being placed over the face of Dara Shukoh by his father Shah Jahan in Beach and Koch, *King of the World*, p. 68, item 25.
7. See, for example, the complaints against him in the Punjab Archive, Lahore (hereafter PAL), Case 1D, item 8, November 1847, where one of the princes describes himself as being 'put to extreme distress by the conduct of Mehboob, the servant of his Majesty'.
8. DG, 31 March 1852.
9. See, for example, NAI, *Precis of Palace Intelligence*, entries for 1 and 4 March.
10. Bishop Reginald Heber, *Narrative of a Journey through the Upper Provinces of India*, London, 1828; vol. 1, p. 563
11. NAI, *Precis of Palace Intelligence*, entry for Friday, 2 April 1852.
12. Mir Taqi Mir, quoted in M. Sadiq, *History of Urdu Literature*, Oxford, 1964, p. 100.
13. Muhammad Saleh Kanbu, quoted by Narayani Gupta, 'From Architecture to Archaeology: The "Monumentalising" of Delhi's History in the Nineteenth Century', in Jamal Malik (ed.), *Perspectives of Mutual Encounters in South Asian History, 1760–1860*, Leiden, 2000.
14. Azad (ed.), *Divan-e-Zauq*, p. 145, cited in in Frances W. Pritchett, *Nets of Awareness: Urdu Poetry and its Critics*, University of California Press, Berkeley and Los Angeles, 1994, p. 6.
15. Muhammad Khalid Masud, 'The World of Shah Abdul Aziz, 1746–1824', p. 304, in Jamal Malik (ed.), *Perspectives of Mutual Encounters in South Asian History, 1760–1860*, Leiden 2000. For apes and hogs, see Farhan Ahmad Nizami, *Madrasahs, Scholars and Saints: Muslim Response to the British Presence in Delhi and the Upper Doab 1803–1857*, unpublished PhD, Oxford, 1983, p. 175.
16. Sir Sayyid Ahmad Khan, *Asar us Sanadid*, Delhi, 1990, vol. 2, pp. 11–13.

17. Azad, *Ab-e Hayat*, p. 53.
18. Cited in Pritchett, *Nets of Awareness*, p. 10. The introduction to the English translation of *My Life* by Nawab Sarvar ul-Mulk remarks, 'the original autobiography is in Urdu and is written in the choice language and in a style which would only be attained by a Delhi man, and one who had intimate associations with the Red Fort, where the best and most elegant Urdu was spoken'. Sarvar ul-Mulk, *My Life, Being the Autobiography of Nawab Server ul Mulk Bahadur*, trans. from the Urdu by his son, Nawab Jiwan Yar Jung Bahadur, London, 1903.
19. Pritchett, *Nets of Awareness*, p. 10.
20. NAI, *Precis of Palace Intelligence*, entry for Friday, 2 April 1852.
21. François Bernier, *Travels in the Mogul Empire, 1656–68*, ed. Archibald Constable, trans. Irving Brock, Oxford, 1934, p. 373.
22. British Library, Warren Hastings papers, William Palmer to Warren Hastings, Add. Mss 29, 172, vol XLI, 1790, p. 184; 21st NOVEMBER 1790 AGRA: 'I applied to the Shah [Alam] in your name for permission to transcribe his copy of the Mahbharrut, and was assured that it would have been most cheerfully granted if the book had been in his possession, but his library had been totally plundered & destroyed by that villain Ghullam Khauder Khan, and he added, not without some degree of indignation, that part of the books had been purchased at Lucknow, that is by the Vizier; & upon enquiry find this to be the case, for his Excellency produced some of them to the English Gentlemen, boasting that they were the "King's".'
23. Quoted in Pritchett, *Nets of Awareness*, p. 3.
24. NAI, *Precis of Palace Intelligence*, entry for Thursday, 23 January 1851: 'A petition was received from Mirza Shoojat Shah stating that a chief had arrived from the District at Dehlee and was desirous of visiting the Palace. HM replied that without the Agent's permission no chief of a foreign territory could be allowed entrance.'
25. For example, NAI, *Precis of Palace Intelligence*, entry for 5 December 1851.
26. For example, NAI, *Precis of Palace Intelligence*, entry for 14 March 1851.
27. Ibid., entries for 3 and 8 April 1852. A *khilat* was a symbolic acceptance of the fealty offered in the *nazr*.
28. Parvez, *Bahadur Shah Zafar*, pp. 351–6. Parvez is undoubtedly right to point to the degree to which these themes dominate Zafar's verse, but it is also true that the cage, the bulbul and the garden are common tropes in eighteenth- and nineteenth-century ghazal writing. The unusual degree of pain and frustration expressed in Zafar's poetry has however also been commented on by Arsh Taimuri.
29. Naim Ahmad, *Shahr ashob*, Maktabah Jami'ah, Delhi, 1968, p. 196. Cited in Pritchett, *Nets of Awareness*, p. 5.
30. Quoted in J. K. Majumdar, *Raja Rammohun Roy and the Last Moghuls: A Selection from Official Records (1803–1859)*, Art Press, Calcutta, 1939, pp. 319–20.
31. Ibid. p. 4.
32. For Metcalfe renouncing his allegiance, see Bentinck Papers, Nottingham University, Charles Metcalfe to Lord W. Bentinck, Pw Jf 1637, Calcutta, 18 April 1832; for ceasing to give *nazrs*, see Charles Metcalfe to Lord W.

Bentinck, Pw Jf 1620, Calcutta, 18 December 1831; also, Charles Metcalfe to Lord W. Bentinck, Pw Jf 1607, Calcutta, 13 November: talking of giving *nazrs*, Metcalfe remarks: 'It is what in some degree what will be probably be done by the King of Dihlee & was done to Lord Amherst & there it is not amiss, because the superiority of the King is acknowledged and the nature of the acknowledgement cannot be mistaken.'
33. Shorto, *Public Lives*, p. 134.
34. Quoted by C. M. Naim in his forthcoming essay on Sahbai in Margrit Pernau (ed.), *Delhi College*, New Delhi, 2006.
35. This wonderful translation is by Ralph Russell. See Russell, *The Oxford Ghalib: Life, Letters and Ghazals*, New Delhi, 2003, p. 18.
36. The name of the poem is a reference to the wedding veil of pearls that the Mughals used to fix over the face of princes who were getting married. See note 6 above.
37. NAI, *Precis of Palace Intelligence*, entry for 17 April 1852.
38. Azad, *Ab-e Hayat*, pp. 410–13.
39. Ishtiaq Husain Qureshi, 'A Year in Pre Mutiny Delhi – 1837 A.C.', *Islamic Culture*, 17, pt 3, 1943, pp. 282–97.
40. For Zafar's wives, see Parvez, *Bahadur Shah Zafar*, pp. 81–5; for concubines, see NAI, *Precis of Palace Intelligence*, entry for Friday, 29 July 1853.
41. NAI, *Precis of Palace Intelligence*, entry for Saturday, 17 April 1852.
42. Delhi Commissioner's Office (hereafter DCO) Archive, Delhi, File 65A, 7 December 1858, *Report on the Character and Conduct of the Attendants of the ex royal King*, remarks: 'This lady was once a reputed beauty and attracted the admiration of the ex-king who contracted marriage with her notwithstanding that she was of low caste, a mere dommee. Their matrimonial life was not without its troubles. The Begum Zeenat Mahal, the King's favourite wife and the mother of MJB incited a great aversion to her and for two or three years before the outbreak Taj Mahal was in disgrace and imprisoned in consequence of her reputed intrigue with Mirza Kamran, a nephew of the ex-King, but as she alleges on account of Zeenat Mahal's jealousy and distaste.'
43. For example, NAI, *Precis of Palace Intelligence*, entries for 21 February 1851, 25 September 1852 and 4 October 1852.
44. NAI, *Precis of Palace Intelligence*, entries for 27 January and 6 February 1852. Other references to scandals, and accusations of impropriety, in the imperial harem can be found in the entries for 13 January 1851, 6 August 1852 and 30 August 1853.
45. Russell, *The Oxford Ghalib*, p. 274. Not all the *salatin* were poor. The court diary contains the bequests of several of them and it was not unusual for them to leave estates of up to Rs5 lakh. See, e.g., NAI, *Precis of Palace Intelligence*, entry for 29 December 1851.
46. Major George Cunningham, quoted in T. G. P. Spear, 'The Mogul Family and the Court in 19th Century Delhi', *Journal of Indian History*, vol. XX, 1941, p. 40.
47. NAI, *Precis of Palace Intelligence*, entries for 29 January 1851, 19 February 1851 and 11 April 1852.

48. Ibid., entry for Monday, 8 July 1853.
49. PAL, Case 1D, item 8, November 1847.
50. PAL, Case 94 (wrongly indexed as Case 84), Delhi, 5 February 1848.
51. Mirza Fakhru's full name was Mirza Ghulam Fakhruddin.
52. PAL, Case 1, 45, BSZ to James Thomason, 19 January 1849.
53. PAL, Case 1, pt VII, 67, letter from Sir Thomas Metcalfe (TTM) to Thornton, 24 January 1852.
54. NAI, *Precis of Palace Intelligence*, entry for 9 March 1852.
55. Ibid., entries for 14 February, 27 February and 3 March 1852.
56. PAL, Case 1, 63, 4 December 1851. Sending disgraced courtiers to Mecca was an old Mughal custom.
57. PAL, Case 1, 63, 4 December 1851, letter from TTM to Thornton.
58. For the link between the scale of the wedding and Zinat Mahal's ambitions for Jawan Bakht, see Dehlavi, *Dastan i-Ghadr*, p. 19. For MJB referred to as heir apparent, see DG (OIOC microfilms), 31 March 1852.
59. Sadly this much-repeated and thoroughly delightful story may well be apocryphal: certainly I have been unable to trace it back farther than Edward Thompson's *The Life of Charles Lord Metcalfe* (Faber, London, 1937, p. 101), where it is described as 'local tradition . . . this sounds like folklore'. It may well have been inspired by the famous miniature of Ochterlony in the India Office Library. In his will, OIOC L/AG/34/29/37, Ochterlony mentions only one *bibi*, 'Mahruttun, entitled Moobaruck ul-Nissa Begum and often called Begum Ochterlony', who was the mother of his two daughters, although his son Roderick Peregrine Ochterlony was clearly born of a different *bibi*. Nevertheless, it is quite possible that the story could be true: I frequently found Old Delhi traditions about such matters confirmed by research, and several Company servants of the period kept harems of this size. Judging by Bishop Heber's description of him, Ochterlony was clearly Indianised enough to have done so.
60. Emily Bayley quoted in Kaye, *The Golden Calm*, pp. 124–8.
61. Ibid., pp. 125–6.
62. For example, PAL, Case 1, item 45, January 1849, letter from TTM to BSZ, dated 27 May 1849.
63. Emily Bayley quoted in Kaye, *The Golden Calm*, p. 35.
64. Ibid., Sir Thomas Metcalfe's reflection on Humayun's Tomb.
65. Both are now in OIOC.
66. See, for example, South Asian Studies Library, Cambridge, Campbell Metcalfe Papers, Box VIII, From TTM to Daughters, datelined Camp Sudder Sarai, 27th (no month, no year).
67. South Asian Studies Library, Cambridge, Campbell Metcalfe Papers, Box VIII, From TTM to Georgina, datelined Kootub, 22nd (no month, no year given but clearly April 1851).
68. The nature of this illegal act is sadly not specified here, but there is reference elsewhere in TTM's correspondence to Theo wrongly imprisoning an influential moneylender, which may be the misdemeanour referred to here.
69. South Asian Studies Library, Cambridge, Campbell Metcalfe Papers, Box 1, GG to EC, Saturday, 23 October 1852.

70. Ibid.
71. South Asian Studies Library, Cambridge, Campbell Metcalfe Papers, Box VIII, TTM to GG datelined Kootub, 15th (no month, no year given but clearly October 1852).

CHAPTER 2 | 信士與異教徒

1. Bodleian Library of Commonwealth & African Studies at Rhodes House Missionary Collections, Oxford, Jennings Papers, *Proposed Mission at Delhi.*
2. Jennings Papers, *Copies of Letters by the Revd Midgeley Jennings, Chaplain of Delhi* 1851–57, JMJ to Hawkins, 4 May 1852.
3. Jennings Papers, *Proposed Mission at Delhi.*
4. Bodleian Library of Commonwealth & African Studies at Rhodes House Missionary Collections, Oxford, *A Memoir of my Father – the Revd M.J. Jennings, M.A.*, p. 24.
5. Ibid., pp. 13, pp. 21. For Douglas, see also SPG (Society for the Propagation of the Gospels) Annual Report for 1857, pxciii.
6. South Asian Studies Library, Cambridge, Campbell Metcalfe Papers, Box VIII, TTM to his children, Letter from Camp before Hissar, 7 February (no year); TTM to his daughters, Delhi, 6 April (no year); Theo to Lady Campbell in Ferozepur, undated but probably 1854.
7. *Dihli Urdu Akbhar*, 12 July 1857.
8. *Delhi Gazette*, 8 April 1855.
9. Campbell Metcalfe Papers, Box VIII, TTM to his daughters, Delhi, 6 April (no year).
10. Derrick Hughes, *The Mutiny Chaplains*, Salisbury, 1991, p. 28.
11. Fanny Parkes, *Wanderings of a Pilgrim in Search of the Picturesque*, London, 1850, reprinted London, 1992, as *Begums, Thugs and White Mughals*, ed. William Dalrymple, p. xvi.
12. Hughes, *The Mutiny Chaplains*, p. 20.
13. Quoted by Charles Allen, *Soldier Sahibs: The Men Who Made the North-West Frontier*, London, 2000, p. 340.
14. Quoted in Christopher Hibbert, *The Great Mutiny: India 1857*, London, 1978, p. 52.
15. Ibid., p. 52.
16. Olive Anderson, 'The Growth of Christian Militarism in Mid Victorian Britain', *English Historical Review*, vol. 86, 1971, pp. 46–72. For quote see p. 52.
17. Hibbert, *The Great Mutiny, pp.* 51–2. Also Saul David, *The Indian Mutiny 1857*, London, 2002, pp. 72–3.
18. P. J. Marshall (ed.), *The British Discovery of Hinduism*, Cambridge, 1970, p. 42.
19. Quoted by A. N. Wilson, *The Victorians*, London, 2002, p. 202, and Niall Ferguson, *Empire: How Britain Made the Modern World*, London, 2003, pp. 136, 137.

20. Jennings Papers, *Copies of Letters by the Revd Midgeley Jennings, Chaplain of Delhi* 1851–57, JMJ to Hawkins, 22 November 1855.
21. Farhan Ahmad Nizami, *Madrasahs, Scholars and Saints: Muslim Response to the British Presence in Delhi and the Upper Doab 1803–1857*, unpublished PhD, Oxford, 1983, pp. 166–92.
22. Farhan Nizami discusses the case of Maulawi Abdul Ali and Muhammad Ismail Londoni, both of whom married British women. See Farhan Nizami., 'Islamization and Social Adjustment: the Muslim Religious Elite in British North India 1803–57', in *Ninth European Conference on Modern South Asian Studies*, 9–12 July 1986, South Asian Institute of Heidelberg University, p. 5.
23. Nizami, *Madrasahs, Scholars and Saints*, p. 196.
24. Averil Ann Powell, *Muslims and Missionaries in Pre Mutiny India*, Curzon Press, London, 1993, pp. 52–3.
25. Victor Jacquemont, *Letters from India (1829–32)*, 2 vols, trans. Catherine Phillips, Macmillan, London, 1936, p. 354.
26. Khalid Masud, *The World of Shah Abdul Aziz, 1746–1824*, p. 304, in Jamal Malik (ed.), *Perspectives of Mutual Encounters in South Asian History, 1760–1860*, Leiden, 2000. The ultimate source for Shah Abdul Aziz's relationship with Fraser is the *Malfazat* of Aziz where the information is given in the context of showing how the British were overcome with Aziz's learning and miraculous powers.
27. Fraser Papers, vol. 29 (private collection, Inverness, as listed by the National Register of Archives, Scotland). Letter from WF to his father, 8 February 1806.
28. Ralph Russell and Khurshid Islam, *Ghalib: Life and Letters*, OUP, Delhi, 1994, p. 53.
29. Jacquemont, *Letters from India*, VJ to his father, Delhi, 10 January 1831, pp. 344–5.
30. Ibid., pp. 150–1, 354.
31. Fraser Papers, vol. 29, letter from WF to his father, 8 February 1806.
32. Reginald Heber, *A Narrative of a Journey through the Upper Provinces of India from Calcutta to Bombay, 1824–1825*, 3 vols, London, 1827, vol. 2, pp. 362, 392.
33. Bengal Wills 1825, OIOC, L/AG/34/29/37, pp. 185–205.
34. For Mubarak Begum's background see the Mubarak Bagh papers in the archives of the Delhi Commisoner's Office: DCO F5/1861. Here it is recorded that 'Mubarik ul Nissa was originally a girl of Brahmin parentage, who was brought from Poona in the Deckan by one Mosst. Chumpa, and presented or sold by the said Chumpa to Genl. Ochterlony when 12 years of age. Mosst. Mubarik ul Nissa from that time resided in Genl. Ochterlony's house, and Mosst. Chumpa resided with her there, being known by the name of Banbahi'.
35. National Army Museum, London, Gardner Papers, Letter 90, 16 August 1821.
36. Gardner Papers, Letter 16, p. 42.
37. For Ochterlony wondering whether to bring up his children as Muslims, see Sutherland Papers, Oriental and India Office Collections, British Library (hereafter OIOC), Eur Mss. D. 547, pp. 133–4. The letter is written to Major

Hugh Sutherland, a Scottish mercenary commanding a regiment of Mahratta's troops, who, like Ochterlony, had married a Muslim begum – and who had opted to bring up his children as Muslims. Ochterlony writes that he doesn't know what to do with his two daughters by Mubarak Begum, and asks for advice. If they are brought up as Christians, he fears they will suffer from the racism of the British: 'My children dear Major,' writes Ochterlony, 'are uncommonly fair, but if educated in the European manner they will in spite of complexion labour under all the disadvantages of being known as the NATURAL DAUGHTERS OF OCHTERLONY BY A NATIVE WOMAN – In that one sentence is compressed all that ill nature inaction and illiberality can convey of which you must have seen numerous instances during your Residence in this country.' Yet for all this, Ochterlony says he still hesitates to bring them up as Muslims, with a view to them marrying into the Mughal aristocracy, as 'I own I could not bear that my child should be one of a numerous haram even were I certain that no other Disadvantages attended this mode of disposal & were I proof against the observations of the world who tho' unjust to the children, would not fail to comment on the Conduct of a father who educated his offspring in Tenets of the Prophet'. The letter ends rather movingly, 'In short my dear M[ajor] I have spent all the time since we were parted in revolving this matter in my mind but I have not yet been able to come to a positive Decision.' The letter is undated but is probably *c.* 1801–02, and it must immediately pre-date the Anglo-Mahratta war of 1803.

38. Private family papers in the haveli of the late Mirza Farid Beg, Old Delhi.
39. Ram Babu Saksena, *European & Indo-European Poets of Urdu & Persian*, Lucknow, 1941, pp. 100–17.
40. Gardner Papers, NAM 6305–56, Letter 14, Delhi, 6 June 1820.
41. Ibid., Letter 16, p. 41.
42. Nicholas Shreeve, *The Indian Heir*, Bookwright, Arundel, 2001, p. 7.
43. Missionary Collections, *A Memoir of my Father – the Revd M.J. Jennings, M.A.*, typescript mss by 'Miss Jennings, Chenolton, Wimbourne, Dorset'.
44. Hibbert, *The Great Mutiny*, p. 52. The Superintendent of Jails in Agra was C. Thornlute.
45. For Shah Abdul Aziz, see Nizami, *Madrasahs*, p. 157.
46. Ibid., pp. 43–54. Nizami provides evidence that nearly 2 million acres of *ma'afi* land was confiscated by the British between 1828 and 1840. For missionaries living in mosques see Jacquemont, *Letters from India*, VJ to his father, Panipat, 17 March 1830, p. 80.
47. See the proclamation of Begum Hazrat Mahal; the translation of the original is in the NAI, Foreign Department, Political Consultation 17 December 1858, from J. D. Forstythe Sec. to Chief Commr Oudh, to G. J. Edmonstone, Sec. GOI, For. Dept, Dt Lucknow, 4 December 1858.
48. Nizami, *Madrasahs*, pp. 203–4; Powell, *Muslims and Missionaries*, ch. 7, esp. pp. 193–6, 202 and 222.
49. Delhi Committee to the General Committee of Public Instruction, in J. F. Hilliker, 'Charles Edward Trevelyan as an Educational Reformer', *Canadian Journal of History*, 9, 1974, pp. 275–91. Also Michael H. Fisher, 'An Initial

Student of Delhi English College: Mohan Lal Kashmiri (1812–77)', in Margrit Pernau, *Delhi College*, New Delhi, 2006.

50. OIOC, Home Miscellaneous 725, pp. 389–422, *Letter Written by Munshi Mohun Lal to Brigadier Chamberlain dated November 8th 1857 at Dehlie.*
51. Gardner Papers, Letter 100, Babel, 27 September 1821.
52. Fraser Papers, Bundle 350, letter from DO to WF, Delhi, 31 July 1820.
53. Parkes, *Begums*, p. 313.
54. Christopher Hawes, *Poor Relations: The Making of the Eurasian Community in British India 1773–1833*, London, 1996, pp. 4–5.
55. *Delhi Gazette*, 5 January 1856.
56. Jennings Papers, *Copies of Letters by the Revd Midgeley Jennings, Chaplain of Delhi 1851–57*, JMJ to Hawkins, 26 December 1856. Also in the same archive, Calcutta Letters Received, vol. 3 (CLR 14), JMJ to Hawkins, Hissar, 17 March 1854: 'Nor have we been disappointed of our hope of forming a class from the Government College. I have seven boys who read the Bible in English and Bacon's essays on alternate evenings. These lads are with one exception Hindoo. The Musalmans are too bigoted to allow their boys to read English. They have read some of the Christian books in the Govt College library and seem well disposed towards Christianity. They propose some of the most obvious infidels to our own Holy Religion, but apparently without attaching much weight to them: they generally admit the force of my answers. I am very favourably impressed by the intelligence of these young men. I foresee that in their station they will be valuable allies to us.'
57. Jennings Papers, *Copies of Letters by the Revd Midgeley Jennings, Chaplain of Delhi 1851–57*, JMJ to Hawkins, 15 July 1852.
58. *General Report on Public Instruction* 1852–3, quoted in Powell, *Muslims and Missionaries*.
59. See the essay on Azurda by Swapna Liddle Sahbai in Pernau, *Delhi College*.
60. Nizami, *Madrasahs*, p. 173.
61. Leupolt, *Recollections*, p. 33, cited in Nizami, *Madrasahs*, p. 207.
62. Aziz Ahmed, *Studies in Islamic Culture in the Indian Environment*, Oxford, 1964, pp. 201, 210.
63. Nizami, *Islamization and Social Adjustment*, p. 11.
64. Barbara Daly Metcalf, *Islamic Revival in British India, 1860–1900*, Princeton, NJ, 1982, p. 48.
65. Nizami, *Madrasahs*, pp. 144–5.
66. Shah Waliullah was in fact a Sufi himself, but of the hard-line Naqshbandiya *silsilah* (lit. chain – line of sheiks leading a Sufi Brotherhood) which opposed most of the devotional practices of the Chishtias, such as the veneration of saints and the playing of devotional music or qawwalis at Sufi shrines. Just to add to the complexity, it seems Shah Abdul Aziz was actually rather fond of music.
67. NAI, Foreign, Foreign Dept Misc., *Precis of Palace Intelligence*, entry for 17 April 1852.
68. Percival Spear, *The Twilight of the Moghuls*, Cambridge, 1951 p. 74. Also Aslam Parvez, *Bahadur Shah Zafar*, p. 242.
69. *Dihli Urdu Akbhar*, 14 June 1857.

70. Major Archer, *Tours in Upper India*, London, 1833, vol. 1, p. 113.
71. NAI, *Precis of Palace Intelligence*, entry for Sunday, 1 August 1852.
72. Parvez, *Bahadur Shah Zafar*, p. 242.
73. NAI, *Precis of Palace Intelligence*, entry for Tuesday, 16 August 1853.
74. Ibid., entries for 12 January 1851, 29 July 1853 and 1 August 1853.
75. Ibid., entries for 24 April 1851, 4 September 1852, 23 August 1853 and 31 December 1853.
76. Harbans Mukhia, 'Celebration of Failure as Dissent in Urdu Ghazal', *Modern Asian Studies*, vol. 33, no. 4, 1999, pp. 861–81.
77. Ibid., p. 879.
78. Ralph Russell, *Hidden in the Lute: An Anthology of Two Centuries of Urdu Literature*, New Delhi, 1995, p. 150.
79. Ralph Russell (ed.), *Ghalib: The Poet and His Age*, London, 1975, p. 81.
80. Ralph Russell, *The Oxford Ghalib: Life, Letters and Ghazals*, New Delhi, 2003, p. 202.
81. Pavan K. Varma, *Ghalib: The Man, the Times*, New Delhi, 1989, p. 51.
82. This is well argued in Nizami, *Madrasahs*, p. 163.
83. C. F. Andrews, *Zakaullah of Delhi*, Cambridge, 1929, pp. 13–18; David Lelyveld, *Aligarh's First Generation: Muslim Solidarity in British India*, Princeton, NJ, 1978, p. 51. See also Yoginder Sikand, *Bastions of the Believers: Madrasas and Islamic Education in India*, New Delhi, 2005.
84. Parvez, *Bahadur Shah Zafar*, p. 50.
85. NAI, *Precis of Palace Intelligence*. For astrologers, see, for example, entry for Tuesday, 23 August 1853 when BSZ gives a cow to the poor on the advice of his astrologers.
86. NAI, *Precis of Palace Intelligence*, entry for Saturday, 6 March 1852.
87. Ibid., entries for 9, 11, 17, 18 October 1853. On the 18th 'HM sat himself on the silver chair in the DIK and inspected the Royal Stud which had been coloured for the Dusserah festival. The darogah of the King's falconry placed a hawk on HM's hand and the hunters let loose some birds over HM's head. The King bestowed on them the usual khilluts and accepted the nuzzers presented by his Hindu officers – in all Rs 43.'
88. Narayani Gupta, *Delhi between Two Empires 1803–1931*, New Delhi, 1981, p. 10.
89. NAI, *Precis of Palace Intelligence*, entry for Tuesday, 1 November 1853.
90. Ibid., entry for Friday, 28 October 1853.
91. Farhatullah Baig, *Phulwalon ki Sair*. I would like to thank Azra Kidwai for bringing this text to my attention and providing me with her translation of it.
92. NAI, *Precis of Palace Intelligence*, entry for 20 September 1852.
93. Ibid., entry for 21 September 1852.
94. Sir Sayyid Ahmad Khan, *The Causes of the Indian Revolt*, reprint edition introduced by Francis Robinson, Karachi, 2000, p. 9.
95. Zafar personally helped carry the *taziyas* in procession; he also sent donations and *alam* standards to Shia *imambaras* across India. For Zafar attending *marsiyas*, see NAI, *Precis of Palace Intelligence*, entry for Wednesday, 5 October 1853. For sending of offering to *imambaras* elsewhere, see entry for Friday, 7 October 1853: 'HM sent for Mirza Nooroddeen and having

fastened up in a case several standards of silver and copper, entrusted them to him with orders for his immediate departure for Lucknow by dak to place the said standards as offerings from HM at the shrine of Shah Abbas.' There is a long description of Muharram celebrations in the Red Fort in Munshi Faizuddin, *Bazm i-Akhir, Yani sehr e-Delhi ke do akhiri badshahon ka tareeq i-maashrat* (The Last Convivial Gathering – the Mode of Life of the Last Two Kings of Delhi), Lahore, 1965, ch. 7. Zafar asked Ghalib to defend him from this charge. For irate '*ulama* see Ralph Russell, *Ghalib – Life and Letters*, Oxford, 1964, p. 99.

96. See the brilliant essay by Margrit Pernau on class and the radicals, 'Multiple Identities and Communities: Re-contextualizing Religion', in Jamal Malik and Helmut Reifeld, *Religious Pluralism in South Asia and Europe*, New Delhi, 2005, pp. 147–69, especially pp. 160–1. Pernau estimates that a full 10 per cent of Shah Abdul Aziz's fatwas concern economic matters. The British authorities also noted that it was not the *ashraf* but 'the lower orders of the Mahommedans and particularly among the Punjabies' who subscribed to radical Islam. 'Hoosain Buksh' is, however, described as 'the great Punjabee merchant of this city . . . generally considered favourable to the Wahabee sect'. PAL Case 70, no. 152, From: A. A. Roberts Esq., Magistrate Dehlee To: T. Metcalfe, Agent Lieut Governor of the government of NWP Dehlee Dated: Dehlee, 1st Sept 1852 Subject: Fanatics.
97. Nizami, *Madrasahs*, pp. 224–9; Nizami, *Islamization and Social Adjustment*, p. 7; Metcalf, *Islamic Revival in British India*, p. 62.
98. PAL, Case 70, no. 152.
99. Missionary Collections, '*A Memoir of my Father – the Revd M.J. Jennings, M.A.*,' p. 20.

CHAPTER 3 | 不穩定的平衡

1. *Dihli Urdu Akbhar* (hereafter DUA), 7 August 1853. See also Margit Pernau, 'The *Dihli Urdu Akbhar*: Between Persian Akhbarat and English Newspapers', *Annual of Urdu Studies*, 2003, vol. 18, p. 121.
2. *Subae Shamalio Maghribi ke Akhbara aur Matbuat*, p. 101., cited in Aslam Parvez, *Bahadur Shah Zafar*, p. 316.
3. Pernau, '*Dihli Urdu Akbhar*', p. 126; DUA, 10 May 1840.
4. DUA, 12 May 1841.
5. Frances W. Pritchett, *Nets of Awareness: Urdu Poetry and Its Critics*, University of California Press, Berkeley and Los Angeles, 1994, p. 19.
6. Pernau, '*Dihli Urdu Akbhar*', p. 128; Nadir Ali Khan, *A History of Urdu Journalism*, Delhi 1991, pp. 72–86. Also DUA, 22 and 29 August 1852; for Ramchandra's conversion see DUA, 25 July 1852; for 'sexual vice', 2 May 1841; for the arrest of Ghalib, 15 August 1841.
7. Pernau, '*Dihli Urdu Akbhar*', pp. 123–6.
8. *Delhi Gazette* (hereafter DG), 19 March 1842 (Moti Masjid) and 2 March 1853 (canal).

9. DG, 19 February 1853 (locomotive race); 12 January 1855 (cricket); 27 January 1855 (Hansi dacoitee).
10. Nicholas Shreeve (ed.), *From Nawab to Nabob: The Diary of David Ochterlony Dyce Sombre*, Bookwright, Arundel, 2000, pp. 71 and 75, entries for 5, 6 and 23 December 1834.
11. See Michael Fisher's essay on Mohan Lal Kashmiri in Margrit Pernau's forthcoming volume on Delhi College, New Delhi, 2006.
12. DG, 10 February 1847.
13. Ibid., 19 January 1853.
14. Ibid., 8 January 1855.
15. Ibid., 9 January 1855.
16. Ibid., 8 January 1855.
17. Ibid., 12 February 1843. See also Pernau, '*Dihli Urdu Akbhar*', p. 118.
18. James Baillie Fraser, *Military Memoirs of James Skinner*, 2 vols, Smith, Elder & Co., London, 1851, p. 105.
19. Ibid., pp. 159, 162.
20. Fanny Eden, *Journals*, reprinted as *Tigers, Durbars and Kings*, John Murray, London, 1988, p. 135.
21. Ram Babu Saksena, *European & Indo-European Poets of Urdu & Persian*, Newul Kishore, Lucknow, 1941, pp. 96–7.
22. *Tigers*, p. 135.
23. In a letter to Lord Bentinck in the Nottingham University Library, Pw Jf 2047/1–2, Hansee 12 October 1835, Skinner writes as if he is thinking in Urdu and translating it as best he can into English: 'Regarding my narrative,' he writes, 'if your Lordship thinks it is worth your Lordship's trouble, I am proude to lay it at your feet; do my Lord what you like. I am only sorry that my abilities in the English language was not sufficient as to have given you a better account than what it contains. So my gracious and kind benefactor, consider me as a piece of clay in a potters hand, and you may make me what you like.'
24. Seema Alavi, *The Sepoys and the Company*, OUP, New Delhi, 1995, pp. 254–5. In a letter to Lord Bentinck in the Nottingham University Library, Pw Jf 2047/1–2, Hansee 12 October 1835, Skinner refers to a 'wife' in the singular who sends her best to the Governor General and Lady Bentinck.
25. National Army Museum, London, Gardner Papers, Letter 16, p. 41.
26. South Asian Studies Library, Cambridge, Campbell Metcalfe Papers, Box VIII, Theo to Lady Campbell in Ferozepur, undated but probably 1854.
27. Christopher Hibbert, *The Great Mutiny: India 1857*, London, 1978, p. 34.
28. For Gambier, see National Army Musuem 6211/67, Letters of Lieutenant Charles Henry (Harry) F. Gambier, 38th Native Infantry. For Harriet, see Harriet Tytler, *An Englishwoman in India: The Memoirs of Harriet Tytler 1828–1858*, ed. Anthony Sattin, Oxford, 1986.
29. David Burton, *The Raj at Table: A Culinary History of the British in India*, London, 1993, p. 83.
30. Cited in Farhan Ahmad Nizami, *Madrasahs, Scholars and Saints: Muslim Response to the British Presence in Delhi and the Upper Doab 1803–1857*, unpublished PhD, Oxford, 1983, p. 18.

31. Major General Sir W. H. Sleeman, *Rambles and Recollections of an Indian Official*, Oxford, 1915, pp. 523–4.
32. Hali, *Kulliyat-e Nasir*, vol. 1, p. 344, cited in Pritchett, *Nets of Awareness*, p. 14.
33. Margrit Pernau, 'Middle Class and Secularisation: The Muslims of Delhi in the 19th Century', in Intiz Ahmad, Helmut Reifeld (ed.), *Middle Class Values in India and Western Europe*, New Delhi, 2003, pp. 21–42.
34. Nizami, *Madrasahs*, p. 170, on the surprising openness of the *'ulama* at this period to taking on and absorbing the new innovations and discoveries of Western science.
35. Cited in Ralph Russell, *The Oxford Ghalib: Life, Letters and Ghazals*, New Delhi, 2003, p. 40.
36. Cited in Pritchett, *Nets of Awareness*, p. 14.
37. Sir Sayyid Ahmad Khan, *Asar us-Sanadid*, Delhi, 1990, vol. 2, p. 45.
38. Ibid., vol. 2, p. 45.
39. Narayani Gupta, *Delhi between Two Empires 1803–1931*, New Delhi, 1981, p. 4; Pavan K. Verma, *Mansions at Dusk: The Havelis of Old Delhi*, New Delhi, 1992, pp. 55–63.
40. Charles John Griffiths, *The Siege of Delhi*, London, 1910, p. 4.
41. Johnson diaries, OIOC, Mss Eur A101, entry for 18 July 1850.
42. Munshi Faizuddin, *Bazm i-Akhir, Yani sehr e-Delhi ke do akhiri badshahon ka tareeq i-maashrat* (The Last Convivial Gathering – the Mode of Life of the Last Two Kings of Delhi), Lahore, 1965.
43. National Archives of India (hereafter NAI) Foreign, Foreign Dept Misc., *Precis of Palace Intelligence*, entry for Sunday, 4 April 1852.
44. Percival Spear, *The Twilight of the Moghuls*, Cambridge, 1951, p. 74.
45. Faizuddin, *Bazm i-Akhir*.
46. NAI, *Precis of Palace Intelligence*, entry for 13 March 1851.
47. Muhammad Husain Azad (trans. and ed. Frances Pritchett and Shamsur Rahim Faruqi), *Ab-e Hayat: Shaping the Canon of Urdu Poetry*, New Delhi, 2001, p. 343.
48. Antoine Polier, *Shah Alam II and his Court*, Calcutta, 1947, p. 72. For Mirza Fakhru's calligraphy, see the impressive specimens in the OIOC: 3577 and especially 2972/42, a calligraphic lion. See also NAI, *Precis of Palace Intelligence*, entry for 21 February 1851. For Mirza Fakhru's *History*, see NAI, *Precis of Palace Intelligence*, entry for 10 January 1851. For Mirza Fakhru living in the Shah Burj, see NAI, *Precis of Palace Intelligence*, entry for 23 September 1852.
49. Reginald Heber, *A Narrative of a Journey through the Upper Provinces of India from Calcutta to Bombay, 1824–1825*, 3 vols, London, 1827, vol. 1, pp. 568–9.
50. Pritchett, *Nets of Awareness*, p. 4. For his more earthy verse in Punjabi and Braj Basha he used a different pen-name; rather than Zafar ('Victorious') he chose to write under Shuaq Rang ('Passionate').
51. S. M. Burke and Salim al-Din Quraishi, *Bahadur Shah: Last Mogul Emperor of India*, Lahore, 1995, pp. 218–19.
52. Arsh Taimuri, *Qila-i Mua'lla ki Jhalkiyan*, ed. Aslam Parvez, Urdu Academy, Delhi, 1986. See sections on gunmanship and archery.
53. Spear, *Twilight*, p. 73.

54. NAI, *Precis of Palace Intelligence*, entry for Tuesday, 13 January 1852.
55. Emily Bayley, quoted in M. M. Kaye (ed.), *The Golden Calm: An English Lady's Life in Moghul Delhi*, London, 1980, p. 128.
56. Major Archer, *Tours in Upper India*, London, 1833, vol. 1, pp. 108–9.
57. NAI, *Precis of Palace Intelligence*, e.g. entries for Monday, 28 July 1852, Sunday, 1 August 1852, Tuesday, 18 October 1853 and Wednesday, 21 December 1853. Akhtar Qamber, *The Last Mushai'rah of Delhi: A Translation of Farhatullah Baig's Modern Urdu Classic Dehli ki Akhri Shama*, New Delhi, 1979, p. 68.
58. NAI, *Precis of Palace Intelligence*, entry for 12 May 1851; for his marriage, see entry for 23 April.
59. Ibid., entry for Monday, 5 September 1853.
60. Ibid., entry for Tuesday, 26 July 1853.
61. Ibid., entries for 16 January 1852 and 22 September 1853.
62. For fishing, see Ibid., entry for 2 February 1852.
63. Russell, *The Oxford Ghalib*, p. 99.
64. DG, 10 April 1855.
65. E.g. DG, 15 March 1855.
66. Faizuddin, *Bazm i-Akhir*.
67. Quoted in Pritchett, *Nets of Awareness*, p. 14.
68. Burton, *The Raj at Table*, p. 18.
69. Fraser Papers, Inverness, Bundle 366, VJ to Wm Fraser, p. 62, undated but probably February 1831.
70. Emily Bayley, quoted in M. M. Kaye (ed.), *The Golden Calm*, pp. 105, 161.
71. Ibid., p. 213.
72. Fraser Papers, vol. 33, p. 279, Alec Fraser to his mother, Delhi, 3 August 1811.
73. Campbell Metcalfe Papers, Box VIII, Theo to Lady Campbell in Ferozepur, undated but probably 1854.
74. Ibid., Box 1, GG to EC, Saturday, 23 October 1852.
75. DG, 24 March 1857.
76. Emily Bayley, quoted in M. M. Kaye (ed.), *The Golden Calm*, p. 127.
77. Azad, *Ab-e Hayat*, p. 385. Although the story is actually told by a dog, it does seem to reflect the culinary practice of a well-known Delhi figure.
78. Faizuddin, *Bazm i-Akhir*, goes into lengthy detail on all this, and is one of the most startlingly detailed sources for the doings of the Red Fort kitchens. Some of the dishes mentioned can still be sampled at Karims Hotel next to the Jama Masjid, which was founded by cooks from the former royal kitchens after 1857.
79. NAI, *Precis of Palace Intelligence*, entry for Wednesday, 10 August 1852. For kebabs and stew and oranges, see Taimuri, *Qila-i mualla ki Jhalkiyan*.
80. NAI, *Precis of Palace Intelligence*, entry for 26 September 1853.
81. Russell, *The Oxford Ghalib*, p. 50.
82. Ibid., p. 183.
83. Ibid., p. 190.
84. Khan, *Asar us Sanadid*, vol.2, p. 230.
85. NAI, *Precis of Palace Intelligence*, entries for 10 September 1853 and 4 October 1853.

86. Faizuddin, *Bazm i-Akhir*.
87. NAI, *Precis of Palace Intelligence*, entry for Tuesday, 9 August 1852.
88. Dargah Quli Khan, *The Muraqqa' e-Dehli*, trans. Chander Shekhar, New Delhi, 1989, p. 50.
89. For Ad Begum, ibid., p. 107; for Nur Bai, ibid., p. 110. Both these courtesans were at the height of their fame in 1739, at the time of the invasion of Nadir Shah.
90. Saksena, *European & Indo-European Poets*, pp. 73–4.
91. Qamber, *The Last Mushai'rah of Delhi*, p. 60.

CHAPTER 4 | 風暴逼近

1. Oriental and India Office Collections, British Library (hereafter OIOC), Photo Eur 31 1B, Hardcastle Papers, pp. 247–62.
2. Ibid.
3. Ibid.
4. Ibid.
5. Ibid.
6. National Archives of India (hereafter NAI) Foreign, Foreign Dept, *Precis of Palace Intelligence*, entry for Thursday, 3 November 1853.
7. James Thomason, the Lieutenant Governor of the North West Provinces, died in Bareilly on 29 September, while Sir Henry Elliot, the Foreign Secretary, died at the Cape, on his way back to England, on 20 December.
8. Harriet Tytler, *An Englishwoman in India: The Memoirs of Harriet Tytler 1828–1858*, ed. Anthony Sattin, Oxford, 1986, p. 143.
9. OIOC, Fraser Collection, Eur Mss E258, Bundle 8, SF to SJGF, 25 March 1857.
10. For Annie's choir, see Bodleian Library of Commonwealth & African Studies at Rhodes House, Oxford, Missionary Collections, *A Memoir of my Father – the Revd M.J. Jennings, M.A.*, pp. 13, 38. For Annie's engagement, see Tytler, *An Englishwoman in India*. For Fraser joining the choir, see Fraser Collection, Mss Eur E258, Bundle 8, SF to SJGF, Delhi, 25 March 1857.
11. Fraser Collection, Mss Eur E258, Bundle 8, SF to SJGF, 21 April (?) 1854.
12. Ibid., SF to SJGF, Mynpoorie, 14 August (no year but possibly 1843).
13. Ibid., SF to SJGF, 21 April 1854, 25 March 1857.
14. NAI, *Precis of Palace Intelligence*. Fraser's arrival in Delhi is reported in the entry for Friday, 24 November 1853; a reception at Raushanara Bagh is planned for 1 December, but the Agent does not turn up, although he does pay a sightseeing visit to the Red Fort in the company of some friends when BSZ is away on Thursday the 8th. He waits for another couple of weeks before bothering to come and introduce himself on Thursday, 22 December 1853. BSZ prepares for his reception by organising a frantic bout of spring-cleaning and repairs.
15. NAI, Foreign Consultations, Item 180–193, 29 August 1856, From S Fraser Esq

Agent Lt Gov NWP, Dehlie Dated Dehlie 14th July 1856. For Fraser's retirement see the *Delhi Gazette* (DG), 12 July 1856.

16. NAI, Foreign Consultations, Item 180-193, 29 August 1856, 'Translation of a Shooqua from His Majesty the King of Dehlie to Simon Fraser Esquire Agent of Honble the Lt Gov,' dated 12 July 1856. This of course was exactly the humiliating treatment suffered by Zafar himself at the hands of his father Akbar Shah.
17. Ibid., pp. 319ff.
18. Michael Maclagan, *'Clemency' Canning*, London, 1962, pp. 38–44. See also Christopher Hibbert, *The Great Mutiny: India 1857*, London, 1978, pp. 25–7. Saul David, *The Indian Mutiny*, London, 2002, pp. 14–15.
19. NAI, Foreign Consultations, Item 180–193, 29 August 1856, Minute by Canning, the Governor General, 12 August 1856.
20. Ibid.
21. *Proceedings on the Trial of Muhammad Bahadur Shah, Titular King of Delhi, before a Military Commission, upon a charge of Rebellion, Treason and Murder, held at Delhi, on the 27th Day of January 1858, and following days, London, 1859* (hereafter Trial), p. 80.
22. NAI, *Siraj ul-Akbhar*, 19 March 1857.
23. See Salim al-Din Quraishi, *Cry for Freedom: Proclamations of Muslim Revolutonaries of 1857*, Lahore, 1997, for reports in the Delhi press of the different manifestations of unrest in early 1857. The puris were reported in the *Nur-i Maghrebi* in the issue of 25 February 1857, while news of the mutiny in the Bengal Army appeared in the same paper's issue of 20 April 1857. See also the evidence of Metcalfe, Trial, pp. 80–81.
24. Anon. (probably Robert Bird), *Dacoitee in Excelsis, or the Spoilation of Oude by the East India Company*, London, 1857.
25. Ibid., iv–v, pp. 202–4.
26. Ibid., vi.
27. Quoted in S. M. Burke and Salim al-Din Quraishi, *Bahadur Shah: Last Mogul Emperor of India*, Lahore, 1995, p. 78.
28. Punjab Archives, Lahore, Case 1, 71, dated 24 February 1856.
29. Ralph Russell, *The Oxford Ghalib: Life, Letters and Ghazals*, New Delhi, 2003, p. 135.
30. Ibid., p. 113.
31. Hali, *Yadgar-e-Ghalib*, pp. 28–9, cited in Ralph Russell and Khurshid Islam, *Ghalib: Life and Letters*, Oxford, 1969, p. 63.
32. Ibid., pp. 73–4.
33. Russell, *The Oxford Ghalib*, p. 89.
34. Ibid., p. 112
35. Ibid., p. 112, and Gopi Chand Narang, 'Ghalib and the Rebellion of 1857', in Narang, *Urdu Language and Literature: Critical Perspectives*, New Delhi, 1991, p. 16, note 45.
36. Pavan K. Verma, *Ghalib: The Man, the Times*, New Delhi, 1989, p. 61.
37. Ghalib, *Dastanbuy* p. 48, cited in Pritchett, *Nets of Awareness: Urdu Poetry and Its Critics*, University of California Press, Berkeley and Los Angeles, 1994, p. 9; also Varma, *Ghalib*, pp. 142–3.

38. South Asian Studies Library, Cambridge, Campbell Metcalfe Papers, Box 8 (no date but clearly 1856).
39. Ibid., Box 8, Theo to GG, 12 August 1856.
40. Ibid., Box 8, Theo to EC (undated but April 1857).
41. Ibid., Box 6, EC to GG, datelined Camp Near Mooltan, 27 November 1856.
42. Ibid., Box 6, EC to GG (undated but probably late 1856/early 1857).
43. The best and fullest description of that old Indian historical chestnut, the greased cartridges, can be found in Chapter 6 of David, *The Indian Mutiny*. There is also a very good chapter in Rudrangshu Mukherjee's brief but brilliant *Mangal Pandey: Brave Martyr or Accidental Hero?*, New Delhi, 2005.
44. The fouling and clogging of the Enfields is also recorded by Richard Barter, *The Siege of Delhi*, London, 1984, p. 6.
45. Mukherjee, *Mangal Pandey*, p. 35. According to a letter of 7 February 1857, Canning stated that the fears regarding the grease 'were well founded'.
46. J. W. Kaye, *A History of the Sepoy, War in India 1857–8*, London 1877, vol 1, pp. 316–18.
47. Irfan Habib, 'The Coming of 1857', *Social Scientist*, vol. 26, no. 1, January–April 1998, p. 6.
48. Sitaram Pandey, *From Sepoy to Subedar*, London, 1873, pp. 24–5. Some scholars have questioned the authenticity of this book; it may have been written by a Briton under a pseudonym or as the ghostwriter of a sepoy. My personal suspicion is that it is the latter, for the tone reads true to my ears, and it is difficult to believe it is an outright forgery, especially when compared with the sepoy's letter from the DG, 8 May 1855 (see note below), which is clearly a fake.
49. DG, 8 May 1855. The article is full of British assumptions, usages and stereotypes about Indians and cannot actually have been written by a sepoy as it purported to be.
50. Tytler, *An Englishwoman in India*, p. 81.
51. Ibid., pp. 110–11.
52. Ibid., p. 111.
53. Hibbert, *The Great Mutiny*, p. 72.
54. K. C. Yadav, *The Revolt of 1857 in Haryana*, New Delhi, 1977, p. 41.
55. OIOC, Home Misc. 725, *Kaye Mutiny Papers*, Item 35.
56. H. H. Greathed, *Letters Written during the Siege of Delhi*, London, 1858, p.xiv.
57. Tytler, *An Englishwoman in India*, p. 114.
58. 'How the Electric Telegraph Saved India', reprinted in Col. Edward Vibart, *The Sepoy Mutiny as Seen by a Subaltern from Delhi to Lucknow*, London, 1858, pp. 253–7.
59. Julia Haldane, *The Story of Our Escape from Delhi in 1857*, Agra, 1888, p. 2.
60. Tytler, *An Englishwoman in India*, p. 114; see also Charles Theophilus Metcalfe, *Two Native Narratives of the Mutiny in Delhi*, London, 1898, 'Narrative of Mainodin', p. 42.

CHAPTER 5 | 復仇之主的劍

1. Zahir Dehlavi, *Dastan i-Ghadr: An eyewitness account of the 1857 Uprising*, Lahore, 1955, p. 38.
2. Ibid., p. 44. For the King's stick, see *Proceedings on the Trial of Muhammad Bahadur Shah, Titular King of Delhi, before a Military Commission, upon a charge of Rebellion, Treason and Murder, held at Delhi, on the 27th Day of January 1858, and following days, London, 1859* (hereafter Trial), p. 26, Evidence of Ghulam Abbas. There are several accounts of the King's movements that morning which mutually contradict each other, especially as to when Zafar became aware of the sepoys' presence, and at what point Douglas and the hakim appeared. I have gone with Zahir Dehlavi's version of events as it is the most detailed and seems particularly credible and well informed, even though the account was written – or reached its final form – many years after the events it describes.
3. Dehlavi, *Dastan i-Ghadr*, p. 44. On the death of the toll keeper and the servants, see *The City of Delhi during 1857*, translation of the account of Said Mobarak Shah, Oriental and India Office Collections, British Library (hereafter OIOC), Eur Mss, B 138.
4. Trial, Evidence of Jat Mall, p. 72. According to Jat Mall's evidence at Zafar's trial: 'I heard a few days before the outbreak from some sepoys of the gate of the palace, that it had been arranged in case greased cartridges were pressed upon them, that the Meerut troops were to come here, where they were to be joined by the Delhi troops, and it was said that this compact had been arranged through some native officers, who went over on court martial duty to Meerut.' If this is right, then Tytler's subahdar-major and close friend, Mansur Ali, may actually have been one of the mutineers.
5. Trial, p. 78, Evidence of Makhan, mace bearer of Captain Douglas, and p. 88, evidence of Hakim Ahsanullah Khan
6. Ibid., pp. 26–7, Evidence of Ghulam Abbas.
7. OIOC Eur Mss B 138, *Account of Said Mobarak Shah*.
8. National Archives of India (hereafter NAI), Mutiny Papers, Collection 56, no. 7, Defence of the King.
9. Ibid.
10. Trial, pp. 26–7, Evidence of Ghulam Abbas.
11. NAI, Mutiny Papers, Collection 56, no. 7, Defence of the King.
12. Ibid.
13. South Asian Studies Library, Cambridge, Campbell Metcalfe Papers, Box 8, Theo to EC (undated but ?April 1857). Also, from the same box, typescript mss by Emily Bayley, *Account of the escape of Sir Theophilus Metcalfe from Delhi after the Outbreak of the Mutiny*. Also OIOC, Eur Mss D610, Theophilus Metcalfe file. For his prophecy, see Wilkinson, Johnson and Osborn, *The Memoirs of the Gemini Generals*, London, 1896, p. 30.
14. Charles Theophilus Metcalfe, *Two Native Narratives of the Mutiny in Delhi*, London, 1898, 'Narrative of Mainodin', p. 44.
15. For the building of the magazine on the site of Dara Shukoh's palace, see Sylvia Shorto, *Public Lives, Private Places, British Houses in Delhi 1803–57*,

unpublished dissertation, NYU, 2004, p. 112. The Delhi College moved from the Ghaziuddin Medresse to the old British Residency building in the early 1850s after the Residency moved outside the walls to Ludlow Castle in the Civil Lines.

16. Edward Vibart, *The Sepoy Mutiny as Seen by a Subaltern from Delhi to Lucknow*, London, 1858, pp. 40–41.
17. Bayley, *Account of the escape*. For the mob, see Metcalfe, *Two Native Narratives*, 'Narrative of Mainodin', p. 240.
18. Bayley, *Account of the escape*.
19. Metcalfe, *Two Native Narratives*, 'Narrative of Mainodin', p. 45.
20. Bayley, *Account of the escape*. Emily says the brick was thrown from the Jama Masjid, but as this is in the opposite direction to the route Theo must have taken from the Kotwali in Chandni Chowk to the Kashmiri Gate, it must be an error.
21. Trial, Evidence of Chunni, News-writer for the Public, p. 84.
22. Ibid., Evidence of Jat Mall, News-writer to the Lt Gov. of Agra, p. 73.
23. Ibid., Evidence of Makhan, Mace bearer of Captain Douglas, p. 78. For Jennings with his glass, see ibid., Diary of Chunni Lal, News-writer, p. 102, and NAI, Mutiny Papers, Collection 39. For the problem of Fraser's girth, see Dehlavi, *Dastan i-Ghadr*, p. 58.
24. Trial, Evidence of Makhan, Mace bearer of Captain Douglas, p. 79.
25. Metcalfe, *Two Native Narratives*, 'Narrative of Mainodin', pp. 80–81.
26. Trial, Evidence of Jat Mall, News-writer to the Lt Gov. of Agra, p. 73.
27. Ibid., Evidence of Makhan, Mace bearer of Captain Douglas, p. 79.
28. Dehlavi, *Dastan i-Ghadr*, p. 57. See also OIOC, Eur Mss, B 138, *Account of Said Mobarak Shah*; Metcalfe, *Two Native Narratives*, 'Narrative of Munshi Jiwan Lal', pp. 80–81.
29. Trial, Evidence of Mrs Aldwell, p. 92.
30. For Abdullah Beg, see Metcalfe, *Two Native Narratives*, 'Narrative of Mainodin', pp. 60–61; also OIOC, Eur Mss B 138, *Account of Said Mobarak Shah*. For Gordon, see General Sir Hugh Gough, *Old Memories*, London, 1897, pp. 108–9 Also National Army Musuem, 6309–26, Lt Gen. F.C. Maisey, *The Capture of the Delhi Palace*. Gordon gave himself up to the British at the fall of Delhi but was never brought to trial. According to General Fred Maisey, who was in charge of prosecutions, Gordon had converted to save his life, and there was 'no proof' that he was guilty of firing on the British. At the end of his letter home Maisey writes, 'so I got the poor fellow off trial. He was, however, not released and the matter has been reported to the Commander in Chief. What the final result will be I do not know'.
31. Abdul Latif, *1857 Ka Tarikhi Roznamacha*, ed. K. A. Nizami, Naqwatul Musannifin, Delhi, 1958, entry for 11 May.
32. Mirza Asadullah Khan Ghalib, *Dastanbuy*, trans. Khwaja Ahmad Faruqi, Delhi, 1970, pp. 30–33. *Dastanbuy* purports to be Ghalib's diary of the Uprising. Although it was clearly rewritten after the British victory and was written partially with a view to proving his loyalty to the victorious British, there can be little real doubt that it reflects the aristocratic Ghalib's genuine dislike of the sepoy rabble. Frances Pritchett argues this case very

well in *Nets of Awareness: Urdu Poetry and Its Critics*, University of California Press, Berkeley and Los Angeles, 1990, p. 19, as does Ralph Russell in *The Oxford Ghalib: Life, Letters and Ghazals*, New Delhi, 2003, p. 12.

33. Ghalib, *Dastanbuy*, pp. 30–33. Where Faruqi's translation seems clumsy I have used instead the more colloquial version of Ralph Russell in *The Oxford Ghalib*, p. 118–19.
34. Sarvar ul-Mulk, *My Life, Being the Autobiography of Nawab Sarvar ul-Mulk Bahadur*, trans. from the Urdu by his son, Nawab Jawan Yar Jung Bahadur, London, 1903, p. 16.
35. Zahir Dehlavi, *Dastan i-Ghadr*, pp. 28–9
36. Metcalfe *Two Native Narratives*, 'Narrative of Munshi Jiwan Lal', p. 77. I have added some material from an alternative rendering and slightly different selection of material of the same original Urdu text published as *A Short Account of the Life and Family of Rai Jiwan Lal Bahadur, Late Honorary Magistrate of Delhi with extracts from his diary relating to the time of the Mutiny 1857 compiled by his son*, Delhi, 1902.
37. Account of an anonymous news-writer, NAI, Mutiny Papers, Collection 39.
38. Trial, *Petition of Mathura Das and Saligram*, p. 43.
39. OIOC, Eur Mss B 138, *Account of Said Mobarak Shah.*
40. *Dehli Urdu Akbhar* (hereafter DUA), 17 May 1857.
41. Ibid., 17 May 1857. The final paragraph is from the DUA of 31 May 1857.
42. This translation is my own colloquial reworking of the more literal translation given by Frances Pritchett in *Nets of Awareness*, p. 24.
43. Harriet Tytler, *An Englishwoman in India: The Memoirs of Harriet Tytler 1828–1858*, ed. Anthony Sattin, Oxford, 1986, p. 115.
44. Ibid., p. 116.
45. Vibart, *The Sepoy Mutiny*, pp. 14–19.
46. Ibid., p. 18.
47. N. A. Chick, *Annals of the Indian Rebellion 1857–8*, Calcutta, 1859 (reprinted London, 1972), pp. 86–7.
48. Ibid., p. 89.
49. Metcalfe, *Two Native Narratives*, 'Narrative of Mainodin', p. 41.
50. Ibid., pp. 47–8.
51. NAI, Mutiny Papers, Collection 39.
52. Metcalfe, *Two Native Narratives*, 'Narrative of Mainodin', pp. 47–8.
53. According to the account by a news-writer contained in the NAI, Mutiny Papers, Collection 39: 'The city's Muslims along with some Hindus accompanied the rebels attacked all the twelve thanas of the city and the Kotwali Chabutra and destroyed them. Sharful Haq the city Kotwal disappeared while the deputy Kotwal Baldeo Singh ran away after being injured.'
54. Metcalfe, *Two Native Narratives*, 'Narrative of Mainodin', p. 49.
55. Ibid. pp. 50–51.
56. Dehlavi, *Dastan i-Ghadr*, pp. 30–31.
57. NAI, Foreign Department, Political Proceedings, 8 January 1830, part 2, Consultation No. 42, pp. 332–5, from HM the King of Delhi, received 1 January 1830.
58. Hakim Ahsanullah Khan, 'Memoirs', trans. Dr S. Muinul Haq, *Journal of the Pakistan Historical Society*, Karachi, vol. 6, pt 1, 1958, pp. 1–33.

59. Metcalfe, *Two Native Narratives*, 'Narrative of Munshi Jiwan Lal', p. 83.
60. Latif, *1857*, entry for 11 May.
61. Metcalfe, *Two Native Narratives*, 'Narrative of Munshi Jiwan Lal', p. 83.
62. Khan, 'Memoirs', p. 4.
63. Emily Eden, *Up the Country: Letters from India*, London, 1930, p. 100.
64. NAI, foreign, Foreign Dept and Misc., *Precis of Palace Intelligence*, see, for example, entries for Tuesday, 9 March 1852, and Sunday, 1 August 1852.
65. Trial, Evidence of Ghulam Abbas, pp. 26–7. Another shorter account of the same crucial scene, apparently written on or immediately after 11 May, is contained in the NAI, Mutiny Papers, Collection 39, where an anonymous news-writer recorded that: 'Later the cavalry division and two platoons of Tilangas from the Meerutt camp and three platoons from Delhi appeared before his majesty and asked him to lead them saying we will ensure your sway over the whole country. The King assured them of his benediction and asked them to set up camp at Salimgarh.'
66. Chick, *Annals*, pp. 45–8.
67. Ibid., pp. 81–2.
68. Miss Wagentrieber, *The Story of Our Escape from Delhi in May 1857, from personal narrations by the late George Wagentrieber and Miss Haldane*, Delhi, 1894.
69. Tytler, *An Englishwoman in India*, p. 124.
70. Ibid., p. 125.
71. Vibart, *The Sepoy Mutiny*, p. 28.
72. Ibid., pp. 46–8.
73. OIOC, Vibart Papers, Eur Mss F135/19, letter datelined Meerut, 9 June.
74. Vibart, *The Sepoy Mutiny*, p. 53.
75. Ibid., p. 56.
76. Dehlavi, *Dastan i-Ghadr*, p. 81.
77. Chick, *Annals*, p. 90.
78. Tytler, *An Englishwoman in India*, pp. 129–30.
79. Ibid., p. 131.
80. Ibid., p. 131.
81. Four accounts survive of the Wagentriebers' movements that night. The earliest, and most reliable, is that of George, printed initially in the *Delhi Gazette Extra*, published out of Lahore a month later, and reprinted in Chick's *Annals*, pp. 78–86. Both the Misses Wagentrieber also produced accounts, which while more detailed seem in some parts to be less reliable: see Miss Wagentrieber, *The Story of Our Escape*, and Julia Haldane, *The Story of Our Escape from Delhi in 1857*, Agra, 1888. I also have a photocopy of a typescript of another unpublished mss of Miss Wagentrieber's adventures which is still in the possession of the Skinner family in their summer house at Sikandar Hall, Mussoorie.
82. Miss Wagentrieber, *The Story of Our Escape*, pp. 13–14.
83. Chick, *Annals*, p. 82.
84. Tytler, *An Englishwoman in India*, p. 133.
85. Ibid., pp. 134–7.
86. Chick, *Annals*, pp. 82–4.

87. Haldane, *The Story of Our Escape*, p. 20.
88. Chick, *Annals*, p. 83.
89. Haldane, *The Story of Our Escape*, pp. 24–5.
90. Ibid., p. 40.
91. NAI, Mutiny Papers, Collection 39.
92. OIOC, Home Miscellanous 725, pp. 389–422, *Letter Written by Munshi Mohun Lal to Brigadier Chamberlain dated November 8th 1857 at DEHLIE.*

CHAPTER 6 ｜毀滅與暴亂之日

1. Punjab Archives, Lahore (hereafter PAL). On open display.
2. K. C. Yadav, *The Revolt of 1857 in Haryana*, New Delhi, 1977, p. 41.
3. Sir Henry W. Norman and Mrs Keith Young, *Delhi 1857*, London, 1902, pp. 11, 19.
4. Richard Barter, *The Siege of Delhi*, London, 1984, p. 3.
5. Fred Roberts, *Letters Written during the Indian Mutiny*, London, 1924, p. 8. Fred Roberts later grew up to be the celebrated Lord Roberts of Kandahar.
6. National Army Museum (hereafter NAM), Wilson Letters, AW to his wife, Meerut, 12 May 1857.
7. Ibid., AW to his wife, Camp Ghazee Oo Deen Nuggur, 3 June.
8. Barter, *The Siege of Delhi*, p. 9.
9. For the significance of this, see the excellent passage in Rudrangshu Mukherjee, *Avadh in Revolt 1857–8 – A Study of Popular Resistance*, New Delhi, 1984, pp. 65–6.
10. Charles John Griffiths, *The Siege of Delhi*, London, 1910, p. 23.
11. Roberts, *Letters*, p. 38.
12. Quoted by Saul David, *The Indian Mutiny 1857*, London, 2002, p.xxii.
13. J. W. Kaye, *A History of the Sepoy War in India 1857–8*, London, 1877, vol. II, p. 342.
14. Major W. S. R. Hodson, *Twelve Years of a Soldier's Life in India*, London, 1859, p. 186.
15. Charles Allen, *Soldier Sahibs: The Men Who Made the North-West Frontier*, London, 2000, p. 280. Allen's wonderful book contains much the best account yet written of Nicholson.
16. David Gilmour, *The Ruling Caste: Imperial Lives in the Victorian Raj*, London, 2005, p. 162.
17. John Beames, *Memoirs of a Bengal Civilian*, London, 1961, p. 103.
18. Ibid., p. 102.
19. Ensign Wilberforce, of the 52nd Light Infantry, quoted in James Hewitt, *Eyewitnesses to the Indian Mutiny*, Reading, 1972, p. 33.
20. Allen, *Soldier Sahibs*, p. 217.
21. Though the story of the *Nikal Seyn* cult sounds suspiciously like Victorian myth, it is attested by too many contemporary accounts to be a complete invention. See, for example, the eyewitness account of Ensign Wilberforce given in Hewitt, *Eyewitnesses*, p. 34, or Griffiths, *The Siege of Delhi*, p. 119.

22. Allen, *Soldier Sahibs*, pp. 55, 62.
23. Captain Lionel J. Trotter, *The Life of John Nicholson, Soldier and Administrator*, London, 1898, p. 195.
24. Oriental and India Office Collections, British Library (hereafter OIOC), Eur Mss E211, Edwardes Collection, letter from Nicholson to Edwardes, datelined Peshawar, 23 April 1857.
25. R. G. Wilberforce, *An Unrecorded Chapter of the Indian Mutiny*, London, 1894, p. 43.
26. Allen, *Soldier Sahibs*, p. 293.
27. Wilberforce, *An Unrecorded Chapter*, pp. 40–41.
28. Ibid., p. 91.
29. Hodson, *Twelve Years*, p. xiv. According to his brother, 'though he lived among the heathen, he never forgot he was a Christian and an Englishman'.
30. Christopher Hibbert, *The Great Mutiny: India 1857*, London, 1978, p. 289.
31. Allen, *Soldier Sahibs*, pp. 236–7.
32. Hewitt, *Eyewitnesses*, p. 38. There is a good account of his life in David, *Indian Mutiny*, pp. 149–51.
33. Allen, *Soldier Sahibs*, p. 236.
34. NAM, 6404-74-179, letter from Henry Lawrence to Hodson, Lucknow, 21 March 1857. For the Hare quote, see Hibbert, *The Great Mutiny*, p. 289.
35. Hodson, *Twelve Years*, pp. 185–7; David, *Indian Mutiny*, p. 151; Allen, *Soldier Sahibs*, pp. 261–2.
36. Hodson, *Twelve Years*, pp. 188–9.
37. Ibid., p. 184; Allen, *Soldier Sahibs*, p. 335.
38. Hodson, *Twelve Years*, p. 319.
39. Ibid., p. 319.
40. H. H., Greathed, *Letters Written during the Siege of Delhi*, London, 1858, pp. 28–9; Hodson, *Twelve Years*, p. 191.
41. *A Short Account of the Life and Family of Rai Jiwan Lal Bahadur, Late Honorary Magistrate of Delhi with extracts from his diary relating to the time of the Mutiny 1857 compiled by his son*, Delhi, 1902, p. 27.
42. Ibid., pp. 29–32.
43. National Archives of India (hereafter NAI), Mutiny Papers. See, for example, Collections 15, 16, 51, 61, 67 and 71. An excellent digest of the more important of these reports can be found in OIOC in the papers of the NW Provinces' intelligence chief, Sir Robert Montgomery, Montgomery Papers, Mss Eur D 1019. Kedarnath's journal has been published as Appendix No. 2, *Memoirs of Hakim Ahsanullah Khan*, ed. S. Muinul Haq, Pakistan Historial Society, Karachi, 1958. For runners disguised as religious mendicants passing messages, see *A Short Account*, p. 29.
44. OIOC, Eur Mss B 138, *Account of Said Mobarak Shah*.
45. Quoted in Allen, *Soldier Sahibs*, p. 270.
46. Hodson, *Twelve Years*, p. 196. Also Greathed, *Letters*, p. 25.
47. Zahir Dehlavi, *Dastan i-Ghadr: An eyewitness account of the 1857 Uprising*, Lahore, 1955, pp. 82–3.
48. Salim Qureshi and Ashur Kazmi (trans. and ed.) *1857 ke Ghaddaron ke Khutut*, Delhi, 2001, p. 112.

49. *Dihli Urdu Akbhar* (hereafter DUA), 17 May 1857.
50. Abdul Latif, *1857 Ka Tarikhi Roznamacha*, ed. K. A. Nizami, Naqwatul Musannifin, Delhi, 1958, p. 123. For the confectioners see *Proceedings on the Trial of Muhammad Bahadur Shah, Titular King of Delhi, before a Military Comission, upon a charge of Rebellion, Treason and Murder, held at Delhi, on the 27th Day of January 1858, and following days, London, 1859* (hereafter Trial), Narrative of Chunni Lal, news-writer, p. 103. See also Kedarnath's journal, entry for 16 May. DUA, 17 May.
51. NAI, Mutiny Papers, Collection 111a, no. 10, May 1857.
52. Ibid., Collection 60, no. 605; also Collection 62, no. 71.
53. Trial, Narrative of Chunni Lal, news-writer, p. 103.
54. NAI, Mutiny Papers, Collection 110, no. 270.
55. Trial, Narrative of Chunni Lal, news-writer, p. 103.
56. DUA, 31 May 1857.
57. Abdul Latif, *Roznamacha*, p. 123. Ayesha Jalal argues this case very well in her *Self and Sovereignty*, New Delhi, 2001, pp. 34–5.
58. NAI, Mutiny Papers, Collection 146, no. 3, May 1857.
59. Ibid., Collection 125, no. 12, May 1857.
60. Ibid., Collection 60, no. 72, 11 June 1857.
61. Ibid., Collection 67, no. 14, undated.
62. Ibid., Collection 128, no. 43, 13 June 1857.
63. Trial, Narrative of Chunni Lal, news-writer, pp. 105–6; also Eric Stokes, *The Peasant Armed: The Indian Revolt of 1857*, ed. C. A. Bayly, Oxford, 1986, p. 126.
64. Trial, Evidence of Mukund Lala, secretary, and Chunni Lal, news-writer, pp. 86–7.
65. Charles Theophilus Metcalfe, *Two Native Narratives of The Mutiny in Delhi*, 'Narrative of Munshi Jiwan Lal', p. 87.
66. Ibid., p. 87.
67. Ibid., p. 87.
68. For the garden, see NAI, Mutiny Papers, Collection 60, no. 290, 10 July 1857; for the sepoys peering into the zenana, see ibid., Collection 100, no. 6, 22 May 1857.
69. Dehlavi, *Dastan i-Ghadr*, pp. 82–3, 88.
70. *Sadiq ul-Akabhar*, 10 August 1857.
71. PAL, Case 1, 45, letter from Sir Thomas Metcalfe, Delhi, to C. Allen, Sec. to Govt of NWP, Agra, dated 11 January 1849.
72. For Ghalib's remark, see Ralph Russell, *The Oxford Ghalib: Life, Letters and Ghazals*, New Delhi, 2003, p. 90. For MKS's application for the house in Mehrauli, see NAI, Foreign, Foreign Dept Misc., *Precis of Palace Intelligence*, entry for Sunday, 8 August 1852; for his wife's friendship with the wife of Mirza Fakhru, see entry for Sunday, 1 August 1852.
73. For wife-beating, see NAI, *Precis of Palace Intelligence*, entry for Friday, 27 August 1852.
74. For gun accident see ibid., entry for Monday, 7 November 1853, which records how, 'loading his gun, it went off, and shattered one of his fingers which had been attended to by Subassistant surgeon Chimun Lal'. For

complaints against MAB, see, for example, NAI, Mutiny Papers, Collection 71, nos 95 and 96; also Kedarnath's journal, entry for 6 July 1857.

75. NAI, *Precis of Palace Intelligence*, entry for 28 September 1852, and PAL, Case 1, 45, letter from Sir Thomas Metcalfe, Delhi to C. Allen, Sec. to Govt of NWP, Agra, dated 11 January 1849.
76. NAI, *Precis of Palace Intelligence*, entry for Sunday, 1 January 1854.
77. PAL, Case 1, 45, letter from Sir Thomas Metcalfe, Delhi, to C. Allen, Sec. to Govt of NWP, Agra, dated 11 January 1849.
78. NAI, *Precis of Palace Intelligence*, entries for 14 and 27 February 1852.
79. Ibid., entry for 20 February 1852.
80. For the coronation portrait see Stuart Cary Welch, *Room for Wonder: Indian Painting during the British Period 1760–1880*, New York, 1978, pp. 118–19.
81. See Chapter 1, note 2.
82. Trial, Evidence of Hakim Ahsanullah Khan, p. 89; also, Narrative of Chunni Lal, news-writer, p. 103; *Memoirs of Hakim Ahsanullah Khan*, pp. 6–7.
83. The letter was first printed in English in N. A. Chick, *Annals of the Indian Rebellion 1857–8*, Calcutta, 1859 (reprinted London 1972), pp. 101–3. It has recently been reprinted in Salim al-Din Quraishi, *Cry for Freedom: Proclamations of Muslim Revolutionaries of 1857*, Lahore, 1997. The language is much more aggressive and intolerant than anything written by Zafar, and must presumably be the work of Mirza Mughal.
84. The entire text was published in English for the first time in the *Delhi Gazette* of 29 September 1857. It can be read in full in Quraishi, *Cry for Freedom*, or S. A. Rizvi, and M. L. Bhargava (eds), *Freedom Struggle in Uttar Pradesh*, Lucknow, 1957, vol. 1, pp. 453–6. Rudrangshu Mukherjee, *Avadh in Revolt 1857–8 – A Study of Popular Resistance*, New Delhi, 1984, has argued convincingly that the document has no connection with Delhi. See also Rudrangshu Mukherjee, 'The Azamgarh Proclamation and some questions on the Revolt of 1857 in the North Western Provinces', in *Essays in Honour of S.C. Sarkar*, Delhi, 1976.
85. *Memoirs of Hakim Ahsanullah Khan*, p. 8.
86. Ibid., p. 5.
87. Ibid., p. 8.
88. On 11 May Mirza Ilahe Bakhsh had initially 'had the whole of his property in the Fort confiscated and his person was sought by his enemy Khwaja Mehboob [Ali Khan]'. He survived the outbreak, however, and played a prominent role in the pro-British faction within the court throughout the Uprising – as a list of his services drawn up by Hodson in December 1857 makes clear. In contrast Mahbub Ali Khan was poisoned soon after the outbreak; by whom is not clear. Delhi Commissioner's Office Archive, Mutiny Papers, File no. 1, *Services performed by Mirza Elahee Bahksh for WLR Hodson*, 1 December 1857.
89. Trial, Narrative of Chunni Lal, news-writer, pp. 105–6.
90. Ibid., p. 106.
91. Ibid., p. 106.
92. Metcalfe, *Two Native Narratives*, 'Narrative of Munshi Jiwan Lal', p. 94.
93. *Memoirs of Hakim Ahsanullah Khan*, p. 10.

94. OIOC, Eur Mss B 138, *Account of Said Mobarak Shah.*
95. Dehlavi, *Dastan i-Ghadr*, p. 84.
96. Trial, Narrative of Chunni Lal, news-writer, p. 106.
97. DUA, 24 May 1857.
98. Ibid.
99. Stokes, *The Peasant Armed*, p. 70.
100. See, for example, the entry for 24 June in Kedarnath's journal; also DUA, 17 May 1857.
101. Russell, *The Oxford Ghalib*, p. 118.
102. NAI, Mutiny Papers, Collection 19, no. 10.
103. DUA, 31 May 1857.
104. NAI, Mutiny Papers, Collection 103, no. 24.
105. Ibid., Collection 110, no. 293.
106. DUA, 24 May 1857.
107. Metcalfe, *Two Native Narratives*, 'Narrative of Munshi Jiwan Lal', p. 98. There is another account of the same incident in Trial, Narrative of Chunni Lal, News-writer, p. 108.

CHAPTER 7 | 岌岌可危

1. Oriental and India Office Collections, British Library (hereafter OIOC), Photo Eur 31 1B, Hardcastle Papers, pp. 287ff. Also South Asian Studies Library, Cambridge, Campbell Metcalfe Papers, Box 8, typescript mss by Emily Bayley, *Account of the escape of Sir Theophilus Metcalfe from Delhi after the Outbreak of the Mutiny.*
2. Charles Theophilus Metcalfe, *Two Native Narratives of the Mutiny in Delhi*, London, 1898, 'Narrative of Mainodin', p. 57.
3. *The Dehlie Book* and Metcalfe's panoramic scroll are both now in the OIOC of the British Library, as are the two images of the Nawab of Jhajjar's durbar; the Nawab of Jhajjar's hunting image is in the V&A; while the image of Nawab Jhajjar riding his tiger is part of the private collection of Cynthia Polski in New York. See Andrew Topsfield (ed.), *In the Realm of Gods and Kings: Arts of India*, New York, 2004, Catalogue no. 108, *Nawab 'Abd al-Rahman Khan of Jhajjar rides a tiger in his palace garden*, pp. 254–5.
4. OIOC, Photo Eur 31 1B, Hardcastle Papers, pp. 287ff.
5. OIOC, Saunders Correspondence, Eur Mss E 185, no. 24 Agra, 12 December 1857, to J. Lawrence.
6. OIOC, Metcalfe Papers, Eur Mss D 610.
7. Frances W. Pritchett, *Nets of Awareness: Urdu Poetry and Its Critics*, Berkeley and Los Angeles, 1994, pp. 15, 26–7.
8. Edward Vibart, *The Sepoy Mutiny as Seen by a Subaltern from Delhi to Lucknow*, London, 1858, pp. 63–4.
9. Ibid., pp. 65–70.
10. Ibid., pp. 90–92.

11. Ibid., p. 93.
12. See John Lall, *Begam Samru: Fading Portrait in a Gilded Frame*, Roli Books, Delhi, 1997, pp. 126–7.
13. Ram Babu Saksena, *European & Indo-European Poets of Urdu & Persian*, Lucknow, 1941, p. 288.
14. See Linda York Leach, *Mughal and Other Paintings from the Chester Beatty Library*, Scorpion Cavendish, London, 1995, vol. II, p. 794. Two Europeans shown in the painting 7.121 are referred to by their Muslim names Khwajah Ismail Khan and Salu Khan.
15. There is a photograph and good discussion of the Sardhana monuments in Gauvin Alexander Bailey, 'Architectural Relics of the Catholic Missionary Era in Mughal India', in Rosemary Crill, Susan Stronge and Andrew Topsfield (eds), *Arts of Mughal India: Studies in Honour of Robert Skelton*, Mapin, Ahmedabad, 2004, pp. 146–50.
16. For Sardhana and the Begum *Samru* see Lall, *Begam Samru*, especially pp. 126–7 for the Christmas festivities. See also: Michael Fisher, 'Becoming and Making Family in Hindustan', in Indrani Chatterjee, *Unfamiliar Relations*, Permanent Black, New Delhi, 2004; Nicholas Shreeve, *Dark Legacy*, Bookwright, Arundel, 1996, Nicholas Shreeve (ed.), *From Nawab to Nabob: The Diary of David Ochterlony Dyce Sombre*, Bookwright, Arundel, 2000. For the Sardhana poets see Saksena, *European & Indo-European Poets.*
17. David Dyce Ochterlony Sombre's diaries: see, for example, entries for Diwali (Thursday, 30 October 1833, p. 66), Holi (Easter Sunday, 29 March 1834, p. 21), Dussera (Thursday, 1 October 1835), witchcraft (3 January 1835, p. 78) and exorcism (Tuesday, 2 September 1834).
18. Saksena, *European & Indo-European Poets*, p. 288.
19. Vibart, *The Sepoy Mutiny*, pp. 106–11.
20. National Army Museum (hereafter NAM), Wilson Letters, AW to his wife, Meerut, 25 May 1857.
21. National Archives of India (hereafter NAI), Mutiny Papers, Collection 39, entry for 14 May 1857.
22. OIOC, Eur Mss B 138, *Account of Said Mobarak Shah.*
23. *Memoirs of Hakim Ahsanullah Khan*, ed. S. Muinul Haq, Pakistan Historical Society, Karachi, 1958, p. 14.
24. NAI, Mutiny Papers, Collection 39, entry for 15 May 1857.
25. Ibid., Collection 8, no. 1, entry for 20 May 1857.
26. *Dihli Urdu Akbhar*, 31 May 1857.
27. OIOC, Eur Mss B 138, *Account of Said Mobarak Shah.*
28. Metcalfe, *Two Native Narratives*, 'Narrative of Mainodin', p. 61.
29. NAM, Wilson Letters, AW to his wife, Meerut, 26 May 1857.
30. Ibid., AW to his wife, Mehoodeenpore, 28 May 1857.
31. OIOC, Eur Mss B 138, *Account of Said Mobarak Shah.*
32. NAM, Wilson Letters, AW to his wife, Camp Ghazee Deen Nuggur, 30 May 1857.
33. Metcalfe, *Two Native Narratives*, 'Narrative of Mainodin', pp. 61–2.
34. NAM, Wilson Letters, AW to his wife, Camp Ghazee Deen Nuggur, 1 June 1857.

35. Ibid.
36. Ibid.
37. Ibid., AW to his wife, Camp Ghazee Deen Nuggur, 2 June 1857.
38. Major Charles Reid, *Defence of the Main Piquet at Hindoo Rao's House as recorded by Major Reid Commanding the Sirmoor Battalion*, London, 1957, p. 12.
39. Metcalfe, *Two Native Narratives*, 'Narrative of Mainodin', p. 62.
40. Quoted by Christopher Hibbert, *The Great Mutiny: India 1857*, London, 1978, p. 124.
41. Richard Barter, *The Siege of Delhi*, London, 1984, p. 9.
42. Ibid., p. 9.
43. Robert H. W. Dunlop, *Service and Adventure with the Khakee Ressalah*, London, 1858, pp. 156–7.
44. Harriet Tytler, *An Englishwoman in India: The Memoirs of Harriet Tytler 1828–1858*, ed. Anthony Sattin, Oxford, 1986, p. 144.
45. Ibid., p. 146.
46. H. H., Greathed, *Letters Written during the Siege of Delhi*, London, 1858, pp. 24, 27, 128.
47. Campbell Metcalfe Papers, Box 10, EC to his mother, datelined Constantia, Simla.
48. Major W. S. R. Hodson, *Twelve Years of a Soldier's Life in India*, London, 1859, p. 198.
49. NAI, Mutiny Papers, Collection 126, no. 18, entry for 1 June 1857.
50. Ibid., Collection 126, nos 14 and 17, entries for 28 and 31 May 1857.
51. Abdul Latif, 1857 *Ka Tarikhi Roznamacha*, ed. K. A. Nizami, Naqwatul Musannifin, Delhi, 1958, entry for 9 June 1857.
52. Zahir Dehlavi, *Dastan i-Ghadr: An eyewitness account of the 1857 Uprising*, Lahore, 1955, p. 89.
53. NAI, Mutiny Papers, Collection 152, no. 43, entry for 7 June 1857.
54. Barter, *The Siege of Delhi*, pp. 12–17.
55. Eric Stokes, *The Peasant Armed: The Indian Revolt of* 1857, ed. C. A. Bayly, Oxford, 1986, p. 75.
56. OIOC, Eur Mss B 138, *Account of Said Mobarak Shah.*
57. Metcalfe, *Two Native Narratives*, 'Narrative of Mainodin', p. 63.
58. OIOC, Eur Mss B 138, *Account of Said Mobarak Shah.*
59. Stokes, *The Peasant Armed*, p. 75.
60. Tytler, *An Englishwoman in India*, pp. 130, 145.
61. *Delhi Gazette Extra*, issue of 20 June 1857, datelined Lahore.
62. Dehlavi, *Dastan i-Ghadr*, p. 95.
63. OIOC, Eur Mss B 138, *Account of Said Mobarak Shah.*
64. Reid, *Defence*, p. 14.
65. Vibart, *The Sepoy Mutiny*, pp. 30–31.
66. Dehlavi, *Dastan i-Ghadr*, p. 92.
67. Metcalfe, *Two Native Narratives*, 'Narrative of Munshi Jiwan Lal', p. 118.
68. Ibid., pp. 117–18.
69. John Edward Rotton, *The Chaplain's Narrative of the Siege of Delhi*, London, 1858, pp. 61–2.

CHAPTER 8 | 血債血還

1. Major W. S. R. Hodson, *Twelve Years of a Soldier's Life in India*, London, 1859, p. 201.
2. For the King watching, see Richard Barter, *The Siege of Delhi*, London, 1984, p. 32; for city walls and rooftops, see H. H., Greathed, *Letters Written during the Siege of Delhi*, London, 1858, p. 141.
3. Sarvar ul-Mulk, *My Life, Being the Autobiography of Nawab Server ul-Mulk Bahadur*, trans. from the Urdu by his son, Nawab Jiwan Yar Jung Bahadur, London, 1903, p. 16:
4. Ibid., p. 16.
5. Greathed, *Letters*, p. 45.
6. Zahir Dehlavi, *Dastan i-Ghadr: An eyewitness account of the 1857 Uprising*, Lahore, 1955, p. 95.
7. National Archives of India (hereafter NAI), Mutiny Papers. Collection 60, no. 253; for the stable boy, see Abdul Latif, *1857 Ka Tarikhi Roznamacha*, ed. K. A. Nizami, Naqwatul Musannifin, Delhi, 1958; for Zinat moving to her house, see NAI, Mutiny Papers, Collection 15, no. 19.
8. Oriental and India Office Collections, British Library (herafter OIOC), Eur Mss B 138, *Account of Said Mobarak Shah*.
9. *Memoirs of Hakim Ahsanullah Khan*, Appendix no. 2, ed. S. Moinul Haq, Pakistan Historical Society. Karachi, 1958, entry for 14 June 1857.
10. OIOC, Eur Mss B 138, *Account of Said Mobarak Shah*.
11. Ralph Russell, *The Oxford Ghalib: Life, Letters, and Ghazals*, New Delhi, 2003, p. 119.
12. Mirza Asadullah Khan Ghalib, *Dastanbuy*, trans. Khwaja Ahmad Faruqi, Delhi, 1970, pp. 33–4.
13. Ibid., p. 34.
14. NAI, Mutiny Papers, Collection 111b, no. 14, entry for 3 July 1857.
15. Ibid. Collection 146, nos 13 and 14, 16 July 1857.
16. Ibid. Collection 146, nos 9 and 10, 1 July 1857.
17. Ibid. Collection 61, no. 76, 20 June 1857.
18. Ibid., Collection 67, no. 76, 27 July 1857. The previous item in the collection, no. 75, is Mehrab Khan's friend Rafiullah, who says he came into town with the *ghazis* from Faridabad, sold his horse at the same time as Mehrab Khan sold his, was also robbed by the Gujars and was arrested along with his friend.
19. *Dihli Urdu Akbhar* (hereafter DUA), 14 June 1857.
20. *Ibid.*
21. See, for example, NAI, Mutiny Papers, Collection 67, no. 12, 24 June 1857.
22. Irfan Habib, 'The Coming of 1857', *Social Scientist*, Vol. 26, no. 1, January–April 1998, p. 8.
23. Ibid., p. 12.
24. See, for example, NAI, Mutiny Papers, Collection 67, no. 77, 27 July 1857 for Zinat ul-Masajid; and Collection 15, File 1 for Jama Masjid.
25. See, for example, ibid., Collection 73, no. 171.
26. See the report of the spy Gauri Shankar Sukul in ibid., Collection 18, no. 1, entry for 6 July 1857.

27. Sarvar ul-Mulk, *My Life*, pp. 16–17.
28. OIOC, Eur Mss B 138, *Account of Said Mobarak Shah*
29. NAI, Mutiny Papers, Collection 65, no. 36, Petition of Maulvi Sarfaraz Ali, 10 September 1857.
30. *Proceedings on the Trial of Muhammad Bahadur Shah, Titular King of Delhi, before a Military Commission, upon a charge of Rebellion, Treason and Murder, held at Delhi, on the 27th Day of January 1858, and following days, London, 1859* (hereafter Trial), p. 57, *Petition of Ghulam Mu'in ud-Din Khan, Principal Risaldar* (no date, but final note is dated 2 August, so petition must be ?late July).
31. Charles Theophilus Metcalfe, *Two Native Narratives of the Mutiny in Delhi*, London, 1898, 'Narrative of Munshi Jiwan Lal', p. 172.
32. Zakaullah, *Tarikh-I Uruj-e Saltanat-e Englishya*, New Delhi, 1904, p. 676.
33. NAI, Mutiny Papers, Collection 15, no. 19, undated.
34. *Memoirs of Hakim Ahsanullah Khan*, p. 31. For Zafar paying Brahmins to pray for victory, see NAI, Mutiny Papers, Collection 102, no. 113, undated.
35. Cited in Rudrangshu Mukherjee, *Avadh in Revolt 1857–8 – A Study of Popular Resistance*, New Delhi, 1984, p. 153.
36. See Habib, 'The Coming of 1857', p. 8.
37. NAI, Mutiny Papers, Collection 57, no. 483, Petition of Generals Sudhari and Hira Singh to Mirza Mughal, 12 September 1857.
38. Allamah Fazl-I Haqq Khairabadi, 'The Story of the War of Independence, 1857–8', *Journal of the Pakistan Historical Society,* pt 1, January 1957, pp. 33, 36. Some scholars have questioned the authenticity of this document, and believe it may contain significant later interpolations.
39. NAI, Mutiny Papers, Collection 100, no. 179 (undated).
40. DUA, 14 June 1857.
41. OIOC, Eur Mss B 138, *Account of Said Mobarak Shah.*
42. Greathed, *Letters*, p. 71.
43. Major Charles Reid, *Defence of the Main Piquet at Hindoo Rao's House as recorded by Major Reid Commanding the Sirmoor Battalion*, London, 1957, p. 17, entry for 13 June 1857.
44. Dehlavi, *Dastan i-Ghadr*, p. 96.
45. Hodson, *Twelve Years*, p. 214.
46. W. H. Russell, *My Diary in India*, London, 1860, vol. 2, p. 14.
47. NAI, Mutiny Papers, Collection 67, no. 50, entry for 14 July 1857.
48. Ibid., Collection 60, nos 213–14, 23 June 1857.
49. John Edward Rotton, *The Chaplain's Narrative of the Siege of Delhi*, London, 1858, pp. 91–2.
50. South Asian Studies Library, Cambridge, Campbell Metcalfe Papers, Box 4, GG to EC (undated but ?late June 1857).
51. Ibid., Box 6, EC to GG (undated but clearly 20 June 1857).
52. Ibid., Box 8, which contains a long exchange of letters between Theo and his sister and brother-in-law about the long-delayed auction of the contents of Metcalfe House, some of which was finally sold off at the end of 1856 and invested in the Delhi Bank.
53. Ibid., Box 6, EC to GG (undated but ?20 June 1857). I have added the

touching final paragraph from a subsequent letter, Box 6, EC to GG, datelined Camp before Delhie, Main Picquet, Hindu Raos, 13 July 1857.

54. National Army Museum (hereafter NAM), Wilson Letters, AW to his wife, Camp Delhi cantonments, 10 and 11 June 1857.
55. Fred Roberts, *Letters Written during the Indian Mutiny*, London, 1924, p. 29.
56. Charles John Griffiths, *The Siege of Delhi*, London, 1910, p. 81.
57. Ewart letter, cited in Hibbert, *The Great Mutiny: India 1857*, London, 1978, p. 288.
58. Colonel George Bourchier, CB, *Eight Months Campaign against the Bengal Sepoy Army during the Mutiny of 1857*, London, 1858, p. 35.
59. Rotton, *The Chaplain's Narrative*, p. 154.
60. Griffiths, *The Siege of Delhi*, pp. 69–70.
61. Quoted, without reference, in Hibbert, *The Great Mutiny*, 1857, p. 287.
62. *Delhi Gazette Extra*, 8 July 1857.
63. Rotton, *The Chaplain's Narrative*, pp. 106–7.
64. Ibid., pp. 81–2.
65. Harriet Tytler, *An Englishwoman in India: The Memoirs of Harriet Tytler 1828–1858*, ed. Anthony Sattin, Oxford, 1986, p. 145.
66. Ibid., p. 147.
67. Ibid., pp. 148, 151.
68. Rotton, *The Chaplain's Narrative*, p. 136.
69. NAM, Wilson Letters, AW to his wife, Camp Delhi cantonments, 6 and 13 July 1857.
70. Cadell mss, quoted in Hibbert, *The Great Mutiny*, p. 281.
71. Greathed, *Letters*, p. 33.
72. Ibid., p. 45.
73. NAM, Wilson Letters, AW to his wife, Camp Delhi cantonments, 17 July 1857.
74. Eric Stokes, *The Peasant Armed: The Indian Revolt of* 1857, ed. C. A. Bayly, Oxford, 1986, p. 80.
75. OIOC, John Lawrence Papers, Mss Eur F 90, Folio 19b, copy of a letter from Brigadier Gen. A. Wilson to Sir John Lawrence, Camp before Delhy, 18 July 1857.
76. Durgodas Bandyopadhyay, *Amar Jivan-Charit*, cited in Rajat Kanta Ray, *The Felt Community: Commonality and Mentality before the Emergence of Indian Nationalism*, New Delhi, 2003, p. 441.
77. Griffiths, *The Siege of Delhi*, p. 63. For fruit and sweetmeats, see Richard Barter, *The Siege of Delhi*, London, 1984, p. 32.
78. OIOC, Eur Mss B 138, *Account of Said Mobarak Shah.*
79. Bouchier, *Eight Months*, p. 44n.
80. Quoted in Farhan Ahmad Nizami, *Madrasahs, Scholars and Saints: Muslim Response to the British Presence in Delhi and the Upper Doab 1803–1857*, unpublished PhD, Oxford, 1983, pp. 212, 217.
81. See Swapna Liddle's excellent essay on Azurda in Margrit Pernau (ed.) *Delhi College*, New Delhi, 2006. Sir Sayyid Ahmad Khan mentions Maulvi Sarfaraz Ali in his list of Delhi's leading citizens and talks of him as 'a very able scholar. He teaches the traditional and rational sciences and Geometry and

Algebra with great skill. He studied Hadis and Tafsir under Maulvi Sadruddin Khan [Azurda] and now serves as a teacher on behalf of the esteemed one at Dar ul-Baqa Madrasa'. Sir Sayyid Ahmad Khan, *Asar us Sanadid*, Delhi, 1990, vol. 2.
82. OIOC, Eur Mss B 138, *Account of Said Mobarak Shah.*
83. *Memoirs of Hakim Ahsanullah Khan*, p. 18.
84. Metcalfe, *Two Native Narratives*, 'Narrative of Munshi Jiwan Lal', pp. 134, 167.
85. Ibid. pp. 135–7, 141–3, 169.
86. NAI, Mutiny Papers, Collection 15, no. 19 (no date, but early July 1857).
87. Barter, *The Siege of Delhi*, p. 36.
88. Griffiths, *The Siege of Delhi*, pp. 90–91.
89. William W. Ireland, *A History of the Siege of Delhi by an Officer who Served There*, Edinburgh, 1861, pp. 159–61.
90. Niall Fergusson, *Empire: How Britain Made the Modern World*, London, 2003, pp. 149–50.
91. See Edward Thompson, *The Life of Charles Lord Metcalfe*, London, 1937, p. 101.
92. Campbell Metcalfe Papers, Box 8, CM in Clapham Common to GG, 30 July 1853.
93. For the Lucknow Rottons, see Rosie Llewellyn-Jones, *A Fatal Friendship: The Nawabs, the British and the City of Lucknow*, New Delhi, 1992, p. 32.
94. Ram Babu Saksena, *European & Indo-European Poets of Urdu & Persian*, Lucknow, 1941, pp. 128–33.
95. Metcalfe, *Two Native Narratives*, 'Narrative of Munshi Jiwan Lal', p. 171.
96. Ibid., pp. 177, 179.
97. Ibid., p. 180.
98. Habib, 'The Coming of 1857', p. 13; see also, in the same volume, Iqbal Husain, 'The Rebel Admininstration of Delhi', p. 30. Also Stokes, *The Peasant Armed*, p. 89. The original constitution of the court is illustrated in Surendranath Sen's *1857*, New Delhi, 1957, opposite p. 80.
99. NAI, Mutiny Papers, Collection 63, no. 36, entry for 13 August 1857.
100. Barter, *The Siege of Delhi*, p. 36.
101. Metcalfe, *Two Native Narratives*, 'Narrative of Munshi Jiwan Lal', p. 142.
102. Trial, Supplement: Evidence of Hakim Ahsanullah Khan, p. 169; see also *Memoirs of Hakim Ahsanullah Khan*, p. 22.
103. Delhi Commissioner's Office (hereafter DCO) Archive, New Delhi, Mutiny Papers, File no. 5028, July 1857, Translation of a letter from Munshee Mahomed Bakar, 28 July, editor of the *Delhi Oordoo Akhbar.*
104. NAI, Mutiny Papers, Collection 103, no. 132, entry for 14 July 1857.
105. Ibid., Collection 45, entry for 26 July 1857.
106. Ibid., Collection 111c, no. 64, entry for 30 July 1857.
107. Ibid., Collection 111c, no. 44, entry for 29 July 1857.
108. Ibid., Collection 111c, no. 64, entry for 30 July 1857.
109. See Margrit Pernau's brilliant essay, 'Multiple Identities and Communities: Re-contextualizing Religion', in Jamal Malik and Helmut Reifeld, *Religious Pluralism in South Asia and Europe*, New Delhi, 2005, p. 167.

110. Greathed, *Letters*, p. 166.
111. Sarvar ul-Mulk, *My Life*, p. 16.
112. *Siraj ul-Akbhar*, 27 July 1857.
113. OIOC, Montgomery Papers, Eur Mss D 1019, no. 236, Montgomery to the Secr. to the Chief Commissioner of the Punjab, 17 August 1857.
114. DCO Archives, New Delhi, Mutiny Papers, File 63, 7 August 1857.
115. For the return of the soldiers to Zafar's garden, see Trial, p. 17.
116. Ibid. pp. 25–26.
117. NAI, Mutiny Papers, Collection 19, no. 10, entry for 19 July 1857, letter from the spy Gauri Shankar.
118. Dehlavi, *Dastan i-Ghadr*, pp. 98–9.
119. DCO Archive, New Delhi, Mutiny Papers, File no. 5028, July 1857, Translation of a letter from Munshee Mahomed Bakar
120. Ibid., Box 4, File 17; also File 3, letters from Sec. to Gov. Gen. to H. H. Greathed, *passim.*
121. Greathed, *Letters*, pp. 153–4.
122. *Delhi Gazette Extra*, 22 July 1857.
123. Ibid.

CHAPTER 9 | 局勢逆轉

1. John Edward Rotton, *The Chaplain's Narrative of the Siege of Delhi*, London, 1858, pp. 190–91.
2. Charles John Griffiths, *The Siege of Delhi*, London, 1910, pp. 119–20.
3. R. G. Wilberforce, *An Unrecorded Chapter of the Indian Mutiny*, London, 1894, p. 75.
4. Cited by Charles Allen, *Soldier Sahibs: The Men Who Made the North-West Frontier*, London, 2000, p. 293.
5. National Army Museum (hereafter NAM), 6301/143, Diaries of Col. E. L. Ommaney, vol. A, pt 6, entry for 21 July 1857, Umritsur.
6. Ibid.
7. Major Charles Reid, *Defence of the Main Piquet at Hindoo Rao's House as recorded by Major Reid Commanding the Sirmoor Battalion*, London, 1957, p. 44.
8. Wilberforce, *An Unrecorded Chapter*, pp. 28–9.
9. H. H. Greathed, *Letters Written during the Siege of Delhi*, London, 1858, p. 179.
10. Cited by Allen, *Soldier Sahibs*, p. 304.
11. Lionel J. Trotter, *The Life of John Nicholson, Soldier and Administrator*, London, 1898, pp. 275, 277, 281.
12. Cited by Eric Stokes, *The Peasant Armed: The Indian Revolt of 1857*, ed. C. A. Bayly, Oxford, 1986, pp. 81–2.
13. Griffiths, *The Siege of Delhi*, p. 108.
14. Greathed, *Letters*, p. 169.
15. Ibid., p. 171.

16. Robert H. W. Dunlop, *Service and Adventure with the Khakee Ressalah*, London, 1858, pp. 64–5, 69.
17. Sir Henry W. Norman and Mrs Keith Young, *Delhi 1857*, London, 1902, p. 217.
18. Greathed, *Letters*, p. 174, 6 August to his wife; Oriental and India Office Collections, British Library (hereafter OIOC), Fraser Collection, Eur Mss E 258, Bundles 11 and 12, from the same to Mr Pidcock, 5 August 1857, Camp before Delhi. For details of Peake & Allen's shop, see Christopher Hibbert, *The Great Mutiny*, London, 1978, p. 289.
19. OIOC, Eur Mss C 190, A. C. Warner to Dick, 31 May 1857, cited in Narayani Gupta, *Delhi between Empires*, New Delhi, 1991, p. 21.
20. Griffiths, *The Siege of Delhi*, p. 64.
21. NAM, 6211/67, Letters of Lieutenant Charles Henry (Harry) F. Gambier, 38th Native Infantry, HG to Annie Forrest, Camp Delhi, 20 August 1857.
22. Ibid., HG to Annie Forrest, Camp Delhi, 1 September 1857.
23. OIOC, Vibart Papers, Eur Mss F 135/19, Camp before Delhi, 12 September 1857.
24. Ibid., Camp before Delhi, 27 August 1857 to Uncle Gordon.
25. For Neill's treatment of Kanpur, see Hibbert, *The Great Mutiny*, pp. 209–11, and Andrew Ward, *Our Bones Are Scattered*, London, 1996, pp. 454–7, 477. For Sikhs grilling their captives, see Lt Vivien Dering Majendie, *Up Among the Pandies or A Year's Service in India*, London, 1859, pp. 186–7.
26. Col. A. R. D. Mackenzie, *Mutiny Memoirs – being personal reminiscences of the Great Sepoy Revolt of 1857*, Allahabad, 1891, pp. 107–8.
27. Cited by Hibbert, *The Great Mutiny*, p. 354.
28. *Delhi Gazette Extra*, 20 June 1857.
29. Cited by Hibbert, *The Great Mutiny*, pp. 201, 340.
30. Rotton, *The Chaplain's Narrative*, p. 123.
31. Greathed, *Letters*, pp. 161, 205–6.
32. Cited by Allen, *Soldier Sahibs*, p. 305.
33. *Dihli Urdu Akbhar*, 23 August 1857.
34. *Delhi Gazette Extra*, 21 June and 8 July 1857.
35. National Archives of India (hereafter NAI), Mutiny Papers, Collection 61, no. 426; 21 August 1857 refers to a search for fishing rods in the city.
36. Abdul Latif, *1857 Ka Tarikhi Roznamacha*, ed. K. A. Nizami, Naqwatul Musannifin, Delhi, 1958, entry for 7 June 1857.
37. NAI, Mutiny Papers, Collection 128, no. 39, 12 June 1857.
38. *Memoirs of Hakim Ahsanullah Khan*, ed. S. Moinul Haq, Pakistan Historial Society, Karachi, 1958, p. 16.
39. NAI, Mutiny Papers, Collection 57, no. 185/186, 28 July 1857.
40. Ibid., Collection 61, no. 296, 4 August 1857.
41. Ibid., Collection 57, no. 328, 14 August 1857.
42. Delhi Commissioner's Office (hereafter DCO) Archive, Mutiny Papers, File no. 3, letter from the spy Turab Ali, 5 August 1857.
43. NAI, Mutiny Papers, Collection 61, no. 547 (undated but probably late July/ early August 1857).
44. Ibid., Collection 61, no. 396, 17 August 1857.

45. *Memoirs of Hakim Ahsanullah Khan*, p. 21.
46. Ibid., pp. 28–9.
47. *A Short Account of the Life and Family of Rai Jiwan Lal Bahadur, Late Honorary Magistrate of Delhi with extracts from his diary relating to the time of the Mutiny 1857 compiled by his son*, Delhi, 1902, pp. 43–4.
48. Ibid. p. 45.
49. NAI, Mutiny Papers, Collection 20, no. 14 (undated but late August 1857); also *Memoirs of Hakim Ahsanullah Khan*, p. 29.
50. DCO Archive, Mutiny Papers, File no. 3, letter from the spy Turab Ali, 5 August 1857.
51. Charles Theophilus Metcalfe, *Two Native Narratives of the Mutiny in Delhi*, London, 1898, 'Narrative of Munshi Jiwan Lal', pp. 199–200.
52. *Memoirs of Hakim Ahsanullah Khan*, pp. 28–9.
53. For the nobles, see Metcalfe, *Two Native Narratives*, 'Narrative of Munshi Jiwan Lal', p. 197; for tax collecting in Gurgaon, see NAI, Mutiny Papers, Collection 20, no. 14 (undated but late August 1857); also *Memoirs of Hakim Ahsanullah Khan*, p. 29.
54. NAI, Mutiny Papers, Collection 20, no. 14 (undated but late August 1857).
55. Metcalfe, *Two Native Narratives*, 'Narrative of Munshi Jiwan Lal', p. 206.
56. *Dihli Urdu Akbhar*, 23 August 1857.
57. OIOC, Eur Mss, B 138, *Account of Said Mobarak Shah*.
58. Ibid.
59. For the lack of sulphur, see NAI, Mutiny Papers, Collection 15, no. 11, 21 August. For the use of captured English spirits in gunpowder manufacture, see Collection 60, nos 627–638. For problems in gunpowder manufacture see also DCO Archive, New Delhi, Mutiny Papers, File no. 5028, July 1857, Translation of a letter from Munshee Mahomed Bakar, 28 July, editor of the *Delhi Oordoo Akhbar*. For absence of percussion caps see Greathed, *Letters*, p. 45, and for failing shells see p. 67. For Gujars looting gunpowder in the early days of the Uprising see *Dihli Urdu Akbhar*, 31 May 1857.
60. Mirza Asadullah Khan Ghalib, *Dastanbuy*, trans. Khwaja Ahmad Faruqi, Delhi, 1970, p. 37.
61. NAI, Mutiny Papers, Collection 15, nos 5 and 6, 16 August 1857.
62. *Dihli Urdu Akbhar*, 23 August 1857.
63. NAI, Mutiny Papers, Collection 70, no. 243, 30 August 1857.
64. Ibid., Collection 62, no. 80, entry for 3 August 1857.
65. OIOC, Montgomery Papers, Eur Mss D1019, no. 174, Delhee News, 2 July 1857.
66. NAI, Mutiny Papers, Collection 62, no. 167, 5 September 1857.
67. Ibid., Collection 67, no. 143 (undated but late August 1857).
68. Ibid., Collection 62, no. 54, 24 June 1857.
69. Ibid., Collection 63, no. 42, 16 August 1857.
70. Ibid., Collection 62, no. 165 (undated).
71. Ibid., Collection 62, no. 84, 4 August 1857.
72. Ibid., Collection 62, no. 71, 22 July 1857.
73. Ibid., Collection 60, no. 687, 7 September 1857, and no. 688, 11 September 1857.
74. Ibid., Collection 62, no. 71, entry for 22 July 1857.

75. Ibid., Collection 60, no. 605, entry for 29 August 1857.
76. Ibid., Collection 71, no. 96, entry for 5 July 1857.
77. Ibid., Collection 71, no. 95, entry for 5 July 1857, a second witness statement of the same incident. There is also an account of this incident in *Memoirs of Hakim Ahsanullah Khan*, p. 21.
78. *Dihli Urdu Akbhar*, 23 August 1857.
79. Metcalfe, *Two Native Narratives*, 'Narrative of Munshi Jiwan Lal', pp. 204–5.
80. Ibid. p. 204. See also Stokes, *The Peasant Armed*, p. 85.
81. Metcalfe, *Two Native Narratives*, 'Narrative of Munshi Jiwan Lal', p. 206.
82. OIOC, Eur Mss B 138, *Account of Said Mobarak Shah.*
83. Ibid.
84. Griffiths, *The Siege of Delhi*, p. 123.
85. Greathed, *Letters*, pp. 225–6.
86. Richard Barter, *The Siege of Delhi*, London, 1984, p. 44.
87. Greathed, *Letters*, p. 227.
88. Metcalfe, *Two Native Narratives*, 'Narrative of Munshi Jiwan Lal', pp. 207–8.
89. Griffiths, *The Siege of Delhi*, p. 124.
90. Ibid., p. 125.
91. Ibid., pp. 125–6.
92. OIOC, Vibart Papers, Eur Mss F 135/19, Camp before Delhi, 27 August 1857.
93. OIOC, Eur Mss B 138, *Account of Said Mobarak Shah.*
94. Ibid.
95. Colonel George Bourchier, CB, *Eight Months Campaign against the Bengal Sepoy Army during the Mutiny of 1857*, London, 1858, p. 47.
96. Griffiths, *The Siege of Delhi*, p. 135.
97. Greathed, *Letters*, p. 251.
98. Lord Roberts of Kandahar, *Forty One Years in India: From Subaltern to Commander in Chief*, London, 1897, vol. 1, p. 219.
99. Metcalfe, *Two Native Narratives*, 'Narrative of Munshi Jiwan Lal', p. 209.
100. Ibid., p. 218.
101. Ibid. pp. 215–19. For replacing Zafar with Jawan Bakht, see OIOC, Montgomery Papers, Eur Mss D1019, no. 197, Delhee News, 31 August 1857.
102. NAI, Mutiny Papers, Collection 16, no. 20, 6 September 1857. See also Trial, p. 142.
103. Griffiths, *The Siege of Delhi*, p. 147.
104. Zahir Dehlavi, *Dastan i-Ghadr: An eyewitness account of the 1857 Uprising*, Lahore, 1955, p. 111.
105. OIOC, Eur Mss B 138, *Account of Said Mobarak Shah* for details of the *damdama*.
106. NAI, Mutiny Papers, Collection 73, No. 158, 8 September 1857.
107. Metcalfe, *Two Native Narratives*, 'Narrative of Munshi Jiwan Lal', p. 226. For the prominent role of the jihadis in attacking the construction parties, see *Memoirs of Hakim Ahsanullah Khan*, p. 31.
108. OIOC, Montgomery Papers, no. 198, 7 September 1857 (for the suicide *ghazis*) and NAI, Mutiny Papers, Collection 16, no. 27.

109. OIOC, Eur Mss B 138, *Account of Said Mobarak Shah*.
110. NAI, Mutiny Papers, Collection 65, no. 36, petition of Maulvi Sarfaraz Ali, 10 September 1857.
111. Greathed, *Letters*, p. 206.
112. OIOC, Eur Mss B 138, *Account of Said Mobarak Shah*.
113. NAI, Mutiny Papers, Collection 57, no. 461, 10 September 1857.
114. Barter, *The Siege of Delhi*, p. 45.
115. Griffiths, *The Siege of Delhi*, p. 147.
116. Barter, *The Siege of Delhi*, p. 45.
117. OIOC, Vibart Papers, Eur Mss F 135/19, Camp before Delhi, 12 September 1857.
118. Charles Ewart to his mother, cited in Hibbert, *The Great Mutiny*, p. 297.
119. Rotton, *The Chaplain's Narrative*, p. 260; also Hibbert, *The Great Mutiny*, p. 302.
120. NAI, Mutiny Papers, Collection 73, no. 167, 13 September 1857.
121. Metcalfe, *Two Native Narratives*, 'Narrative of Munshi Jiwan Lal', p. 229.
122. OIOC, Eur Mss B 138, *Account of Said Mobarak Shah*.
123. OIOC, Montgomery Papers, Eur Mss D1019, no. 184, 4 August 1857; no. 192, 24 August; no. 194, 23 August 1857; no. 196, 30 August. For the offer to blow up of the Bridge of Boats, see DCO Archive, Mutiny Papers, File No. 1, *Services performed by Mirza Elahee Bahksh by W. L. R. Hodson, 1 December 1857.*
124. Greathed, *Letters*, p. 217.
125. DCO Archive, Mutiny Papers, File no. 14, letter from Lt W. Hodson to C. B. Saunders on the terms of BSZ's surrender, 29 November 1857.
126. *Dihli Urdu Akbhar*, 13 September 1857.
127. Harriet Tytler, *An Englishwoman in India: The Memoirs of Harriet Tytler 1828–1858*, ed. Anthony Sattin, Oxford, 1986, p. 163.
128. Barter, *The Siege of Delhi*, p. 48.
129. South Asian Studies Library, Cambridge, Campbell Metcalfe Papers, Box 6, EC to GG (undated, but clearly the night of 13–14 September 1857).
130. Barter, *The Siege of Delhi*, p. 52.
131. Ibid., p. 52.

CHAPTER 10 | 格殺毋論

1. Charles John Griffiths, *The Siege of Delhi*, London, 1910, pp. 156–7.
2. Letter signed 'Felix, to the Editor of the Lahore Chronicle', 30 September 1857.
3. Fred Roberts, *Letters Written during the Indian Mutiny*, London, 1924, p. 62.
4. Richard Barter, *The Siege of Delhi*, London, 1984, pp. 52–4.
5. Roberts, *Letters*, p. 62.
6. Letter signed 'Felix'. Also Roger Perkins, *The Kashmir Gate: Lieutenant Home and the Delhi VCs*, Chippenham, 1983, pp. 23–8.
7. National Army Museum (hereafter NAM), Coghill Letters, 6609-139, letter from Lt Coghill to his brother, datelined Delhi, 22 September 1857.

8. NAM, 6301/143, diaries of Col. E L. Ommaney, vol. A, pt 6, entry for 14 September.
9. Barter, *The Siege of Delhi*, London, 1984, p. 55.
10. Oriental and India Office Collections, British Library (hereafter OIOC), Eur Mss B 138, *Account of Said Mobarak Shah.*
11. John Edward Rotton, *The Chaplain's Narrative of the Siege of Delhi*, London, 1858, p. 275.
12. Roberts, *Letters*, p. 62.
13. OIOC, Photo Eur 31 1B, Hardcastle Papers, pp. 306, 333–5. See also the description of Zahir Dehlavi in *Dastan i-Ghadr: An eyewitness account of the 1857 Uprising*, Lahore, 1955, p. 113.
14. Charles Theophilus Metcalfe, *Two Native Narratives of the Mutiny in Delhi*, London, 1898, 'Narrative of Mainodin', p. 70.
15. OIOC, Eur Mss B 138, *Account of Said Mobarak Shah.*
16. Barter, *The Siege of Delhi*, p. 55.
17. Arthur Moffat Lang, *Lahore to Lucknow: The Indian Mutiny Journal of Arthur Moffat Lang*, London, 1992, pp. 90–92.
18. Ibid., p. 92; also Charles Allen, *Soldier Sahibs: The Men Who Made the North-West Frontier*, London, 2000, pp. 322–3.
19. Lord Roberts of Kandahar, *Forty One Years in India: From Subaltern to Commander in Chief*, London, 1897, vol. 1, p. 236.
20. Colonel George Bourchier, CB, *Eight Months Campaign against the Bengal Sepoy Army during the Mutiny of 1857*, London, 1858, p. 69.
21. Rotton, *The Chaplain's Narrative*, p. 295.
22. OIOC, Vibart Papers, Eur Mss F 135/19, Camp Delhi, 15 September 1857.
23. Roberts, *Letters*, pp. 63–5.
24. Major W. S. R. Hodson, *Twelve Years of a Soldier's Life in India*, London, 1859, p. 296.
25. Ibid., p. 294.
26. OIOC, Eur Mss B 138, *Account of Said Mobarak Shah.*
27. Barter, *The Siege of Delhi*, p. 58.
28. NAM, Coghill Letters, 6609-139, letter from Lt Coghill to his brother, datelined Delhi, 22 September 1857.
29. Lord Roberts of Kandahar, *Forty One Years in India*, vol. 1, p. 238.
30. OIOC, John Lawrence Collection, Eur Mss F 90, Folio 19b, NC to JL, datelined Skinner's House.
31. Lord Roberts of Kandahar, *Forty One Years in India*, vol. 1, pp. 238–9.
32. OIOC, John Lawrence Collection, Eur Mss F 90, Folio 19b, letter datelined Camp before Delhi, 17 December 1857.
33. Dehlavi, *Dastan i-Ghad*, pp. 111–12.
34. Ibid., p. 112.
35. Ibid., pp. 113–15.
36. Sarvar ul-Mulk, *My Life, Being the Autobiography of Nawab Server ul-Mulk Bahadur* trans. from the Urdu by his son, Nawab Jiwan Yar Jung Bahadur, London, 1903, p. 20.
37. Aslam Farrukhi, *Muhammad Husain Azad*, 2 vols, Karachi, 1965, vol. 1, p. 104.

38. Mirza Asadullah Khan Ghalib, *Dastanbuy*, trans. Khwaja Ahmad Faruqi, Delhi, 1970, p. 40.
39. Griffiths, *The Siege of Delhi*, pp. 97–9.
40. Rotton, *The Chaplain's Narrative*, p. 238.
41. South Asian Studies Library, Cambridge, Campbell Metcalfe Papers, Box 6, EC to GG, 25 September 1857.
42. Griffiths, *The Siege of Delhi*, p. 174.
43. Quoted in R. Montgomery Martin, *Indian Empire*, London, 1860, vol. II, p. 449.
44. Griffiths, *The Siege of Delhi*, p. 164.
45. William W. Ireland, *A History of the Siege of Delhi by an Officer who served there*, Edinburgh, 1861, p. 254.
46. NAM, Wilson Letters, AW to his wife, Delhi, 15 September 1857.
47. Griffiths, *The Siege of Delhi*, p. 178.
48. OIOC, Eur Mss B 138, *Account of Said Mobarak Shah.*
49. Ibid.
50. *Memoirs of Hakim Ahsanullah Khan*, ed. S. Moinul Haq, Pakistan Historial Society, Karachi, 1958, p. 32.
51. National Archives of India (hereafter NAI), Political Consultations, no. 12-27, 5 November, copies of telegrams arriving from Delhi at the Lahore telegraph office, received from Brig. General Neville Chamberlain, 17 September 1857.
52. *Memoirs of Hakim Ahsanullah Khan*, pp. 30–31.
53. OIOC, Eur Mss B 138, *Account of Said Mobarak Shah.*
54. NAM, Wilson Letters, AW to his wife, Delhi, 18 September 1857.
55. NAI, Political Consultations, no. 12-27, 5 November, copies of telegrams arriving from Delhi at the Lahore telegraph office, received from Brig. General Neville Chamberlain, 17 September 1857.
56. Ibid.
57. From interviews with Kulsum Zamani Begum's daughter, Zainab Zamani Begum, in Khwaja Hasan Nizami, *Begmat ke Aansu* (Tears of the Begums), Delhi, 1952.
58. Delhi Commissioner's office (hereafter DCO) Archive, Mutiny Papers, File no. 1, *Services performed by Mirza Elahee Bahksh for W. L. R. Hodson, 1 December 1857.*
59. *Memoirs of Hakim Ahsanullah Khan*, p. 32.
60. Munshi Faizuddin, *Bazm i-Akhir, Yani sehre e-Delhi ke do akhiri badshahon ka tareeq i-maashrat* (The Last Convivial Gathering – the Mode of Life of the Last Two Kings of Delhi), Lahore, 1965, p. 27.
61. Mehdi Hasan, 'Bahadur Shah, his relations with the British and the Mutiny: an objective study', *Islamic Culture*, Hyderabad, vol. 33, no. 2, 1959, pp. 95–111.
62. DCO Archive, Mutiny Papers, File no. 1, *Services performed by Mirza Elahee Bahksh.*
63. Ibid., File no. 14, letter from Lt W. Hodson to C. B. Saunders on the terms of BSZ's surrender, 29 November 1857. This crucial letter from Hodson is the earliest and most authentic account of the intrigues than preceded Zafar's surrender. It has never before been used by any historian.

64. Ibid.
65. Ibid.
66. *Memoirs of Hakim Ahsanullah Khan*, pp. 32–3.
67. Griffiths, *The Siege of Delhi*, p. 196.
68. Harriet Tytler, *An Englishwoman in India: The Memoirs of Harriet Tytler 1828–1888*, ed. Anthony Saltin, Oxford, 1986, pp. 163–4.
69. Dehlavi, *Dastan i-Ghadr*, pp. 117–18.
70. Farrukhi, *Muhammad Husain Azad*, vol. 1, p. 105.
71. Ibid., vol. 1, pp. 106–7.
72. Frances W. Pritchett, *Nets of Awareness: Urdu Poetry and Its Critics*, Berkeley and Los Angeles, 1994, pp. 25–6. Also Farrukhi, *Muhammad Husain Azad*, vol. 1, pp. 109–10.
73. NAI, Foreign, Foreign Dept Misc., *Precis of Palace Intelligence*, contains an entry that shows how much Zafar feared eclipses: in the entry for Thursday, 9 January 1851 it is written that 'Sookhamund Astrologer intimated that there would be an eclipse of the moon on Thursday night the 13th of Rubbee Ool Ouwal, and that HM should not appoint that day for his departure to the Kootub. Instructions were accordingly issued for HM's departure on the following day, Friday.'
74. Griffiths, *The Siege of Delhi*, pp. 183–4.
75. OIOC, Eur Mss B 138, *Account of Said Mobarak Shah.*
76. Khwaja Hasan Nizami, *Begmat ke Aansu*, Delhi, 1952.
77. Ireland, *A History of the Siege of Delhi*, p. 257.
78. NAM, 6309-26, Lt Gen. F. C. Maisey, 'The Capture of the Delhi Palace', pp. 4–7.
79. Ibid. pp. 7–11.
80. Ibid., p. 12.
81. NAI, Foreign Dept, Secret Consultations, 30 October 1857, pt 1, no. 83, to Chief Commr of the Punjab, 20 September 1857.
82. Allen, *Soldier Sahibs*, pp. 326–7.
83. Ibid., pp. 326–7.
84. NAI, Foreign Dept, Secret Consultations, 30 October 1857, pt 1, no. 86, from Mil. Secr. to Chief Commr of the Punjab, 23 September 1857.
85. OIOC, Vibart Papers, Eur Mss 135/19, Vibart to his Uncle Gordon, 22 September 1857.
86. Dehlavi, *Dastan i-Ghadr*, p. 128.
87. Rashid ul-Khairi, *Dilli Ki Akhiri Bahar*, ed. S. Zamir Hasan, Delhi, 1991, cited by C. M. Naim in his essay on Sahbai in Margrit Pernau (ed.), *Delhi College*, New Delhi, 2006.
88. Dehlavi, *Dastan i-Ghadr*, p. 127.
89. Ireland, *A History of the Siege of Delhi*, pp. 255–6.
90. Dehlavi, *Dastan i-Ghadr*, p. 128.
91. OIOC, Eur Mss B 138, *Account of Said Mobarak Shah.*
92. DCO Archive, Mutiny Papers, File no. 1, *Services performed by Mirza Elahee Bahksh.*
93. NAM, 6309-26, Lt Gen. F. C. Maisey, 'The Capture of the Delhi Palace', p. 13.

94. DCO Archive, Mutiny Papers, File no. 1, *Services performed by Mirza Elahee Bahksh*.
95. Hodson, *Twelve Years*, p. 300; for Mirza Ilahe Bakhsh, see DCO Archive, Mutiny Papers, File no. 14, letter from Lt W. Hodson to C. B. Saunders, 29 November 1857, para. 5.
96. Rotton, *The Chaplain's Narrative*, p. 318.
97. Ireland, *A History of the Siege of Delhi*, p. 274.
98. NAM, 6301-143, Col. E. L. Ommaney's diaries, entry for 21 September 1857.
99. DCO Archive, Mutiny Papers, File no. 14, letter from Lt W. Hodson to C. B. Saunders on the terms of BSZ's surrender, 29 November 1857.

CHAPTER 11 ｜死人城

1. Delhi Commissioner's Office (hereafter DCO) Archive, Mutiny Papers, File no. 14, letter from Lt W. Hodson to C. B. Saunders, 29 November 1857.
2. Ibid.
3. Ibid., File no. 10, letter no. 3, from Lt W. Hodson to C. B. Saunders, 28 November 1857, '*GUARANTEE THE LIFE OF THE KING FROM BE IZZAT AT THE HANDS OF THE GORA LOGUE*'.
4. Ibid., File no. 14, letter from Lt W. Hodson to C. B. Saunders, 29 November 1857.
5. William W. Ireland, *A History of the Siege of Delhi by an Officer who served there*, Edinburgh, 1861, p. 263. Ireland explicitly has the party entering the town through the Lahore Gate, though the Delhi Gate might be expected to be the obvious point of entry for a party coming from Humayun's Tomb.
6. James Wise, *The Diary of a Medical Officer during the Great Indian Mutiny of 1857*, Cork, 1894, pp. 114–15.
7. Major W. S. R. Hodson, *Twelve Years of a Soldier's Life in India*, London, 1859, p. 307.
8. National Army Museum (hereafter NAM), 6309-26, Lt Gen. F. C. Maisey, 'The Capture of the Delhi Palace', p. 13.
9. NAM, Coghill Letters, 6609-139, letter from Lt Coghill to his brother, datelined Delhi, 22 September 1857.
10. DCO Archive, Mutiny Papers, File no. 1, *Services performed by Mirza Elahee Bahksh for W. L. R. Hodson, 1 December 1857*.
11. Hodson, *Twelve Years*, pp. 310–12.
12. Ibid., p. 302.
13. NAM, 6309-26, Lt Gen. F. C. Maisey, 'The Capture of the Delhi Palace', p. 16.
14. Charles John Griffiths, *The Siege of Delhi*, London, 1910, pp. 204–5.
15. Sir George Campbell, *Memoirs of My Indian Career*, London, 1893, vol 1.
16. Oriental and India Office Collections, British Library (hereafter OIOC), Eur Mss Photo Eur 271, Letters of Hugh Chichester, letters to his father, Delhi, 24 September 1857.
17. Ireland, *A History of the Siege of Delhi*, pp. 307–8.

18. Griffiths, *The Siege of Delhi*, p. 202.
19. OIOC, Saunders Papers, Eur Mss E 187, correspondence pt IV, private letters 1857–60, K&J 716, 1–79, no. 44, Matilda Saunders to Eliza Saunders, Delhi Palace.
20. Ibid.
21. Cited by Christopher Hibbert, *The Great Mutiny: India 1857*, London, 1978, p. 317.
22. Frances W. Pritchett, *Nets of Awareness: Urdu Poetry and Its Critics*, Berkeley and Los Angeles, 1994, p. 27, quoting Hali's biographer Salihah Abid Hussain.
23. Mrs Muter, *My Recollections of the Sepoy Revolt*, London, 1911, p. 132.
24. NAM, 6301/143, Diaries of Col. E. L. Ommaney, vol. A, entry for 30 October 1857.
25. Ibid., entry for 23 December 1857.
26. Ibid., entry for 30 October 1857.
27. R. M. Coopland, *A Lady's Escape from Gwalior and Life in the Fort of Agra during the Mutinies of 1857*, London, 1859 pp. 268–9.
28. Michael Maclagan, *'Clemency' Canning*, London, 1962, p. 98.
29. Ibid., p. 140.
30. OIOC, Eur Mss Photo Eur 271, Letters of Hugh Chichester, letters to his father, Camp Delhi, 24 September 1857.
31. Ireland, *A History of the Siege of Delhi*, pp. 280–81.
32. DCO Archive, Mutiny Papers, Box 1, File no. 5, 2 October 1857, no. 279, C. B. Thornhill to G. I. Hansey.
33. *Delhi Gazette Extra*, 10 December 1857.
34. Ibid., 2 January 1858.
35. John Edward Rotton, *The Chaplain's Narrative of the Siege of Delhi*, London 1858, pp. 325–6.
36. Coopland, *A Lady's Escape*, p. 259.
37. Richard Barter, *The Siege of Delhi*, London, 1984, p. 76.
38. Lord Roberts of Kandahar, *Forty One Years in India: From Subaltern to Commander in Chief*, London, 1897, vol. 1, pp. 258–9.
39. NAM, 6301/143, Diaries of Col. E. L. Ommaney, vol. A, pt 6, entry for 1 November 1857. Ommaney's diary is the most important single source for the imprisonment of Zafar. As far as I am aware it has never been used before by any historian.
40. Ibid., entry for 24 November 1857.
41. Ibid., entry for 28 September 1857.
42. Coopland, *A Lady's Escape*, pp. 274–7.
43. Ireland, *A History of the Siege of Delhi*, pp. 280–81.
44. Coopland, *A Lady's Escape*, p. 276.
45. OIOC, Saunders Papers, Eur Mss E 186, correspondence pt III, official and demi-official letters, 1857–60, no. 128, Ommanney to Saunders, 1 October 1857 says that Zafar is asking for his barber 'to shave his once royal face'.
46. Ibid., no. 26, Lawrence to Saunders, 29 December 1857.
47. A cutting survives in Ommaney's diaries, entry for 6 November 1857: NAM, 6301/143, Diaries of Col. E. L. Ommaney, vol. A.

48. Ibid.
49. OIOC, Eur Mss Photo Eur 271, Letters of Hugh Chichester, letters to his father, Delhi, 24 September 1857.
50. Cited in Farhan Ahmad Nizami, *Madrasahs, Scholars and Saints: Muslim Response to the British Presence in Delhi and the Upper Doab 1803–1857*, unpublished PhD, Oxford, 1983, p. 219.
51. Coopland, *A Lady's Escape*, pp. 278–9.
52. Quoted in Charles Ball, *The History of the Indian Mutiny*, 1858–9, vol. 2, p. 179
53. NAM, 6301/143, Diaries of Col. E. L. Ommaney, vol. A, entries for 20 and 23 September 1857.
54. Ibid., entry for 15 October 1857.
55. Ibid., entry for 23 September 1857.
56. Ibid., entry for 19 November 1857.
57. Ibid., entry for 19 November 1857.
58. Ibid., entry for 13 November 1857.
59. Ibid., entry for 21 October 1857.
60. Ibid., entry for 19 November 1857.
61. These documents are now in the NAI and form the core of the Mutiny Papers collection.
62. NAM, 6301/143, Diaries of Col. E. L. Ommaney, vol. A, entry for 27 November 1857.
63. Griffiths, *The Siege of Delhi*, pp. 199–200.
64. Ibid., p. 234.
65. Mrs Muter, *My Recollections of the Sepoy Revolt*, London, 1911, pp. 137–8.
66. Griffiths, *The Siege of Delhi*, pp. 235–7.
67. *Records of the Intelligence Department of the Government of the North West Provinces of India during the Mutiny of 1857*, Edinburgh, 1902, vol. 2, pp. 298–9.
68. *A Short Account of the Life and Family of Rai Jawan Lal Bahadur, Late Honorary Magistrate of Delhi with extracts from his diary relating to the time of the Mutiny 1857 compiled by his son*, Delhi, 1902, p. 48.
69. DCO Archive, Mutiny Papers, File no. 1, *Services performed by Mirza Elahee Bahksh*.
70. NAI, Foreign Secret Consultations, no. 524, 29 January 1858, Ramchandra to Burn, 27 November 1857.
71. Mirza Asadullah Khan Ghalib, *Dastanbuy*, trans. Khwaja Ahmad Faruqi, Delhi, 1970, pp. 43–6.
72. Hali's account, from Ralph Russell, *The Oxford Ghalib: Life, Letters and Ghazals*, New Delhi, 2003, pp. 129–30.
73. Ghalib's own account, from ibid., p. 130.
74. Pritchett, *Nets of Awareness*, p. 20.
75. Cited in Pavan Varma, *Ghalib: The Man, The Times*, New Delhi, 1989, p. 153.
76. Cited in Gopi Chand Narang, 'Ghalib and the Rebellion of 1857', in Narang, *Urdu Language and Literature: Critical Perspectives*, New Delhi, 1991, pp. 2–3.
77. Ibid., p. 3.

78. Cited in 'The Sack of Delhi as Witnessed by Ghalib', *Bengal Past & Present*, no. 12, January–December 1955, p. 111n.
79. *Delhi Gazette*, 21 December 1857.
80. Russell, *The Oxford Ghalib*, p. 132.
81. Cited in Narayani Gupta, *Delhi between Empires*, New Delhi, 1991, p. 23. For the destruction of shanties, see 'The Sack of Delhi,' p. 112.
82. *Records of the Intelligence Department*, vol. 2, pp. 298–300.
83. Ireland, *A History of the Siege of Delhi*, pp. 279–80.
84. Sarvar ul-Mulk, *My Life, Being the Autobiography of Nawab Sarvar ul-Mulk Bahadur*, trans. from the Urdu by his son, Nawab Jiwan Yar Jung Bahadur, London, 1903, p. 21.
85. Ibid., p. 20.
86. Zahir Dehlavi, *Dastan i-Ghadr: An eyewitness account of the 1857 Uprising*, Lahore, 1955, p. 132.
87. Ibid., p. 135.
88. Ibid., pp. 140–42.
89. Ibid., pp. 163–7.
90. Ibid., p. 252.
91. NAM, 6301/143, Diaries of Col. E. L. Ommaney, vol. A, entries for 12 and 13 October 1857.
92. Ibid., entry for 13 October 1857. For the firing squad and their poor aim see Griffiths, *The Siege of Delhi*, p. 214.
93. Ireland, *A History of the Siege of Delhi*, p. 280.
94. Pritchett, *Nets of Awareness*, p. 18.
95. Arsh Taimuri, *Qila-i Mua 'lla ki Jhalkiyan*, ed. Aslam Parvez, Urdu Academy, Delhi, 1986.
96. The Mutiny Papers in the DCO seem to be almost completely unused by historians. As far as I can ascertain, only two historians – Narayani Gupta and Anisha Shekhar Mukherji – have to date published material from this astonishingly rich collection.
97. DCO, Mutiny Papers, Box no. 2, File no. 49, letter no. 110, Saunders to Sec. to the Gov. of the Punjab, 21 April 1859.
98. Ibid. See, for example, Box 2, File no. 73, Davies to Saunders, 13 June 1859, Davies to Beadon, 26 April 1859, and Davies to Beadon, 27 May 1859. For the lost prisoners and their eventual exile in Karachi, see Box 2, File no. 83, 29 June 1859; File 85, 1 July 1859; File 86, 2 July 1859; and File 87, 5 July 1859. For the absconding *salatin* from Karachi, see File no. 127, *Order passed by the Govt regarding the settlement of the Sulateens*, 10 October 1860.
99. Dehlavi, *Dastan i-Ghadr*, p. 151. There is a fine portrait of the Nawab in Stuart Cary Welch, *Room for Wonder: Indian Paintings during the British Period 1760–1880*, New York, 1978, pp. 120–21.
100. DCO, Mutiny Papers, File no. 10, letter no. 54, Saunders to Lawrence, 1 December 1857.
101. NAM, 6301/143, Diaries of Col. E. L. Ommaney, vol. A, entry for 9 November 1857.
102. Ibid., entry for 20 October 1857.
103. Ibid., entry for 23 December 1857.

104. Muter, *My Recollections*, pp. 145–6.
105. *Delhi Gazetteer*, 1883–4, p. 30.
106. NAM, 6301/143, Diaries of Col. E. L. Ommaney, vol. A, pt 6, entry for 5 November 1857.
107. Dehlavi, *Dastan i-Ghadr*, p. 151.
108. Coopland, *A Lady's Escape*, p. 212.
109. OIOC, Lawrence Papers, Eur Mss F 90, Camp near Goordaspur, 25 April 1858. Also C. B. Saunders Papers, Eur Mss E 187, correspondence pt IV, private letters 1857–60, K&J 716, 1–79, no. 24, Lawrence to Saunders (extract), Lahore, 15 December 1857; see also no. 24, Enclosure – William Muir to Lawrence, Agra, 12 December 1857.
110. OIOC, Lawrence Papers, Eur Mss F 90, JL to Saunders, Lahore, 6 October 1857; also JL to Saunders, letter datelined Camp Delhi, 2 March 1858.
111. South Asian Studies Library, Cambridge, Campbell Metcalfe Papers, Box 6, EC to GG, Delhie (undated but obviously September 1857).
112. Ibid., Box 10, EC to GG, Delhie, 30 September 1857.
113. Ibid.
114. This important point was well argued by F. W. Buckler (1891–1960) in his rightly celebrated essay 'The Political Theory of the Indian Mutiny', *Trans. of the Royal Historical Soc.*, 4(5), 1922, pp. 71–100 (also reprinted in *Legitimacy and Symbols: The South Asian writings of F. W. Buckler*, ed. M. N. Pearson, Center for South and Southeast Asian Studies, University of Michigan, Ann Arbor, *c.* 1985.
115. W. H. Russell, *My Diary in India*, London, 1860, vol. 2, pp. 58, 60–61.
116. Ibid., vol. 2, pp. 48–9.
117. Ibid., vol. 2, pp. 50–51.
118. NAM, 6301/143, Diaries of Col. E. L. Ommaney, vol. A, entry for 27 January 1858.
119. OIOC, Eur Mss E 186, Saunders Papers, Letters of Lt Edward Ommaney to Charles Saunders, no. 212, EO to CS, 27 January 1858.
120. NAM, 6301/143, Diaries of Col. E. L. Ommaney, vol. A, entry for 27 January. Also Harriet Tytler, *An Englishwoman in India: The Memoirs of Harriet Tytler 1828–1858*, ed. Anthony Sattin, Oxford, 1986, p. 167.
121. Edward Vibart, *The Sepoy Mutiny as Seen by a Subaltern from Delhi to Lucknow*, London, 1858, p. 148.
122. Charles Ball, *The History of the Indian Mutiny*, 2 vols, 1858–9, vol. 2, p. 171.
123. Ibid., p. 172.
124. NAM, 6301/143, Diaries of Col. E. L. Ommaney, vol. A, entry for 27 January. See also Ball, *History*, vol. 2, p. 172.
125. Ball, *History*, p. 177.
126. *Proceedings on the Trial of Muhammad Bahadur Shah, Titular King of Delhi, before a Military Commission, upon a charge of Rebellion, Treason and Murder, held at Delhi, on the 27th Day of January 1858, and following days London, 1859* (hereafter Trial), pp. 131–3.
127. Ibid., pp. 151–3.
128. Ibid., pp. 72, 151–2.

129. NAM, 6301/143, Diaries of Col. E. L. Ommaney, vol. A. entry for 27 March 1858.
130. Muter, *My Recollections*, pp. 149–151.
131. Ibid., p. 149.
132. Trial, p. 153.
133. Ibid., p. 153.
134. Ball, *History*, p. 178.
135. OIOC, Political Consultations, Range 203, 67, vol. 14, P/203/67, Fort William, 10 December 1858, no. 535A, Saunders to Ommaney, 4 October 1858.
136. OIOC, Saunders Papers, Eur Mss E 187, correspondence pt IV, private letters 1857–60, 1–79, no. 66, Matilda Saunders to her mother-in-law, Ludlow Castle, Dehlie, 13 October 1858.

CHAPTER 12 | 蒙兀兒末代皇帝

1. Oriental and India Office Collections, British Library (hereafter OIOC), Eur Mss E 186, Saunders Papers, Letters of Lt Edward Ommaney to Charles Saunders, no. 278, EO to CS, 13 October 1858, Camp Soomha.
2. Delhi Commissioner's Office (hereafter DCO) Archive, Delhi, File 65A, 7 December 1858, *Report on the Character and Conduct of the Attendants of the ex royal King*.
3. *Delhi Gazette* (hereafter DG), 13 October 1858.
4. OIOC, Eur Mss E 186, Saunders Papers, Letters of Lt Edward Ommaney to Charles Saunders, no. 282, EO to CS, 5 November 1858.
5. Ibid., no. 280, EO to CS, 23 October 1858.
6. Ibid., no. 279, EO to CS, 19 October 1858 from Camp Etah.
7. DG, 13 October 1858.
8. OIOC, Eur Mss E 186, Saunders Papers, Letters of Lt Edward Ommaney to Charles Saunders, no. 230, EO to CS, 30 March 1858.
9. Ibid., no. 272, EO to CS, 1 October 1858.
10. OIOC, India Proceedings, Political Consultations, Range 203, vol. 14, Fort William, 10 December 1858, no. 77, From G. F. Edmonstone, Secr. to Govt of India, to C. Beadon, Off. Secr., Foreign Dept Calcutta, Allahabad, 16 November 1858. For Ommaney's meeting with Canning see OIOC, Eur Mss E 186, Saunders Papers, Letters of Lt Edward Ommaney to Charles Saunders, no. 283, EO to CS, 17 November 1858, Camp Wuhda Nugger.
11. OIOC, India Proceedings, Political Consultations, Range 203, vol. 14, Fort William, 10 December 1858, no. 66, *Proceedings of a committee of Medical Officers, assembled by the order of the Rt. Hon, the Governor General of India for the purpose of examining and reporting upon the physical condition of Mahomed Bahadoor Shah, lately King of Delhie. President, G. M. Hadaway, Dy. Inspector General of Queens Hospitals. Members: Superintending Surgeon Cawnpore Circle, Surgeon J. Leckie M.D., surgeon to the Governor-General.*
12. OIOC, India Proceedings, Political Consultations, Range 203, vol. 14, Fort

William, 10 December 1858, no. 4546, from Sec. to Gov. Gen. to Commissioner of Pegu, 13 November 1858.

13. OIOC, Eur Mss E 186, Saunders Papers, Letters of Lt Edward Ommaney to Charles Saunders, no. 284, EO to CS, 23 November 1858.
14. Ibid.
15. OIOC, Eur Mss E 186, Saunders Papers, Letters of Lt Edward Ommaney to Charles Saunders, no. 285, EO to CS, 14 December 1858.
16. Ibid.
17. Ibid.
18. *The Calcutta Englishman*, 1852, cited in Noel F. Singer, *Old Rangoon*, Gartmore, 1995, p. 69.
19. Ralph Russell, *The Oxford Ghalib: Life, Letters and Ghazals*, New Delhi, 2003, p. 182.
20. Cited by Eric Stokes, *The Peasant Armed: The Indian Revolt of 1857*, ed. C. A. Bayly, Oxford, 1986, p. 92, note 42.
21. OIOC, Lawrence Papers, Eur Mss F 90, Folio 12, Muree, June 1858.
22. Ibid., John Lawrence to Charles Trevelyan, Camp near Baree Doab Canal, 23 April 1858.
23. Cited in Gautam Chakravarty, *The Indian Mutiny and the British Imagination*, Cambridge, 2005, p. 41.
24. DCO Archive, Delhi, Foreign/General, January 1864, no. 16, *Copy of a Letter from the Commr Delhi Division, to the Sec, Govt of Punjab (no. 185 dated the 2nd Sept. 1863)*, points 3 and 10.
25. OIOC, Lawrence Papers, Eur Mss F 90, Folio 12, John Lawrence to Charles Trevelyan, Camp Multan Road, 16 December 1857.
26. NAI, Foreign Secret, 25 January 1858, 11-15, p. 51, Chief of Staff to Commanding Officer Meerut Division, 27 January 1858.
27. DCO Archive, Delhi, Foreign/General, January 1864, *Copy of a letter from the Offcg Commr, to the Commissioner Delhi Div. no. 256–209 dated 21st Aug. 1863*. Here the Dariba was said to have been saved 'by the strong representations of the Dep. Commr (Mr Philip Egerton) and Commr (Mr Brandreth)'.
28. Cited in in 'The Sack of Delhi as Witnessed by Ghalib', *Bengal Past & Present*, no. 12, January–December 1955, p. 110.
29. Ibid., p. 111.
30. Narayani Gupta, *Delhi between Empires*, New Delhi, 1991, p. 27.
31. Harriet Tytler, *An Englishwoman in India: The Memoirs of Harriet Tytler 1828–1858*, ed. Anthony Sattin, Oxford, 1986 p. 165.
32. James Fergusson, *History of Indian & Eastern Architecture*, London, 1876, p. 594.
33. Ibid., p. 311n.
34. Anisha Shekhar Mukherji, *The Red Fort of Shahjahanabad*, New Delhi, 2003, has much the best account of the destruction and Anglicisation of the Mughal palace – see pp. 203–7.
35. Mirza Asadullah Khan Ghalib, *Dastanbuy*, trans. Khwaja Ahmad Faruqi, Delhi, 1970, pp. 60–61.
36. Cited in Gupta, *Delhi between Empires*, p. 23. Gupta's remarkable book

is much the best souce for Delhi's transition from Mughal to colonial city.

37. NAI, Foreign Political Dept, Consultation 31, 31 December 1959, no. 2269, *Abstract Translation of a Petition from the Musulmans of Delhi trans. by I. B. Outram, asst sec. to Govt.*
38. *Mofussilite*, June 1860, cited in Gupta, *Delhi between Empires*, p. 25.
39. Gupta, *Delhi between Empires*, p. 24.
40. Ibid., p. 27.
41. Cited in ibid., p. 41.
42. C. F. Andrews, *Zakaullah of Delhi*, Cambridge, 1929, pp. 67, 75.
43. Russell, *The Oxford Ghalib*, p. 200.
44. For the Saunders inquiry into the rape of British women at the outbreak, see OIOC, Eur Mss E 185, Saunders Papers, no. 104, Muir to Saunders, Agra, 2 December 1857, and no. 111, Muir to Saunders, Agra, 14 December 1857. See also Muir's letter reproduced in S. M. Burke and Salim al-Din Quraishi, *Bahadur Shah: Last Mogul Emperor of India*, Lahore, 1995, pp. 178–9. For the mass rape of women of the royal house, see DCO Archive, Mutiny Papers, Box 2, File no. 109, 31 October 1859, *Report on the Surviving Members of the Taimur House who are assigned a maintenance*, no. 303 from Brandreth, Commr of Delhi to the Secr., Gov. of Punjab, dated 31 October 1859.
45. Russell, *The Oxford Ghalib*, p. 188.
46. Farhan Ahmad Nizami, *Madrasahs, Scholars and Saints: Muslim Response to the British Presence in Delhi and the Upper Doab 1803–1857*, unpublished DPhil, Oxford, 1983, p. 19.
47. Cited in Gupta, *Delhi between Empires*, p. 41.
48. Cited in Frances W. Pritchett, *Nets of Awareness: Urdu Poetry and Its Critics*, Berkeley and Los Angeles, 1994, p. 22. The great Urdu scholar S. R. Farooqi believes Ghalib may well have exaggerated the amount of poetry he lost in 1857.
49. Russell, *The Oxford Ghalib*, p. 187.
50. Ibid., p. 165.
51. Ibid., pp. 154, 157.
52. Ibid., p. 214.
53. Cited in Pritchett, *Nets of Awareness*, p. 29. There is a school of thought, championed by C. M. Naim, which argues that Zafar and the court had only a nominal influence on the Delhi renaissance, and that it flourished most successfully in centres of intellectual endeavour removed from the court, such as Delhi College and the madrasas. Yet the same elite – men like Sahbai, Fazl-i Haq and Azurda – moved between *mushairas*, madrasas, lecture halls and Zafar's durbar, and it seems – at least in the eyes of this writer – difficult to separate one from the other. Certainly with the fall of the city, all disappeared at the same time in the same cataclysm.
54. Myanmar National Archives (hereafter MNA), Series 1/1 (A), Acc. No. 983, File no. 85, 1859, *Confinement of Delhi state prisoners in Rangoon*; also OIOC, Foreign Political Proceedings, Z/P/203/50, Phayre to Beadon, 2 May 1859.

55. NAI, Foreign Consultations, 11 November 1859, pp. 124–5, from Capt. H. N. Davies in Charge of the State Prisoners, to C. Beadon, Secr. to Gov. of India, Foreign Dept, Fort William, dated Rangoon, 3 August 1859.
56. MNA, no. 5922, from Sec. to GG to Lt Col. Phayre, 27 September 1859.
57. Ibid., no. 5470 from Sec. to GG to Lt Col. Phayre, 6 September 1859.
58. Ibid., Series 1/1A, Acc. no. 555, 1860, File no. 58, 1860, Confinement of Delhi State Prisoners at Rangoon.
59. Ibid.
60. Ibid.
61. Ibid., Acc. no. 702, 1863, File no. 151, 1863.
62. Russell, *The Oxford Ghalib*, p. 207.
63. Mark Thornhill, *Personal Adventures and Experiences of a Magistrate, during the Rise, Progress and Suppression of the Indian Mutiny*, London, 1884, p. 7.
64. Cited in David Lelyveld, *Aligarh's First Generation: Muslim Solidarity in British India*, Princeton, NJ, 1978, p. 6.
65. Cited in Pritchett, *Nets of Awareness*, p. 30.
66. Ibid. This wonderful book is a beautifully written account of 'how the ghazal, for centuries the pride and joy of Indo-Muslim culture, was abruptly dethroned and devalued within its own milieu and by its own theorists'. It contains the best account yet written of the loss of Indo-Muslim cultural confidence following 1857, and has been a central influence on me in the course of writing this book.
67. Cited in ibid., p.xvi.
68. MNA, Series 1/1A, Acc. no.702, 1863, File no. 151, p. 59.
69. Ibid., Acc. no. 832, 1867, File no. 41, Delhi State Prisoners.
70. Ibid., Acc. no. 1434, 1872, File no.63, dated Rangoon, 29 August 1872.
71. Ibid.
72. Ibid.
73. Ibid., p. 33, letter from Secr. to Gov. of India, Foreign Dept, to CC British Burma, no. 28 C.P., dated on board *Outram*, 28 October 1872.
74. Burke and Quraishi, *Bahadur Shah*, p. 205.
75. MNA, Series 1/1A, Acc. no. 3656, 1905, File no. C, 4, Bahadur Shah (ex-King of Delhi) Preservation of Grave.
76. Ibid., Acc no. 3657, 1906–7, File no. 55/56, Bahadur Shah (ex-King of Delhi) Preservation of Grave.
77. Ibid.
78. Burke and Quraishi, *Bahadur Shah*, p. 205.
79. This information is contained in a map – Third Edition, 1944, HIND/SEA/1036, overprinted by Survey Dte Main HQ ALFSEA, April 1945 – apparently produced by British military intelligence during the Second World War, and showing Japanese positions in the town, including INA billets and 'The Jap officers' dance hall and brothel'. As the area was the former British cantonment it is unclear whether the placement was accidental or deliberate: it could have been either. I would like to thank the British ambassador, Vicky Bowman, for showing the map to me.
80. See, for example, Lelyveld, *Aligarh's First Generation*.

81. The Deobandis have received an excellent study in Barbara Metcalfe's magnum opus, *Islamic Revival in British India: Deoband 1860–1900*, Princeton, NJ, 1982. For more modern developments, see also Jamal Malik, *Colonisation of Islam: Dissolution of Traditional Institutions in Pakistan*, Manohar, 1988.
82. The provenance of this quotation is disputed: some attribute it to George Santayana.

【Historia 歷史學堂】MU0065

印度末代帝國 1857年德里戰役揭開蒙兀兒王朝的覆滅

The Last Mughal: The Fall of a Dynasty: Delhi, 1857

作　　者❖威廉・達爾林普（William Dalrymple）
譯　　者❖黃中憲
封面設計❖許晉維
總 編 輯❖郭寶秀
內頁排版❖李偉涵
責任編輯❖林俶萍
行銷企劃❖力宏勳

事業群總經理❖謝至平
發 行 人❖何飛鵬
出　　版❖馬可孛羅文化
台北市南港區昆陽街16號4樓
電話：886-2-2500-0888　傳真：886-2-2500-1951
發　　行❖英屬蓋曼群島商家庭傳媒股份有限公司城邦分公司
台北市南港區昆陽街16號8樓
客服專線：02-25007718；02-25007719
24小時傳真專線：02-25001990；02-25001991
服務時間：週一至週五上午09:30-12:00；下午13:30-17:00
劃撥帳號：19863813　戶名：書虫股份有限公司
讀者服務信箱：service@readingclub.com.tw
城邦網址：http://www.cite.com.tw
香港發行所❖城邦（香港）出版集團有限公司
香港九龍土瓜灣土瓜灣道86號順聯工業大廈6樓A室
電話：852-25086231　傳真：852-25789337
電子信箱：hkcite@biznetvigator.com
馬新發行所❖城邦（馬新）出版集團
Cite（M）Sdn. Bhd.（458372U）
41, Jalan Radin Anum, Bandar Baru Seri Petaling,
57000 Kuala Lumpur, Malaysia.
電話：+6(03)-90563833　傳真：+6(03)-90576622
電子信箱：services@cite.my
輸出印刷❖中原造像有限公司
初版一刷❖2025年5月
紙書定價❖880元（如有缺頁或破損請寄回更換）
電子書定價❖616元

國家圖書館出版品預行編目（CIP）資料

印度末代帝國：1857年德里戰役揭開蒙兀兒王朝的覆滅／威廉．達爾林普(William Dalrymple)著；黃中憲譯．-- 初版．-- 臺北市：馬可孛羅文化，2025.05

632面；14.8×21公分．--（歷史學堂；MU0065)

譯自：The last Mughal : the fall of a dynasty: Delhi, 1857

ISBN 978-626-7520-89-5(平裝)

1.CST: 穆罕默德 (Muhammad Bahadur Shah II, King of Delhi, 1775-1862.) 2.CST: 印度史

737.05　　114004978

城邦讀書花園
www.cite.com.tw

ISBN：978-626-7520-89-5（平裝）
ISBN：9786267520864（EPUB）